山右叢書·二編

山右歷史文化研究院　編

上海古籍出版社

一

圖書在版編目（CIP）數據

山右叢書二編／山右歷史文化研究院編. 一上海：
上海古籍出版社，2017.11
ISBN 978－7－5325－8508－3

Ⅰ.①山… Ⅱ.①山… Ⅲ.①古籍—中國—叢書
Ⅳ.①Z121.7

中國版本圖書館 CIP 數據核字（2017）第 158473 號

ISBN 978-7-5325-8508-3

山右叢書二編

（全十二册）

山右歷史文化研究院　編

上海古籍出版社出版發行

（上海瑞金二路 272 號　郵政編碼 200020）

（1）網址：www.guji.com.cn

（2）E-mail：guji1@guji.com.cn

（3）易文網網址：www.ewen.co

常熟新驊印刷有限公司印刷

開本 700×1000　1/16　印張 544　插頁 61　字數 6,580,000
2017 年 11 月第 1 版　2017 年 11 月第 1 次印刷
ISBN 978－7－5325－8508－3
G·656　定價：2180.00 元
如有質量問題，請與承印公司聯繫

山右歷史文化研究院文獻委員會

前　言

　　自《山右叢書·初編》點校本於二零一四年出版以來，又經過三年的不懈耕耘，第二編的編輯與點校亦已完成，正是“學以爲耕，文以爲穫”。恰值秋登時節，覽此巨帙，彌足欣慶。

　　我們編纂這套晋人著作叢書，確定以隋唐以下山右學者之文、史、哲類人文學科著述爲編選範圍。本編收録三十四種晋人著作，包括宋代三人三種，明代十七人三十一種。實際字數共計近五百萬字，規模略同於初編，仍然分爲十二冊付梓。編輯、點校體例，亦悉遵前例，以保持叢書整體之一致性。凡著作的采選，仍以具有學術性、文學性、專著性爲基本原則，尤其側重於拾遺補闕，搜求佚存，而不泛收歷來廣爲傳布的宿學名著。在此或可借用韓愈《進學解》一語：“補苴罅漏，張皇幽眇。尋墜緒之茫茫，獨旁搜而遠紹。”這正是《山右叢書》之前輩發軔者的初衷，也是這套叢書的重要價值所在。

　　本編所收宋人著作，一爲《春秋皇綱論》，是一部解讀孔子《春秋》的重要學術專著，著者太原人王皙，北宋天禧中官翰林學士；二爲《姓解》，雁門人邵思關於姓氏譜系考訂的著述，其搜羅之廣，有半部《廣韻》之譽；三爲《忠正德文集》，著者聞喜人趙鼎，宋代名臣,南渡後曾身居相位,力圖興復,因與秦檜論和議不合,罷謫海南,不食而死,其氣節爲歷代士人所敬仰,其詩文亦無愧於世,洵爲山西鄉賢中佼佼者之一。唐宋兩朝,山西的文壇學界呈現一派繁榮景象,名家輩出,詩文佳作不可勝數。人所熟知的諸多名著,歷有刊布,相傳不墜,固非本叢書所收範圍;然亦不乏富於文學與學術價值,而評介不足,尚無點校本行世的著作。叢書初編收有温大雅、文彦博、畢仲遊三家,本編繼收上述王、邵、趙三家,都可視爲珍籍。

自金而元,是中國北方歷史的一個特殊時期。從北國文雄元好問,到一代儒臣郝經,從平水韻問世,到元曲大家崛起於河東,可以説明那個時代的山西實際處於中華文化的中心地帶。本編未見金元學者的著述,令人感到遺憾,尚有待於爾後彌補。明代學者的文集則成了本編的重頭,誠然是因爲明代士階層擴充,著書立説者甚多,而且其時代畢竟與我們相距稍近,槧本較之金元又相對易於檢尋。

明代山西的農業、手工業、商貿業都有較好的發展,晋商亦於此間勃然興起。政府强制大批移民外遷,也可折射山西當時繁滋領先的狀況。文化教育的成就總是緣於時運,山西民間又向有耕讀傳家的優良傳統,借助於社會經濟的一時繁昌,衆多讀書人相繼投身科舉,走上了學優則仕的道路。然而,明王朝的腐敗現象極其嚴重,又屢興大獄,濫殺文臣,從政治昏庸和文化專制的社會狀況來看,其實是一個黑暗的時代。本編所録明代十七位著者,其中十三人爲進士出身,雖然也有仕途通達者,如張四維由翰林晋至内閣首輔,但歷經坎坷者仍屬多數。楊天民因上疏得罪,謫黜邊地憂憤而死,曹于汴因交東林黨而遭到魏忠賢排斥,他們這種遭遇應該説具有某種代表性,當時許多入世的學人都經歷了宦海浮沉的艱難苦恨。在這樣一種時代背景下産生的文著,既會有多所回避的一面,也會有思想性和藝術性格外深致的一面。

我們現在來銓衡明人的著述,其積極意義應當給予充分的肯定。首先是文獻價值。楊博戎馬一生,長期督軍備邊,本編收錄其六種著作,多是奏疏,內容廣涉軍政事務、人物行迹,誠爲研究明史不可或缺的文獻。王瓊歷任吏部、兵部尚書,其奏議文中涉及明代的財政經濟、邊防軍事,也都是真實可靠的史料。張銓的《皇明國史紀聞》,是洪武至正德十朝政務的實錄,以當時人記述當時事,應該是無可替代的獨著。此外的其他文集雜著,也不乏故實佚聞、風土民情之述及,包含種種不可多得的文史資料。其次是文學價值。當下的文學寫作日趨浮躁,文風瑣薄而語言流俗,究其原因之一恐怕就是缺少了傳統文學的滋養。人們似乎認爲明代沒有什麼大家,一般讀者言及古典文學更是只知唐宋,其實不讀明代詩文就是一種浮淺。即從本編所收錄著作看,其散文平實而悠遠,其韻文高古而華麗,其詩歌依然不失唐宋流風,不少佳作值得學習和研究。再次要説到思想遺産的意義,這一點也許更爲重要。從這些詩文論著中,可以讀到作者對於時弊的鞭撻和社稷的憂慮,對於身世的感歎和民瘼的關懷,可以看到專制制度下一些正直知識分子的堅貞氣節和敬職精神,以及他們篤志好學的雅尚情趣。"以古爲鏡,可以知興替",從古籍的閱覽和研究中,無論於文事於政事,無論於現在於未來,都不免會引起我們許多的思索和感悟。

本編各種著作,此前都沒有點校本,全部是首次點校出版。其中《弊帚集》《樞政録》《大司馬海虹先生文集》僅存於國家圖書館,《張司隸初集》僅存於首都圖書館,屬難得之孤本。張四維《條麓堂續集》,點校人員首次發現於地方圖書館,亦頗珍貴。楊博著《蒲坂楊太宰獻納稿》,原書十卷,國家圖書館僅存八卷,經查訪得知日本東京公文書館藏有全本,輾轉取得其掃描版,才使點校本得以完粹。參與編輯點校人員,有山西高等院校的教授和研究機構的研究員，他們都表現出勤奮而嚴謹的治學精神，編校質量在初編經驗的基礎上也有所提高。這些都是本編值得稱道之處。

《文心雕龍·事類》説："夫山木爲良匠所度，經書爲文士所擇。木美而定於斧斤，事美而製於刀筆。研思之士，無慚匠石矣！"我們的編輯與點校人員，都是"研思之士"，應當立志於在前賢巨匠面前而無所慚愧。自山右歷史文化研究院與所屬文獻委員會成立以來，同人爲編纂《山右叢書》通力合作，鍥而不舍。目前雖然有了兩編的成果，而與規劃目標距離尚遠，任務仍然艱巨。我們在作出更大努力之同時，殷切希望有關方面給予支持，希望廣大讀者成爲我們的知音。蘭花是國香，佩戴久之就會越來越芬香；古籍是國華，善於品讀就能感受其醇美。知音君子，其垂意焉。

山右歷史文化研究院文獻委員會

二零一七年九月

總目録

第八册

第九册

第十册

第十一册

第十二册

整理出版説明

一、詳細編製《點校體例》。參照國內各大出版社關於古籍整理的體例，根據《山右叢書·初編》編輯、排印的具體情況，聯繫前此國內古籍整理的經驗和問題，編製了點校體例，並經多次討論修訂，務使本書整理工作雖經多人之手，仍能做到體例劃一，標準統一。

二、廣泛搜集所收著作的不同版本。由於存世古代文獻版本散落各地，有的藏在民間，搜求頗費周折。我們盡了很大努力，儘可能把這一工作做細、做好。這是關係到本書整理質量的基礎性工作，目的在於給讀者一個方便："一書在手，衆本俱備。"這也是本書學術價值的根本。

三、保證工作程序周密。針對《初編》出現的一些不足，我們在錄入環節增加了復校，即在點校者交稿後，由編輯部工作人員對照底本，對點校稿進行全面復校，重點解決文字錄入中出現的問題。點校稿送交出版社之前，每部書的點校初稿由兩人以上審校，然後交還點校者復校，再由專門負責審校者三校。經過"三校"後的稿子，送交上海古籍出版社審查。出版社審查後的稿子發還給點校者本人復查。點校者本人復查後，本書文獻委員會的審校者再行抽查，復送出版社重審。嚴密的工作流程保證了本書的質量。

四、充分借力各方支持。在整個點校過程中，山右歷史文化研究院紀馨芳、李玉臻、趙華山等各位領導一如既往地給予了全面的指導和關懷，華宇集團在經費上給予了全面支持。正是各方人士共同的文化使命感和文化擔當精神，促使這項保護和傳承山右歷史文化的艱巨工程的設計啟動和順利開展，保證了《初編》、《二編》編輯點校的完成和下步工作的堅持推進。上海古籍出版社的總編和有關專家、工作人員，對本書的編輯出版給予了積極指導、鼓勵和熱心幫助，在此一併致謝。

五、古籍整理出版是一項費力而艱難的工作，尤其在點句和文字校勘上，古人每每以"掃落葉"、"拂灰塵"爲喻。儘管我們付出了巨大努力，錯誤亦在所難免，懇請專家、讀者批評指正。

目　録

春秋皇綱論

〔宋〕王　晳　撰

白　平　點校

姓　解

〔宋〕邵　思　撰

侯立睿　點校

忠正德文集

〔宋〕趙 鼎 撰

李 蹊 點校

拙庵集

〔明〕杜 敩 撰

岳海燕 點校

弊帚集

〔明〕王 翰 撰

李 蹊 點校

梁園寓稿

〔明〕王 翰 撰

李 蹊 點校

涂水先生集

〔明〕寇天叙 撰

張　燕　點校

山海漫談

〔明〕任　環　撰

李　蹊　點校

春秋皇綱論

〔宋〕王　晢　撰

白　平　點校

點校説明

《春秋皇綱論》五卷，北宋王晳撰。王晳，文獻中也作“王晰”，字微之，太原人。歷真宗、仁宗、英宗、神宗、哲宗五朝，享年近九十。曾任池州、睦州、汝州、衛州知州，晚年爲鴻臚少卿、龍圖閣學士。另著有《春秋通義》十二卷、《春秋異義》十二卷、《明例隱括圖》一卷，皆佚。著有《孫子注》三卷，其内容被采入《十一家注孫子》，流傳至今。《四庫全書總目提要》言其“始末無可考”，蓋未考之過。

前人以爲，孔子作《春秋》，寓褒貶，别善惡，多微言大義，故努力探討孔子作書時遵循的“例法”，即遣詞造句的用意。這類著作很多，是《春秋》學研究中的一個大的課題門類，然而大多牽強附會，互相攻駁，讓人有盲人摸象之感。

王晳此書，討論了《春秋》中二十二類“例法”問題，《四庫全書總目提要》稱其“無穿鑿附會之習”，“在宋人《春秋》解中，可謂不失古義”，然而也指出其有“偏駁之見，不足爲訓”。

《春秋皇綱論》今天普及的版本有《通志堂經解》本和《四庫全書》本。此次點校以《四庫全書》本爲底本，以《通志堂經解》本參校。

四庫全書總目提要

臣等謹按，《春秋皇綱論》五卷，宋王晳撰。自稱太原人，其始末無可考。陳振孫《書錄解題》言其官太常博士。考龔鼎臣《東原錄》，載宋真宗天禧中錢惟演奏留曹利用、丁謂事，稱晏殊以語翰林學士王晳，則不止太常博士矣。

《玉海》云晳撰《春秋通義》十二卷，據三傳注疏及啖、趙之學，其說通者附經文之下，闕者用己意釋之。又《異義》十二卷、《皇綱論》五卷。今《通義》、《異義》皆不傳，惟是書尚存。凡爲論二十有二〔一〕，皆發明夫子筆削之旨，而考辨三傳及啖助、趙匡之得失（按趙匡，書中皆作趙正，蓋避太祖之諱。其《尊王下篇》引《論語》作"一正天下"，亦同此例）。其言多明白平易，無穿鑿附會之習。其《孔子修春秋篇》曰："若專爲誅亂臣賊子，使知懼，則尊賢旌善之旨闕矣。"足破孫復等"有貶無褒"之説。其《傳釋異同篇》曰："《左氏》善覽舊史，兼該衆説，得春秋之事迹甚備；然于經外自成一書，故有貪惑異説，采掇過當，至于聖人微旨，頗亦疏略，而大抵有本末，蓋出一人之所撰述也。《公》、《穀》之學本於議論，擇取諸儒之説，繫於經文，故雖不能詳其事迹，而于聖人微旨多所究尋；然失於曲辨贅義，鄙淺叢雜，蓋出于衆儒之所講説也。"又曰："《左氏》好以一時言貌之恭惰與卜筮巫醫之事推定禍福，靡有不驗，此其蔽也，固當裁取其文，以通經義。如玉之有瑕，但棄瑕而用玉，不可並棄其玉也。二傳亦然。"亦足破孫復等"盡廢三傳"之説。在宋人《春秋》解中，可謂不失古義。惟《郊禘篇》謂周公當用郊禘，成王賜之不爲過，魯國因之不爲僭；《殺大夫篇》謂凡書殺大夫，皆罪大夫不能見幾先去；則偏駁之見，不足爲訓矣。

　　乾隆三十九年十月恭校上

　　總纂官臣紀昀、臣陸錫熊、臣孫士毅，總校官臣陸費墀

校勘記

　　〔一〕"二"，當作"三"。

孔子修《春秋》

　　昔者，仲尼以聖人之才識，歷國應聘而卒老不遇，知天命之不與己也，於是崇聖業，讚《易》道，定《禮》、《樂》，删《詩》、《書》，表先王之舊章，總皇極之彝訓，闡君臣父子之義，原治亂興衰之道，足以垂爲世教，傳之無窮。然於己之才識，則未能盡發明之也，故作《春秋》，托之行事以盡焉。則司馬遷所記孔子之言曰：“我欲載之空言，不若見之行事之深切著明也。”此仲尼修《春秋》之本意也。

　　噫！夫經制可以定天下，則《春秋》之經制備矣；至誠可以贊元化，則《春秋》之至誠深矣。執經制，推至誠，則承天治民，統正萬事。體道德而維之以禮法，本仁義而振之以權綱。尊君與賢，旌善黜惡。王道之權衡，太平之事業也。此仲尼之道與其才識舉見之於《春秋》矣。後之諸儒不原聖人本意，但舉一端以爲之説。

　　《公羊》曰“撥亂世反諸正”，又云“制春秋之意，以俟後聖”。何休以爲“知漢當繼大亂之後，故作撥亂之法以授之”。何其迂哉！夫否泰治亂如循環然，否亂之極，必有王者興，固天命也，仲尼豈知數百年後劉氏定天下、興漢室乎？且聖人大典，將垂之萬世以爲法，又豈止一漢朝乎？若以衰世論之，則可以撥亂而歸正；若以治世言之，則可以潤色乎王道；無施不可也。

　　孟子曰：“孔子作《春秋》而亂臣賊子懼。”此亦據當世而言爾。若專爲誅亂臣賊子，使知懼，則尊賢旌善之旨闕矣。

　　董仲舒曰："孔子知時之不用，道之不行，是非二百四十二年之中，以爲天下儀表，貶諸侯，討大夫，以達王事而已。"若此，則仲尼祖述堯舜之道無以明矣。

　　壺遂曰："孔子之時，上無明君，下不得任用，故作《春秋》，垂空文以斷禮義，當一王之法。"若此，則《春秋》之文皆紀實事，不得謂之空文。又聖人作經，義貫今古，亦何必當一王之法乎？

　　杜預以爲："孔子曰：'文王既没，文不在兹乎？'此製作之本意也。"孔子之出此言者，以遭時之難，謂己得文王之道，有文王之文，不當不垂于後世，故云然。然亦通謂諸經，未必指《春秋》而言也。

　　文中子曰："聖人在上則賞罰行，在下則褒貶作。夫褒貶，聖人所以代賞罰也。"是又不見聖人推至誠、明大道之旨，而一經之作專在賞罰也。

　　啖助謂《春秋》救周之敝，革禮之薄，以夏道爲本，不全守周禮，則褒貶善惡斷以聖人之義，不該之矣。

　　趙氏謂《春秋》大要二端而已，常典也，權制也。《春秋》據周禮，其典禮所不及者，則聖意窮其精理，以定褒貶，尊王室，正陵僭，舉三綱，提五常。又言有帝王簡易精淳之道。此得《春秋》之宗指，優於數賢之説也，但不及聖人"不欲托空言，故屬之行事"之意，爲不悉矣。

　　備舉數賢之説，餘不足論也。且聖人之道一以貫之，數賢之説皆舉一端爾。總而通之，會歸其本意，則《春秋》之義全矣。

　　夫聖帝之隆，莫隆於堯、舜；禮法之備，莫備乎三代。國有史官者，皆堯、舜、禹、湯、文、武之令典也。史官屬辭，以記得失。世盛則其政美，世衰則其道微，亦理之常也。仲尼既遭亂世，以躬負聖人才識，無以發明，故因魯史之文，托之行事，以盡其所緼之志，以遺後世之聖賢爾。然魯史，常人之所爲也，於聖賢文武之道必有不周，於是非得失之理必有不當，於采掇記注之間必有不經，於憎愛誣諱之際必有不實，於仁義禮法之訓必有不明，於襃貶善惡之旨必有不精。故聖人裁取其文，建以法制，以成不刊之書，則聖人之才識於是可得而觀之矣。故其言曰："知我者其惟《春秋》乎！"此之謂也。

皇甫湜以爲編年不若紀傳[一]，至云《春秋》之作，則須《左傳》、《國語》。何其淺陋之甚哉！

或曰：《左氏》以爲，凡諸侯有命，告則書于策，不然則否；師出臧否亦如之。果若是，則魯史所遺者固亦多矣。聖人博覽，無所不知，何不盡書之乎？曰：仲尼修經，直據魯史。魯史所不載，則何由書之？況聖人製作，金玉法度，既憑魯史，則不當雜取他書。何者？欲示信據之明故也。且自於魯之十二公二百四十二年之中所書之事，聖人之法度備矣，才識周矣，襃貶精矣，勸戒盡矣，奚復孜孜然如左氏、司馬遷之流務多取以爲勝者耶？

始　隱

荀子曰：聖盡倫，王盡制，是故學者以聖王爲師焉。聖王之盛，莫盛乎堯、舜。當天下之正位，粹然一任乎道，不私於己也，如天地然，允聖王之極摯哉！堯視舜如己身，舜視禹如己身，又何親賢之足議乎？前堯舜而有聖人矣，無其時與其人，莫能任乎道、充其志而公天下焉；後堯、舜而有聖人矣，無其時與其人，亦莫能任乎道、充其志而公天下焉。堯耄而傳諸舜，舜老而授之禹，前後相次，若天意固爲之，夫是之謂其時。堯、舜、禹之道，一道也；堯、舜、禹之心，一心也；夫是之謂其人。以萬物之心爲心，以天地之德爲德，其於己也，無一毫之私，夫是之謂任乎道。舒卷天下，無不得其欲而合乎道也，如規矩繩墨然，夫是之謂充其志。疇克若是哉？堯、舜而已矣。故《書》首二帝，以道德之美莫或先焉者也。然堯嗣於帝，禹與其子，獨舜之道尤難，故仲尼曰：“後世雖有作者，虞帝弗可及也已。”至矣哉！蓋無德而稱焉。

夫治亂之世極，然後可以相明焉；善惡之理極，然後可以相形焉。是故仲尼約魯史、修《春秋》，推原堯、舜之事，以明亂世之奸慝焉。

噫！道德之美，莫過於堯、舜之禪讓；人倫之惡，無大於世子之弒其君。今隱公欲讓桓位，是逾父子之親也；而桓公遂弒君兄，是滅臣子之理也，則與世子之弒其君者罪惡鈞矣。是桓公者，固天下之大戮也。故《春秋》獨於桓公不書王，見桓公之無君，王室之無政也。然則不書王之義，特爲桓而發也；罪桓之由，特爲隱而起也。故《春秋》所以始於隱者，此故也。

或曰：如是，則盍始於桓邪？曰：若以桓爲始，則不見隱公讓桓之志也；不見隱公讓桓之志，則罪桓之心不切也；又不見隱公不書葬之事也；又不見桓公汲汲君位之意也。

曰：然則何者爲讓桓之志乎？曰：夫書尹氏卒，仲子不葬，不爵，夫人至，不告廟，此皆讓桓之志也。不始之於隱，則無以見矣。

又曰：敢問《春秋》亦有世子之弒其君者，何故其時復書王乎？曰：《春秋》魯史，固當詳內而略外也。且隱以兄而讓弟，其德惠奚有量哉？親逾父子，義則君臣，而桓乃滅天常，棄人理，其迹尤惡。蓋善善也不明，則惡惡也不切，故特不書王以志之也。自餘他國，則父不父，子不子，君不君，臣不臣，亂世之常事也。

又曰：諸儒謂周室自平王東遷，日以微弱，賞罰政令裁行畿

内，故始之於隱，亦以平王不能中興之故也。曰：此説，一端之
説也，然於始隱之義亦足相因以發明爾。夫隱公之元年，則平王
之末年也。是時楚子初僭王號，天子不能征之，陵遲衰亂，實始
於此。故桓公有無王之心，敢行篡弑者，階此而作也。

或者又曰：夫楚子僭號，則惡逆之罪莫大焉，安知聖人不爲
正楚而始隱哉？曰：夫楚，僻小國也，蠻夷之俗也，睹周室之微
弱，因而僭竊，則其罪惡天下舉知之矣。魯則禮義之國也，周公
之後也，而桓有逆行凶德，唯明王可誅之爾，此仲尼所以首正之
也。若爲正楚而始隱，則隱公之經未嘗及楚，至莊十年"荆敗蔡
師于莘"，始見于經。則聖人之意不在乎正楚，而在乎正桓也，
無可疑矣。

或曰：子引堯、舜之讓以明隱公之事，則是與杜氏之説以隱
公爲讓國之賢君相類也。曰：不然。夫其讓之名至高也，讓之行
至美也，推是心以類夫堯、舜，奚遠哉？然隱公之才識智慮，昏
庸之人也，其行事多不善也，雖其讓之名與堯、舜同，是奚救於
昏庸之累哉？

曰：然則其讓桓是邪？曰：非也。隱公以庶長自嫌，故欲讓
桓爾。苟桓有聖賢之才，則己行泰伯之事猶可也。桓既非其人
矣，而不明大義，不能遵禮法之正，私意曲惠，欲同於攝。讒隙
一開，卒被大禍，則君子不與之也。君子尚不與之，況聖人乎？

尊王上

何休之學謂《春秋》黜周王魯，識者已非之矣，不復更論。
謹案：聖人以王道衰微，賞罰無紀，賢能不用，罪惡不誅，故采
舊史之文，裁以爲經，豈有他哉？篤於三綱五常，明於義理之盡

而已爾。

三傳及諸子不能具曉聖人之意，不知尊王之實，謂自周無出，言出，絕之於天下也。又謂榮叔歸含，召伯會葬，皆王之失禮，故去「天」字以貶之。此皆不曉聖人尊王之意，不達三綱五常義理之盡而云也。夫天王出居于鄭，必有故也。其故何哉？辟母弟之難爾。此乃直書以示譏也，豈於「出」字更加貶絕乎？噫！三傳見王子瑕奔晉，及尹氏、召伯、毛伯以王子朝奔楚，皆謂王者無外，故不書出，是以於天王出居於鄭及周公出奔晉，皆以爲貶絕之也。王雖不能以禮制其弟，帶遂爲亂，而王有何惡？遽貶絕之乎？周公楚與伯與爭政，不勝，怒而出，及陽樊，王復之。三日，卒出奔晉。若以出爲貶絕之辭，則是襄王之惡重於子朝，周公之罪甚於王子瑕及尹氏也。案王子瑕、王子朝、尹氏、召伯、毛伯，皆逆亂之臣也。逆亂之臣當族滅之，籍没污瀦是其刑典，故數子但書奔，不言出，絕之也。猶譚子奔莒、弦子奔黃之類，亦以國滅而不言出，義與此同。且凡外來奔魯，悉書來奔，不言出奔，是「來」字對「出」爲義爾。若《春秋》爲鄭史，則必書曰「天王來居于氾」，猶郕伯來奔，以其來我國，故不言出也，則又可以言王者無來乎？

或曰：若但書「天王居于鄭」，則出可知矣，何必書出乎？曰：凡諸侯外奔皆書出，明棄其境而出也。若衛侯朔出奔齊，苟但言奔齊，則出亦可知，聖人何故更書「出」乎？又天王居于狄泉，不言出，則在周地矣。此若書「天王居于鄭」，則在畿內，非鄭國也，不可之理審矣。以此足知其妄也。其謂去「天」字以貶王者，蓋惑於闕文爾。且仲尼不隱諸侯及卿之罪惡，則知王室之衰微亦以明矣。桓王使渠伯糾來聘，成桓公之爲君，尚不去「天」字，但貶渠伯書名，況他失禮之事不甚於此乎？由是觀之，其妄愈固不足疑矣。

尊王下

　　春秋列國莫大於齊、晉、楚。楚僭王號，固不足取，而齊、晉之君莫盛於桓、文，故孟子謂《春秋》："其事則齊桓、晉文，其文則史。孔子曰：'其義則丘竊取之矣。'"其故何哉？夫豈以其執中國之權，制天下之命而云乎？夫周室雖衰，天命未改，桓、文襲侯爵，臣子也，而執中國之權，制天下之命，則是强僭之臣也，奚足議邪？然聖人以其有尊周室、安中國之心故爾。何以知其然哉？謹案：惠王以惠后故，寵其子帶，欲廢太子，於是齊桓帥諸侯會王世子于首止，以定其位。厥後太子踐阼，是爲襄王。此仲尼所謂一正天下也。桓公既殁，叔帶卒亂周室，天王出居于鄭，幾不能復。於是晉文公帥師迎王以歸于王城，遂誅叔帶，故傳曰出定襄王，以示之義。由是觀之，則二君之大節可見矣，此聖人所以褒其功、稱其仁也。又齊桓之會，葵丘爲盛，以其一明天子之禁也。晉文之盟，踐土稱信，以其胥獎王室之忠也。夫以東周之微，不絶如綫，桓、文之勢震於天下，卒能尊周室，安中國，厥功茂哉！然不能推至公血誠，力遵王道之正，征伐自出，賦貢自專，則其罪爾。《荀子》曰："粹而王，駁而伯。"此之謂也。故仲尼因桓、文之事而辭以致其義焉。義者何？明於君臣之分，篤於仁義之心，離其駁，會于粹而已矣。

　　或曰：然則桓、文之功並邪？曰：然。

　　又曰：如此，則仲尼何以云"齊桓公正而不譎，晉文公譎而不正"乎？曰：仲尼之云譎者，一時權譎之謂也，非謂詐也。苟專以譎爲詐，則當云"湯、武正而不譎，桓、文譎而不正"，聖人不當云"齊桓正而不譎"也。且齊桓用兵脅魯，使殺子糾；

又以無名侵蔡，遂伐楚，責王貢之不入；甯母之會，又欲聽子華之言；凡如此類，豈不譎哉？晋文伐原以存信，辟楚以示報，躬率諸侯朝事天子，豈不正哉？但齊桓之定太子也，不欲使惠王廢嫡庶之正，是其本志，故仲尼謂之一正天下，首止之會是也。以其猶有强君之嫌，故謂之正而不譎也。晋文之逆襄王也，藉以求諸侯信義之名，非其至誠，而狐偃勸以繼文之業，王城之師是也。以其不本尊王之義，故謂之譎而不正也。噫！聖人發於精懇，章爲大訓，如此之極也，而後世猶有篡奪之臣，亦末如之何也已。

校勘記

〔一〕"以爲"，通本作"以謂"。

公即位

禮，君薨，嗣子既即位此謂殯之即位，繫先君之末年，未即改元者，子統於父，臣統於君也。《公羊》云："緣終始之義，一年不二君。"此説是也。世子稱子者，待之猶君也。遭喪即位，禮無明文。啖助曰："既殯而嗣子爲君，《康王之誥》是也。未就阼階之位，來年正月朔日乃就位，南面而改元，《春秋》所書是也。"謹案：《顧命》，四月乙丑，成王崩。太保命仲桓、南宫毛以干戈、虎賁百人逆子釗，延入翼室，恤宅宗。丁卯，命作册度。越七日，王麻冕黼裳，由賓階隮。太史御王册命。事畢，諸侯出廟門俟。《康誥》云：康王既尸天子，遂誥諸侯。群公既皆聽命，趨出，王釋冕，反喪服。其辭連《顧命》後，云康王既尸天子，則去册命不遠，不可謂之逾年即位也。況《命》、《誥》之文並無逾年即位之意，是啖子傅此而爲説也。《公羊》云："殯，然後即位。"杜預曰："《尚書・顧命》，天子在殯之遺制也。推此亦足以準諸侯之禮矣。"然大抵禮必有法，法無不通。若謂凡逾年宜即位，則假設諸侯十二月晦日薨，五日而殯，則是過朔三日。若待不殯便行即位之禮，則先君之薨裁一日爾，忍行之乎？此理所未安也。謹案：《虞書》："二十有八載，帝乃殂落。三載，四海遏密八音。月正元日，舜格于文祖。"稱二十八載者，舜受終于文祖後二十八載也。"三載，四海遏密八音"者，舜之三載也。"月正元日，舜格于文祖"者，孔安國云："舜服堯喪三年畢，將即政，故復至文祖廟告。"愚竊謂此是先王之禮，嗣君即阼之正法也。子張問："高宗亮陰，三年不言，何謂也？"孔子曰："何必高宗？古之人皆然。君薨，百官總已以聽於冢宰三年。"言古人皆然，則謂今不然也。三年之喪，天下之通喪也，天子、諸侯理應不異，則古者君薨既殯，然後嗣子册命爲主，於君薨之明年，既是嗣君之年，則義當改元也。又於三年服終之後當朝于王，王既錫命，然後告廟，行即位之禮，爲得其正。《詩·瞻彼洛矣》："思古明王，能爵命諸侯。"鄭氏箋曰："諸侯，世子。"除三年喪，即阼，乎曰〔一〕諸侯，有繼世之義。其爲太子也，固已命之於天子矣。既殯而即位，則臣子可以言公矣，亦猶《康王之誥》稱"惟新陟王"也。其逾年改稱嗣君之元年，則有成君之尊，故稱爵也。是嗣子統於先君之末年則稱子，逾年爲嗣君之元年則稱爵，義當然也。至於喪禮，三年聽於冢宰，服除而朝天子，錫命而爲諸侯，月正元日朝廟即阼，則當以堯、舜之法爲正。《左氏》釋公子遂如齊納幣云："凡君即位，好舅甥，修昏姻，娶元妃，以奉粢盛，孝也。"杜氏曰："謂亮陰既終，嘉好之禮始備。此除凶之即位也。"噫！此即位之説，乃與《舜典》之文相表裏也。但《左氏》之學不自知此是先王所制即位之正禮，不能究明之爾，好學君子宜深詳之。

卿書名氏

《春秋》凡卿書名氏，何也？志其執政之臣也。《春秋》之辭簡，不必於初命即書其名，因事則書之。凡國政之善惡，皆斯人之所與議，褒貶之理不獨在國君故也。其大夫比三事一命，不與國政，褒貶無所及，故例稱人，略之也。全盛之世，凡諸侯之卿皆命乎天子，所以奉三年之喪，來受爵命也，此義是也。周衰，禮壞樂崩，上昏下僭，故不待三年，而於君薨之逾年改元。之後不復聽王爵命，擅行即位之禮。仲尼書之，皆記過也。《孟子》：滕世子使問孟子，孟子曰：親喪，固所自盡也。三年之喪，齊疏之服，飦粥之食，自天子達於庶人，三代共之。然友反命，定爲三年之喪。父兄百官皆不欲，曰：吾宗國魯先君莫之行也，吾先君亦莫之行也，至子而反之，不可。復問孟子，孟子曰：孔子曰：君薨，聽於冢宰，歠粥，面深墨，即位而哭位謂喪位，百官有司莫敢不哀，先之也。草上之風必偃，是在世子。世子曰：然。五月居廬，未有命戒。至葬，顏色之戚，哭泣之哀。四方來吊者觀之，大悅。案《孟子》之言，則知魯皆不行三年之服也，又足見諸侯居喪之禮當如是也。

或曰：莊公、閔公、僖公不書即位，乃聖人善之乎？曰：不然。此三君自以繼弒避嫌，不書即位爾，非實能奉三年之制也。若書即位，則嫌乎如桓、宣之篡也。喪禮不備猶可也，篡則不可言也。故《春秋》於此三君，不復論其乖喪禮之貶也。

或曰：諸侯在喪稱子，改元稱爵。既稱爵，則焉得不謂之即？王命謹國政謂之命。卿若大夫，則本國之君自命焉，不與政也。《左氏》謂凡不書名皆不卿是也。春秋之時周室微弱，諸侯擅權，不奉王命，結爲仇黨，恣行侵伐，甚者滅人之國，臣弒其君，由是諸國之卿皆非王命，其勢不得不然也。莊三年，溺會齊師伐衛，《公羊》曰："吾大夫之未命者也。"云"吾大夫"，則是已爲大夫矣。云"大夫之未命者"，則是未正命爲卿也。

啖子曰："禮，諸侯之卿皆命于天子。"故趙氏不用《王制》之文而以啖説爲正。然此乃治世之正法也，衰亂之世豈能然邪？愚案隱公之卿多不書氏，蓋隱公以庶長自嫌，欲同於攝，故所用之卿亦不正命，皆去族以別之。傳曰："隱不爵命大夫。"此説是也。啖、趙謂未命之卿爲未王命，又以爲齊桓伯後未命卿，序

在命卿之下，故例皆請命。小國不能自通王室，亦少能爭長，故
皆不請，終於春秋。此説無所據，恐不然也。魯桓公三年，翬始
稱公子。桓弑君兄，又成宋亂，不顧王法，莫此之甚，豈復請天
子命翬爲卿邪？蓋桓公寵其篡謀，自命之爾。又諸侯之薨，嗣子
不待王命，皆擅行即位之禮，其間復有不正而自爲君者，豈於命
卿乃反請天子乎？楚子僭稱王，又豈肯更於周請命乎？斯理之不
然也，斷可知矣。襄二十九年，諸國之卿城杞，鄭公孫段亦書名
氏，杜預以爲攝卿行也。案攝卿則但書名，柔、溺是也。此蓋鄭
國僭有六卿，故城杞之時段以爲卿。至三十年伯有之死，又命爲
上卿之亞，故子產使次己位也。噫！《春秋》迹盛衰，凡大國之
卿皆書名氏，記其人，則於其行事也，得以褒貶之矣。内大夫攝
行卿事，則去族以別於正卿；外大夫攝行卿事，事接於魯，則亦
書名，詳外也。鄭自平王之後，桓、武之間稍亦强盛，比於陳、
蔡。莊公多所侵伐，其後繼有良臣，故《春秋》於伯爵之國獨
書鄭卿名氏。自曹以下，至邾、滕、紀、莒之類，雖有侯爵者，
皆以微弱，不能自强於國政，當時無所輕重，故略其卿，稱人而
已。獨曹公子首以助大國伐無道，公孫會以公族而叛，皆特書族
詳之也。其他小國以事接於魯，雖其正卿，亦但書名，降於大國
也。若謂之不請命，則二百餘年之間，凡小國無一人請命乎？亦
近誣也。秦自穆公，奄有西戎，然大抵不預中國盟會侵伐，但與
晉爲仇敵爾，故不書卿之名氏。經書秦伯使術來聘，降于大國
也。楚國僻遠，始稱人，漸進稱名，後遂具大夫名氏，亦見其因
時之盛衰也。以此知大國當其書名氏，不足疑也。

啖、趙據城濮之戰楚得臣稱人，以爲未命之卿稱人也。愚案
得臣稱人，蓋亦降稱人爾。下文有“楚殺其大夫得臣”，知此戰
者是得臣也。啖氏又曰：外未命之卿略而稱人，所以重王命，尊
周室也。案諸侯篡弑者與諸侯會，則正其爲君，豈是重王命乎？

蓋所以顯其罪惡，不待貶絶而見之矣，則諸侯之卿亦當然也。雖非王命，自以大國權勢之重，備書名氏。既書名氏，則貶在其間矣。啖氏之説皆自治世言之也，其謂叛、逆、奔、執、殺則例皆書名，以示勸懲，此説是也，但不當謂未王命爾。且既居卿職，執行國政，雖未正命，固當書名。何者？以其任用稍尊，異於衆大夫也。又其間有功善可録者，則特書以進之，屈完是也。是時楚卿未見於經，召陵之名亦是事接於魯，例合名以功，故特書名氏也。但春秋之世有功者希，爲罪者多，故鮮其人爾。又諸侯世子以國嗣之重，當在卿上，其諸侯兄弟名見于經者，亦皆命卿，故書之也。

稱　人

經書人者，義例非一。啖助謂三傳以卿有罪者貶之稱人，則是掩惡也。唯楚子稱人，以圍宋貶之，同外域[二]也。此蓋用《穀梁》之説，謂人楚子所以人諸侯，不正其信荆蠻[三]而伐中國也，義亦非矣。是時晋文公即位四年，勉修國政，出定襄王，欲繼齊桓之業，而諸侯不能早援大國，共尊天子，反事僭楚，同力圍宋，則此諸侯曾魯瞽之不若也。夫楚子恃強而僭，其罪惡不待貶絶而見也，故略楚子稱人，所以使罪歸於諸侯爾，又以公之往會而示諱焉。下文曰：“公會諸侯于宋。”若上有楚子，則嫌公往會之罪與諸侯鈞矣。既曰楚人，而下云公會諸侯，則是使若楚人不預然，斯其微旨也。且《春秋》雖大國之卿亦不得序在諸侯上，知此楚人即楚子也。蓋聖人托以明義，婉而成章，故變文也。若謂人楚子所以人諸侯，則亦是貶以稱人也，聖人之意殆不然矣。噫！夫《春秋》之稱人自有明例，但諸儒思之未至爾。

《書序》曰"秦穆公伐鄭，晋襄公帥師敗諸崤"，而《春秋》書曰："晋人敗秦師于殽。"此皆仲尼之言，而乃異同者，其故何哉？《書序》舉其實，而《春秋》著以法而云也。夫穆公遣師伐鄭，又入滑，貪狡無信，輕棄民命者也。晋往敗之雖非正，然秦罪重於晋，若書晋子或晋侯敗秦師于崤，則是罪晋甚於秦矣，故仲尼稱人以恕晋也。歷觀經之本末，義例皆然。大抵事善而情或可責，則稱人以略其美。事不善而理有可矜，則稱人以泛其罪。若楚子圍許救鄭，如奉天子之意而實不然。公子遂會晋人、宋人、衛人、許人救鄭而緩慢不恪，若此之類，皆事善而情有可責，則稱人以略其美也。晋襄公敗秦師于崤，而秦有貪虐之罪。成公與諸國大夫盟于蜀，非大夫强請。若此之類，皆事不善而理有可矜，則稱人以泛其罪也。其或不繫乎是非輕重者，亦特略以稱人，若陳人之歸是也。餘無此義類而稱人者，直非卿爾，而三傳謂貶諸侯及卿稱人者，皆不悉聖人之意然也。

校勘記

〔一〕"乎曰"，"乎"字當有誤。

〔二〕"外域"，通本作"夷狄"，是。

〔三〕"荆蠻"，通本作"夷狄"，是。

卷三

朝會盟

天子建侯，列之五等，盤錯重固，謂之守土之官，則自非王命，不當出境也。春秋之諸侯輒相朝會，此不臣之迹也。若乃鄰國之君，壤土相接，風聲禮化得以相關，豈可禁其往來而絕其歡泰乎？聖王創禮，必不然也。當有制度，爲之節文，但不可不稟王命，私相朝爾。至於會遇，亦是古禮當然。或天子巡省四方，或王命征討有罪，故爲制會遇之禮以親之也。春秋之際上陵下替，以強制弱，以多暴寡，故諸侯擅相會遇，以固仇黨，聖王之罪人也。然則會既不可，又從而爲之盟者，則其罪愈重矣。嗚呼！至治之世，綱紀張設。諸侯嗣守國土，恭行王政。有功德者賞之寵之，有罪惡者罰之廢之，曷敢私相爲會，重之以盟乎？何哉？以其制由天子，天下莫敢不一歸之於王度故也。是故雖在衰世，亦無王者與盟之義焉。齊桓、晋文之初，舉非王命，特以會世子，定襄王，遂命之以爲侯伯，然不能以禮法之正一請王命，以制天下，則非正也。本既不正，則須假天子之命而盟以固之爾，故伯者之盟，葵丘爲盛，以其不歃血而一明天子之禁也。然聖人猶譏之云者，以天子三公在是，當直宣王命而已，何假陳牲哉？此見其實不尊王之意，蓋吝之也。它會盟則各具于《通義》，此不復論。大抵盟者列國[一]之事也，本不可行之中國，衰敝之時猶賴之者，以其托好會，要神明，有益乎沮奸心而救亂世也，悲夫！

會盟異例

《春秋》記事，有取舍繁省。凡常事合禮者，及不合禮而事小不足爲懲勸者，雖舊史或載，而經則不書，故外相朝會不書也。其特會、參會亦有書者，以明上下事迹故爾。至於大會諸侯則必書，何者？以天子在上而諸侯非王命大爲集會，啓爲疑之端，故書之也。凡經書諸侯會于某而上文無公會者，魯不預也，扈之會盟是也。若公雖預盟，而但曰公會諸侯盟于某而不序者，公得罪，不與公序，直令歃血而已。爲辱之甚，不敢直書其事，故變文也，文七年扈之盟是也。又書不見公，及公不與盟，皆未至深辱，故直書也，沙隨、平丘之會是也。其上文書公會某侯、某侯于某，下云同盟于某者，則一會之人盡盟也，若柯陵之盟是也。雖上文書公會某侯、某侯于某，不直言同盟，而又再言諸侯盟于某者，亦公不預也，祝柯之盟是也。其書公會天子之卿、某侯、某侯于某，而又言公及諸侯盟于某地者，則天子之卿不預，皋鼬之盟是也。於此例中又不言公及者，則仲尼特有微旨也，首止、葵丘之盟是也。推此則見聖人製作之體自有法度，而三傳及先儒皆不盡曉，是致聖人之意暗而不章，不亦惜哉？其諸解釋，具見《通義》。

侵伐取滅

《易》曰：地水，師。取其行險而順，能以衆正之象也。聖哲之士觀其象而得用師之術焉，此兵之所由起也，所以征暴亂而肅天下也，聖人不得已而用之爾。用之有時，旋即休偃，又所以訓戢兵，戒黷武也。是故王者之兵有征有伐：凡本仁義，以名辭往正之曰征，舜征苗，湯征葛是也；加用功力曰伐，若文王伐崇，武王伐紂是也。孔子曰：“天下有道，禮樂征伐自天子出。”是其正也。春秋之時，王綱絶紐，諸侯擅命，侵伐自出，蕩然不制。雖桓公之師，其始亦不能應于王義，後遂有功，周室乃命爲侯伯。用師侵伐雖假王命，其實專之，非正也。至他諸侯，則本非天子之命，而黨交力争以自爲。侯伯者，皆當世之罪人也，然《春秋》皆書伐者，假名辭，用功力也。趙正曰：“凡師，稱罪致討曰伐，無名行師曰侵。”此説近之矣。然案當時兵伐之事多非王命，豈論有名與無名乎？當日[二]稱罪致討曰伐，否曰侵，謂不聲辭以致伐，直侵之爾。聊舉一二，以明其事。宣三年夏，楚人侵鄭。傳曰：“鄭即晋故。”六年春，晋趙盾侵陳。傳曰：“陳即楚故。”案此二者，以其叛己之故也。雖有叛己之事，二國不聲辭以伐之，即書曰侵爾，豈是無名乎？又若以無名之稱施於非義，則春秋之伐孰爲義乎？但以其稱彼之罪，以行其伐，亦幾於奉辭之體，故云伐也。若無辭以稱其罪，直行侵犯，事與伐異，故云侵也。《詩》曰“四夷交侵”，是其義也。取者，三傳皆以爲易辭也。趙正曰：“或邑或附庸，凡力得之曰取。”予案二説俱非也。詳觀經例，歸、取之義，但以好曰歸，非好曰取爾，不施於易與力也。滅者，滅其宗廟社稷也。凡滅人之國而反書取者，謂不滅其祀，以爲附庸也此啖、趙義。取大邑亦有書滅者，誅殺吏民，無道之甚，且又大邑不可以[三]同乎小國，故書滅以罪之也。

紀　師

《春秋》凡它國用師之事書之于經者，皆成師以上乃書之也。

何哉？重衆也。至于魯，則雖不成師亦書之，重内事也。《公羊》曰：“將尊師衆稱某帥師，將卑師衆稱師。”此説是也。施之於内外，俱可通矣。其曰“將尊師少稱將”，謂不滿二千五百人者，此則施之於内可也，不可通之於外國也。夫外師，皆魯史承赴告而書也。苟赴告之時不言師數，則魯史何由知之乎？故凡書卿而不言帥師者，皆不知其師之衆寡，則闕之也。又曰“將卑師少稱人”，此一説則内外俱不可通。案桓十三年，及燕人戰，燕師敗績。此人亦稱師，則燕師雖少，亦不下二千五百人也。此不可施之於外之明驗也。若施之於内，則不復稱人矣。然則凡外師稱人、稱師，各舉重以言之爾。其有不繫褒貶重輕，則但稱師，晉趙鞅荀瓦之師是也。内師則凡書卿而不言帥師者，不成師也，若叔老會晉荀偃伐許是也。不書卿而但言師者，則卑者將而師多也，若師及齊師圍郕是也。書及某人伐某，或止書伐某者，則卑者將而又不成師也，若及宋人、衛人伐邾與滅項是也。又有公親行而諱之者，若及邾人戰于升陘是也。詳此義例，則可以觀《春秋》用師之制矣。

戰　上

　　《春秋》侵伐圍入，舉其文則罪可知也。至于戰則不可知之，故書及以別其曲直輕重也。何哉？凡魯與他國戰，率以内及外而書之，意者以尊内及外而言之也。既尊内及外，則不以師之客主論之。内既不以師之客主論之，則它諸侯之戰書及者亦然矣。蓋尊其及之者，外其及者，故不以客主論之也。然則《春秋》大抵多是主及之者，何也？曰：《春秋》之世，諸侯擅行侵伐，率非義舉，故多以主及客，罪暴亂也，其罪鈞者亦然。若暴亂之國爲諸侯所伐，則以客及主。何休曰：“戰言及者，所以別客主直與不直。”此説是也。《穀梁》曰：“客不言及，言及，惡宋也。”何休難之曰：“河曲之戰兩不直，故去及。今宋言及，明直在宋，非所以惡宋也。即言及爲惡，是河曲之戰爲兩善乎？”又《穀梁》以爲“河曲之戰不言及，略之也。”自相反矣。鄭氏釋之曰：“及者，別異客主爾，不施於直與不直也。”直不直自在事而已。義兵則客直，邲戰是也。兵不義則主直，衛人及齊人戰是也。今齊桓卒，未葬，宋襄欲興伯事而伐喪，於禮尤反，故反其文，以宋及齊也。即實以宋及齊，明直在宋，則邲之戰直在楚，不以楚及晉，何也？河曲戰不言及者，疾其亟戰争舉兵，故略其先後。啖助曰：“凡外戰皆書被伐之國以及來伐者，宋師及齊師戰，獨違常例。”案《左氏》及齊伐宋也，趙氏曰：“《春秋》紀兵無曲直之異，一其非也。兵，王者制之。凡戰先主人，見不服也，謂以主及客也。”又曰：“以內及外[四]，內中夏而外秦楚也[五]。”三子之説，俱祖《穀梁》而言也。愚案齊有竪貂、易牙之亂，故宋襄公以齊桓之故，遂以孝公伐齊，豈是伐喪乎？其謂邲之戰楚爲直者，案楚子爵，遠在江、漢，侵滅小國，浸以强大，又僭號稱王。是時楚子入陳，明年圍鄭，若無晉國，則楚子當滅中夏諸侯而西取周室矣。賴晉景承文公之業，猶多良臣，政令未衰，兵力猶盛，故楚不能以得志于中夏，晉之力也。是以仲尼凡內諸侯與楚戰，必以諸侯及之者，罪其僭亂而抑之也。觀楚莊王邲戰之事，傳文多稱其美，豈能贖其僭亂之罪哉？季氏八佾舞於庭，仲尼猶曰“是可忍也，孰不可忍也”，況楚以子爵僭而稱王乎？原之以情，則叛逆之臣也；論之以法，則誅戮之罪也。噫！俗儒但見楚莊强盛之勢，文辭之美，故多稱之，非仲尼，孰能正其罪哉？故楚子之卒，例不書葬，此聖人之義亦已明矣。鄭氏經傳洽熟，號爲醇儒，但以漢末衰微，世無聖哲，故鄭氏獨出時輩；然其於《春秋》之意，多不知聖人微旨，又性好《穀梁》，往往回護，其知率類此也。啖助謂是齊伐宋者，案經文上言宋伐齊，下言宋師及齊師戰，安得謂之齊伐宋乎？傳言齊人將立孝公，不勝，四公子之徒遂與宋人戰。蓋是齊師伐宋，欲定孝公，齊人內應，既而不克，四公子之徒遂與宋人戰，豈是齊伐宋哉？今略言外戰書及之事以明之。莊二十八年三月，衛人及齊人戰，衛人逆王命，齊人受賂而還，其罪鈞也。僖十八年，宋伐齊，及齊師戰于甗，討齊亂也。文二年二月，晉侯及秦師戰于彭衙，秦伐晉也。七年，晉人及秦人戰于令狐，晉悔過，復世子，秦不當戰也。十二年，晉人、秦人戰于河曲，交爲主而曲直鈞也。宣二年，宋華元及鄭公子歸生戰于大棘，鄭受楚命伐宋也。成二年，衛孫良夫及齊師戰于新築，齊伐魯、衛也。昭十七年，楚人及吳戰長岸，吳伐楚也。哀二年八月，趙鞅及鄭罕達戰于鐵，荀寅、士吉射伐君，遂入朝歌以叛，而齊人輸之粟，鄭罕達送之，趙鞅禦之。事乃因趙鞅禦之而戰，書“鞅及”者，鄭助叛臣也。由是觀之，大抵以直者及其不直者，以罪輕者及其罪重者，無可疑也。其內戰既以內及外，則不分曲直，惟志勝敗而已。若大戰繫於存亡，則勝負皆書敗績，志其重也。其常戰，勝則書曰某敗某師于某，敗則但書戰，略其輕也。又有曲直灼然者，則變文以示義。若桓十年冬，齊鄭來戰于郎，是時魯全無罪也。十二年冬，戰于宋，則是魯不當往戰，曲也。詳此，足以知聖人書戰之例昭然矣。

戰　下

《左氏》曰：“皆陳曰戰（《公羊》謂之偏戰，《穀梁》謂之前定之戰，其義一也），未陳曰敗某師《公羊》謂之詐戰，《穀梁》謂之疑戰。”此皆未盡其旨也。謹案魯敗外師，悉書曰某敗某師于某，凡八，豈盡未陳而詐戰乎？莊十年，公敗齊師于長勺，傳言戰于長勺，齊人三鼓，則皆陳而戰明矣。昭二十三年，吳敗頓、胡、沈、蔡、陳、許之師于雞父，謂之疑詐則可矣，而《左氏》乃曰"不言戰，楚未陳也"。案楚雖未陳，諸國已陳，則何妨書戰乎？此雖欲自救其失，適足甚之也。啖助謂"未陳之例，外戰可通"，則聖人修經，何故內外之辭同而義乃相反乎？亦不通矣。蓋戰者，兩國列陳，彼此相敵，故書戰。若此強彼弱，陳不相敵，則不可書戰，但書敗某師，舉重省文耳。《春秋》魯史，據內爲文，故凡魯勝，悉書曰敗某師，是不使外師得敵于我也。敗則但書戰，是彼得敵於我之辭也。得敵於我，則魯敗明矣。不言敗，諱之也。中國與外域^[六]不言戰，不使外域^[七]敵中國也，義亦與此同耳。《穀梁》曰："爲尊者諱，敵不諱敗；爲親者諱，敗不諱敵。"此說是也。諱敵不諱敗，則王師敗績於某不言戰是也，君臣之辭也；諱敗不諱敵，則及邾人戰于升陘不言敗是也，列國之辭也。且春秋用師皆紊王法，偏戰未必是，詐戰未必非，同歸於危亂而已矣，又焉足爲輕重者乎？

校勘記

〔一〕"列國"，通本作"夷狄"，是。

〔二〕"當日"，當作"當曰"。

〔三〕"不可以"，通本無"不"，是。

〔四〕"以內及外"，通本作"以華及夷"。

〔五〕"內中夏而外秦楚也"，通本作"內中國而外四夷也"。

〔六〕"外域"，通本作"夷狄"。

〔七〕同上注。

歸　入

　　《左氏》曰：“國逆而立之曰入，復其位曰復歸，諸侯納之曰歸，以惡曰復入。”《公羊》曰：“復歸，曰出惡，歸無惡。復入者，出無惡，入有惡。入者，出入惡。歸者，出入無惡。”《穀梁》曰：“歸爲善，自某歸次之。”“入者，内弗受也。”曰入，惡入也。又曰：“大夫出奔反，以好曰歸，以惡曰入。”《通例》曰：“歸入以惡皆曰復句絶。歸者，言國逆而歸。復歸者，雖國逆而其事不善也。入者，不爲國逆而自外入也。復入者，又有惡也。”啖、趙“歸、入”之義亡，而《纂例》示入者多非善也。愚案諸例不一，其實難通。唯突歸于鄭，《穀梁》云：“歸，易辭也。”我入邴，《公羊》云：“言入，難也。”二傳各有一説，得仲尼之旨，以此知二傳之學博總前後諸儒之論，以成其書，特此一義是一人之獨見爾。然二學不能專守大義，反攻異端，故致其混亂經意，久誤學者。今舉諸例不合於經者以明之。《左氏》云“國逆而立之曰入”者，則鄭伯突入于櫟，且殺檀伯，豈國逆乎？云“復其位曰復歸”者，則衛侯朔入于衛，何以不言復歸？云“諸侯納之曰歸”者，則蔡季自陳歸于蔡，乃蔡人召之，豈諸侯納之乎？云“以惡曰復入”者，則蓋見欒盈、魚石唯此書復入，故云爾。夫書其出奔，又書其復入，皆以險難擅入其國，以據其邑，則罪已明矣，何必以入爲惡哉？此《左氏》之説不通也。《公羊》云：“復歸者，出惡，歸無惡。”則衛侯出奔楚，不名，以令叔武攝也。復歸，書衛侯鄭自楚復歸于衛，以殺叔武也，豈"出惡，歸無惡"乎？云"復入者，出無惡，入有惡"者，亦同《左氏》之説也。云"入者，出入惡"，則許叔入于許，豈有惡乎？云"歸者，出入無惡"，則突歸于鄭，豈無惡乎？此《公羊氏》之説不通。《穀梁》云"歸爲善，自某歸者次之"，又云"以好曰歸，以惡曰入"，其意大抵同於《公羊》，此《穀梁氏》之説不通也。《通例》云"歸入以惡皆曰復"，則鄭世子忽復歸于鄭，豈有惡乎？云"歸者，言國逆而歸"，則衛逆公子晋何不言歸乎？云"入者，不爲國逆而自外入也"，則夫人姜氏入，豈非公親逆乎？云"復入，又有惡"者，亦用傳義爾，此《通例》之説不通也。由是觀之，則諸説皆不可通，亦已明矣。夫歸者，直歸己之國爾。平常歸己之國，奚復難哉？至有憂患險難，則不可書歸，故同外入之例，言入以別異之也。歷觀經文，前後皆然，其説各具于《通義》，學者宜詳之也。

會　及

《左氏》曰："凡師出，與謀曰及，不與謀曰會。"而桓十六年春，魯、宋、蔡、衛會于曹，夏伐鄭，言會不言及。杜氏遂以爲諱納不正，故從不與之例。又見伯主侵伐，亦有與謀而書會者，遂以爲盟主之命則上行乎下，雖或先謀，皆從不與之例。此蓋傅會傳文，實非通論。案經稱會及，則其與謀也從可知矣，豈有不與乎？果若本非期約，則當書曰"某侯來會公"，如定十四年邾子來會公，此例是也。《公羊》曰："會，猶聚也。及，我欲之也。又曰汲汲也。"《穀梁》曰："會者，外爲主。及者，內爲主也。"二傳文雖不同，義亦相近。案僖四年，及江人、黃人伐陳，是時齊桓帥諸侯伐楚，執袁濤塗，遂命魯伐陳，豈是我欲之乎？又桓十七年，公與邾儀父盟。至秋，及宋人、衛人伐邾。此乃宋志，豈是內爲乎？莊八年夏，師及齊師圍郕，郕降于齊師。又豈是內爲主而我欲之乎？由是觀之，則三傳之説俱不通矣。杜氏又曰傳唯以師出爲例，而劉、賈、許、潁濫以經諸及字爲義，欲以强合，所以多錯亂也。愚案經凡盟會戰伐俱言會及，而《左氏》唯以師爲義，則仲尼何故於盟會亦分會及乎？諸儒自不通《春秋》制文之體，遂紛亂爾。謹詳此會及之例，凡盟與伐並皆通用。蓋及者魯先至，會者彼先至，而魯往會爾。何者？若首止之會，公已先至，諸侯在後，即不可以言公會諸侯，故以公及之。若諸侯有一人先至，即公在後，不可言公及諸侯，故以公會之。又以公之寡，則公先至者少，故書及者少也；以諸侯之衆，則公後至者多，故書會者多也。義既當然，仍有明據。若雉門及兩觀災，亦以先後而言，與此同也；況凡及盟、及伐之類，諸侯一心，善惡同之，故止以先後爲義。唯戰及則異於是，以兩相仇敵，須分曲直輕重，故變其例，以直及不直，以罪輕及罪重。若以先及後，則當以客及主，蓋不可通之於經。況此義亦有據焉，若宋督弒其君與夷及其大夫孔父，是以尊及卑也。尊卑、曲直之義，亦相類也。其有已書會例于上句絕，下欲明魯與諸侯盟，則但書及，以我及外，且不嫌也。若定四年，公會諸侯于召陵，書公及諸侯盟于皋鼬。襄三年，公會諸侯同盟于雞澤，書叔孫豹及諸侯之大夫及陳袁僑盟是也。義例昭然，無足疑矣。

書　遂

　　《春秋》書遂凡二十有一，《左氏》不解，而於文十八年“冬十月壬午，公子遂會晉趙盾盟于衡雍。乙酉，公子遂會雒戎盟于暴”釋之云："遂會伊雒之戎。"殊不知聖經之體制也。杜氏於"公子遂如京師，遂如晉"，以爲各受命。於"公子結遂及齊侯、宋公盟"，乃用《公羊》之説，以爲專辭，自相差謬矣。若以爲各受命，則衡雍暨暴之盟豈是一受命而再舉公子遂乎？若以爲專辭，則祭公遂逆王后于紀，苟無王命，則祭公焉敢擅逆后乎？推之人情，必不然也。《穀梁》曰："遂者，繼事之辭。"此但解遂字，而不原聖人所以書遂之意，殊亦未備。趙氏用《穀梁》義，而於晉侯侵曹、晉侯伐衛下釋云："不言遂者，非因侵曹而伐衛也。"案《左氏》，晉侯將伐曹，假道于衛，衛人弗許。還自南河濟，侵曹，伐衛。以此言之，則是因侵曹而伐衛明矣。若謂凡諸遂字但以繼事而書，無他義例，則何故不遂書伐衛而再舉晉侯乎？又衡雍與暴之盟，壬午至乙酉三日爾，既無他義例，則何故不書遂，乃煩其文，再舉公子遂乎？如《穀梁》義，固淺矣。杜氏曰："再舉晉侯，兩國俱來告。"此亦不然。蓋其本因各舉侵伐之命，故不可書遂。若一舉本謀侵曹伐衛，則雖兩國俱來告，亦何妨書遂乎？趙氏又謂僖四年齊桓伐楚，是尊周室也，然怒蔡興師，假名及楚，非其誠，故書曰遂，則反以書遂爲譏也。若是，則侵曹伐衛再舉晉侯，豈聖人褒其誠乎？不當然也。謹案《公羊》，一事而再見者，卒名及先日後凡之例，其義皆通，則書遂之義亦猶是也。蓋《春秋》記事，凡二事一舉則稱遂，二事各舉則具文。驗之前後，無有或異者。若晉侯侵曹，命令已舉，衛不假道，遂再舉。伐衛之令則須具文，不可盡遂也。公子遂受命會晉趙盾盟，又受命會雒戎盟，與此同也。餘無此義例，但當書遂，而聊舉一二以明之。僖二十八年，公侯云云于溫，天王狩于河陽。下文，諸侯遂圍許。蓋晉侯始伯，會諸侯朝王，以討不服，則會溫圍許本因一舉，故言遂也。是時曹伯襄復歸于曹，遂會諸侯圍許。蓋伯主復之之後，即時赴會，故亦言遂。宣十八年，公孫歸父還自晉，至笙，遂奔齊，亦因聘晉之舉，其義一也。餘各具於《通義》，學者詳之。

公　至

諸侯世嗣宗廟社稷之重，其將出也，必告廟而後行；其反也，又有告至之禮；所以謹出入，慎安危也。《王制》曰："諸侯將出，宜乎社，造乎禰。"《曾子問》曰："諸侯相見，反必親告於祖禰。"是也。《春秋》書公至，即其事也，三傳之説各異。《左氏》云："告于廟，故書。"此得其粗者也。《公》、《穀》則緣其事以爲説，或謂之危，或謂之惡，或謂之久，或謂之遠，或謂之得意，或謂之不信。此皆傅會之談，非實仲尼之旨也。啖助曰："凡公行，書至者八十有二，不書至者九十有四。此因時君告廟不告廟也，告廟則書之於策，故《春秋》書之，以示功過，且志其去國遠邇遲速也；其餘不告，或恥或怠也。"此據《左氏》而云也。昭二十六年春，公至自齊，居于鄆。又云公至自會。二十八年，公如晉，次于乾侯，又書公至自乾侯。是時季氏據國，公亡在外，則豈因告廟然後書之乎？蓋公雖在外，然其如齊、晉也，季氏與國人無容不知，故史官得以書之爾。沿此則知，凡公之出入，史皆書也。但仲尼修經之時，凡曾告廟者則存之，以記得禮；其不曾告廟者則不書，以示失禮而譏之也。隱公之時，自嫌非正，凡於其至，俱不行告廟之禮，故仲尼亦不書之，以明其失也。其昭公在外亦書之者，此乃仲尼痛閔昭公，疾惡季氏，特書之以志其變爾。故魯卿凡被執辱而歸者，亦書至焉，其義一也。《公》、《穀》二傳見有此義，故妄爲之説，殊淺陋也。其有二事者，《穀梁》曰："二事偶，則以後事致；後事小，則以先事致。"啖助曰："或致前事，或致後事，蓋夫子擇其重者志之也。"此不通矣。案例，凡圍滅重於侵伐。襄十八年，諸侯圍齊，而書公至自伐齊。若舉重，則何以不言至自圍齊乎？襄十年，會吳于柤，遂滅偪陽，而書公至自會，則何以不言至自滅偪陽乎？僖四年，諸侯侵蔡，蔡潰，而書公至自伐楚。不曾戰，則蔡潰爲重，何不言至自侵蔡乎？由是言之，則非舉重也明矣。蓋經書至者，以其告廟而書也。所書之文，則用告廟之辭也。若辭稱至自伐楚，即以伐楚書；若辭稱至自侵蔡，即以侵蔡書。足明聖人所書之文皆紀其實況，事迹自明，何假更用舉重之義哉？

郊　禘

成王追尊周公，賜魯以重祭，郊禘是也。儒者或謂君臣名器者，禮之大分也，成王不當賜魯以天子之祭，故仲尼修經，凡遇郊禘之失禮，而書之以示譏也。愚謂此書蓋失之矣。夫武王甫定天下而崩，成王在襁褓，周公以聖人才識，膺顧托之重，攝王政，制典禮，隆周道，致太平，教育成王逮乎成人，然後一明復辟之義，其功德豈有量哉？是故成王欲尊寵周公，無以稱其意，故賜魯以郊禘，子孫承之，則尊寵周公之意無窮已也，奚拘以常禮而忽天下之度乎？議者何不見監諸堯、舜之事而思乎？且仲尼之經亦無譏郊禘之旨，但衰亂之世既僭且慢，則其罪焉。故孔子曰："魯之郊禘，非禮也，周公其衰矣。"蓋以僭慢而言之也。經書吉禘于莊公，僭也；鼷鼠食郊牛角，慢也；非謂譏郊禘也。故常時之郊禘不書，則常事不書也。假使成王之賜果爲失禮，則王命固已久矣，後王可俾魯侯廢先王之命而止之乎？魯之嗣君又可廢先王之命而慢其祖乎？以此又知罪不在魯故也，則聖人之不譏郊禘，無所疑矣。學者知成王尊寵周公之義，因謂賜魯以郊禘，使得用天子之禮，旂章日月，祀帝于郊，配以后稷此《明堂位》之文；又謂魯以周公故，特置文王廟此杜氏義；亦皆失之矣。謹案成王命魯以郊禘者，專欲尊寵周公爾。若使魯侯世得用天子之禮，則不惟僭亂而無紀，反是尊寵其後代子孫，豈是尊寵周公乎？且郊之祭也，必以祖配，故周之郊也，以后稷配。今既魯郊，則何故祖后稷而已爲配乎？其禘禮，則《明堂位》云：“以禘禮祀周公於大廟。”此說是也。魯亦無文王之廟，儒者見禘是王祭，故云然。夫郊者，祭天之名；禘者，祭先王之號。是皆天子之事也，諸侯不得郊天、禘其先王。成王追思周公之德，於其薨後賜魯以郊禘之祭，郊必以祖配，是尊寵周公，使配天也；禘者，禘其祖之所自出，是尊寵周公，使配文王也。於是尊寵周公之意無有窮已，子孫承之，世世不絕也。其魯侯之所自用車服制度，則有常矣，又何乖君臣名器之分乎？其《左氏》之學謂禮不卜常祀，凡郊則爲非禮，此說是也。《公》、《穀》之學乃謂三卜不從，當不郊，或免牲爲禮，恐不然矣。果若三卜不從而不郊，或免牲以爲禮，則何故國之重祭，且本王命，當歲行之，豈以三卜不吉而遂止之乎？案禮，吉事先近日，辟不敏也；凶事先遠日，辟不懷也。則夫卜葬日者豈以卜不吉而遂不葬乎？必不然也。則郊當三卜，先卜上辛，不吉；次卜中辛，又不吉；則卜下辛，又不吉；則於三卜之中擇其差勝者用之，以表誠愨之義，但不當不郊爾。以此知《公》、《穀》之說無所據也。

或曰：果若從左氏，謂不郊爲非禮，則何故未嘗書《春秋》三月三卜郊不從乃免牲乎？曰：《春秋》適無此一節事爾，何足疑而難之乎？

灾　異

　　《春秋》書灾異，以記其變。若日食、星隕、地震、山崩之
類，此天地之變者也；霜雹、火灾、水旱、螽螟之類，此天地之
灾者也。特日月之食乃數之常躔，次所定無毫厘之差，然《春
秋》何以書日食，同之灾變乎？夫日者，至陽之精，至明之體，
人君之象也。因其虧食即同之灾變，而書者，蓋聖人假此以示
訓，謂日之高明猶有侵食之者，況人君乎？欲使人君睹之而知自
戒懼爾。是故月食不書，獨取日義而書之也。其星隕、地震、山
崩，則非常之變也，餘則常行之灾也。非常之變，人君所當懼；
常行之灾，人君所當憂；大要在德政而已。《左氏》凡日食、火
灾，多用術數之說。董仲舒、劉向、劉歆五行之傳及何休之注，
悉引前後事迹，參錯傅會，巧索異端，以效其說。異乎，諸子之
好怪也，不亦甚乎？故一切不取。噫！聖人難言性命，不語怪
神。天人之道相去不遠，但觀當世所行之事，則治亂興衰之迹昭
矣，何必膠柱於一端，紛挐於異說哉？

　　或曰：《春秋》何以不書祥瑞乎？愚案祥者善之感也，瑞者
信之符也，則天地順，日月明，陰陽和，風雨時，鳥獸蕃，草木
茂，萬物之性靡有不得其所者，是天地之正也。正則祥瑞也，變
則灾異也，豈有它哉？

　　又曰：然則《國風》何以錄騶虞、麟趾？仲尼何以嘆鳳鳥、
河圖歟？曰：騶虞與麟皆仁獸也，《周》、《召》之正風，錄此二
詩以爲《關雎》、《鵲巢》之應者，感王化之成而云也。《麟趾》

之詩，其叙曰：“《關雎》之化行，則無犯非禮，雖衰世之公子，皆信厚如《麟趾》之時也。”詳此，是太平之公子則有禮義如麟也。此雖衰世之公子，爲感文王之化，亦如此太平之公子，故云然也。《騶虞》之詩，其叙曰：“《鵲巢》之化行，人倫既正，朝廷既治，天下純被文王之化，則庶類蕃殖，搜田以時，仁如騶虞，則王道成也。”詳此，是仁化既行，物無夭傷之患，如此騶虞之仁，故云然也。《詩》之大義，以此興而言爾。而説者遂誤以爲應德而至，失之矣。但太平之世未必有騶虞，衰亂之時未必無麟，但此二獸實仁義之獸而已。至于鳳鳥、河圖，竊詳仲尼之旨，則知是聖人盛德之瑞，太平神化之符也仲尼但言“鳳不至，河不出圖，吾已矣夫”，不言麟與騶虞也。仲尼之言及此者，以明王不興而己道不振，故傷之爾，非以己無天命而云也。君子悉之。

罪　弑

啖助曰：“凡魯君見弑，止皆書薨，不可斥言也。它國公子篡，大夫弑，必書名，志罪也。稱國以弑，自大臣也。不書大夫，君無道也。稱人以殺，自賤人也，亦惡其君也。稱盜以弑，非君之惡也，以目罪人之賤者也。不書其君，罪已彰矣。據此，君有道則大臣稱名，卑者稱盜；君無道則大臣稱國，卑者稱人。其理昭然，不足疑也，三傳之義例皆不安矣。”愚案啖子之説，理亦未盡。仲尼曰：“君使臣以禮，臣事君以忠。”又曰：“臣弑其君，子弑其父，非一朝一夕之故，其所由來者漸矣。”此傷爲人君、爲人父，不能以禮防微杜漸，而痛亂臣賊子之事也。噫！弑父與君，天下之罪一也。經書弑君，則罪名已著，不可更以它文餘意論其罪之淺深也。然則仲尼既顯其弑君之罪矣，又異其文者，所以罪其君，各以輕重而言之，所以戒人君也。

或曰：君被弒，豈盡君之罪乎？曰：凡被弒之君皆可罪也。何者？身爲國君，嗣守宗廟，有社稷之重，有臣民之衆，當以禮自防，以德自固。無禮無德，以至于亂，是皆有罪焉爾，其輕重則各繫乎其人。若乃未至失道之君，則大臣稱名，卑稱盜；無道之君則大臣稱國，卑稱人也。其無道之君，若晉弒其君州蒲，不書大夫名者，以君無道，泛責之爾。泛責之者，所以貶君也，明非專執政之咎也，然其殺君之罪亦安所逃乎？其卑稱人者，略之也。蓋君無道，賊亂之所資也。不待强臣，微者皆可以爲難矣。故稱人者，亦所以貶君也。雖貶君，然其弒君之罪猶在也。其未至失道之君，不幸而有亂臣賊子之事，若衛完、宋與夷之類，則非君所自致，但失其防焉爾。故書弒君之名，以顯其君之未至失道也。其卑者既不可書名，故直以盜賊目之，是大臣不義，與盜同也。聖人褒貶之旨，其至矣哉！

或曰：晉靈公不君，趙盾非實弒，猶書盾以弒，則州蒲雖失道，亦與靈公無異，何爲不顯卿名？似爲掩惡乎？噫！善哉問也！夫《春秋》假行事以示教，原情意以明微。盾爲正卿，亡不出竟，則君臣之義未絕也。君臣之義未絕，而族人弒其君，盾於是而復且不討賊，則是不能以大義滅親，而同乎趙穿之意也，故聖人特以弒君之罪加之爾。意者，懼後世有奸傑之臣爲陰謀狡計之事，故明微以示教，此聖人之變例也。夫弒州蒲者，書、偃也。書、偃當國政，而其子亦爲卿，名迹盡見諸經，則雖稱國弒，乃此人也，亦豈可全謂之掩惡乎哉？

殺大夫

諸侯之義，無專殺大夫，何也？以其膺王命執國政，爵尊禄厚，不比群吏故也。春秋之時，雖非王命之卿，然國之股肱是亦卿也，則《春秋》凡殺大夫，皆譏之也。其被殺者罪有輕重，不可混同，故聖人異其文以別之也。凡繫之君則稱君，繫之君與執政則稱國，殺之當則稱人，賊其上則稱盜。其稱君以殺者則惡其君，不慈友於子弟，虧親親之恩也；稱國以殺者，則其殺之者與其殺者俱可責也；稱人以殺者，則略之而無所譏也，蓋國有典刑，當討有罪也；稱盜以殺者，則疾夫卑賤之人賊害其上也。凡此之例，皆書被殺者名氏，謹其事也。又有但稱國殺大夫而不書大夫名氏者，蓋闕文也。其稱人以殺而不書大夫名氏者，以其國亂，略之也。何以知其然哉？夫稱人者，非君與執政之爲也，討罪之辭也。今不書大夫名氏，則非討罪也，雖稱人以殺而實非討罪，故去其名氏，則善惡褒貶之歸無所寄焉，直志其國亂而已，此聖人之大意也。

近儒或謂曹大夫，《春秋》皆不書名氏，以其微弱，賤之也，則莊二十六年，曹殺其大夫，蓋不可書殺其大夫某人，故略也。此説未可通也。夫曹大夫不書名氏，以其微弱略之則可也；謂不可書曹殺其大夫某人，則不然也。夫莒亦小國也，未嘗稱名氏，則公子意恢何以書乎？又僖二十五年，宋殺其大夫，豈是微弱略之乎？

又謂文七年宋人殺其大夫者，蓋惡其處污君之朝，不能强諫，又不能去，故略之也。特其書以官者，甚之也。此説近之，然不可謂罪之而略之也。果若罪宋大夫處污君之朝不能諫，不能退，則何故不書名氏？爲掩其過乎？又既曰甚之而不書名氏，則罪將安所歸乎？蓋亦思之未熟而云也。其謂特書以官爲甚之者，此義是也。何哉？彼司馬者，卿之典兵者也，此尚爲國衆所殺，其亂可知也。則書司馬者，甚之之意也。《左氏》之例，以書名者皆是罪之，故謂不書名者爲無罪爾。既曰無罪，則書官者必是褒之，故迷而不反也。

或曰：《春秋》之殺大夫多矣，豈無善人賢士邪？今一云可貴，無乃太過乎？噫！處衰亂之世，不能以禮進退，失明哲保身之戒，以被害者皆非君子之所與也。雖洩治〔一〕之忠諫，郤宛之直而和，然不免責者，以其失中道，接佞人，不可以訓後世故也。《易》之《剝》曰：“順而止之，觀象也。君子尚消息盈虛，天行也。”王輔嗣曰：“亢激傷忤，以隕其身。身既傾焉，功又不就，非君子之所尚也。”至德哉！聖人之及此焉者，爲後世之賢人君子也。

日月例

啖助曰：“《公》、《穀》多以日月爲褒貶之例，皆穿鑿妄説也。假如用之，則無一事可通者，明非《春秋》之意審矣。《左氏》唯卿卒以日月爲例，亦自乖戾。杜預云：‘凡朝、聘、會、遇、侵、伐、執、殺、土功之屬，例不書日。盟、戰、敗、入、滅、崩、薨、卒、葬、弑君、日食之類，例多書日。自文公以前，書日者二百四十九。宣公以下，書日者四百三十二。年數略同，日數加倍，故知久遠遺落，不與近同。’助竊謂，《公羊》所謂不日遠也，亦久遠多遺落也。凡例當書日而不書者，蓋謂遺闕。其例不當書日而書者，皆有意也。”予案《春秋》，記事之書也，以事繫時，名曰《春秋》。凡大變、大危、大惡之事，則必書日以謹之。中事則但志之以月，小事則直繫之於時，以次略之爾。猶今之法家大辟之案，則必敷條考式，文致周詳，以謹之也。中刑次之，小刑則又略之，其大綱然也。胡旦曰：“以日月四時爲詳略，以凡例新意爲褒貶。”此説是也。然舊史必有遺落者，不可規定其例，故仲尼於書罪惡之際泛其責者，則亦去日以略之。若滅、入例書日，而宋人、衛人入鄭、楚人滅江之類，但繫之於時，不與吳入楚、楚子滅蕭之類同也。若或附會事迹，曲求義例，則煩碎不通，爲敝滋甚。又有因事理文勢當書日者，若隱九年“三月癸酉，大雨，震電。庚辰，大雨雪”之類是也。外葬亦不當書日，凡書日，皆有義也。其内事亦自有詳略，若取郜、取防書日，取邿、取鄆不書日，明哲之士以意詳之可也。

傳釋異同

仲尼修經之後，不久而卒。時門弟子未及講授，是故不能具道聖人之意。厥後書遂散傳，別爲五家，於是異同之患起矣。鄒、郟無文，獨《左氏》善覽舊史，兼該衆説，得《春秋》之事迹甚備。其書雖附經而作，然於經外自成一書，故有貪惑異説，采掇過當。至於聖人微旨，頗亦疏略，而大抵有本末，蓋出於一人之所撰述也。《公》、《穀》之學本於議論，擇取諸儒之説繫於經文，故雖不能詳其事迹，而於聖人微旨多所究尋，然失於曲辯贅義，鄙淺叢雜，蓋出於衆儒之所講説也。自漢崇學校，三傳迭興，以賈誼之才，仲舒之文，向、歆之學，厥猶溺於師説，不能會通，況於餘哉？其專窮師學，以自成一家者，則何氏、杜氏、范氏而已。何氏則謹張霸説，杜氏則膠固傳文，其稍自覺悟者，唯范氏爾，然不能洞達以會經意。又鄭康成不爲章句，特緣何氏興辭，曲爲二傳解紛，不顧聖人大旨；而《六藝論》又言《左氏》善於禮，《公羊》善於讖，《穀梁》善於經，亦非通論也。嗚呼！自仲尼没後，千餘年間，至李唐，獨有啖助、趙正爾，君子之道不亦鮮乎？二子相繼，賢而有斷，能發明聖人之意，指摘三傳之謬，固有功矣。然探聖人之意或未精，斥三傳之謬或太察，可謂入聖人之門而遊乎宮庭之間者也，其堂奧則未可知也，然亦度越諸子遠矣。《左氏》於獲麟以後，續經至孔丘卒，偽也。又好以一時言貌之恭傲與卜筮巫夢之事推定禍福，靡有不驗，此其蔽也。及經外之傳無取乎經者，今一切不取。又有廣錄雜亂不實之語，混合其間，固當裁取其文，以通經義。如玉之有瑕，但棄瑕而用玉，不可并棄其玉也。二傳亦然，其大義雖失，內有數句可用者，亦裁而用之，以遵君子宏通之義。噫！聖人之言如江如河，諸儒泝沿，妄入畎澮；聖人之心如日如星，諸儒糾紛，雲障霧塞。今則復江河之正道，睹日星之光明，好學君子亦有樂於是歟？

校勘記

〔一〕"洩治"，通本"治"作"冶"，是。

姓　解

〔宋〕邵　思　撰

侯立睿　點校

點校説明

邵思，北宋雁門人，生卒年不詳。主要著作有《野説》三卷（載於《宋史·經籍志》），《姓解》三卷（載於《直齋書録解題·譜牒類》）。

《姓解》三卷，是邵思在景祐二年（1035）寫定的一本有關記録姓氏來源的譜系類著作，收録范圍爲“歷代功臣名士布在方册者”，述録方式是“次第書之，啓迪華源，恢張世胄”（邵思自序）。該書按偏旁分類，共 170 部，收録共計 2 276 個姓氏（與日藏北宋景祐本卷首題目下夾注所載 2 568 個數字相異，《經籍訪古志》有載）。該書搜羅豐富，遍采經、史、子、集各書所載人名，并參照多種姓書加以編撰而成。《經籍訪古志》評價其書有極高的文獻價值：“引用各書如何氏《姓苑》、《三輔決録》、《山公集》、《姓書》、陳留《風俗傳》、《文士傳》、《春秋公子譜》、《世本》、郭泰《別傳》、王僧儒《百家譜》、《祖氏家傳》、呂静《韵譜》、《孝子傳》、賈執《英賢傳》，皆世久失傳，鮮併其名知之者，亦得賴此以存其梗概。”段朝瑞在《邵氏姓解辨誤》卷尾評價其書簡明，不穿鑿附會：“其書半本《廣韵》，雖不免駁，然大致明簡，與他姓書過涉傅會者不同。”

今天留傳下來的《姓解》版本一共有三個，分别是：現藏於日本國立國會圖書館的北宋景祐二年刻本、光緒十年黎庶昌校刊的影北宋本（即《古逸叢書》本），以及 1935 年商務印書館據《古逸叢書》本影印的《叢書集成》本。

從版式、文字來看，前兩個本子出於同一祖本，即日人森立之撰《經籍訪古志》所記載懷仙樓所藏北宋槧本。黎庶昌所輯

《古逸叢書》本對原《姓解》作了一些文字校刊工作，與日本國立國會圖書館所藏北宋景祐本各有短長，但未盡善，清邵武徐幹在《邵氏姓解辨誤》卷尾跋文就曾指出："段君病其（《古逸叢書》本）多訛奪。"爲儘量保留及反映該書原貌，本次校勘以最古的北宋景祐本爲底本，以《古逸叢書》本爲校本，同時參校段朝瑞《邵氏姓解辨誤》及其他姓書。

校勘工作主要針對文字進行，對內容的覈勘不作展開。原底本有衍、脫、倒、訛處，均用校勘方式出校，校本及他本有誤者不出校。避諱省簡筆畫的文字，徑改不出校。文中異體字一律改用現行通用字。對與援引古籍內容有出入者、明顯有誤者，均出校更正。爲行文的方便，校勘文獻第一次出現時用全稱，餘皆用簡稱。全書引文夥多，凡援引原文處一律用雙引號標出，以區別於節引文意處。原書目錄散在各卷首，今統一作目，置於書首。

點校中發現，本書的錯誤不止於校勘記中指出的那些問題，比如作者引書錯亂、時代亂序，以及祖孫、父子、兄弟顛倒之類的錯誤，屬於考證範圍內的問題，非校勘所能承擔，還望讀者見諒。

　　附：本書主要使用的參校文獻有：

漢應劭撰、張澍編輯補：《風俗通姓氏篇》，《叢書集成》初編本，商務印書館，1937 年。

漢應劭撰、王利器校注：《風俗通義校注》，中華書局，1981 年。

清段朝瑞：《邵氏姓解辨誤》一卷，《叢書集成》續編本，新文豐出版公司，1988 年。

清王仁俊輯：《玉函山房輯佚書續編三種》，上海古籍出版社，1989 年。

漢宋衷注、清秦嘉謨等輯：《世本八種》，北京圖書館出版社，2008 年。

《姓解》序

　　天生蒸民，受之以姓。姓者，所以別婚娶、厚人倫也。或因生以賜之，或錫土而命之，或從父字，或紹世官，眇覿前修，率由斯義。厥後氏族至衆，人皆著書，譜、系、志、原，遂有數本，靡不廣引流派，窮極枝葉。善則善矣，而卷帙浩博，尤難傳寫。冊府仍存於副本，儒家殆絕於斯文。于以沿波，或見憑於撰德，幾成閣筆，蓋不類於生知。縣是自散群書，纂爲《姓解》，且以歷代功臣名士布在方冊者，次第書之，啓迪華源，恢張世冑。其餘疏族異望一皆削去，使開卷易見，不假乎吹律；同宗自避，無飾於斷章。爰寘勝囊，屢更桂魄。欲一概注釋，未免雷同；將四聲拘收，又屬疑混。必不得已，輒取篇旁類之，但使便於檢尋，固無慚於簡易。凡言姓者，孰不覽焉。

　大宋景祐二年上祀圓丘後五日自序

姓解卷第一 凡三卷，一百七十門，二千五百六十八氏。

人　一

任　樂安任氏，黃帝二十五子得姓者一十四人，虞翻曰："二人同姓，酉、祁、己、滕、葴、任、荀、釐、姞、儇、儇、依十二人爲十二姓。"至秦乃有南海尉任囂。漢有任安、任座，又有廣阿侯任敖。後漢司空任隗，二十八將有任光，獨行任永君，方術任文翁，循吏任延敖，都亭侯任峻。晋侍中任凱。梁相任昉。

何　廬江何氏，出自周武〔一〕王弟唐叔虞之後，十一代有食菜於韓，韓滅，子孫分散江淮間，有以韓爲何者，蓋字隨音變也，乃自稱何氏。漢有何武。後漢何休，大將軍何進。魏有何晏。晋太尉何曾，曾子劭，劭子綏。宋何尚之，何承天。齊何昌宇，何戢。梁何憲，何法盛，何敬容，何遜，處士何點、何胤。周何妥。

何丘　楚有烈威將軍何丘寄。

伏　平昌伏氏，伏羲之後也。漢有濟南伏生。後漢司徒伏湛，伏隆，又伏恭。梁伏挺，伏曼容。

伏侯龍　虜姓也，後周大將軍伏侯龍，名恩。

傅　清〔二〕河傅氏，傅說之後，出自傅巖。漢有傅寬，傅介子，傅燮。後漢二十八將有傅俊。魏有傅嘏。晋有傅玄，玄子咸，咸子敷，敷子晞，晞子宣，宣子暢，皆有列傳。唐有傅弈。

傅餘　漢複姓。初，傅說既作相，子孫留巖穴者自稱傅餘氏。

侯　上谷侯氏，《左傳》："鄭大夫侯獳〔三〕之後。"魏有侯嬴。漢有侯霸。

侯史　晋有東萊人，姓侯史，名光。

侯莫陳　凡虜姓三字、二字者，並出後魏、北齊，《後周書》皆稱河南郡。後周有侯莫陳崇，爲柱國。

倪　漢有倪湯。後漢有揚州刺史倪諺。唐有汴州刺史倪若冰。兒寬在乚部。

伊　湯相伊尹，尹子陟。後書、傳無聞人，直至蜀有伊藉。後魏有伊馥。唐有伊慎。

伍　《左傳》有伍參，伍舉。楚有伍奢，奢子尚、員。漢有伍被，爲淮南王相。

仵　《姓苑》云：“襄陽多此姓。”晋有仵戎。

仲　《春秋公子譜》有宋莊公子仲之，後稱仲氏。《風俗通》云：“凡氏於字，伯仲叔季是也。”湯左相仲虺。孔子弟子仲由。

仲行　《左傳》宋[四]司馬仲行名寅，秦穆三良有仲行氏。

仲叔　《左傳》衛大夫仲叔圉。

仲顔　魯有仲顔[五]莊叔。

仲長　後漢有山陽仲長統。

仲梁　魯有仲梁懷。

仲孫　魯卿有仲孫何忌。

條　《左傳》殷人七族有條氏。《後趙録》冉閔司空條攸[六]。

伉　《風俗通》云：“漢有伉喜，爲漢中大夫[七]。”

倪　如代切。《山公集》有倪湛。

但　音檀。漢有但巴，爲濟陰太守。

仇　《左傳》有宋大夫仇牧。後漢有仇覽。

仇尼　《姓苑》云：“漢複姓。”

脩　《姓苑》云：“臨川多此姓。”漢有屯騎校尉脩炳。

脩魚　《始皇本紀》：“嬴氏十四姓之一也。”

作　漢有涿郡太守作顯。

仁[八]　《姓苑》云：“彭城人。”

假　漢有假倉。

伯　魯伯禽之後，有伯氏名偃，爲晋大夫。《左傳》伯邑考，伯州犂[九]。《伯宗家語》有伯常騫。

伯夫　《韓子》有伯夫氏，墨家流也。

伯成　《莊子》有伯成子高。

倚　楚左史倚相之後。

儀　《左傳》有齊大夫儀楚，楚[一〇]大夫儀行父。

偃　皋陶後也。《左傳》：“舒庸、舒鳩皆偃姓也。”前漢末有偃參。

偃師　《史》：“陳悼太子偃師，其後以王父字爲氏。”

僖　魯喜伯之後，《左傳》有僖負羈之妻。

倗　音朋。《漢書·王尊傳》云：“南山群盜倗宗等。”

儲　其先儲宮灑掃者以爲氏。後漢有儲太伯。

佟　音冬。《北燕録》有“遼東佟萬，以文章知名”。

佼　音絞。《後漢書》：“光武時山陽人佼强爲盜。”

仍　夏少康母有仍氏之後也。

伶　黃帝掌樂官伶倫之後。又有姓泠、靈、零，皆逐部下注。

倫　與伶同爲氏。

優　《史記·滑稽傳》有優旃、優孟。

侵　《三輔決録》有侵恭。

備　《姓苑》云：“宋封人備之後。”

俱　南凉有將軍俱延。唐有内官俱文珍。

保　《周禮》有保章氏，掌天文，後稱保氏。楚有文王傅保申。

儋　《左傳》周大夫儋翩。

依　黃帝十四子之一姓也。

僕　《周禮》官族僕人之後。漢有僕朋，封渾梁侯。

僕固　虜姓也。唐將僕固懷恩。

僕蘭　亦虜姓也，並見《後魏書·官氏志》。

仉　音掌。梁四公子姓。

偓　音握。《列仙傳》有偓佺。

便　音駢。漢有少府便樂成。

信　《姓苑》云：“魏公子信陵君後以爲氏。”

信都　漢複姓。後魏有信都芳，明律吕。

信平　亦漢複姓。

俟　《風俗通》云：“古賢者俟子，著書八篇〔一一〕。”後魏獻帝以次弟爲俟氏。

俟畿○俟奴　虜姓也，並見《後魏書》。

俟力伐　虜三字姓，後魏改賜鮑氏。

俟伏斤　後改爲伏氏。

俟吕陵　《後周書》：“太祖賜韓褒姓俟吕陵氏。”

俠　《姓苑》云：“韓相俠累之後。”《史記》云俠累是韓君季父，非姓也，故兩存之。

侍其　王僧孺《百家譜》云：“蘭陵蕭休緒娶高密侍其義叔女。”

僮　《風俗通》云：“漢有交趾太守〔一二〕僮尹。”

候　《周禮》有候人之職，子孫氏焉。

偏　《急就章》有偏張吕。〔一三〕

僚　《左傳》有晋大夫僚安。

偪陽　《姓苑》云：“妘姓之國也，爲晋所滅，子孫氏焉。”

僑　《古今人表》：“僑極，玄嚣子也，生帝嚳。”後有僑氏。

攸　《北燕録》有尚書攸邁。

僂　音婁。齊有勇士僂埵。

儇　音還。黄帝十四子之一姓。

佚　《左傳》鄭有大夫佚之狐。

佛　晋大夫佛肸。

儁蒙　上音俊，虜複姓。

伊祁　一作耆陶，唐姓也。

伊婁　後魏有伊婁穆。

佗駱拔　虜三字姓，後魏改爲駱氏。

偉　牛昆切。俶　音足。伙　音溺。佫　音鶴。佮　音閤。侤　音身。傍○儉○化○住○仰○儗　一十二氏並見《姓書》。經史無顯名者，存之以備檢討。他皆做此。

代　在弋部。

口　二

口　《姓苑》："今同州口氏,本白室羌也。"

后　漢有少府后倉。

占　《左傳》陳大夫子占之,後以爲氏。又有詹姓,在言部。

舌　《風俗通》云:"越有大夫舌庸〔一四〕。"

呂　呂氏出自炎帝之後,姜姓也。伯夷佐禹有功,封於呂,其望或陽翟,或濮陽,或東平。惟東平者,呂望之苗裔也。《左傳》有呂相、呂錡。秦有呂不韋。漢呂后之族謂之諸呂。吳有呂蒙、呂範、呂據。晋有呂虔、呂安。後凉呂光,都姑臧。梁有呂僧珍。唐有太史令呂才、諫議大夫呂元膺。

吉　尹吉甫之後也。漢有太守吉恪。宋有吉翰。

告　告子之後。

嚕　《孝子傳》有嚕參,鵲銜珠與之者。

吳　周太伯始封於吳,因以命氏,姓起自季扎。《史》有吳芮封衡山王,後有吳起、吳廣。後漢二十八將有吳漢,又有吳祐。魏有吳質。晋吳猛、吳隱之。《南史》吳明徹。唐有史臣吳兢,又吳通玄、通微。

善　《呂氏春秋》云:"善卷,堯師也。"唐有高士善興。

啓　或作启。後燕有將軍启倫。

唊　亦作㖫。前秦有將軍唊鐵。

喻　亦作諭。東晋有喻歸,撰《西河記》者。何承天又云:"喻音樹。"

呼　《列仙傳》有呼子先。

呼延　《前趙録》:"匈奴貴姓有呼延氏。"唐有呼延贊,世掌貢籍,嘗以竆代筆書"禮部貢院"四大字者。

呼衍　《後漢·匈奴傳》有呼衍氏。

呼盧　虜複姓。

吾　昆吾之後也。漢有廣陵令吾扈。晋有吾彦。又有將軍吾粲。

吾丘　漢有趙人吾丘壽王。

咎　湯有臣咎單，主土地之官也。

古　周太王去邠適齊，稱古公亶父，後爲氏焉。後漢有孝子古初，見《郅惲傳》。《蜀志》有功曹古牧。後魏尚書令古弼。唐有古之奇。

古冶　《晏子春秋》：“齊有勇士古冶子。”

古孫　漢複姓。出《姓苑》。

古成　古音枯。漢有廣漢太守古成雲。

古口引　虜三字姓，後魏改賜古氏。

叱干　《北史》有將作大匠叱干阿利。

叱奴　西魏有開府叱奴興。後周文帝皇后叱奴氏。

叱羅　西魏有南陽公叱羅協。

叱呂〇叱門〇叱利〇叱李〇叱列　《北齊書》有叱列平。叱盧　此六氏並見《後魏書·官氏志》。

叱伏盧　虜三字姓，亦見《後魏書》。

叱伏列　周侍中叱伏列龜，代郡西部人。

吐　《隋書》有將軍吐萬緒。

吐突　後魏有吐突氏。唐有吐突承璀。

吐奚〇吐難〇吐萬　並見《魏書》。

吐谷渾　谷音浴。慕容廆庶兄曰吐谷渾，後將所部居西零以西、甘松南，極乎白蘭數千里。其孫葉延曰：“《禮》云：孫子得以王父字爲氏。”遂姓吐谷渾。

吐伏盧　亦見《魏書》。

嗢盆　上烏没切。

嗢石蘭　並出《魏書》。

咀　才預切。台　音胎。台　音怡。三氏並出《姓苑》。

谷　在八部。

合　在亼部。

和　在禾部。

君　在尹部。

召　在邑部"邵"字下。

齒　三

齧　《莊子》云："齧缺，堯時賢者，學道於王倪，傳道於許由。"

耳　四

耽　《左傳》："文王十六子封十六國，耽第九子。"《春秋公子譜》云："耽季戴，文王子也，爲周司徒，有令德。"又，宋有耽啓。

聊　《風俗通》："漢有侍中聊倉〔一五〕。"《姓苑》云："魯多此姓。"

耿　國名，晋滅耿，子孫以國爲氏。前漢大司農耿壽昌。《後漢書》史臣曰："耿氏自漢中興之後至建安末，大將軍二人，將軍九人，卿十三人，尚公主三人，列侯十九人，刺史二千石數十百人，與漢興衰。"蓋耿況、弇、純、恭、舒而下，不可盡載也。

職　《周禮》職方氏，其後因官爲姓。漢有山陽令職洪。

聖　八凱之後數諡曰聖，子孫爲氏。

聶　楚大夫有食菜於聶者以爲氏。史有聶政。吳有將軍聶支〔一六〕。

聲　《左傳》有蔡大夫聲子。

目　五

目夷　《左傳》有宋公子目夷，後遂稱目夷氏。

睢　音雎。漢有睢孟，治《春秋》，又有睢弘。後漢末，曹公擊睢固於射犬。後魏有逸人睢夸。

瞫　音審。《漢書》：“武落鍾離山有黑穴，出四姓。”其一曰瞫氏，其次相氏、樊氏、鄭氏。

瞞　音謾。本姓蠻，出於荆蠻。音訛，遂稱瞞氏。《左傳》有司徒瞞成。

瞯　音閑。《史記》：“濟南有豪滑〔一七〕瞯氏，爲郅都族滅者。”

睦○眴○睿　音慎。睆　音緩。肸　音氣。五氏並出《姓苑》。

手　六

扶　漢有廷尉扶嘉。

搖　勾踐之後有東海王搖，子孫以爲氏。《年表》有海陽侯搖無餘。

播　殷賢人播武〔一八〕。

摎　音留。魏河南太守摎尚。

接　《三輔決録》有接昕子。

捷　《漢書·藝文志》有捷子，著書一篇。〔一九〕

招　《姓苑》：“漢有招猛。”

提　《左傳》有提彌明，殺趙盾者。

摴　秦相摴里子之後。

把　即爪部所注“爬姓”也，後改此“把”字，必加切注，在“爬”。

掊　音裴。前漢袁盎之掊生所問占。

掌　晉有琅邪掌同。前凉有燉煌掌據。

擧　音舉，又音拱。《左傳》楚大夫椒擧之後也。

摯　出自帝嚳子摯之後。魏有摯摸，摸〔二○〕子虞。

折屈　虜複姓也。南凉禿髮傉檀立其妻折屈氏爲后，今府州折氏蓋折屈氏之後也。自有析氏音晳，在木部。《後漢書·方術傳》有折象，本是析，史誤書。

拓跋　初黄帝子昌意少子受封北土，黄帝以土德王，北族謂土爲拓，謂后爲跋，故稱拓跋氏。後魏拓跋珪，都平陽。

拔列蘭　後魏虜三字姓，後改爲梁氏。

撤　音擥。抗　音亢。授○撿○據○振○括○操○拔○掖○携　一十一氏，書傳無顯名者，《姓苑》載之。

拳　在类部。

足　七

路　平陽路氏，帝摯之後。漢有路博德、路温舒。蜀有路粹。唐有路隨、路巖。

蹛　音帶。《匈奴傳》有蹛[二一]林。

踈　本作疏，漢太子太傅疏廣之後。

疏　解在上。

路中　賈執《英賢傳》云："路中大夫之後以爲氏。"張晏云："姓路，爲中大夫。"

示　八

視　出《姓苑》。

神　神農之後。漢有騎都尉神曜。

祖　范陽祖氏，成湯之後，子孫以祖爲家，故有祖甲、祖乙、祖丁，後以爲氏。晋有祖約、祖逖。北齊有祖瑩。唐有祖孝孫。

禰　《後漢書·文苑》有平原禰衡。

祁　黄帝十四子之一。《左傳》晋大夫祁奚。

祕　《古今人表》有祕彭祖。《西秦録》有僕射祕宣。

禄　紂子禄父之後。

禮　《左傳》有衛大夫禮孔。

祝　祝融之後。鄭有祝耼。衛有祝鮀。漢祝恬、祝良。唐祝欽明。

祝其　漢有清河都尉祝其承先。

社南　《風俗通》："齊昌徙居社南，因稱社南氏。後有居社北者，又自稱社北氏。〔二二〕"

社北　解在上。

裕〇祐　皆見《姓苑》。

祈　在斤部。

見　九

觀　本與夏后氏同姓，諸侯國也，後自以爲氏。《左傳》有觀起。晋有觀洋。

覽　《姓苑》云："彭城人。"〔二三〕

覸　音韵。前凉有安昌覸平、金城覸敵。〔二四〕

見　音現。出《姓苑》。

肉十　期、朔、膰、骨四氏本在月部，今附。

　　服、滕、勝三氏本在舟部，今附。

脂　魏有中大夫京兆脂習。

肥　秦〔二五〕有大夫肥義。後漢有肥親。

胡　安定胡氏，解在"陳"姓下，陳胡公之後也。東漢胡廣爲三公。魏胡質，質子威。晋胡奮。

胡毋　毋音巫。齊宣王母弟胡公之後，娶母氏，乃併稱胡母。[二六]後漢胡母班。晉胡母輔之。

胡非　漢複姓。

肜魚　上音容，《古今人表》："黄帝妃曰肜魚氏，生夷鼓。"

胙　《左傳》云："周公之胙胤也。"

期　《風俗通》云："古有期思國，國人以爲氏[二七]。"

膠　《史記》紂臣膠鬲。

骨　河南骨氏。《後魏書》云："本紇骨氏，後改爲骨氏[二八]。"隋有京兆尹骨儀。

能　音奈。何氏《姓苑》云："長廣人。"

胥　《春秋公子譜》："司空季子胥臣曰季及胥申[二九]父，父生胥剋、胥童。"

胥門　《吳越春秋》："子胥將死曰：'抉吾目置吳門，看越滅吳也'。"子孫乃以胥門爲氏。

肩吾　《姓苑》："古有隱者肩吾子。"

服　後漢江夏太守服徹，又有服虔。

滕　黄帝十四子之一，又文王封十六子，滕第十二。後漢有滕撫。晉滕修。梁滕曇、滕恭。騰亦姓。

勝　本勝屠氏，後避仇改姓勝。

䐁　音尋。肮　居聿切。脫〇朔〇背〇肩　六氏皆出《姓苑》。

力十一

力　黄帝臣力牧之後爲氏。漢有魯相力題。

功　《風俗通》有晉大夫功景[三〇]。

勃　《世本》云："宋右師之後也[三一]。"宋文公寺人勃貂。《左傳》寺人勃鞮，斬晉文公袪者。《梁書》："武帝改豫章王綜爲勃氏[三二]。"

勤　《風俗通》有魯大夫勤成。

勸○勇　皆出《姓苑》。

爪_{莊巧切。}十二

爲　漢有南郡太守爲昆。

㚟　音暴。出《姓苑》。

爬　本作杷。東樓公之後，避難改焉。西魏有襄州刺史爬秀。今手部亦出之。

奚　夏有車正奚仲。《左傳》有奚斯〔三三〕。《漢書·功臣表》有奚涓。唐有中書舍人奚陟。

奚計盧　虜三字姓，出《後魏書》。

髟_{所咸切。長附。}十三

髮　漢有東海髮福，治《詩》。

肆　《風俗通》有漁陽〔三四〕太守肆敏。

長　《姓苑》云：“長沮之後。”

長孫　《左傳》齊大夫長孫修〔三五〕。後魏長孫嵩、長孫道生。唐有長孫無忌、順德，皆爲十八學士。

長狄　《左傳》：“長狄僑如瞞鄋〔三六〕也。”

長魚　《左傳》：晋大夫長魚矯。

長兒　晋有長兒魯，少事智伯，智伯絶之三年，後死智伯之難。

長盧　《列子》有長盧子。

彡 色廉切。 十四

彭　祝融之後有陸終，終生六子，其三曰彭祖，以爲氏焉。《左傳》有楚令尹彭仲爽。漢梁王彭越，大司空彭宣。後漢彭寵。

肜　《史記》："肜伯爲成王宗伯。"

須　《風俗通》云："太昊之後。"《史記》："魏有須賈。"《年表》有須無。"

須卜　《後魏書》云：匈奴貴族。

須遂　《左傳》遂人四姓之一。

彪　《左傳》有衛大夫彪傒。

貢　音閃。《姓苑》云："蕃姓也。"

形成　《史》有形成氏。

舩　《左傳》有舩班。《年表》有芒侯舩跙。

肜魚　在肉部。

頁 下結切，頭也。 十五

顛　周有亂臣太顛之後。《左傳》有晉大夫顛頡。

顧　吳郡顧氏。漢有荊州刺史顧容。晉有顧悅之，與簡文同歲者，子凱之善畫。吳丞相顧雍，族人悌，雍子劭，劭子譚。晉有顧榮，雍之孫也。齊有顧懽。陳有顧野王。

穎　《左傳》有穎考叔。《後漢·儒林傳》有穎容。

頡　《風俗通》："古有賢者頡衛。"

顏　魯伯禽支庶有食菜於顏邑者以爲氏。《禮》有顏丁，善居喪者，《左傳》有魯人顏高。孔子弟子顏淵、顏無繇。漢顏駟。晉光禄大夫顏含，門施行馬者。宋顏延年。北齊顏之推。唐顏相時，爲十八學士；又顏師古，顏真卿、杲卿。

顏成　古有顏成子。

頓　頓本侯國，今之南頓也。漢有頓肅。

顯　《左傳》：周大也顯甫。

頻　《風俗通》："漢有酒泉太守頻暢，一云名陽〔三七〕。"

項　本姬姓之國。《公羊傳》云："齊桓公滅項。"子孫以國爲氏。《史記》有項托。楚將項燕，燕生梁，梁兄子藉〔三八〕，生羽〔三九〕，号霸王，羽將項莊、項伯。

項　高陽之後著姓。

賴　《風俗通》："漢有交趾太守賴先。"

頹　《史記》有頹當〔四〇〕。

顓　顓項之後也。孔了口，顓臾爲東蒙主。《列仙傳》有太玄女，姓顓，名和。

顓孫　孔子弟子顓孫師，字子張。

頜　音閤。《左傳》："頜氏，遂國之强宗也。"

頌　出《姓苑》。

心十六

恩　《前燕録》有東庠祭酒恩茂〔四一〕。《風俗通》云"陳大夫成仲不恩之後"也。

惠　琅琊惠氏，周惠王之後。《史記》梁相惠施。漢有惠乘。後漢有惠愁。

息　《左傳》息嬀之後。漢有河内息夫〔四二〕躬。

悉　《漢書·古今人表》有悉清，爲神農師。

忌　《姓苑》云："周公忌父之後。"

念　西魏有太傅念賢。

憲　八元叔憲之後有以爲氏。

意○思○怨○患　　四氏皆出《姓苑》。

恪　　晋有郎中令恪啓。

悦　　《後燕録》有悦綰[四三]。

恤　　《風俗通》云："魯有恤由[四四]。"

懷　　《吳志·(丞相)[四五]顧雍傳》有尚書郎懷叙。

忖　　魯有忖巳，爲齊所誅。

怡　　《周書·怡峰傳》云："本姓默[四六]，避難改焉。"

慎　　《史》有慎到著書。《家語》有魯人慎潰[四七]氏逾法者。

快　　《風俗通》漢有快欽[四八]。

慺○悝　　皆見《姓苑》。

慈　　在八部。

言十七

言　　《史記》孔子弟子言偃。

論　　《西秦録》有將軍論叔達[四九]。

謀　　《風俗通》云："周卿士祭公謀父之後也。"

説　　音悦。傅説之後。

許　　高陽許氏，出自姜姓。泰嶽之後，神農之裔也。堯有許由。漢有平恩侯許伯，孝元外祖許舜、許延壽，又有許嘉。後漢許慎。漢末汝南許劭，劭弟靖。魏許褚。晋有茅山許邁、許穆。隋有許善心。唐侍中許敬宗，嘗爲十八學士；又京兆尹許孟容，忠義許遠。

謝　　陳留謝氏。周宣后申伯食菜於謝，因而氏焉。後漢謝夷吾。《南史》有謝安，曾孫[五○]靈運，子鳳，鳳子超宗；玄尚、萬、朓、朏、弘微、惠連、景仁、莊，皆有傳。

諫　　《周禮》有司諫之官，後以爲氏。漢有治《書》御史諫忠。

計　《風俗通》漢有司空掾計訓[五一]。《史》有范蠡師計然。後漢有方伎計子勛。

譚　春秋時譚國爲齊所滅，譚子奔莒，以國爲氏。漢有河南尹譚閎。

謁　古有謁者之官，寺人也，後以爲氏。《風俗通》云：“漢有汝南太守謁渙[五二]。”又有張湯小吏謁居。

諒　東漢有諒輔。

諸　音遮。越有諸發。漢有洛陽令諸於。

訓　《周禮》有訓氏，掌四方之政，後以爲姓。

調　《周禮》有調人，其後氏焉。

謝丘　周宣王之子有食菜於謝丘者，遂爲復姓。

諸葛　《吳志》：“葛氏本琅邪諸縣人，後徙陽都。陽都先有姓葛者，時人以徙居者衆，因号諸葛氏[五三]。”《風俗通》又云：“葛嬰爲陳涉將，有功封諸縣侯，因而并氏之。”蜀有諸葛亮，魏有諸葛誕，吳有諸葛恪。

詹　《左傳》有大夫詹嘉，詹父。《楚詞》有太卜詹尹。《列子》：“詹何，古之善釣者。”亦有占姓，在口部。

譽　晋有平原太守譽粹。

談○諶○識○讉○詡○詵○讓　七氏並出《姓苑》。

曰十八

昌　《古今人表》：“昌僕者，昌意妃也，生顓頊。”後漢有東海相昌狶。宋有豫州刺史昌義之。

昆　祝融之子陸終生六子，其一曰昆吾。戰國時齊有賢者昆辯。

昆吾　即陸終子昆吾也。昆爲姓，吾爲姓，昆吾亦爲姓，凡三氏。

曼丘　《孟子》：“齊有曼丘不擇[五四]。”

曑　在爰部。

暴　在共部。

予十九

舒　廬江舒氏。《左傳》云："偃姓也。"唐有舒元輿。

豫　《史記》有豫且、豫讓。

我二十

我　古賢者我子，著書五篇。

義　湯卿義伯之後。漢有酷吏義縱。

老二十一

老　《風俗通》云："顓頊生老童。《左傳》：宋有老左盧〔五五〕，楚有老萊子。"

老陽　周有老陽子，修黄老術。

老成　《世本》有宋大夫老成方〔五六〕。

耆　伊耆氏之後，合作祁，今《姓苑》有此字。

考成　《列子》有考成子。

孝　齊孝公之後以爲氏。

考　出《姓苑》。

少二十二

少　　失照切。古帝少典之後。《禮》有少連。漢有方士少翁。

少師　　《姓苑》云："少師陽之後。"

少正　　魯大夫少正卯。

少室　　趙簡子御有少室周。

少施　　魯惠公子施叔之後有少施氏。

少叔　　孔子弟子少叔乘。

少王　　《風俗通》有少王桃甲。〔五七〕

省　　音眚。《左傳》有宋大夫省臧。

女二十三

女　　一作汝，亦在水部收〔五八〕。《漢書·古今人表》："女禄，顓頊妃也，生老童。又有陸終妃女隤，生六子者。"《左傳》衛大夫女寬。《莊子》有女商。

姬　　周姓也。

姓　　《漢書·殖貨志〔五九〕》有姓姓、名偉者，貲五千萬。

姚　　舜姓也，舜生於姚墟，因而命氏。《左傳》有鄭大夫姚勾耳。後秦姚萇、姚弋仲。陳有姚察。唐相姚元崇，又姚思廉爲十八學士；復有姚璹，姚紹之。

嫣　　亦舜姓也。陳居于嫣汭是也，《文士傳》有嫣覽。後漢有嫣皓。

娵　　《古今人表》："娵訾氏女，生摯。"

嫪　　《秦始皇本紀》有嫪毐。

嫫　　嫫母也，黃帝妃，生食〔六〇〕林。《古今人表》作嬤，音謨。

娥　　堯妻舜以娥皇，後有此姓。後魏有將軍娥清。

如　漢有長安富人如氏。魏有陳郡丞如淳，注《漢書》者。又有姓茹，在草部。

姞　黄帝十四子之一姓也，姞氏爲后稷元妃。《左傳釋文》云：“初是南燕姓，故有燕姞。”

娀　簡狄有娀氏，帝嚳次妃也。

妘　《國語》云：“祝融之後有妘氏。”

姒　音似。夏禹姓也。周文王妃曰太姒，後遂有姒氏。

嫣　《漢書》有嫣説〔六一〕。

媧　女媧氏之後有以爲氏。

妲　紂妃妲己之後也。

嬌　《古今人表》：“嬌極者，老童妃也，生重黎。”

姑布　《趙世家》“相趙無恤者，姑布子卿”注“姑布，姓也。一云布子”。亦解在丨部。

婁　邾婁國之後。漢有婁敬，後賜姓劉氏。又有婁護。魏婁圭。北齊婁定遠。唐婁師德。

委　《風俗通》：“漢有太原太守委進。”

嬰　烏可切，《莊子》有嬰甘〔六二〕。

嫠　所巾切。《古今人表》：“有嫠氏女，生禹。”〔六三〕

娸　音欺。　娩　音免。　㜣　音甘。　好　音耗。　姛　音鄙。　姥　音某。

嫘　奴雷切。七氏皆出《姓苑》。

子二十四

子　殷姓也，魯有叔孫氏之車士，姓子名鉏商，獲麟於野者。《左傳》宋有子韋〔六四〕，明天文者。

孫　周文王子康叔封于衛，至武公子惠孫曾耳爲衛上卿，因氏焉。《傳》曰：

"孫伯壓，司晉之典籍。"衞有孫林父。楚孫叔敖。《史》有孫武、孫臏。魏中書令孫資。吳太帝姓孫氏。晉孫綽、孫楚。唐孫逖、隱士孫思邈[六五]。

孔　亦殷姓也。初，帝嚳次妃簡狄吞乙卵而生契，賜姓子氏。至成湯，以其祖吞乙卵而生故名履，字天乙，後代以子加乙爲孔氏。至宋孔父嘉遭華父督之難，其子奔魯，生叔梁紇，叔梁紇生孔子，是後襲封不絕。一說黃帝史官孔甲，著《盤盂篇》。又說陶唐氏後有孔甲，學擾龍事，則與殷後不同。漢有孔安國，則孔子後也。遂有孔光、孔奮。後漢孔融。晉孔愉，愉弟祗。梁孔述睿[六六]，孔休源。齊孔稚珪。唐孔紹安，孔巢父，又孔穎達爲十八學士。

孺　《姓苑》云："魯有孺悲，欲見孔子者。"

孤　孤竹君之後，子孫以爲氏。

子人　《左傳》鄭大夫姓子人，名九。

子服　《左傳》魯大夫子服氏，即《論語》子服景伯也。

子家　《左傳》有子家子，返賜者。

子桑　《家語》有子桑伯子[六七]，《莊子》有子桑扈。

子師　《左傳》鄭有子師僕。子乾〇子仲〇子工〇子革〇子臧

六復姓。丑子　音耗。學　八氏皆見《姓苑》。

步二十五

步　《左傳》有步陽侯，食菜於步，後爲氏。孔子弟子少叔乘，一云步叔乘。《風俗通》漢有步邵，爲下邳主簿。車伯琦爲明府，時人爲之語曰："車府君，步主簿。"[六八]吳丞相步騭，騭子闡。《晉書・藝術傳》有步熊。

步六孤　後魏虜三字姓，後改賜陸氏。

步六根　亦虜姓，後改賜步氏。

步大汗　出《北齊書》。

辵 丑略切。 二十六

逢　音龐。《左傳》有逢丑父。古有逢蒙，善射。後漢隱士逢萌。

過　音戈。《風俗通》云：“國過[六九]，夏諸侯之裔也，子孫以爲氏。”漢有兗州刺史過詡。

進　後漢有小黃門進儉。

遊　與游同出自馮翊。《左傳》鄭穆公之後有遊偃。後魏遊明根爲五更。前燕廣平游邃爲慕容廆股肱。

遲　《尚書》云：“古賢者遲任。”晋有襄東太守遲超。

道　《左傳》有楚大夫道朔。

遺　《急就章》有遺餘[七〇]。

達　八歚叔達之後以爲氏。

還　音全。《左傳》有還無社。

連　《左傳》齊大夫連稱。

逯　音綠。《風俗通》云：漢有大司空逯並[七一]。《後趙録》有金紫光禄大夫逯明。

箷　音側。《風俗通》云：“楚有箷[七二]倫。”又作筲，注在竹部。

遏　《春秋公子譜》有遏父，周時爲陶正，後封其子於胡。

邊　《春秋公子譜》云：“宋平公生公子御戎，字子邊，故曰邊氏。”周大夫邊佗。漢京兆尹邊鳳。《後漢·文苑》有邊讓、邊韶。

達奚　《後魏書》獻帝弟爲達奚氏，又有弟爲達勃氏。周有達奚武。隋有達奚長孺。

達勃　解在上。

達步　達步氏生齊煬帝[七三]。

逢孫　《左傳》秦大夫逢孫氏。

逢公　楚大夫也，著《樂書》一篇。

逢門　《古今人表》有逢門子豹〔七四〕。

逢丘　出《姓苑》。

迦葉　漢複姓，下音攝。一云西域姓也。唐中宗時有知太史事迦葉至忠。

運奄　嬴姓也，十四氏之一。

運期　後漢梁鴻不仕，後改姓運期氏。

述　　魯大夫仲述之後。

遇　　在禺部。

通○遣○蓬○遂○運○逗○遴　　音客。七氏皆出《姓苑》。

走二十七

趙　　天水趙氏。出自顓頊玄孫翳之後，伯益與父皋繇，皆出仕堯、佐舜。伯益十三代孫造父善御馬，穆王封于趙，後乃自爲趙氏。趙無邮、趙嘉，望雖不同，皆其後也。《帝紀》云：“秦十四姓，趙居其一。”戰國時，有趙奢，子括，皆爲上將。《史》有平原君趙勝。《左傳》趙盾、趙襄、趙宣子〔七五〕。漢趙堯、趙廣漢、趙禹、趙破奴、趙岐。《後漢書·文苑》有趙壹，二十八將趙充國，爲麒麟閣功臣。吳又有善算者趙達。

趙陽　複姓也，衛公子趙陽之後。

越　　姒姓也。《史》有越石父，其先夏少齊之後，封於會稽，自號越。

超　　漢有太僕超喜。

起　　《姓苑》云：“出自〔七六〕帝堯劉累之後也。”

丁耻六切。 二十八

丁　　《風俗通》云：“河東丁氏。楚有大夫丁衡。”

衡　阿衡之後。

衛　周文王十六子封十六國，衛康叔第六。漢有衛青、衛綰。後漢衛颯。魏衛顗。晋衛瓘，瓘子恒，恒子玠。唐兵部侍郎衛次公。

衙　秦穆公子食菜於衙，因而氏焉。《蜀志》有督護衙傅[七七]。

行　周有大行人之官，其後氏焉。

行人　解在上，《國語》有行人儀。

行其　《姓苑》有行其氏。

術○衍　二氏並出《姓苑》。

彳丑亦切。二十九

從　漢有將軍從公。

徐　東海徐氏。顓頊之後，伯益佐禹有功，封於徐。至春秋時，徐偃王行仁義，爲楚文王所滅，其後氏焉。又一族出於嬴氏十四姓之一也。漢有徐樂。後漢太尉徐防、高士徐稺。魏有徐晃、徐邈、徐廣。宋有徐羨之。北齊有徐之才。陳徐陵，陵子[七八]摛。唐徐堅、徐彦伯。

御　《周禮》有御人之職，其後以爲氏。《左傳》有大夫御叔。漢有御長卿，厚遺公孫弘者。

微　紂兄微子之後。《左傳》有魯大夫微虎。

微生　複姓也。魯有微生高，微生畝。

復　《漢·年表》有昆侯復累。力鬼切。

徒人　《風俗通》：齊有徒人費[七九]。

後　出《姓苑》。今夷門有此姓。

土三十

城　《風俗通》云："氏於事者〔八〇〕，城、郭、園、池，皆姓也。"

垣　漢有西河太守略陽垣恭。

堵　睹字，又音者。《左傳》鄭有堵敖，堵叔，堵女父，堵狗。

堪　《風俗通》云："八元仲堪之後爲氏。"

壘　《後趙録》有壘澄。

壁　《左傳》齊大夫壁司徒，本作壁，主壁壘者也。

堅　後漢二十八將有堅鐔。蜀都尉堅峻。

墨　《姓苑》："孤竹君之後有墨胎。古有墨子著書，名翟。"

墨夷　宋襄公子墨夷須爲大司馬，後有墨夷皋。

墟　音虎。黄帝之後也。〔八一〕

壞駘　孔子弟子壞駘赤。

地倫〇地連　皆出《後魏書》。

邑三十一

鄭　滎陽鄭氏。出自周宣王封母弟友於鄭，是曰桓公，及韓滅鄭，子孫以國爲氏。鄭武公父子並爲周司徒。又漢鍾離山出四姓，第四曰鄭。漢有鄭當時、鄭崇。後漢鄭興，興子衆，大司農鄭玄，小同，弘，均。晋大傅鄭冲。唐相鄭覃、鄭餘慶，鄭珏〔八二〕，鄭善果。

邵　雁門邵氏。周文王第五子召公奭封於燕，至太子丹爲秦所滅，子孫稱召，後有召虎。《左傳》有召忽。秦有召平。《漢書·循吏》有召信臣，《年表》有廣嚴侯召歐，歐，烏后切。《後漢·儒林》有召馴，自後未詳誰氏加邑爲邵。吴有邵疇。晋有邵愭、邵續。宋有邵榮興，六代同居旌表者。後魏邵洪哲。唐邵真、邵説、邵師德〔八三〕，皆有列傳。

邴　《左傳》晉大夫邴預、齊大夫邴意兹。漢丞相邴吉，爲麒麟閣功臣。魏有邴原。

郗　高平郗氏，梁武帝郗皇后。

郤　郤氏出自唐叔郤文子之後。晉大夫郤獻，子郤克、郤錡、郤至。晉有太傅郤鑒、郤詵、郤超。魏有方士郤儉。唐有郤士美。

酆　周文王十六子封十六國，酆第十五。《左傳》有酆舒。

鄒　《史記·孟軻傳》：“齊有三鄒子：鄒忌，以鼓琴干威王，因及國政，封成侯，先於孟軻；鄒衍，干梁惠王，因爲之師，言五德終始天地廣大，故曰‘談天’，與孟軻同時；鄒奭，修衍之文飾，若雕鏤龍文，故曰‘雕龍’，在孟軻後。”漢有鄒陽。

郇　音詢。文王庶子封於郇。又有姓荀者，亦本同姓，解在“荀”字下。王莽時有郇越。唐有郇謨，以三十字詩諫者。

鄂　《左傳》：鄂侯之裔。《漢》關内侯鄂千秋。

郭　太原郭氏。周文王弟虢叔封於虢，後爲晉所滅，公子配遂姓郭氏，蓋虢、郭聲之轉也。燕有郭隗。漢郭解、郭昌、郭況。後漢郭丹、郭躬、郭泰。晉隱士郭文，又郭象、郭璞、郭麐、郭伋、郭賀。唐又有郭子儀、郭元振，皆有傳。

鄟　孔子弟子鄟單。

邢　《左傳》周公之裔也。周有侍中邢辟，直道忤時，謫於河間爲鄭令，是曰邢侯，後爲衛所滅，子孫繼其氏。〔八四〕宋有邢史子臣，明天道。魏有邢顒。後魏有邢巒。北齊邢峙、邢劭、邢子才。唐邢君牙。

郴　《陶侃別傳》有江夏郴寶。

郕　文王十六子封十六國，郕叔武第三。

鄆　本風姓，太昊之裔，魯大夫食菜於鄆國，因而氏焉。

邾　《左傳》邾子之後也。

郎　中山郎氏，出自中山。後趙有郎肅。後漢郎顗。《北齊·儒林傳》有郎基。隋郎士貴。唐有詩人郎士元。

郵　《古今人表》有郵無邮。《西京雜記》有郵長倩。

邦　孔子弟子邦巽，一名選。

酈　漢酈食其、酈商。後魏注《水經》者酈〔八五〕元。

郱　漢有九江太守郱脩。

郜　周文王十六子封十六國，郜叔第九。晉有高昌長郜玖。

鄑　漢有東海太守鄑熙。

邰　音胎。后稷母有邰之後也。

鄔　鄔郡太守司馬牟之後以爲氏〔八六〕。

邳　《風俗通》云：“奚仲爲夏居正〔八七〕，自薛封於邳以爲氏。”後漢二十八將邳彤。

郈　《左傳》魯大夫郈昭伯。

鄴　《風俗通》云：“漢有梁令鄴風。”

郚　音禹。郚國在琅琊。郚子孫自以爲氏。

邗　周武王子封於邗，後爲氏。漢有邗侯，爲上谷太守。

鄧　南陽鄧氏。殷武丁封叔父於河北，是曰鄧侯，遂以爲氏。漢有鄧通。後漢二十八將有太尉鄧禹，鄧晨，晨子訓，訓子騭，皆封侯。晉鄧艾、鄧遐、鄧攸。

都　《姓苑》有臨晉侯都稽，吳興人。

郅　漢有酷吏郅都。後漢郅惲、郅壽。

郟　音甲。《左傳》有鄭大夫郟張。

郯　春秋時郯子，入魯辯古官，與仲尼傾蓋者即其人。又一族嬴氏封分〔八八〕十四姓之一。

鄩　音尋。《左傳》周大夫鄩肸。

郂　姑戾切。武王封黄帝後於郂，即今薊門之地也，子孫氏焉。

鄫　音繒。夏禹之後，少康之子，封於鄫而氏焉。

郁　魯相郁貢之後。

那　西魏有刺史那椿。東魏有太守那頡。

郖　漢有上郡太守郖杜。

邛　一作卭，解在卩部。

鄹　音鄒。《左傳》有鄹叔紇，即孔子父，鄹人叔梁紇也。

郳　《左傳》有郳〔八九〕犁。

郯　《春秋公子譜》：“妣姓也，一作郯。”

邯鄲　漢複姓也，《風俗通》云：“漢有衛尉邯鄲義〔九〇〕。”

邑由　楚大夫養由氏之後，有善射者，後避難，有改姓邑由氏者。

鄧陵　楚公子有食菜鄧陵者以爲氏。

耶律　《姓苑》云：“契丹姓也。”

郏婁　虜複姓，出《姓苑》。

郁久閭　蠕蠕國姓也，出《後魏書》。

郁原甄　甄音真。《後魏書》云東夷姓。

邦〇郳　音辰。鄭　音奧。邼　音盈。酃　音荒。鄪　音貿。鄚　音莫。部〇鄉　九氏並見《姓苑》。

祁　在示部。

田三十二

田　北平田氏。周武王封舜之後於陳，其後生公子完，諡曰敬，因号敬仲，自陳適齊，以嘗弒莊公，故改爲田氏。九世之後有田榮、田儋、田需、田穰苴、田巴。齊有孟嘗君田文。燕有田單。漢有田叔、田橫、田蚡、田市、田廣明、田延年。唐隱士田遊巖。

留　出自會稽，本衛大夫留封人之後。漢末時避地山陰，遷居東陽，爲郡甲族。陳有將軍留贊。《漢·諸侯年表》有留肸。

畜　《姓苑》云：“非子後以爲氏。”

略〇疇　二氏出《姓苑》。

里三十三

里　《左傳》晋大夫里克，鄭大夫里析。

釐　音僖。黄帝十四子之一姓也。《左傳》有釐負羈妻。後秦有大夫釐艷。

井三十四

井　《姓苑》云：“姜子牙之後也。”《左傳》有虞大夫井伯。漢有司徒掾井宗。後漢井丹，字伯〔九一〕春，精《五經》者。

芊　音潘。出《姓苑》。

丼　都敢切。蕃姓也。

門三十五

門　《周禮》云：“公卿之子，入王端門，教以六藝，謂之門子。”其後氏焉。

關　《姓苑》云：“陶唐之後也。夏有關龍逄〔九二〕。”又《風俗通》云：“關令尹喜之後，子孫有姓關者。”漢長水校尉關陽〔九三〕。蜀前將軍關羽。宋有關康之。唐有關播。

閔　孔子弟子閔損。後漢有閔仲叔。晋尚書閔鴻。

開　《吕氏春秋》有開方。

閻　《左傳》楚大夫閻敖，魏大夫閻須。秦有閻樂。晋閻纂、閻鼎。唐閻巨源，閻立本、弟立德〔九四〕，閻朝隱。

閎　周文王四友，一曰閎夭。漢有閎孺。

鬬　《左傳》有大夫鬬縠[九五]、鬬伯比，又有鬬穀，字於菟，即楚令尹子文也。後有鬬丹、鬬廉。

闕　漢有荊州刺史闕翊。後漢有闕宣。

鬮　《左傳》楚大夫鬮興罷。

閽　《周禮》：“閽人，守王宮者，所以止扇謂之閽。”漢有閽孺。唐有閽輔奴。《急就章》有閽并訴[九六]。

闞　《左傳》齊大夫闞止。吳有闞澤。唐有闞稜。

闒　音遏。闒伯之裔。

閒　出自唐叔之後。王僧孺《百家譜》云：“有閒德興。”

閭丘　《左傳》有閭丘嬰。晉有閭丘仲。

闕門　《史記·儒林傳》有闕門慶忌。

鬬門　《左傳》有陳大夫鬬門氏。

問弓　○閣闕○　鬬于　皆出《姓苑》。

聞人　後漢有司徒沛國聞人襲。梁有聞人蒨。《風俗通》又云：“少正卯，魯之聞人也，其後氏焉[九七]。”

聞○闇○問○閒　音艱。闥于委切。五氏皆出《姓苑》。

户三十六

房　清河房氏。堯子丹朱封於房，子孫以爲氏。漢有房鳳。後漢有司空房植。後魏房法壽。《北齊·儒林傳》有房豹。隋有房彥謙。唐太尉房玄齡、房千里。

扁　音辮，盧毉扁鵲是也。《莊子》有扁慶子。

庫　音肇。《戰國策》有趙大夫庫賈。

戽　胡腊切。見《姓苑》。

扈　《風俗通》云：趙有將軍[九八]扈輒。

扈地干　虜三字姓。出《後魏書》。

宋　廣平宋氏。出自殷微子啓，封於宋，子孫以爲氏。楚有宋玉。漢宋昌。後漢宋弘、宋均。晉有宋纖。唐宋璟、宋申錫、宋之問。

宣　雲陽宣氏，宋宣公之後。《漢・年表》有南安侯宣虎，漢司徒宣秉，又《黨錮傳》有宣襃、宣靖。吳有宣騫，母化爲黿者。

宣于　前趙劉元海有太史令宣于修之。

甯　《春秋公子譜》：“甯氏，出自衛武公之後。古有甯越，爲周成王師。衛有大大甯武子。”《列仙傳》有甯封。後周河陽令甯詡。

容　黃帝臣有容成，一云容成公。《禮記》有徐大夫容居。

密　姬姓也。漢有尚書密忠。

宿　風姓也。漢有雁門太守宿詳。

寪　于委切。《左傳》魯大夫寪氏。

宛　《左傳》有大夫宛春。《史記》有宛孔氏〔九九〕。

宜　《左傳》有陳大夫宜咎。

宰　周大夫宰孔之後。孔子弟子宰予。漢有華陰人宰繕，好黃老。

宰父　複姓。孔子弟子宰父黑。

寋、騫　並音愆。《姓苑》云：“寋，出蜀郡。騫是孔子弟子閔子騫。”後吐谷渾有視熊博士金城騫包。

宗　南陽宗氏。宗卿周伯〔一〇〇〕之後也。後漢司空宗堪，又《黨錮傳》有宗慈。蜀有宗預。宋有宗炳，爲東林十八賢。唐宗楚客。

宗正　《南燕錄》有“宗正，名謙，善卜相”。

宗伯　漢有宗伯鳳〔一〇一〕。

實　《姓苑》云：“實沈之後。”

蹇　秦大夫蹇叔之後有蹇蘭。後漢有蹇碩。古有胖媒蹇脩。

家　《左傳》周大夫家甫。漢有家羨，爲劇令。

審　漢有辟陽侯審食其。

寒　周武王子寒侯之後。《左傳》有寒浞。一云后羿之臣。後漢有博士魯國寒朗。

宫　《左傳》有虞大夫宫之奇。魏有宫延和。

安　漢有太守安成。唐有安金藏，剖心者。

安期　《神仙傳》有安期生。

安丘　漢有安丘望之注《老子》。

安陵　《戰國策》有安陵丑。

安都　出《姓苑》。

賓　《古今人表》有賓媚人。《左傳》有大夫賓須[一〇二]，賓孟。

賓牟　《禮記》有賓牟賈。

宇　出《姓苑》。

宇文　虜姓也，出自炎帝之後。鮮卑呼草爲俟汾，因嘗草有功者賜俟汾氏。後以夷夏音訛，遂稱宇文。又《後周書》云：“炎帝爲黄帝所滅，子孫遁居朔野，其先普回狩得玉璽，其文曰：‘皇帝之璽’，普回以爲天授，獨異之，其俗謂天爲宇文，因号宇文氏。”後周太祖之姓也，按此説乃是掌史者欲異其國姓乃假玉璽之説，其實即俟汾也。周有宇文貴、宇文虬。隋有宇文慶、宇文述。

容成　在“容”字下注：一云複姓，蓋古帝号也。

室中　《漢書·藝文志》有室中周著書十篇。又《諸侯[一〇三]年表》有清簡侯室中同。

室孫　出《姓苑》。古有室孫子著書。

宥連　見《後魏書》。

宿六斤　虜三字姓。

密革〇密茅〇密須　三氏並見《姓苑》。

官〇守〇察〇寬〇寥〇塞〇寧　七氏並史傳無聞。

穴三十八

竇　《風俗通》云："夏帝相遭有窮之難，其妃方姙，逃出自竇，而生少康，子孫以爲氏。"漢有竇嬰。後漢二十八將有竇融，融生固，曾孫憲，憲生武，武生章。唐有竇威，竇易直。

竇公　《風俗通》："魏文侯時有樂人竇公氏，獻《古文樂書》一篇〔一〇四〕。"

空桐〇空相　二氏並漢複姓。

山三十九

山　河內山氏。《周禮》有山師之官，後以爲姓。一云古帝列山氏之後。晉有山濤，濤子簡。後魏山强。宋山謙之。

崇　《姓苑》云："崇侯之裔。"

嵩　或作崧。《史記》有嵩極玄子。

崔　齊太公孫食菜於崔，其後氏焉。崔杼，其先也。後漢崔篆，篆子駰，駰子瑗，瑗子寔，皆顯名于世。梁崔慰祖。北齊〔一〇五〕崔浩。唐相崔祐甫，又崔植，崔融，崔慎由。本傳云："崔氏自唐大中已後，二品至五品昆仲子弟紆組拖紳，由宰相至踐臺閣、歷藩鎮者三十餘人，最爲盛族。"

岑　古有岑子國，國人以爲氏。後漢二十八將有岑彭。唐中書令岑文本，又岑羲、岑晊、岑參。

炭　《西京雜記》："長安有炭虷。"

嶭　音蘖。《姓苑》云："本姓薛，避仇改焉。"

岐　《姓苑》云："黃帝時岐伯之後〔一〇六〕。"

嶲　音携。出《姓纂》。

出連　《西秦錄》有丞相出連乞都〔一〇七〕。

崎丘　出《姓苑》。

水四十

水　出《姓苑》。

水丘　漢有司隸校尉水丘岑。

沓盧　出《後魏書》。

淵　《風俗通》有齊大夫淵湫〔一〇八〕。

湯　子姓也，封於商。宋有沙門湯惠休。

汲　漢有汲黯，濮陽人。七世爲鄉大夫。

洼　後漢有大鴻臚洼丹。

涓　《列仙傳》有涓子古〔一〇九〕。

汪　本汪芒氏之裔也。《左傳》有汪錡。

湛　東漢大司農湛重。晋陶侃母湛氏，又有湛方生。宋有湛茂。

浩　又音藥。漢有青州刺史浩賞。吳有都尉浩周。

浩星　漢有魯人浩星公，治《穀梁》。

渾　音魂。《左傳》：鄭大夫渾罕，衛大夫渾良夫。唐太尉渾瑊。

灌　漢有灌嬰、灌夫。

洪　本姓共。共工氏之後，改姓洪。晋太守洪規。

沖　《風俗通》有〔一一〇〕博士沖和。

沈　式餁切。周文王第十子耼季食菜於沈，即汝南平輿沈亭也，子孫以爲氏。宋沈約。晋沈充謂之沈郎〔一一一〕。宋沈懷文。唐沈既濟、既濟子傳師。又有沈佺期。南唐沈彬。

法　《左傳〔一一二〕》齊襄王法章之後。秦滅齊，子孫不敢稱國姓，故以法爲氏。東漢有法雄、法真、法正。

汝　湯有賢臣汝鳩，汝方。《左傳》晋大夫汝寬，齊大夫汝賈。漢諫議大夫汝隨。

　　江　　顓頊玄孫伯益之後，封於江陵，爲楚所滅，後以國爲氏。又嬴姓十四氏之一別望也。漢有江充。後漢江革。晉江逌。宋江夷、江智淵、江智深。齊江湛、江祐。梁江淹。陳江惣。並有列傳。

　　池　　漢有中牟令池瑗。又有池仲魚，城門失火，燒死。諺曰：“城門失火，殃及池魚。”

　　滿　　《百家譜》云：“陳胡公滿之後也。”《姓苑》云：“本荊蠻瞞氏，後誤書，因稱滿。”魏有滿寵，又〔一一三〕有滿奮。

　　漏　　《姓苑》云：“代掌刻漏之官以爲氏。”

　　源　　史禿髮傉檀之子，入後魏，魏太祖曰：“與卿同源，可爲源氏。”遂稱源賀。《史》有源涉。隋有源雄。唐有源乾曜〔一一四〕。

　　潘　　滎陽潘氏。周文王〔一一五〕畢公之子曰季孫，食菜於潘水，因以爲氏。《左傳》楚大夫潘尫。吳有潘璋、潘濬。晉潘岳、潘尼。唐潘孟陽。

　　潞　　賈逵注《國語》云：“夷狄姓也。”《左傳》有潞子。

　　渦　　《三輔決錄》有扶風太守渦尚。

　　沐　　漢有東平太守沐寵。魏有偏〔一一六〕吏沐竝。

　　洨　　音爻。《漢書》：“洨〔一一七〕孔車收葬主父偃，當時稱爲長者。”

　　濁　　《史記·殖貨志》〔一一八〕：“濁氏以賣脯而連騎。”

　　濯　　《風俗通》漢有濯輯。

　　液　　《急就章》有液客調。

　　洛　　《後魏》有官官〔一一九〕洛齊。

　　淖　　音奴教切。《漢》：“魯共王美人淖姬。”

　　滑　　《姓苑》云：“東郡白馬滑氏，姬姓也。”《左傳》有衛大夫滑羅。漢有詹事滑興。

　　浪　　《姓苑》云：“晉永嘉中，張平保青州，爲其下浪逢所殺。”

　　染　　石勒將有染閔。

　　浦　　晉《起居注》有浦選。

　　渫、洩　　二氏同音薛。古賢者渫子。《左傳》鄭大夫洩駕，又〔一二〇〕有洩冶。

澓　音復。漢宣帝時有東海澓仲翁。

淆　音眚。《左傳》有大夫淆竃。

激　《史·淮南王傳》有激章〔一二一〕。

氾〔一二二〕　音帆。出燉煌郡。皇甫謐云："本姓凡，遭秦亂，避地泛水，因改焉。"亦音似，非姓也。漢有氾勝之。晋有氾毓。又有逸人氾騰者。

沃　太甲子沃丁之後。《列仙傳》有沃焦。

潚　音肅。漢有潚河。

泠　音伶。《古今人表》有下相侯泠耳。《左傳》有周大夫泠州鳩、秦大夫泠至。

泠淪　《漢書·古今人表》：泠淪氏，始造十二律者。《樂書》作"伶倫"，在人部。

沮　七余切。黄帝時史官沮誦。

酒　《匈奴傳》："肅州酒泉郡，始因鑿井，井味如酒，其俗以爲氏。"

涉　《左傳》晋大夫涉佗。《神仙傳》有涉正。

涉其　《左傳》楚大夫涉其〔一二三〕帑。

漆　古有漆沉爲魯相，一云漆室女之後。《左傳》："長狄僑如，本鄋瞞之國，姓漆氏。"又有漆澄。

漆雕　孔子弟子漆雕開。

減　漢有減宣。

涼　《魏志》有太子傅山陽涼茂。

決　出《姓苑》。

沙　《風俗通》："晋有沙廣。"又百濟八族，其一曰沙氏。

沙咤○沙陁　二氏，《姓苑》云："皆出百濟。"

温　太原温氏。唐叔虞之後，受封於河内温，遂以爲氏。《春秋公子譜》又云姒姓。晋有温嶠、温羨。後魏有温子昇。唐有温大雅、弟中書令彦博，又侍御史温造，温庭筠。

温伯　《莊子》有温伯雪〔一二四〕。

泥　《左傳》：宋大夫卑泥之後〔一二五〕。

泉　後周有泉企封公。

涂　漢有御史大夫涂禪〔一二六〕。

塗山　《帝紀》云：“塗山氏，禹之妻，夏啓之母姓也。”

淳于　史有淳于髡，淳于意。晉有淳于智，後漢袁紹大將軍淳于瓊。

澹臺　夫子弟子有澹臺滅明。

濮陽　《風俗通》有長沙太守濮陽逸〔一二七〕。吳相濮陽興。

涇陽　秦涇陽君之後有駙馬都尉涇陽鞾。

浮丘　《列仙傳》有浮丘公。

沮渠　《載記》：“北涼沮渠蒙遜者，其先匈奴官号，後爲氏。”

沈猶　上直深切。魯有沈猶氏，常朝飲其羊。

渴侯　虜姓，後改爲緱氏。渴單　後改爲單氏。渴燭渾　後改爲朱氏。
已上三姓，並出《後魏書·官氏志》。

混沌　古天子号，亦有以爲氏者，見《姓苑》。

温稽○温孤○泥丘○淮夷　四氏亦見《後魏書》。

没路真　虜三字姓。

浦　奴敢切。滾　音袁。漇　音鄰。汵　呼郎切。淐　女江切。溺○況○注○洋○涂○漢○灂○清○澤○海○濮○沛○洗○淡○濟○流○澧○淳　凡二十四氏，並出諸家姓書。〔一二八〕

游　注在辵部。

須　注在彡部。

氵音冰。四十一

冷　《年表》漢元時有冷廣，封忠侯。《後漢書·方伎傳》有冷壽光。《前燕録》有徐州刺史冷道〔一二九〕。唐有詩人冷朝陽。

馮　《史記》：“畢公高之後，食菜於馮，因而命氏。”《左傳》鄭有大夫馮簡子。韓有馮亭，爲上黨太守。孟嘗君客有馮諼。漢有馮奉世、奉世子野王，又有馮唐。後漢二十八將有馮異，又馮勤、馮魴父子三世爲侍中，又有馮衍。晉有馮統。北燕馮跋〔一三〇〕，都中山。唐有馮宿、馮定。五代時有瀛王馮道。

冶　《左傳》衛大夫冶廑。

凌　《周禮》：“凌人，掌冰官之後，從爲氏。”吴有將軍凌統。

次　本從二，今附此。荆有勇士次非。

風四十二

風　太昊之後也。黄帝四臣，其一曰風后。

鳳　見《姓苑》。

雨四十三

雲　《姓苑》云：“縉雲氏之後。”《隋書》太子勇，次妃雲氏。

雷　後漢雷義。晉雷焕。宋雷次宗，爲東林十八賢。

霸　《益部耆舊傳》有霸栩。

露　漢有上黨都尉露平。

靈　《風俗通》云：“齊靈公之後。”《春秋公子譜》云：“宋文公生公子畾，字靈，故曰靈氏。”《左傳》有餓人靈輒。《漢·功臣表》有陽羨侯靈常。《左傳》有越大夫靈姑浮。

霞露　複姓。霜〇露　音　零〔一三一〕　四氏皆出《姓苑》。

日四十四

景　本與楚同族，芈姓也。後自稱景氏。《風俗通》有景鳳[一三二]。楚景差。秦寺人景監。後漢二十八將景丹，又有景鸞。

星　《羊氏家傳》：南陽太守羊續，娶濟北星重女。

晏　《姓苑》云：“齊桓公族之號。後有晏桓子，世爲卿大夫，生子曰嬰，爲桓公相，著《春秋》。”後漢有司隷晏稱。

晁　《左傳》衛大夫史晁之後也。漢有晁錯。

昭　《姓苑》云：“屈原之族[一三三]也。楚有大夫昭奚恤。”

昭涉　《年表》有平州侯姓昭涉，名掉尾。

明　《山公集》有平原明普。宋明僧紹。梁明山賓。唐明崇儼。

曠　《姓苑》云：“師曠之後也。”

時　《魏志》良吏時苗。

督　《風俗通》：漢有五原太守督瓊[一三四]。一名瑣。

晉　周武王之後也。《傳》曰：“邘晉應韓武之穆也。”魏國有晉鄙。

智　晉有智伯。漢有零陵太守智嗣。

畣　彭城畣氏，出《姓苑》。

啓　音啟。後燕有將軍啓倫。亦在口部注。

暞　《姓苑》云：“本武落山黑穴中出四姓，暞是其一。”

曹　文王十六子封十六國，曹叔振鐸第十一。又云：本顓頊玄孫陸終之子，居六安，是爲曹姓。蓋其望兩出。魏武作《家傳》不本顓頊而本曹叔，是也。《史》有刺客曹沫。漢丞相曹參。後漢曹褒。魏曹植、洪、休、真、仁。晉有曹攄、曹毗。唐曹憲。

昔　《風俗通》：“漢有烏陽[一三五]令昔登。”

曹丘　漢有曹丘先生。

曹牟　《先賢傳》有兗州刺史曹牟君卿。

昊英　古天子号，世有以爲姓者，見《姓苑》。

是人　《北齊書·方伎傳》："由吾道荣授學於是人氏。"

是云　《西魏書》有開府是云寶。

是連○是婁○是賁○昨和　四氏並出《後魏書》。

昏○晋　音亞。昊　三氏並見《姓苑》。

春　解在秂部。

是　解在"氏"字下。

昌　在曰部。

夕四十五

夕　《漢書》："巴郡蠻渠師〔一三六〕七姓，一曰夕。"蜀有尚書令夕斌。

名　《風俗通》云："楚大夫彭名之後也〔一三七〕。"

飒○埅○夙　並音肅。三氏皆出《姓苑》。

夙沙　神農時夙沙氏之後。《左傳》有齊大夫夙沙衛。《漢書·功臣表》有夙沙掉尾。掉尾有兩出，一云昭涉掉尾，當是《漢書》誤。日部亦存之。

望○夜　二氏並出《姓苑》。

校勘記

〔一〕據段朝瑞《邵氏姓解辨誤》（以下簡稱段本），"武"當作"成"。

〔二〕"凊"，疑爲"清"字。

〔三〕據段本，鄭無矦獳，當爲曹伯之豎矦獳。

〔四〕據段本，"宋"當爲"晋"。

〔五〕據段本，"仲顔"非複姓。

〔六〕《玉函山房輯佚》補編本《後趙録》無此條。

〔七〕《叢書集成》初編本《風俗通姓氏篇二卷》（漢應邵撰，清張澍輯並注）（以下簡稱叢書本《風俗通》）"伉"作"抗"。"漢中大夫"作"漢中太守"，據段本，"漢中太守"爲是。

〔八〕此處疑有脱誤。

〔九〕據段本，晋惟卜偃，無"伯偃"。"伯邑考"見於《檀弓》，未載於《左傳》。

〔一○〕此處闕"陳"字，《古逸叢書》本《姓解》（以下簡稱《古逸叢書》本）正作"楚陳大夫"。

〔一一〕叢書本《風俗通》未注"八篇"之説。

〔一二〕《風俗通義校注》本（漢應邵撰，王利器校注）（以下簡稱校注本）"太守"作"刺史"。

〔一三〕"偏"，鈕樹玉校定《急就章》作"遍"，并注明顏師古注本作"偏"。"偏張吕"，《急就章》作"遍吕張"，《古逸叢書》本正作"偏吕張"。按：偏吕張，非人名，此處當誤。

〔一四〕叢書本《風俗通》無此條。

〔一五〕叢書本《風俗通》、校注本"倉"作"蒼"。

〔一六〕據段本，"支"當作"友"。

〔一七〕據段本，"滑"當作"猾"。

〔一八〕據段本，《論語》"播"後有"鞀"，不當爲武之姓。

〔一九〕《漢書·藝文志》載："《捷子》二篇。齊人，武帝時説。"

〔二○〕據段本，"摸"皆當作"模"。

〔二一〕段本據顏師古注認爲"蹄"不當爲姓。

〔二二〕叢書本《風俗通》"社南氏""社北氏"分作二條。

〔二三〕此句疑有脱誤。

〔二四〕段本指出《廣韵》及本書"員"氏下引此，不作"䫔"。

〔二五〕據段本，"秦"誤，當爲戰國趙人。

〔二六〕段本據讀音，認爲當作"毋"，不宜列"母"及"母"義。

〔二七〕叢書本《風俗通》"期氏"下原文爲："楚期思公復遂之後，有去思者單爲期氏。"

〔二八〕"後"字衍，當爲"《魏書》"。"骨"當爲"胡"。《魏書·官氏志》載此，"骨氏"作"胡氏"。

〔二九〕據段本，"申"當爲"甲"。

〔三〇〕校注本載此爲"晉有功景"。

〔三一〕《世本八種》僅雷學淇校輯本收有此條。

〔三二〕據段本，"右"當作"左"，"宋文公"當作"齊桓公"。《梁書·豫章王綜傳》載此，"勃"作"悖"。

〔三三〕據段本，"奚斯"爲字，非姓。

〔三四〕叢書本《風俗通》"漁陽"作"漢陽"。

〔三五〕據段本，《左傳》未載此人。

〔三六〕據段本，"瞒鄋"爲"鄋瞒"倒文。

〔三七〕叢書本《風俗通》、校注本未加"一云名陽"。

〔三八〕"藉"，當作"籍"。

〔三九〕據段本，"生"字衍。

〔四〇〕據段本，"頹"不爲姓。

〔四一〕《玉函山房輯佚》補編本《前燕録》無此條。

〔四二〕段本指出"息夫"爲複姓。

〔四三〕《玉函山房輯佚》補編本《後燕録》無此條。

〔四四〕叢書本《風俗通》無此條。

〔四五〕"丞相"《吳志》原文無，爲邵思所加，故加括號區別之。

〔四六〕《周書·怡峰傳》作"本姓默台"，此處闕"台"字。《古逸叢書》"默"後有"台"字。

〔四七〕據段本，"慎潰"爲複姓。

〔四八〕叢書本《風俗通》無此條。

〔四九〕《玉函山房輯佚》補編本《西秦録》無此條。

〔五〇〕據段本，"曾孫"當爲"從曾孫"。

〔五一〕校注本"計訓"作"計子勳"，叢書本《風俗通》無此條。

〔五二〕叢書本《風俗通》"渙"作"瓊"。

〔五三〕此處《吳志》爲裴松之注中所引《吳書》內容，內容有小異。

〔五四〕據段本，《孟子》無此人。

〔五五〕叢書本《風俗通》作“顓帝子老童之後也”。校注本有“《左傳》”句，無“盧”字。段本亦指出“盧”爲衍字。

〔五六〕《世本八種》孫馮翼集本、陳其榮增訂本“老成方”均作“考成方”。

〔五七〕叢書本《風俗通》、校注本均無此條。段本指出“少”當爲“小”。

〔五八〕“亦在水部收”，《古逸叢書》本作“亦收在水部”。按：全文凡三處亦收情況，餘二處皆作“亦在某部”，故此處北宋景祐本爲是。

〔五九〕“志”，《古逸叢書》本作“傳”，是。“殖貨”，當作“貨殖”。

〔六〇〕據段本，“食”爲“蒼”之誤。

〔六一〕據段本，“嫣説”姓“韓”，“嫣”非姓。

〔六二〕據段本，“甘”前脱“荷”字。

〔六三〕《漢書·古今人表》原文爲：“鮌妃，有莘氏女，生禹。”

〔六四〕段本指出，“子韋”出自《淮南子》，非《左傳》。

〔六五〕段本指出，“曾耳”爲“惠孫”之子。“吴太帝”之“太”當作“大”。

〔六六〕孔述睿當爲唐人。

〔六七〕據段本，“伯子”出自《論語》，非《家語》。

〔六八〕段本指出，“陽”爲“揚”之誤，“侯”爲衍字。叢書本《風俗通》“步氏”條作“漢有下邳主簿步邵南”。與此異。

〔六九〕據叢書本《風俗通》、校注本，“國過”倒文，當爲“過國”。段本亦同。

〔七〇〕據段本，“餘”前奪“失”字。

〔七一〕叢書本《風俗通》“大司空”作“蒙鄉侯”，校注本“並”作“竝”。

〔七二〕叢書本《風俗通》、校注本“筐”並作“筀”。

〔七三〕據段本，“齊煬帝”當爲“齊煬王憲”。

〔七四〕段本指出，“豹”爲衍字。

〔七五〕據段本，“襄”後脱“子”，且應置於後。按：“趙宣子”即“趙盾”，此處重出。

〔七六〕《玉函山房輯佚》補編本《姓苑》無“自”字。

〔七七〕段本指出，《蜀志》無此人。據《蜀書》，“傅”當作“博”。

〔七八〕據《陳書·徐陵列傳》，“子”當作“父”。

〔七九〕叢書本《風俗通》無此條。

〔八〇〕叢書本《風俗通》“事”作“居”，校注本“氏於事者”作“姓於氏者”。

〔八一〕段本指出，《廣韵》及他姓書均無“堍”字，疑誤。

〔八二〕據《舊五代史》卷五十八《唐書》，“鄭珏”爲後唐人，非唐人，也非相。

〔八三〕據新、舊《唐書》，只有婁師德、張師德，無“邵師德”。

〔八四〕段本指出，漢始置“河間”國，周無此地。《姓解》混周“邢侯”、漢“邢辟直道”爲一人。

〔八五〕“酈”後脱“道”字。

〔八六〕段本指出，春秋時無“太守”官名，“牟”上脱“彌”字。

〔八七〕叢書本《風俗通》、校注本“夏居正”作“夏車正”。

〔八八〕“封分”疑爲“分封”之倒文。

〔八九〕段本認爲“郊”不爲姓。

〔九〇〕叢書本《風俗通》無此條。

〔九一〕段本據《後漢書》，“伯”當爲“大”。

〔九二〕“逢”爲“逢”的異體字。

〔九三〕叢書本《風俗通》未加“子孫有姓闕者”。校注本“闕陽”作“闕並”。

〔九四〕“閻立本、弟立德”，《古逸叢書》本作“閻立德、弟立本”，按：“閻立德、弟立本”爲是。

〔九五〕段本指出，“綏”爲“緌”之訛。

〔九六〕段本指出，“閻”爲“閎”之訛。“訴”當作“訢”。

〔九七〕叢書本《風俗通》無此條。

〔九八〕叢書本《風俗通》没有"將軍"二字。

〔九九〕段本指出，"孔宛氏"不宜爲姓"孔"姓。

〔一〇〇〕"宗卿周伯"，《古逸叢書》本作"周卿宗伯"，按：作"周卿宗伯"爲是。

〔一〇一〕據段本，"風"當作"鳳"。

〔一〇二〕《古逸叢書》本"須"後多一"無"字，作"竇須無"是。

〔一〇三〕"諸侯"，《古逸叢書》本作"功臣"，作"功臣"是。

〔一〇四〕叢書本《風俗通》"《古文樂書》""書"前多一"詩"字。

〔一〇五〕"齊"，《古逸叢書》本作"魏"，作"魏"是。

〔一〇六〕《玉函山房輯佚》補編本《姓苑》"岐時氏"下載此。

〔一〇七〕《玉函山房輯佚》補編本《西秦録》無此條。

〔一〇八〕叢書本《風俗通》無此條。

〔一〇九〕《古逸叢書》本無"古"字，作"涓子"是。

〔一一〇〕叢書本《風俗通》、校注本"有"字前有"漢"字。

〔一一一〕"沈郎"當爲"沈約"。

〔一一二〕段本指出，"《左傳》"當爲"《戰國策》"。

〔一一三〕"又"，《古逸叢書》本作"晋"。按：滿奮，魏晋時人，後仕進晋朝。

〔一一四〕句首"史"字衍。段本指出，《史記》"源"作"原"。

〔一一五〕據段本，"文王"後脱"子"字。

〔一一六〕"徧"爲"循"的異體字。

〔一一七〕據段本，"洨"不爲姓。《漢書》"孔車"前無"洨"字。

〔一一八〕"志"，《古逸叢書》本作"傳"爲是。"殖貨"，當作"貨殖"。"《史記》"，《古逸叢書》本作"《漢書》"，按：《史記》、《漢書》的《貨殖傳》都載有"濁氏"。

〔一一九〕據段本，前"官"當作"宦"。

〔一二〇〕"又"，《古逸叢書》本作"陳"，作"陳"是。

〔一二一〕據段本，《史記·淮南王傳》無此人。

〔一二二〕"氾"當爲"汜"。汜音帆。氾，"音似，非姓也"。

〔一二三〕據段本，"涉其"非姓。

〔一二四〕據段本，"雪"後脱"子"字。

〔一二五〕據段本，《左傳》無此人。

〔一二六〕據段本，"禪"當作"惲"。

〔一二七〕叢書本《風俗通》無此條。

〔一二八〕所引二十四氏中，《玉函山房輯佚》補編本佚名《姓書》順次引有二十三氏，另一氏"汜"無，有"況"。此外，二十二氏前還多"没"、"真"二氏。疑《諸家姓書》即《姓書》。

〔一二九〕《玉函山房輯佚》補編本《前燕録》無此條。

〔一三〇〕"躍"，原文作"跃"，《古逸叢書》本作"跋"，按：作"跋"爲是。

〔一三一〕"零"字當爲小字内容，"音零"爲"霽"的擬音。

〔一三二〕叢書本《風俗通》無此條。

〔一三三〕《玉函山房輯佚》補編本《姓苑》"族"作"後"。

〔一三四〕校注本"瓊"作"瓆"。

〔一三五〕叢書本《風俗通》、校注本"陽"並作"傷"。

〔一三六〕《古逸叢書》本"師"作"帥"，作"帥"是。

〔一三七〕叢書本《風俗通》無此條。

草四十六

黄 黄字不從草，今附於此。初陸終之後，受封於黄，因以爲氏。亦嬴姓十四氏之一。楚有春申君黄歇。漢有黄霸。後漢有黄香，香子瓊，瓊孫琬。又有黄昌。吴有黄蓋。魏有黄權。

葛 葛之初，古帝號也。葛伯不祀，爲湯所征，遂失其國，子孫氏焉。後漢有潁川太守葛興，又有葛龔。吴有葛玄、葛洪。

荀 潁川荀氏。有二出。其一，黄帝十四子之一姓也。又周文[一]庶子封於郇，其後子孫有去邑加草自爲氏者。後又避漢宣帝諱，改爲孫，所著書即《荀卿子》也。《左傳》有荀罃、荀息爲大夫。魏有荀彧、彧子顗，荀攸、荀悦、荀淑，淑生七子并淑號八龍，而爽字慈明，最知名。晋有爽之，曾孫勗爲尚書令。

薛 黄帝十四子其一子任姓，居于薛，世爲諸侯，歷夏商周六十四代，爲齊所滅，子孫有以國爲氏者曰薛，以祖爲氏者曰任。漢有薛廣德、薛宣。後漢[二]有薛綜，綜子瑩，瑩子兼，三世爲太子傅。隋有薛道衡。北齊薛狐[三]延。唐薛仁貴、薛存誠、薛能。又秦王府十八學士有薛收、薛元敬。

董 《風俗通》：“本飂叔安之裔子，董父實甚好龍，帝舜嘉焉，賜姓曰董[四]。”《左傳》有董狐、董安于。漢有翟王董翳，又有董仲舒。後漢黄門侍郎董遇。蜀有大儒董扶。唐有董晋。

苴 《漢書·殖貨[五]傳》有平陵苴氏，訾累億萬。

蒼 漢有江夏太守蒼英，史有蒼公。

荼 音途。《漢書·江都王非傳》有荼恬。

范 《姓苑》云：“陶唐氏之後也。隋會爲晋大夫，食菜於范，其後氏焉。”《左傳》有范獻子、范山。《史》有范明友、范雎、范曾。越有范蠡。後漢有范滂。晋范汪，汪子甯，爲中書侍郎；范岫，范曄。梁相范雲。

范師 《姓苑》有范師利方。

芮　周司徒芮伯之後。齊景公有妾曰芮姬。

蔚　本作熨。《姓苑》云：“古有蔚繚子著書。”亦作尉。今寸部亦收。後有
蔚曠。

藺　西河藺氏。其先周時晉穆公少子，封於韓。韓獻子玄孫曰康，食邑於藺，
後遂爲氏。趙有藺相如。宋有藺欽。

芬　《左傳》有晉大夫芬質[六]。

蓐　《姓苑》云：“蓐收之後。”

蔣　《左傳》云：“周公之裔也。”後漢有蔣詡。蜀有大將軍錄尚書事蔣琬。
宋有蔣子文。唐蔣儼，史臣蔣乂。

蔡　周文王十六子封十六國，蔡叔度第二。叔度爲周公所誅，封其子仲爲後。
《史》有蔡墨、蔡澤。漢有蔡義、蔡茂。後漢蔡倫。《儒林傳》蔡玄。又有蔡豹、蔡
順、蔡裔、蔡邕。晉有蔡謨。梁有蔡撙。唐十八學士蔡允恭。

苻　音符。《載記》：“苻洪家池中生蒲，長五丈，其形如竹，因改姓苻氏，即
苻堅也。”

蒍　出自堯劉累之後。周宣王殺杜伯，伯子隰[七]奔晉爲士師，子蒍伯爲晉司
空，後遂以爲氏。《左傳》有楚大夫蒍啓彊。

萊　《左傳》有萊章、萊駒。

莫　《左傳》楚大夫莫敖。漢有富室莫氏。後魏有莫題。

薙　音替。《周禮》：“薙氏掌芟草者。”後有薙氏。

華　殷湯之後。宋戴公考父食菜於華，後氏焉。《左傳》有大夫華費、華元、
華督。魏有司徒華歆，又有方伎華佗。吳有華覈。晉有華嶠、華廙、華諒。

苑　於元切。《左傳》有齊大夫苑何忌。後漢有太山太守苑康。

藥　後漢有南陽太守河內藥崧，太尉掾[八]藥穆。唐御史中丞藥子昂。

藍　《戰國策》有中山大夫藍諸。

茹　音如。《後魏書》：“昔陋茹氏，後單姓茹氏。”南齊有茹法亮。

苗　楚大夫苗[九]賁之後有賁皇，後食菜於苗，因而氏焉，是曰苗賁皇。唐有
苗晉卿、神客。又百濟六氏其六曰苗。

茅　姬姓也。《左傳》有邾大夫茅夷鴻。秦有茅焦。又有茅氏三兄弟，句曲山

仙去者，亦秦〔一〇〕時人。後漢有茅容。

　　蘭　　《左傳》：“鄭穆公夢蘭而生，號公子蘭，後以爲氏。”漢有武陵太守蘭廣。

　　苦　漢有會稽太守苦灼。

　　蔓　《左傳》楚大夫蔓成然。漢有司議郎蔓部。

　　芳　《風俗通》：“漢有幽州刺史芳乘敷〔一一〕。”

　　蒲　《風俗通》：“漢有詹事蒲昌。〔一二〕”

　　菫　《左傳》有菫父〔一三〕。

　　蓄　後漢有北海蓄壯。

　　英　《漢書》有英布，因黥而王，後改姓黥。

　　蘇　武功蘇氏。本高陽之子重黎，生祝融，其孫昆吾封於蘇，今之鄴郡，一云扶風。《左傳》有蘇□〔一四〕生爲周司寇。《史記》有蘇代、秦、建、厲。漢蘇武爲麒麟閣功臣。後漢蘇章。後周有蘇綽，綽生威，威生夔，夔生勗，勗生亶，亶生瓌，瓌生頲，至唐七葉冠冕，内四人拜相。唐秦王府十八學士有蘇勗、蘇世長。又有蘇味道、定方、環、頲〔一五〕。

　　萬　音矩。漢有萬章。

　　莒　嬴姓也。《左傳》楚大夫莒伯。漢有縱氏令莒誦。

　　莢　《左傳》有晋大夫莢成〔一六〕。

　　蘧　《左傳》楚有蘧大夫。

　　茨　《姓苑》：“後漢有茨光。”

　　茀　音弗。《姓苑》云：“齊襄公有作屨者茀氏。”

　　苫　失廉切。《左傳》魯季氏家臣苫夷。

　　莽　前漢叛者馬何羅，後漢明德馬皇后耻與同族，改爲莽氏。

　　荂　音多。漢有荂宗。

　　葴　之林切。黄帝十四子之一姓。《左傳》有葴〔一七〕尹。

　　薄　《漢書》：“文帝母薄姬，舅爲將軍曰薄昭。”

　　薄奚　後漢虜姓。

萇　《左傳》周大夫萇弘。

藹　晋有南海太守藹奂。

蘧　衛有蘧伯玉。

苟　《姓苑》：黄帝之子有居河内者地多苟杞，因以爲氏。漢有苟參。晋有苟晞。宋有苟倫。

葉　又音攝。《姓苑》云：“下邳葉[一八]公名諸梁，本楚大夫也，食菜於葉，後爲氏。一云即好龍者。”《古今人表》有葉公子高。《吴志·孫堅傳》有都尉葉雄，唐有葉法善。

蕩　《春秋公子譜》：“宋桓公子蕩，故稱蕩氏。”

莊　衛莊姜，齊女也，爲莊公夫人。六國時有莊周，著《南華真經》。

艾　《風俗通》云：“龐儉母艾氏。”《南燕録》有“牙門將艾汪”。後漢有孝廉艾伯姬[一九]。

蒙　秦將蒙驁生子曰武，武子括，括弟毅、恬[二〇]，皆事秦。

萬　亦作万。周武王以万人服天下，故有万氏。孟軻門人萬章。後漢二十八將有萬脩。吴丞相萬彧。

芒　亦音忙。史有魏相芒卯[二一]。

蕃　音皮，《後漢書·黨錮傳》有蕃嚮。

若　《左傳》有大夫若敖。

芊　音耳。顓頊之後，楚姓也。秦襄王母曰芊太后。

慕容　《前燕録》：“昔高辛氏游於海濱，留少子厭越以居北夷，邑在紫蒙之野，號曰東湖[二二]。西漢時爲匈奴所敗，分保鮮卑山。至魏初其王莫護拔，率部落入居遼西，燕代多冠步摇冠，拔好之，乃斂髮襲冠，諸部因謂之步摇。後音訛轉爲慕容。”後魏太原王慕容道宗。前燕慕容雋都薊。後燕慕容垂都中山。南燕慕容德都廣固。

慕輿　《前燕録》又有慕輿虔。

落下　《益部耆舊傳》有落下閎，善曆數。

落姑　漢有博士落姑仲異。

黄公　秦有博士黄公疵。

藉丘　《左傳》齊有藉丘子鉏。

苞丘　《姓苑》："楚有苞丘先生。"

著丘　《左傳》莒有著丘公。

莊丘　《姓苑》："有莊丘黑。"

蓄丘　《風俗通》："齊有勇士蓄丘訢〔二三〕。"

蔡丘　《姓苑》："有蔡丘欣〔二四〕。"

莫者　《西秦録》有"左衛將軍莫者羖羝"。

莫侯　《姓苑》有"涼州刺史莫侯悌眷"。

莫折　後魏有亂寇莫折念生。

茨芘　《姓苑》："晋有茨芘仲。"

蔣匠　《姓苑》："漢有曲陽令蔣匠熙。"

蒲盧　《姓苑》："古有蒲盧胥，善弋。"

葉陽　《姓苑》："秦葉陽君之後。"

苦成　《國語》："晋郤犨食菜於苦成，後以爲氏。"

英成　《國語》：晋有英成〔二五〕僖子。

菟裘　嬴姓也。秦十四氏之一。○莫盧○莫輿○莫胡盧○菟賴○若久○若口引○若干　並音惹。○蒲姑○蒲圃○蒲城○茄羅○蘇農　並羌虜複姓及三字姓。

蔌　音速。茬　音緇。蒀　音漏。萸　音叙。菅　音䋷。菌　音卷。莞　音官。莉　音池。芃　音蓬。花○薰○幕○萌○藝○薦○蒿○莪○暮○荒○蘖○蔡、莘　二十二氏並出《姓書》。

舊　在臼字部。

燕　在火部。

蓋　在皿部。

蕭　在艸部。

木四十七

木　　廣川木氏。本姓端木，因避難改焉。晋有木華，又百濟八姓其五曰木氏。

格　　《東觀漢記》有東平相格班。《唐史》陳留八俊有格輔元。

杜　　京兆杜氏，帝堯劉累之後。漢有杜周，周子延年，爲麒麟閣功臣。又有杜欽、杜業。後漢二十八將有杜茂、杜林、杜詩，太尉杜喬，太保杜密。魏有杜畿。晋有杜預、預子錫，杜义。唐杜淹，侄如晦，五代孫元穎，穎子讓能，能子曉。又有杜暹，杜佑、杜正倫、黄裳、鴻漸、景佺、牧、甫、亞，皆名臣。

椒　　《左傳》楚大夫椒舉。

楊　　《姓苑》："本周宣王尚父幽王邑諸楊，號曰楊侯，後并於晋，因氏焉。"漢有楊僕、楊喜、楊敞、楊王孫。後漢有楊雄，楊寶、震、秉、賜、彪、脩，四世太尉〔二六〕。晋有楊泉。隋文帝姓楊氏。唐相楊綰，楊炎、嗣復、虞卿。

相　　息亮切。《漢書》："武落山出四姓，其二曰相氏。"《後秦錄》有馮翊相雲作《獵德賦》〔二七〕。

相里　　漢複姓。

桓　　沛國桓氏。齊桓公之後，以謚爲姓也。魯有桓魋。後漢太子太傅桓榮、榮子郁、郁孫焉、曾孫鸞、玄孫典彬，又有桓寬、桓譚。魏有桓階。晋有桓宣、桓彝、桓温、桓伊、桓沖。唐有桓彦範。

權　　《姓苑》："顓頊之後，楚武王使鬭緡尹權，後因氏。"唐有權皋，皋子德輿。

枚　　《姓苑》："漢有淮南枚乘，乘子皋。"

檀　　太公爲灌檀令，其後氏焉。地在瑕丘。《古今人表》云："檀伯達，周武王臣也。"《禮記》有檀弓。後漢有檀敷。魏有檀紹。晋有檀憑之。宋有檀道濟、道鸞。

樓　　夏少康之後，周封其孫爲東樓公，子孫有姓東樓者、有姓樓者。《後漢·儒林傳》有樓望。

杞　　姬姓也。夏后氏之後，封於杞。《左傳》："杞伯來朝。"晋〔二八〕有杞梁。又解在"東樓氏"下。

桃　《姓苑》："後趙石勒時有桃豹。"

根　《風俗通》："古賢者根牟子，著書七篇[二九]。"

橋　梁國橋氏。黃帝葬於橋山，守冢者氏焉。後漢太尉橋玄。吳孫策征皖城，得橋公二女。

槐　《姓苑》云："晋大夫富槐之後[三〇]。"

棣　音弟。王莽時有大司馬棣並。

橫　《風俗通》云："韓王子成，号橫陽君，後以爲氏。"

樹　《後魏書》樹洛干氏，後改賜樹氏。

梓　《左傳》魯大夫梓氏[三一]，明天文。

梅　子姓也。殷有梅伯，爲紂所醢。漢有梅鋗。後漢有梅福。晋有梅陶。

松　隋有松贇，北海人，有重名，没於王事。

栢　古帝柏皇氏之後，有栢亮爲顓頊師，栢招爲帝嚳師。西晋趙王倫母曰栢夫人。唐有處士栢耆。

校　《周禮》："校人之後以爲氏。"

桂　《姓苑》云："後漢《太尉陳球碑》陰[三二]有城陽炅橫，漢末被誅。有四子，一守墳姓炅，一避難居徐州姓昋，一居幽州姓桂，一居華陽炔，四字各九畫，並音桂[三三]。"

柳　本魯孝公子展之孫，以王父字爲展氏。至展禽，食菜於柳，好行惠，故號柳下惠。其後楚滅柳，柳入楚，楚又爲秦所滅，乃遷晋之解梁，秦置河東郡，故爲河東解縣人。衞有大夫柳莊。齊有柳世隆。梁有柳慶遠。隋有柳機。唐有柳公權、公綽、宗元。

槍　《姓苑》云："趙烈侯賜歌者槍石田各千畝[三四]。"

李　李氏，黃帝之後也。周之前未見。自周有老耼姓李，至晋文公有直臣李離。趙有李兑。秦相李斯。漢李廣、廣子敢、敢[三五]子當户，李陵。後漢二十八將李通、李忠，又李憲、李膺、李固、李充、李南、李善。晋李喜、李令伯。後蜀主李特。西涼李暠都隴右。唐高祖李氏，又有李密、伯藥、嶠、藩、吉甫、淳風、德裕、紳、綱[三六]、絳、程、晟、願、愬、光[三七]、顏、石、回、揆、翺、宗閔、華、邕、賀、益、白、商隱，並將相顯名、皆在列傳。又李守素、李玄道，爲秦王府十八學士，李靖、李世勣爲凌烟閣二十四功臣。又南唐李氏三世都建康。

集　《姓苑》："漢有外黄令集爲。"

梁　安定梁氏。周平王封少子唐於夏陽梁山，是曰梁伯。後爲秦所滅，子孫以梁爲氏。後漢梁統，統子松、松弟竦，竦曾孫商，玄孫冀。又有逸人梁鴻。魏有梁鵠、梁習。

桀　出《姓苑》。孔子曰："桀溺，隱者也。"

樂　《姓苑》："微子之後。宋戴公四世孫樂莒爲大司寇。後有樂大心，燕將樂毅、樂羊子。"

桐　《本草》有桐君，撰《藥録》兩卷。

巢　《姓苑》："有巢氏之後。"古有巢父，《左傳》有巢牛臣。

桑　《姓苑》："秦大夫子桑之後以爲氏。"《左傳》有桑田巫。漢有桑弘羊。唐有桑道茂，在《方伎傳》。《五代史》有桑維翰。

桑丘　《漢書·藝文志》有桑丘生。

栗　《史記·樂毅傳》有趙相栗腹。漢有長安富人栗氏。

析　音晢。《左傳》衛大夫析木〔三八〕鉏，齊大夫析歸父。《後漢·方伎傳》有析象，通《京房易》，其先張江封析侯，曾孫因封以爲氏。

栗陸　古天子號，有以爲氏。

渠　《左傳》："衛有渠孔禦戎。"

渠丘　《左傳》有渠丘公。

梁丘　《左傳》有梁丘。據《漢》，梁丘賀爲麒麟閣功臣。

梁其　《左傳》有梁其踁，魯伯禽世子梁其之後。

梁餘　晋有梁餘子養。

梁由　晋又有梁由靡。

梁垣　後漢有侍御史梁垣烈，新垣衍之後。

梁成　《姓苑》："汉明帝時有梁成恢，善曆數。"

楊孫　秦大夫楊孫氏。

櫟陽　後漢櫟陽侯景丹，曾孫汾避亂隴西，乃以封爲氏。

梗陽　《左傳》："晋有梗〔三九〕陽巫皋。"

栢侯　　《姓苑》：“漢有尚書郎栢侯雋。”

校師　　上音恔。《姓苑》：“鄭有鄉校，子産曰：是吾師也。遂有校師氏。”

枝如　　《左傳》有楚大夫枝如子弓。

樂王　　《左傳》：“晋有樂王鮒。”

木門　　《姓苑》：“宋公子食菜於木門者〔四〇〕，後以爲氏。”

柯　　後魏柯拔氏，後改姓柯。　朴　　《姓苑》云：“巴郡蠻姓。”　柄〇樛〇椹〇柘〇梧〇柱〇枕〇楂　音槎。　柾〇棟〇杭〇榆〇杏〇柰〇聚　音鄒。一十七氏〔四一〕並出《姓書》。

榮　　在火部。

欒　　自有欒部。

柴　　在此部。

林四十八

林　　《姓苑》：“魯有林放，又有林國，賢者也，仕哀公。”《莊子》有林回。《漢書・儒林傳》有林尊，爲博士。

林閭　　《姓苑》：“後漢有蜀郡林閭翁孺。”

樊　　《左傳》：“殷氏七族，其四曰樊氏。”周宣王封仲山甫於樊，後以爲氏。又《漢書》：“武落山出四姓，其三曰樊氏。”史有樊於期，孔子弟子樊遲，樊須。後漢有樊宏、宏子儵。北齊樊遜。漢樊噲。唐樊澤。

楚　　顓頊之後也。《左傳》有楚隆。古有賢者楚老。

鬱〇禁　　並見《姓苑》。

竹四十九

竹　　遼西竹氏。孤竹君之後，本姓姜，湯封於遼西，今有孤竹城。至於〔四二〕

夷、叔齊之後，始以竹爲氏。後漢有下邳相竹曾，又有竹晏，皆封侯。

竺　即竹晏也，避仇加二爲竺。東晉有竺恢、竺詮。南齊有竺景秀。

管　平原管氏。周文王十六子封十六國，曰管、蔡、成、霍、召、衛、毛、耼、郕、雍、曹、滕、畢、原、酆、郇，管叔爲第一。《左傳》齊大夫管至，父管仲。魏有管寧、管輅。

篇　《姓苑》："周大夫史篇之後。"

簡　帝嚳妃簡狄生卨。《左傳》有魯大夫簡叔。《蜀志·簡雍傳》云："雍本姓耿，幽州人也，音訛遂轉爲簡，爲將軍。"

箕　周有太師箕子。《左傳》晉大夫箕鄭。

符　《姓苑》："魯頃公孫仕秦爲符璽郎，後以爲氏。"後漢符融。僞秦符堅。後改作苻，在草部。

笮　音側。與"筵"字皆是姓。《吳志》有笮融。

籛　音牋。俗云"作牋切"者非也。《姓苑》云："彭祖姓。"

箴　與"葴"字俱音針。葴在草部。《左傳》魏大夫箴莊子。

籍　《左傳》有晉大夫籍談。

箈耳　上音鈴〔四三〕。虜複姓。

第五　《後漢書·第五倫傳》云："齊諸田徙園陵者多，乃以次第爲氏，遂有第五、第八。"後漢又有新野令第五訪，諫議大夫第五頡。又有第八氏。

第八　見上注。

禾五十

和　汝南和氏，羲和之後也。魏有和洽，洽生嶠，爲晉中書令。五代時有侍中和凝。

稱　《漢書·功臣表》有新山侯稱忠。

穰　《姓苑》："齊大司馬田穰苴，子孫氏焉。"

穄　《姓苑》云："本姓嵇〔四四〕，避難潛於穄〔四五〕山，因爲氏焉。"晉有侍中嵇紹，紹生〔四六〕康，又有嵇含。

移　　《風俗通》：“漢有弘農太守移良。”

稚　　《史記》云：“子姓也，有稱稚氏。”

稅　　盛弘之《荆州記》：“建平信陵縣有稅家。”

種　　後漢有司徒河南種暠，嵩〔四七〕字音藳。

秼　　金陵地名。《姓苑》云：“邑人有以爲氏者。”

稽　　音雞。《吕氏春秋》：“秦有賢者稽黄。”

稷　　后稷之後也。出《姓苑》。

稷丘　　《神仙傳》有稷丘子。

穆　　《姓苑》云：“宋穆公之後。”《左傳》有穆伯。漢有穆生，楚元王戊常
爲設醴者。《後魏書·穆觀傳》：“一門五世，十二人尚公主，最爲盛族。”唐穆寧、
贊、質、員、賞五兄弟，有家法者。

程　　廣平程氏，重黎之後。周宣王時程伯休父，入爲大司馬，封於程，遂生
伯休，乃以封爲氏。秦有程邈。《家語》：“孔子遭程子於途，傾蓋，與之束帛。”漢
有將軍程不識。《後漢·儒林》有程曾。吴有程普。魏有程昱。唐有程知節，爲凌烟
閣功臣，又程名振。

秋　　《姓苑》：“宋有中書舍人秋當。”

季　　《姓苑》：“陸終第六子曰季連。後有季狸。”《禮記》：“季高爲士師。”
《左傳》有季友。《論語》有季康子。漢有河東太守季布，弟心。

季連　　《姓苑》又云：“鬼方氏子名季連，其後爲氏。”即與陸終之子不同，
今兩存之。《風俗通》：“晉有棠邑大夫季連齊〔四八〕。”

季瓜　　一作騧，《姓苑》云：“周八士季騧之後。晉祁邑大夫季瓜忽。”

季隨　　亦云周八士之後。宋有季隨逢〔四九〕。

季孫　　《左傳》：魯桓公之子慶孫〔五〇〕，後有孟孫、叔孫、季孫，同出桓
公，號“三桓”，子孫代爲上卿。又有季孫行父。

禿　　《國語》：“祝融之後也。”

禿髪　　《載記》：“禿髪之先曰壽闐，闐在孕時，其母胡掖氏因寢而産於被
中，朝鮮謂被爲禿髪，因而姓焉。禿髪烏孤以後魏時稱王。”

和稽〇和拔奚　並後魏時虜姓也。

秏〇稻〇科〇秀　四氏並見《姓苑》也。

穀　在殳部。

米五十一

米　《姓苑》：“胡人姓也。今南方有米國胡。”

糗　《風俗通》：“漢有糗宗，爲嬴長。”

糴　《左傳》晋大夫糴茂〔五一〕。

精婁　虜複姓。

豆五十二

豆　後魏有將軍豆代田。一云豆代，複姓也。

豆盧　《周書·豆盧寧傳》云：“其先慕容氏之裔，北人謂歸義爲豆盧，因而爲氏。”後周有豆盧武。唐相豆盧瑑，又有豆盧欽望。

豐　《左傳》鄭穆公子豐之後。又有酆。在邑部。

豎　在立部。

麥五十三

麥　《姓苑》：“隋有大將軍麥鐵杖。”

麥丘　齊桓公至麥丘，麥丘人年八十三，祝桓公壽，桓公封於麥丘，子孫以爲氏。

麴　《風俗通》：“漢有麴衍〔五二〕。”後漢有麴聖卿。唐有麴信陵。

戮　音蜀。梁四公子戮䴏之後。

食五十四

食　《風俗通》：“漢有博士食子公，河内人〔五三〕。”

餘　《姓苑》云：“晋有餘頽。”

饒　漢有漁陽太守饒斌。

飢　《左傳》：“殷人七族，其六曰飢氏。”

弓五十五

弓　《風俗通》：“魯大夫叔弓之後。”

張　張氏出自軒轅第五子揮，始造弦弧，以張網羅取禽鳥，世掌其職，遂以爲氏。《風俗通》云：張王李趙，皆黄帝之後也。惣十四望。周有張仲。《禮記》有張老。漢有張耳、張良、張釋之、張叔、張蒼、張騫、張湯、張禹、張賀、張辟强、張敞。又自武帝封張安世爲富平侯，圖形麒麟閣，子孫八代冠冕，至後漢張吉無子，國除。後漢别族有張衡、張綱、張奐、張儉。前凉張軌都凉州。魏有張魯、張繡。吴張昭。晋張華。宋張緒。梁張讚、綰，子孫前有敷、演、鏡、暢，後有充、融、卷、稷，並顯名當世。又有張纘、張率、張緬，並爲梁昭明太子及蘭臺兩處十學士，張詮、張野爲東林十八賢，張亮、張公瑾爲凌烟閣功臣。唐又有張仁亶，張説、説子均、垍，又嘉貞、九齡、延賞、東之、建封皆將相。《文苑》則有薦、薦祖文成，又張籍。

弻　《三輔决録》有弻伴〔五四〕。王莽時有弻彊。

彊　後漢有彊華，上光武赤伏符者，又有彊帛。前燕有彊求。北齊有彊練。亦作强。

强梁　《姓苑》："秦有强梁高〔五五〕。"

彌　《三輔决録》："魯〔五六〕大夫彌牟之後有彌叔。"

彌牟　注在上。

彌姐　後秦有將軍彌姐婆觸。

躬　出《姓苑》。

矢五十六

矢　見《姓苑》。

矯　《左傳》晉大夫矯文〔五七〕。《東觀漢記》有矯慎。

知北　《莊子》有知北遊〔五八〕。

刀五十七

劉　彭成〔五九〕劉氏，陶唐氏之後也，封於劉。其後有劉累，學擾龍事，孔甲是其裔也。凡二十五望。劉康公爲周畿内侯，家于沛，數世之後有漢高祖，漢之宗室劉德，德爲麒麟閣功臣，子向。又劉敬、劉賈、劉屈氂。後漢光武劉氏，景帝之後也。蜀先主，漢中山靖王之後也；宋高祖，楚元王交之後也，皆姓劉氏。又前涼有劉元海。後漢二十八將有劉隆、劉植，交〔六○〕劉寬、劉淑、劉昆。晋有劉劭、劉毅、劉琨、劉弘、劉伶，又有劉遺民爲東林十八賢。宋有劉穆之、秀之、孝標、孝威，劉顯、劉牢之。梁有劉杳，又有劉孝綽，爲昭明太子十學士。孝綽與劉苞、劉顯、劉孺又爲蘭臺十學士。唐劉弘基、劉政會爲凌烟閣功臣，復有劉文静、劉洎、仁軌、晏、幽求、子玄、禹錫，皆名臣。

劦　音梨。《姓苑》云："蜀刁逵之孫〔六一〕，避難改爲劦氏。"又百濟八姓，其三曰劦氏。

蒯　襄陽蒯氏。《史》有蒯聵〔六二〕。漢有蒯通。宋有蒯恩。

到　《姓苑》云："本楚令尹屈到之後。"漢有到質。梁有到溉，爲蘭臺十學士，到洽爲昭明太子十學士，又有到撝、到彥之。陳侍中到仲舉。

劇　《史記》燕有劇辛。漢有劇孟。

列　《風俗通》鄭有列禦寇。晋有協律郎列和，善吹笛。

刈　《姓苑》宋有刈懷〔六三〕。

薊　後漢有薊子訓。

州　《左傳》衛大夫州吁，晋大夫州綽。

利　《左傳》："楚公子食菜於利，後以爲氏，今之葭萌也。"漢有中山相利乾。

利孫　《國語》："晋公子利孫夫之後爲氏。"

荆　《史》燕刺客荆軻。北齊有荆次德，善術數。

刹利○剟賴○郟門　皆虜姓，出《後魏書》。

剛○刊○別○剡○制○劉　音盈。六氏並見《姓苑》。

戈五十八

戴　殷之後，其先華氏食菜於宋，至宋戴公生子文，遂稱戴氏。漢有戴聖、戴德治《禮》，謂之大小戴。晋處士戴逵。齊有戴僧静。唐有戴胄、戴嵩，又有詩人戴叔倫。

臧　魯孝公子臧僖伯之後有臧文仲。漢有燕王臧荼。後漢二十八將有臧宫、臧洪。南齊有臧榮緒。

咸　巫咸之後。《史記》有酷吏咸宣。

威　《風俗通》云："齊〔六四〕威王之後。"

威王　注在上。漢有中郎將威王弼。

威丘　古有隱者威丘蒙。

戎　《年表》有柳丘侯戎賜。漢宣帝戎婕妤，生中山哀王。唐有詩人戎昱。

盛　《姓苑》云："盛，本姓奭，避漢元帝諱，改爲盛。"按：周穆王時已有盛姬，當是何氏《姓苑》誤。吴有盛孝章。晋有盛彦、盛吉。

職　《風俗通》："漢有山陽令職洪。"

成　周文王子成叔之後。鄌姓在邑部。漢有南陽太守成瑨。

成功　《姓苑》："禹治水告厥成功，後以爲氏。漢有營陵令成功恢。"

成公　漢複姓。漢有尚書右僕射成公敞。晋有成公綏。

成陽　《風俗通》："漢有護軍成陽恢〔六五〕。"

武　宋武公之後。漢有武臣。唐有武士彠，則天皇帝父也，又有武元衡、儒衡，武平一。

武安　武安君，白起之裔。漢有乘黄令武安恭。

武彊　《風俗通》："後漢武彊侯王梁，其後子孫以爲氏〔六六〕。"

戚　漢高祖戚夫人。

臧孫　《風俗通》："魯卿有臧孫辰〔六七〕。"

幾　宋大夫幾仲之後。

武羅〇武仲〇武都〇武成　四氏皆虜複姓。

戈〇戰〇戴〇載〇畿　五氏皆見《姓書》。

戲　在虎部。

矛五十九

務　《漢書·古今人表》有務光，太丁弟也〔六八〕。

務成　《莊子》有務成子。

斤六十

祈　周大司馬祈父之後。《毛詩》"祈父"，司馬職名也，後因爲氏。《傳》

曰："祈瞞奸命。"晋有祈嘉，聞牕外人招隱者〔六九〕。

所　　所者，伐木之聲。本虞衡，主伐木者，聞聲以爲氏。漢有諫議大夫所忠。後漢有所輔。

斯　　《吴志·賀齊傳》有剡縣史斯從。

靳　　《史》楚有靳尚。漢有靳歙，又有汾陽王靳彊。

新　　《國語》晋大夫新〔七〇〕穆子。

新垣　　陳留《風俗傳》云："畢公封於新垣，後以爲氏。"魏有新垣衍，漢有新垣平。

蘄　　出《姓苑》。

新和〇新孫〇斫胥　　皆漢複姓。並見《姓苑》。

析　　在木部。

殳六十一

殳　　舜臣殳戕。

穀　　魯國穀氏，嬴姓也。漢有魯相穀忠。

穀梁　　魯有穀梁赤，治《春秋》，自稱《穀梁傳》。

投　　郇伯，周本畿内侯，桓王伐鄭，投先駈以策，因而氏焉。漢有光禄卿投調。

投壺　　《風俗通》："晋中行穆子相與投壺，因而氏焉〔七一〕。"

段　　武威段氏，共叔段之後也。魏有遼西段干木。漢有太尉段穎〔七二〕、段會宗。後漢方士段翳。晋將軍段匹磾，又有段灼。隋有段文振。唐相段文昌，太尉段秀實，又有段志玄，爲凌烟閣功臣。

舟六十二

舟　　《左傳》有晋大夫舟之僑。

冉　孔子弟子冉耕、冉季、冉求，並魯人。

舡　出《姓苑》。

服、媵、勝　本從舟，今附肉部。

車六十三

車　《風俗通》云："舜之後也。陳敬仲奔齊，稱田氏，至漢丞相田千秋，以年老得乘小車出入省中，時號車丞相，子孫以爲氏。〔七三〕"晋有車胤，字武子。梁有車軓，爲蘭臺十學士。

輔　《左傳》：晋大夫輔躒，又智果以智必亡其宗，改姓輔氏。

輒　《姓苑》："錢塘輒氏。漢有輒絡。"

軫　《姓苑六》："出軒轅氏造車，後用橫木以爲軫，因賜姓軫氏。"

輿　周大夫伯輿之後以爲氏。

軒　軒轅之後，有單姓軒者。後漢諫議大夫軒和。

軒轅　《姓苑》有"軒氏"、"轅氏"，有"軒轅氏"，皆黄帝之後也。唐宣宗詔羅浮山軒轅集至，問道後乃放還。

轅　《功臣表》有轅終古，《左傳》有陳大夫轅濤塗。《史記·儒林傳》有轅固生。

軒丘　楚文王世子食菜於軒丘者，又自以爲氏。

車遽　《世本》有"齊林〔七四〕淄大夫車遽氏"。

車焜　《後魏書》：獻帝疏屬有車焜氏。

車成○輾遲　並載《後魏書》。

輾○軒　音呼。輦　三氏皆見《姓苑》。

火六十四燚附

燭　　《左傳》鄭大夫燭之武。

爨　　《華陽國志》云：“昌寧大姓有爨習。”

熊　　《風俗通》：“黃帝有熊氏之後也〔七五〕。”《左傳》有熊宜僚。東晉有熊遠。

然　　《左傳》有大夫然丹。

焦　　周武王封神農之後於焦，子孫氏焉。漢有焦贛。魏有焦光。

黔　　音琴。《左傳》有黔敖。

譙　　《姓苑》：“《蜀志》有譙周。”後漢有譙玄。晉有譙秀。

勞　　《姓苑》：“漢有勞丙，爲盜。”

榮　　《古今人表》有榮駕鵝，駕音加。《左傳》有周大夫榮叔。仲尼時有榮啓期。後漢有左僕射榮劭。

營　　《姓苑》：“周成王鄉士有營伯。”後漢有京兆尹營郃。

燕　　召公奭封於燕，爲秦所滅，子孫有以國爲氏者。漢有燕倉。後魏有燕鳳。唐有燕欽融。又百濟八氏，其二曰燕。

熊率　　《左傳》有楚大夫熊率且比，且音嗟。

黑齒　　漢複姓，唐有將軍黑齒常之。

煥○灸　　音救。並見《姓苑》。

炔○炅　　解在木部“桂”字下。

麃　　在广部。

阜扶九切。六十五

陳　　陳，媯姓也，虞舜之後。古者因生賜姓，若舜由媯汭而生，故以陳爲姓也。當周武王時有遏父爲陶正，武王賴其用，以元女妻遏父之子滿，封於太昊之墟，是爲胡公，以奉虞祀。是以陳胡公滿之後，子孫以國爲氏。魯有陳亢，字子禽。漢有陳餘、陳涉、陳勝，丞相陳平。後漢太尉陳蕃，二十八將陳俊，太尉陳球，又有陳遵、陳寔。魏陳琳、陳群、陳矯。晋陳騫、陳壽、陳高祖。唐有陳叔達、子昂。

陳　《姓苑》云："隨侯之後。《左傳》有隨會，即士會也。"後漢有隨何，至隨文帝楊氏乃去辵爲隋。

陵　《呂氏春秋》："本鈆陵卓子之後，改姓陵氏。"

陵陽　《姓苑》云："陵陽，宣城地名，古有人釣得白魚，腹内有穀，取服之而登仙。"故《列仙傳》有陵陽子明。後有陵陽氏。

陸　芉姓也。祝融之子陸終之後。至漢有陸賈。吳有陸遜、遜子抗、抗孫璵、璵孫晏、景、機、雲，皆有列傳〔七六〕。晋陸曄、曄弟玩、玩子納。宋有陸惠曉。梁有侍中陸雲公，陸澄，又陸倕爲梁昭明太子十學士之一，又爲蘭臺十學士之一。唐陸德明爲秦王府十八學士之一，又唐相陸贄、象先、元方、長源。

隱　《風俗通》："漢有河間太守隱褒〔七七〕。"

隰　《左傳》齊大夫隰朋，又有隰斯〔七八〕。

阮　《左傳》晋大夫阮氏。

隗　《左傳》："狄伐廧咎如，其姓隗氏。"後漢有隗囂。晋隗炤。魏有隗禧。

附　晋有附都。

阮　陳留阮氏。出自周中葉阮卿之後。魏晋之間有阮瑀、瑀子藉〔七九〕兄子咸，又有瞻、孚、脩、放、裕、宣，並有列傳。梁有阮孝緒。

陽　周景王封少子於陽樊，因邑命氏。《左傳》有晋卿陽處父，魯有陽膚、陽虎。隋〔八〇〕有陽休之。唐有陽城。

陽門　《左傳》有陽門介夫。

陽成　"漢高祖功臣"有陽成延。

陽丘　見《姓苑》。

陶　傳殷民七族：陶氏、施氏、繁氏、樊氏、飢氏、終葵氏，而陶居其一，陶唐之後，出自丹陵。范蠡去越適齊，稱陶朱公。後漢有刺史陶謙。晋有陶太尉侃，陶潛、陶回，金陵茅山有陶隱居。

陶丘　《吴志》有平原陶丘洪。

陰　《風俗通》："管修自齊適楚，稱陰大夫，其後氏焉。"後漢光武陰皇后，其先則宣帝時祀竈者，陰子方之後也。弟將軍陰識、識弟興〔八一〕。梁有刺史陰子春。陳有陰鏗。

陰康　古帝號，有以爲氏者。

阿　烏何切。《風俗通》云："阿衡者，伊尹也。言倚之如秤，後以爲氏。"

阿鹿桓○阿史德　並出後魏《官氏志》。

阿史那　突厥别姓。後魏有丞相阿那肱，一云高阿那肱，即三字姓也，人便呼，因只言阿那。周武帝后曰阿那氏。至唐太宗時有阿史那弥，後有阿史那步真。

防風　《姓苑》云："狄國也，禹戮防風氏。"

隴○陘○陀　音低。並見《姓書》。

卩 子結切。六十六

卬　音蛩。《列仙傳》有周封史卬疏。

卬　音昂。漢有御史大夫卬祗。

聊　《風俗通》："漢有侍中聊倉。"

印　《左傳》鄭大夫印段。《姓苑》："出自穆公子印，後以王父字爲氏。"

即　地名。齊有即墨城，里人自以爲氏。　《風俗通》："漢有單父令即費〔八二〕。"

即墨　《姓苑》："漢有城陽相齊人即墨成子。"《風俗通》云："漢又有即墨威，爲咸陽令〔八三〕。"

節　《周禮》："掌節主固信者之後，子孫有以爲氏。"

卿　《姓苑》："趙相虞卿之後。"

金六十七

金　古帝金天氏之後。《功臣表》有金安上，漢元時告霍禹叛，封都成侯。又漢有金日磾，七世内侍，本以休屠王作金人祭天，故賜金氏。又有衛尉金敞、敞子涉爲侍中。梁有金元超。唐有金元鳳。

錫　《姓苑》："漢末有錫光先生，錫壽之後也。"後梁有錫休。

錯　一音醋。《姓苑》云："宋有太宰錯君。"

錢　黄帝之後有爲周文王師者，封爲錢府官，後以爲氏。《風俗通》："晋有歷陽太守錢鳳[八四]。"陳有駙馬都尉錢肅。唐有錢起、起子微。

銚　後漢二十八將有衛尉銚期。

鑪　《古今人表》有鑪金。

鋭　《左傳》云："鋭，主鋭兵者。鋭司徒女嫁爲辟司徒妻，辟，主城壁者。"鮮卑有御史中丞鋭管。

銑　音蘚。《風俗通》："昇平中，鈞弋有鮮卑人御史中丞銑管[八五]。"

鉏　《左傳》："晋有力士鉏麑。"

錡　《左傳》："殷人七族，其四曰錡氏。"西漢有錡業[八六]。

鐸　《左傳》有晋大夫鐸遏冠。《古今人表》有鐸椒。

鈕　《姓苑》云："東晋有鈕滔[八七]。"

鑄　唐堯之後，以國爲氏。

鐔　音尋。漢有鐔顯。

鍾　潁川鍾氏。《左傳》有鍾儀。魏有太尉鍾繇、鍾會。梁有鍾嶸，唐有鍾紹京。

鍾離　漢有鎮[八八]離意。吴有鍾離妝。晋有鍾離雅。

鍾吾　《左傳》有鍾吾子。

鍼　音鈐。秦有三良，一曰鍼虎，殉葬者。

鍼巫　上音針。《左傳》有魯大夫鍼巫氏。

鐵　隋有將軍鐵士雄。

鐵伐　《載記》：“赫連勃勃改其支庶爲鐵伐氏，曰庶朕子孫，堅鋭如鐵，皆能伐人也。”

鋞○鈄　二字並天口切。鏃○鈎○鈞○欽○鎮○鏤　八氏並見《姓書》。

鈖陵　解在阜部“陵”字下。

玉六十八

玉　音肅。黃帝時有巧工玉帶〔八九〕，造明堂者，一云《上明堂圖》。後漢有司徒玉況。

環　《姓苑》云：“古賢者環淵。漢有河東太守環饒，又有環濟。”

瑝　音快。漢有瑝錢〔九〇〕。

理　《姓苑》：“皋陶爲大理，子孫以爲氏。殷有理徵。”

琴　《左傳》有大夫琴張。《列仙傳》有琴高。

班　《風俗通》“楚令尹鬭班之後”，即於菟也〔九一〕。漢有班彪、彪子固，班斿。後漢有班超。

瑕　《左傳》有周大夫瑕禽，鄭大夫瑕叔盈。

瑕丘　《姓苑》：“魯莊公庶子食菜於瑕丘，後以爲氏。”《史記》有瑕丘公，不言名。一云瑕丘江生，治《穀梁》者。

瑕呂　《左傳》有晋大夫瑕呂飴生。注云：姓瑕呂，名飴生，字子金。

琅　《左傳》齊大夫琅過。

璹　音肅。瑞○玠○璦　音愛。○琯　五氏皆出《姓苑》。

貝六十九

貝　《姓苑》：“古有賢者貝獨坐。唐有貝俊。”

賈　姬姓也。周賈伯之後。漢有洛陽賈誼，曾孫捐之，又有賈山。後漢二十八將有賈復。魏有賈逵，逵子充、仕。晋唐有賈曾、至、耽、餗，皆有傳。

質　《漢書·殖貨志》：“質氏以洒削而鼎食。”注云：理刀劍也〔九二〕。

貢　《姓苑》：“漢有琅琊貢禹，爲御史大夫。”

費　夏禹之後也。《左傳》魯大夫費伯，楚有費無忌。《漢書·儒林傳》有費直，治《易》。後漢汝南費長房。《蜀志》云：“諸費有名者多丞相，費褘，又有費詩、費真。”

貫　《姓苑》云：“齊有貫珠〔九三〕。漢有趙相貫高。”

賀　會稽賀氏。齊之公族慶封之後也。後漢侍中慶純，避安帝諱，改爲賀氏。吳有賀齊，賀劭、劭子偱〔九四〕。唐賀知章，皆名臣。

賁　音祕、音肥、音奔三氏。古有勇士賁育。漢有賁赫，告英布叛者。二人皆姓肥，祕與奔未見。

員　音運。《前涼録》有金城太守員敞〔九五〕。唐有員半千，又有員嘉。

資　黃帝孫有食菜於資者，後以爲氏，即今之資州也。漢有太守資成。

貴　《姓苑》云：“陸終之後有廬江太守貴遷。”

賤　漢有北平太守賤瓊，又有賤虞。

賜　齊大夫簡子賜之後。

貳　姬姓也。《後秦録》有平陽太守貳塵之後〔九六〕。

賈孫　《姓苑》：“衛有王孫賈，出自周傾王之後，其子孫自以去王室久，改爲賈孫氏。”

賀若　《後魏書》云：“北俗謂忠正爲賀若，孝文帝以其先祖有忠正之德，遂以爲氏。”隋有賀若弼。

賀蘭　《周書·賀蘭祥傳》云：“祥之先與後魏俱起雲中，有紇伏者爲賀蘭莫何弗，因以爲氏。"唐有賀蘭進明。

賀拔　《周書·賀拔勝傳》云："亦與魏氏同起陰山，代爲酋長。北方謂土爲拔，以其揔有地土，人皆相賀，因以爲氏。"唐有賀拔嗣，又有賀拔甚。

賀賴　《南燕録》有"輔國大將軍賀賴盧"。

賀葛○賀樓○賀兒○賀遂○賀悦○賀拔干　六氏並出《後魏書·官氏志》。

賀六渾　《北齊·帝紀》云："高歡字賀六渾。其後遂以爲氏。"

費連　漢複姓。

員　音圓。賀○賢○寶　四氏皆出《姓苑》。

衣七十

被　《古今人表》有被衣，爲堯師。被音披。又有被雍。《左傳》有鄭大夫被瞻。漢有牂柯太守被條。吳有被離。

褚　河南褚氏。微子之後也。恭公之子曰石，食菜於褚，其德可師，遂號褚師，因而氏焉。漢有梁相褚大通，又有褚少孫，補遷《史》者。元成之間，號褚先生。又褚秀、褚雲。晉侍中褚翼，又有褚碧，音掠。齊有侍中褚彥回。隋有褚無量。唐有褚亮，爲十八學士。亮子遂良爲黃門侍郎。又有褚俏。

裨　《風俗通》："鄭有裨竈，明天文〔九七〕。"《論語》有裨諶。

襃　夏禹之後襃姒是也。

哀　《姓苑》云："漢有哀章。金陵有哀仲，種美梨者。"《莊子》有哀駘它，衛之醜人也。

囊　楚莊王子囊之後，以父字爲氏。《左傳》有楚令尹囊瓦。齊大夫囊帶。

褚師　《左傳》衛大夫褚師圃。

衣○初○褘○補○襌　音尋。裔○裘○襲　八氏並載《姓書》〔九八〕。

巾七十一

帥　所律切。本姓師，避晉景帝諱改焉。晉有尚書郎帥禺。

師　《左傳》有師曠、師服，又有師延，作箜篌者。又師涓、師襄。漢有師丹。後漢末有南陽人師宜官，攻大小篆。一云複姓。

師延　師延之後也。世掌樂職，後遂有師延宜。

歸　唐有尚書歸崇敬、敬子登、登子融，皆有傳。

帗○幅　二氏出《姓苑》。

帶七十二

韢　音帶。《王莽傳》有中常侍韢惲。

韢　音制。出《姓苑》。

系下計切。七十三

系　《姓苑》云：“楚有系益。”

縣　《風俗通》云：“晉張方以縣思爲腹心。”《孟子》有縣駒善歌〔九九〕。

縣　音懸。孔子弟子有縣成。漢有甘陵縣芝。吳有中書令縣黮〔一〇〇〕。

孫　在子部。

糸亡狄切。七十四

續　《姓苑》："舜七友，其一曰續牙。"《風俗通》："漢有續相如〔一〇一〕。晋有續武。"

繞　《左傳》有秦大夫繞朝。

絳　漢封周勃爲絳侯，其子孫以爲氏。

絡　《姓苑》："衛有賢者絡疑。"

繆　蘭陵繆氏。《史記》："趙有官者繆賢。"《漢書·儒林傳》有申公弟子繆生。《後漢書·獨行傳》有繆肜。魏有繆襲。晋有繆播、繆徵。

繆　音木。《禮記》有繆公，即秦所謚繆公也。

紀　姜姓也。《左傳》大夫紀裂繻。漢有紀信。吳紀瞻，紀亮、亮子騭。梁紀少瑜，皆有傳。《莊子》有紀渻。

終　《漢書》有濟南終軍。

綺　《姓苑》："商山四皓綺里季之後。"

綠　《古今人表》有綠圖，爲顓頊師。作淥者，誤。

繡　《漢書·游俠傳》有馬嶺繡君賓。

綸　《魏志》有孫懿文臣綸直〔一〇二〕。

紙　後魏虜複姓渴侯氏，後改賜紙氏。

約　《姓苑》："古賢者有約續。"

維　《後漢書》："光武時有妖巫維氾，相聚爲盗。"

紆　後漢有肥鄉侯始平紆邈。

纏　《漢書·藝文志》有纏子著書。

緱　《王子晋别傳》有緱氏山，緱乃姓也。陳留有緱氏縣，亦姓也。《孝子傳》有陳留緱氏女，名玉，是此也。

繒　《漢書·功臣表》有繒賀。

繢　《姓苑》："繢雲氏之後也。"

紐　《隋書》有紐回，以孝行聞。又有姓鈕，在金部。

纍　音縲。黃帝妃西陵氏，号纍祖，其後以爲氏。晉有七與[一〇三]大夫纍虎。

絮　尼據切。《漢書》：京兆府吏絮舜，爲張敞所殺者。

繁　音皤。《左傳》："殷人七族，其三曰繁氏。"漢有御史大夫繁延壽。魏有繁欽。唐有繁師玄。

終利　《東觀漢記》有終利恭。

終葵　《左傳》："殷人七族，其七曰終葵氏。"

經孫　出何氏《姓苑》。

紇奚　後魏有開府紇奚永樂。

紇干　唐有紇干峻，舉進士知名。

紇骨〇紇豆陵〇統奚〇纈那　四氏並載《後魏書·官氏志》。

緯〇練〇紹〇統〇緒〇經〇縉〇納〇給〇紅　十氏並出《姓書》。

緩　在爰部。

綿　在系部。

龍七十五

龍　《姓苑》："舜納言龍之後。龍本舜臣名也，夏有龍逢[一〇四]諫桀而死。楚有項羽將龍沮。後漢有將軍龍伯高。"

龍丘　《姓苑》："漢有吳人龍丘萇。"

龔　渤海龔氏。晉大夫龔堅。漢有龔舍、龔遂。晉有龔穎。

龐　周文王畢公之後徙封於龐，後以爲氏。史有龐涓、龐儉、龐勛。後漢太尉龐參、龐統。唐有翰林學士龐嚴。

襲　在衣部。

虎七十六

虎　《姓苑》云：“八元伯虎之後。漢有合浦太守虎旗。”

虎夷　見《姓苑》。

盧　范陽盧氏，姜姓也。齊太公之後，子孫食菜於盧，因以爲氏。漢有盧綰、盧植。魏有盧毓。晋有盧志，志子諶，諶子思道，仕北齊。後魏有盧元明。唐相盧懷慎，太傅盧簡求，又有盧藏用、盧肇，隱士盧鴻。

盧妃　見《姓苑》。

盧蒲　亦姜姓也。《左傳》有齊大夫盧蒲嫳，又有盧蒲癸。

虞　帝舜之後有虞仲。《史》有趙相虞卿。東漢有虞延、虞詡。吳有虞翻。晋中書令虞松，又有虞譚，虞溥、預、悝、順、琮、願。後魏侍中虞嘯父。唐有虞世南，爲十八學士，又爲二十四功臣。

虞丘　《風俗通》：晋有虞丘書，爲乘馬御〔一〇五〕。又有吾丘氏，在口部。

慮　古伏字。亦作慮羲。孔子弟子慮子賤。《洛神賦》云慮妃。

虔　陳留《風俗傳》云：“虔氏，祖於黄帝。”

獻　齊獻公之後。秦有大夫獻則。

獻丘　見《姓苑》。

戲　音羲。宓羲氏之後也。《魏志》有穎〔一〇六〕川戲志才。

戲陽　《風俗通》：“衛有戲陽速〔一〇七〕。”

處　《風俗通》：“漢有北海太守處興。又有陳留相處就〔一〇八〕。”

虢　姻〔一〇九〕姓也。王季之後。《左傳》晋大夫虢射。漢有虢廣，爲春秋博士。

虖　音呼。慮○虚　皆出《姓苑》。

象七十七

象　出何氏《姓苑》。

牛七十八

牛　殷封微子於宋。其後司寇牛父帥師敗狄長丘，死之。子孫以父字爲氏。秦有牛犨。《淮南子》有牛哀。漢有主簿牛崇，解在"馬姓"下。隋有宰相牛弘，封奇章公。唐相牛僧孺襲封焉。

犀　《史記》有魏相犀首。案：《莊子釋文》："犀首，魏官名，若今虎牙將軍也。公孫衍爲此官。"故《史記》但稱犀首。《姓書》元有〔一一〇〕，不敢削之。

牢　孔子弟子琴牢之後。東漢石顯之黨有牢梁。

牽　魏有牽招。晋有牽秀。

特　《左傳》："晋有大夫特宫。"

牟　《風俗通》："牟子之國，祝融之裔也。"漢太尉牟融。《後漢·儒林傳》有牟長。

牧　漢有越巂太守牧根。

牡丘　《姓苑》："漢有鉅鹿太守牡丘勝。"

牟孫　出《姓苑》。

犨　《左傳》晋大夫郤犨之後以爲氏。

馬七十九

馬　扶風馬氏，秦姓也。初，伯益之後趙奢封馬伏君，後遂氏焉。漢有馬伏淵，爲隴西太守，牛崇爲主簿，羊嘉爲功曹，凉部人謂之三牲。後漢二十八將有馬武、馬成，又有伏波將軍馬援，又馬宮、馬防。魏有馬鈞。唐中書令馬周，太尉馬燧，侍講馬懷素〔一一一〕。

馬矢　漢複姓，後漢馬宮，本姓馬矢氏，其後單稱馬氏。

馬適　《漢書·功臣表》有馬適育。

馬師　《左傳》有馬師頡。

駒　《功臣表》有駒幾。《左傳》："駒伯爲郤充〔一一二〕軍佐。"

駱　《姓苑》："吳有東陽駱統。"唐有駱賓王。

馴　姬姓也。《功臣表》恩澤侯馴鈞。鄭穆公之後有馴偃，見《左傳》。

騎　《史記》有燕將騎劫。

騶　音鄒。《風俗通》云："越王勾踐之後〔一一三〕。"

驪　本驪國。晉滅驪得驪姬，驪子孫自爲氏。

驪連　古天子号，後有以爲氏者。

駻　丘姦切。又音幹。《漢書》有江東駻辟，字子弓，善治《易》。

雛　《左傳》晉大夫雛敳。

驃　毗養切。馳　二氏並出《姓苑》。

犬八十

狼　《左傳》晉大夫狼瞫。

猗　《漢書·殖貨志〔一一四〕》有猗頓，訾累億萬。

狄　春秋時狄子國，後以爲氏。魯有狄虎彌，孔子弟子狄黑。漢有博士狄山。唐相狄仁傑。

獲　《姓苑》云："宋大夫尹獲〔一一五〕之後。"

猛　《左傳》有晉〔一一六〕大夫猛獲。

猷　《風俗通》："衛有猷康。"

獨孤　本盧姓也，後魏時最爲盛族。北齊時有獨孤信，爲上柱國。唐有獨孤及、及子郁。

狐　狐氏出自康公之後。晋大夫狐偃，又有狐射姑。《莊子》有古之賢者狐不偕。《蜀志》有狐篤，後改姓馬，名忠，爲鎮南大將軍。

狐丘　《史記》有狐丘子林。又有狐丘丈人。

猗〇奐　下音喚。並見《姓苑》。

獢　音獵，犬戎姓。

羊八十一

羊　泰山羊氏。《左傳》羊舌職大夫之後，子孫有單姓者。戰國時有羊千，著書顯名。漢有隴西功曹羊嘉。後漢有太尉羊續，又有羊瓊。晋太傅羊祜，羊曼，羊綉，羊耽，羊陟，羊玄之。宋有羊玄保，羊欣。梁有羊侃，羊鴉仁。

羊舌　解在上。

羊角　《姓苑》云：“《烈士傳》有羊角哀。”

姜　天水姜氏，齊姓也。出自神農之後。姜原，帝嚳妃也，生棄。一云太公本居於姜水，後乃氏焉，即周太公姜子牙也。漢有姜肱。蜀有姜維。唐有姜公輔、姜晉、姜皎。

羌　《姓苑》：“晋有石冰將羌迪。”

羑　地名也，紂囚文王處謂之羑里，里人以爲氏。

羲　《風俗通》云：“堯卿羲仲之後。”

羨　《列仙傳》有羨門。

慈　出《姓苑》。《急就章》有慈人陀〔一一七〕。

玆毋　下音巫。《左傳》有魯大夫玆毋還。

曾　《左傳》有曾夭、曾阜。孔子弟子曾參，父晢。漢有尚書郎曾偉。

普　後魏獻帝〔一一八〕次兄爲普氏。

普屯　《周書》：“辛威賜姓普屯。”

普六茹　　《周書》："楊忠賜三字姓，爲普六茹氏。"

普陋如　　見《後魏書》。

瓶　　《風俗通》有太子少傅瓶中。《後趙録》有"北海瓶子然"。

并官　　《先賢傳》云："孔子妻并官氏。"

義渠　　《風俗通》："漢有光禄大夫義渠安國。"

羌丘〇耴　　所嫁切。並出《姓苑》。

尊　　在寸部。

善　　在口部。

蟲八十二

蟲　　《漢書·功臣表》有曲成侯蟲達。

蟜　　《姓苑》："漢有蟜慎，字彦仲。亦作矯。"

蜎　　《漢書·藝文志》有楚人蜎淵，著書十三篇。

蝮　　《唐史補》："乾封元年改武惟良姓蝮氏。"

蛇　　《後秦録》："姚萇皇后蛇氏，南安人也。"

蠐　　出《姓苑》。唐咸通中有蠐涸，知音律。

蛸　　南齊武帝改其子巴東王爲蛸氏。

蛾　　《左傳》晋大夫蛾析。

蛇丘　　《風俗通》："濟北有蛇丘惑，爲河内太守。"

蛇咥　　上音野，下音鐵。虜複姓也。見《後魏書》。

蚩　　蚩尤之後。

風　　自有部。

豸直耳切。八十三

豹　《風俗通》："八元叔豹，後以爲氏。"

貂　出《姓苑》。

魚八十四

魚　《風俗通》云："宋桓公生目夷子，字子魚，賢而有謀，子孫以字爲氏。"後有魚石。魏有魚豢。梁有魚弘。隋有大將軍魚俱羅，兩目重瞳者。唐内官魚朝恩。

魯　魯伯禽之後。有魯仲連、魯班。後漢魯恭、魯褒。吴有魯肅。魏有魯芝。

鮑　夏禹之裔也，因封以爲氏。齊有鮑叔、鮑癸。漢有鮑宣、鮑永、鮑恢、鮑艶、鮑昭。梁有鮑泉。

鱗　宋桓公生子鱗，故曰鱗氏。《左傳》有大夫鱗朱，又有司徒鱗矔。矔音貫。

鯫　《風俗通》："漢有人姓鯫，名生。"鯫字徂鉤切，《説文》云，小人之貌也。後人遂自稱鯫生，即與姓不同也。

鮮　《後蜀録》有"李壽司空鮮思明"。又音綫。

鮮于　《姓苑》："有鮮于仲通，漢有特進鮮于輔。"

鮮陽　《姓苑》："漢有刺史鮮陽戩。"

鮭陽　漢有博士中山鮭陽鴻。

魯步　見《姓苑》。

鳥八十五

鴻　《左傳》有衛大夫鴻駵魋。

梟　隋煬帝誅楊玄感，改姓梟氏。

鴟夷　《史記》：“范蠡適齊爲鴟夷子〔一一九〕。”後有鴟夷氏。

鸛鵲　見《莊子》。一作瞿。

鳴　《古今人表》趙有鳴犢。

鵠　出《姓苑》。

隹八十六

翟　魏文侯時有翟璜，進西門豹者。漢丞相翟方進，廷尉翟公。後漢翟酺。晉處士翟湯。唐刺史翟璋。

霍　周文王十六子封十六國，霍叔第四。漢有大將軍霍光，爲麒麟閣功臣，不名。侍中霍去病。

雄　舜友雄陶之後。

雕　漢武《功臣表》有雕延年。

離　孟軻門人有離婁，《史》云離朱。又有離常。作离者，非。

隽　章兖切。漢有京兆尹隽不疑。

雀　音九。　難　百濟姓。二氏皆出《姓苑》。

皮八十七

皮　《姓苑》云："漢有皮尚。"北齊有皮景和，又有太醫皮巡。五代時有皮日休。

破六韓　北齊有破六韓氏，名常。

破六汗　後魏有北境寇破六汗拔陸。

破多羅　亦出《後魏書》。

毛八十八

毛　周文王十六子封十六國，毛公第七。成王時毛伯爲三公。趙有毛遂。晉有毛寶、毛義。魏有左僕射毛玠。宋有毛脩之。

羽八十九

羽　《左傳》："鄭穆公之後有大夫羽頡。"後漢刺客羽公。

羽弗　見《後魏書》。

翾　許緣切。見《姓苑》。

翠　《姓苑》云："楚景翠之後也。"

羿　本作羿，善射者之名也，後有以爲氏。

習　《姓苑》："襄陽有習氏。後漢有習響。"晉有習鑿齒。

翼　在共部。

革九十

革　漢《功臣表》有煮棗侯革朱。

鞏　《左傳》："晋大夫鞏朔，簡公以爲周卿。"

鞠　東萊鞠氏。召公世家有太傅鞠武。漢有鞠譚。《南燕録》有鞠仲、鞠注。

鞅　《姓苑》云："商鞅之後也。"

鞮　宋〔一二〇〕大夫銅鞮伯華之後。一作銅鍉〔一二一〕，在金部。

靳　在斤部。

角九十一

角〔一二二〕　呂静《韵譜》云："音鹿。"南〔一二三〕山四皓有角里先生。又有角善叔。

解　河東解氏。《左傳》有晋大夫解揚，又有解狐。漢有解延年，解光。後漢方伎解奴辜。石勒時有巧匠解飛。晋有解系。宋有孝子解叔謙。唐有解琬。又百濟八姓，其四曰解。

解批　虜複姓。

斛律　後魏丞相咸陽王斛律金、金子光。

斛斯　後魏尚書斛斯延濟。又有斛斯椿。

飛九十二

飛　《史記》有飛廉氏，漢複姓也。古作蜚，通用。或云即嬴姓蜚廉也。

弋九十三

弋　河東弋氏。今蒲坂多此姓。

代　常山地名。代王爲趙襄子所威〔一二四〕，子孫以地爲氏。《史記》有代舉。漢有京非〔一二五〕尹代武。

弌門〇式　二氏並出《姓苑》。

校勘記

〔一〕《古逸叢書》本"周文"後有"王"字，作"周文王"是。

〔二〕"後漢"，《古逸叢書》本作"吳志"。按：薛綜爲漢末三國時人。

〔三〕據段本，"狐"當作"孤"，"薛孤"爲複姓。

〔四〕叢書本《風俗通》無此條。校注本"嘉"作"加"。

〔五〕"殖貨"倒文。

〔六〕據段本，《左傳》無此人。

〔七〕據段本，"隰"字下脫"叔"字。

〔八〕"椽"當爲"掾"之訛。

〔九〕"苗"，《古逸叢書》本作"伯"，作"伯"是。

〔一〇〕據《梁書·陶弘景列傳》，咸陽三茅君當爲漢人。"秦"當作"漢"。

〔一一〕叢書本《風俗通》無此條。校注本無"敷"字。

〔一二〕叢書本《風俗通》、校注本後還有"又有蒲遵"。

〔一三〕據段本，"董父"姓秦，"董"非姓。

〔一四〕原書蟲蝕處，《古逸叢書》本作"忿"。

〔一五〕據段本，"環"、"頭"重出。

〔一六〕據段本，《左傳》無此人，《世本》有"英成僖子"，"英成"爲複姓。

〔一七〕據段本，“蒇”當作“箴”。

〔一八〕據段本，“葉”當作“華”。

〔一九〕據段本，“姬”當作“堅”。

〔二〇〕從“武子括”至“恬”，《古逸叢書》本作“武子恬，恬弟毅”。按：《古逸叢書》本是。

〔二一〕據段本，“卯”當作“卬”。

〔二二〕據段本，“湖”當作“胡”。

〔二三〕叢書本《風俗通》無此條，校注本無“齊有”二字。

〔二四〕據段本，“蔡丘欣”當作“嗇丘訢”。

〔二五〕據段本，《國語》無此人，疑“英成”爲“英成”之誤。

〔二六〕據《後漢書·楊震列傳》“自震至彪，四世太尉”，楊寶、楊脩俱不在此列。

〔二七〕《玉函山房輯佚》補編本《後秦録》無此條。

〔二八〕“晋”，《古逸叢書》本作“齊”，作“齊”是。

〔二九〕叢書本《風俗通》未著“七篇”，校注本立爲“根牟氏”，并標明“六國時賢者”。段本亦持“根牟”爲複姓説。

〔三〇〕據段本，“晋”當爲“魯”，“富槐”當爲“富父槐”。

〔三一〕“氏”，《古逸叢書》本作“慎”，“慎”字是。

〔三二〕“陰”疑爲衍文。

〔三三〕《玉函山房輯佚》補編本《姓苑》作：“桂，後漢太尉。”

〔三四〕段本據《史記索隱》，“石”、“田”爲二人名，“槍”非姓。

〔三五〕兩“感”字當爲“敢”之訛。

〔三六〕“李綱”當爲宋代。

〔三七〕“李光”，新、舊《唐書》均未見。

〔三八〕據《左傳·昭公二十年》，“木”當作“朱”。

〔三九〕據段本，“梗”當作“梗”。

〔四〇〕《玉函山房輯佚》補編本《姓苑》無“者”字。

〔四一〕“一十七”誤，實收十五氏。《玉函山房輯佚》補編本《姓書》收十五氏。

〔四二〕"於"，《古逸叢書》本作"伯"，"伯"字是。

〔四三〕據段本，"鈴"當作"鈐"。

〔四四〕"秵"，《古逸叢書》本作"奚"，"奚"字是。

〔四五〕"奚"，《古逸叢書》本作"秵"，"秵"字是。

〔四六〕"生"，《古逸叢書》本作"父"，"父"字是。

〔四七〕"嵩"當作"喬"。

〔四八〕叢書本《風俗通》無此條。

〔四九〕《玉函山房輯佚》補編本《姓苑》收此條。

〔五〇〕據段本，"孫"當作"父"。

〔五一〕據段本，"茂"當作"茷"。

〔五二〕叢書本《風俗通》"鞠氏"下有"或爲麴氏，音之訛也"，無此句內容。

〔五三〕叢書本《風俗通》無此條。

〔五四〕據段本，"伴"當作"升"。

〔五五〕《玉函山房輯佚》補編本無"秦"字。

〔五六〕據段本，"魯"當作"衛"。

〔五七〕據段本，"文"當作"父"，"矯父"載於《後漢書》，不載於《左傳》。

〔五八〕據段本，"知北"非姓，"知北遊"非人名。

〔五九〕據段本，"成"當作"城"。

〔六〇〕"交"，《古逸叢書》本作"又"，"又"字是。

〔六一〕《玉函山房輯佚》補編本《姓苑》"孫"作"後"。

〔六二〕段本認爲，"蒯聵"爲衛太子名，非姓。

〔六三〕《玉函山房輯佚》補編本《姓苑》無此條。

〔六四〕叢書本《風俗通》"齊"作"楚"，誤。

〔六五〕叢書本《風俗通》、校注本均無此條。

〔六六〕叢書本《風俗通》"彊"作"强"，"後漢"作"漢"，原文與此小異，作"其後因射爲氏"。

〔六七〕叢書本《風俗通》無此條。

〔六八〕段本據《古今人表》指出，"務光""太丁弟"爲兩个人。

〔六九〕《左傳》"祈"作"祁"，祈、祁通。

〔七〇〕據段本，"新"後脱"穉"字，"新穉"爲複姓。

〔七一〕叢書本《風俗通》、校注本均無此條。

〔七二〕"穎"當作"潁"。

〔七三〕叢書本《風俗通》無此條。

〔七四〕"林"當作"臨"，《古逸叢書》本、《世本八種》孫馮翼集本作"臨"。

〔七五〕叢書本《風俗通》無此條。

〔七六〕段本指出，《吴志》本傳抗五子爲：晏、景、玄、機、雲。此處大謬。

〔七七〕叢書本《風俗通》無此内容。

〔七八〕據段本，《左傳》無"隰斯"，《韓非子》有"隰斯彌"。

〔七九〕兩"藉"字當爲"籍"之訛。

〔八〇〕"隋"，《古逸叢書》本作"魏"。按：陽休之生活在北魏至隋時期，故時代或作"隋"，或作"北魏"。《古逸叢書》本"魏"前闕"北"字。

〔八一〕叢書本《風俗通》無"後漢光武陰皇后"以後内容。

〔八二〕叢書本《風俗通》"費"作"賣"。

〔八三〕叢書本《風俗通》"即墨氏"條下内容與此不同。

〔八四〕叢書本《風俗通》無此條。與校注本"錢氏"條下内容不同。

〔八五〕叢書本《風俗通》無此條。段本認爲"銑管"爲"鋭管"之訛。

〔八六〕據段本，"業"當作"華"。

〔八七〕《玉函山房輯佚》補編本《姓苑》"洺"作"滔"。

〔八八〕"鉔"當爲"鍾"之訛。

〔八九〕段本據《史記·孝武本紀》，"工玉帶"當作"公玉帶"，"公玉"爲複姓。

〔九〇〕據段本，"璿錢"爲倒文，本姓錢，"漢"當爲"晋"。

〔九一〕據段本，"聞斑"與"於菟"非同一人。

〔九二〕此文當引自《漢書·貨殖傳》，"殖貨志"誤。服虔注："治刀劍者也。"如淳注："作刀劍削者。"注文"理刀劍也"出處不詳。

〔九三〕據段本，"珠"當作"殊"。

〔九四〕"徧"當作"循"。

〔九五〕《玉函山房輯佚》補編本《前涼錄》無此條。

〔九六〕《玉函山房輯佚》補編本《後秦錄》無此條。

〔九七〕叢書本《風俗通》無此條。

〔九八〕《玉函山房輯佚》補編本《姓書》只收七種，無"補"氏。

〔九九〕叢書本《風俗通》無此條。校注無"晋張方"句。

〔一〇〇〕據段本，《姓纂》"陵"下有"相"字，"黜"作"點"。

〔一〇一〕叢書本《風俗通》無此條。

〔一〇二〕據段本，《魏志》無此人。"文懿"爲倒文，《晋書》載其人。

〔一〇三〕據段本，"與"當作"輿"。

〔一〇四〕"逢"爲"逢"之俗寫。

〔一〇五〕叢書本《風俗通》無此條。

〔一〇六〕"穎"當作"潁"。

〔一〇七〕叢書本《風俗通》無此條。

〔一〇八〕叢書本《風俗通》無後一句。校注本"太守"作"相"。

〔一〇九〕"姻"，《古逸叢書》本作"姬"，作"姬"是。

〔一一〇〕《玉函山房輯佚》補編本《姓書》無"犀"氏。

〔一一一〕據段本，"馬伏君"之"伏"當作"服"，"馬伏淵"之"伏"當作"文"，"羊嘉"，《廣韻》作"羊喜"。

〔一一二〕據段本，"充"當作"克"。

〔一一三〕叢書本《風俗通》未收此條。

〔一一四〕"殖貨"爲"貨殖"之倒。"志"當作"傳"。《古逸叢書》本正作"傳"。

〔一一五〕《玉函山房輯佚》補編本《姓苑》無"尹"字。據段本，

《左傳》無此人，《姓纂》作"猛獲"。

〔一一六〕據段本，"晋"當作"宋"。

〔一一七〕段本據《急就章》，"陀"作"他"。

〔一一八〕據段本，"帠"當作"帝"。

〔一一九〕《史記·貨殖列傳》載此作"鴟夷子皮"，此處"子"後脱"皮"。

〔一二〇〕據段本，"宋"當作"晋"。

〔一二一〕"觀"疑爲"鋸"之訛。

〔一二二〕"甬"爲"甬"之俗寫。

〔一二三〕"南"，當爲"商"之訛。

〔一二四〕《古逸叢書》本"威"作"滅"，作"滅"是。

〔一二五〕《古逸叢書》本"非"作"兆"，作"兆"是。

姓解卷第三

一九十四

一　凡姓書並無一氏，今江南彭澤獨有之。當是姓乙，音訛致此誤呼。今自有乙家，又慮後人有姓一者以爲脱落，故立此姓。

一斗眷　後魏三字姓，後改姓明氏。

一那婁　又音闆，亦後魏姓，後改賜婁氏。

王　周靈王太子曰晋，世傳晋登仙，是王家之太子，遂稱王氏。凡二十一望，各以分封食菜，隨地而立也。《史記》有王倪、王翦、王離、王陵、王尊、王章、王嘉、王商、王肅、王襃，並秦漢以來將相。後漢二十八將王梁、王常、王霸、又王暢、王充、王符。魏侍中王粲，司空王朗，又王昶，方士王真。晋王祥、弟覽，王沉、渾〔一〕、渾子濟，王濬，王戎、戎從弟衍、衍弟澄，王尼，王接。元帝渡江之初，有王導，王湛、湛之丞、丞子述、述子坦之，字文度，並爲中興第一。坦之子曰愷愉、國寶。又導有從子羲之、羲之子玄之、凝之、徽之、弟操之、獻之。宋有祕書監王僧，侍中王華、王曇首。齊王融、王僧虔。梁王僧孺、僧辯。《梁書》沈約謂王筠曰："自開闢已來，未有爵位蟬聯、文才相繼如王氏之盛也。"王筠爲梁昭明太子十學士，王囷又爲高齋十學士。隋王韶、王劭。唐侍中王珪，中書令王及善，又王方慶，王縉、縉弟維，皆有列傳。

王人　《姓苑》云："周有王人子突。"

王官　《左傳》有王官無地御戎。

王史　漢有新豐令王史音。

王孫　衛有王孫賈。

正　《左傳》宋上卿正考甫。魏有永昌太守正帛。

正令　漢有尚書郎正令宫。

不　甫鳩切。《晋書》有汲郡人不準，發魏王冢，得古文竹書盈車，世謂之

《汲冢書》者。

丕　《左傳》："晋有大夫丕鄭、鄭子豹。"

牙　君牙之後。

巫　殷有巫咸，明天文。又有巫賢。

巫馬　孔子弟子巫馬期。

酉　黄帝十四子之一姓也。《魏志》有陳留人酉收[二]。

五　《姓苑》有五、伍、仵三氏。初有五胤。《漢書》："陳涉將有五逢。"蜀有五梁。伍、仵在人部。

五鳩　《風俗通》："趙有將軍五鳩盧[三]。"

五鹿　漢有五鹿充[四]宗。

五參　楚昭王時有五參騫。

五里　出《姓苑》。

五王　東莞五王氏。《史記》云："自齊威王至建王爲五王，建王子孫以爲氏。"

五相　出《姓苑》。

丁　姜姓也。齊太公之後，謚曰丁，因而命族。漢《功臣表》有丁復，又有丁寬。後漢有丁恭，又司徒丁鴻。魏有丁謐、丁儀、丁廙。吳司徒丁固，大司馬丁奉。晋丁譚。唐學士丁公著。

丙　《風俗通》云："秦有大夫丙歜。"《漢書·货殖傳》："魯有富人丙氏。"《古今人表》有丙猜[五]。

三閭　楚屈原爲三閭大夫，後有以官爲氏者。

三烏　《姓苑》："沛有上計吏三烏群。"《左傳》："三烏大夫[六]之後也。"

三州　《姓苑》："三州孝子之後。"

三伉○三種　二氏並見《姓苑》。

萬俟　上音墨，下音祈。《北齊書》有特進萬俟普。

百氏　高麗八姓，其八曰百氏。

百里　《左傳》："秦將百里孟明視。"虞有百里奚。後漢徐州刺史百里嵩。

下門　《風俗通》有晋大夫下門聰[七]。

下陽　《春秋公子譜》：“姬姓也，虢叔之後。”

可頻　《後周書》：“太保王雄，賜姓可頻氏。”

可沓　梁有河南王可沓振。

可足渾　前燕慕容儁皇后，姓可足渾氏。

可朱渾　後魏有并州刺史可朱渾買奴。

萬紐于　西魏有柱國萬紐于謹。《後周書》：“唐瑾、樊深並改賜于氏。”

哥舒　唐將哥舒翰。

弄　吐蕃王姓。唐太宗以文成公主妻弄讚。

工　漢有平悼侯工師喜。《風俗通》楚大夫工尹齊〔八〕。

工僂　《左傳》有齊大夫工僂灑。

可達○可地延　並出《後魏書》。

匹婁○至　出《姓苑》。

暨　音訖。吳有尚書暨艷。

干　在丨部。

萬　作万，在草部。

天九十五

吞　音天。《姓苑》云：“漢有吞景雲。”

吞　音桂，解在“桂”字下。又有與天公賤者吞道元。

𧎢　音閣。《姓苑》云：“北海人。”

元　《左傳》有衛大夫元咺，梁有元法僧、元樹、元顯達。後魏始姓拓跋，至孝文帝改姓元氏。後周侍中元孚。隋尚書左丞元壽。唐相元稹、又有元行沖、元萬頃、元結、元德秀，皆在《文苑》。

大九十六

大　《漢書·古今人表》有大填、大山稽，並黃帝師。又有大款爲顓頊師，又黃帝臣有大鴻，又曰大封，辨西方。

大庭　古天子號，亦以爲氏。

大羅　《周禮》有大羅氏。

大公　《世本》有大公叔穎〔九〕。

大賀　《唐列傳》云：“契丹國姓。”

大夫　解在一部文字下。

大連〇大彭　出《姓苑》。

大莫干　周末有尉回將軍大莫干玄章。

大利稽〇大俗稽〇大落稽　並見《後魏書》。

太　文王四友太顚之後。

太師　《古今人表》有太師庇、太師摯。

太叔　漢有尚書太叔雄。

太陽　《列仙傳》有太陽子白日昇天。

太史　周太史之後以爲姓。周有太史儋。《風俗通》：“漢有尚書郎太史稟〔一〇〕。”司馬遷父曰太史公談。吳有太史慈。

太征〇太士〇太室〇太祝　並出《姓苑》。

夾　《左傳》楚大夫夾〔一一〕敖。

奄　秦穆三良，一曰奄息。

夫蒙　《後秦錄》有“建威將軍夫蒙氏大羌也”。

夫餘　《風俗通》：“吳公子夫槩奔楚，子孫不去者稱夫餘氏。”又百濟王初姓夫餘。

東　《姓苑》云：“舜七友，其一曰東不訾。”訾音疵。

東門　《左傳》有魯大夫東門襄仲。後漢有東門京。

東郭　《左傳》齊大夫東郭偃，又有東郭姜、東郭書。《莊子》有東郭順，爲田子方師。漢有待詔者東郭先生拜都尉。

東野　《莊子》有東野稷。

東陵　《神仙傳》有廣陵人東陵聖母。

東閭　《姓苑》云：“古賢者東閭子。”

東里　《曹瞞傳》有南陽太守東里昆。

東宮　《左傳》有東宮得臣。

東樓　夏禹之苗裔，湯時或封或絶。武王克商，求禹之後，得東樓，封於杞焉。

東關　《左傳》有東關嬖五，其後爲氏。

東鄉　《世本》有宋大夫東鄉爲〔一二〕。

東陽　漢有東陽無疑。

東方　漢有東方朔。唐有東方虬。

來　殷之裔也。後漢二十八將有來歙。荆楚名族有黃門侍郎來順。蜀有來敏。隋有大將軍來護兒。又有相者來和。後魏有來大千。唐有來瑱、來濟。

朱　沛國朱氏。周封同姓于邾，爲楚所滅，子孫去邑稱朱氏。《史》有朱亥。齊有大夫朱毛。《論語》有朱張，逸民之一也。王弼云：“姓朱名張，字子弓。”漢有朱建、朱博。魯有朱家。漢朱買臣，佰〔一三〕吏朱邑、朱齡石。後漢二十八將有朱祐，又有朱浮、朱雲、朱穆。吳有朱寓〔一四〕、朱治、朱然。晋司徒朱紀、朱整。唐朱子奢，朱敬則〔一五〕。

朱襄　古帝號，有以爲氏者。

朱泙　《莊子》有朱泙漫。

朱耶○朱陽　見《姓苑》。

夷　《左傳》：“齊大夫夷仲年，邾大夫夷射〔一六〕。”

夷門　魏侯嬴氏，爲夷門抱關者，後有夷門氏。

支　《後趙録》有司空支雄。

支離　《莊子》有支離益，善屠龍。又有支離叔。

契苾　虜複姓。唐將有契苾何力。

東萊○本　皆出《姓苑》。

束　自有部。

叩 許煩切。九十七

單　音丹。本虜姓可單氏，後改姓單氏。

單　音善。周卿單穆公之後。《左傳》有周大夫單伯。東漢有將軍單超。魏有太史令單颺。晉有術士單道開。唐初有單雄信。《莊子》有單豹。

嚴　馮翊嚴氏。漢嚴忌、忌子助，又有嚴彭祖，皆有列傳。王莽時嚴尤。後漢光武時嚴陵。蜀嚴君平。唐嚴綬、嚴挺之。

喪　音桑。楚有大夫喪左。

品九十八

品　出《姓苑》。

區　音歐。區冶子之後。

區　音驅。《左傳》魯大夫區夫。漢末有長沙區景。

臨　《後趙録》有“秦州刺史臨深”。隋有臨孝恭，會天文。

歐陽　《吳越春秋》：“越王勾踐之後封於烏程，今有歐陽亭。”一云出自長沙。晉有歐陽建。唐有歐陽詢、詢子通，歐陽詹。

品 並立切。九十九

嚚　玄嚚氏之後以爲氏。

器　出《姓苑》。

厂 呼旦切。一百

石　《春秋公子譜》云："石駘仲之後。"有衛大夫石碏、石祁子。楚有石奢。漢有石建、石慶父子五人，號萬石君。魏有石申，明天文。晉有石鑒，石苞、苞子崇。後趙石勒。

厚　《古今人表》有厚成子。

厥　《姓苑》："漢文以宮人賜衡山王，一曰厥氏。"

原　《左傳》："文王十六子封十六國，原伯第十四。"《古今人表》有原繁。周大夫原壽過。陳大夫原仲。晉大夫原軫，即先軫也。《史》有原壤、原涉。一作源。孔子弟子原思、原憲〔一七〕。

厲　《風俗通》："漢有魏郡太守厲温〔一八〕。"

厙狄　上音舍。北齊厙狄干。《後周書》太師厙狄峙。隋酷吏厙狄士文。唐刺史厙狄嶔。

麗○厚丘○石牛　三氏並見《姓苑》。

辱　在寸部。

广 宜檢切。一百一

唐　帝堯陶唐氏之後，子孫氏焉。魏有唐雎，年九十五，說魏王者。楚有唐昧。漢有唐蒙，通夜郎者。又有唐都，明曆數者。晉有唐彬，伐吳者。北齊中書令唐邕。唐凌烟閣功臣唐儉，又唐次、唐紹、唐休璟、唐臨、唐衢。

廖　音溜。衡山人多呼爲料，音轉也。出自周文王支子伯廖之後。《古今人表》有廖叔安。東漢廖湛。今南岳多廖姓。

廉　趙有廉頗。廉褒。大司馬廉丹、丹子范。

鹿　漢有太守鹿旗。後魏有黃門侍郎鹿愈。

廘　音炮。《風俗通》：“漢有廘宣、廘禮〔一九〕。”

序　《禮》有序點。後魏有序淵。

度　後漢有度尚，爲荆州刺史，撰《曹娥碑》者。

應　音鷹。出自南頓，周武王之後。《左傳》：“邘、晉、應、韓，武之穆也。”《漢書》有應曜，隱於淮陽山，八代孫應奉、奉子劭，集解《漢書》者。魏有應瑒。

麻　《風俗通》：“齊大夫麻嬰。後漢麻達。晋隱士麻襦。”《神仙傳》有麻姑。唐執金吾麻嗣宗。

庸　《姓苑》：“漢有庸光。又有膠東庸生。”

席　本姓藉〔二〇〕，避項羽改之。晋有席坦。梁席闡。唐席豫。周席固。

康　周文王子衛康叔之後。宋有康說、康鬬之。梁康絢。唐康子光。

庚　唐有太常博士庚季。

庚桑　《莊子》有庚桑子。

庾　《姓苑》：“堯時有掌庾大夫，後以爲氏。”周大夫庾皮。漢司空庾孟。晋中書令庾亮、子琳，又有庾冰、庾峻，庾翼。後周庾信，齊庾杲之。《南史》有高齋十學士庾肩吾。

庾公　《左傳》：“衛有庾公差，以善射聞。”

府　《風俗通》：“漢有司徒椽〔二一〕府悝。”

廣武　《姓苑》：“陳餘之後有廣武氏。”

廣成　《莊子》有廣成子。

慶　姜姓也。《左傳》齊大夫慶封，慶虎、慶寅〔二二〕。後漢有慶鴻、慶純，避安帝諱，遂改姓賀，“賀”字下別注。

庶　《周禮》有庶氏，常除毒〔二三〕。

庶其　《左傳》：“邾庶其之後以爲氏。”

廩丘　《姓苑》：“古有隱者廩丘充〔二四〕。”

庫傉官　虜三字姓。《前燕録》有岷山桓公庫傉宦〔二五〕泥。

庖　《莊子》有庖〔二六〕丁，善解牛。

廚人　漢複姓。有廚人僕〔二七〕。

唐孫　《世本》有食菜於唐，其孫仕晉者稱唐孫氏。

庫門○慶忌○慶師○慶父○廄○盧　已〔二八〕上六氏，並出《姓苑》。

龐　在龍部。

疒　女厄切。一百二

痛　《姓苑》："周穆王盛姬早卒，王哀痛之，賜姓痛氏。"

尸　一百三

尸　秦有尸伎〔二九〕，爲商鞅師。

屠　《左傳》："齊〔三〇〕有大夫屠岸〔三一〕賈，滅趙朔者。"

展　《左傳》："無駭公子展之孫爲展氏。"後有展禽，即柳下惠也。解在"柳"字下。隋有展子虔。

尾　《史記》有尾生。

屈　楚之公族也。楚武王子瑕，食菜於屈，後爲氏。屈瑕、屈完、屈蕩、屈到、屈建、屈原。吳有屈晃。

屈侯　《史》："魏有屈侯鮒。"

屈突　唐有屈突通，爲凌煙閣功臣。

屈男○屈盧○屈門○屈同○屈引　此五氏皆出《後魏書》。

居○履　見《姓苑》。

辛　夏啓封支子於莘，辛字相近，遂稱辛氏。《左傳》有周大夫辛有，大夫辛廖。漢辛蒲，辛慶恩〔三二〕。魏侍中辛毗。北齊吏部尚書辛術。後魏辛雄、辛德源。齊駕部侍郎辛公義。唐補闕辛替否、辛祕。

商　紂臣商容之後。秦相公孫鞅封於商，是曰商鞅。孔子弟子有商瞿，商澤。

商丘　《列仙傳》有商丘子胥。《莊子》商丘開。

童　《姓苑》：“顓頊子老童之後。”後漢有琅邪内史童仲〔三三〕，又有循吏童恢。

章　《風俗通》：“秦有將軍章邯〔三四〕。”宋有章昭達。

章仇　隋有章仇大翼，明天文。

靖　唐有靖君亮，號陳留八俊。

豎　俗作此本從豆，今附《左傳》齊大夫豎拊。齊桓公臣豎刁〔三五〕。

豎侯　《左傳》：“曹有豎侯獳〔三六〕。”

方　周大夫方叔之後。古賢者方回。唐有詩人方干。

高　渤海高氏。齊太公之後食菜於高而氏焉。《左傳》高奚、高敬仲。《史記》高漸離。孔子弟子高柴。漢高鳳。後漢高詡。北齊姓高氏有臣高敖曹。又遼東高氏號高句麗。魏有高柔。晋高光。後魏高允。隋吏部侍郎高孝基。唐太尉高士廉，圖畫於凌烟閣。又有高季輔，高郢、郢子定。

亶　《古今人表》：“亶父，公祖〔三七〕子也。”

充　《神仙傳》有充尚。

齊　太公姓，封於齊，自田敬仲之後，始稱齊氏。《風俗通・氏姓篇》序云：“齊魯宋衛四族，齊爲之長〔三八〕。”唐有齊映。

云　《姓苑》：“祝融之後也。漢有云敞。”又作妘。今女部亦出。

主　《姓苑》云：“今同〔三九〕州多此姓。”

主父　漢有主父偃。

文　廬江文氏。周文王之後。蜀太守文翁。越大夫文種，《吳越春秋》多稱大夫種，後人以大夫爲氏者，誤。魏文聘、文欽。晋文立。

卞　曹叔鐸支子封於卞，後以爲氏。古有卞莊子。楚卞和。晋尚書令卞壺。齊卞彬。

良　《姓苑》云："出自鄭穆公之後。"《左傳》有鄭大夫良宵[四○]。河間相良就。

雍　於容切。又於用切。文王十六子封十六國，雍伯第十。後有大夫雍糾。又有雍廩。漢有雍齒。唐有詩人雍陶。

玄　《列仙傳》有河間玄俗，無影玄冥之後也。

襄　魯公子襄仲之後。後漢有襄楷。

京　《風俗通》："鄭武公子段，封於京，號京城太叔，其後氏焉。"漢京房，本姓李，字君明，後推律自定爲京氏。

亥　《戰國策》："晋有隱士亥唐。"

無　《左傳》魯司寇無駭[四一]。漢有太子舍人無且。

無庸　楚熊渠之後號無庸，乃有子孫爲氏。

無懷　古天子號，有以爲氏者。

高堂　漢複姓，出泰山下。魏有侍中高堂隆。

高陵　秦昭王弟高陵君之後也。漢有高陵顯。

雍門　雍門氏出自齊頃公之子，生於雍門，因以爲氏。《戰國策》有雍門周。

雍丘　《姓苑》："晋有雍丘洛。"

雍人　魯有雍人高。

高陽　《呂氏春秋》有辯士高陽魋。

端木　孔子弟子端木賜。

立如　《姓苑》："古有賢者立如子。"

奇斤○無○鈎○產○永○兖○之○舞○亮○亢○率○棄○端○韶　一十四氏，並載《姓書》。

爽　在"盛"字下。

哀　在衣部。

元　在天部。

丨丨 上思二切　下附一**百五**

卜　《左傳》魯大夫卜齮。晉有卜偃，明天文。孔子弟子卜商。漢御史大夫卜式。魏方士卜成。宋勇士卜天生。

卜梁　楚文王之子有食菜於諸梁者，後有卜梁氏。《莊子》有卜梁倚。

甲　太甲之後。《左傳》有鄭大夫甲石甫。《莊子》云："昭、景、甲三姓，與楚同宗〔四二〕。"

卑　《姓苑》云："鮮卑之後。"漢有太守卑躬。後漢蔡邕作《胡廣碑》，有太尉掾雁門卑整。

布　《姓苑》有："布子善相，爲趙卿，即姑布子卿也。"《陶侃別傳》有江夏布興，亦在"姑"字下注。

平陵〇平寧　　並出《姓苑》。

申　姜姓也。《左傳》有申蒯、申句須、申無宇、申不害，皆大夫。又楚有申包胥，申犀。孔子弟子申根，申黨。周有申徽。漢河南王申陽。《南史》高齋十學士申子悦。《莊子》有申屠狄。漢相申屠嘉。又有申屠剛。後漢申屠蟠〔四三〕。

申章　漢長沙太傅申章昌。

申鮮　《左傳》齊大夫申鮮虞。

申公　《風俗通》："楚申公巫臣之後〔四四〕。"《史記》有太子傅申公，遭腐刑者。

卓　蜀有卓王孫。東漢有太傅卓茂。

韋　本顓頊大彭之後，夏封於豕韋，子孫以國爲氏，因家彭城。至楚元王傅韋孟遷于魯，生賢，賢生玄成，皆爲漢相。《史》有韋粲。後漢韋彪。隋韋孝寬。唐相韋貫之、韋處厚、韋皋，又韋安石、子陟、巨源、韋述、韋堅，皆有傳。

末　《姓苑》云："桀有末喜。"又有姓秣，在禾部。

于　于本作邘。周武王子邘叔，子孫遂去邑爲于。邑部亦有邘氏。漢丞相東海于定國，于公之子也。魏有將軍于禁。後魏于瑾爲三老，又于栗磾。後周于穆。唐于志寧爲十八學士，于頔、于休烈、于琮、于劼、于敖，皆有列傳。

干　《左傳》宋有干犫。晋有干寶。

干己　漢有京兆尹干己衍。

畢　文王十六子封十六國，畢公第十三。後有畢公高、畢万。晋有畢卓。唐有畢諴、畢搆。

求　《三輔决録》：“漢有求仲。”

中　《姓苑》：“漢有中京，爲少府卿。”

中行　《左傳》〔四五〕晋大夫中行偃。漢諫議大夫中行彪。

中梁　《姓苑》：“古之隱者有中梁子〔四六〕。”

中英　虞有五英之樂，掌中英者，因自以爲氏。

中央　古帝號，有以爲氏者。

中壘○中野　並見《姓苑》。

末那樓　《後燕録》有“襄城末那樓氏，名雷”。

市　北燕有將軍市被。

辜　出《姓苑》。

東○來○朱　並在大部。

皐　在丿部。

十　一百六

南　《風俗通》：“楚大夫南遺〔四七〕。”孔子弟子南絡，字子容，《論語》南容也。

南郭　《莊子》有南郭子綦。《左傳》南郭且干〔四八〕，又南郭先生，濫吹者。

南榮　《莊子》有南榮趎。

南郷　《姓苑》：“晋有高士全，隱居於南郷，因自以爲氏。”

南公　　六國時有南公子著書。

南伯　　《莊子》有南伯子葵。

南史　　《左傳》有南史氏。

南宫　　魯有南宫敬叔。宋有南宫長万。《書》有南宫毛。夫子弟子南宫适。《古今年表》有南宫極、南宫邊。

南丘○南門○南野　　三氏並見《姓苑》。

直　　《姓苑》：“楚人直躬之後。”《漢書》有御史大夫直不疑。

真　　《説文》作眞，俗作真。今附十部。《風俗通》云：“漢有太尉長史真祐。”又百濟八姓，其二曰真氏。

博　　《説文》云，從十。古有博勞氏，善相馬。

袁　　汝南袁氏。出自陳郡陳胡公之後也。漢有袁安爲太傅，安子敞、敞孫宏。後漢袁延、袁紹、袁術。晋袁準，又有袁山松。梁袁粲，袁昂，號白頭尚書。唐袁天綱。

士　　堯之裔劉累後也。《左傳》有秦大夫士會，士季。晋大夫士蒍，士丐。吴有士燮。《莊子》有士成綺[四九]。

士思　　《古今人表》有士思癸。

士孫　　後漢有士孫瑞。

士正　　出《姓苑》。

赤　　《姓苑》云：“赤熛怒之後。”《列仙傳》有赤松子。

赤張　　《莊子》有赤張滿稽。《韓子》有赤張枝。

壽　　吴王壽夢之後。《左傳》：“魏有壽餘，畢万之後也。”吴有大夫壽越。王莽時有兖州牧壽良。

壽西　　《漢書》：“燕王旦遣壽西長之長安。蘇林云：‘壽西，姓也。’”

壺　　《左傳》衛大夫壺黶[五〇]。漢有諫議大夫壺遂。《神仙傳》有壺公。

臺　　漢有侍中臺崇。後漢逸人臺佟。晋術士臺彦[五一]。

嘉　　《左傳》宋[五二]大夫嘉父。

索　　燉煌索氏。晋有索堪、子靖，索純、索襲。唐有索元禮。

索盧　　後魏有諫議大夫東郡索盧放。

索陽　　見《姓苑》。

去斤　　後魏有去斤氏，後改賜艾氏。

素和　　《後趙録》有"宜陽公素和明"。

素黎　　出《後魏書》。

寺　　　《左傳》有寺人披。

青　　　《姓苑》："漢有丞相青翟〔五三〕。"

青陽　　少昊青陽氏之後。漢有東海王中尉青陽精。

青烏　　《風俗通》：漢有青烏子，善術數〔五四〕。

青牛　　出《姓苑》。

青史　　古史官有青史氏，其書五十六篇，世以史書摠謂之青史，蓋爲此。出
《藝文志》。

甫　　　《姓苑》云："甫侯之後。"

堯　　　帝堯之後也。後魏有大司農堯暄。《隋書·忠義傳》有堯君素。

表〇峕　　並見《姓書》。

类　一百七

卷　　　陳留《風俗傳》云："琅瑘徐焉本姓圈，後改爲卷。"

拳　　　《左傳》有衛大夫拳彌。

養　　　正作養。《説文》從羊、食，今附《孝子傳》有養奮。

養由　　養由氏，解在邑部"邑由"下。

乂　一百八

史　　　《姓苑》云："周卿史佚之後也。史佚，明天文。衛有史䰇。"《左傳》

有大夫史顆、史趙、史皇、史蘇，又有史籀。衛有史鰌、史狗。漢有史高、史丹，史良綈者，與平侯恩許伯謂之許史。後漢史弼。隋史萬歲〔五五〕。

史朝〔五六〕　《世本》：“衛有大夫姓史朝，名朱駒。”

更　《國語》：“魏有更盈，能虛弓落雁。”

臾　《左傳》晉大夫臾耕。

夫　一百九

秦　《秦本紀》：“秦之先，柏翳嘗有勛，於唐虞之際錫土，賜姓曰嬴氏，五代後生非子，周孝王封於秦，號秦嬴氏。”自有十四姓，在“嬴”字下。至秦始皇子嬰既滅，後公族皆為秦氏。蜀有秦密。唐有凌烟閣功臣秦叔寶。

春　《姓苑》：“春申君黃歇之後。”

奉○泰　並見何氏《姓苑》。

八　一百十

公　《姓苑》：“漢有主爵都尉公儉。”

公儀　魯相有公儀休。《禮》有公儀仲子。

公師　漢《功臣表》有公師壹，晉穆公子成師之後也。

公沙　後漢有公沙穆，舉孝廉，為洪農令。

公孫　公孫氏，齊莊公之後。《趙世家》：“公孫杵臼，義士也。”秦大夫公孫支。《左傳》鄭大夫公孫僑，一姓國，今兩出，即子產也。漢相公孫龍〔五七〕、公孫賀。又有公孫敖。魏有公孫瓚。蜀王公孫述。

公晳　孔子弟子名哀。

公伯　孔子弟子，一名寮，一名哀。

公西　孔子弟子四人，曰赤、曰華、曰輿、曰葴〔五八〕。

公祖　魯有公祖勾玆。

公肩　孔子弟子，名定。

公冶　孔子弟子，名長。

公良　孔子弟子，名孺。

公正　《晋書》："征虜將軍太山公正群。"

公羊　子夏門人公羊高，治《春秋》，作《公羊傳》。

公父　魯有公父歜。

公何　魯有公何藐。

公賓　魯人公賓庚。又有公賓就，王莽時封滑侯。

公思　魯人公思展。

公鉏　魯人公鉏極。

公山　《左傳》有公山不狃。《論語》公山弗擾。

公申　魯有公申叔子〔五九〕。

公甲　魯有公甲叔〔六〇〕。

公巫　魯有公巫召伯〔六一〕。

公斂　魯有公斂陽。

公冉　魯有公冉務人。

公南　《左傳》有衛大夫公南文子。

公休　《姓苑》："趙有平陵太守公休勝。"

公牛　公牛哀，病七日而化虎者。一云單姓，在牛部。

公之　《世本》有"魯大夫公之文"。

公舌　《傳〔六二〕》："晋大夫公舌赤。"

公佗　《姓苑》："晋蒲邑大夫公佗世卿。"

公上　《姓苑》："衛大夫公上壬。"又《年表》有公上不害。

公明　《禮記》："魯大夫公明儀。"《論語》有公明賈。

公劉　《姓苑》："后稷之祖〔六三〕公劉氏。"

公襄　《世本》："魯大夫公襄昭。"

公荆　魯人公荆皎。

公都　《孟子》云：“公都子有學問。”

公族　《郭泰別傳》有公族進階。

公金　秦公子金之後。

公牽　齊公子牽之後。

公息　《世本》有邴大夫公息志〔六四〕。

公文　《風俗通》：“衛有公文要〔六五〕。”《莊子》有公文軒。

公旗　《戰國策》：“齊威王時有左執法公旗蕃。”《左傳》齊悼子，公旗之後。

公泥　《左傳》：“季武子庶子公泥〔六六〕氏。”

公行　《孟子》有公行子著書。

公索　《姓苑》：“古有公索氏將祭而亡其牲者。”

公罔　《禮》有公罔之裘，揚觶者。

公擣　《漢書·藝文志》有公擣〔六七〕子著書。

公勝　《藝文志》又有公勝生，亦著書。

公玉　玉音肅。濟南公玉帶，上《明堂圖》。一云單姓玉，今玉部亦出。

公户　《漢書》：“太中大夫公户滿意，諭燕王旦，今服罪者〔六八〕。”一作扈。

公仇　《姓苑》：“後漢有零陵太守公仇稱。”

公緒　後漢有山陽公緒恭。

公夏　孔子弟子公夏首。《魏志》有公夏浩。

公帥　晉成都王帳下督公帥蕃，本姓公師，避景帝諱改焉。

公乘　《列女傳》有公乘之姒。唐有萬年尉公乘億。

公輸　《列子》有巧匠公輸班。一云班輸，又云班爾。

公叔　《風俗通》：“衛大夫公叔文子〔六九〕。”

公朱　《左傳》有楚大夫公朱高。

公祈　孔子弟子。又有公祈〔七〇〕哀。

公爲　《姓苑》："魯有士官公爲珍。"

公房　《古今人表》有公房皮。

公幹　齊大夫公幹氏。

公慎○公紀○公右○公左○公言○公孟○公甫○公仲○公獻○公石○公吕○公留○公車　一十三氏，並見《姓書》。

翁　《漢書·殖貨傳》有翁伯，販脂致訾累巨萬。

冀　《左傳》有晉大夫冀芮，又有冀缺。

兼　《姓苑》云："衛太子兼之後，乃以字而爲姓。"

谷　長安谷氏。漢有太常谷永、大司馬谷吉。《唐書·文苑傳》有谷倚。

谷那　《唐書》有谷那律，諫獵者。

兖　出《姓苑》。

ノ普折切。一百一十一

氏　《吴志》是儀，本姓氏。孔融嘲云："氏字，民無上，因改爲是。"

禹　大禹之後也。王僧孺《百家譜》云："蕭道遊娶禹氏女。"

向　河内向氏。宋文公支子向文盺，孫成以王父字爲氏。《古今人表》有殷太史向摯。後漢特中向詡，詡孫秀，聞笛者。宋有向珍[七一]。

衆　音終。《左傳》有魯大夫衆仲。

白　太原白氏。出自古帝白胥氏之後。秦有大夫白乙丙，有武安君白起。《殖貨傳》有白圭。楚白公子勝。晉都水使者白袞。唐太傅白居易、弟行簡、從弟宰相敏中[七二]。

白公　楚白公子勝之後，有以爲氏。

白侯　《吴志》："張昭師曰白侯子安。"

白馬　《風俗通》有白馬氏。

白冥　《秦本紀》有白冥氏，嬴十四姓之一也。

帛　《風俗通》:"楚有帛州黎〔七三〕。"《神仙傳》有帛和。

皇　出自宋戴公之後。《左傳》鄭大夫皇頡。後漢有侍中皇蟬。魏有皇象,善書。梁有助教皇侃。《莊子》有皇子告敖,姓皇,名告敖,齊之賢者。

皇甫　《春秋公子譜》云:"宋戴公生皇甫充石。"《姓苑》又云:"後漢有皇父鸞,徙居茂陵,改父爲甫,遂稱皇甫氏。後漢渡遼將軍皇甫規。又有皇甫嵩。"晋皇甫謐。唐皇甫無逸,皇甫湜。

烏　出自鮮卑烏桓氏之後。秦有力士烏獲。《左傳》齊大夫烏枝鳴。唐將烏重胤。

烏孫　《漢書》有烏孫昆彌。

烏那羅　北齊有烏那羅愛。○烏石蘭○烏落蘭○烏桓泥　並出《後魏·官氏志》。

喬　本魯姓也。一云匈奴之貴姓。後漢太尉喬玄。唐有喬彝,喬知之。

冬　前燕慕容皝有司馬冬壽。

釋　《西域記》:"悉達成道,謂沙門爲釋氏,因有此姓。"

免　《左傳》衛大夫免餘〔七四〕。餘音塗。

采　《風俗通》:"漢渡遼將軍采皓。"

乘　音繩。漢有乘昌,封煑棗侯。

乘馬　《溝洫志》有諫議大夫乘馬延年。

皋　《左傳》有越大夫皋如。

丘　魯左丘明之後有丘氏。一云齊太公封於營丘,其後氏焉。齊《文學傳》有丘靈鞠。梁丘遲,丘巨源〔七五〕,又丘仲孚,治山陰爲第一者。唐初有丘和、丘行恭、丘神勣。

丘林○丘敦　皆後魏獻帝次第姓也。

尔朱　《後魏書》:"北虜有尔朱川,地名秀容,居者因以爲氏。"自尔朱榮後皆亂臣。

尔綿　亦出《魏書》。

多　《漢書》有無錫侯多軍。

多于　複姓,出《姓苑》。

千　《風俗通》:"漢有蜀郡都尉千獻。"

千乘　出《姓苑》。

秉　《漢書》有秉漢。

黎　黎侯之後。

受酉　出《後魏書》。

皋落　春秋地名，國人以爲氏者。

甥　《風俗通》：晉大夫呂甥之後爲氏。

受　音到。危〇生〇復〇自　並出《姓苑》。

舟　在舟部。

朱　在大部。

爲〇奚　並在爪部。

人似立切。一百一十二

俞　《史》有俞跗，善醫。

俞　敕救切。漢有司徒掾俞連。

余　《姓苑》云："由余之後。"

佘　音蛇。《姓苑》云："南昌郡人。"

佘丘　《風俗通》有侍御史佘丘炳〔七六〕。

介　《左傳》有介子推。吳有方士介象。

倉　古有掌倉庾者，各以爲姓。黃帝史臣有倉頡。《左傳》有陽樊人倉葛。魏有倉慈。

合　《左傳》有宋大夫合左師。

合博　《漢書·功臣表》有合博虞。

會　《世本》云："陸終第四子會〔七七〕人之後。"漢有武陽令會栩。

禽　魯伯禽之後。《高士傳》有禽慶。《莊子》有墨翟弟子禽滑釐。

全　《漢書·儒林傳》有全緩。吳有大司馬全琮。

令狐　令音零。《國語》云："畢万之後。"《左傳》："晋大夫令狐子文，即魏顆也。"唐相令狐楚、楚子綯。史臣令狐德棻、令狐峘。

令其　出《姓苑》。

食○金　二氏各有部。

乚　一百一十三

乙　《風俗通》："漢南郡太守乙世。"《前燕録》："護軍乙逸，將軍乙歸。"後魏駙馬乙瓌。

乙旃　後魏獻帝命叔父之裔，曰乙旃氏也。

勉　《風俗通》："漢有上郡守勉昂〔七八〕。"

厹　黄帝十四子之一姓也。

乙干　後魏都督乙干貴。

乙弗　《前燕録》："高麗王乙弗利。"唐《方伎傳》有乙弗弘禮。

光　《姓苑》云"田光之後"也。晋有樂安光逸。

先　又音綫。《左傳》先丹木，先軫，先友，先縠。

兒　音倪。《春秋公子譜》云："兒，曹姓之後。附庸也。"漢御史大夫兒寬。又有倪氏，在人部。

屯　《後蜀録》有"法部尚書屯度"。

比　殷少師比干〔七九〕。

乜　弥也切。蕃姓也。

己　黄帝十四子之一姓也。漢有太常卿己〔八〇〕茂。

兀　後漢改樂安王元覽爲兀氏。

凡　姬姓也。周公子凡伯之後。《姓苑》云："晋陵人。"又有姓汜〔八一〕，亦同音，在水部。

凡閭　《姓苑》云："唐叔之後。今東莞多此姓。"

九百　《姓苑》云：“昔有岱縣人，姓九百，名里，爲縣小吏。而功曹姓萬，縣中語曰：‘九百小吏万功曹。’”

九方　《列子》：“秦穆公時有九方皋，一名歅。善相馬。”

乞伏　晋有乞伏國仁，後稱西秦王於金城。北齊有乞伏惠。

巴　《風俗通》：“漢有太常巴茂〔八二〕。”《後漢·黨錮傳》有巴肅，又有揚州刺史巴祇。《史》有巴清婦〔八三〕。

既　吳王夫既之後，子孫以爲氏。一作概。

䛐　音万。梁四公子姓。

猇　《左傳》有猇恭子。

無婁　《左傳》莒大夫无婁、修胡〔八四〕。

乙速孤　虜姓。《後魏書》有乙速孤佛保，爲直閤將軍。

乾　音竿。尤　並見《姓苑》。

能　音奈。在肉部。

孔　在子部。

元　在天部。蓋《玉篇》舊在天部收也。

罒 音罔。一百一十四

羅　按顓頊之末裔，受封於羅國，今房陵也。子孫以國爲氏。晋有羅含、羅企生。後魏羅結。《唐書·忠義傳》有羅士信。《孝友傳》有羅讓。

羅侯　即上羅國，子孫爲楚所滅，有國日嘗封侯者，又自稱羅侯氏。

罕　《姓苑》云：“出自秦穆公之後，世爲卿大夫。晋有罕夷。孔子弟子子〔八五〕罕父黑，一云複姓罕父。”

罕井　虜複姓。

蜀　音携。梁四公子姓，本從目，今附此部。

西 一百一十五

西方　前燕慕容庞以西方虔爲股肱。

西門　《史記》有鄴令西門豹。

西陵　黃帝娶西陵氏爲妃，曰纍祖。

西郭　晋有西郭陽，何承天以爲西朝名士。

西乞　《左傳》有秦將西乞術。

西鉏　《左傳》宋大夫西鉏吾。

西鄉　《左傳》宋大夫西鄉錯〔八六〕。

西周　周末分東西二周，各爲氏。武公世子稱西周氏。

罩　梁有東寧州刺史罩無先。

粟　《後漢·袁紹傳》有魏郡太守粟舉〔八七〕。

要　音腰。《史記》有刺客要離。漢有河南令要兢。

甄　音真。又音堅。陳留《風俗傳》：“舜陶甄河濱，其後有以爲氏。”漢有甄豐、甄邯。唐有甄權。

巂　音携。《説文》云，姓也。

西宫○西樓○西野　並出《姓苑》。

栗　在木部。

皿 明丙切。一百一十六

孟　孟氏，本魯桓公之子仲孫之裔，仲孫於三桓爲孟，故曰孟氏。魯有孟公綽。齊有孟軻。秦孟説。漢孟舒，孟嘗，孟敏。吴司空孟仁。晋孟宗，孟嘉。唐孟元陽，孟郊，襄陽詩人孟浩然。

孟孫　即上所言三桓也，曰孟孫、叔孫、季孫，號三桓。子孫世爲上卿，後各爲之複姓。

監　《風俗通》：“衞康叔爲連屬監，後以爲氏〔八八〕。”

蓋　音閤。漢有司隸校尉蓋寬饒。後漢二十八將有蓋延。京兆尹蓋勛。唐蓋文達爲十八學士。

盂　《左傳》晋大夫盂〔八九〕丙。

鹽　《魯國先賢傳》有北海相鹽津。

盆　《姓苑》：“漢侍中郎將盆溢〔九○〕。”

盆成　《風俗通》：齊有盆成格〔九一〕。

盎○盤○盈　三氏並出《姓苑》。

盧　在虎部。

㐅音有。一百一十七

有　有巢氏之後。孔子弟子有若。《風俗通》云：“漢有光禄勛有光。”

有巢　古天子號，亦有爲氏。

有男　《姓苑》：“五〔九二〕禹後分封其國，自稱有男氏。”

友　後漢梁冀有美人友通期。

左　《姓苑》云：“齊之公族也。魯有左丘明。”後漢太守左雄，左原。魏方士左慈。晋祕書郎左思。

左公　《左傳》衞大夫左公子洩。

左師　《左傳》：“宋公子目夷爲左師，其後爲氏。”秦有左師觸龍。

左行　《左傳》：“晋有先蔑爲左行，其後爲氏。”漢有御史左行恢。

左人　孔子弟子左人郢。

右　出《姓苑》。

右師　《左傳》：“宋樂大心爲右師，其後爲氏。”漢有中郎右師譚。

右公　《左傳》衞大夫右公子職。

右行　《左傳》：“晉賈華爲右行，其後爲氏。”漢御史中丞右行綽。

右㞷○右南○右閭　並出《姓苑》。

叞 蒲葛切。一百一十八 ㇒叞並附

祭　側介切。周公第五子曰祭伯。《左傳》有祭仲。後漢二十八將有祭遵，又有祭肜。

祭公　《左傳》有祭公謀父。

癸　《姓苑》云：“齊癸公之後。”

登　《姓苑》：“蜀有關中流人始平登足〔九三〕。”

粲　出《姓苑》。

寸 一百一十九

封　渤海封氏。姜姓，炎帝之後有封鉅爲黃帝師。後漢有孝廉封武興。魏有方士封君達。齊有孝義封延伯。陳有封懿。北齊有封述。唐有封倫，封敖，封常清。

尉　音亦。《吳志》有中書郎尉慈。

射　音社。《三輔決録》云：“漢末有大鴻臚射咸，本姓謝，名服，天子以爲將軍出征以謝服不祥，改賜射。”

尉　《左傳》有鄭大夫尉止，又有尉翩。《史記》：“秦有大梁人尉繚著書。”南越王尉佗。後魏有尉元爲三老。又有將軍尉聿。北齊有功臣尉景。

尉遲　其先魏氏別種有尉遲部落，因而氏焉。後周有尉遲綱、尉遲迥。唐有尉遲敬德，爲二十四功臣。

尋　《左傳》云：“尋與夏同姓〔九四〕。”晉有尋曾。

尋盧〔九五〕　古天子號，有以爲氏者。

尊　《風俗通》：“尊盧氏之後。”

專　《史記》刺客專諸。

辱　見《姓苑》。

謝　在言部。

匚　甫王切。一百二十

匠　《風俗通》云：“凡事於氏者，巫、卜、陶、匠、天〔九六〕也。”亦出《姓苑》。

匵　出《姓苑》。

囗　于非切。一百二十一

國　與高氏俱爲齊太公之後。《左傳》云：“代爲上卿。”《公子譜》云：“鄭穆公之後有九族。公孫僑者，公孫發之後也，姓國氏，故曰國僑，即子産也。”《禮》有國子高。魏有太僕卿國淵。又百濟八氏，其六曰國。

因　《左傳》：“燧〔九七〕人四姓，一曰因氏。”

回　古賢者方回之後。

固　晉平公時有舟人固乘。

圈　秦有圈稱撰《陳留風俗傳》，後入漢，累官至司徒。

囿　《左傳》有大夫囿公陽。

園　《列仙傳》有園客。

園公　漢四皓有東園公。後有園公氏。

囦　音逼。圃○卤　音赤。三氏並見《姓苑》。

田　自有部。

冖亡狄切。一百二十二

冠　音貫。《列仙傳》有冠先。

冠軍　晋有太傅參軍襄城侯冠軍夷。

寇　馮翊寇氏。黄帝之後也。周武王時有蘇忿生爲司寇，因以爲氏。後有道士寇謙之。後漢一十八將有寇恂。後魏寇讚。

富　《左傳》周大夫富辰。唐有富嘉謨。

冥　大禹之後以所封國爲氏。《漢》有丞相〔九八〕冥都。

富陵○富吕　並虜複姓。

宜　在宀部。

軍　在勹部。

冂苦熒切。一百二十三

周　姬姓也。周平王子有封於潁者，人謂之周家，因爲周氏。又按：商太史周任，在周之前，疑其前代已有此姓，考之則不見所出。漢有太尉周勃，御史大夫周昌，周仁，周緤，周堪。後漢周舉。吴周瑜。晋周濬，周顗，周嵩，周謨，周放，周處，周續之，爲東林十八賢。齊將軍周盤龍。梁周捨，周興嗣。

周陽　《姓苑》：“漢淮南王舅趙兼封周陽侯，子孫氏焉。後有周陽由。”

周生　《姓苑》云：“魏初有聘士燉煌周生烈。晋武《中經簿》云：‘姓周生，名烈，爲博士也。’”

用　《姓苑》：漢有用虬，爲高唐令。

同　《前涼録》有“同善”。

具　《左傳》有大夫具丙。《風俗通》：“漢有中山相具褒〔九九〕。”

离　音洩。殷之祖也。後有离氏。

豐　音問。《風俗通》：“魯大夫豐夏〔一〇〇〕。”

同蹄〇且〇禹　並見《姓苑》。

夂 普角切。 夊 普卜切。《說文》云：二旁並同。 一百二十四

救　居右切。《風俗通》：“漢有諫議大夫救仁〔一〇一〕。”

敝　《左傳》有敝無存。音弊。

歛　《前秦録》有輔國將軍歛憲。

敦　《姓苑》：“衞有醜人敦洽。”

敖　顓頊大敖之後以爲氏。

改　秦有大夫改産。

鼓　《周禮》有掌鼓吹之官，後爲氏。

散　《姓苑》：“文王四友有散宜生。”

敚　音奪〔一〇二〕。 斅　即官切。 政〇收〇故　並出《姓苑》。

冬　在丿部。

放　在攵部。

夊 思錐切。 一百二十五

夏　夏后氏之裔。陳宣公子孫亦夏徵舒之族也。後漢夏馥，夏牟。晋夏統。

夏侯　夏禹之後杞簡公爲楚所滅，其弟佗奔魯，魯悼公以佗出自夏后氏，乃授爵爲侯，謂之夏侯，因而氏焉。漢太子太傅夏侯勝，太僕夏侯嬰。魏夏侯惇、淵、

霸、尚、玄。晉侍郎夏侯湛。梁左僕射夏侯祥。唐夏侯端。

憂○爽　　並見《姓苑》。

欠仁劍切。一百二十六

歑　　是專切。《史記》有歑師。衛有大夫歑犬。

欣　　力摘切。出《姓苑》。

歐陽　　在品部。

又　一百二十七

雙　　《姓苑》："後魏有將軍雙仕洛，又有中常侍雙蒙。"

叔　　魯公子叔弓之後。周有內史叔興。《左傳》晉大夫叔向，又有叔服。

叔孫　　三桓之後也。《左傳》有大夫叔孫婼，魯有叔孫武叔。漢有叔孫通。

叔先　　後漢有犍爲叔先雄。

叔梁　　孔子父曰叔梁紇。

叔仲　　《左傳》魯大夫叔仲小。

叙　　出《姓苑》。

女予忍切。一百二十八

建　　漢高祖弟楚元王太子建之後。《漢元皇后傳》有建公。

延　　後漢京兆尹南陽延篤，殺梁冀使者顯名。蜀有延岑。

延陵　　吳季札後有延陵氏。

勹 布交切。一百二十九

包　《左傳》：“楚大夫申包胥之後。”漢有作《論語章句》者包氏。東漢有大鴻臚包咸。

軍　《禮記》：“將軍文子之後，有單姓者。”

匐　音轟。《蜀録》有“關中流人匐琦、匐廣”。

句　音鈎，又音遘。姜姓也。《古今人表》有句望、越王句踐〔一〇三〕，又有句彊。蜀有將軍句扶。

句龍　句龍，社神也。《姓苑》有句龍氏。

芻　《姓苑》云：“牛哀化爲虎，其家改姓芻氏。”

弔 徒計切。一百三十

肄　古有善算者肄首。

蕭　出《姓苑》。

蕭　《姓苑》云：“微子之後有食菜於蕭者，遂爲氏。”《左傳》：“宋有蕭大心。”漢侍中蕭彪，居蘭陵。彪玄孫望之，居杜陵，與相國蕭何異族。望之爲麒麟閣功臣。南齊太祖梁高祖皆姓蕭氏，齊宗室子顯、子良、子雲。梁有蕭顯〔一〇四〕達、蕭思話、蕭穎冑、蕭惠基。陳太傅蕭摩訶。唐蕭瑀，爲凌烟閣功臣，梁武帝曾孫也。又嵩華復俛放孫佺六人並爲宰輔，又有儒學蕭德言、蕭穎士。

晝　《風俗通》云：“晝邑大夫之後爲氏。”

鬲_{古的切。} 一百三十一

鬲　《姓苑》云："殷末賢人膠鬲之後。"

融　《世本》云："祝融之後。"

融夷　祝融後董父之裔，又有融夷氏。

鬻　《左傳》曰："鬻熊者，祝融十二世孫也，爲周文王師。"《古今人表》有鬻拳。

�823　《左傳》鄭大夫�823蔑，�823明〔一〇五〕。

䰜　出《姓苑》。

厽_{音累。} 一百三十二

參　一作厽。《世本》云："祝融之子陸終生六子，其二曰參胡，後遂有參氏。"

臼_{九六切。} 一百三十三

臼　《左傳》："宋華貙家臣曰臼任，又曰臼季，胥臣也。"

舅　《左傳》："晉大夫舅犯之後。"

舃　音鵲。舊〇奮　並出《姓苑》。

斻 於騫切。一百三十四

施　《左傳》：“殷民七族，其二曰施氏。”又有魯大夫施伯、施父、施孝叔。
《漢書·儒林傳》有施讎。後漢二十八將有施延。

旅　漢《功臣表》有昌平侯旅卿。

旗　《風俗通》：“齊卿子旗之後〔一〇六〕。漢有旗光。”

於　《姓苑》云：“淮南多此姓。”

於陵　地名也，後以爲姓。《高士傳》有於陵仲子。《風俗通》：“漢有議郎於
陵欽。”

於丘　《祖氏家傳》有太中大夫於丘淵。

斿　《風俗通》云：“吳人也〔一〇七〕。”

放　出《姓苑》。

爿 士良切。一百三十五

將　《後趙録》有“常山太守將容”。

將閭　《藝文志》：“古有將閭莬著書。”

將軍　《禮記》有將軍文子。

將梁　嬴姓之一氏也。

片 一百三十六

牒雲　出《後魏書·官氏志》，有牒雲成。

眗音巨。 一百三十七

瞿　　王僧孺《百家譜》云："裴桃兒娶蒼梧瞿寶女。"史有瞿硎先生。《風俗通》云："漢有瞿茂，爲漢南〔一〇八〕太守。"

嬰　　《風俗通》云："齊大夫季〔一〇九〕嬰之後。"遂有單姓者。

北　一百三十八

北宮　　《左傳》有衛大夫北宮文子。《穀梁傳》有北宮括。漢孝文時有宦者北宮伯子。《莊子》有北宮奢。

北門　　《莊子》有北門成。

北唐　　《世本》云：昔有高士隱於北唐，因以爲氏〔一一〇〕。漢有北唐子真，治《京房易》。

北郭　　《晏子春秋》："北郭先生，名騷。"

北海　　《姓苑》云："古北海〔一一一〕無擇，清身洁己，嫉世之濁，自投清泠之淵。"《莊子》有北海若。

北鄉〇北丘〇北野。北官〔一一二〕〇北人〇北旄〇北殷　七氏並出《姓書》。

刁　一百三十九

刁　　《姓苑》云："齊桓公臣豎刁之後也。"後漢有侍御史刁榮。東晋左僕射刁協、協子彝、彝子逵，逵授〔一一三〕桓玄僞官，爲宋高祖所滅。後有御史中丞刁攸。後魏有刁雍、刁冲。《北齊·儒林》有刁柔。

承 一百四十

承　出《姓苑》。《後漢書》有侍中承官，本琅琊姑幕人。

由 一百四十一

由　《風俗通》云：“漢有長沙太守由章〔一一四〕。”

由余　《姓苑》：“秦相由余氏之後。”

由吾　亦出於由余氏也。北齊有由吾道榮，有道術，明天文。

斟 一百四十二

斟　《國語》云：“祝融生六子，第五曰安斟。其後侯國有六姓，斟姓獨無後。”賈逵注云：“斟是曹姓。”《左傳》云：“斟弋與夏同姓，是也。”今南國有此氏而無顯名者。

斟弋　注在上。

巨 一百四十三

巨　《姓苑》云：“巨靈之後。漢有巨武，爲荆州刺史。”

巨毋　下音巫。王莽時有長人巨毋霸。

上 一百四十四

上官　楚莊王少子爲上官大夫，後以爲氏。唐有上官儀。

上成　《後漢·方伎傳》有上成公。

贛古暗切。 一百四十五

贛婁　《漢書·藝文志》：“齊有隱士贛婁子，著書五篇。”

赫 一百四十六

赫連　《後魏書》：其先匈奴右賢王去卑之後，劉元海之族也。勃勃以後魏天賜四年稱王於朔方，國號夏，以子從母之姓，非禮。自云：“王者繼天爲子，是謂徽赫，實與天連。”乃改姓赫連氏。

赫胥　古帝號，有以爲氏者。

禺 一百四十七

禺　出《姓苑》。

耦　《左傳》：“宋卿華耦之後。”漢有侍中耦嘉。

遇　《風俗通》：“漢有河南太守遇沖。”

戀_{音戀。}一百四十八

戀　漢有南郡太守戀祕。

樂　《左傳》："樂書生黶，黶生盈，代爲晉卿。"漢有樂布。後漢樂巴。西晉樂肇。

變　《風俗通》云："遼東人姓也〔一一五〕。"

蠻　《國語》云："芊姓也。"

壹　一百四十九

懿　《左傳》："懿氏，陳大夫之後也。"

曲　一百五十

曲　《姓苑》云："晉穆侯子成師，封於曲沃，後以爲氏。"漢有代郡太守曲謙。後漢有太常卿曲仲尼。

農　《姓苑》云："神農之後也。"

典　《魏志》有典章，多力者。

豐　在豆部。

鬼　一百五十一

鬼　《漢書·古今人表》有鬼容區，風后之倫也。紂醢鬼侯。

魏　畢公高之後，始自周武王弟封於畢，至畢万仕晋，封魏成侯。万之子即魏犨也。後有武子，武子生魏絳。又有文侯，又公子无忌，穰侯魏冉，魏顆〔一一六〕。漢魏豹，相國魏相，爲麒麟閣功臣，魏三公朗〔一一七〕。晋司徒舒。荆〔一一八〕刺〔一一九〕咏之後。魏收。唐太師徵，侍中知古，又有魏元忠。

醜　後漢袁紹將軍有醜、良〔一二〇〕。

醜門　《西秦録》有"將軍醜門干"。

爰　一百五十二

爰　濮陽爰氏，舜之苗裔胡公之後也。漢有爰盎。後漢有侍中爰延。

曼　音緩。晋有西中郎將曼清。

緩稽　虜複姓。後改爲緩氏。

援　出《姓苑》。

嬴　一百五十三

嬴　《秦本紀》有一十四氏，皆出於嬴：徐氏、郯氏、莒氏、鍾離氏、運奄氏、菟裘氏、將梁氏、黃氏、江氏、脩魚氏、白冥氏、蜚廉氏、趙氏、秦氏。《後漢·黨錮傳》有嬴咨，號八及。

卓 公旦切。一百五十四

朝　朝廷也。與周同姓。唐有拾遺朝衡。

朝　朝夕也。紂臣有朝涉〔一二一〕。

翰　《左傳》有曹大夫翰胡。

幹　出《姓苑》。

韓　武王之子封於韓，《傳》曰：邘、晉、應、韓，武之穆也。又《風俗通》云：“韓之先，出於唐叔虞，曲沃桓叔之子万，食邑於韓國〔一二二〕，因以爲氏。”《左傳》有晉大夫韓宣子。《史》有韓非、韓長孺。漢大將軍韓增爲麒麟閣功臣。韓信，韓王信，御史大夫韓安國，左馮翊韓延壽。後漢司空韓稜。大鴻臚韓融。唐相韓休，韓文公愈，韓弘，韓滉。

韓餘　晉卿韓宣子之後有名餘子者，奔於齊，號韓餘氏。

韓侯　《韓詩外傳》云：“周宣王大夫韓侯子，有賢德。”

非　一百五十五

非　《風俗通》云：“有非子者，伯益後也。”

斐　音非。《左傳》有音〔一二三〕大夫斐豹。

蜚廉　嬴姓也，十四氏之一。

裴　裴氏，裴益〔一二四〕之後，封於蜚鄉，因以爲氏。後有徙封解邑者，乃去邑加衣。自魏晉至周隋七代，皆有傳。魏有潛，晉有楷、秀、頠。宋有松之。齊有讓之。周有舉〔一二五〕、長寬、俠。隋有蘊、蕭，又有子野。唐相裴寂、裴晉公，又有矩、行儉、光庭、耀卿。

兆　出《姓苑》。

毋音巫。一百五十六

毋　出《姓苑》。

毋丘　後漢將作大匠毋丘興。魏幽州刺史毋丘儉。

毋將　前漢有執金吾東海毋將隆。

毋鹽　《漢書·殖貨〔一二六〕志》有毋鹽氏，鉅富。

毋車　《風俗通》有樂安毋車伯奇。

丹　《風俗通》：“晋大夫丹木〔一二七〕。”

毒　音携。毋終〇毋婁　三氏並見《姓書》。

尹　一百五十七

尹　天水尹氏。古者師、尹，三公官也，其後有以爲氏。《古今人表》：“尹壽，爲堯師。”趙有尹皋，明天文。周有尹吉甫。趙簡子有臣尹鐸。關令尹喜。後有尹子奇。漢京兆尹尹翁歸，又有尹更始子咸。後漢尹勛。蜀尹黙〔一二八〕。

尹文　《姓苑》：“齊定王時有尹文子著書。”

尹公　《風俗通》：“衛有尹公佗〔一二九〕。”

君　穆王命君牙爲周大司徒。

尚　一百五十八

尚　《姓苑》云：“吕尚之後。”東漢有高士尚子平。唐有尚可孤。

尚方　漢複姓。

棠　《左傳》有齊大夫棠無咎。

棠溪　吳王闔閭弟夫概奔楚，稱棠溪氏。

堂　《風俗通》：“楚伍尚，爲棠邑大夫，即棠溪也。今揚州六合縣是其地。伍尚時有以棠爲氏者，後人寫字訛，乃有堂姓。”

常　黄帝時司馬常光，一作嘗。《左傳》有越大夫常壽過。漢有常惠，從苏武入蕃者。魏有常林。唐相常袞。

党　丁浪切。後秦姚弋仲將党耐虎，又有將軍党娥。

黨　《左傳》有魯大夫黨同〔一三〇〕。

常丘　《風俗通》有常丘崎〔一三一〕。

賞○當　並見《姓苑》。

掌　在手部。

易　一百五十九

易　何氏《姓苑》：“齊大夫易牙之後以爲氏。”

共　一百六十

共　音恭，共工氏之後。《左傳》：“鄭武公〔一三二〕奔共，子孫因稱共氏。”晋大夫共叔段〔一三三〕。

恭　《國語》：“晋有太子申生謚曰恭，子孫以爲姓。”

翼　《漢書》有諫議大夫翼奉。

巷　《姓苑》云：“巷伯之後。”

巷　音浮。異　並見《姓苑》。

暴　暴辛公之後。秦有將軍暴鳶。漢有繡衣使者暴勝之。後魏有暴顯。

束　一百六十一束附

束　　元城束氏。漢太子太傅疏廣之後也。曾孫避王莽之亂，自東海徙居沙鹿，因去足爲束氏。晋有束晳。

棗　　潁川棗氏。《文士傳》云："棗據本姓棘，衛大夫棘子成之後，避仇改姓棗。"

棘　　解在上。棗、棘二字本從束，今附此。

甘　一百六十二

甘　　《姓苑》："武丁師甘盤之後也。古有甘蠅，善射。"齊有甘德，明天文。秦相有甘羅、甘茂。漢有甘延壽。吳有甘寧。晋有甘卓。魏有方士甘始。

甘先〇甘土〔一三四〕〇甘莊　　並見《姓書》。

其　一百六十三

其　　《漢書·古今人表》有陽阿侯其石。

綦　　後魏有將軍綦雋。

綦毋　　《風俗通》："晋大夫綦毋張〔一三五〕。"北齊有綦毋懷文。唐有詩人綦毋潛。

綦連　　北齊有綦連猛，其先姬姓，因避亂，居塞外祁連山，以山爲姓祁。本又音時，蕃人語訛，故号綦連，後爲大將軍猛，有本傳。

司 一百六十四

司　　《左傳》有鄭大夫司臣。

司馬　　河南司馬氏。出自高陽之子重、黎程伯休父也〔一三六〕。周宣王時爲司馬官，因而氏焉。楚漢時有趙將司馬卬。又有司馬穰苴，田氏。漢有司馬欣，司馬安，司馬相如，司馬季主，司馬喜、喜子談、談子遷，司馬彪。北齊有司馬子如。晉姓司馬氏。

司空〔一三七〕　　《世本》云：“士丐弟佗爲晉司空，因官爲氏。”唐末有侍郎司空圖隱華山〔一三八〕。

司國　　《姓苑》：“漢有朝議郎司國吉。”

司鴻　　《風俗通》有諫議大夫司鴻□〔一三九〕。

司城　　《左傳》：“宋有司城子罕。”

司徒　　《古今人表》有司徒□□□□□〔一四○〕之交蕃維司徒是也。又有宋司徒皇父。

司寇〇司功　　□□〔一四一〕並見《姓苑》。

嗣　　《姓苑》：“衛嗣君之後，有嗣居。”

辟音璧。一百六十五

辟　　《左傳》云：“主辟壘者以爲氏。”解在“銳”字下。漢有富人辟子方。

辟閭　　《姓苑》：“晉有寧州刺史樂安辟閭彬。”唐有司禮博士辟閭仁諝。

幽　一百六十六

幽　出《姓苑》。

幽　公劉之後也。

函　漢有豫章太守函熙。

函洽　《姓苑》：“漢末有黃門侍郎函洽子覺。”

此　一百六十七

訾　《姓苑》云：“本姓祭，後以不祥而改爲訾。”《漢·功臣表》有樓虛侯訾順。

柴　平陽柴氏。仲尼弟子高柴之後以爲氏。漢有柴武。唐有柴紹，尚高祖公主。《五代史》周世宗姓柴氏，堯山人。

紫　出《姓苑》。

瓜　一百六十八

瓜　見《姓苑》。

瓜田　《漢書·王莽傳》□〔一四二〕臨淮盜瓜田儀。

瓠　《淮南子》：“瓠巴，善鼓琴。”

世　一百六十九

世　《左傳》魯大夫世鈞。鄭大夫世叔。漢有世寵，爲九江尉〔一四三〕。

暢　一百七十

暢　陳留《風俗傳》云：“暢氏，與姜同姓，出於齊也。”唐有詩人暢當。

廟諱中六姓今皆自改焉

敬、殷、匡、胤、弘、恒。

一十七氏附別部

瓶〇釋〇甥〇黎　丿部。巋〇觑〇乾　乚部。竪〇韶　立部。丹
〇毒　毋部。囊　衣部。甫　十部。歸　巾部。麗　厂部。暨　一部。
能　肉部。

校勘記

〔一〕《古逸叢書》本“渾”字前多一“王”字。

〔二〕據段本，“收”當作“牧”。

〔三〕叢書本《風俗通》無此條。

〔四〕"兖"，《古逸叢書》本作"充"，作"充"是。

〔五〕據段本，"猜"當作"倩"。

〔六〕據段本，《左傳》無此人。

〔七〕叢書本《風俗通》無此條。

〔八〕叢書本《風俗通》、校注本均無此條。

〔九〕《世本八種》孫馮翼集本、陳其榮增訂本有"太公叔穎"條。疑即此條所引誤。

〔一〇〕叢書本《風俗通》無此條。

〔一一〕據段本，《左傳》作"郟"，"夾"、"郟"古通。

〔一二〕《世本八種》王謨輯本"爲"後有"人"。

〔一三〕"偱"爲"循"之俗寫。

〔一四〕"寓"，《古逸叢書》本作"異"，作"異"是。但朱異爲南北朝時吳郡人，非三國吳人。

〔一五〕"偱"，《古逸叢書》本作"循"，"偱"爲"循"之俗寫。"朱齡石"見《南史》，爲宋人，非漢人。《古逸叢書》本"字"作"異"，"異"是。朱異爲梁時吳郡人。

〔一六〕據段本，"射"下脱"姑"字。

〔一七〕據段本，"原思""原憲"不可分爲二。

〔一八〕叢書本《風俗通》無此條。

〔一九〕叢書本《風俗通》無"廬禮"，有"廬祀"。

〔二〇〕"藉"當爲"籍"之訛。

〔二一〕"椽"當爲"掾"之訛。

〔二二〕"慶虎、慶寅"爲陳大夫，前應補"陳大夫"三字。段本亦持此説。

〔二三〕《周禮·秋官·司寇》載此作"掌除毒蛊"，此處"常"當爲"掌"之訛，"毒"後脱"蛊"。

〔二四〕《玉函山房輯佚》補編本《姓苑》"充"作"光"，"光"後多一"氏"字。

〔二五〕"宦"，《古逸叢書》本作"官"。按：史書有"庫傉官"氏，作“官”是。但今本《前燕録》無“庫�官泥”。

〔二六〕“庖”爲職業名，非姓。段本亦持此説。

〔二七〕據段本，“僕”當作“濮”。

〔二八〕“已”，當作“以”。

〔二九〕“伎”，《古逸叢書》本作“佼”，作“佼”是。

〔三〇〕“《左傳》”，《古逸叢書》本作“《史記》”；“齊”，《古逸叢書》本作“晋”。按：作“《史記》”、“《晋》”是。

〔三一〕據段本，“屠岸”當爲複姓。

〔三二〕“恩”爲“忌”之訛。《古逸叢書》本正作“忌”。

〔三三〕據段本，“仲”後脱“玉”字。

〔三四〕叢書本《風俗通》無此條。

〔三五〕據段本，“拊”當作“柎”，“齊”當作“鄭”。“竪”爲身份，非姓。

〔三六〕據段本，“竪侯”非姓。

〔三七〕“祖”，《古逸叢書》本作“劉”，作“劉”是。

〔三八〕叢書本《風俗通》無此條。

〔三九〕《玉函山房輯佚》補編本《姓苑》“同”字後多一“姓”字。

〔四〇〕據段本，“宵”當作“霄”。

〔四一〕據段本，“無駭”爲展氏，“無”非姓。

〔四二〕據段本，“甲石甫”，《左傳》作“石甲父”。後《莊子》文實出郭注。

〔四三〕據段本，“申屠”當爲複姓，不應列於“申”姓下。

〔四四〕叢書本《風俗通》無此條。

〔四五〕據段本，“偃”當作“傳”。

〔四六〕《玉函山房輯佚》補編本《姓苑》“子”作“氏”。

〔四七〕叢書本《風俗通》無此條。

〔四八〕據段本，“干”當作“于”。

〔四九〕據段本，“秦”當作“晋”，“士會”“士季”不可分爲二人。“士成綺”，《姓纂》爲複姓。

〔五〇〕據段本，《左傳》無此人。

〔五一〕據段本，"彥"當作"産"。

〔五二〕據段本，"宋"當作"晉"。

〔五三〕據段本，"青翟"本姓"嚴"。

〔五四〕校注本"術數"作"數術"，作"數術"是。

〔五五〕"平侯恩"當爲"平恩侯"，"侯恩"倒文。據段本，"史籀"不載於《左傳》。"平恩侯"名廣漢，非"許伯"。

〔五六〕《世本八種》孫馮翼集本"史朝"作"史晁"。

〔五七〕"龍"，《古逸叢書》本作"弘"，作"弘"是。

〔五八〕據段本，"赤"、"華"不可分爲二人，"輿"後脱"如"字。

〔五九〕據段本，"申"當爲"甲"。

〔六〇〕據段本，"叔"後脱"子"。

〔六一〕據段本，"伯"後脱"仲"。

〔六二〕"傳"前闕一"左"字，《古逸叢書》本正作"左傳"。

〔六三〕"祖"當作"後"。

〔六四〕《世本八種》未見此條。

〔六五〕叢書本《風俗通》無此條。

〔六六〕據段本，"泥"當作"鉏"。

〔六七〕據段本，"撟"當作"橋"。

〔六八〕《漢書》未載此人。《古逸叢書》本"今"作"令"。

〔六九〕叢書本《風俗通》無此條。

〔七〇〕據段本，"祈"當作"析"。

〔七一〕"特"，《古逸叢書》本作"侍"，作"侍"是。據段本，"向文盻"之"文"當爲"父"，"宋文公"當爲"宋桓公"。

〔七二〕"有武安君"前之有"有"疑當爲"又"。據段本，"殖貨"倒文。

〔七三〕叢書本《風俗通》無此條。

〔七四〕據段本，"免餘"本公孫氏，"免"不當爲姓。

〔七五〕"丘巨源"當爲齊人，應置於"梁丘遲"前。

〔七六〕叢書本《風俗通》無此條。校注本無“侍御史”三字。

〔七七〕《世本八種》孫馮翼集本“會”作“鄶”。

〔七八〕叢書本《風俗通》無此條。

〔七九〕《古逸叢書》本“比干”後多一“後”字。

〔八〇〕據段本，“己”當作“巳”。

〔八一〕“氾”當爲“汜”。

〔八二〕叢書本《風俗通》無此條。

〔八三〕據段本，“巴清婦”當爲“巴寡婦清”。

〔八四〕據段本，“無妻”當作“務妻”，“修胡”當作“瞀胡”。

〔八五〕據段本，後一“子”字爲衍文。

〔八六〕據段本，《左傳》無此人。

〔八七〕據段本，“辇”當作“攀”。

〔八八〕叢書本《風俗通》無此條。

〔八九〕據段本，“盂”當作“孟”。

〔九〇〕據段本，“侍”當作“有”，“溢”當作“謚”。

〔九一〕“格”，依叢書本《風俗通》當作“括”。

〔九二〕“五”爲“大”之訛。《古逸叢書》本、《玉函山房輯佚》補編本《姓苑》均作“大”。

〔九三〕據段本，“登足”，《廣韵》作“登定”，《華陽國志》作“鄧定”。

〔九四〕據段本，此爲杜注，非傳文。

〔九五〕段本認爲，“尋盧”爲“尊盧”之誤。

〔九六〕《古逸叢書》本“天”作“矢”，叢書本《風俗通》、校注本作“是”，作“矢”者是。

〔九七〕據段本，“燧”當作“遂”。

〔九八〕據段本，“丞相”後脱“史”字。

〔九九〕叢書本《風俗通》“相”作“太守”，校注本無此條。

〔一〇〇〕叢書本《風俗通》無此條。

〔一〇一〕校注本“仁”作“人”。

〔一〇二〕《玉函山房輯佚》補編本《姓苑》收有此條。

〔一〇三〕據段本，"句踐"之"句"不宜爲姓。

〔一〇四〕"顥"，《古逸叢書》本作"穎"。按：當爲"穎"之訛。

〔一〇五〕據段本，"馺蔑"、"馺明"實爲一人。

〔一〇六〕叢書本《風俗通》無此條。

〔一〇七〕叢書本《風俗通》無此條。

〔一〇八〕校注本"漢南"作"南陽"。

〔一〇九〕"季"，《古逸叢書》本作"晏"，作"晏"是。

〔一一〇〕《世本八種》秦嘉謨輯佚本收有此條。

〔一一一〕據段本，"北海"當作"北人"。"北海"不宜爲姓。

〔一一二〕據段本，"北官"當爲"北宫"之訛。

〔一一三〕"授"，《古逸叢書》本作"受"。按："授"可通"受"，表接受。

〔一一四〕叢書本《風俗通》"由章"後多一"至"字，校注本列爲"由章氏"，引爲"由章至"。

〔一一五〕叢書本《風俗通》無此條。

〔一一六〕據段本，"魏顆"爲武子生，應置於"魏冉"前。

〔一一七〕"魏三公朗"實名爲王朗，爲魏時三公之一，非姓"魏"。

〔一一八〕"荆"後闕"州"字，《古逸叢書》本正作"荆州"。

〔一一九〕"刺"後闕"史"字，《古逸叢書》本正作"刺史"。

〔一二〇〕據段本，"醜、良"當爲"文醜"、"顏良"合稱，不應視"醜"爲姓。

〔一二一〕據段本，諸姓書均無"朝涉"之"朝"爲姓者。

〔一二二〕《古逸叢書》本、校注本"國"作"原"。叢書本《風俗通》無此條。

〔一二三〕"音"，《古逸叢書》本作"晋"，作"晋"是。

〔一二四〕據段本，"裴益"當作"伯益"。

〔一二五〕《古逸叢書》本"舉"前多一"文"字，作"文舉"爲是。

〔一二六〕據段本，"殖貨"倒文。

〔一二七〕據段本，"丹木"前脱一"先"字。

〔一二八〕"勳"，《古逸叢書》本作"默"，作"默"是。

〔一二九〕叢書本《風俗通》無此條。

〔一三〇〕據段本，《左傳》無此人。蓋爲"黨氏"之訛。

〔一三一〕叢書本《風俗通》無此條。

〔一三二〕"武公"，《古逸叢書》本作"叔段"，作"叔段"是。

〔一三三〕"叔段"，《古逸叢書》本作"賜"，作"賜"是。

〔一三四〕據段本，"土"當作"士"。

〔一三五〕叢書本《風俗通》"綦毋氏"條下内容與此不同。

〔一三六〕據《新唐書·宰相世系》，"程伯休父"爲"重、黎"後裔，"重、黎"後應加"之後"二字。

〔一三七〕《世本八種》孫馮翼集本"司空"作"司功"。

〔一三八〕按：司空圖所隱"中條山"，非"華山"。

〔一三九〕原文□處，《古逸叢書》本作"荀"。校注本作"荀"，并"有"字前標明"漢"。叢書本《風俗通》作"儀"。

〔一四〇〕原文五字不清處，《古逸叢書》本作"瞞成詩十月"。

〔一四一〕原文二字不清處，《古逸叢書》本作"二氏"。

〔一四二〕原文漶漫不清，《叢書集成》初編本□處爲"有"。

〔一四三〕據段本，"魯"當作"秦"。"世叔"即子太叔游氏，"世"不應爲姓。

忠正德文集

〔宋〕趙　鼎　撰

李　蹊　點校

點校説明

《忠正德文集》十卷，宋趙鼎撰。趙鼎（1085—1147），字元鎮，號得全居士，解州聞喜人。崇寧五年（1106）進士，宋廷南渡前，歷仕地方，曾任河南洛陽令、開封士曹等職。靖康之難後南渡，爲宋高宗起用，先後任户部員外郎、御史中丞等職，累官至尚書左僕射、同中書門下平章事兼樞密使。後爲秦檜所陷，罷相，出知泉州，幾經謫遷，最後移往吉陽軍（今海南三亞）。在吉陽三年，終不爲秦檜所容，絶食而死。孝宗朝時平反，贈太傅，追封豐國公，謚忠簡，配享高宗廟廷。

趙鼎爲南宋中興四名臣之一（其他三位爲李綱、胡銓、李光），南宋立國初數十年，趙鼎一直爲宋廷主要抗戰派大臣。《宋史》贊鼎曰：“論中興賢相，以鼎爲稱首云。”《四庫全書》評其“南渡名臣，屹然重望。氣節學術，彪炳史書”。南宋初，宋高宗起用趙鼎主持朝政建設和抗金事宜，趙鼎嘔心瀝血，兢兢業業，向宋廷舉薦韓世忠、岳飛等抗戰將領，爲南宋朝的建立和穩固立下汗馬功勞。宋高宗稱贊“趙鼎真宰相，天使佐朕中興，可謂宗社之幸也”。然而隨着南宋基業的穩固，主戰與主和之爭漸趨激烈，趙鼎在與主和派大臣秦檜的鬥爭中失勢，被罷去宰相之職，并被構陷罪名，幾次貶謫，終於吉陽。趙鼎在吉陽三年，始終堅持氣節，不向秦檜低頭，在給宋高宗的謝表中言：“白首何歸，悵餘生之無幾；丹心未泯，誓九死以不移。”秦檜爲防趙鼎東山再起，加緊迫害，趙鼎知不獲免，乃於病後絶食而死。臨終前，猶念念不忘國家，作詩“身騎箕尾歸天上，氣作山河壯本朝”。氣節風骨，千古留存。海南人民爲了紀念趙鼎，爲他與其他四位曾被貶往海南的唐宋名臣李德裕、李綱、胡銓和李光建祠立祀，名爲"海南五公祠"，至今猶存。

趙鼎遺世著作，主要爲《忠正德文集》，爲文章、詩詞合集。據《四庫提要》載，紹興五年，鼎監修神、哲二宗實録成，高宗親書"忠正德文"四字賜之，因以名集。又據宋周必大《忠正德文集序》載，《忠正德文集》乃趙鼎孫趙謐"追懷祖烈，將刻遺藁附昌黎文以傳。凡擬詔百有十、雜著八、古律詩四百餘首、奏疏表札各二百餘篇，號《得全居士集》，而古樂府四十爲《別集》"。趙謐請周必大題辭，周必大認爲"按國朝故事，眷待故相，多賜嘉名揭碑首，或二字，或倍之。公之生也，幸拜宸奎，褒稱四美……盍就以名集，昭示萬世"。趙謐允諾。此即爲《忠正德文集》的由來。

《忠正德文集》後世失傳，今天我們所見到的《忠正德文集》，乃是《四庫全書》編纂官主要根據《永樂大典》和《歷代名臣奏議》哀綴，共得奏議、筆録、古今體詩、詩餘等二百九十六篇。

除《四庫》本《忠正德文集》外，趙鼎作品也分別見於其他著録，如《函海》收有《建炎筆録》《辯誣筆録》《家訓筆録》，《別下齋叢書》收有《得全居士詞》，清法式善《宋元人詩集八十二種》中收有趙鼎詩詞二卷（法式善曾參與撰修《四庫全書》，從内容上來看，這二卷詩詞應是《忠正德文集》詩詞部分的底本），等等。而在《四庫》本問世以後，尚有後人以《四庫》本《忠正德文集》爲底本再版的，如清道光十一年吳傑刊本，清光緒二年浙江山陰謝氏刻本等。

需要注意的是，《四庫》本《忠正德文集》（以下簡稱《四庫》本）對趙鼎詩詞、文章的搜集并不完備。由上海辭書出版社出版的《全宋文》、北京大學出版社出版的《全宋詩》等，在搜集趙鼎詩文時，都較《忠正德文集》爲多。不過鑒於《四庫》本《忠正德文集》是存世的趙鼎著作的唯一合集，因此本次點校仍以《四庫》本爲底本。校本方面，奏疏表札以《永樂大典》和《歷代名臣奏議》爲校本，筆録以《函海》本爲校本，詩詞以《別下齋叢書》所收《得全居士詞》爲校本，并以吴傑本《忠正德文集》（簡稱"吴傑"本）作參校。而《永樂大典》《歷代名臣奏議》《全宋文》《全宋詞》《全宋詩》較《四庫》本多出的部分，則以附録形式置於文末。

四庫全書總目提要

臣等謹案:《忠正德文集》十卷,宋趙鼎撰。鼎字元鎮,號得全居士,解州聞喜人。登崇寧五年進士第。累官尚書左僕射、同中書門下平章事兼樞密使。卒贈太傅,追封豐國公,諡忠簡。事迹具《宋史》本傳。初,紹興五年,鼎監修神、哲二宗實錄成,高宗親書"忠正德文"四字賜之,因以名集。史稱其爲文渾然天成,凡軍國機事,多其視草。有奏疏、詩文二百餘篇。《紹興正論》、陳振孫《書錄解題》皆作十卷,今久佚不傳。僅就《永樂大典》散見各條,按時事先後,分類裒綴,得奏議六十四篇、駢體十四篇、古今體詩二百七十四首、詩餘二十五首、筆錄七篇。又據《歷代名臣奏議》增補十二篇,仍釐爲十卷。計所存者尚二百九十六篇,與《宋史》所稱二百餘篇不符。疑其集本三百餘篇,傳刻《宋史》者或偶誤"三"字爲"二"字與?鼎南渡名臣,屹然重望。氣節學術,彪炳史書。本不以詞藻爭短長,而出其緒餘,無忝作者。蓋有物之言,有不待雕章繪句而工者。觀於是集,可以見一斑矣。

乾隆四十六年九月恭校上

總纂官臣紀昀、臣陸錫熊、臣孫士毅,總校官臣陸費墀

奏議上

陳防秋利害 建炎三年五月十五日奉旨，
許郎官以上條具防秋利害，二十五日上。

按：鼎以建炎三年四月除司勳員外郎。

臣竊惟東晉之遷，國勢微弱，惟其設淮上之備以嚴外户，扼荆襄之要保有上流，是以能建都江左，歷年滋久。今車駕駐蹕建康，則荆淮之防托、沿流之斥堠誠爲急務。斥堠之不明，以措置不專，勸賞不立也。自來委之軍中及沿路州縣，而軍或散亡，城亦失守，倉皇阻絶，力所不暇。今欲自御營及諸軍州縣各選募使臣、兵級，立定人數，信賞必罰，不任出戰、城守之責，專令探報。如此，則人得盡力而事不失實矣。防托之不謹，以事出倉卒，不能預備也。自來俟有警急，乃始調發，而陣未成列，兵刃已交，退無所歸，披靡逃潰。今欲前期選閲，受成而出，各使分擘遠近，占據形勢，習熟其山川險易之宜，以爲出入邀襲之計。廣積芻糧，嚴設塹柵，出而掎擊，入而拒守。如此，則前有以阻遏，而後能牽制矣。雖然，防托之任，正惟其人，未得其人，計將安出？臣竊謂黃帝時，諸侯相侵伐，暴虐百姓，於是習用干戈，以征不享。然而遷徙往來無常處，以師兵爲營衛，所以能戰炎帝，伐蚩尤，逐葷粥以去天下之不順者。今陛下欲久留此耶？願如臣所陳，謹斥堠、防托之備，慎將帥委任之選，保無後患，堅守不動，爲長遠之計也。苟或未然，則維揚之禍可不鑒哉？

臣願陛下深懲既往之失，常爲去就之謀。以六宫所止爲行宫，以車駕所至爲行在。吏部注授，並依八路；户部金帛，貯之諸州。凡宗廟祭祀、禮文法物，及六曹百司之閒慢者，並歸之行宫。而差除升擢，號令賞罰，出於行在。隨駕之兵不在多，選擇萬餘以備儀衛，其餘兵將分布江淮，預設控扼，既有以分軍食，又有以相應援。行在官兵既省，則用度易足，進退簡便。或駐江浙，或臨淮甸，延見父老，省察風俗，旌别善惡，搜揚人才，召集軍兵，振耀威武。使敵人知有預備而莫測巡幸定居之所，則恐未敢再謀窺伺。然後别遣能臣，出使關陕，收六郡良家子，募爲效用；優諸路弓箭手，足其闕額。以至釁私田之税，如弓箭手法，推之全陕諸郡。因其民俗，復唐府兵之制，待以歲月，訓練精熟，則四方之事庶有可爲者。且關中四塞之國，周以龍興，秦以虎視，漢高祖所以卒能并强楚成帝業者，以其先得關中之地，是知古先帝王欲大有爲於天下，莫不在此。今固未可幸，陛下他日圖之。

論屯兵疏建炎三年

按：此篇《永樂大典》不載，今從《歷代名臣奏議》增入。

臣伏見比來臣寮上殿奏陳利害，并群臣應詔條具，及二府大臣延見賓客，獻陳己見，江淮監司、郡守前後申請防秋要切之務，不過控扼上流，防托淮甸，固護江浙一帶。自四月迄今，百有餘日，慮之固已無遺策。大率以兵爲先，而分兵固守，占據地形，習熟其山川險易之宜，以爲出入邀襲之計。要在前期而遣，則軍行從容，民不駭愕。今已秋矣，未見分兵而出也。一旦邊報有警，敵騎[一]南來，風勁馬驕，倏至泗上，則淮甸震驚，聲摇江左，陛下其安能居於此乎？或謂俟杜充至，然後分遣。今道路梗澀，充若久之未至，終將不遣邪？儻預爲撥發，各使安堵，俟充之至，盡以付之，有何不可？自來出兵，例皆留滯。今日上畫一，明日請器甲，今日支借請錢糧，明日散起發犒設，般挈老小，編排舟船，動有十日半月之事。比至按隊渡江，各到屯泊去處，又須旬餘，非可傳箭而集，舉鞭而行也，待其有警而後發，不亦晚乎？是時上下惶駭，軍情憂疑，將有去留嚮背之意，安在其爲控御哉？若以謂淮甸上流自有兵將，分擘已定，不須遣兵，則幸也。苟或不然，臣實憂之，後時之悔，其可再邪？臣願降旨，開具上自荊襄，下及楚泗，屯泊地分，所屯兵馬，大將謂誰，置司處所。先聲後實，未必皆然。多作條畫，揭示一牓。姑以安士民之念，亦使敵人知吾有備，所謂伐謀也。

論時政得失 日曆併《扈從録》載，建炎三年六月初三日，奉聖旨，以久雨多寒，召郎官以上赴都堂條具時政得失，可以收人心、召和氣、弭天變者。吕頤浩奏之，令實封以聞。

臣聞雨暘寒暑過差之節，繫之陰陽逆順盛衰之理。《春秋》、《洪範》之所紀，漢諸儒之論，載之詳矣，臣不暇推證，有勤聖覽。臣竊謂久雨多寒，陰沴之候，其應則兵禍不解，民心離散，小人道長也。臣嘗求其致之之説，敢獻於陛下。

竊惟祖宗之有天下也，歷五季兵火之餘，險阻艱難，皆目擊而身蹈之，故其建立足以垂法萬世。以聖繼聖，至於仁宗，四十餘年，號稱極治，子孫守而勿失，復何加焉？厄運所鍾，社稷不幸，乃有王安石者，用事於熙寧之間，以一己之私拂中外之意，巧增緣飾，肆爲紛更，祖宗之法，掃地殆盡，於是天下始多事而生民病矣。假闢國之謀，造作邊患；興理財之政，困窮民力；設虛無之學，敗壞人材。獎小人，抑君子，塞言路，喜奸諛，扇爲刻薄輕浮之俗，日入於亂。賴宣仁垂簾，深鑒其害，首因改元昭著至意，所行者仁宗之法，所用者仁宗之人，涵養十年，民瘼小愈。夫何治世之日少，亂世之日多？復有蔡京者，崛起於崇寧之初，竊堯舜孝悌之説，托紹述熙豐之名，畢力一心，祖述安石，以安石之政，敷衍枝蔓，浩然無涯，至於不可限極而後已。兵連禍結，外侮交乘[二]，二聖北轅，朝廷南渡，則安石闢國之謀，而蔡京祖述瀆武之患也。繁文酷吏，上下相繩，鞭撻追呼，農畝失業，則安石理財之政，而蔡京祖述厚斂之患也。僥冒躐進，依阿取容，當官有營私之心，而臨難無仗節之義，此又安石敗壞人材之科，而蔡京祖述賓興賢能之患也。瀆武而兵禍不解，厚斂而民心離散。至於賓興賢能之弊，則習爲軟熟柔佞之資，無復禮義廉耻之節，士風彫喪，君子道消矣。故凡今日之患，始於安石，成於蔡京，自餘童貫、王黼輩曾何足道？今貫、黼已誅，而安石未貶，猶得配享廟庭；蔡京未族，而子孫飽食安坐。臣謂時政闕失，無大於此者。其欲收人心，召和氣，烏可得哉？故於陛下播越之中，示此陰沴之戒，天之警悟不啻諄諄之告，冀陛下知其所自，痛懲而亟革之也。

伏睹近降赦文，遵用嘉祐敕令，周恤黨臣之家，是將以元祐爲法，而有意乎仁宗之治矣。嗚呼，無聊憔悴之民，兹亦有少安之漸乎！然而德意未敷，天災未弭者，以政令未歸於一致，風俗猶裂於多歧。談詩書、陳治亂者，非安石之學，則蔡京之人也。遺患流毒，浸淫人間，牢不可破，甚於膠漆。徒使陛下焦心勞思，孜孜訪問，雖日下求言之詔，是誠何補？風俗之難移，從古所患，唯陛下明於聽覽，果於取捨。其或中外臣寮因事奏請，有涉於安石、蔡京之遺意者，皆不利社稷之人，願明正典刑，播告天下，使四方萬里之遠，皆知陛下用心所向，庶幾變之有漸。此風一變，然後可以言治。其他細故，不足爲陛下陳之。

論明善惡是非 《扈從錄》載，建炎三年六月二十日除

司諫。先有旨奏事，未對，間差除。至七月初一日上殿，
自是言事數對，不復記。

臣嘗謂天下有公論，不可以力制，不可以智勝，由堯舜、周
孔以迄於今，如權衡之設、黑白之辨，自一人之善惡，至朝廷之
賞罰，一付於此，則天下治矣。國家陵遲衰弱之漸，人皆謂敵
國[三]之爲患，其亦知有以致之乎？以善惡是非之倒置，公論久
鬱而不明也。其來久[四]矣，禍胎至深，固宜痛心疾首，亟變而
力新之。如救災溺，唯恐不及；如去惡草，絕其本根。使風教純
一，物情和會，則人之所欲，天必從之，悔禍於我，其或在是。
縉紳者間猶昧此，或狃於術業之異，或牽於恩舊之私，陰有所
懷，巧爲沮遏，忘乎大公至正之道，而甘心於亡國喪家之術，亦
其人之不幸歟？非特其人之不幸也，宗廟社稷、天下生民之不
幸也。

靖康之初，發蔡京之罪，錄黨籍之家，而議者則曰：今邊事
未息，軍政未修，忽而不省，乃復爲此不急之務。建炎之初，辨
宣仁之謗，復詞賦之科，而議者又曰：今二聖未還，兩河未復，
置而不問，乃復舉此迂闊之議。其言一行，奸計潛發，遂使上皇
引咎哀痛之詔，半爲空文；淵聖紹復祖宗之言，訖無成效。噫！
太平之治，須太平而爲之，抑亦爲之而後至耶？苟惑於其說，如
前所云，則天下之事無時而可爲，雖善惡是非久鬱於公論者，亦
不得而措辭矣。必欲厭服人望，得其歡心，不亦難哉！

唐憲宗用皇甫鎛、程异爲相，裴度論之曰：可惜者，淮西盪
定，河朔底寧，承宗斂手削地，韓洪輿疾討賊，豈朝廷之力[五]
制其命哉？但以處置得宜，能服其心耳。德宗當奉天之難，詔問
陸贄，一時急務，何者切直？贄對以理亂之本繫於人心，況當變

故搖動之時，在危疑向背之際，人之所歸則植，人之所去則傾，安可不審察群情，同其欲惡，使億兆歸趨，以靖邦家？此誠當今之急務也。以裴度、陸贄之才，非不知高城深池、堅甲利兵與夫折衝制勝爲御侮防患之策，而納忠於君者，其言如此，誠知弭亂之本歟！

陛下紹應大統，適兹多難，欲大有爲，必知其要。念憲宗中興之業，在處置之得宜；察陸贄理亂之言，繫人心之向背。凡祖宗之法復而未盡，崇、觀之患染而未除，以至進退賞罰苟當於人心而合乎公論，雖流離顛沛，而因革可否，不可一日而廢。唯公論著，善惡明，輿議攸歸，士風丕變，則慕德向化，心悅而誠服之矣。寧謂已往之事無益於今耶？若夫積粟練兵之計，攻守奇正之謀，當責之有司，而朝廷之上朝夕之所講明者正宜在此，唯陛下不以疏闊而忽之。

乞不指前朝過失狀

按：自此至《乞勸獎翟興》，疑皆爲司諫時所上。

恭惟太上皇帝在位二十六年，慈仁厚德，涵育四海。每詔令之下，未嘗不勤勤懇懇，以愛恤百姓爲言也。不幸朝臣失政，專務阿諛，積稔蔽欺，馴致禍亂。今天下父老恨委任之非人，痛太上之北狩，未嘗不嘆息流涕焉。陛下承嗣大統，適丁多難，修身慎行，期底康平，上欲以推太上慈愛之心，下欲以拯中原塗炭之苦，至誠之德，可格於天。

惟是四方封奏，百僚獻陳，尚以崇、觀、宣、政爲言，諒惟陛下以父子之愛所不忍聞也。夫政事惟議其是非，人材惟審其邪正，因革進退，歸之於至當之論則可矣。況當時誤國之人，悉已竄逐，奚必紛紛然深指前日之過哉？願明降詔旨，使中外之人皆知聖意。伏乞施行。

願法太祖仁宗札

按：《歷代名臣奏議》載此，繫建炎三年。

臣竊惟國家之有天下也，始以太祖之武，建創業垂統之功；繼以仁宗之仁，得持盈守成之道。致治之術，先後相成，垂裕後昆，爲法萬世。哲宗時，講官顧臨進言曰："今不必遠引堯舜三代之法，如祖宗之法，則陛下之家法也。"宰相呂大防因舉祖宗之法切於時政者十數事，當時以爲美談。恭惟皇帝陛下承列聖之後，履茲厄運，孜孜圖治，亦知有所稽法哉！近降赦文，遵用嘉祐敕令，是將法乎仁宗之仁矣。至於臨部伍，申號令，親戎旅之事；推腹心，同甘苦，協將士之情。赫斯一怒，旋乾轉坤，又以法乎太祖之武。則中興之治，誠不難致。是皆陛下之家法也，舉而措之事業之間，復何加焉？尚願持之以不倦之誠，而期於必成之效，則天下幸甚。

論聽納不諱

臣聞治安成於所憂，而禍患生於所忽。古之人君所以兢兢業業，不敢逸豫者，慎之至也。昨未渡江時，朝廷便謂無事，志得意滿，偷安苟容。士大夫知其惡聞邊患也，則務爲太平之說以投合其好，亦因以得美官，爭先相高，惟恐說之不售，而聽者滋惑矣。於是忽其所憂，緩其所急，儲金帛，修禮文，優然爲經遠之謀，而無復外寇之慮，一旦倉皇難作，不復支持。譬猶病者，諱而不語，人或告之以病證之萌，則拂[六]然不悅，其不至於喪亡，則幸也。方事之初，以爲得計，漫不加省，爲患必深，至其已然，悔恨何及？

臣願陛下防微杜漸，每惟禍亂之憂；屈己虛心，不以顛危爲諱。或進言之人，謂強敵已驕，不難殄滅；盜賊細故，不足剪除。如某人之爲將，可倚於成功；如某處之財力，可取以足用。此維揚之遺風，諛佞之所爲也，亦願陛下力拒其言，不以容悦見納。亦猶病者眷眷焉唯求安是念，雖復沉痼之痼，而良醫善藥，日簉門下，庶幾其有瘳矣。區區愚忠，敢以此爲獻，唯陛下留神省察。

請覈軍功疏<small>建炎三年。</small>

按：此篇《永樂大典》不載，今從《歷代名臣奏議》增入。

臣竊謂國家武功之不立，以軍政之不修；軍政之不修，以勸賞之不明也。自崇、觀用兵以來，積爲斯弊，至有殞身鋒鏑之下而不蒙恤贈，執役權要之門而反被優恩，進退取舍，無復公道，勸賞如此，何以責人死力？玩習之久，今猶未除，遂使轅門之士，扼腕竊議，憤憤不平，實禍亂所由興也。

雖然，賞不患乎吝，患乎濫，賞至於濫，與無賞等。蓋賞以待有功，以功被賞，人則爲榮，樂事赴功，率爲我用。今也有功者賞，無功者亦賞，得之固不爲榮，亦何必有功而可得？倖門百出，賄賂相高，臨敵當先，果誰用命？奏功來上，人得掛名，淆亂其間，公私相半。受賞者則懷恩於私室，無賞者則歸怨於朝廷，是皆冒濫之弊有以致之，不可不察也。前此固不可以概舉，昨勤王之賞，最爲有法，高下品第，人無間言。雖朝廷立意盡公，不容少紊，而有司受情作弊，豈得無私？

竊聞常州通判梁汝嘉之弟身在衢州，常州推官林達卿之弟身在福建，掛名功狀，隨例補官。足迹未嘗及軍，將士不識其面，與臨陣效死之人同被戰功之賞，此物論所以未免紛紛也。然臣所知，止此二人而已，其所不知可勝計哉！臣愚欲望特降指揮，別作措置，今後將帥及應干有司保明功狀，未嘗立功而輒敢掛名者，重立賞錢，許人告捉。有官人奪所有之官，無官人奪所冒之官，盡以授之，量事大小，更與推恩。保明官吏及冒賞之人，重實於法，所給賞錢，亦令均備。稍革弊病，以勸忠勤，是乃君天下役使群動之術也。

乞措置吏部參選事

臣竊惟士之失職，責在朝廷。比緣國步艱難，例不得調，有勢援者，堂中擇闕，而寒遠坐受困弊。陛下灼見其事，已令措置，盡還部闕，士大夫方有赴調之期，無不欣快。然臣聞參選之人，多被沮抑，既無案籍稽考，則法令隨事變更，吏得因緣為奸，而以書鋪為假手之地。故一人參選，謂之鋪例者，不下數十千；至如召保官之類，費尤不貲。參選已如此，況注擬耶？臣以謂宜令吏部裁定保官之數，如行在職事官一員，用本司印狀，許保盡參選、注擬諸事。仍飭吏部長貳戒勵書鋪，毋得妄生沮抑，過為僥求。儻致士人詞訟，即送所司究治。如此，則參選之士稍無留難，以稱陛下優恤寒遠之意。其他常行禁飭條法，更宜明加申戒，牓示施行。

論省部取受

臣嘗謂文昌政事之原，朝廷號令之所出，而四方之所取則也。自分建六部，增添吏祿，所以責其盡公。比因案牘散亡，遂敢高下其手，莫見首尾，更相芘蒙，大開賄賂之門，啓覬覦之弊，無復忌憚，肆其經營。或當緩而復先，或已失而復得。使孤遠寒士，懷憤不平，所向稽留，無以伸訴。此風不革，為害滋深。臣愚欲望聖慈特降睿旨，應部有所取受，及與之併行用者，一等坐之。厚立賞錢，許人赴御史臺陳告，密令有司捕捉，然後申聞，取勘得實，並於常法外重作施行。庶幾振起頹綱，厭服人意。

論役法札

按：《歷代名臣奏議》載此，繫建炎三年。

臣竊惟免役之法，起於熙寧之初。當時中外臣僚論列利害，不可概舉。大率優上戶，斂下戶；優富民，斂貧民。雖單丁、女戶以至僧道皆不獲免。以其所斂，養吏之餘，謂之寬剩。是謂一稅之外，更起一稅，大失祖宗寬民之意。行之六十餘年，今則由之而不知其害也。陛下灼見紛更之弊，既不能復循舊制，今乃於原額之外重增三分，官戶更不減半，其於祖宗之意益遠矣。又如鈔旁等錢，乃前日殘民之術，靖康初即已罷之。近降指揮，雖不賣鈔，而猶隨鈔納錢。賣鈔納錢，規圖苛細，已非朝廷美事，乃令隨鈔納錢，是何名目？凡取於民，亦須有名，取之無名，不得無辭矣。

今國勢微弱，強敵未和。高城深池不足恃，堅甲利兵不足恃，臣所恃者，惟民而已，安可橫斂加賦，重失其心耶？比來州縣用度不足，雖知此法之弊而不以爲言者，幸其所斂以資闕乏。獨京畿運判上官恪能言之，仍乞諸路依此施行，其意甚善，雖奉聖旨權免京畿，而諸路未罷也。臣願陛下如恪所請，遍行諸路，且使斯民知此二事，昨因臣僚建言而行，今因臣僚申請而罷，皆非朝廷本意，則心悅而歸之。此堯舜得民之道也，祖宗得天下之術也，幸陛下毋忽。

乞勸獎翟興

按：《宋史》，興以建炎三年正月由京西北路兵馬鈐轄爲河南尹、京西北路安撫制置兼招討使。

臣恭惟祖宗弓劍永閟伊洛，乃自多事以來，祭享有闕。今唯權西京留司翟興提兵保護，亦稍嚴肅。近聞差官到闕，乞割鄧州以隸西京，及乞借補官資，獎勸有功，朝廷行下宣撫司相度。竊詳京西止有翟興人馬體國輸忠，專以保護陵寢爲意，即非其他統制之比。除乞割鄧州等事，當下所司相度外，所有借補官資欲乞量事應副，及於唐、鄧比近縣分支移稅賦，并每歲支降度牒百十道，並仰專切崇奉陵寢，仍乞降詔褒嘉。不獨激勵一方忠義之士，亦以副陛下奉先思孝之意。

論防江民兵 日曆載，建炎三年閏八月二十二日有旨，防江丁夫且令放散。

臣聞有益於時者，不計其所損；有利於國者，不恤其爲害。非常之言，黎民懼焉者，凡以此故。若於時無益而所損則多，於國無利而爲害則大，不爲可也。審量損益之宜，明計利害之實，變而通之，以成天下之務而已。

臣竊見近降措置防江民兵指揮，條具詳悉，燦然有理。然以臣觀之，特文具，非實效也。點配科差，騷動閭里；拘留往返，奪其農時。既失民心，有累子育元元之德；重斂民怨，必生意外不測之虞。此皆所損之大者，則其爲害可勝言哉！雖然，有益於時，有利於國，則民間禍患有所不顧。於今之時，爲國之計將如之何？恃此長江以保宗社而已。若指民兵爲防江之用，則非也。臣願擇守臣，重其事權；選大將，嚴其號令。凡關津緊要，分立寨栅，輪差別將，領兵巡邏。大江限隔之遠，不能馳突；舟檝風水之虞，不能畢濟。如將能率衆，兵不潰亡，據地利之宜，持牽制之勢，雖有强敵，未易遽前。然而太行天險，非不關防；大河要津，豈無隄備？而卒致都城之禍者，以將不能率衆，而兵多潰亡也。今之所患，正在於此。苟能作新士氣，恢張國威，不特防江，可以防淮；不特防淮，可以長驅深入，收復兩河不難也。於此未得其術，而欲以區區疲瘁之民，爲防托御敵[七]之策，臣竊惑之。

四方之俗，勇鋭好武莫如西民，而太平之久，流於驕惰，使之運餉築城，猶可驅之而去，責之防托御敵[八]，則望風而遁矣。臣不知江湖之民得與西民而比乎，西民且不可用，而欲以責江湖柔弱之民，可乎？今以人丁點差，擺布鋪分，遇有警急，馳報縣官，各有地分，馳至本界，躬親守御，防江民兵的確利便，獨在於此。臣不知沿江村民曾習戰否乎，沿江縣官曾統兵否乎。今之縣官，非學校士人，則衣冠子弟，使之率疲瘁柔弱之民以捍强敵，雖立軍法，日斬萬人，臣知其必不爲用矣。灼知其不可用而徒爾紛擾，欲何爲乎？臣所謂特文具、非實效也。流離失業，遠近驚疑，雖有免稅之文，而自齎糧糗，自辦器甲，以至勾追點集之費，未足償萬分之一。江湖風俗輕浮，易爲摇動，方臘青溪之變，可不念哉？有損而無益，有害而無利，於兹可見。

意[九]者或曰：民兵防江，本非戰鬥，但令執幟近岸，列爲疑兵而已。臣謂不然。平日無事，不必設此。萬一賊至中流，鼓噪而進，吾之正兵堅立不動，能復有機[一○]。良善鄉民將救死不暇，其能成列不退乎？蹂亂正兵，因而失利者，或有之矣。若夫選委土豪，占[一一]集忠勇，乘危據險，保護鄉閭，雖未足爲防江捍敵之用，不猶愈於點丁而差，不擇强弱，不問貧富，取充數而已耶？

臣僻陋書生，不習用兵之利，陛下試以臣言詢諸大將，沿江之民可用以爲捍御之兵乎？今之縣官可用以爲統兵之將乎？如其不可，臣願陛下速賜罷去，選委土豪，召集忠勇，各爲保護鄉閭之計。毋使怨嗟之餘潛生變亂，乘間而起，重貽陛下之憂。臣故不避煩言，極陳其弊，惟陛下省察。

論敵退事宜

按：《宋史》，建炎四年正月己未，金人陷明州，乘勝破定海，以舟師來襲御舟。張公裕以大舶擊退之。辛未，命臣僚條具兵退之後措置之策、駐蹕之所。時鼎爲御史中丞，此下五篇以文義考之，當即此時所上。

臣昨奉聖訓，條具目今事宜。臣竊謂今日之事，所先者正在却明、越之兵，然後圖取攻之效。江左寧靜，始可議立國之地。臣嘗上言，乞詔周望分兵出廣德，邀其歸路。今乞遣使督王瑾進軍宣州與周望會合，仍責以不策應杜充之罪，俾立功自贖。乞詔劉光世渡江駐軍蘄、黃，牽制荆南之兵，與杜充相爲聲援。并促韓世忠一如前來所奏，爲邀擊之計，或令與杜充會合於楚、泗之間。敵如[一二]江北兵衆，歸路稍艱，必有退軍之漸。或占據臨安、建康，涉春不退，即乘暑熱併軍攻擊，期於克復而後已。至於遴選監司、守臣撫綏疲瘵，分委重臣、大將招納潰亡，計朝廷已有定議，亦宜前期措置，才俟事定，即日施行。如巡幸所宜，則願以今歲爲戒。臣謹別具己見，仰瀆聖聽。

論修具事宜

臣竊謂國家多事之時，固宜博詢衆議，以究利害之實。至於參酌可否，實當在廟堂之上，若一委之於下，則紛紛辨論，何所適從？比蒙陛下詔諭群臣條陳敵退事宜，各具己見，悉已上聞矣。今敵衆引去，回鑾有期，儻欲漸圖恢復之謀，則必經營立國之地。臣願陛下明詔大臣，采摘群策，有便於今者，取而施行之。分陰可惜，毋貽後時之悔。臣區區愚懇，惟聖聽加察。

論西幸事宜狀

按：此篇《永樂大典》不載，今從《歷代名臣奏議》增入。

臣昨蒙聖訓，條具目今事宜，除已奏聞外。臣竊惟東晉渡江，全有淮甸，群賢協力，僅保一隅，亦以其外無陵侮之憂故也。今强敵南侵，視大江如履平地，淮南故非我有；而江左郡縣，凡都會形勢之地，悉經蹂踐，其視東晉萬萬不侔矣，雖欲立國於此，其可得乎？況能平定齊魯，恢復晉趙，定建極宅中之計，惟關中奧區，兵民可恃，太祖皇帝時已有遷都之議。陛下必欲經營中原，當自關中始；今關中半失之矣，欲經營關中，當自蜀中始；欲幸蜀中，當自荊南始。雖然，漢中鄰長安，而興、利鄰秦、鳳，太平之久，負販往來，山谷險絕，皆成蹊徑。昨長安潰兵徑趨興元，全無阻遏，自興元趨劍門，更無棧道，而劍門兩間亦有捷路可至成都。然則蜀中所恃之險尚須措置，使絕不通行，然後可保。張浚之行，專委召集西兵，未聞營度守蜀也。

今岳、鄂路通，可擇使臣三兩人齎詔付浚，及選除利州、夔峽等路監司、守臣，委之協謀，爲守蜀之備。俟浚回報，然後決意西行，且駐荊南，徐圖所向。爲今日計，無逾於此者。謹具條畫下項。

臣嘗謂天下之事，必有一定之論，匹夫之謀一身，商賈之謀一家，亦不可繆。悠然轉徙，終無所守，況欲立國爲久遠之業？去歲四月初，陛下發臨安，幸建康，慨然有克復中原之意。臣嘗上言，欲守江南，當以淮爲外户，乞早發諸將屯守淮南，委杜充節制之。兵既不遣，充亦不行，淮卒不守也。後欲守江，以民丁爲兵，以王義叔爲使。臣嘗上言，民不足恃，義叔不可用，言卒不行，而江亦不守也。始議巡幸，不敢爲戰守之策，間關水陸，棲泊會稽。及洪州失守，復幸平江，爲決戰之議。已而興國有警，進不能前，則移蹕四明。自始及終，元無定論。儻林之平所遣海船不到，則束手端坐，更無脱免之計。每思及此，爲之寒心。故臣謂巡幸之宜，願以今歲爲戒也。今秋既不可再登海船，則捨上流荊襄之行無術矣。臣區區愚陋，不足仰承睿訓，惟陛下决择。

論駐蹕戎服

臣[一三]見陛下[一四]自渡江，及幸吳越，每經郡邑，必御戎服，親部伍，誠欲震耀神武，激勵將士，示以同甘苦之意。然而人君之舉動，不可以簡約自卑；朝廷之規模，不可以權宜日削。恭聞朝夕駐蹕行宮，臣愚欲乞詔有司益禁旅。乘輿服御，正人君之威儀；羽衛導從，備朝廷之典禮。應如平日巡幸故事，稍加整肅，雖不能庶幾萬一，亦足以張國威，消奸宄，慰遠民望幸觀瞻之願。

論畏避苟且欲上下任責

臣嘗謂方今之事所以易敗而難成者，其害有二：臺諫不盡言，朝廷不任責。不盡言則昧於利害之實，不任責則忽於成敗之幾，其欲保邦致治，不亦難哉？臺諫之不盡言也，以朝廷惡聞其事，拒之而不得言，言之而不得行，與不言何異？畏棄地之譏，中變連和之策；懼避敵之論，力沮渡江之謀。遂使遺患都城，流毒淮甸，生民淪陷，社稷阽危，是皆不任責以致之，禍可既哉？今陛下深監其失矣。然今日之事，與前日不侔。議和之使，係踵於道，而兵禍不解。初幸浙西，再臨江左，而防托未備，則朝廷之責益重矣。惟陛下與大臣圖之，毋蹈前車之失。至於祖宗基業付托之重，孰為之子孫？四海生靈歸附之心，孰為之父母？此則陛下之責也。當斯時，負此責，顧不艱哉？唯自任不疑，力行不屈，赫然丕變，庶幾有濟。其或畏避苟且，幸其無事，則淪胥以敗，未見有振起之漸。

昔劉備起漢疏屬，志在靖難，困敗沮辱之中，而剛果之氣略不少衰，一時豪傑皆為其用，卒能以區區疲蜀屢困中原之師，後世稱之，號爲英主。今陛下兩經大變，艱難顛沛，亦已極矣，而天下之責猶不得辭之。臣願陛下持志宜益堅，臨機宜益壯，奮發天威之斷，激昂神武之姿，至大至剛，始終如一。凡今日未獲之事，躬自任之，以風勵天下，使公卿任公卿之責，將士任將士之責，則内修外攘[一五]，舉在是矣。實宗社之幸、斯民之幸也。

論回蹕《扈從録》：建炎四年三月初四日有旨，以初十日車駕進發，鼎力言其不可。初六日有旨，展至月半。

臣於今月初一日，嘗具愚懇，仰瀆聖聽，乞候浙西平定，及建康已有渡船的耗，乃議進發。竊聞昨日已降指揮，初十日巡幸平江，外議紛然，頗謂未便。臣不知朝廷有無探報，所報如何？浙西之寇，即今何之？平江境内曾無侵犯？建康之衆曾未渡江？若平江之吉凶未知，建康之去留未審，則今來車駕將安往耶？聞欲暫駐越州，徐圖所向，因爲就食之謀。然越州百里之内，悉遭擄掠，不過取之衢、婺諸州，而陸路修阻，艱於運漕，儻未接濟，何以支吾？倉皇之中，益難措手。兼敵人未遠，狡詐難防，萬一分兵出奇，姑爲回戈之勢，則行在咫尺，寧無震驚？人心一駭，變故莫測。臣雖淺陋，慮猶及此也。或謂軍儲窘迫，不能安居，彼此不殊，何由足備？臣愚欲乞先遣王瓌等軍分屯嚴、婺，不惟減省行在用度，亦足張大聲勢，應援浙西，以俟建康寧息，及平江保守無虞，然後移蹕北還，似未晚也。恭惟陛下以萬乘之尊，負宗廟社稷之托，凡兹舉動，要當萬全。前日頒降德音，固已失之太遽，如今日回蹕之事，尚願少留聖慮，豈可堅執前議，不虞後患？臣采之衆論如此，非臣管見敢有異同，伏幸留神省察。

論親征日曆載，建炎四年四月十五日奉詔，據李光等
奏，金人已節次渡江，札付臺諫照會。

臣竊聞陛下徑欲巡幸浙西，道路傳言，人情震懼。臣在溫、
台臚[一六]貢愚懇，及每因奏事未嘗不開陳利害，欲朝廷遠布耳
目，俟浙西寧靜，及建康之寇盡已渡江，然後回蹕，徐議所之。
今聞朝廷遽有此舉，必韓世忠之報敵騎[一七]窮蹙，可以剪除，陛
下欲親總六師，爲親征之計。萬一世忠所報不實，及建康之衆未
退[一八]，或爲回戈衝突之勢，陛下何以待之？勝敗兵家之常，雖
有萬全之策，猶不免蹉跌，況欲僥倖於意外耶？兼饒、信魔賊未
除，王瓊潰軍方熾[一九]，陛下遽捨之而去，或結連窺伺，寧無回
顧之虞？玆乃社稷存亡之幾，至危之道也。臣願陛下少加睿察，
益嚴探報，俟敵騎[二〇]渡揚子，乃幸浙西。此亦聖慮所及，前日
訓諭之語，臣嘗親聞之者。若謂敵[二一]已窮蹙，決保無他，即遣
將襲之可也，何至親煩車駕，以陷不測之禍？設若有成，不足言
功，或萬一有失，非如將佐可以脫身而遁，事或至此，悔無及
矣。惟幸留神省覽。

論放商稅等事狀

按：《筆録》，建炎三年閏八月，車駕在建康，召百官議
巡幸利害，旋有詔幸浙西。明年四月，自溫、台至明、越，
所過焚燒殆盡，鼎論奏宜有以優恤之。上惻然，詔免商稅及
租役。

臣竊見去歲之秋，移蹕浙右，嘗詔郎吏以上條具巡幸之
宜，凡有可以加惠遠方者，莫不舉行之，德至渥也。今自溫、
台復臨吳、會，所至郡邑悉經寇攘。無聊憔悴之民，欲赴訴於
陛下者，不啻赤子之投父母、飢渴之丐飲食，嗷嗷之情，又非

前日。陛下懷惻怛之心，視兹困弊，亦將哀其窮而副其所欲乎？願詔有司嚴飭州縣，應經殘破之家，特蠲今年賦役差率等事，及竹木、甎瓦、米麵之類，權與免税，使之營葺生理，以漸復業。起凋瘵之疾，變愁嘆之聲，因之弭奸宄以消無窮之患矣。敵騎〔二二〕長驅，肆行殘殺，陛下無力以救之，固非得已。凡兹優恤之事，力所可至者，謂宜無惜。至誠而神，孰不忻戴？是乃固邦本之術，謀恢復之漸也。幸陛下誠心至意，果於必行。要令蒙被實惠，不徒爲掛墻壁之空文，斯爲盡善，事若緩而急者，惟陛下加察。

乞令侍從薦舉人才建炎四年五月十一日

臣訪聞湖南北及江東西諸路帥守，往往闕人，行在侍從除臺諫外，止有綦崇禮、汪藻兩人。近汪藻在假不出，而郎官、百司局務多差外官權攝。昨雖有旨召謝克家等，又皆散在四方，不能即至，亦不聞再行催促。不惟國體卑弱，無以示天下，緩急大事，何所諮訪？邦家以得賢爲基，而人主以任賢使能爲職，固不可緩也。今帥守有闕，欲自外除授，則多以事不行，或不知居止所在，欲自行在遣行，而又闕人如此，遠方憔悴之民，何所赴愬？去歲渡江之初，首頒明詔，許左右司郎官已上各薦二人〔二三〕，令所在州差人給券，限三日發赴行在，審察賜對，隨材任使。仍令執政大臣同共采擇在外侍從，雖在謫籍，別無大過，而政事才學實可用者，廣行召擢，庶幾間有來者，以備獻納論思之職。

論福建兩川鹽法奏

按：此篇《永樂大典》不載，今從《歷代名臣奏議》增入。

臣竊惟國家歷兹厄運，頻歲艱虞。皇皇之民，雖流離困苦之極，而未嘗一日忘宋者，以祖宗創業之始，結民心爲基本故也。其於川、廣、福建之民，尤加優恤，以其疾苦赴訴，去朝廷特遠，而變亂竊發，遽難救止，故凡鹽酒之利，與民同之，而不之榷。近以國用窘急，始議榷福建之鹽，尋欲榷福建之酒。臺諫臣僚數已開陳其弊，言猶未行，而近見張浚申明，欲措置四川鹽酒爲經久之利，是何中外不謀而同，遠方之民亦不容其少安邪？浚，蜀人也，蜀之利病宜自知之。願陛下手詔諭浚，俾令裁酌。及令三省詳議福建鹽法，所得所失，孰大孰小，毋致重失民心，斯爲盡善。惟祖宗肇造艱難，欲垂法萬世，而一時建立，掃地殆盡，獨此民心未至離散，若併此而失之，則大事去矣！幸陛下留意。

乞支降岳飛軍馬錢糧狀

臣今月二十六日準樞密院札子，三省、樞密院同奉聖旨，除臣江南〔二四〕安撫制置大使按《宋史》，鼎除江東安撫大使係紹興二年十月，岳飛除本路沿江制置使，所以防秋合行事件，令同共商議，疾速措置，條具聞奏。臣除已遵奉施行，及候岳飛到日別行條具外。契勘本路江州、興國、南康軍並係沿江控扼合屯軍馬去處，其岳飛一軍，月支錢一十二萬三千餘貫、米一萬四千五百餘石，數目浩大。近蒙朝廷差撥岳飛軍兵一萬人往江州駐札，岳飛止差五千餘人前去，未敢盡數起發。蓋緣去年本軍在彼屯泊之日，錢糧闕乏，轉運司應副不繼，有誤指準，致本軍殺馬剪髮，賣鬻妻子，博易米斛，幾致生事。今來措置防秋，盡發軍馬沿江把守，兵眾費廣，理合預行樁辦，不可少有欠闕。臣見將岳飛一軍逐月所用糧食，催督轉運司接運本路米斛起發外，唯是全闕見錢支遣，若不控告朝廷，給降應副，將來定致闕絕，有誤軍事。欲望聖慈體念本路闕乏，特降睿旨，支賜錢四十萬貫，準折金銀降下，以充本軍三月之用。或將吉州権貨務見今入納錢物截日盡數就便支撥，候過防秋日住罷，庶免臨時往復奏請，有誤國事。

乞下湖北帥司隄備賊馬狀

臣昨據本路制置使岳飛申：諸處探報，李成、劉麟會合金人〔二五〕，有直趨蘄黃渡江之計。臣以本路正當衝要，控扼江浙，實係行朝利害，不敢隱默，節次具奏，庶幾中外預得爲備，不至倉猝失措。自十一月二十日以後，探報少緩，而臣不即以聞者，以敵情〔二六〕不測，萬一所傳不審，有失隄防，或致衝突之患。當料其有，不料其無；勿恃其不來，恃吾有以待之也。今李成尚留漢上，雖未聞追襲之耗，而經營襄、鄧，用意不淺。蓋輕兵追襲，爲患速而小；占據上流，爲患緩而大。計朝廷已有措置，非臣愚慮所及。緣上流既失，即自漢陽而下，沿江諸郡皆順流可至之地，不可一日弛備，非特防秋而已。

臣已奏稟，乞支降錢物，打造戰船。不唯本路合行計置，竊恐沿江諸路亦當如此。兼聞光州、順昌府各儲糧十數萬，今則未見動息，觀其意向，必有所用。臣除不住移文制置使岳飛及本司所遣兵馬，遠布耳目，益嚴防守，并召募硬探，直往襄陽以來伺察敵情〔二七〕外。所有漢陽沌口，係漢江下流湖北帥司所隷，更望聖慈特降睿旨，嚴切戒約，過爲隄備，庶免意外不虞之患。

乞下湖北帥司防托武昌等處狀

臣契勘已依準聖旨，措置沿江防秋事務。緣昨來金人自黃州張家渡渡江，由湖北路鄂州武昌縣上岸，方入興國軍大冶縣界，取山路以犯江西。臣今相度，如今路興國軍、大冶、通山等處，見候岳飛到擺布防托外。有武昌縣尤爲上流要害之地，與大冶縣相去不遠，欲乞朝廷指揮湖北路帥臣速行措置，選發將兵，於武昌縣等處分布屯守，不測有警，庶幾兩路張大聲援，迭爲掎角之勢，共濟國事。伏望聖慈特降睿旨，詳察施行。

校勘記

〔一〕“敵騎”，《歷代名臣奏議》作“胡塵”。

〔二〕“外侮交乘”，《歷代名臣奏議》作“四夷交侵”。

〔三〕“敵國”，《歷代名臣奏議》作“夷狄”。

〔四〕“久”，《歷代名臣奏議》作“遠”。

〔五〕《歷代名臣奏議》於“力”後有一“能”字。

〔六〕“拂”，《歷代名臣奏議》作“怫”。

〔七〕“敵”，《歷代名臣奏議》作“寇”。

〔八〕“敵”，《歷代名臣奏議》作“寇”。

〔九〕“意”，據《歷代名臣奏議》當作“議”。

〔一〇〕“機”，疑當作“幾”。

〔一一〕“占”，據《歷代名臣奏議》當作“召”。

〔一二〕“如”，疑當作“知”。

〔一三〕《歷代名臣奏議》於“臣”後有一“伏”字。

〔一四〕《歷代名臣奏議》於“下”後有一“比”字。

〔一五〕“內修外攘”，《歷代名臣奏議》作“內修政事，外攘夷狄”。

〔一六〕“臚”，《歷代名臣奏議》作“屢”。

〔一七〕“敵騎”，《歷代名臣奏議》作“虜騎”。

〔一八〕《歷代名臣奏議》於此句後有“狼子野心，變詐百出”之句。

〔一九〕“熾”，《歷代名臣奏議》作“盛”。

〔二〇〕“敵騎”，《歷代名臣奏議》作“胡騎”。

〔二一〕“敵”，《歷代名臣奏議》作“虜”。

〔二二〕“敵騎”，《歷代名臣奏議》作“胡虜”。

〔二三〕《歷代名臣奏議》於此句後有“其間以才能擢用者，固多有之。臣愚欲乞依去年體例，詔臺諫及左右司郎官已上各薦二人”之句。

〔二四〕“江南”，疑當作“江西”。

〔二五〕“金人”，《歷代名臣奏議》作“金寇”。

〔二六〕“敵情”，《歷代名臣奏議》作“賊情”。

〔二七〕“敵情”，《歷代名臣奏議》作“賊情”。

忠正德文集卷二

奏議中

知洪州乞支降錢米狀

按：鼎移江西安撫大使，知洪州，在紹興三年三月。

臣契勘江西比年以來，自張俊、韓世忠相繼提領大兵招捕盜賊，及目今屯駐岳飛二萬三千餘人，供億浩大，竭一路財力，僅能應副。蓋緣本路一十州軍皆屢經兵火，百姓未盡歸業，財賦所入比舊十分纔及二三，而官用所出比舊數幾十倍，積靡以至今日。承此末流之弊，財用愈窘，民力愈困，支吾不行。本司合用錢米，從來全仰漕司依數支移，又不足，則不免干紊朝廷，乞支降錢物接濟補助。臣今初到任，首以養兵理財為急務。點檢得見在米只支得四月一月，以後未有指準。所有今年春衣，並無一錢一匹俵散。兼蘄、黃等州逐月不住申乞錢糧，無可那融。其按月按旬合支見錢，唯仰洪州日逐酒稅課利，所收亦是不多，去納稅月分尚遠，委是不能繼續支遣。若不仰干天聽，竊慮緩急措手不及。欲望聖慈許於歲額錢米外，特賜睿旨，支降錢三十萬貫，於吉州榷貨務支撥見錢，及本路上供米內截撥米五萬石，付本司贍給官兵，以救目下新陳未接數月之急，及緩急差發將兵出入支用，庶幾不誤國事。臣已奏乞宮觀差遣，然既到官，因見事勢如此，不敢隱默，兼恐後來帥臣愈更費力，伏望聖慈特賜矜察。

貼黃：契勘朝廷數頒詔令，務在寬恤民力，不許州縣科率騷擾。臣昨閑居山野間，具見此患。今待罪守臣，斷不敢經賦之外，毫髮橫斂。若不開具闕乏，伸告陛下，即本司錢糧無所從出。伏望聖慈出自宸斷，特依臣所乞行下，庶幾不敗事以陷罪辜。惟陛下矜察，臣不勝萬幸。

臣昨任建康，過闕陛辭，蒙陛下聖諭：候到江東，應有伸陳事，理當一一應副。然江東所管軍馬不多，可以隨宜措置，除支降到銀三萬兩外，更不敢紊煩聖聽。今來江西窘乏，既非江東之比，而所管軍馬約及三倍有餘，歲額錢米不惟取撥不足，設使依數應副到司，亦自支遣不給。兼今來正當不相接濟急闕之際，若不蒙朝廷特賜支降，則臣之孤蹤決不能自保。臣雖已乞宮觀，竊恐未離任間別生事變，重煩聖慮，惟陛下哀憐之。臣無任瀝血祈懇之至。

奏乞應副李橫狀

按：《歷代名臣奏議》，係知洪州時上。

臣契勘襄陽府在江淮上流，當川陝襟喉之地，自三國用武之際，未嘗不先留意於此。晉武帝平吳，羊祜、杜預亦由此以成大功。昨以李橫爲襄陽府路鎮撫使，按《宋史》，紹興三年正月，以李橫爲襄陽府鄧隨郢州鎮撫使。蓋因其衆據此要害，增重荊襄之勢，誠爲得策。緣朝廷方遣使和議，已曾戒飭邊臣不得用兵。今據探報，李橫、牛皋約起兵往東京以來，收復州縣。又聞僞齊亦會合金人及遣李成領衆西去。切慮緣此紛擾不定，遂有并吞之意，是時豈李橫烏合之衆所能備御？不能備御，則襄陽決至失守。襄陽不守，則川陝路絕，荊湖震動，自江以南，皆順流可至之地，其利害有不可勝言者。近有人自襄陽來，臣因詢訪橫用兵之狀，云止是軍中闕乏，兼冬寒在近，欲擘畫些小冬衣，然則橫之出兵固非得已。臣竊思朝廷既以襄陽爲上流要害之地，以橫忠義，曾有勞效，遂付以一路鎮撫之權，不可使窘急如此，以至引惹重生邊患。臣愚欲望陛下特詔有司時有以資給之，使橫衣糧足備，不假他圖，即嚴降詔旨，丁寧約束，責其謹守疆場，繕修城壘，休兵牧馬，養銳待敵，爲持久之計，自非敵人侵犯，及奉朝廷指揮，不得輒因小利出兵生事。臣以不才，誤蒙委寄，而上流利害實有相關者，今茲所陳，亦臣之職，併乞聖聽加察。

貼黃：臣契勘李橫今來出兵，不知曾無被受指揮，若因防秋使之牽制，亦須諭橫探伺敵人已發兵馬，然後批亢擣虛，既有却顧之慮，即無深入之謀。今未聞敵人起兵而橫兵先出，彼必破橫，乃敢引兵南向，即更無後救矣。臣私憂過計如此，更乞睿察。

乞撥米應副襄陽李橫軍馬狀

臣勘會本司先奉聖旨，令於倉部郎官孫逸所起上供米內支撥一萬石，應副襄陽府郢州鎮撫使李橫，係孫逸分定於臨江軍吉州樁撥。本司節次行下逐處，及發遣李橫差來人船前去交裝。却據臨江軍申，本軍上供米已盡數起發了絶，即無未發米數。本司已具狀申明朝廷去訖。臣契勘李橫見管軍馬萬數不少，見今措置收復陷没州軍，已見立功。本司不住據本鎮申陳，急闕米糧，無以養贍人兵。及差到人船在本路日久，今來孫逸分定取撥糧斛，並是虛數，即無見在。臣遂急於本司刮刷到見在應副洪州見屯本司諸軍日下要用糧米內支撥一千石，付李橫差到人船先次裝發外。伏望聖慈恤念李橫急闕糧食，速降睿旨，下有米去處，接續支給，所貴不致闕誤。

乞免上供紙

臣契勘洪州年額，合發紹興三年上供紙八十五萬張，內一半本色，一半折發價錢，依年例下分寧、武寧、奉新三縣收買，解州裝發。據逐縣申，自建炎四年以來，各有窰户二百餘名抄造中賣。後來累遭賊馬，人戶死及九分已上，見今並無紙戶，委是難以抄造應付，乞蠲免收買。臣今照對分寧、武寧、奉新縣，自建炎四年十二月已後，被趙延壽、馬進、張莽蕩等賊馬侵犯，占據縣道，燒劫鄉村，殺擄人民。後來收復，繼續又遭趙進、曹成、田進、劉忠及紹興二年十月內交廣賊馬侵犯分寧、武寧縣，紹興三年正月內李宗亮侵犯分寧縣，三月內又有草寇侵犯奉新縣，遍於管下鄉村放火殺擄，人民被害深重。委是逐縣原抄紙窰戶例遭殺擄，目今全無人戶抄紙。兼本州除分寧、武寧、奉新三縣外，別無出產去處，若不申陳，切恐有誤上供歲計，致負曠責。伏望睿慈特與蠲免買發。

乞下鄰路防托虔寇

　　按：《宋史》，紹興三年三月，詔岳飛捕虔賊。六月，飛自虔州班師。此下三篇當是四月擒斬彭友等後所上。

　　臣契勘虔、吉之民，素號頑狡，平日不事生產，至秋冬收成之後，即結集徒黨，出沒侵掠。累年以來，朝廷方事外寇，未暇掃除，由是患害日滋，根株益固，上勞聖慮，遣發王師。今雖破蕩巢穴，使之著業，而渠魁間有竄逸者，雖苟目下少安，冬春之間，不能保其無事。臣只候岳飛班師，即分那人馬，逐處彈壓。竊慮積習未悛，再有嘯聚，定須侵擾鄰路州軍。伏望聖慈特降睿旨，下福建、廣南，相接本路虔、吉州，南安軍界，添屯人馬，聲援相應。使凶惡之黨知所至有兵，不敢妄動，加以歲月，漸革凶殘之氣，化為良善之民，使安田畝，永絕後患。

乞免勘喬信

　　勘會洪州近承提刑司公文，錄準今年五月六日敕節文，臣寮上言，本州統領官喬信措置龍泉縣賊彭友等，端坐萬安縣多日，并不將軍馬追攻賊寨，止就隔江抄截賊中所遣打擄人，妄申獲捷等事。奉聖旨："喬信令本路憲臣根勘，具案聞奏。"本州見送左司理院取勘。喬信軍馬昨自去年十二月內就袁州差發前去吉州管下，把截捕殺彭友、尹花八、甯十二等賊火。臣寮所按本軍久不進兵，固當坐罪，緣喬信部下官兵止一千人，彭友等三頭項徒黨萬數不少，衆寡不敵，是以不能成功。又緣本軍見分屯沿江興國軍，控守邊境，而洪州取勘未已，信麄人，不曉文法，既被勘劾，罔測罪名輕重，日夕憂疑，不能安職。今來防秋用人之際，正要將佐緩急使喚。欲望聖慈詳酌，特降睿旨，將喬信特降官資，免行取勘，或與放罪，責其後效。

乞免攝文廣狀

臣契勘洪州近準湖南提點刑獄馬居中牒，奉聖旨躬親前來根勘李澡、曾欽承等公事。臣竊詳，臣寮所論李澡不法情罪，有無虛實，臣固不可得而知。內一項李澡受本司統領官文廣金二百兩，已經臨江軍鞫治，勒令文廣甘伏軍令文狀在案。今來馬居中恐須再勾文廣入院照勘。緣文廣原係劉忠黨中第二名首領，忠既敗走，即投僞齊，廣獨不從，率其部曲渡江以受招安，隨行資財盡爲劉忠所劫，廣亦不願顧藉。又自到司以來，小心謹慎，每事宣力，嘗差往虔州捕賊，率先立功。廣粗人，不曉文法，負罪來歸，未知何所嚮，縱有所賄，情亦可憫。兼其下千餘人皆驍勇可用，見其主將對獄，亦恐疑慮生事。臣愚欲望聖慈特降睿旨，止令文廣在外供答文字，與免追攝入院。如干照人等指證分明，實有前件事迹，廣亦不敢隱諱，庶幾安慰衆心，不致反側。

措置防秋事宜

按：《宋史》，紹興三年九月，以鼎爲江西安撫制置大使。是年八月，詔岳飛赴行在，留精兵萬人戍江州。時車駕駐臨安。此下三篇以文義考之，當即此時所上。

臣契勘即日防秋，是時臣雖夙夜惕勵，思所以廣爲隄備，第念事勢相形，利害安危固有緩急輕重，儻非先事建明，遠瀆聖聽，恐一旦措手無及。恭惟清蹕見駐臨安，二浙、閩中爲近輔，江東、淮甸爲要藩。自行朝達鎮江、建康，屯宿重兵，無慮十萬，距京師約三千里，非不深且遠，可恃以安。然江西一路，北際陳、蔡、廬、壽，西連潭、衡、荆、襄，比他路邊面最爲闊遠。僞齊見遣兵將力守光州，爲備數年，頗聞農種漸廣。自汴由陳、蔡至光纔三百里，復與蘄、黃接界，亦粗有糧可因。僞齊[一]萬一會合金人再來南侵，當數路並進，而鎮江、建康既已有備，必由光州直擣蘄、黃，旬日便到江上，擄船造栰，乘間南渡，聲搖江湖。人心摧於傷弓，當鳥驚魚散，支吾不暇，將見行朝亦不得奠枕，則建康、鎮江雖屯重兵，固已無益於事矣。況己酉冬，敵[二]騎已嘗出武昌岸，徑趨興國，緣山疾馳數日，薄洪州城下，按：己酉係建炎三年，是年十月，金人自黃州濟江，由大冶縣趨洪州，見《宋史·本紀》。前車之戒未遠，則江西今日利害安危，豈不重且急乎？臣計本司見管軍馬共一萬六千餘[三]，皆是招收烏合之衆，除輜重、火頭等外，可使出戰僅及萬人，才足以屯防近裏州縣，隄備盜賊，豈堪前當大敵？近奉聖旨，留岳飛全軍，先分萬兵駐九江，士馬精勁，似可倚仗。

臣愚見尚有二患：邊面闊而僞境近，則師不可不益；師旅增而贍給廣，則財不可不聚。謂如江州、興國軍，西抵岳、鄂，皆據大江上游，曲折千里，控扼要害，受敵處多。自溢浦以上，江漸狹隘，至霜降水落，則一箭可及，一葦可航，非若下流深闊多阻，未易侵越也。今計岳飛兵數二萬一千有餘，除火頭、輜重、守寨、疾病人外，實得戰士一萬五千人[四]。忽有警急，迎敵保城，臨時應機，猶恐分布不給，兼岳、鄂人馬無多，安能使犄角應援？臣欲乞朝廷更摘那數頭項堪任出入將兵，時暫付臣相兼使用。又本路州縣屢經兵火殘毀，繼以連歲討賊，大兵往來，民力凋敝，官用空虛。今既留岳飛全軍，復丐益師，則軍儲愈窘，若止仰漕計，必致闕誤。臣欲乞朝廷廣行支降錢物，及就撥本路應干諸司上供錢帛，并榷貨務見在及日後收椿之數，並行付臣斡旋，相兼支遣。仍乞選戶部官一員前來，與漕臣協議應副。庶幾兵勢稍強，財用粗足，可以待敵，且免臨時擾攘失措之患。臣才識庸暗，所見止此。伏望聖慈察其勢迫計窮，早賜睿旨，詳酌施行。

乞於岳鄂屯駐岳飛人馬狀

臣勘會神武副軍都統制岳飛全軍人馬，先奉聖旨起發赴行在，續蒙存留在本路虔、吉州平蕩賊火。臣契勘湖北岳、鄂州係在大江之南，與江州、洪州、興國軍地相連接，最是沿江上流，控扼淮甸、京西，實為荊湖、川陝喉襟要害之所。今來防秋在近，鄂、岳之間理合預作措置防備，不可無重兵捍御。其鄂州雖有帥臣，屯兵數少，及本路見管軍馬計一萬餘人，頭項不一，其間大半是招收烏合之人，以至器甲大段未備，萬一有警，深慮難以支吾。

臣今相度，欲乞將岳飛軍馬候討捕虔、吉賊火了日，特降指揮，令往鄂、岳州屯駐。所有合用錢糧，專委湖北及鄰路漕臣分認應副。如蒙俞允，不惟江西藉其聲援可保無虞，而湖南、兩廣、江東、兩浙亦獲安妥，及江路通快，舟船往來，悉無阻礙。欲望聖慈詳酌，特降睿旨施行。

奏乞節制岳飛狀

臣契勘神武副軍都統制岳飛，先奉聖旨於本路駐札，彈壓盜賊，係聽本司節制。續奉朝旨赴行在，未起發間，再奉聖旨令李回協和岳飛，敦遣措置虔州管下盜賊。今來本軍招捕虔賊了當，蒙朝廷分屯江州防秋。欲望特降睿旨，許依舊聽本司節制，所貴緩急集事。如蒙聖慈特賜允許，即乞作朝廷措置行下。

乞收留宿遷官吏狀

　　按：此下二篇皆爲參政時上。鼎參知政事在紹興四年三月。

　　臣伏見淮東宣撫司申，宿州宿遷縣知縣張澤結約官吏二千餘人來歸，宣司恐礙去年六月間所降指揮，不敢收受。按：紹興三年六月，禁諸路招納淮北人及中原軍來歸者，見《宋史·本紀》。臣前日親聞玉音，以爲若拒而不納，恐失東北人心。仰見陛下至仁惻隱，不忘斯人之意，而朝廷恐於和議未便，止行下宣司從長相度。宣司既有執守，必無肯受之理。臣竊詳去年六月指揮，止是一時行遣，即非今來遣使所議要約，雖公受之亦無妨礙。如謂和議大事，不可少有動搖，即乞陛下宣諭宰執，令以書諭韓世忠遣親密沉穩近上兵官提兵數千，并遣文臣屬官一員，至界首密受之。然後移文宿州，云近有宿遷人民數千南來，本司以朝廷約束，不敢收受，遂於本界特衆作過，今已遣兵驅逐潰散，是亦兵家一術也。臣謂此事所係至重，若峻阻之，則進不能不爲僞齊所戮，退則聚爲淮甸之寇，必至於誅殺而後已，如此，則淮北之人絶望矣。輒效愚忠，或有一得，如其可采，即乞作聖意宣諭。

　　臣初蒙陛下擢貳機政，不敢與同列故作異同，故密具所見，塵浼聖聽，唯陛下裁之。

　　貼黃：臣愚欲乞密下韓世忠辨認奸細，如無他意，即密切受之。既受之後，將有官人且留軍中，軍人充軍使唤，百姓放令逐便。

乞曲赦虔寇

臣訪聞虔州自從衞軍民交變以來，凡十縣之間，失業之民率聚爲寇。雖聖恩寬厚，貸其脅從，亦既累年，而猶家藏兵器，未嘗輸官。州縣既不能止絶，又且聽訟理獄往往許以追證舊事，閭里騷然，各懷反側。則是朝廷[五]已赦之罪，官吏猶得治之，使德澤阻於布宣，人情積於忿怨。一旦奸心不能自懲，則投兵剚刃，勢有必然者，因而聚衆阻險，無由自新。昨遣岳飛再已平定，而前日怨仇之訟紛紛猶未已也。臣區區愚見，欲望聖慈依昨來建州平范汝爲體例，特降曲赦，或止降詔書，貸其往咎，及應干優恤等事，並檢舉施行。如此，則人獲安業，盜賊潛消矣。按：《宋史》紹興四年七月曲赦虔州。

除宣撫處置使朝辭疏

按：《宋史》，紹興四年八月，以鼎知樞密院事充川陝宣撫處置使，尋改命都督川、陝、荆、襄諸軍事。此篇《永樂大典》不載，今從《歷代名臣奏議》增入。

臣疏遠之迹，荷陛下特達知遇，恨無死所圖報大恩。方國家多事，中外乏人，乃委臣總師，遠戍邊鎮，主憂臣辱，其何忍辭？然自惟念渡江以來，遭逢器使，揚歷臺諫，再叨樞筦，與聞政事，趨走殿陛，密勿冕旒，拙誠獲申[六]，無復顧惜。雖聖主全度，見謂樸忠，而萬目睽睽，指爲迂闊。今乃以奇孤寡偶之身，將使于萬里之遠，曾無一毫之善可辱記憐，安得不少陳悃愊，以瀆聰聽？

臣竊見自古人君善用人者，莫不專其委任，假以事權。任專則媢嫉必生，權重則嫌謗立至。唐之賢臣，勳業如郭子儀，猶困于魚朝恩、程元振之謗傷；名德如裴度，亦被沮于元稹、魏洪簡之朋比。子儀明哲自將，僅免危疑之累；而度辨論激切，卒隳幽鎮之功。況勳名寵眷未及兩人，求其成功，亦已難矣。向者陛下當建炎圖治之初，遣張浚出使川陝，國勢事力百倍於今。浚于陛下有補天浴日之功，陛下待浚有礪山帶河之固，君臣相信，內外相資，委任之篤，今古無有，而終致物議，以就竄逐。臣頃在紹興，人或指臣黨浚，故浚之責，不敢以一言及其是非。今考究其用心，推尋其情實，喪師失地，錯繆之迹則有之，未必盡如言者之甚也。大率專黜陟之典，受不御之寄，則小人不安于分義，謂名器可以虛授，爵賞可以苟求，一不如意，便生觖望。川蜀之士，至于釀金募士，詣闕陳論，展轉相傳，以無爲有，一經指摘，何以自明？是以有志之士雖欲冒犯死亡，爲國立事，而每以浚爲鑒戒也。雖然，浚固有罪矣，臺臣抨彈之可也，諫官論列之可也。人君赫斯震怒，雖誅殛之，浚亦無憾。今乃下至草澤布衣之士、行伍冗賤之流，凡有求浚而不得者，上書投牒，人人詬罵，肆言醜詆，及其母妻，甚者指爲不臣跋扈，極人間之大惡，皆歸之於浚。嗚呼，一何甚哉！夫以浚之功與陛下之信也，而謗者至此，則明君不能自信矣。

今臣無浚之功，陛下之信臣，無如浚以有功而見知也。乃當此重責，遠去朝廷，臣恐好惡是非行且紛紛于聰明之下。昔樂羊一篋之謗，幾陷誣蔑，賴文侯之明，乃成中山之功；魏尚數級之失，遂致吏議，唯文帝晚悟，後有雲中之效。伏望睿明鑒古今之得失，念事功之難成，憫臣孤直，曲加庇覆，使得展布四體，竭志畢慮，以寬陛下西顧之憂，非特臣之幸也。意迫情切，干犯明威，臣不勝恐懼俟罪之至。

奏乞參酌呂頤浩等申請指揮狀

勘會近具畫一奏請，內一項，臣今來係出使荆、襄、川、陝，其合行事件，欲乞將呂頤浩、張浚、孟庾昨申請到江淮荆浙都督府并宣撫處置使司已得指揮遵依施行，如事有窒礙，即許臣參酌，別行申請。仍乞朝廷行下六曹，取索逐件指揮，送臣以憑照使。奉聖旨依，除窒礙事件見行參酌，別具申請外。勘會內參謀等官人吏等，除理任并帶新舊任請給，於呂頤浩、張浚元申請畫一別無相妨外，有別給贍家驛券、添給食錢恩例，已于窒礙事件內別行申請請給。除舊請外，名色一同，從一多給，恩例從優，見別作施行外。吏部供到，檢準建炎二年二月五日敕，中書省、尚書省送到太府寺少卿黃鍔札子，契勘本寺自來出給使臣請受文曆，依法合以朝謝後限一月參部，如違，據歲月，不支請受。校尉以參部日起支，副尉不到部，官料錢勿給。近來使臣、校副尉往往規避在部重難差遣，不赴公參，僥求一時權局并非泛差使，稱不合參部。雖已具因依告示，終是詞訟不絕。切緣差使既係時暫幹辦，若便行永遠勘行，不惟虛費廩禄，有失元立法意。今相度，欲乞今後將合參部使臣、校副尉，並依條候參部日起支請受。如有差遣，或時暫、或住程，亦許依條參部了日給曆。如不到部，止據本處添給。其請受依舊法據歲月不支，仍勿給料錢。候指揮。二月三日，三省同奉聖旨依。又紹興元年十月七日敕中書門下省、尚書省送到白札子，勘會戶部出給官員請受文曆，依近降聖旨，須候參部了日出給。近有見任差遣使臣等止爲出給文曆，赴吏部公參。緣使臣依法初補或得替，許赴部公參注授差遣；其已有差遣之人不合到部，其請受文曆自不合出給。十月七日，奉聖旨申明行下。八月二十七日，奉聖旨，內差到統制、統領、將佐等官出給文曆一節，令檢照見行條例施行，餘並依。

條具宣撫處置使司畫一利便狀

近具畫一奏請，內一項，臣今來出使荆、襄、川、陝，其合行事件，欲乞將呂頤浩、張浚、孟庾昨申請到江淮荆浙都督府并宣撫處置使司已得指揮遵依施行，如事有窒礙，即許臣參酌，別行申請。奉聖旨依。除合遵依事件見逐旋施行外，有下項合行參酌，并條具申請：

一、臣今來出師係都督諸軍事，其所管路分，自宣撫、鎮撫、制置司以下及應統兵將帥，並聽本府節制。

一、所部逐路財賦，許酌度多寡有無，通融移那，不以拘礙截撥應副。

一、臣勘會昨張浚在川陝日，自帥臣以下，皆許便宜黜陟。浚既被召，續有指揮，帥臣、監司每遇有闕，止許宣撫司每一闕具奏三兩名聽旨除授。後來王似等申，如遇帥臣、監司有闕，不免即便選官填替。若具兩三名奏聽指揮，竊慮被差之人疑慮不該除授，不務究心職事。已奉聖旨，帥臣、監司如差待闕替人窠闕，令本司並約程，前期每一闕具奏三兩名聽旨除授。非次見闕不可待報，許一面擬差。臣契勘川陝至行在道路窵遠，如事局繁簡，才幹能否，深恐朝廷未能詳知，緩急之際，或致誤事，今欲乞並依張浚已得指揮施行。

一、臣勘會官員合該討論之人，如舉辟、差遣之類，並合候審量了日放行。訪問川路似此之人不少，多是私計不便，或無力前來整會，致妨食祿，不無留滯之嘆。竊見朝廷已有追降體例，欲乞行下吏部，開具元討論審量指揮及已追降體例各三兩件付下，候至川陝路，如有似此之人，從臣酌量追降放行，差注之類，仍具奏知，庶幾士人不致失所。

一、臣勘會昨來張浚在川陝日，官員等因功賞補轉官資，往往有司不與理元受月日，即與不曾被賞無異。今來官員等如因功賞補轉官資，乞並自受本府札子日，理爲補轉月日。

一、臣勘會昨張浚在川陝日，官員等若有功效，合量行推賞之人，係與減年磨勘。今來有司須要換給吏部公據了日，方許收使。訪聞其間多是無力前來行在改換，致卒無收使之期。今後如有合與減年之人，從本府分明置簿，立定字號，勘會給據，特免換給。如投下磨勘之類，即從臣驗實收使。不惟使有功之人便得祗受賞典，亦可以革絕奸偽之弊。

一、臣契勘今來川陝等路，如有創置官司，或收復州縣，便合要印記行使，若給降稽緩，深恐行移無以憑信。今欲乞下行所屬，遇逐路有合鑄印記，並限兩日鑄造交付，專差人齎擎前來，庶免失墜留滯。

一、臣契勘宣撫處置使司舊日給降付身差札，依元降便宜黜陟聖旨，係是正行補授。近緣到行在換給，却於所補官上加以"借"字，雖於元補官資別無減降，緣有"借"字，是致人心疑惑。今欲乞行下有司，將來如有換給，更不添入"借"字。

一、本府合要准備將領使喚，今欲乞不限員數辟差。其請給、理任等，並依准備差使使臣體例施行。

一、逐路官如差出幹事，雖有拘礙，亦不得占留、辭避。

一、乞依呂頤浩例，給降空名年月金字牌、旗牓三十副，準備緩急招收盜賊使用。

一、逐路應見任官如實有疾病，或怯懦不堪倚仗，或有贓私罪犯，并見闕及未差替人去處，並許選官填替訖具奏，乞給降付身。內疾病并怯懦不堪倚仗之人與不理遺闕，被差官自到任日理爲在任。若未受朝廷付身，間有按察官等保舉，許行收使。

一、臣勘會昨張浚出使日，曾蒙朝廷支降錢物，止是專充激犒使用。臣今來前去川、陝、荆、襄，合依例陳乞激犒錢物。兼契勘本府係經由大江一帶州軍，例經殘破，及岳、鄂至歸、陝以來，並無人烟。又四川財賦累年應副大軍，與昔日事體不同，所至州軍或有闕乏去處，亦須本府補助支遣。今欲乞朝廷支降金銀計一百萬貫、絹三萬匹、空名度牒二萬道、紫衣師號各二千五百道，並專充激犒并應副緩急支用。其度牒等依宣撫處置使司體例專用，本府勘合。所有禮部給到號簿，從本府收掌。如遇支使，據所支數目，別用本府勘合號簿，同付給降去處書填翻改。

一、臣勘會逐路豪户，如願納錢物、斗斛補助軍須，或緩急勸誘博糴，若不命之以官，竊慮無以激勸。今欲乞給降空名承節、承信、迪功郎告，進義校尉綾紙各二百道，給付本府准備使用，仍乞依紹興三年洛西勸誘博糴已得指揮施行。

貼黄稱：臣契勘昨來浙西糴買日，承節、迪功郎各係四千貫，承信郎三千貫，進義校尉一千貫。今來川陝等路斛斗價直及行使銅鐵錢輕重不同，欲乞從臣勘量書填，伏乞睿照。

一、臣今將吕頤浩等體例參酌，乞置參謀官一員、參議官二員、計議官四員、書寫機宜文字二員、主管機宜文字四員、幹辦公事一十員、准備幹辦一十員、武臣准備差遣二十員、准備差使二十員。其應干事件合遵依吕頤浩、張浚、孟庾已得指揮及體例施行，内請給除舊請外，名色同者從一多給，恩數從優。

貼黄稱：臣契勘内計議官緣張浚到川陝日，爲有官資稍高及不欲令干預文字之人添置上項名目，今欲依例添置，伏乞睿照。

一、今依孟庾例，差置點檢文字三人、主管文字一十三人、書寫文字一十四人、書表司四人、發放文字大程官八人、親事官四人、裝界作一名、發遞工匠二人。三省樞密院主事以上驛券，緣張浚與吕頤浩等體例輕重不同，欲酌中依秉義郎則例支破，官序高者自從高。其餘應干事件，合遵依吕頤浩、張浚、孟庾已得指揮及體例施行，内請給除舊請外，名色同者恩數從優。

一、簽廳欲置人吏四人，其抽差、請給、恩例等並依本府諸房書寫文字例施行。

一、本府合置降賜公使庫，今欲乞逐庫各差主管官二員、專知官一名、降賜庫手分二人、書寫人一名。主管官於有官人内指差，專副以下許差白身人，其餘並依張浚已得指揮施行。

一、乞於內外指差醫官二人、剋擇官一名，除見請外，日給進武副尉券一道，官序高者從本等。無舊請人更支一十貫，內醫官每月更支合藥錢七貫。

一、臣勘會本府官吏等，係據即目事務，或依例差置，若將來事務繁劇，人力不勝，欲乞從臣量度增添，其請給等並依已差置人體例施行。

一、臣今來係由兩浙、淮南、江南東西、荆湖北路前去，其一行大軍等合用錢糧若不指定名色取撥，竊慮漕司無以應辦。欲望聖慈特賜睿旨，逐路各專委漕臣一員，將應干諸色及不以有無拘礙，并上供、經制、常平等米斛、錢物應副經過支使，貴免闕誤。

一、臣隨行合要紹興敕令格式，并吏部七司條法、兵工部都官遷材格法及將官敕照使，欲令所屬各行印造一本供納。如無印本，如法抄錄，仔細點對。內將官敕於樞密院關取。

一、臣契勘本府一行輜重并官屬等合用騾馬不少，及所須什物等若旋行計置，竊慮枉費官錢。昨張浚、孟庾結局日，有係省騾馬驢及氈帳兵幕從物器皿家事、行軍什物等，並見在三省、樞密院激賞庫，殿前司，省馬院，神武中軍，左藏庫等處寄管，欲乞拘收赴本府應副使用。

一、呂頤浩等昨來出師，其一行官吏、將佐以下皆有支破起發錢物體例，緣地里遠近不同，是致不一。今來前去川陝，水陸萬里，比之張浚出師之時尤爲艱辛。所有起發錢物更不敢陳乞增置，只乞依昨張浚體例施行。

一、依例合差進奏官一名，承送往來申奏文字。今欲乞從本府指差，不罷本身職事，兼行主管，依例與免本院差遣，每日別給食錢二百文，就本院曆內勘支。

一、行遣紙札朱紅及發遞皮角牌子等，及油單黃蠟、點照油燭、收盛文字籠仗、打角官物、合用物色等，並具數於臨安府取索，限日下供應。內紙令左藏庫支供，在外並於所至州軍關取。伏望聖慈特降睿旨施行。

乞辟差官屬依例帶出見任職事狀

臣今出使川、陝、荆、襄，其合行事件，已得聖旨，依呂頤浩、張浚、孟庾昨申請到江淮荆浙都督府并宣撫處置使司已得指揮。契勘張浚下屬官張宗元、馮康國並帶出郎官職事，所有臣今來踏逐辟官，差到官屬內有見任行在職事人，亦欲依例。

督府申請援乞降詔旨並録賜張浚詔書繳進：

朕嗣承大統，遭時多難，夙夜以思，未知攸濟，政賴中外有位之臣悉力自效，共拯傾危。今遣知樞密院事張浚往諭密旨，黜陟之典，俾得以便宜施行。卿等共念祖宗之勤，勉人臣忠義之節。以身徇國，無貽名教之羞；同德一心，共建興隆之業。當有茂賞，以答殊勛。

臣竊觀陛下勵精求治，志圖恢復，慨念中原久罹塗炭，以川蜀、荆襄爲腹心根本，故特命大臣往宣德意。而臣猥以庸陋，誤被使令，委以專征之權，付以黜陟之典，責任之重，前此所無。欲使叛亡懷歸，强鄰讋伏，士卒奮勵，奸吏革心，不間遐邇，知尊朝廷，非有丁寧告戒之辭，無以一新遠人耳目。伏見昨來張浚出使之日曾降詔書，道陛下委任之意。今來欲出自宸衷，特以詔旨付臣前去，至所部州郡觀風問俗之間，告以明天子之勤勞西顧惻怛至誠之意，庶幾武夫悍卒流涕而思用命，垂髫戴白扶携以聽德音，其於遠方觀望，所繫甚重。伏乞睿慈特垂賜可。臣不任懇切之至。所有賜浚詔書，謹録如上。

論防邊第一疏

按：此下二篇《永樂大典》不載，今從《歷代名臣奏議》增入。

臣竊觀古者用兵，以謂國之大事，至重至慎，不敢少忽。告之宗廟，卜之蓍龜，謀之卿士，然後授以成算。所請必聽，所欲必得，纖悉曲折，無不周緻，信任既篤，乃始責以成功。此將帥所以竭忠，而士卒所以用命也。秦欲伐楚，王翦須兵六十萬人，一旅一卒不可闕。陳平間楚君臣，用漢金三十萬斤，惟意所出入，高帝不問也。郭子儀幕府之盛，至將相者六十餘人，當時不以為過。所以成就其功，固當如此。陛下軫念西陲，宵衣旰食，以圖招來安集之方，故遣大臣往將使指。是宜上下戮力，以寬君父之憂，汲汲皇皇，協濟厥事。若但為僥倖之圖，姑行嘗試之說，一切苟且，恬不介意，號曰出師，其實何補？

今臣備員督府，近在闕廷，施置之間，已多齟齬。請兵於諸軍，非為臣之使令也，將以備出戰入守也。請給於公帑，非為臣無資財也，將以勸功賞士也。辟士於幕府，非為臣私親舊也，將以得人為用也。然所謂兵者不滿數千，半皆老弱，不勝甲胄，疲癃跛倚，可笑可憐。所齎金帛至為微少，猶控顏瀝懇，幾同乞丐。薦舉士人皆憚遠適，面得睿旨，令除京局，以重觀望。薦章甫上，彈奏已行，使臣義氣憂沮，舉措畏忌，退視賓僚，有靦面目。士大夫間或笑其單弱，或憂其無成，皆謂事大體輕，有名無實。顧臣一身亦何足道？顧國事安危不知安在？孤踪[七]遠去，君門萬里，若或更加沮抑，臣亦何能自辯？伏望陛下察此行之重輕，憫微臣之拙直，凡有所請，略賜主張，無使臣茫然退徬之外，欲自訴於陛下則不可，欲盡載之紙筆則不能，悵焉自失，莫之為計也。臣詞意迫切，不覺至此，惟陛下矜察。

論防邊第二疏

臣聞戰不必勝，不苟接刃；攻不必取，不苟勞衆。帝王之兵，以全取勝，貴謀而賤戰，蓋謂此也。臣觀漢宣帝時，趙充國伐先零，群臣上攻戰之謀，求速務快，議論鑱起。充國以爲非素定廟勝之策不可用，方且審料敵情，圖上方略，墾辟田土，會計米鹽，橐秸器用之具，郵亭畎澮之飾，無所不備。優游安静，不求近功，雖薄責之使輩至，問狀之詔日聞，守其成謀，牢不可破。卒能沮群議，克强敵，國無大費，功遂名立。臣竊慕之。然自惟念臣本書生，不閑軍旅，陛下聖度兼容，無所求備，徒知臣愚不謀身，戇不避事，付以重任，責其所難，義不得辭，黽勉承命。惟敵人[八]寇蜀，於今累年，侵軼之兵，歲深一歲。始者接鋒五路，其後直抵梁洋；既已棄和尚原，尋又失饒風嶺。蜀勢之危，迫於累卵。所恃者吳玠一軍，忠勇可仗，守關則僅足，出戰則無餘。設或吳玠不能支吾，即是四川更無存理。今冬末，幸敵[九]不來，則臣至蜀之日，宣陛下恩信，問百姓疾苦，勸課農桑，蠲削浮費，協和將士，簡練師徒，謹守關梁，密行間探，取謀問計，養鋭蓄威，凡智慮所逮，無不竭盡，以副陛下委寄之意，此則愚臣之所能也。或吳玠之兵聲勢大振，四川財賦移用有餘，雖深入秦川，盡還故壤，於臣志願豈不欲之？或兵威不加於前，敵[一〇]勢無損於舊，雖曰蜀道險難，固亦未易保守，況欲及其他哉！若大言無實，輕舉妄動，僥倖成功於萬一，此則非愚臣之所能也。

今者明天子謂臣爲可使，軍民謂臣爲可行，蜀人喜廟堂輒遣大臣，敵國[一一]聞朝廷再開督府，内外觀望，事體非輕。而兵將單弱，無以壓蜀兵驕悍之氣；金帛鮮少，無以省蜀民饋餉之勞。雖自治之術，猶未知攸濟，乃欲勉强其所不能，多見其不知量矣。曩張浚之行也，謀欲恢復秦晋，漸定中原，卒之失五路，失梁洋，坐此被譴。原浚用心，豈不偉壯？而議者謂浚不得無罪，以其自信太重，許陛下者太過，而功名不能副其初議，是乃昧於自知而勉強所不能者也，臣竊惜之。

臣今行有日矣，竊意宸衷之所經營、執事者之所講究必有成算，如趙充國所謂素定廟勝之策者，幸舉以見授。臣當度德量力，奉命而行，尚或覬覦薄效，歸報陛下。儻不賜照察，而責臣以必能，臣恐異時紛紛之論，赤族不足以塞責。浚有大功，迫於物議，猶不能免，況如臣者哉？故自受命以來，日夕憂恐，莫知爲計。雖然，量能授官者人君之職，陳力就列者人臣之義，與其依違隱忍，卒使陛下有失望之嘆，曷若以其所能及其所不能者明以告於陛下，尚庶幾獲免欺君之罪。惟聖明憐察。

乞降指揮椿管糧食狀

勘會都督府官兵等將來到荆府換易舟船，并等候陸行，軍馬合暫屯駐，一行糧食切慮本府闕乏，無可應辦。及自荆南入川，沿路糧食亦未有指擬。伏見朝廷近降指揮，令衡州將見椿廣西提刑司起到常平錢所買金銀等於夔州路收糴米斛至荆南府椿管，欲於數內支取米一萬石應副，庶免闕誤。伏望聖慈速賜指揮。

乞降旨乘載輜重老小船並合逐軍自行備辦狀

勘會本府軍馬已降指揮，先次選差一萬人，係於諸軍內摘那差撥。所有乘載輜重、老小舟船，並合逐軍自行備辦。欲望聖慈特降睿旨，行下照會。

校勘記

〔一〕《歷代名臣奏議》於“僞齊”前有“臣策”二字。

〔二〕“敵”,《歷代名臣奏議》作“胡”。

〔三〕《歷代名臣奏議》於“餘”後有一“人”字。

〔四〕“五千人”,《歷代名臣奏議》作“五六千人”。

〔五〕“朝廷”,《歷代名臣奏議》作“陛下”。

〔六〕“申”,《歷代名臣奏議》作“伸”。

〔七〕《歷代名臣奏議》於“孤踪”前有一“今”字。

〔八〕“敵人”,《歷代名臣奏議》作“狂虜”。

〔九〕“敵”,《歷代名臣奏議》作“虜”。

〔一〇〕“敵”,《歷代名臣奏議》作“虜”。

〔一一〕“敵國”,《歷代名臣奏議》作“夷狄”。

奏議下

除右相論防秋

按：鼎以紹興四年九月除尚書右僕射、同中書門下平章事兼知樞密院事。

臣契勘韓世忠屬官陳桷等赴闕，臣即子細叩問世忠防秋措置，觀桷等所説，可見世忠之意。桷言世忠已過淮南，相視控扼。因桷等之來，專令乞兵防守建康一帶，意欲令張俊分占江上，同負此責，亦如張俊聚兵之意也。臣以爲敵[一]若不能渡江，只留淮甸，即委世忠專切固護通、泰。萬一采石等處不能支吾，則敵騎[二]深入，遂有無窮之患。雖能保守通、泰，亦復何益？今若便令世忠保守建康，又緣敵騎[三]未渡之間，當且以通、泰鹽利爲重。臣之愚意，欲乞戒敕世忠，且在承、楚極力捍御。或采石等處已聞敵騎[四]南侵，即令世忠全軍而還，徑趨江東或浙西衝要去處，或腰擊，或尾襲。雖不能遏其來路，亦足牽制，少阻南侵之勢不能深入，所有通、泰鹽利在所不顧也。

臣本不知兵，更願陛下召張俊與議之，或以爲然，即乞召陳桷等面授此意，及親洒宸翰以賜世忠，不可坐視安危，恬不爲意，遂如議者所料也。張俊嘗言："一旦江上有警，即世忠、光世等各携老小登舟，爲自安之計必矣。"臣一介書生，辱陛下眷遇，致身至此，敢不罷勉圖報萬分？自入夏以來，每以防秋爲念，而議論不一，何由措手？既入七月，方二使南歸，而又朱勝非求去，紛紛十數日不定。八月初即有川陝之命，萬里之行，無一人一騎，日夕經營，自救不暇，是以不能專一留心朝廷之事。今事勢已迫，乃蒙陛下擢寘宰司，萬一小有蹉跌，萬死不足塞責。臣已力陳懇款，辭免誤恩。或未賜矜從，即乞陛下博選中外忠誠可倚之人，寘之二府，庶幾協濟，少分陛下宵旰之憂，臣不勝萬幸。

貼黃：陳桷言，世忠患一軍老小留在鎮江非便。臣乃與桷議，欲令遷來平江等處，桷以爲然。此亦張俊之意也，併乞聖裁。臣昨晚已奏稟，乞令陳桷等上殿奏事。如陛下不欲召見，即乞令與臣等議定，速遣還軍，或別有處分。韓世忠事亦乞降出，付桷等以歸。

乞親筆付諸將防托

按：事見《宋史》紹興四年十月。

臣竊見呂祉奏到金人已犯滁州界，竊慮徑自桓州[五]直趨江上，即建康一帶倉卒驚擾，乘間濟渡，別無阻遏。大兵未集，人心易搖，思患預防，理宜隄備。今欲備坐今來探報，札付韓世忠疾速措置。如承、楚大兵并來滁、和，窺伺渡江，即仰帶領精兵捍御掩擊。兼張俊人馬已趨蘇、常，即浙西可保無虞。兼札劉光世疾速統領人馬前來建康府防托太平州等處。并札張俊等疾速差人硬探滁、和敵騎動息，萬一江上有警，即仰整齪人馬應援建康一帶。緣浙西非騎兵所長，縱使濟渡，不能衝突。唯有建康最爲緊要，深恐光世人馬未至間，遂致侵犯。臣愚欲望聖慈用臣此意親洒宸翰以賜三將，責其備御，勉以功名，且令宣導陛下問勞將士暴露辛苦之意。所有三將省札，見令修寫來進入。

措置防托畫一事宜狀

臣昨日已具滁州探報事宜聞奏，催督三將札子適已進。今別有愚見，仰瀆聖聽，伏幸睿察。

一、承、楚敵衆，恐非重兵，雖臨江上，未必敢渡。緣近報濠州對岸渦河口亦有人馬，今承、楚之人既至滁、和，即廬、壽隔絶，勢須奔避。而渦河之兵與承、楚合而爲一，萬一乘虛窺伺，便有衝突之患，理須過爲隄備。

一、已議欲先遣大臣，或聖意以謂目今可遣，即乞批出姓名，且使乘傳自餘杭由廣德以抵建康，伺察敵情，號召諸將，增重江東之勢。俟劉光世軍到，議定防捍會和之策，即復趨行在所。

一、張浚人馬昨日發絶，浚亦出門前去。楊沂中老小不肯先發，意欲同行，即今別無措置事務。臣愚欲乞擇定車駕進發之日，行下三將照會，使知臨幸有日，即不敢稽留觀望。

一、初二日敵犯滁州界，按《史》，紹興四年十月己卯，金人犯滁州，以丙子朔推之，當是初四日。今已六日。劉光世初四日承受移軍文字，治行三日，初七日始能成行，而馳至建康七百餘里，勢恐未能相及。即采石一帶，唯有杜琳、酈瓊、李貴三項人馬，不相統攝，難以責辦，不得不過爲之慮。臣偶有所見，敢不竭盡？伏幸聖聽裁酌可否。

論親征

　按：《史》，紹興四年十月丙子朔，與鼎定策親征，戊戌御舟發臨安。

臣今日扈從車駕登舟出餘杭門，窺見道旁觀者無問老幼，皆以手加額，咨嗟流涕。以陛下冒犯風雨，親總師徒，激勵將臣，抗御强敵[六]，爲宗廟生靈之計，自靖康用兵以來，未嘗有此舉措，故得民心如此。雖然，千金之子坐不垂堂，知命者不立巖墻之下。陛下以萬乘之尊，履兵戈[七]至險之地，苟懷愛君之心，莫不憂之。而臣待罪撲路，實負此責，是以不寒而慄，當食忘味。臣非不欲被堅執銳，摧鋒陷陣，爲士卒先，而書生懦懦[八]之資，不嫻戰鬥之事。又事不素備，勢難遽爲。府庫無半歲之儲，關津乏控扼之具，隨宜經理，取辦倉皇，徒有過差，無補毫末。所願陛下憫憐駑鈍，慮致於乖方，開廣聽明，兼收於衆智，下哀痛之詔，捐内帑之金。唯至誠足以感動於群情，唯觀賞足以激揚於士氣。堅惻怛艱虞之念，革偷安苟且之風，則功業之成，曾無難者。此帝王之事，在陛下神謀睿斷，思而勉之而已。存亡所係，安可忽諸？故於進發之初，輒貢區區之懇。儻少裨於萬一，而臣亦預有榮焉。臣不勝萬幸。

奏承楚事宜狀

臣等據兩日探報，承、楚敵兵挽舟北向，似有回意。及據秦州趙康直申，已措置收復承州，固已疑其別有奸謀。今日詢問得承州之北新開湖可以通天長河，入六合縣河内，由瓜步可以出江。果如此，則凡清河之舟，皆可爲用，無復阻滯矣。又沈晦奏稱敵騎聚於六合，按《史》，紹興四年十一月，韓世忠遣兵劫金人營於承州，破之。金人犯六合縣。則賊之計謀深有可慮者。臣等已作聖旨下沿江諸將，過作隄備。更乞陛下親筆以賜諸將，責其必保萬全，不得少有透漏，及令和同協濟，以紓今日之急。

奏呂祉所陳狀

臣適蒙降出呂祉奏狀，祉言敵已遁去，固未敢深信，而所陳二策亦未宜遽作行遣，俟別有的實探報，然後措置施行，似未爲晚。兼臣已作書祝張浚，如果有追襲之計，即如祉所言戒約諸將，勿令妄殺。伏乞聖慈更賜裁酌。

論降親筆付邵溥等

按：事見《宋史》紹興五年五月。

臣前日奏稟欲將親筆付邵溥、吳玠，獎諭裁損冗費等事。臣退而契勘，溥等議事在兩月前，計今歸司已久，猶未見裁損各件。候奏到乃降親筆，似爲允當，合具奏知。

乞除朱震職名狀

臣竊見孟庾等已入文字，面奉聖訓，范冲除徽猷閣待制，充資善堂翊善，朱震充贊讀。按：《史》繫紹興五年五月。范冲恩命，臣除別具辭免外。臣伏見朱震文學行誼素爲士林推重，今與范冲同膺聖眷，冲既升次對，則震不可獨無恩數。起居郎雖日侍清光，終非兩制，臣愚欲望聖慈亦除震待制，與冲並命。不唯公論允協，亦不欲獨寵冲，益重臣親嫌之謗。伏惟聖聰加察。

乞許亢宗與職名除郡

臣累奉聖訓，在廷之臣趣嚮異同者，稍澄汰之，庶幾風俗丕變，治道歸一。仰稔陛下灼見崇、觀之弊，不爲時學所惑，臣每愧綿薄，不足奉承睿旨。竊見近日召對許亢宗者，乃葉夢得妹壻，議論、學術宗師夢得，奏對札子首以知兵不知民爲説，意有所指，但不名耳，陛下不可不察。以大臣薦進例有恩數，且乞優與職名，除近闕知州軍差遣，似於公議允愜，不至紛紛。來日當進呈，合先具奏稟。

進廖剛《世綵堂集》札

臣今早進呈廖剛乞以一官回授封贈祖父，已得旨依所乞施行。竊惟陛下以孝治天下，故凡人子欲褒顯其親者莫不曲留聖意，俯遂其請，臣愚固知陛下孝養之心未嘗少忘。今復覽廖氏事迹，聖懷不無感嘆。所有廖剛所編《世綵堂集》，謹具進入。

奏某人差除狀

臣今早蒙宣諭，近所對與臣所聞之語大異。臣即嘗奏陳乞少待，兼來日係國忌日，不應降宣命，容臣十八日留身奏稟訖，然後施行。

乞追贈邵伯溫狀

按：此篇《永樂大典》不載，今從《歷代名臣奏議》增入。

臣伏見故右奉直大夫、提舉江州太平觀邵伯溫，康節先生雍之子。伯溫自少出入富弼、司馬光、呂公著、韓絳、韓維、范純仁之門，程頤、范祖禹深知之。元祐初，伯溫爲布衣，韓維以十科薦可備講讀，後以經明行修命官。維又薦學官，范祖禹薦于經筵。司馬光卒，其子康亦亡，乃特差伯溫西京教授，俾教其孫植，因以經紀光家事。紹聖初，章惇作相，意欲用伯溫，伯溫安于筦庫，澹如也。元符末，以上書得罪，名書黨籍，坐廢者四十年。靖康初召用一時名士，諫議大夫呂好問薦爲諫官。宰相吳敏欲以東宮官處之，時戎事方興，不果用。建炎初，除利州路轉運判官，遂請宮祠以卒。臣宦學關陝二十年，接其議論，熟其爲人，嘗嘆其不可企及也。竊惟陛下襃賢念舊，凡黨籍上書人皆被優恤。況伯溫大賢之後，行義顯著，平生所學迄不獲用，深爲聖朝惜之。臣輒録伯溫元符末所上書進呈，伏望聖慈特賜襃禄，優加追贈，以示寵光。豈獨伯溫九泉之榮，實爲士夫名節之勸，臣不勝幸甚。按《宋史 · 伯溫傳》，鼎少從伯溫游，及當相，乞行追録，始贈秘閣修撰。

論行遣章蔡狀

臣伏奉宸翰，以章惇、蔡卞罪惡貫盈，當議追貶，并其子孫、親戚不得與在內差遣。仰認陛下崇奉宗廟之意，臣雖駑鈍，敢不奉承。今日方取見卞等見存官職，來日取旨行遣。然臣愚意，止欲及其子孫，若并親戚斥之，恐傷陛下仁恕之德，合具奏之。按《宋史》，紹興五年八月，追貶惇昭化軍節度副使，卞單州團練副使，子孫不許在朝，不及親戚，當即從鼎奏也。

援任申先第一疏

按：申先，伯雨子，以布衣特起，至中書舍人。

臣適蒙陛下降出任申先辯訴言章奏狀，緣兩日假，故未及進呈。又緣親筆，不敢住滯，爲復只今行出，或容臣二十一日奏稟訖，然後施行。從來從官落職，不可無名，必坐其奏狀，乃降指揮。臣詳觀申先所陳，意以論列沈與求，因緣致此，言誠過差，不爲無罪。臣願陛下廓天地之量，少賜容忍，以全事體。若所言別無過當，則何緣落職？唯其肆言不屈，眾所難堪，而陛下能容忍之，是乃盛德事。臣區區之愚，尚有曲折，唯聖聰省察。申先之得罪於陛下，激怒於眾人，本因與求之事。今若坐其所奏，落職行遣，臣恐張浚不免憂疑，而章惇、蔡卞之黨歡忻鼓舞於外矣。以陛下寬仁大度，不能容一狂直，使大臣不安，群小交賀，臣竊爲陛下惜之。臣備位宰輔，無所補報，惟有朴忠，敢不竭盡？

貼黃：臣於申先非有所厚，昨申先論列沈與求，臣深不以爲然，亦嘗奏稟，計陛下尚能記憶。今申先奏章"有議者謂臣不當與臺諫立敵"，此臣戒申先之言也。又言"大臣方行臺諫之言，以示無私"，則申先于臣不無怨望。而臣不避譴逐，輒敢冒瀆聖聽，誠以責一申先爲小故，而其間所繫利害爲甚大。臣非敢倚張浚爲重，陰濟其私意也。伏幸睿照。

援任申先第二疏

臣昨日嘗以任申先落職事敘陳曲折，煩瀆聰聽。伏蒙聖慈俯
鑒愚懇，特賜親筆，許令奏稟訖施行。仰認天地之仁，少霽雷霆
之怒，不唯申先保全進退，亦使臣下遇有所見，得盡區區，無所
隱避，則陛下涵容之德，高明溥博，闊略細故，所志者遠大矣，
幸甚幸甚！然臣尚有欲告于陛下者。初，陛下以伯雨之言，追貶
惇、卞，録用申先，所以旌別淑慝，明辯是非，雖在九泉之下，
猶知懲勸，則足以爲萬世臣子善惡之戒。當時中外咸知此道復興
者，以陛下聰明絶人，洞見底蘊，不爲浮議惑，而臣亦不量微薄，
不避衆怨，身任而當之。今曾未幾時，申先乃蒙斥逐，誠以臺諫
四人之請，陛下不得已而行之。若又因其赴訴之言更加削奪，則
非所謂"十世宥之"之道也。臣恐惇、卞之黨有以窺伺聖意，禍
機一發，奸計遂行，不特申先粉碎，雖如微臣，勢難苟免，是不
得不懼。臣故輒爲申先一言，亦所以自爲謀也，併幸慈憐矜察。

乞劉寧止等上殿

按：《宋史》，紹興六年二月，遣劉寧止如鎮江總領錢
糧。是月張浚至江上，會諸將議事。

臣今早得張浚書，以江上諸軍錢糧闕乏，欲令劉寧止、向子
諲早到鎮江議事。今日已降指揮，令寧止等於今月二十四日內殿
辭。緣寧止等遠去，各有奏稟職事，欲許辭日特令上殿。如蒙俞
允，伏乞早賜批出。

乞抑內侍奏

按：此篇《永樂大典》不載，今從《歷代名臣奏議》

增入。

臣前日奏事殿中，伏奉聖訓，以言官張致遠論列士大夫有陰結內侍者，陛下既駭且怒，以謂此風寖不可長，宣、政之禍流毒至今，不可不戒，宜降詔開諭，且令有司立法禁止。臣待罪宰輔，親承玉音，仰見陛下不惑於甘言，無狃於近習，洞鑒覆車之迹，灼知滋蔓之端，好惡一分，邪正自辨，帝王盛德事也。雖然，小人無他，志在進取，不復顧藉，至於壞風俗，紊紀綱，唱讒佞之風，塞公正之路，以及於喪國亡家之禍，皆所不恤，茲宜可畏歟！今雖有所斥逐，而潛形秘迹，人莫得知，物論所議聖心未悟者，臣不知其有無，而亦不能保其必無也。臣願陛下力懲而亟革之，與其沮遏波流，孰若絕去根本之爲愈？臣嘗見齊威王封即墨大夫故事，及本朝歐陽修奏疏仁宗皇帝，其議論、事迹皆可稽考。謹錄在前，用見臣區區將順之意，亦因以獻規於陛下，伏幸寬仁察斯忠懇。

知紹興乞差兵馬防海道<small>紹興七年三月二十六日，按《筆錄》，鼎以紹興六年十二月引疾，除觀文殿大學士，充浙東安撫制置大使，知紹興府。</small>

臣檢準樞密院札子節文，已降詔旨，巡幸建康，見令有司擇日進發。切慮四方傳聞不一，三省、樞密院同奉聖旨，令諸路帥臣、監司散牓分明告諭，使軍民通知，仍多方措置彈壓，務在安靜。及常切檢察部內，如日前積弊有害軍民事件，悉行革去。續承旨符照會，車駕巡幸，今月初九日已到建康訖。本司已行下本路諸州府措置彈壓，及從本司出榜，分送曉諭軍民通知去外。緣本路見管禁軍人數不多，以至器械例皆少闕，兼管下明州邊臨大江、海面衝要，不止備御山東賊界，緣接連福建，不測海寇出沒，若非朝廷差兵屯駐，無以彈壓。今車駕移蹕建康，兵馬事力悉在江淮之上，則浙東一帶委是空缺。愚民好亂，浙俗易搖，食菜事魔之人處處有之，未易遽革。萬一乘隙窺伺，別起事端，雖不能大段爲患，如白馬源繆羅等輩不保其無。是時雖多方措置撫恤，終不若少屯兵馬之爲實利也。

本路禁軍共有六千餘人，除老弱不堪及差出之外，不過有三四千人，分在七州之内，占破使用，例不能免，可以準備使喚，曾無三二千人。而相去稍遠，逐州各欲爲備緩急，不能團結。又全無器甲，雖取會見管，乞令修整，非目下所可辦集，深恐臨時誤事。欲望聖慈特賜睿察，差撥兵馬三五千人長在明州駐札，或更於留守司添兵數千，則雖朝廷在遠，使諸州緩急有所赴訴，誠爲利便。臣以衰病，已乞宫祠，然本路有此利害，不敢緘默。仰瀆聖聰，無任隕越。

經筵論事第一疏

按：鼎以紹興七年八月除萬壽觀使兼侍讀。此下二篇《永樂大典》不載，今從《歷代名臣奏議》增入。

臣向蒙陛下不以臣不才，寘之宰輔，前後二[九]歲，迄無寸功。聖度兼容，忘其所短，懇辭去位，禮意益隆，粉骨捐軀，未知所稱。今者待罪藩郡，使得自佚，曾未期年，遽叨召命，俾預經幄，示不終棄。自惟何者，辱陛下知遇如此？然臣區區之愚有不得已者，不免仰瀆天聽。

臣竊惟陛下紹祖宗之業，當艱難之時，簡拔儒臣，列侍講讀，非欲分章摘句，爲書生事業，必將論道之餘，訪以當世之務。臣雖學識迂僻，不足仰裨聰聽，亦欲少施所蘊，時有獻替，是乃祖宗設置經筵之義，況於今日乎？

臣謂陛下所當諮訪於講讀之臣者，内則政事之得失，外則邊事機籌而已。臣之思欲獻之於陛下者，亦無以逾此。臣素不知

兵，然兩經捍敵[一○]，粗識事宜，謂先固本根，乃議攻戰。屯大
將於江濱，分精銳於淮上，首尾足以相應，聲援足以相及。
敵[一一]雖強梁，欲謀深入，前迫大軍之勢，後有尾襲之虞。而我
之漕運既省，民亦少安，設或長驅，頭舉而身隨矣，跨河越岱，
無不可者。故於臨機應變之間，反復憂慮，以持重爲先。或欲置
之危地，必取成功，非不可勝之策也。若今之邊事規模宏遠，事
勢恢張，固已盡善，但與臣所見偶不同耳，亦非怯懦者所能知
也。臣昧於治體，然昨在揆路，妄意區別，謂朝廷之上屢立黨
與，呂夷簡、范仲淹之黨可合也，學術、政事所同，而其人多忠
厚老成之士；王安石、呂惠卿之黨可合也，學術、政事所同，而
其人多才能少俊之流。至若元祐之人，與夫紹聖、崇觀之黨，則
不可合也，學術、政事不同，而品流、趣嚮之異也。故於進退賞
罰之際，申嚴勸沮，使人知所嚮。或欲混善惡於一途，則善類必
沮傷；納君子小人於同域，則小人必勝：理之自然，害政之大者
也。若今之政事，議論好惡、黜陟取捨固已盡善，但與臣所見偶
不同耳，亦非淺陋者所能及也。此兩事之外，其他所不同者固不
一，而臣亦不敢自以爲是，顧頑冥之資，執其所見而已。今措置
已定，法令已行，群心退聽，習俗丕變矣。陛下儻欲采用臣言，
重爲更革，則中外擾擾，何時而已？臣行年五十有三，衰疾侵
尋，死亡無日，亦安能遽喪所守，俛仰從人？儻使厠迹諸儒議論
之末，陛下將何所諮詢？臣亦自度無可獻之陛下者。如其遂非不
悛，執迷難化，永爲棄物，不復可用，亦其分也。是以聞命而
來，逡巡恐懼，屢陳辭懇，不敢但已。誠恐進對之言與時不合，
奉身求退，重取慢命偃蹇之誅，非陛下疇昔顧遇，許以保全之
意。況自夏及秋，足疾增劇，痛楚浮腫，有妨拜趨。臣已別具札
子奏乞改除一在外宮觀外，輒敢盡布腹心，密聞於陛下。惟陛下
憐之，俾臣終老山林，死無所恨。

經筵論事第二疏

臣已具愚見，仰瀆聖聰，尚慮所言未究所藴，重爲陛下陳之。且車駕駐蹕所在，天下之根本也。外設藩籬之固，中嚴堂陛之居，然後從中制外，運動得宜，譬之人身，有腹心，有手足，不可易置也。今捨二浙澤國險阻之區，而都建康顯敵衝要、四達交爭之地，修飭宮城，移置官府，悉庫藏金帛隨之，不鑒維揚倉卒之禍，而爲久遠安居之計，實臣所未喻也。若謂建康古帝王之宅，得形勢之利，然自堯舜、三代、秦晉而下，建都不一，各便其所宜，而未嘗相因，不聞後王之興必居前王之地也。若謂北臨淮甸，足以係中原之心，便於進取之勢，然移蹕已復半年矣，進取之計果如何？中原之人歸者幾何？響應而起者又幾何？若謂易於號令，然前此兩經捍敵，車駕進臨，鼓作士氣，諸將奮勵，承命即前。倘朝廷威令不行，駕馭無術，雖在營壘中無益也。不考利害之實，不度時措之宜，采書生之高談，按史册之故事，而先自致於顛危之地，乃曰欲圖恢復，臣竊以謂不可。

雖然，臣知定都建康未爲得策，而陛下苟因臣説遽議回鑾，臣亦以謂不可也。自朝廷南渡，中外臣民莫不以恢復之説獻於陛下，臣自郎官，歷臺諫，至踐宰輔，前後進計於陛下，亦以此爲先。陛下篤於孝悌，固亦未嘗不在是也。然而臣所期於陛下者，不忘恢復之念，常爲恢復之謀，仰順天心，俯鑒人事，度德量力，觀釁而動，不敢輕舉而易發也。今恢復之勢已張，恢復之名已正，凡平日獻議之人以謂恢復之功可跂而待，乃欲旋幸二浙，偷安目前，自爲退縮削弱之計，必以陛下爲不孝不悌之主，以臣爲不忠不義之人。夫不孝不悌之名固陛下不可受，而不忠不義之罪臣亦安敢當之？此議論之臣他日必不見貸者，臣所謂欲議回鑾亦不可也。蓋一動移之間，便有强弱之勢，不可遽也。嗚呼！采虛名，忘實利，張虛聲，受實禍，其利害爲如何？而浮言易動，主聽易搖，使任責者難於致力，而天下之事所以易敗而無功也。今爲陛下計，唯是委任群臣，不責近效，俾盡前日措置之策，必取今日規模之利，用副陛下孝悌之心，不難也。如臣怯懦愚暗，實不足以及此。人有能不能，前日之規模措置，臣之所能也；今日之規模措置，非臣之所能也。不強其所不能，古人所取也。今以不能之事責人以必能，其人殺身不顧也，赤族不恤也，其如國事何？進讀帷幄，雖不預國論，萬一陛下諮訪見及，臣之所言不過如此，其言非今日之宜，則其人難語以今日之責矣，然則何所用之？臣所以不避雷霆之怒，仰干斧鉞之誅，披寫血誠，控告陛下，誠不敢愉悅取容，以欺聰聽耳。伏幸察臣哀切之懇曲，垂惻隱之仁，恢廓網羅，保全腰領，投之於無用之地，臣雖死之日，猶生之年。

建康府軍兵强奪民物等狀

按：《史》，紹興七年三月帝至建康，八年二月發建康，鼎再相在七年九月。

臣聞天子所至曰幸，以其布德澤，問疾苦，號令風化，所從而出。今車駕駐蹕建康，宜其加惠斯民，使之忻戴。而軍律不嚴，郡政不舉，以強凌弱，無復紀綱。每兵數人結爲一黨，或強奪所賣之物，不還價錢，或抑令空手之人般負錢米，小不如意，毆擊隨之，冤痛之聲，聞者傷惻。將佐自以爲得志，厢界亦不敢誰何。遂使闤闠之中，日有橫逆之苦。臣嘗建言，乞令三衙廣布察視，分占地分，嚴立賞罰，及令諸軍貼差使臣，應有所犯，以次坐之。不知曾無降出，而民間之患甚於前日。今欲檢舉臣前章，早作措置，仍乞責問建康府縱容弛慢、坐視不恤之罪。或令所在火保、團頭等常切覺察，應有似此之人，即仰率衆捕捉。如敢拒捕，不以所犯重輕，並依軍法，捉事人量加激賞。如此，則奸惡小戢，而嗷嗷疲悴之民有所赴愬矣。

論水軍作賊札子

臣嘗上言府城側近往來舟船間被劫掠，乞令三衙廣布察視，分占地分，及乞諸軍貼差使臣分統其衆，應有所犯，以次坐之。後因城中軍兵强奪人物，再乞檢舉前章，仍乞詰問建康府弛慢容縱、坐視不恤之罪，臣不知曾無措置施行。今聞城外劫掠益甚，數日前權上元縣竇經、前郴州通判朱褒舟至近城，皆被劫奪，骨肉痛遭傷害，行李一掃無餘，流離異鄉，無所伸訴。然臣所知者止此，而不知者日有之，不可勝計也。皆云多是水軍作過，以其在城外得以自如，又有小舟可以出没。若將之不得其人，御之不得其術，則沿江往來，肆其患害，殊未已也。不知主將為何人？雖諳曉水軍利害，而縱其部曲，不能鈐制，猶當責罰，使之畏懼，若其泛泛一武夫，則貶而黜之可也，別選曉軍政、能統轄者代之。仍乞指揮建康府重賞捕賊，期於必獲，實之重典，併以坐其部轄之人，庶幾少戢，不為江路往來之患。此細故，責在有司，不當縷縷仰瀆聖聽。若有司非人，則朝廷安可置而不問？臣是以輒言之。

奏韓世忠屯軍事宜狀

臣昨日伏蒙降出韓世忠札子，奏屯軍事宜，并世忠與臣書，及世良到臣處所説世忠之意，一聽朝廷指揮。臣見再作書與世忠，議所留人數，俟議定乃敢決留。更當招温濟到此詳論曲折，然後施行。合具奏知。

乞辨黄鍰事　紹興七年十二月十九日

臣前日伏蒙聖訓，黄鍰差除，有人論列。臣雖未見所論章疏，伏聞有買田交結之事。鏒浙人，兩年前不記何人薦引，召對改官。臣以素無雅舊，未嘗款語，亦不曾與差遣，鏒乃請宮祠而去，自後聲問相絶。所謂交結，不知指爲何人，因言者奏對，伏望陛下面叩之。如得其主名，然後再加詢究，考證有實，實之於法，亦不足恤。萬一風聞不審，事涉疑似，使士大夫曖昧受謗，不能自明，恐非陛下愛惜人材之意。臣不欲頻留，故此奏稟，干瀆聖聰，無任皇恐戰慄之至。

又

契勘連日節假，未有言官班次，或降親筆詢問，俾令密奏，庶幾早得主名，免惑聖聽。先帝臨朝時，每因臣僚論事，或有所訓諭，往往密降御筆，臣於御史中丞陸德先家多見之。併乞睿照。

又

臣伏蒙降出李誼言章，乃是泛言結識，未必實有主名。然臣私憂過計，遽以狂瞽仰瀆聖聰，顧雖九殞不足塞責。其餘曲折，容臣別日奏稟。李誼章疏謹復進入。

請與潘良貴等職名宮觀狀 紹興八年。

按：此篇《永樂大典》不載，今從《歷代名臣奏議》增入。

臣昨日入省致齊，不當趨朝奏事。伏見親筆批諭潘良貴及常同差遣，臣以不簽書刑罰文字，兼職名未定，須俟面奏，然後施行。臣嘗謂朝廷貴在安靜，安靜則和氣蒸薰，天下自然蒙福。今幸朝多君子，無乖異之人攪擾其間，足以坐致安靜之風。而良貴天奪其魄，輕舉妄發，而常同輩又不分別曲直，隨俗毀譽，自作不靖，致此紛紛。仰惟陛下以日月之明，照臨百辟，天威神斷，曲盡事情，在臣之愚無復可議。然尚有一得之慮，欲已不能，冒犯威顏，無所逃罪。臣於此數人者，何有厚薄之異？至於進退取捨，實關國體，在臣不敢不言也。張絢、良貴皆二浙之士，與臣本無契分。常同雖嘗薦之，然自作言官，屢以語言侵臣，嘗因此懇求避位。子諲始識於種師道宣司幕中，雖戚里貴游子弟，而好學樂善，文雅有餘。平日交游議論之間，凡有補於正論，有助於善類者，未嘗不竭其誠心。士大夫以此稱子諲，而子諲亦以此受知於陛下。至如良貴、常同輩，皆子諲素相欽重者。今常同既出，張絢決不可留，是因子諲而致，此數人相繼而去，恐於子諲不甚光美，亦非其本心也。臣輒獻愚忠，願陛下少留聖慮。如子諲無罪，不當外補，或陛下不欲私潛藩之舊，即乞優與職名，處之近郡，非晚復可召用。良貴與次等職名，即與小郡；與本等職名，即與宮觀。如此，則重輕一分，而賞罰之意，天下曉然知之矣。常同、張絢且降不允指揮，俟行遣良貴等了絕，然後徐為區處，或移閑慢，或令補外，無不可者。庶幾朝廷安靜，士論厭伏，足以彰陛下包納狂直之美，而子諲去就之間亦復盡善矣。且良貴等今日之過誠不可恕，若考其平素，亦曰端良之士，儻一旦併逐，深恐子諲心懷憂鬱，益不自安，蓋其人畏義而樂善故也。臣區區愚直，豈敢懷私黨庇？如陛下不以臣言為然，即一如親筆批論，行遣未晚。然臣待罪宰輔，實不欲呶呶之徒妄議朝廷，亦所以愛惜子諲耳。不避煩瀆，重取誅譴，唯陛下深加省察，臣不勝萬幸。

乞賜岳飛親筆

　　臣今日得岳飛書，已定十月十九日出師。臣竊惟大軍一舉，所係非輕，臣願陛下以收復境土、拯救生靈為念，誠心默禱，克享成功。仍乞親筆賜飛，勉以盡忠體國之義，使之激勵將士，共立功名。臣已累具奏陳，乞在外宮觀，然備位大臣，不敢以中外爲間，併幸睿察。

罷政奉祠奏議 紹興九年正月十六日。

按：鼎以紹興八年十二月請祠，除醴泉觀使，任便居住。

臣昨蒙恩罷政，甫離行闕，即聞人使及境，既而得請宮祠，杜門養疾，其外事絕不相關。今月初六日伏見紹興府宣示赦書，乃知大義已定，悉如向來臨遣之旨。然臣在田里間竊聽士民之論，間有疑而憂之者，謂一旦通和之後，兵政、武備勢必少弛，萬一復有乘隙侵凌之患，倉卒何以待之？此蓋遠方之人不知朝廷自有措置，而私憂過計，妄意如此，其區區之心，有足嘉者。臣受恩最深，既老且病，永乖圖報之效，尚有納忠之愚。伏望陛下俯察輿言，重留聖意，深念前日之禍，益思善後之謀，上自聖躬，下逮庶政，兢兢業業，毋忘泛海防秋時，用以釋天下憂疑之心，圖社稷久長之計，慎終如始，永底丕平。而臣犬馬餘齡，侵尋無幾，所苦渴疾日益增加，固雖老死海隅，會有返國鄉關之日。臣不勝至願。

校勘記

〔一〕"敵"，《歷代名臣奏議》作"虜"。

〔二〕"敵騎"，《歷代名臣奏議》作"虜騎"。

〔三〕"敵騎"，《歷代名臣奏議》作"胡騎"。

〔四〕"敵騎"，《歷代名臣奏議》作"胡騎"。

〔五〕"桓州"，察下文文意，疑爲"和州"之誤。

〔六〕"强敵"，《歷代名臣奏議》作"强虜"。

〔七〕“戈”，《歷代名臣奏議》作“戎”。

〔八〕“懦懾”，《歷代名臣奏議》作“怯懦”。

〔九〕“二”，《歷代名臣奏議》作“三”。

〔一〇〕“敵”，《歷代名臣奏議》作“寇”。

〔一一〕“敵”，《歷代名臣奏議》作“賊”。

四 六

辭免知樞密院川陝宣撫處置使

囊封薦布，覬誠悃之上昭；綸詔寵頒，顧愚衷之未諒。輒復冒昧，終幸慈憐。中謝。伏念臣才不逮人，學非適用。偶緣際會，遂致叨逾。曾微尺寸之功，積有邱山之釁。林泉陋質，寧禆帷幄之籌；詩禮腐儒，曷奮干戈之衛？遽膺簡擢，第劇震驚。自知甚明，豈復堪於重任；人言可畏，將上累於眷私。伏望皇帝陛下，乾覆博臨，離明洞照。仰屈蓋高之聽，俯推從欲之仁。特發俞音，示曲全於終始；庶陳綿力，或未至於顛隮。

謝除知樞密院事川陝宣撫處置使

進登右府，深愧超逾；專任西陲，曷勝負荷？恩隆天地，懼甚冰淵。中謝。竊惟關陝之雄，壯觀萬國；巴蜀之利，霶溉九州。自古恃形勝以威華戎，列聖宿驍鋭以固根本。上天畀禍，強敵興戎。萬乘遠狩於海隅，數路盡實之度外。膏腴千里，遽爲荆棘之墟；強盛百年，忍棄浮纍之辱？雖長鞭未及於馬腹，顧夕烽未靖於狼烟。經營淹歷於歲時，憂顧上勤於宵旰。載謀元帥，宜屬英才。伏念臣智術迂疏，技能寡薄。誤蒙異眷，驟越稠人。再陪帷幄之嚴，蔑有錙銖之報。位高寵厚，缾罍之器已盈；任大責深，駑蹇之力弗任。矧空言不必有實，而腐儒未嘗知兵。豈意聖明，猥加推擇。此蓋皇帝陛下焦勞圖治，寤寐進賢。思致中興之隆，灼知當務之急。眷惟西土，欲臻休息之期；庸遣邇臣，往布拊循之惠。付之以本兵之寄，假之以專閫之權。將備責於施爲，固不容於遜避。臣敢不仰遵勝算，益懋良圖。志殄仇讎，儻可伸於素願；身先士卒，敢自愛於微軀。

重修神宗皇帝實録繳進表

按：《宋史》，紹興五年九月，鼎上重修神宗實録。

臣聞三代而上，堯舜禹湯文武之相傳；五伯以還，秦漢魏晉隋唐之殊襲。不有經史，孰鑒興亡？故歷代官有其常，俾後世信而可攷。中謝。恭以神宗皇帝躬剛健篤實之美，稟聰明睿知之資。志大有爲，功收不宰。布諸典册，燦若日星。逮紹聖之改元，彼《日録》之來上，假名繼述，公肆誣欺。盡虛美熙寧變更之臣，反歸坐元祐謗訕之罪。用以脅持於上下，豈惟攘竊其猷爲。人不敢言，史成此禍。忠臣義士，抱憤積年。仰惟陛下肇開中興，克紹先烈。雖干戈未定，居嘗憤記史之誣；而歲月寖深，大懼失貽謀之實。載頒明詔，復俾儒臣。念兹皇祖之彌文，有待翼子之所燕。臣謬膺揆路，兼領史權。猥資僚屬之能，獲與纂修之首。朱書新録，墨本舊文。凡去取之不同，皆存留於考異。詳原私意，灼見奸言。初憂頭白之無期，不謂汗青之有日。百端牴牾，一切編摩。告功合《雅》《頌》之稱，尊王法《春秋》之旨。大君有命，鋭然成不刊之書；小子何知，例以爲不急之務。允矣七閏之業，大哉萬世之謨。顧勤乙夜之觀，益見後昆之裕。油雲霈雨，曾不須臾；白日青天，終難掩蔽。所有《神宗實録》二百卷并《考異》二百卷，謹繕寫成册，除已各先進五十卷外，其餘卷帙謹隨表上。

辭免實録成除特進表

愚衷自列，懼錫命之過優；聰聽未回，致俞音之尚閟。情深怵惕，罪實僭逾。中謝。竊謂簡策所傳，古今取信。惟紀事之有實，雖歷世而可知。苟或異同，固當參考。矧一朝之大典，付三館之群儒。刊正是非，發明謨列，逮更累歲，方奏成書。考其論譔之功，宜有褒嘉之異。顧兹職守，止預監修。寵數薦加，戰兢無所。伏望皇帝陛下曲回造化，俯賜照臨。推王者從欲之仁，徇匹夫難奪之志。憫危機之可懼，收渙汗以何嫌？冒犯威顏，甘俟誅譴。

謝恩數 進書辭免光禄大夫、特進，從請，
賜銀絹、對衣、金帶，一子六品服。

按：《紹興正論》作三品服。

信書進御，初無是正之功；寵典薦加，卒冒分頒之賜。固辭莫遂，拜貺爲慚。中謝。伏念臣學識迂疏，材能淺陋。久玷樞機之任，適臨紬繹之司。竊惟皇祖之詒謀，昭若曜靈之垂象。雖嘗竄以私録，迄難蔽於奸言。粵稽同異之歸，具存前後之史。發揚淵懿，悉本於清衷；刊定謬誣，兼資於衆智。敢期優渥，猥及妄庸。賞以勸能，顧微臣之何力；服之稱德，假賤息以奚名？此蓋伏遇皇帝陛下增賁堯文，仰繩祖武。成一王之大典，傳百世之鴻休。爰褒筆削之勤，濫被振提之末。煥身章於父子，感佩君恩；旅珍幣於家庭，實慚民力。誓期盡瘁，上答殊私。

謝史館進書回授恩例表

崇階極品，懇辭甫遂於愚誠；命服優恩，光寵復加於賤息。省循非稱，悚懼增深。中謝。伏念臣起自寒微，備嘗險阻。晚叨眷獎，浸被使令。初無皋陶可績之謨，薦承傅説交修之訓。經綸無術，曾未濟乎艱難；撰述何功，遽首蒙於渙渥。恩渝骨髓，光動階庭。静言庸違，實爲僥冒。此蓋伏遇皇帝陛下懋昭舜孝，克

廣堯仁。念繼序而不忘，俾纂修之盡善。第推恩數，示勸臣鄰。臣謹當佩服詔音，益嚴師訓。日聞詩禮，敢怠於教忠？志在國家，誓圖於盡瘁。

謝生日賜牲餼表_{紹興六年}

垂弧既遠，方感於劬勞；賜品有加，遽霑於慶賚。荷分頒之甚腆，思稱效以彌艱。中謝。伏念臣偶玷榮求，居慚固陋。職參師律，莫施借箸之籌；位忝台司，久負作霖之命。惟期罷黜，少弭煩言。伏蒙皇帝陛下茂舉彝儀，優隆近輔。俯記始生之日，曲推乃聖之仁。錫以稻釁，申之牢醴。憐蒲柳之弱質，俾續於年齡；均庖廩之餘珍，用資於燕喜。仰銜覆育，誓罄糜捐。

謝知紹興到任_{紹興六年十二月初八日除，}
_{七年正月十五日到任。}

揣分求閑，宜從上印；疏恩示寵，乃辱分符。崇以祕殿之班，撫此連城之俗。朝廷密邇，閭里安閑。何所施爲，自然康靖。中謝。伏念臣區區末學，謇謇孤忠。久煩臨照之私，竊覬糜捐之報。自塵捘路，再閱年華。亮采惠疇，未有絲毫之效；陳力就列，空驚齒髮之彫。蓋屢瀆於聰明，願少休於疾病。及茲得請，載冒殊恩。初期退奉於祠宮，稍勤香火；豈謂更優於藩翰，付以人民。矧此稽山，望隆越絕。露章傳舍，嘗稱漢吏之榮；修禊蘭亭，嘗想晉人之逸。有何勞效，獲此便安？茲蓋伏遇皇帝陛下愛厚股肱，恩隆體貌。使之出守，示無内重而外輕；借曰無功，猶恐前愚而後智。於臣進退，可見保全。臣敢不仰戴深仁，益殫晚節。宅心平易，布政中和。顧久侍於前旒，孰宣德意？但躬行於聖訓，即副民情。

謝進哲宗實録書成除特進表

按:《筆録》，紹興八年九月《哲宗實録》書成，授特進。《宋史》及《紹興正論》繫六月，誤。

忱辭屢貢，方俟於俞音；温詔薦頒，莫回於聰聽。逡巡拜命，感懼交懷。中謝。竊以特進崇階，蓋參一品之貴；實封加邑，必由三歲之祠。其間耆德夙望之隆，或是將帥勛勞之著。膺此異數，乃協師言。矧信史之告成，因舊文而刊定。紬書載筆，雖閲歲時；振領提綱，曾何續效？遽叨光寵，但切戰兢。此蓋伏遇皇帝陛下仁孝生知，聰明時憲。念泰陵之繼序，辨聖烈之謗誣。累年於兹，大典克備。肆推褒錫，首及庸虚。臣固當仰體眷私，益思策勵。而久妨賢路，常懷患失之議；退奉真祠，即控辭榮之懇。尚祈天造，俯鑒物情。

謝再除紹興到任表

按：鼎以紹興八年十月除檢校少傅、奉國軍節度使，充浙東安撫大使、知紹興府。

尸榮揆路，無裨廟算之奇；假守稽山，復叨閫制之重。恪宣條詔，遄留部封。中謝。伏念臣性質顓愚，器能譾薄。少從師學，計已拙於謀身；晚被聖知，心但期於許國。兩膺枋任，四閲歲華。破朋黨之相傾，惟賢是薦；懲風俗之大弊，所見必聞。徒殫蹇蹇之誠，莫效涓埃之報。臣猶自愧，人豈無辭？敢圖陳力之方，積有妨賢之畏。力求閑退，尚辱眷存。憐其心膂之近僚，付以股肱之大郡。戴恩甚懼，撫己增慚。此蓋伏遇皇帝陛下齊德乾坤，同明日月。擴勾踐養胎之義，恻昭王恤病之仁。而臣久侍清光，備觀宸斷。逮兹臨遣，得以遵承。謹當細大必躬，夙宵彌勵。庶收薄效，少答鴻私。

謝泉州到任表 四月二十一日。

按：鼎以紹興九年二月除知泉州。

愚誠上達，方逃會府之繁；申命中頒，復拜名藩之寵。仰銜至意，不敢終辭。亟引道以騰裝，已合符而視事。異恩山重，危涕雨零。中謝。伏念臣才不適時，學非聞道。初心耿耿，誓許國以忘身；末路區區，欲庇民而尊主。適中興之昌運，荷特達之深知。顧晚節以何堪，謂樸忠而可信。間登帷幄，薦冠鈞衡。不知權變之宜，奚補艱難之際？閱時寖久，屬疾難勝。亦既就閒，再叨假守。命出九天之邃，道更千里之遥。俟駕靡違，褰帷戻止。退循疵咎，曷稱使令？此蓋伏遇皇帝陛下志在宅中，仁深及物。駕馭英傑，肆成克復之功；體貌舊臣，重責蕃宣之效。綸言有耀，汗號莫回。臣敢不袛服訓辭，恪施條教。持身率則，革閩俗之浮夸；刻意咨詢，究海邦之利病。或少輸於報效，當繼請於便安。

泉州謝落節表

罪尤昭著，合正明刑；仁聖優容，止從寬典。恩深淪骨，涕下交頤。中謝。伏念臣奮迹寒鄉，莅官遠服。羈孤寡與，進取何階。歷半生州縣之勞，分沈白首；偶千載風雲之會，遂躐華途。粤自渡江之初，首實思言之列。旋從樞筦，薦守侯藩。獨持將相之權，兩冠鈞衡之任。處人臣之極地，蔑著勞能；蹈富貴之危機，拙於周慎。叨塵既久，違繆滋多。自信直前，執迷不反。咎將安往，罰其可逃？是致煩言，併塵睿覽。即其釁戾，當永棄於窮流；保以初終，尚遠臨於民社。此蓋伏遇皇帝陛下明齊日月，德合乾坤。念犬馬之服勤，嘗叨任使；憫桑榆之迫暮，有足哀矜。用全體貌之私，併示臣鄰之勸。臣仰銜恩紀，袛服訓詞。寸髮寸膚，荷再生於洪造；一邱一壑，祈終賜於餘齡。

謝到潮州安置表

按：鼎以紹興九年十月責授清遠軍節度副使，潮州安置。

省躬知過，宜湯網之不遺；屈法施仁，荷堯雲之曲庇。徒知幸免，何以自容？中謝。伏念臣才不通方，力難任重。冒竊寵靈之久，積成釁戾之多。屢揣分以祈閑，亦蒙恩而賜可。而臣憂患踵至，羸癃日增。始抱疾以還家，即銜悲而哭子。齒髮彫瘁於感傷之後，精神昏耗於驅馳之餘。其誰爲之，無足憐者。載念百爲之俱謬，實之九死以奚逃？自信直前，安處危機之上；執迷不返，卒投罪罟之中。幸沐洪私，止流荒裔。聞命就道，寧辭險阻之備嘗；杜門省愆，更覺悔尤之自取。噬臍莫及，流涕何追！此蓋伏遇皇帝陛下天度并包，離明旁照。曲全體貌，獎勸臣工。憐臣簪履之餘，嘗叼顧遇；察臣桑榆之暮，不足誅夷。臣敢不上體不殺之仁，益勵自新之志？身留瘴海，分甘老於漁樵；目斷雲天，心永傾於葵藿。

謝到吉陽軍安置表

按：《筆錄》，紹興十四年十月移吉陽軍，十五年二月至吉陽。《宋史》及《紹興正論》繫十四年九月，誤。

一謫五年，咎將誰執；再投萬里，戚本自貽。罪大難名，恩深莫報。中謝。伏念臣起從孤遠，幸際休明。猥被眷知，叼逾寵數。既昧禍福之倚伏，不虞罪惡之貫盈，宜自省循，益疏周慎。天其或者，將必至於顛隮；臣猶知之，固難逃於譴罰。苟全要領，有愧面顏。此蓋伏遇皇帝陛下性蘊堯仁，躬行舜孝。王者之法難犯，固有刑章；聖人之德好生，終歸善貸。如臣繆戾，尚辱哀矜。白首何歸，悵餘生之無幾；丹心未泯，誓九死以不移。

五言古詩

己亥秋陪伯山遊中條窮盡山中之勝明年春迓王毅伯再過山下呈伯山

條山有佳色，不入俗子眼。結廬傍涑水，永與山作伴。一脚落宦遊，坐嘆千里遠。長恐山靈檄，重令猿鶴怨。朅來河之湄，用意固不淺。擬從水石行，稍釋烟霞戀。而於闤闠中，舉首即相見。相看猶有情，不改舊顏面。自憐非故吾，撫心祗愧赧。唯公絕俗姿，體道任舒卷。笑揖浮邱伯，雙鳧脫羈絆。步武招我陪，放歌容我亂。窅窱空翠間，風馭躡雲棧。山亦爲君容，景態互明煥。別去今幾時，茲遊倏飛電。所思在巖壑，欲往不得便。此身被官縛，事迫胡可緩？東風漲邊塵，羸馬注長坂。崎曲餘百里，盡日期往返。問途策而前，不復微吟款。向來經行處，猶作生綃展。悵念捫蘿手，去斂趨庭板。忽放微雲開，顧我一笑莞。出没高樹端，退避還偃蹇。俗駕良已非，塵容更增靦。解鞍迫昏暮，假榻愬疲懶。夜夢五老人，詰詬不容辨。局促將安之，勇退在能斷。利害甚白黑，胡爲兩交戰。語已去飄忽，欲留不可挽。那知有志士，居以貧爲患。求田亦本謀，他日當能辦。伏櫪馬告勞，投林鳥知倦。歲時耕耨餘，食息桑榆暖。優游聊卒歲，誰復議樗散。却坐涑水傍，適我結廬願。

陪王毅伯遊柏梯寺次毅伯韵

伊昔耐辱人，_{司空表聖自號耐辱居士。}誅茅此山谷。愛閑如愛官，食薇如食肉。酌泉吸山光，清泠飽空腹。故居今宛然，修篁蔽山麓。我亦困塵籠，暮年思退縮。道人梯柏處，夢想長在目。崎嶇乃夙心，寧問隘車轂？危蹬亂水石，悲風號竹木。款步轉嶔岈，舉頭蒙樸樕。徑欲走其顛，仰羨孤飛鶩。層峰擁戶來，何啻三十六。幽人豈知此，相對一茅屋。真成拓異境，不勝無遺鏃。夜枕却生寒，尚煩杯酒燠。清夢那得長，魚鼓驚晨粥。五老曉相迎，霧雨如盥沐。引我眺北嶺，坐覺天宇蹙。朝日涌地低，明霞疑可掬。欲留采黃精，愧此鬖髮禿。正恐泛槎星，已見君平卜。

次　韵

平生隱遁資，白駒在空谷。儻令眼有山，寧問食無肉？要當挹爽氣，滌此勤書腹。得官大河濱，枕帶首陽麓。如聞五老勝，坐使山峰縮。捫蘿上巉絕，作意快心目。却視宇宙間，萬化轉一轂。道人真有道，直上駕危木。神光秘巖隈，靈草蒙樸樕。空令蓮社子，紛擾亂鳧鶩。先生志高古，真遊窮六六。飄然清夜夢，時到山頭屋。念此感塵迹，一往如飛鏃。哦詩示觀覽，律呂回春燠。作字紀經行，典刑餘食粥。使我蒙鄙心，蓬首加櫛沐。致我外塵垢，益嘆生理蹙。夜漱落箭泉，明月冷盈掬。朝飯過靈峰，何憚屐齒禿？兹焉畢餘齡，更無疑可卜。

再次韵

蒼顏五老人，潛此十里谷。孤標面有稜，瘦骨飢無肉。手揮雲霧開，絕澗坦其腹。乃知奇偉狀，未省出山麓。窮幽偶見之，欲遁不及縮。亦憐麋鹿資，笑睨回青目。政欲挽渠衣，未應回我觳。却顧巖壑底，鬱鬱聳喬木。尚茲遺棟梁，況乃問樸樕。我亦脫網羅，江湖漾孤鶩。念此難折腰，本無蘇印六。何意從公遊，大嚼渠渠屋。公仍爲銷寫，妙語矜破鏃。一看雲臥冷，固鄙權門燠。懸知飯藜羹，不換咄嗟粥。笑我漫彈冠，短髮不勝沐。真恐緣壁枯，莫作蝸行蹙。但當葺詩業，萬象入吾掬。要與鵝生狂，一掃中書禿。此計是耶非，更擬從公卜。

王官谷夜歸次伯山韵

讀公出谷詩，語峻有骨肋。使我兩目明，燭籠照昏黑。欲和輒復已，夜漏下幾刻。

出郭次伯山韵

道心日和平，向人絕城府。雅意在泉石，外物等泥土。終尋勾漏公，丹砂養龍虎。

欲遊静林不果

林泉共一山，欲往不得暇。我不如陶生，日到遠公社。安得縮地術，坐我雲門下。

翠微閣

秋山插半空，山半倚危閣。游子山下行，秦川正搖落。日暮天宇寬，西風卷雲幕。

南　泉

陰液淪山顛，天匠鑿其腹。噴薄涌飛泉，散落珠百斛。幽人時一來，但愛消煩溽。何當作膏雨，萬里蒙霖霂。

還城次必强韵

俗駕不可留，歸途無乃遽。未飽愛山心，復踏還城路。今彼城中人，朝暮催鍾鼓。

獨樂園夜飲梅花下再賦

我有一樽酒，爲君消百憂。當春梅盛發，去作花間遊。嫦娥從東來，愛此亦遲留。便欲買花去，玉玦戀枝頭。花動月光亂，月移花影留。橫斜滿杯盤，酒面香浮浮。舉觴吸明月，與花相勸酬。君若不盡飲，恐爲花月羞。緬想李太白，對酒無朋儔。當時明月下，還有此花不？

次韵酬贈元長少卿

夫子禀家學，玉德潤無色。搢紳先生間，早歲聲籍籍。晚乃落筌蹄，雲空鳥滅迹。功名翰墨場，一笑兒時劇。

寄贈向叔美二首

夫子冰玉質，未肯污膏粱。坐此困州縣，一飽猶皇皇。懷才幾時用，鬢髮行老蒼。今世無伯樂，不識真乘黃。

結交恨不早，天意非人謀。論文一樽酒，邂逅古虞州。我嘗評其人，請從前輩求。紛紛此薄俗，定將誰與儔？

夢覺一首時將解安邑赴調

明月入破窗，一室炯如曉。幽人睡易驚，遥夜正寒悄。自緣懷抱惡，安得夢寐好。推枕惘不樂，念念墮空杳。所思天一涯，忽忽令人老。老境足悲傷，窮愁更縈繞。嗟余竟奚爲，濫爲策名早。漫浪戲一官，不覺成潦倒。況此百日中，隨分接紛擾。跧如轅下駒，孤甚沙洲鳥。未妨公事多，但使癡兒了。州縣定勞人，侏儒尚能飽。毋作腐鼠嚇，要同牛驥皁。更憐愛酒陶，未免空囊趙。去矣莫留行，崢嶸歲云杪。三宿戀桑下，千載歸華表。更堪無定居，驚飆轉蓬葆。臥聞南飛鵠，悲鳴樹三遶。念爾將安之，天闊風霜渺。不如刷勁翮，去躡鴻鵠矯。

龜山寺詩

夕照銜半壁，烟霏淡橫練。呼風掛帆席，晚著淮東岸。波流蕩伏龜，山腳插秋漢。白塔欻飛動，紺宇鎖華焕。小閣候潮平，微徑依山轉。雲林杳靄間，歷歷皆奇觀。十年客京洛，每抱轅駒嘆。何意頓蕭然，朝來舟出汴。眼界霄壤分，骨相仙凡換。鱸從秋後肥，米到淮南賤。幸脱兵火餘，苦爲塵網絆。滄海寄餘齡，去此不難辦。招邀謫仙人，騎鯨遊汗漫。

儀真宮玉清昭應宮成鑄聖像於此

樓觀俯長江，竹樹蔽修嶺。入門却立驚，清曠非人境。福地包形勝，真儀入範鎔。護持國祚永，報貺年穀豐。蓬萊杳莫尋，弱水三萬里。我欲試丹訣，誅茅或在此。神仙可學否？要且扶頹齡。生當兵火日，飄泊安得寧？愛之不可留，弛擔休信宿。白鶴唳石壇，香烟遶雲屋。夜久萬籟息，松風度玉琴。瀟然不能寢，相伴一哀吟。

舟行著淺夜泊中流

雪漲秦淮水，春生白鷺洲。洲前棹歌發，送此一葉舟。轉柁起帆席，快甚誰能收。舟師拙於事，遂作中灘留。支撐莫動搖，喘汗徒呀咻。彈繩測河道，篙竿伺潮頭。疏篷雞栅低，兀坐如拘囚。仰羨雙飛鵠，安得從之遊？日落暮雲碧，波光澹如秋。四顧渺無極，黯黯令人愁。黑風卷半夜，大浪掀中流。傲兀不能寢，取酒聊相酬。人生天地間，大海一浮漚。風水審如此，蛟龍應見求。未脱干戈地，敢爲身世謀？醉酣還就枕，吾已信沉浮。

吳帝廟

阿瞞鬼之雄，掌握弄神器。孫劉相繼踵，分争足鼎峙。支吾僅自保，終作降囚系。智力非不如，亦各論其地。吾聞隆準公，幾爲强楚斃。轉粟收散兵，正賴關中勢。中原乃腹心，四肢吾所制。英雄建立初，豈但夸一世？處之或不然，果非長久計。古人今復生，此論無以異。

泊震澤道中步游善宥寺觀芍藥回舟中小飲用范四韵

非才與時背，空手行路難。朱門極嚴冷，仰首不可干。初欲效寸進，挽舟八節灘。雅意同心人，贈之雲錦端。雖云食破硯，渴擬回狂瀾。胸次竟莫吐，千丈虹蜿蟠。誰復議行藏，浩歌空倚欄。南來寄疏蓬，蝦菜豈所歡？尋幽偶一笑，芳菲發奇觀。念爾托根遠，香色不易完。姓名逋客晦，風味書生酸。作詩慰流落，激烈窮雕頑。愁人多苦語，步遶吟且看。歸懷止惋結，賴此杯酒寬。忽忽時歲邁，凄凄風雨殘。曷當三徑歸，暫卜一枝安？寵辱何定物，向來心已闌。

過平望趨吳興阻風遊殊勝寺用益謙韵

幂幂疏雨歇，冷冷晚風清。扁舟泊清淺，落日涵空明。門臨稻畦没，水浸莎岸平。欠伸得寬曠，杖屨喜微行。招提掩深靚，房户開斜横。紛紛諸衲子，尚作迎送情。神武行掛冠，吳市今變名。及聞名理談，頓覺肝膽傾。凡籠了無著，古佛當自成。已復外身世，何者爲官榮？同遊有亞父，早定登壇盟。歸來不受賞，慨慷羞論兵。閭閻取封侯，健兒勝書生。因之發深省，種種鴻毛輕。

過子陵灘題僧舍壁

山水莽回互，轉盻圖畫間。念此清絕地，昔人所盤旋。舟子相嘆嗟，示余子陵灘。有臺出山半，藤蘿蒙蘚斑。緬想建武功，用人及茅菅。躐取汝潁士，列宿樞極環。中有貧賤交，客星犯帝關。其能榮辱之，但及平生歡。志願乃有在，歸歟一漁竿。高風邈千載，獨立誰躋攀？山僧本何知，結屋臨清灣。笑謂舟中客，何爲爭嶮艱。權門有遺啄，造請無寒暄。囁嚅到童僕，俛仰慚衣冠。所得諒幾何，靦汗流面顏。偃鼠不過飽，鷦鷯亦求安。子能了此義，分子一席閑。

奉送吕若谷縣丞任蒲東歸五首

著鞭愧後發，挾矢爭先登。肯顧危機在，尚以智力矜。曷不往試之，投足還兢凌。寄謝嫠羅兒，老矣病未能。

三年巽亭上，看盡洛中山。山亦爲君好，朝昏圖畫間。那知張季鷹，高興不可攀。忽見秋風起，東隨洛水還。

巽也幕府舊，<small>聰問叔巽。</small>阿升交分深。<small>丕問季升。</small>與君均骨肉，況乃相知心。遽復捨我去，倍覺傷離衿。高亭東望眼，從此費登臨。

夫子有高趣，一官聊爾耳。獨騎破虎轞，憔悴洛城裏。緬想文穆公，青嵩照伊水。百年風烈在，須公一振起。

忽忽歲華暮，悠悠心事違。此行元自懶，前計頗知非。公有酒堪隱，我無田可歸。月明枝未穩，誰念鵲孤飛。

真率會諸公有詩輒次其韵

山林與鍾鼎，出處無異趣。芻豢等藜藿，同是一厭飫。此心無適莫，外物曾何忤？奚獨淡交遊，未肯廁紈袴。故尋漫浪人，要作尋常聚。主既不速客，客亦隨即赴。傾談劇懸河，瀉酒快流霤。百年人醉醒，萬物皆僑寓。云何造請門，日滿戶外屨。却想耆英遊，風流甚寒素。淡然文字歡，一笑腥膻慕。我亦蹭蹬餘，早向危機悟。絶意鴛鷺行，幸此松蘿附。君詩妙鋪寫，縱橫俱中度。我老學荒廢，一詞不能措。獨於樽酒間，不惜淋漓污。何當賦歸歟，去斂頭角露？家有鷹門兒，稍能隨指顧。雞黍林下期，視此猶應屢。有興即放言，安能限章句？

寄金陵諸幼

去年都城開，南下相繼踵。我亦具扁舟，携汝百指衆。汝寧爲我累，我獨於汝重。今而暫相遠，愁亦慮汝共。因人問在否，未語先悸恐。淚下復吞聲，寢愕不成夢。倘有相見期，勿復藉官俸。一飽不求餘，去辦南山種。

七言古詩

乙巳二月初八日集獨樂園夜飲梅花下會者宋退翁胡明仲馬世甫張與之王子與林秀才及余凡七人以炯如流水涵青蘋爲韵賦詩分得流字

孟公飲狂車轄投，不適遂與俗沉浮。謫仙醉吟驚冕旒，氣侮權倖無悔尤，不如淵明此意俱悠悠，飄然不繫之虚舟。偃蹇不從刺史遊，遇酒或能道上留。介不爲高通不偷，亦知出處非人謀。人生一世罹百憂，驚風變滅波上漚。胡爲滯此胸中愁？聖賢清濁皆友儔。九老前塵邈難求，七交高躅或可侔。百年典刑今在不？振起此風須此流。亭亭玉立郡督郵，文采秀發中甚遒。絳帳先生兩清修，和音相答鳴琳球。靖居之孫髯而修，昂藏野鶴横高秋。林生風度和且柔，抗論直欲輕王侯。河南遊刃無全牛，弟兄傳家才術優。老成不堪冠屢囚，人憐拙甚營巢鳩。羈窮動輒遭寇讎，但欲縮首眠黄紬。何意獨蒙公等收，歡然一笑回青眸。空囊未分一錢羞，典衣猶得事勸酬。南州竹樹相庇庥，步隨流水尋清幽。尚嫌白日多喧啾，少待月出東南陬。黄梅一株香飀飀，青蘋浮水涵春洲。那知落雪紛滿頭，但覺香露沾衣裘。一醨百罰寧論籌，嗚嗚自作秦人謳。快談慨慷雜嘲咻，凛如武庫森戈矛。天地萬物窮雕鎪，往往出語奈何劉。却視萬物皆蚍蜉，便擬騎鯨跨九州。誰能疊麴築糟邱，所願酒泉生酒甌，此生痛飲無罷休。

次韻退翁遊北山之什

　　孤雲天末山數峰，峰頭隱隱銜烏龍。遥臨北嶺望故國，行歌負販舟車通。時當高秋雨霜後，木葉紛亂號悲風。聲華一夢水流去，名迹千古山爭穹。津橋烟草闕雙峙，馳道莓苔門九重。鳴鑾飆馭杳何許，蓬萊頂上雲濛濛。徒驚朝市屢更變，遑問邱壠多英雄。鼎湖龍去自不返，非烟長鎖琉璃宮。當年真聖受天命，香生菌苔祥光紅。宮前父老尚能説，顧瞻遺宇悲涕中。橋山松柏閟弓劍，有時寶氣飛長虹。今主紹述更神武，回眸一視雲烟空。請封章疏幾時上，振蹕行聞來自東。功成亦念創基業，從此不復言兵戎。我生多難傷暌離，茫然却顧當何歸？伏轅不作馬思奮，塌翼應憐鳥倦飛。臨風且共一杯酒，要看酒面吹瀾漪。不須邅想念今昔，吾廬好在尋歸期。

雪中獨坐退翁索詩

東風解放狂花飛，何乃尚容寒作威。了無賓客共携酒，更有人家來索詩。天高雲漏不遮月，皎潔上下同澄輝。亭前有樹高百尺，爲借驚烏安一枝。

戊申正月行在參吏部示諸幼

秋風鼓棹長蘆渡，吾與若曹俱豁然。脱迹干戈玩清絶，收身溝壑厭肥鮮。折腰爲米豈所願？賣劍買牛端可賢。韓公雅欲却窮鬼，趙壹其如無一錢。罷官清坐乃吾分，號寒啼饑誰汝憐？政緣兹事藉升斗，使我不得休林泉。日下揚州行在所，寸長片善希陶甄。汗衣塵帽門户底，包羞忍耻王公前。此行寧復作此態，疇昔相知吏部銓。謹嚴資格可馴致，雖甚不才無棄捐。我已投誠永結好，相從緑髮至華顛。矧復駕鷺滿臺閣，功名合在中興年。縮頭袖手正應爾，敢問祖生先著鞭？

京師次韵邵澤民憶擬江梅花

憶並條山訪雲屋，渡水凉飆散芬馥。一枝璀璨端可人，步遶微吟揩病目。作意題詩向我夸，只今窗户知誰家。伶俜瘦馬京塵惡，障面羞看檐上花。

役所寒食即事

疲民正苦淘泥沙，彼何人兮怒且譁。麄狂不肯道姓字，呼前醉態猶欹斜。自言寒食身無事，快意欲嚼遑恤他。羈愁我自感節物，遣去不問徒咨嗟。

余去秋七月登舟逮此一年矣六月晦日午睡覺聞兒女輩相謂曰明朝又是秋風起推枕悵然走筆記之

流萍斷梗飛花委，四海茫然無定止。古今本是一郵傳，況乃其中悲轉徙。秦淮霜葉亂楓林，苕雪春風泛蘋芷。薄酒時時伴兒女，疏篷處處愁烟水。故鄉知是幾長亭，眼暗相望越千里。悵念征鴻一紙書，明朝江上秋風起。

泊桐廬縣合江亭下昔有得道之士不知姓名結廬山間手植桐數本因謂之桐君縣亦以此得名是日雨

桐廬縣前江合流，合江亭下多客舟。紅樓參差出木末，小市宛轉依巖陬。桐君手植碧桐樹，歲歲春風柯葉柔。白雲一去鳳不至，暮雨丁零生客愁。

舟中呈耿元直

念昔一笑相逢初，我時尚少君壯夫。十年再見輦轂下，我鬢斕斑君白鬚。落魄朋遊嗟我在，艱難兵火與君俱。酬恩未擬填溝壑，強顏忍復陪簪裾？浩然胡不徑投劾？老矣難堪歸荷鋤。田園壜壥亂戎馬，是身是處長羈孤。解維汴岸一篙水，小舟漂兀如鷖鳧。對床推枕坐嘆息，此行未肯悲窮途。胸中炯炯時一吐，與生俱坐寧籧除。只今雲臺羅俊彥，鄙賤老醜憎樸疏。躍馬食肉付公等，浮家泛宅真吾徒。與君轉柂從此逝，秋風萬里吹江湖。

閱陶集偶有所感

彭澤縣令八十日，束帶恥爲升斗污。二十四考中書令，端委廟堂揮不去。兩公於此固無心，鍾鼎山林隨所寓。慎勿蹉跎兩失之，歲晚要尋棲息處。

謝人惠麥穗

愚軒臥病空瓶儲，市米不得如求珠。鄰翁饋麥穗盈笥，或揉或簸喧庭除。磨雷隱隱破霜瓣，家童執㸑烟生厨。須臾粥成勸我食，齊眉舉案煩妻孥。病餘聊復潤喉吻，軟滑盈盈如膏酥。宛然長粳欲爭長，加以白豆爲參輿。童兒作顰若不足，老夫大笑爲有餘。虎頭食肉非不美，回視利害爲何如。平生不耕啖此物，壟頭汗滴慚耕夫。淡中有味足養福，爲君努力餐一盂。

五言律詩 五排附

車駕還汴

孝感天心格，憂勤國步艱。賈生休賦鵩，貢禹欲彈冠。白髮他鄉客，清尊此夕歡。如聞京兆尹，拜表請回鑾。

圍城次退翁韻

甲馬分諸道，舟車會此都。前王端有意，異世肯同途。人物風流盡，公私府庫虛。百年餘故老，相遇涕漣如。

將歸先寄諸幼

擾擾干戈地，懸懸父子情。人間正多故，身外復何營？我已忘官寵，兒須辦力耕。歸家休歇處，團坐話無生。

還家示諸幼

避地重遭亂，還家幸再生。一身今見汝，寸祿敢留情？更恐死生隔，渾疑夢寐驚。吾今猶有愧，未遂鹿門耕。

還　家

但切思家念，那知行路難。杯盤無作具，菽水自加餐。竹老風聲勁，山深夜氣寒。肯教孤枕夢，容易到長安？

馬靖國後軒

性靜交遊少，身閒日月長。忘言千句偈，宴坐一爐香。世有流離苦，人趨聲利場。此間亦何事？高臥傲羲皇。

蒲中次韵提舉趙正之秦亭唱和五首

雲端貝闕見，鼇負海山來。瑞氣元非霧，天風不染埃。頌常八柱建，象魏五門開。肯構經營念，貽謀丕顯哉。

丁丁谷聲響，泛泛棹歌來。净港時吹浪，中流或起埃。亦知從地出，幾若鑿山開。帝室須梁棟，斯功當念哉。

隴樹迎人去，關雲逐馬來。凄風搖白草，落日蔽黃埃。仗節身方遠，逢山眼暫開。却臨分水處，蜀道賦高哉。

要作哦詩伴，何妨結駟來。瓊林有餘韵，水檻絕纖埃。醉膽江山闊，吟毫花草開。只應聞雁夜，夢枕思悠哉。

追隨六郡子，深入塞雲來。關路春飛雪，沙場夜漲埃。戲圍千騎獵，笑挽六鈞開。歷歷經遊處，初心已矣哉。

再到蒲中遊穆氏園

懷感花無數，其時春正深。如今重對酒，感舊獨傷心。山鳥那知此，向人猶好音。東城多樂事，疇昔共幽尋。

贈普照監院陝人也

飄泊嗟何往？歸來恨莫從。師猶作秦語，我已效吳儂。水淺長河浪，山低太華峰。幾時携手去，南北本同宗。

六合縣相僧

門外江南道，瀟然誰與同？禪心達生死，道眼識窮通。聊爲機緣起，懸起色相空。有人真勇退，不到急流中。

中秋呈元長

江上中秋月，天邊白髮翁。一輪還自滿，千里共誰同？擾擾干戈後，栖栖羈旅中。持杯那復問，一醻百分空。

誰作清光伴？瀟然屬兩翁。他鄉多病後，竟夕一樽同。孤杵征衣淚，寒沙戰角風。何由遂心賞，幽思渺秋空。

中秋醉後

顧影不成舞，披襟欲御風。人憐經歲別，月與舊時同。鶴警露華白，魚潛水鑑空。舉杯還徑醉，歸夢廣寒宮。

九日置酒坐上呈元長

未厭山林僻，那知節序遷。高閑愛重九，安健又今年。物外無韁鎖，樽中有聖賢。黃花自衰晚，勿復笑華顛。

毗陵道中

烟水毗陵道，光涵落月空。夢魂塵壒外，眼界畫圖中。舟漾安期鯉，帆飛御寇風。鑑湖如可乞，歸老浙江東。

登蘭溪亭

帆落溪風轉，山明霧雨收。登臨本乘興，惝怳却生愁。獨雁竟安往，潛魚不可求。何年定歸計，復此過扁舟？

左馮翊寄東鎮張致一兼簡聞喜親舊

一官馮翊郡，爲況定如何？水似古桐苦，風如東鎮多。幽心迷薄嶺，斷夢阻關河。賴有清樽酒，時時一醉歌。

次韵富季申寄示

相期念疇昔，道在敢憂貧。分手便千里，論心復幾人？微詞動招謗，爛醉可藏身。第恐先求舊，黃麻起世臣。

次韵富季申雪中即事時聞
北敵起兵京師戒嚴二首

東風花萬點，落我酒杯間。欲和郢中曲，先頽坐上山。威稜徒料峭，生意自爛斑。誰是淮西將，提兵夜斬關？

無才居客右，孤坐一窗間。夢到廣寒殿，人來姑射山。舞低明佩冷，妝罷落花斑。便欲凌風去，天門隔九關。

後數日雪再作

三見江南白，端來伴酒樽。作寒催歲暮，流潤厭冬溫。雲臥山容濕，天低水氣昏。東風猶有信，昨夜到前村。

發杭州有訝太遽者

未著絕交論，但歌招隱詩。人間審如此，身外復奚疑？喪亂物情薄，奔馳智力疲。溪山有佳處，投老更何之？

東軒即事二首

投閑非避世，導引學修真。物外元無事，壺中別有春。水聲清夢寢，山色上衣巾。已矣將安往，鄉關渺戰塵。

原憲貧非病，淵明懶是真。詩留百年債，酒占四時春。泉石高涼地，祠官自在身。叨蒙有如此，何以效涓塵？

聞有長沙之命

安土無南北，論情皆弟兄。休尋卓庵處，要便打包行。萍迹雖無定，葵心終有傾。相望得安健，有使即傳聲。

泊小金山覺渡寺僧言建德知縣
桐廬知縣婺州教授皆被召

敢嘆邊氛熾，今聞公道開。中原非世事，南國自人材。朱履羞彈鋏，黃金謾築臺。天涯轉蓬恨，何地賦歸來？

登舟示邢子友

盡室嗟何往，窮年浪自悲。才疏身潦倒，地遠迹孤危。風雨江南岸，豺狼天一涯。畏途端可憫，薄宦竟奚爲？已失田園計，難忘升斗資。毋煩俗子問，有愧達人嗤。病馬思春草，驚烏遶夜枝。登舟一長嘆，此意只君知。

聞郭瑾懷甫除郎_{開封司倉}

至治本無爲，何曾帝力知。人惟求俊彥，天畀濟艱危。鼎席尊黃髮，星郎用白眉。鋒芒森武庫，律吕奏咸池。海内想風采，朝中增羽儀。餘光被草木，盛事播聲詩。感會唯千載，飛騰各一時。著鞭今更懶，投劾去奚疑？亦有乘軒戀，其如續脛悲。銜蘆聊避弋，遶樹未安枝。念舊多生死，思鄉久別離。自餘復何道，湖海是歸期。

七言律詩_{七排附}

秋試鎖宿府學

悄無人語到高堂，爽氣侵凌枕簟涼。木葉彫風秋瑟瑟，檐花流雨夜浪浪。燈明疏幔孤光暗，蛩咽空堦怨緒長。心願無期清夢斷，一爐沉水自焚香。

登第示同年

氤氳和氣鳳城春，正是英豪得志辰。雨露九重均造化，丹青千字富經綸。古來將相皆由此，今見詩書不誤人。何處寒鄉少年子，綠袍歸拜北堂親。

守官長道之岷南過馬務寨示知寨石殿直

夜關不鎖戍無兵，負販行歌樂太平。綠野牛羊新牧地，頹垣烟草古邊城。山川自昔留形勢，基業今誰問戰争。隴上少年多意氣，彎弓徒自詫功名。

酬贈黄倅

翰墨文章妙若神，風流談笑絶纖塵。才華最盛東西蜀，聞望相高一二人。清奪峨眉千歲雪。麗如錦水萬花春。我生不識東坡老，猶及頤庵見後身。

馮翊次韵邵子文寄贈之什

三見西風洛水秋，歸心長共水悠悠。扁舟未遂蓴鱸願，俗駕空貽猿鶴羞。可見飄零疏酒盞，更慚落魄問朋游。回頭一笑君應會，薄有田園歸去休。

夜送客至馬鳴橋

滿眼塵埃懶據鞍，暫逢清景即怡顔。月明夜水平低岸，烟淡秋林倚半山。隱退謾留他日計，居貧未放此身閑。老來愧取移文誚，會整怱怱俗駕還。

從軍滑臺

中原何自假遊魂？帷幄奇謀妙若神。沙漠宣威元有將，燕然勒頌不無人。山川流恨荒涼地，桃李無言寂寞春。炯炯孤懷竟何補，猶能狂飲吐車茵。

碌碌功名安用之？更堪心事巧相違。秖緣叔夜此生懶，更悟淵明前日非。客舍那知春色暮，東風但見柳花飛。瀟湘亭下烟波好，送我如將短艇歸。

登廓軒用王穆之秀才韵

臨高懷遠悵夷猶，放目微吟竟日留。一雁北來天杳杳，片帆東下水悠悠。雲烟惨淡關河暮，風雨凄凉觀閣秋。回首何由叫虞舜，蒼陵山色向人愁。

河南留守王大資

退卧東山自在身，幡然猶肯慰斯民。名高海内推前輩，德冠朝中號偉人。紫誥即看還舊物，黄扉終許秉鴻鈞。瑶池花有千年實，更看東風幾度春。

洛陽九日次韵縣尉 是日司馬文季西歸，因以寄之。

誰遣孤標最晚芳，寒蜂冷蝶尚能狂。不禁清瘦西風緊，薄洗鉛華曉露香。照影一樽聊作伴，誅茅三徑莫相忘。他年載酒能來否？相見懸知話更長。

貧病侵尋不少寬，行藏何事更憑欄？兒曹不解市朝隱，我輩政宜文字歡。客恨向來隨處有，秋風待此著人寒。賓鴻旅燕元無定，莫把黄花取次看。

次韵縣尉

勞人州縣若爲情，蹭蹬窮途已半生。愁滿西風雙鬢白，夢回中夜寸心驚。每慚彭澤辭升斗，終合吳門變姓名。且把黄花泛杯酒，秋深蕭寺有餘清。

縣丞吕若谷置酒巽亭

凉風收雨斷晴霓，漠漠青山白鷺飛。竹樹蔽虧涵野色，樓臺滅没淡烟霏。凌波鳴珮杳何許，駕鶴吹笙殊未歸。悵念夷猶淒望眼，碧雲千里又斜暉。

荒烟蔓草接平林，景物蕭蕭秋意深。水闊山長人去遠，雲閑天淡鳥飛沉。宮前離黍他年恨，關外西風別夜心。莫倚欄干重留客，子山從此費悲吟。

再用前韻

萬里高空卷素霓，徘徊幾點暮鴉飛。波平洛浦棹歌遠，風裊宮樓香霧霏。猿鶴山中應怨別，蓴鱸秋後合思歸。此間自有江淹賦，不用桓伊恨落暉。

一枝枝自寄深林，何得翻然著意深。塞上亦知無馬失，江邊誰問有舟沉。煩君爛漫千鍾酒，慰我登臨一寸心。醉後狂歌歌更切，未應愁減越人吟。

次韵張與之登巽亭

百年遺恨了難平，只有南山不改青。橋下温波秋渺渺，樓頭霏霧晚冥冥。祥鍾福地衣冠盛，氣潤中天草木靈。那得丹青繪縑素，煩君妙語寫無形。

霜洗殘秋暮吹驚，長林蔓草斂餘青。忘機獨鳥臨清淺，避弋孤鴻入杳冥。老矣未成南畝計，歸歟空愧北山靈。獨憐亭下瀟瀟柏，能伴幽人槁木形。

洛中次韵河南令王子與觀梅

桃李叢中獨立難，自憐孤艷怯春寒。微風只解分香去，流水猶能照影看。冷落霓衣慵按舞，爛斑妝粉未勝冠。留連芳酒無嫌晚，要與凉蟾共倚欄。

定海路中觀梅

傅粉生香作意開，柔情似欲挽人回。猶憐行役怱怱去，不是尋芳得得來。姑射山頭若冰雪，謝家林下絕塵埃。空江月落東風冷，誰並孤舟一笛哀。

建隆寺詩

天上旌旗照海隅，規模想像百年餘。雷霆號令推神筆，龍虎風雲識讖書。顧盼八方平僣亂，謳歌幾世樂耕鋤。他時誰唱紛更術，不念艱難樹立初？

紅門塢役所觀河

砥柱西傾朔野寬，魚龍掀舞去漫漫。潤蒸霏霧一川暗，怒激驚風千里寒。九折勢須回故道，三山天爲障狂瀾。尋源不作乘槎計，滄海他年一釣竿。

役所寒食晚歸

永巷疏林棲鳥還，幽花蔓草慘荒烟。悄無人語寒食後，時有雨點黃昏前。孤坐何從得言笑，一樽不復論聖賢。酒酣縮首絮衾底，屋頭浩浩南風顛。

之官開封泛洛東下先寄京師故舊

滄波東下武牢關，物色人情共慘然。草檄舊傳驃騎府，浮家今在孝廉船。向來戎馬知何補，老去江湖定有緣。無限青雲著鞭處，固應分付祖生先。

暮 春

花開花謝總無心，轉首薰風綠滿林。人事不隨春事了，眼雲空與暮雲深。錦鳩呼婦商量雨，白蟻排兵做弄陰。除却墻頭老山色，更無佳客肯相尋。

和元長暮春

坐嘆空山落景催，幾時江上葉舟回。初無妙術留春住，强覓餘歡傍酒來。體力寒多便故絮，齒牙衰甚怯新梅。秦川洛水繁華事，白首天邊共此杯。

別張德遠詩

殘蟾衰柳伴牢愁，把酒悲歌汴水秋。契闊死生俱淚下，功名富貴此心休。殺雞爲黍思前約，問舍求田愧本謀。又向春風話離別，此生生計日悠悠。

清凉寺

數壘小山松桂幽，能令盛暑作凉秋。故宮於此有遺迹，客子暫來生許愁。萬頃雲波朝古堞，一簑寒雨送扁舟。他年圖畫歸携取，要使北人清兩眸。

將發泗上

客裏尋歡豈易謀，牢歌誰與散幽憂。可憐傖父雙蓬鬢，長寄吳儂一葉舟。陶令早知今日是，庾郎能賦此生愁。殘年流蕩歸無處，蘭芷瀟瀟江上秋。

至宿聞陸昭中病疝

偉幹亭亭嘆轍鱗，弊裘破帽厭京塵。一官耻作兒女態，扁舟去卜漁樵鄰。他鄉未辦饘粥計，何物更能寒熱人？努力扶持飽吃飯，秋風江上正鱸蓴。

示陸昭中

執末田園正所圖，無心重整少時書。功名常若歸難必，拙直懸知退有餘。避謗杜門賓客絕，病痰妨飲酒杯疏。平生剛笑孔文舉，老我年來百不如。

六月十三日書呈元長

心遠由來絕世紛，更尋邱壑避囂塵。門闌已覺貧無事，賓客應憐老畏人。詩不名家免招謗，酒雖作病要全身。香山千載流風在，雞黍他年早卜鄰。

用元長韵贈空老

虛懷無地著纖塵，獨鶴孤雲寄此身。琴發清彈廬皁月，詩探妙意武林春。少陵深契贊公語，惠遠能知陶令真。擾擾今誰同此趣，容車山下兩閑人。

夜　坐

寺樓鐘斷鎖長廊，誰共蕭齋一炷香。書册自能留久坐，燈花還解勸餘觴。風回絕壑沉虛籟，雨入幽林送嫩涼。老懶由來貪睡美，秋衾不怕夜初長。

泊真州閘外詩

南來繫纜楚江臯，孤客羈心正鬱陶。海氣連空山色暗，秋陰覆地水風高。屋頭冰雹敲寒雨，枕底春雷簸怒濤。一點青燈雙白鬢，可無樽酒伴離騷。

過高郵飲張才甫家作詩爲別

短棹人誰識姓名，相逢況是十年兄。江關契闊秋來恨，兵火流離別後情。高論看君揮麈柄，雄圖憐我付楸枰。酒闌月落孤舟起，便是江湖萬里行。

和鄭有功次范元長韵

憑陵風雪不相貸，逋客向來生事寒。京國回頭九關隔，江湖吊影一身單。著鞭意氣初非淺，唾手功名不作難。老矣收心定何許，蓴鱸聊饌腐儒餐。

歲晏感懷

欲雪濃雲凍不收，淒寒偏著敝貂裘。客愁有許要排逐，歲事無多難挽留。疇昔謾懷三徑約，飄零聊用一樽酬。即看瑤草光風轉，作意湖山汗漫遊。

掃蕩邊氛漸有期，此生已復嘆差池。眼中種種無聊賴，身外悠悠徒爾爲。彭澤歸來那得酒，少陵窮甚但哦詩。卑棲儻遂桑榆晚，敢並鴛鴻接羽儀。

臥病一首己酉正初

此生已復外升沉，出處由來著意深。拙甚但知閒可樂，灾餘猶有病相尋。貧難調護漳濱臥，老自消除魏闕心。莊舄鍾離各懷土，吳兒莫笑作秦音。

次韵子蒼諸公韵

亂來那復較升沉，愁極仍嗟病骨侵。雙袖龍鍾羈客淚，一樽傾倒故人心。沙寒獨雁難求侶，山近浮雲易作陰。落軫斷弦非衆聽，暮年淮海嘆知音。

再用前韵示范六

舉目山河往恨沉，吳霜一點鬢毛侵。飄零顧我非前日，慷慨唯君識此心。香散藥畦花漫漫，波侵蝶沼竹陰陰。平生載酒論文地，鴻雁歸時問信音。

將至三衢楊村道中小飲

衢江波上半帆風，散髮篷窗笑傲中。晚境但深耽酒癖，窮途猶愧作詩工。天邊壠坂三秦阻，海上山川百越通。得盡餘齡安一飽，此身何敢較西東？

長沙倅劉元舉寄示參議伯山酬唱之什因亦次韵二首

揮毫曾看妙如神，傾瀉明珠百斛珍。疇昔笑談知寡和，後來風度絶無人。應憐老矣紆朱綬，早約歸歟岸角巾。明鏡未須羞鬢髮，一樽相與永青春。

秋風澤國正鱸蓴，歸意長隨陸海珍。簿領窮年迷舊學，瘡痍千里愧斯人。袖中本是釣竿手，頭上無非漉酒巾。節物驚心勞夢寐，衢江西岸小梅春。

送張京與之宰解縣

憶嘗從事舜蒲州，把酒論文並俊遊。千古關河增義氣，一時人物最風流。飄零無復相從樂，潦倒難堪送別愁。爲我去尋山下路，疏雲流水五峰秋。

得蜀信

雲水關山恨渺茫，尺書能慰九回腸。劍南親舊知安健，陝右兵民亦奮揚。契闊十年悲故國，飄零百指滯殊鄉。何由結伴春風暖，也向襄陽下洛陽？

寒食日書事

江海飄零幾送春，飛蓬無地寄孤根。夢回南浦人千里，醉倚東風酒一樽。可是今年暗寒食，不堪多病怯黃昏。兒童自趁秋千約，花落空庭獨掩門。

清明詩

鄉書難附北歸雲，燕子猶尋舊主人。流水迢迢長念遠，飛花糝糝又傷春。向來軒冕非吾意，何處園林托此身？只有長歌一樽酒，暮年風味最情親。

和元長書懷二首

神靈久憤敵塵侵，畀付經營惜寸陰。聞道倒戈回易水，行看休戰牧桃林。寧論少壯非前日，及見升平亦本心。亂後親朋無恙否？試憑北雁寄歸音。

孤懷詎勝百憂侵，息影由來貴處陰。志謝長嘶走千里，身如倦翼返深林。雲山處處明雙目，樽酒時時洗寸心。更賴清詩爲陶寫，朱弦流水嘆遺音。

晚風定放小舟江心

蕩漾扁舟入渺瀰，一夫搖櫓疾如飛。涵空鑑影月光淡，襯地羅紋風力微。未擬然犀窮水府，猶能酌酒勸江妃。眼中清絶非人世，定使魯連何許歸？

同苗秀才楊山人登舟

本無籌策堪人用，盍掛衣冠遂物情。官職向來滋味薄，干戈經此夢魂驚。君猶極口談經義，我已無心卜死生。何必吳門變名字，烟江萬里葉舟輕。

靖安道中見梅

塵容俗狀早知非，脫迹歸來喜復悲。隴上人遥千萬里，江邊花發兩三枝。兵戈阻絶書難到，雪霰飄零雁去遲。跋馬東風一回首，落英還與淚紛披。

又泊蘭溪亭

孤帆薄暮轉清溪，空翠回環望眼迷。夢想莫知家遠近，羈遊將遍浙東西。歸來分合投閑散，老去情猶惜解携。明月深林有烏鵲，悲鳴未許一枝棲。

發四明奔昌國用韓叔夏韵呈覺民參政

曉掛危檣兩席開，孤城西望幾時回？飄搖一舸隨潮去，彷彿三山入眼來。身世從今寄雲海，親朋何在渺風埃。乘桴肆志吾安敢？就戮鯨鯢亦快哉。

過石佛洋

鳴鐃疊鼓兩山傍，曉泛回潮石佛洋。漠漠東風吹瘴霧，疃疃暖日上扶桑。如聞鶴馭來空闊，知有神洲在渺茫。何必山林啖靈藥，他年鼓枻訪東皇。

越土水淺易涸而近山無木可采故常有
薪水之憂既歸黃岡遂脫此責作詩示
同舍

經年薪水困行朝，一日歸來百念消。決決溪流鳴枕下，丁丁谷響應山椒。小安課伐猶多事，無復移居莫見招。老矣羞爲吳市隱，買田從此混漁樵。

丁未冬同陸昭中渡江泊秦淮稅亭之側癸丑
三月自建康移守南昌登舟顧覽即昔年繫
纜之所也時昭中亡矣感嘆存没作詩寄黃
岡親舊

江湖南北寄飛蓬，嘆息流光俛仰中。千里月明人念遠，一年春事水流東。驚心存没風花轉，閱世悲歡夢境空。欲寄此情那可盡，相逢唯有一樽同。

次張真君韵

聞君結屋臨山磵，多種黃精與紫芝。雲氣每占華蓋頂，松陰長護玉津池。溪流盤轉近百里，山色清虛無一姿。傳得仙人新句法，封題遙寄五言詩。

中秋夜清坐讀歐陽公《正統論》二首

稍覺清凉換縠衣，獨憐衰鬢與秋期。清樽浪作經年計，黃卷長懷萬古悲。蛩咽幽吟愁露草，鵲翻寒影遶風枝。此生此念能忘否？夢破蒼龍西去時。

露濯秋空灝氣生，沉沉天宇夜空明。南樓老子興不淺，赤壁先生夢更清。小艇擬尋銀漢路，哀砧還起玉關情。何心把酒論歡賞，細字文書對短檠。

九日晚坐獨酌一杯

木落江城風露寒，坐驚芳歲逼彫殘。晚來自愛一杯暖，老去元無九日歡。擬借靈均蘭作佩，尚餘陶令菊堪餐。平生遍插茱萸處，短夢悠悠行路難。

泊舟鹽橋兒子洙輒於市買曆尾題云客裏其如日費多因取筆足成一詩

蹭蹬生涯一釣簑，東西淮海信濤波。亂來益覺人情薄，客裏其如日費多。麟閣壯圖今老矣，菟裘歸計奈貧何！越吟楚奏那能已？時倚哀彈拍棹歌。

雪中與洙輩飲

朝市邱園定孰優，要將閑適換深憂。門闌終日斷還往，父子一樽相勸酬。雲鎖山林寒悄悄，風吹雪霰暮悠悠。醉餘身世知何許，莫向東陵覓故侯。

大雪連日不已

日日愁陰慘不開，驚風和雪振窮埃。百年未省南州見，千里應隨北客來。塞馬曉悲沙上月，隴人遙恨笛中梅。獨憐寸草滋榮意，知道春從斗柄迴。

雪晴東軒獨坐

雲山回合翠重重，不放幽人遠目窮。高竹有時催凍雪，饑禽竟日咽悲風。悠悠事與本謀異，擾擾人誰此意同。却坐蒲團聊袖手，更無一語可書空。

過石門洋

平生戎馬踏塵埃，晚看滄波眼漸開。眩轉忽從千仞落，低昂時見一山來。風頭淅瀝吹成雨，枕底鏗轟怒作雷。雅欲騎鯨傲人世，吾其於此賦歸哉。

丙子夏病臥汗後

按：鼎卒於紹興十七年丁卯，逆溯丙子則年纔十二歲，不應有殘生兒女之語，疑是紹興十四年甲子之誤。

枯腸得水若通靈，溟汗周身一雨零。行客筋骸困方歇，醉人心骨喚初醒。病蟬移夢入新殼，老鶴息神梳舊翎。乞得殘生對兒女，不愁無粟貯陶瓶。

河中太守

掄才梁棟定誰須，聳拔長松第一株。今聞兄爲時屬望，豐功當在帝都俞。將令異日作霖雨，暫使斯民歌袴襦。播物仁風隨扇發，向人和氣與春舒。請看嶷嶷諸郎秀，是應詵詵盛德符。廣陌乘黃將驥子，丹山威鳳帶鵷鶵。聲名最重連城寶，文采光騰照夜珠。賈誼著書驚一世，平津射策冠諸儒。傳經固自卑劉向，遺直猶資見魏舒。便向萱堂生月桂，更尋雲路種星榆。人從碧海偷桃實，客自朱門墜鳳鳥。性靜綠龜宜作伴，身輕靈壽不須扶。金波滿泛鵝兒酒，香霧爭持鵲尾爐。要識東人念公意，巖廊千載贊昌圖。

七言絶句

聽琴次退翁韵

夢尋仙子訪瀛洲，怨入春泉遶指流。酒病着人無物解，更煩一鼓爲扶頭。

正月十八日枕上

空籠疏幔曉寒清，小醉醒然不作酲。欹枕誰能尋斷夢，卧聞童子誦經聲。

山中書事

心遠身閑眼界清，瀟然回首萬緣輕。更將滿耳是非語，換作松風溪水聲。

山居次韵止老

衣巾翠濕陰陰竹，屐齒寒生步步雲。莫向清流還洗耳，世間言語不曾聞。

再用花字韵示止老二首

靈龍夜吠千年木，丹鼎光騰九轉砂。鶴馭雲軿竟何許，巖前老盡碧桃花。

尋師杳隔蓬萊水，煉藥長懷勾漏砂。聞道高人猶笑此，春風無處不開花。

次韵止老見贈

誰是繙經清净侣，毋煩杖履過前溪。不如多置葫蘆酒，直使淵明醉後歸。

老媼折山櫻一枝觀其開落

坐看餘香作雪飛，春風猶戀折來枝。何如就賞芳叢下，留到丹丸結實時？

有送生鳩者放之使去

山林是處有依棲，及此秋晴喚婦歸。隨分謀生何厭拙，莫因飲啄傍人飛。

登第西歸過甘羅廟題詩壁間

初無勛德在生靈，徒以遊談致上卿。血食官祠尚千載，男兒要自勉功名。

宿宣化鎮僧寺

收醫漁浦青裙女，出米商舡白紵郎。水小交關江上市，空山落日暮烟蒼。

齋厨冷落山頭寺，人物蕭條水上村。幾葉商船泊清淺，一星漁火照黄昏。

蒲中雜咏

安民堂

愷悌頒條坐嘯餘，自書下考拙催租。編民不解歌襦袴，鑿井耕田一事無。

吏隱堂

玉麈逍遥岸葛巾，鸞釵寶瑟奉清樽。寄聲與問鴛行舊，何似棲棲金馬門？

進思閣_{府衙}府衙

蕭生雅意定何哉，何復留情任剸裁？但把一杯無事酒，幕中年少盡長才。

頒樂堂

堂上新音錫燕開，坐收和氣入樽罍。已應倦聽《漁陽摻》，客右不無鸚鵡才。

賞心亭

玉山頹倒莫來扶，富貴功名不讓渠。文舉平生一樽酒，若逢兒輩議才疏。

紅雲閣_{府園}府園

香風百步錦江秋，片斷明霞晚不收。幕府諸郎總清麗，一樽相與最風流。

名闔堂

有美東吳勝事繁，醉翁遺恨阻躋攀。只應名闔山河秀，亦在先生几案間。公嘗除知河中不到，"名闔""有美"皆以賜詩得名。

逍遥樓

元龍高興絕塵寰，笑傲乾坤眼界寬。斥鷃鵾鵬俱定分，行藏何用倚欄干？

白樓 府城

寸斷吟腸奈此何，臨高懷遠足悲歌。若教盡寫凄凉意，東閣郎君語更多。

文瑞堂 倅廳繪韓退之、柳子厚、司馬子
長、文中子四人像。

辛苦魚蟲老著書，一生冷淡笑迂儒。何當馬上提三尺，去作凌烟大丈夫？

建安堂 以茶名

瀟然一枕北窗凉，喚取樵青發嫩香。净洗西州羊炙口，要看妙語落冰霜。

必種軒

此君風度固蕭然，誰解招邀到此軒。要識維摩真面目，支離瘦骨寂無言。

河山閣提刑司

干戈險阻恃河關，禍亂相尋一轉丸。千載太平歸有道，羑河青海盡衣冠。

種學軒

詩書千畝浩從橫，盍歲勤勞費筆耕。紈袴儒冠定誰飽，年年妻子笑謀生。

精思軒

窮年兀兀究遺編，聖處工夫也自賢。政苦虀鹽食不足，諸生毋誚腹便便。

竹軒 行香院府官多燕集於此

笙簫聲斷一杯殘，翠袖雲鬟共倚欄。要藉餘陰清晚醉，酸寒莫作子猷看。

北閣 南衙寺前有周太祖劍甲陵，破李守正
時世宗駐軍於此，故謂之南衙北閣。

一時相見萬夫雄，蔓草荒陵劍甲空。爭戰百年無處問，高城弦管正春風。

鸛雀樓

目斷河梁有許愁，人生離合最悠悠。遙憐別夜登臨怨，不減清秋燕子樓。

披風亭

飛步臨風亦快哉，雌雄何苦賦蘭臺。只憑一弄漁舟笛，喚得

凉飆渡水來。

矴齋_{河上張芸叟命名，如舟之下矴也。}

長波浩淼拍青山，細雨蓬窗一覚眠。但向急流能暫止，從他
蛟鼉怒垂涎。

臨川亭_{河上}

卷落銀潢天漢涯，坐觀河伯勢雄誇。游人不識支機石，擬向
津梁問客槎。

河西亭

波光山色兩溟濛，粉雉紅樓杳靄中。自是人間佳麗地，不須
尋訪水晶宮。

行慶關

振蹕鳴鑾萬馬環，悲歌應鄙漢樓船。關頭老吏親曾見，千丈
榮光夜燭天。

鐵佛寺_{寶山閣}

波面香風落磬聲，夕陽樓殿更分明。蓬萊弱水端難到，聊與
人間作化城。

李園_{城南李武臣累典邊郡，有伎人爲人所誘而去。}

射虎將軍竟不侯，脱身鋒鏑老菟裘。柳枝折盡東風晚，閑對
酴醾一醉休。

淙玉亭<small>亭在栖巖寺。</small>

跳珠濺雪滿空巖，疏滌心靈爽氣嚴。彷彿瑤臺明月下，佩環
聲在水晶簾。

逍遥亭

欝欝亭前三四松，蒼髯疑是采芝翁。歸歟莫作終南臥，無限
英雄落彀中。

此君亭<small>萬固寺</small>

飄零誰復問平安，只得幽人冷眼看。流水空山雲暮合，此君
無乃太清寒？

御波亭

泠然我欲御波行，身世由來水上萍。好笑安期空狡獪，猶須
赤鯉渡滄溟。

王母觀

月下何人唱步虛，如聞仙子好樓居。五雲縹緲星河閣，腸斷
青鸞一紙書。

面山堂<small>普救寺面山堂，郡人劉氏功德院也。劉多將帥。</small>

老去收身百戰場，厭聞鼓吹奏西涼。憑君剩把珠簾卷，要與
青山共此觴。

涵虛閣<small>城南</small>

鵲飛喬樹月臨波，仿佛天孫擲夜梭。卷盡纖雲風不動，却從

直下看星河。

南軒_{南禪寺，桂娘墓在其側。}

璧月沉沉過女墙，時聞桂子落天香。三山碧海無消息，雙燕歸飛秋色荒。

虞鄉道中菊

沍露低烟擬怨誰，凄然亦自惜餘姿。無人爲買蒲城酒，正是柔桑葉落時。桑落酒，蒲中故事也。

和通守王元美二絕句

斷無車馬訪閑曹，背暖兒童罷抑搔。嘆息深林有蘭蕙，誰能收拾賦離騷。

志士猶來惜寸陰，青銅那覺二毛侵。留連春色一樽酒，未必東風識此心。

和倅車韻

斯文天意屬吾曹，技癢何由一快搔。莫撫斷弦思鳳髓，如公便可將風騷。

高標聊復寄塵凡，此意難從俗子談。爛醉狂吟公勿怪，公猶如此我何堪？

解池役所大風

初從蘋末轉飄搖，回薄山林勢益豪。好笑堤邊膚寸水，便能平地作波濤。

解梁別李氏女子晚宿靜林寺

滿眼西風恨別離，路逢蕭寺叩柴扉。團欒一聽無生話，更覺前謀種種非。

山下人家雞黍時，解鞍那暇拂塵衣。宦遊無況田園薄，自問此生何以歸。

森森竹樹曉生寒，病怯秋衾夢易闌。欲駕征鞍慵未起，臥聽漁鼓吼空山。

客舍重九

半月征衫困路塵，一樽芳酒謾情親。心知不是陶彭澤，只恐黃花解笑人。

揚州竹西亭

路入揚州秋草殘，竹西亭上曲欄干。而今那復聞歌吹，黃葉西風薄暮寒。

錦纜牙檣一夢愁，行人空擊木蘭舟。玉簫吹斷青樓鎖，二十四橋風月秋。

大明水

咫尺城中膏火煎，空山竹柏固蒼然。贈君杯酌清心骨，此是人間第一泉。

秋江晚渡

木落空江淡夕霏，疏篷一葉並漁磯。秋風幾許蓴鱸興，亦欲臨流喚渡歸。

雨夜不寐

西風吹雨夜瀟瀟，冷爐殘香共寂寥。要作秋江篷底睡，正宜窗外有芭蕉。

泊秦淮雪中一絕

不知門外月波寒，但覺樽前酒量寬。向道東風莫吹去，暫教楚客作花看。

次韵退翁雪中書事

營邱圖畫展霜綃，眩轉寒光鑑影搖。更待東風開夜色，月明洛水斷冰消。

纖柔醉撚小梅花，顧影嬌春玉鳳斜。不覺窗前三尺雪，夜風萬里卷龍沙。

章臺走馬最多情，不怕春衫撲粉英。半夜歸來寒夢短，瀟瀟臥聽打窗聲。

筆頭造化渺無邊，聞道春來思涌泉。定向山臺得佳句，濕雲殘雪冷侵天。

阻風回舟泊新河口飲李氏酒肆後軒

西風吹面浪如山，却并寒沙夜繫船。兩日不能離故處，人間歧路敢争先？

八節愁聞上水灘，江流東下許艱難。青帝招我非無意，端爲疏篷夜枕寒。

滿眼豺狼兵火餘，我今那暇哭窮途。青鞋踏雪江南岸，試覓黄公舊酒墟。

泊柴家灣風物宛如北上

雨過平田隴麥青，春深桑柘暖烟生。恍如身在瀾洄曲，腸斷東風杜宇聲。

三衢多碧軒

平生愛山心不足，寸碧已復明雙眸。暮年得此幽棲地，枕上烟嵐萬叠秋。

將至常山先寄諸幼

經年遊宦嘆離群，相見提携數候門。一笑相看即無事，徑須歸辦酒盈樽。

送張京與之宰解縣

條山涑水是吾家，君去重開滿院花。邂逅故人相借問，爲言秋鬢點霜華。

長堤百里並山回，漫漫滄波鑑影開。要看天工種明玉，請君少待鹽風來。

棲遲出處略相同，握手論情一笑逢。便作他年林下約，一樽相對兩衰翁。

次明仲韵

曾謁祥曦羽蓋黃，天衣紛擾御爐香。蒙塵草莽干戈隔，坐看邊氛蔽日光。

浩浩顛風塵四合，漫漫后土水平流。無人舉手披雲霧，却放晴曦照九州。

塵沙渺渺暗城樓，心切堯雲淚欲流。慷慨一巵戲下酒，諸郎誰是舞陽侯？

一年春事到耕桑，遼絕鄉山恨渺茫。清夢不成風雨夜，更堪詩思攪饑腸？

除吏部郎題建康省中直舍壁

四海茫茫擾戰塵，豈無賢俊共經綸？可憐儈父今頭白，也作江南第二人。

役所書事用山谷《觀化》韵

武陵歸棹幾重山，回首滄波鎖暮烟。一寸愁生千萬斛，可能容易付湘弦？

東風春水湛晴天，斜日平林畫素烟。不會浮雲亦多事，又將飛雨過山前。

小圃來時春向深，酴醾猶得伴孤斟。欲留午枕夢歸去，縹緲行雲何處尋？

滿馬塵埃嘆滯留，空勞魂夢遶南州。涌金亭下烟波闊，聊作西湖一段秋。

山色於人定有緣，髻鬟眉黛巧爭妍。何當招我白雲下，坐對蒼崖百尺泉？

夜凉波面涌金霞，坐覺天香落桂華。便合泠然御風去，玉川何待七杯茶？

飛橋跨岸飲晴虹，雲散風微水月空。日日塵沙困鞍馬，暫留身在廣寒宮。

臺高山遠淡如無，愁極羈人念索居。一任東風吹鬢髮，瀟瀟蓬葆不禁梳。

風墮何能續斷弦，只憑樽酒送彫年。仙人示我長生術，除却醉鄉非洞天。

宦學平生著意深，要從黃卷古人尋。功名富貴非吾事，只有淵明會此心。

昨非今是若爲論，有愧悠悠出岫雲。老鶴乘軒本無意，何妨飲啄混雞群。

浩蕩東風卷送春，嬌鶯雛燕謾爭新。此心自有青山約，不是看花陌上人。

會鄭有功

江流變血火連天，聞道舟行相後先。今世謀身無第一，政緣夫子愛逃禪。

自越趨明上虞道中和季申梅四首

關山戎馬信音稀，腸斷無人寄一枝。沽酒西城聯騎入，上林踏雪探春時。

孤標亦自惜幽姿，折贈行人第幾枝。萬斛清愁江上雨，曾看結子欲黃時。

玉瘦香寒不自持，瀟然冷蘂暗疏枝。向來幾許閑花木，及見春光爛漫時。

天與清芬心自知，叢林深處出纖枝。發明無限春消息，正是風霜作惡時。

自四明回越宿通明堰下

短棹還隨海浪回，通明堰下小徘徊。東風吹落篷窗雨，點點春愁枕上來。

彦文携玉友見過出示致道小詩因次其韵

一壺春色玉生光，最愛霏霏遶鼻香。淺醉不禁衣袖冷，幽林風雨夜蒼凉。

仙官新拜舊詞臣，林下相逢又一人。勿謂滄浪清可濯，此心原自絶纖塵。

於世無功懶據鞍，誅茅種竹老空山。不應天與静中趣，自是人容拙者閑。

無　題

膠膠身世竟何窮，急電飛花過眼空。惟有離愁推不去，五更孤枕角聲中。

再書一絶

吳九何如黄四娘，能令詩老醉顛狂。可憐去歲花前客，戎馬塵埃兩鬢霜。

元長謁仲長彦文贈以樽酒

杖頭挑取一壺春，要使朱顔日日新。何必稽山尋賀老，風流俱是謫仙人。

范元長寄示劉野夫《滿庭芳》曲因用其語戲呈

暮年身計酒葫蘆，定是前身劉野夫。他日爛柯山下見，儼然一部黑髭鬚。

次韵元長觀梅三首

曳杖山間自探春，雨餘梅意已清新。兵戎草草傷淪落，一醉花前有幾人？

種柳栽花舊惜春，不知春色爲誰新。年年青眼樽前客，只有寒梅是故人。

歸來醉撚一枝春，照影涼蟾過雨新。不似霸陵愁醉尉，穿雲渡水寂無人。

建康得家書寄元長觀梅詩因次其韻

東風一紙平安信，聞道黃崗春已來。傳語吳生好看客，梅花應似去年開。

枕　上

市樓春睡厭都城，車轂喧喧枕上聲。此夜客情還冷淡，一林風露夏雞鳴。

夢　覺

竹枕藤床一室虛，松風瑟瑟夢驚餘。破窗猶有流螢渡，老我疏慵不讀書。

老去人憐百病攻，平生感慨竟誰同？須知一點懸懸念，不在功名富貴中。

虛窗午夜月朦朧，推枕蕭然百念空。更問幽人洗心法，二年魂夢水聲中。

泊白鷺洲時辛道宗兵潰犯金陵
境上金陵守不得入

脱迹干戈幸再生，時時心折夢圍城。南來客枕能安否，更作
江湖盜賊驚。

城頭傳令插軍麾，城外行人淚滿衣。處處悲風吹戰角，沙洲
白鷺莫驚飛。

月滿滄江風水清，沉沉冰鑑照孤城。何人心緒猶無事，醉臥
船舷一笛橫？

泊盈川步頭舟中酌酒五首

那知亂後年光促，但覺春來酒味長。炯炯新蟾照人白，恨無
雙竹倩孫郎。

空籠影照琉璃滑，鴻洞聲傳鐘鼓長。便買扁舟作家宅，風流
千載謝三郎。

飛揚跋扈今安取，放浪酣歌亦所長。曾醉西湖春色否？傳聲
江上問諸郎。

蒼蒼烟畫千巖秀，泛泛花流一水長。會向武陵尋避世，此身
已是捕魚郎。

收功不在干戈衆，和議元非計策長。聞道搜賢遍南國，要令

四裔識周郎。

乙卯秋聞右相平楊么作絕句寄之

一掃湖湘氛祲消，坐令愁嘆變歌謠。何當早駕風帆下，來看錢塘八月潮？

丁酉春紹興書懷

按：鼎以紹興六年丙辰冬除知紹興，"酉"字當是"巳"字之誤。

賀監湖邊樹樹花，東風隨意作紛華。那知老守懷歸切，隴水秦雲是我家。

送張汝霖糾左馮翊六絕

風流幕府固多閑，冷落曹司絕往還。舉酒高樓誰作伴，何妨借取華州山。

平嶽亭高一望間，烟霞縹緲揖飛仙。請君直跨剛風騎，去折山頭十丈蓮。

堂前雙樹小桃枝，曾看芳英落酒卮。要識當時花下客，鬢毛衰颯病支離。

花發城南苑路迷，衫裁白紵馬如飛。月明洛水黃昏後，猶有遊人喚渡歸。

甕面浮醅玉雪光，陶巾猶帶漉時香。何當分我臘餘味，試發樽前舊態狂。

平時三輔盛他邦，白面青山意氣郎。落魄朋遊那復問，更將苦語話離腸。

病　愈

支離瘦骨怯寒侵，霧雨溟溟山更深。醫國無功還自治，暮年藥裹最關心。

獨坐東軒

雲山環合户深關，中有幽人竟日閑。好在窗前數竿竹，與君相伴老山間。

潮陽容老出游閩浙過泉南當謁
涌老禪師因寄四句偈

老矣潮州韓吏部，飢餐渴飲似當年。明明月夜長相照，莫怪無書寄大顛。

吉陽寄李泰發

海風吹浪去如飛，離母山高日出遲。此意此情誰會得，因書寫與故人知。

詩　餘

醉蓬萊　慶壽

破新正春到，五葉堯蓂，弄芳初秀。剪綵然膏，燦華筵如畫。家慶圖中，老萊堂上，競祝翁遐壽。喜氣歡容，光生玉斝，香霏金獸。　　誰會高情，淡然聲利，一笑塵寰，萬緣何有？解組歸來，訪漁樵朋友。華髮蒼顏，任從老去，但此情依舊。歲歲年年，花前月下，一樽芳酒。

燕歸梁爲人生日作

綽約彤霞降紫霄，是仙子風標。緗裙明珮響瓊瑤，散馥郁，暗香飄。　　小春十月寒猶淺，粉[一]弄梅梢。秦樓風月待吹簫，舞雙鶴，醉蟠桃。

畫堂春春日

空籠簾影隔垂楊，夢回芳草池塘。杏花枝上蝶雙雙，春晝初長。　　強理雲鬟臨照，暗彈粉淚沾裳。自憐容艷惜流光，無限思量。

醉桃園春晚

青春不與花爲主，花正開時春暮。花下醉眠休訴，看取春歸去。　　鶯愁蝶怨春知否？欲問春歸何處。只有一樽芳醑，留得青春住。

少年遊山中送春

三月正當三十日，愁殺醉吟翁。可奈青春，太無情甚，歸去苦匆匆。　　共君今夜不須睡，樽酒且從容。說與樓頭，打鐘人道，休打五更鐘。

怨春風[二]閨怨

恨[三]寶鑑菱花瑩，孤鸞慵照影。魚書蝶夢兩消沈，恨恨恨。結盡丁香，瘦如楊柳，雨疏雲冷。　　宿醉厭厭病，羅巾空淚粉。欲將遠意托湘弦，悶悶悶。香絮悠悠，畫簾悄悄，日長春困。

念奴嬌 晚興

小園曲徑，度疏林，深處幽蘭微馥。竹塢無人，雙翠羽，飛觸珊珊寒玉。更欲題詩，晚來孤興，却恐傷幽獨。不如花下，一樽芳酒相屬。　　慨念故國風流，楊花春夢短，黄粱初熟。卷白千觴，須勸我，洗此胸中榮辱。醉揖南山，一聲清嘯，休把《離騷》讀。遲留歸去，月明猶掛喬木。

賀聖朝

斷霞收盡黄昏雨，梧桐〔四〕疏樹。簾籠不卷夜沉沉，鎖一庭風露。　　天涯人遠，心期夢悄，苦長宵難度。知他窗外促織兒，有許多言語。

蝶戀花 河中作

盡日東風吹綠樹，向晚輕寒，數點催花雨。年少凄凉天付與，更堪春思縈離緒。　　臨水高樓携酒處，曾倚哀弦，歌斷黄金縷。樓下水流何處去，憑欄目送蒼雲暮。

減字木蘭花 和倅車韵。倅將還闕，因以送之。

筆端紅翠，造化工夫春有意。雲夢涵胸，好去蓬山十二重。　　天街追騎，催唤謫仙泥樣醉。電掃雲空，百斛明珠咳唾中。

水調歌頭 甲辰九月十五日夜，飲獨樂見山臺坐中。

屋下疏流水，屋上列青山。先生跨鶴何處，杳宛白雲閑。采

藥當年三徑，只有長松綠竹，霜吹晚蕭然。舉酒高臺上，彷彿揖
群仙。　　轉銀漢，飛寶鑑，溢清寒。金波萬頃不動，人在玉壺
寬。我唱君起舞，要把嫦娥留住，相送一杯殘。醉矣拂衣去，一
笑渺人寰。

虞美人令 送信道舅〔五〕先歸桐宮

魂消目斷關山路，曾送雕鞍去。而今留滯古燕京，還是一樽
芳酒送君行。　　吾廬好在條山曲，三徑應蕉没。誅茅爲我補東
籬，會待新春殘臘也來歸。

好事近 雪中携酒過元長

春色遍天涯，寒谷未知消息。且共一樽芳酒，看東風飛
雪。　　太平遺老洞霄翁，相對兩華髮。一任醉魂飛去，訪瓊瑤
宮闕。

又次前韻

羈旅轉飛蓬，投老未知休息。却念故園春事，舞殘紅飛
雪。　　危樓高處望天涯，一抹山如髮〔六〕。只有舊時凉月，照
清伊雙闕。

又再次前韻

一炷鼻端香，方寸浪平風息。汲取玉池春水，點紅爐微
雪。　　年來都以酒相妨，尺退進毫髮〔七〕。却道醉鄉深處，是
三山神闕。

又再次前韻

烟霧鎖青冥，直上九闕一息。姑射有人相挽，瑩肌膚冰

雪。　　騎鯨却下大荒來，天風亂吹髮。慨念故人非是，漫塵埃城闕。

鷓鴣天 客裏逢春

客路那知歲序移，忽驚春到小桃枝。天涯海角悲凉地，記得當年全盛時。　　花弄影，月流輝，水晶宮殿五雲飛。分明一覺華胥夢，回首東風淚滿衣。

望海潮 八月十五日錢塘觀潮

雙峰遙促，回瀾奔注，茫茫濺雨飛沙。霜凛劍戈，風生陣馬，如聞萬鼓齊撾。兒戲笑夫差，漫水犀强弩，一戰魚蝦。依舊群龍，怒卷銀漢下天涯。　　雷驅電轍雄夸，似雲垂鵬背，雪噴鯨牙。須臾變滅，天容水色，瓊田萬頃無瑕，俗眼但驚嗟。試望中彷佛，三島烟霞。舊隱依然，幾時歸去泛靈槎？

河傳 秋夜旅懷

秋光向晚，嘆羈遊，坐見年華將換。一紙素書，擬托南來征雁，奈雪深、天更遠。東窗皓月今宵滿，淺洒芳樽，暫倩嫦娥伴。應念夜長，旅枕孤衾不暖，便莫教、清影轉。

浪淘沙 九日會飲，分得雁。

霜露日凄凉，北雁南翔，驚風吹起不成行。吊影滄波何限恨，日暮天長。　　爲爾惜流光，還是重陽，故人何處艤危檣。寄我相思千點淚，直過瀟湘。

浣溪沙 送邢子友

惜別懷歸老不禁，一年春事柳陰陰。日下長安何處是，碧雲深。　已恨梅花疏遠信，休傳桃葉怨遺音。一醉東風分手去，兩驚心。

賀聖朝_{丙辰歲生日作}

花光燭影春容媚，香生和氣。紛紛兒女拜翁前，勸犀樽金醴。_{家釀名，出《真誥》。}　凌烟圖畫，王侯富貴，非翁雅意。願翁早早乞身歸，對青山沉醉。

西江月_{福唐別故人}

世態浮雲易變，時光飛箭難留。五年重見海東頭，只有交情似舊。　未盡別來深意，難堪老去離愁。青山迢遞水悠悠，明日扁舟病酒。

洞仙歌

空山雨過，月色浮新釀。把盞無人共心賞。漫悲吟，獨自撚斷霜鬢，還就寢，秋入孤衾漸爽。　可憐窗外竹，不怕西風，一夜瀟瀟弄疏響。奈此九回腸，萬斛清愁，何處邈如天樣。縱隴水秦雲阻歸音，便不許時間〔八〕，夢中尋訪？

琴調相思令_{思歸詞}

歸去來，歸去來。昨夜東風吹夢回，家山安在哉？　酒一杯，復一杯。準擬愁懷待酒開，愁多腸九迴。

校勘記

〔一〕《得全居士詞》於"粉"前有一"妝"字。

〔二〕"怨春風"，《得全居士詞》作"怨東風"。

〔三〕"恨"，《得全居士詞》無此字。

〔四〕《得全居士詞》於"梧桐"前有一"滴"字。

〔五〕《得全居士詞》於"送信道舅"前有"馮翊"二字。

〔六〕"一抹山如髮",《得泉居士詞》作"雲海寄窮髮"。

〔七〕"尺退進毫髮",《得泉居士詞》作"進退只毫髮"。

〔八〕"間",《得全居士詞》作"閑"。

建炎筆録

建炎三年己酉歲

正月，車駕在維揚。是月末，金人侵宿、泗。前一月，已有南侵之報，遣苗傅以所部兵扈衛隆祐太后往杭州。

二月，車駕在維揚。初一日，急奏至，朝廷不以爲然，上獨憂之。是日遣劉正彥以所部兵從皇子、六宮往杭州，是晚出門。初二日，皇子、六宮渡江。初三日，上御殿。執政奏事未退，御前所遣探事小黃門馳騎告急，上即日出門，渡江幸浙西。十二日，車駕至杭。二十二日，某買舟泛錢塘江之衢。是月，中書侍郎朱勝非拜右僕射，翰林學士葉夢得除尚書左丞，御史中丞張澂除尚書右丞，宰相黃潛善、汪伯彥並罷。

三月，車駕在杭。是月初，葉夢得罷。初五日，苗傅、劉正彥殺簽書樞密院王淵，誅宦者，遂成明受之禍。是日，某至衢，泊舟門外浮石渡。初七日，是夜明受赦過。初十日，准尚書省札子：二月某日奉聖旨，趙某召赴都堂審察，仍令閤門引見上殿。初，車駕至杭，百官至者十無一二，有旨，都司、侍從各薦二人。右司員外郎黃概以某應詔。十一日，准尚書省札子，催赴行在所。二十八日，發衢州，趨行在所。

四月，車駕在杭州。初二日，上復辟，隆祐太后垂簾同聽政。苗傅、劉正彥皆建節，賜誓書、鐵券，充京西制置使，俾提兵而去。是日，某至杭州門外，且聞勤王兵至，乃入門。初三日，苗傅、劉正彥引兵拒韓世忠於臨平山下，世忠死戰，二賊大敗，是晚拔寨而遁。初四日，韓世忠、劉光世、張俊入〔一〕見。是日，隆祐太后卷簾。初五日，知樞密院事張浚、簽書樞密院事呂頤浩至。初六日，宣制，呂頤浩拜右僕射。初，車駕渡江，命頤浩簽書密院，充沿江制置使，控扼大江。又命中書侍郎朱勝非、禮部侍郎張浚留平江，控扼海道。勝非尋入相，浚獨留。洎明受之變，浚與統制官張俊密計勤王。議既定，以書招頤浩、劉光世，既而韓世忠自淮揚至，遂舉勤王之師。先是，浚遣進士馮轓間道入杭，貽書執政，且詰二賊以明受之事，請以上爲皇太弟，總兵北伐，皇子爲皇太侄監國。二賊始懼，乃命浚知樞密院事，趣令還闕供職。浚不至，二賊請以兵誅浚，隆祐難之，遂謫浚散官安置，浚不奉命。至是乃命頤浩作相，浚仍舊知樞密院。尋以翰林學士李邴參知政事，御史中丞鄭瑴簽書樞密院。馮轓者，前此既預返正之議，自白衣一命奉議郎、工部員外郎，仍賜緋魚。十三日，某奉恩除司勛員外郎。十九日，車駕幸建康，發杭州，百司扈從齊發。遂遣韓世忠追捕苗傅、劉正彥。是月末，又以翰林學士滕康同簽書樞密院。

　　五月，初一日，車駕至無錫。初三日，車駕至鎮江，某始供職，百司水陸從便。初十日，某至建康。前一日車駕已至，以保寧寺爲行宮。十五日，真州報，知樞密事張浚爲高郵賊薛慶拘留。浚自鎮江徑渡，往彼撫諭，慶欲邀厚賞，故脅留之三日，乃以兵衛之而出。上初聞，憂甚，遣統制官王瓊提兵往平其事。瓊始渡江，浚已歸矣。十八日，浚歸。初得真州報，有旨罷知樞密院，既歸，仍舊。

　　六月，車駕在建康。初一日對。先是，以黃概薦，得旨上殿。張浚至杭，又薦對。至是，以郎官初除，合是三者，對於行宮。初三日，有旨以久雨多寒，召郎官以上赴都堂條具時政闕失，可以弭天變、收人心、召和氣者。是日，韓世忠生致苗、劉二賊，獻於行在，並伏法。十五日，浚進呈入蜀官屬，上獨留某，欲除言事官。是日有旨：趙某令上殿奏事。先是，浚被命充川陝宣撫使，議以某爲主管機宜文字，即始薦之意也。二十日，某蒙恩除左司諫。先有旨奏事，未對間，有是命。

七月，車駕在建康。初一日對。自是以言事數對，不復記。初七日，某蒙恩除殿中侍御史。是月，皇子薨。簽書樞密院鄭瑴[二]薨於位，參知政事李邴罷，資政殿學士王綯除參知政事，兵部尚書周望同簽書樞密院。

八月，車駕在建康。十三日，執政率百官辭太后于內東門。先是有旨，以百司閑慢細務、常程注授之類，並從太后之洪州，謂之從衛三省樞密院。簽書樞密院滕康除資政殿學士，主行其事，吏部尚書劉珏除資政殿學士副之，恩數並同二府。

閏八月，車駕在建康。初一日，有旨召百官赴都堂，議巡幸岳鄂、吳越利害。始，張浚入蜀，議定幸岳鄂，庶幾聲援相接，至是議者多以吳越爲便，遂改前議。十三日，宣制，右僕射呂頤浩遷左僕射，知樞密院事杜充拜右僕射。充自在京留守，除知樞密院，召還。上以委寄之重，恐其意未滿，遂拜相。十四日，執政率百官迎太廟神主於清涼寺。十六日，天寧觀辭太廟神御。是日，有詔以二十六日幸浙西，留右僕射充鎮守建康，劉光世屯太平州，韓世忠屯鎮江，王璫屯常州，並聽充節制。是時，劉、韓各提重兵，畏充嚴峻，論説紛紛。已而[三]光世移屯江州，世忠移江陰、常州境上，由是充所統者，王璫及其舊部曲陳淬、岳飛數頭項而已。二十日，御史中丞范宗尹到臺供職。二十一日，降旨，百司及六曹、都司、檢正以二十二日先發至平江，侍從、臺諫以二十三日先發至鎮江以俟。二十三日，某登舟解纜，是夜宿靖安港中。二十八日，車駕至鎮江。

九月，車駕在鎮江。初一日，上不御殿，百司守局，以司天奏當日蝕也。是日，某先發，宿冷口。初二日，車駕發鎮江。初六日，車駕至平江。十一日，御殿，百官始朝謁。中司對，因及某自司諫除殿中之誤。上曰：「呂頤浩多歷外官，不詳典故。」十二日，某蒙恩除侍御史。二十五日，降旨幸越。二十八日，百〔四〕司、侍從先發。是月，翰林學士張守除同簽書樞密院事。

十月，車駕在平江。初一日，臺諫發，大雨不可行，次日出門。初四日，車駕發平江，以同簽書樞密院周望充浙西宣撫使，置司平江，留兵數項，委以控制。初十日，車駕至杭。十五日，車駕渡錢塘江幸越。十七日，某渡錢塘，出陸宿西興，待舟不至。

十一月，車駕在越。初三日，冬至。是日，頒巡幸赦。初六日，報潭州軍變。十四日，報金人遊騎至和州，又一項由陳、蔡趨蘄、黃。十六日，報金人已渡大江，至興國軍。是日有旨，召從官赴都堂議。十九日，出城奉迎萬壽觀神御，即真宗皇帝、章惠皇后及溫成皇后也。步軍閻勍自京師奉迎至。二十一日對，始至榻前，上即謂某曰：「隆祐太后此月初九日已離洪之虔州矣。」二十二日，給事中汪藻、中書舍人李正民獻議，請車駕幸平江迎敵，緩急登海舟以避，從之。二十三日，黃牓幸浙西迎敵詔，士民讀之，有流涕者。二十五日，車駕進發，從官從後，節次赴行在。是夜四更得報，金人犯廣德，車駕復回。又杜充奏，二十日大戰江上，王瓊不策應，是致軍敗。二十六日，車駕還越。是夜，范宗尹除參知政事。二十八日，有旨巡幸四明。是日，雨大作，車駕出門駐城外，某同臺諫泊曹娥堰下。二十九日，御舟過曹娥堰，舟船擁併，留三日不能前，遂出陸。

十二月，初一日，車駕在餘姚路中。初四日，車駕至明州。初九日，參知至都堂問邊報。凌晨聞衛士作鬧，中軍統制辛永宗以兵入衛，少頃即定。先是，遣監察御史林之平使閩、廣發船運，至是米舟百隻至岸，朝廷以爲天賜此便。兼聞敵騎已犯建昌，且遣人傳檄邵武，遂有乘桴之計。即下令每舟一隻載衛士六十人，人不得過兩口。渠輩相謂曰："我有父母。"或曰："我有二子，不知所以去留。"訴於皇城司内侍陳宥，宥率衆人同稟於朝。是日，宰執入奏事，至殿門，宥迎諸公言之，衛士立砌下，人既衆，陳訴紛紛，稍出不遜語，間有斥罵者。殿帥李質挺身當立止過之，諸公趨入殿門，遂止。事出一時，非本謀爲亂也。初十日，某蒙恩除御史中丞，日下供職。十二日，誅親從四人爲首者，餘皆分隸諸軍。明日，又誅數人，於是除衡門外，衛士盡廢。十四日，報杭州守貳而下皆遁，敵騎至城下，城中不知。十五日，雨大作。先是，某上言："車駕倉皇遷避至明，已近旬日，未曾御殿，何以慰安中外？乞依常禮見百官衛士，以解危疑之心。"有旨，十五日御殿，依例望拜二帝。至是，百官班未入，聞杭州之報，上攬甲坐小殿，排辦出城。士大夫去者有風濤之患，留者有兵火之虞，相別殿門外，皆面無人色。是日，上登舟。十六日，御舟乘早潮發至定海。十七日，有旨差某同汪藻留明州商量軍事。前一日得報，敵遣人使入明州界，不欲令至行在，遂遣宗尹復回四明應接之，因令宗尹盡護諸將，且應報諸路文字。宗尹請某同行，及欲汪掌制撰文字也。十八日，回舟至明，奉使盧伸來自金軍，云七月同崔縱過河北，縱被留，伸隨軍前來。初渡江，杜充戰不利，差人下札子議事，意欲投降者。既至建康，充領兵而遁。所遣使即破和州所得歸朝官程暉，非其國人也。與宗尹商量，既非專使，恐不必見，遂不復見之。伸所攜國書，語極不遜。二十日，聞郭仲荀退遁嵊縣。先是，車駕發越州，以仲荀充浙東宣撫副使，張俊充浙東制置使。俊既勾回，罷制使，復以李鄴爲之，仲荀遂退師。是日李迨奏，仲荀所遣錢塘江把隘兵二千餘人焚劫蕭山而去。又信州報，敵破撫州，擄知州王仲山歸洪州，需金銀來贖。乃以仲山之子爲撫倅，使之括取撫州之物。杜充所遣屬官直徽猷閣陳起宗至，云金人昨在太平州界夾沙渡對岸下寨，我爲備甚嚴，敵時以一二小舟渡江近岸，即殺退之，或沉其舟。一日正晝，對江拽陣而去，五軍旗幟一一可數。把隘兵相賀云“敵退矣”，不知其紿也。是夜，用數十舟載馬百餘匹，橫江直渡，支備不及，因致潰散。其餘敵騎，皆浮而濟，以江水極淺故也。充欲領衆歸行在，今既路阻，不能歸矣。是晚，頤浩與宗尹書云：杜在真州甚的。又得信州報，敵犯吉州境，知州楊淵而下棄城而去。二十二日，報敵騎於十八日巳時過錢塘江，在魚浦，至十九日騎渡絕，不知其數。是日，得旨發回，晚復登舟。二十三日，至定海，大風鼓浪，舟反側不定，凡三日方止。二十六日，出江口，泛海洋，趨昌國而去。晚泊一山下，得富直柔報云，李鄴報，賊使人招降越州，恐直趨四明，已定二十七日之天台矣。二十七日早，至昌國，同宗尹入見舟中。是日食時，御舟發昌國。先是，告報每聞御舟笛響，即諸舟起碇而發。御舟以紅絲縷爲號，餘各以一字，如參政即以“參”字、樞密即以“樞”字之類，書之黃旗之上，插之舟尾。二十八日，風不順。舟人云，每歲盡，海上即數日南風，謂之送年風。

建炎四年庚戌歲

正月，初一日，車駕在海道。初二日，御舟早發，過石佛洋。初三日，御舟入台州港口章安鎮。初四日，同戶部侍郎葉份，中書舍人李正民、縶密禮，太常少卿陳戩及諫議大夫富直柔同對舟中，問聖體。是時，扈從泛海者，執政之外，止此六人而已，吏部侍郎鄭望之、給事中汪藻皆未到。初六日，台州報敵犯四明。初七日，張俊人至，云十二月二十日，敵至明州十五里

橋，俊發兵拒之，戰不利，正月初二日，遂至城下。俊大開城
門，遣精兵用長鎗突出血戰，殺近千人，得帶鐶首領二級。是
夜，敵焚寨而遁。俊恐敵濟師，乞退歸行在，且以二級來獻。初
十日，聞俊已引軍趨台州。是日，聞越守李鄴投拜，又聞韓世忠
奏乞留青龍鎮，以待邀擊。十三日，有旨，以知明州劉宏道充浙
東安撫使，張思正充招撫使，欲其緩急得以自如也。是日，聞周
望劾奏秀州太守程俱擅離任所。先是，某上言，俱文士，恐不可
當繁劇，遂易處州。既而有佑之者，其事遂寢。至敵犯餘杭，朝
廷乃令押米綱離州。望劾之云：「朝廷私此一人，遂失億兆之
心。」士論是之。十五日，張俊至，於是扈衛軍稍振。先是，同
宰執會食金鼇山寺，宗尹私謂某曰：「近日諸將姚端等進見太數，
錫賚極厚，國用窘甚，見上幸一言也。」某歸草奏，徐思之，恐
亦有說。後乃聞上以明州衛士紛擾，盡廢禁衛，獨中軍辛永宗有
兵數千。而姚端即御營使頤浩之親兵將，其衆獨盛，所以優其禮
遇，以明受爲戒也。十六日，報敵以十三日入四明。又見茶司備
到仲山公文，稱金人已於十二月二十間離洪州，殺城中老小七萬
餘人，由袁之潭矣。十七日，報吉州太和縣村民收得嘉國惠徽朱
夫人。先是，劉珏、滕康有奏待罪，云除太后、賢妃、周夫人、
莫夫人外，其餘舟船並未到。十九日，御舟發章安，夜泊松門。
二十一日，御舟入溫州港。二十二日，御舟泊管市。二十三日，
御舟在管頭。中書舍人李正民充隆祐太后問安使，兼兩浙等路撫
諭。洪州御史臺備申，使臣尹希申，初，黃州關報金人侵犯，從
衛三省移赴虔州。至吉州太和縣，統制楊惟忠後軍作亂，次日前
軍作亂，一行老小並內人被敵殺害者甚衆，臺吏藍衍等十餘人皆
未到。來人云，兵亂時，太后、賢妃用村夫荷轎，更無一人扈衛
者。及錄到虔州三省關牒，探報撫州王仲山投拜，用天會年號，
下屬邑取金銀、牛馬等。二十五日對，乞收海舟，及諭韓世忠分

兵應援。因論及洪州之擾，上曰：“太后僅以身免，乘輿、服御之物一皆棄盡，宮人遺失一百六十餘人。”又曰：“已退黜滕康、劉珏，差李回、盧益替此二人矣。”奏事畢，將退，上乃曰：“今日方欲召卿相見，即今天下事有二：敵退後如何？萬一不退，如何措置？卿可條具奏來。”是日，聞金人明州殺戮甚酷，台州一空，守臣遁入羅漢洞。是日，御舟移泊樂灣，避管頭、台州之路。二十六日，駕幸水陸寺。至是，侍從、省官稍集，班列差盛。

二月，車駕在溫州港。初一日，御舟移泊溫州江心寺下，因賜名“龍翔寺”，有小軒東向，賜名“浴日”，皆御書題額。是日，押米綱使臣蘇童至，云：“過越時，李鄴已拜金人，以其家屬先過錢塘矣。”初五日，對於江心寺。初六日，聞敵[五]犯昌國，敵舟欲相襲，爲張公裕以大舶衝散，復回明州矣。公裕，提領海舟者也。初九日，昭懷忌，行香罷，遊天慶宮，登融成洞天福地。天慶即道士林靈素受業之地。初十日，吕頤浩在假，以熒惑犯紫微垣，侵相位，奏乞解機務。十二日，宣押頤浩入，奏事如故。是日，聞明州兵[六]退。十七日，車駕幸溫州城，駐蹕州治。某遷入州中陳氏之居。二十一日對，再薦吳表臣。初至溫，對江心寺，即薦溫人吳表臣、林季仲以補察官之闕。季仲奉其母避地山中未至，表臣先對。至是再言之，上極喜，曰：“自渡江，閱三吳士大夫多矣，未嘗見此人物，如素宦於朝者，卿可謂知人矣。”是日批出，除監察御史，日下供職。前此，知真州向子忞言：“昨離真州，盡載本州金帛過江，遂爲韓世忠兵所劫。”且言：“杜充已降金人而去，麾下官員多有走回者。”至是，上謂某曰：“自聞杜充之報，不食者累日，非朝廷美事也。”上又曰：“非晚頒赦回鑾。”某因論數赦之弊。上曰：“以四方號令不通，不得不爾。”二十四日，同直柔對，彈杜充，且奏陳乞先罷相，後得投降的耗，當別議罪。是日，降德音，返都吳會。赦文之前題印標目云"返都吳會之詔"，議者皆爲太遽，以未知吳中消息也。

三月，車駕在溫州。初四日，有旨以初十日車駕進發，某力言其未可。初六日，有旨未行，展至月半。初九日，對，論諸所獲生口，内契丹並燕薊及諸路簽軍皆不可殺。上曰："正與吾意合。"十二日，浙西人皆至，云平江失守。一使臣，即周望之部曲也，言敵騎二月二十四日至城下，周望、湯東野即日引衆遁去。二十五日，金人突入，更無一人拒捍者，焚燒殺戮殆盡。初，蘇人恃宣司以爲安，敵至欲遁，而舟船悉爲軍兵攄去，故無一人得脱。又聞敵[七]以十二月十六日破杭，始入城殺人，少頃而止。子女、玉帛取盡，乃以二月初七日下令洗城，自州門殺人，而四隅發火，十四日始離杭，火十餘日方罷。是日，又聞知秀州程俱爲宣司所因。初，杭州既破，敵[八]使人移檄俱降，俱不能決，曰"小邦不敢專"，輒即解赴宣司。又慮見襲，即遁出州外村落間。一職官權州，遣吏追俱，復回，托以押米趨闕。尋爲宣司勾捉而去，幾爲所斬，已而放出之，乃劾於朝也。十四日，降旨移蹕越州。十八日，車駕詣天慶宮，朝拜九廟，執政、從官扈從。自渡江至是，始有此禮。駕回登舟。十九日，御舟發溫州，著淺，行數里而止。二十日，御舟至管頭。二十一日，御舟至海門。二十二日，海霧四合，少進不行。二十三日，風順，諸船直抵章安，舟行前後不相見。是夜，御舟不至，執政船入港復回，而餘官皆不知，但聞喝探人歌唱之聲，謂御舟在前，然喝探人亦復不知御舟之未至也。翌日，率臺諫倉皇回舟。至港口，迎見御舟之至，即二十四日也。云至松門着淺，舟側幾覆。泊章安三日。二十七日，御舟發章安。二十八日，御舟泊慈濟院下。二十九日，御舟入明州港定海縣。

四月，初一日，車駕在定海縣。初二日，御舟至明州。晚同直柔對舟中，以臺諫在章安，入奏乞同對，問聖體，至是指揮始下。殿中沈與求、司諫黎確尋舟不見。初四日，御舟至餘姚，海舶不能進，遂易小舟，仍許侍從、百司從便先發。自入定海，所過焚燒殆盡，死屍相枕藉。某至明，論奏宜有以優恤之。上覽奏，惻然動念，故有免商稅及租役之詔。仍支錢數萬，以濟貧民。留餘姚一日，以諸司易舟也。十一日，車駕至越。是月，左僕射呂頤浩罷。

後一月，某蒙恩除端明殿學士、簽書樞密院事。是年十月初，以議辛企宗建節不合，眷意稍替，由是間言得入。初，降出企宗論功札子，皆無實狀。余謂諸公曰：“企宗正任承宣，不知何以酬之，意在節旄乎。”范覺民嘆曰：“此則不可，當優與軍職耳。”

紹興二年壬子歲

十月，除知平江，時呂頤浩再相，兩辭不獲，道改知建康，充江東安撫大使。

十一月，過行闕，初對，上玉色怡然，顧勞甚至。余進曰：“建康殘破之餘，又宣督兩司屯駐大軍，皆招收群寇，上下憂疑，在今最爲艱難之地。臣之此行，或因廟堂進擬，則臣斷不敢往，敢以死請。萬一出於宸斷，臣一不復辭也。”上曰：“江東闕帥，朕曉夕思之，無以過卿者，實出朕意也。卿到官，有奏陳事，朕當自主之。”余頓首謝。

校勘記

〔一〕“入”，函海本作“出”。

〔二〕“穀”，疑當作“穀”。

〔三〕"已而"，函海本作"而已"。

〔四〕"百"，函海本作"有"。

〔五〕"敵"，函海本作"贼"。

〔六〕"兵"，函海本作"贼"。

〔七〕"敵"，函海本作"贼"。

〔八〕"敵"，函海本作"贼"。

丙辰筆録

紹興六年丙辰歲

八月某日，下詔巡幸沿江。先是，諸路探報金與賊合謀，今秋復有南侵之意，且以調發大兵屯駐淮上。上欲前期順動，免緩急倉卒之患。議以秦檜、孟庾充留守，尋除檜萬壽觀使、充留守，庾提舉醴泉觀、同留守。以知臨安府梁汝嘉充巡幸隨軍都轉運使。百司並留臨安，常程行遣聽留司與決，所不可決者申行在所。先差兵部尚書劉大中，翰林學士朱震，翰林侍讀學士范冲，工部侍郎趙霈，中書舍人陳與義、董弅，權户部侍郎王俣，起居郎張燾，侍御史周秘，左司諫陳公輔，右司諫王縉，左司郎中耿自求，右司員外郎徐林，檢詳王迪，太常少卿林季仲，吏部員外郎黃次山、鄭士彦，户部員外郎周聿，比部員外郎薛徽言，太常博士黃積厚扈從，祠部郎官熊彦詩、司勛郎官王良存、秘書省正字朱敦儒以督府屬官從行。而解潛以馬軍司兼權殿前司公事，劉錡權提舉宿衛親兵，同總護衛之職。行營中護右軍統制巨師古以所部充前軍，趙密充中軍，馬軍司兵馬原本闕名充後軍。以侍御史周秘御舟前彈壓，監察御史趙渙御舟後彈壓。

九月，初一日，車駕發臨安。是日，先詣上天竺燒香，爲二聖祈福，執政、從官扈從，建國乘馬行於輦後。回幸下天竺進膳，宰執賜素食。駕至靈隱北山，雲起雷震，微雨作，少頃即止。薄晚還城，登舟，泊城外北郭稅亭下。迫暮，雷電大作。是日，駕過中竺，有卒執黃旗道左，即岳侯却敵虢州，寄治盧氏縣捷奏也。至上竺，黃旗進入。岳遣將王貴、郝政、董先引兵破之，獲糧十五萬斛。初二日，發北郭亭，晚泊臨平鎮。奏事舟中，方論奏岳飛之捷。上顧謂右揆浚曰：「岳捷固可喜，但淮上諸將各據要害，雖爲必守之計，然兵家不慮勝，唯慮敗耳，萬一小有蹉跌，不知後段如何。」復顧某曰：「卿等更熟慮。」某等奉命而退。是日，微雨終日，夜大風，雨止，北風，舟行稍緩。初三日，發臨平，晚過長安閘，德遠、仲古見訪，小飲。閱王存、吳進人馬。存、進、沂中將部兵二千還臨安，聽留司使喚。進，勇於戰，常對御騎射，上稱善，曰：「一好漢。」進聞知，刺「好漢吳進」四字作襟心，每閱兵即披之示衆。夜泊崇德縣，令趙渙之對舟中。上巡幸所過，必延見守令，省風俗、問民疾苦也。初四日，發崇德，晚泊皂林，風稍止。兩浙漕臣張澄札子，以御舟比舊稍高，所過橋梁多礙，時暫拆去，利害甚小。准平江府水門，亦當少拆駐蹕，城闉所繫，恐不應輕毀。其札子進入，得旨：水門外進輦入城，更不拆門。初五日，發皂林店，晚泊秀州。奏事河亭，因及岳飛兩捷俘獲之物。上曰：「兵家不無緣飾，此不足道。卿等因通書飛幕屬，叩問子細，非爲核實，有各賞典，但欲知事宜形勢、措畫之方耳。」浚奏曰：「飛之措置甚大，今既至伊、洛間，如河陽、太行一帶山寨必有通耗者，自梁青之來，常有往來之人，其意甚堅確。」青，懷、衛間人，嘗聚衆依太行，數出擾磁、相間，金人頗患之。今年春，併兵力攻。青以精騎數百突出渡河，由襄漢來歸岳侯，兩河人呼爲「梁小哥」。某奏曰：「河東山寨如韋詮忠輩，今雖屈力就招，然未嘗下山，隊伍、器甲如舊，據險自保，耕種自如，唯不出兵耳。金人亦無如之何，但羈縻之而已。一旦王師渡河，此曹必爲我用。」上曰：「斯民不忘祖宗恩德如此，吾料之非金人所能有。」某等同奏曰：

"願陛下進德修業，孜孜經營，此念常如今日。臣等願竭駑鈍，裨佐萬一。"進呈周秘奏狀，以解潛、劉錡各引無旗號舟船入禁圍，且妄申朝廷，去御舟五十里遠。得旨，潛、錡各罰銅八斤。德遠、仲古過舟中小飲。得洙董書報，初四日已發舟出門，將往德清也。初六日，發秀州，天色晴和。晚泊平望，進呈漕司按崇德令趙渙之罪狀。先是，言者論其排辦奉迎車駕，事多騷擾。下有司體訪，雖不如言者之甚，亦不爲無罪。得旨先降一官，令漕司取勘。上曰："渙之昨日奏對，問以民間疾苦，曰'無'。問以戶口登耗、租賦多寡，亦不能對。方今多事，民間豈無疾苦可言？而渙之乃云朝廷仁政寬恤，民頗安業，此諂諛之言也。爲令若此，將安用之？"夜得洙董書。初七日，登平望。是日，岳飛捷奏至，遣偏將收復商州，且乞催已差知商州邵隆速來之任。隆，解之安邑人，敵犯河解，隆與其兄糾率鄉民，屢與敵戰。兄爲敵獲，大罵而死。隆收殘衆，轉戰入蜀，隸吳玠麾下，數立功，且遣人赴闕，陳奏："商州要害之地，不可不力取，得商則可以經營關中。"尋命知商州，俾與金守郭浩經營收復，今則岳飛先得之矣。浩，成之子。成，關西之名將也。頃歲，夏人犯平夏城，涇原帥章楶命成守之，被圍半月餘，攻之甚力，卒不能破。初，急報至，哲廟頗以爲憂，而楶每奏平夏決保無虞，乞少寬聖慮。敵退，楶遂召還。哲宗問以城守方略，楶曰："初無他術，但如郭成輩皆一路精選，俾守一城，知其可保也。"楶，浙人，起諸生，及作帥，頗有可稱，種師道、師中皆出其幕府。又嘗薦師道於哲宗云："師道拙訥，如不能言，及與之從容論議，動中機會，他日必爲朝廷名將帥。"靖康初，師道入樞府，淵聖嘗問曰："在小官時，頗有見知者否？"師道以楶薦章進入，淵聖嘆楶知人，以其二孫茂、蓋並爲寺監丞。晚泊吳江縣，張俊遣其屬史顧，韓世忠遣其屬張俛來稟議。顧言俊營盱眙寨，工料甚

大，今始及半月，役戰士二萬，俊時親負土以率將士。且乞應副
樓櫓，并發江東西壯城兵以助役也。初八日，發吳江，午至平江
府，換小舟入門，從梁汝嘉所請也。泊姑蘇館，進輦入行宮駐
蹕，以府治爲行宮，以提刑司爲三省、密院，以簽判廳爲左相府
第，以提舉茶司爲右相府第，以檢法廳爲簽書府第。晚得湖北提
刑趙伯牛破雷德通寨捷報。德通，德進之弟。德進據險，久爲湖
北之患。自楊么之敗，其勢稍弱，遂爲部將所殺，以其眾歸德
通，猶自保一寨，不肯就招，至是始破，知鼎州張觷與伯牛同謀
也。初九日，後殿奏事。上曰："數日泊舟之後，卿等或不奏事，
即與諸將理會軍器，想不如法，但爲美觀，全不適用。可進甲葉
數百副，當爲指教穿聯，並其旗號等，悉爲整頓，別作一隊。卿
等試觀，或可用，即以此行之諸軍也。"及言韓世忠入覲，犒設、
激賞之物宜依例備之，恐不久留。某進曰："世忠來日恐到，當
便入對，世忠必有所請，如錢糧、軍馬之類，陛下但諭令與臣等
商量。惟是措置防托，恐世忠向臣等不欲盡言，如陛下曲折詢
訪，必自有説。臣竊謂世忠既城楚與高郵，地利甚便，今張俊又
屯旴眙，控制天長、揚州一帶，敵決不敢犯，則世忠一軍包裹在
內，最爲安穩。但自濠以西，並劉光世地分，光世孤軍，萬一重
兵侵犯，韓、張兩人能爲出師牽制否？不然，徒爲自守之計，朝
廷何賴？"上以爲然。是日，諸處探報皆云："劉麟自往河北乞
兵回，比又遣官再往矣。"初十日，詣天寧寺，開啓行香，得收
復順州捷奏。順州，昔之伊陽縣也，縣有弓手翟興，勇於捕寇。
弟進尤爲驍鋭，邑人號爲"小翟"，以獲寇補官，後任熙河將。
會熙帥劉法出兵總安城，深入敵境，爲人所誤，置寨不得地，敵
自四山下逼，日且暮，舉軍潰亂，失法所在。諸將逃死不暇，而
進獨策馬大呼，衝犯敵圍，來往再三，求法不獲，時法已墮崖死
矣，進由是知名。靖康初，金人犯伊、洛，進時爲京西將，河南

尹王襄遠遁，進以洛兵保伊陽自固，洛之士民避難者多依之。進死，兄興代之，兄弟相繼累歲，一方寇盜爲之屏息，固護陵寢，爲有功焉。劉豫僭逆，數遣兵攻之，興介處一隅，與朝廷隔絶寡援，糧乏，退保太和鎮。興死，其子琮代之，數遣人間道告於朝廷，求兵糧爲助，而地遠不能及也。琮勢益弱，遂以餘衆歸襄陽，依李橫，由是伊陽、太和一帶險要盡棄之敵境矣。岳飛至襄陽，遣將王貴直搗盧氏，據之。乃分兵西取商州，東由欒川縣西碧潭、太和鎮以取伊陽也。伊陽去洛才百餘里。是日，韓世忠入門，晚赴内殿入見。十一日，進呈江西安撫大使李綱奏，以車駕時巡，乞扈從，降詔不允。奏事已，上曰：“世忠之來，當有錫賚。”上起離御座，引宰執就觀所賜之物，凡十合，如繡珍珠蹙領繡戰袍、馬價珠頭巾、鑲玉腰條、回紋刀，皆奇物，並紵絲、樗蒲衣著數十匹，金酒器四百餘兩，名馬、鞍轡等。某等進曰：“陛下待遇諸將如此之厚，聖意豈徒然哉！”上曰：“禁中所有物別無用處，止備激賞將士耳。”晚，世忠到堂，謝賜物，微有酒色，云上以所賜金器酌之十餘杯，不敢辭也。並其隨行背嵬、使臣等皆被酒，上各賜束帶，並十兩金杯一隻，因賜之酒。而世忠之姪秉義郎彦仰面授閤門祇候，以其新自廊延遠歸也。世忠叙謝再三，徐曰：“世忠寒賤人也，合受凍餓，今乃蒙被厚恩如此，自顧此身未知死所也。”十二日，後殿常朝。自上即位以來，止御後殿，更不行前殿之禮，以二聖未還，意有所避也。留身，奏：“世忠之來，計當奏陳邊事方略。”上曰：“世忠無他語，但云欲與宰執議定，乞與宰執同對。卿與更子細詰問如何也。”某曰：“世忠之意，不欲張俊築城，便欲令向前勾引金人近前，我得地利，合軍一擊，便見得失。今日得城，明日得縣，無益也。竊恐勞役之久，別有事生耳。臣之愚見，若初議遣俊等渡江，徑之淮北，或攻宿，或取徐，得則進，否則退歸，出入不常，使敵罔測。是亦一策，不如止屯淮上。初云築山寨，亦復不知修城工役如此之大，臣深恐城未及就，敵已有動息，欲守則無地可歸，欲戰則不保必勝。臣已嘗與張浚等商量，若只築一小堡，可屯萬人，選精鋭守之，劫寨、腰截、斷糧道等皆可爲之。大軍依舊坐據長江之險，敵既不能遽渡，則不無回顧之慮，如此似爲穩當。”上以爲然。乃曰：“浚意如何？”某曰：“浚初有商量之意，徐徐議論，但以岳飛牽制於後，敵若抽兵稍回，山東空缺，則世忠必再爲淮、徐之舉，敵且自救不暇，安能窺吾淮甸？使俊築一堅城池，屯軍淮上，臨宿、亳，敵且疲於奔命，此恢復之端也。浚此策甚善，但臣之所慮，今冬防托數月之事，俟來春更築一堡，不失爲此計耳。自古用兵，變化不同，初無定論，然先議守而後論戰，乃保萬全也。”上然之。是晚，同右揆、西樞謁韓世忠，就其後圃置酒七行。世忠之圃即章子厚園池，昔蘇子美之滄浪亭也。子厚在相位日營葺，所費不貲，罷相即遷責，未嘗安享。洎放還，寄居嚴之烏龍山寺，子弟輩悉遣歸鄉，幹置生事。死之日，無一人在側，群妾方分爭金帛，停屍數日，無人顧藉，鼠食其一指。衢僧法空親見之。坐間，右揆屢叩世忠進取方略，世忠終不盡言，但云與相公屢言之，而其意不過欲令張俊先爲一著，渠欲乘隙而動，即易爲功也。但恐俊等揣知其意，不肯合謀耳。金字遞備坐探報，檄岳飛明遠斥堠，擇利進退。以世忠言，近探者自河北回，言龍虎軍由李固渡過河，凡渡四晝夜，精兵三萬餘人，内分騎兵一萬之京西以應岳飛也。十三日，進呈已降指揮，依四年例燕犒諸軍將佐。檢正張宗元上殿，遣詣建康、太平，撫勞劉光世、張俊兩軍老小，仍將在寨人點檢整頓，結成隊伍。晚，得岳飛收復西京長水縣捷報，仍云已收兵復回鄂州，以糧不繼也。十四日，進呈右司諫王繮奏狀，乞罷平江府營造，恐妨農時也，從之。批旨：韓世忠非晚朝辭，可特賜御筵。差入内内侍省都知黃冕押伴，令平江府排辦。議十七日，就韓後圃山堂，隨行屬官、總制、提舉官預坐，使臣等別坐，酒五行。西樞云："種夷叔靖康初被旨巡河，朝辭日賜宴所居蔡氏之第，吏部侍郎王時雍押伴，屬官預坐。"右相云："諸處探報，淮陽軍等處往往抽回人馬歸京師，以備岳兵。韓侯亦云。"韓晚到堂，因話及京城被圍之事。當時，南壁正金人所攻之處，而以盧襄、李擢當之，韓亦慨然嘆息也。十五日，望拜二聖已，奏事。進呈信州奏，以車駕巡幸，進銀萬兩。上曰："此物得之何處？儻府庫有餘，自當獻之朝廷；或取於民，則不可也。更當詢問，果取於民，便當退還。"某等奏曰："陛下恤民如此，朝廷約束甚嚴，方州必不敢爾。"韓世忠辭免賜御筵，有旨不允，降詔。十六日，批旨：諸軍押燕官，楊沂中、張俊軍差淮南提點張成憲，韓世忠軍差楊州守臣李易，劉光世軍差江東漕臣向子諲。先是，降旨宴犒諸軍，並依紹興四年例。晚，中使賜除濕丸數十斤付密院，以備給賜士卒。先是，趙密、巨師古兩軍自杭護衛至此，多病重腿之疾。一日，宰執奏知，上出禁中方，命御藥院修合，且遣中使押御醫親至軍營，人人看候，分給之，服之皆效，此其餘者也。又以其方賜某云。十七日，進呈岳飛乞終制。某等先議定奏稟，以飛累有陳請，亦屢降指揮，而其請不已，欲上親筆批回札子。上曰："惟宰執有此禮，他人不可。卿等可作書，但云得旨封回可也。"退而右揆以書封去。是日，劉光世奏，敵添兵戍陳、蔡間，而劉豫亦於穎[一]昌積穀甚富，恐有侵犯之意。密院刻擇官申中和言：太白已過左執法，以陰晦不見。先是，占星者言：九月初三夜，太白由黃道微高入太微垣，犯右執法。

丁巳筆録

紹興七年丁巳歲

　　九月，自紹興被召，是月十六日，入建康，對於便殿。叙志已，上曰：“卿人望所歸，豈應久外？”某辭以今日規模與臣所見不同，上曰：“將來別作措置。”十七日，宣制，授左僕射。十八日，留身奏事，上問防秋大計，某曰：“淮西雖空缺，當以壯根本爲先務。”又問去留如何，某曰：“其來太遽，既已失之，其去不可復爾也，臣前日奏陳固已悉之。今國威少挫，兵勢亦弱，若遽自退縮，即益弱矣。却須勉自振勵，爲不可動搖之勢，尚少堅士心，不至委靡。”上深以爲然，且曰：“初聞淮西之報，未嘗輒動，執政奏事，皆惶恐失措，反爲安慰之。”某曰：“正須如此，見諸將尤須安靖，使之罔測。不然，益增其驕塞之心，謂朝廷莫敢誰何矣。仍以控制之事專責之二將，曰：‘光世之兵不爲用，我之所賴唯汝二人。’彼必感陛下倚任之重，且不敢以朝廷爲弱也。前此大臣曾以此啓沃否？”上曰：“彼皆倉皇，無地措足，何暇及此！”自入見，每留身奏事，上必盛怒言德遠之過，余每隨事開解。

　　十月初，余因奏曰：“自淮西之變，軍民不見朝廷有所措置，欲降一手詔慰安之。”上曰：“朕思之久矣，當以罪己之意播告天下，以朕任用之非其人也，俟行遣張浚了降詔。”余曰：“浚已落職。”上曰：“浚誤朕極多，理宜遠竄。”余又曰：“浚母老，且有勤王大功，陛下安忍使之母子不相保。”上曰：“勤王固已賞之爲宰相矣。功自功，過自過，不相掩也。”初七日夜，内降周秘、石公揆、李誼彈章，後批："張浚謫授散官，安置嶺表。"
中書舊例，凡御書批出文字，多在暮夜，不問早晚即時行出。至
是余封起，未即施行。明日榻前解救，開陳再三，上意終不解，
余乃曰："浚所犯不過公罪。"上曰："是何公罪？誤國如此，私
罪有餘。"又奏曰："前日趙令衿之言，外頗傳播，謂浚之出皆
諸將之意，今又行遣如此之重，外間益疑矣。"上曰："安有此
理？若宰相出入出於諸將，即唐末五代衰亂之風，今幸未至於
此。"余又曰："雖非諸將之言，今謫浚如此，亦足少快諸將之
意。"上曰："此不恤也。"余又曰："向來浚母未出蜀時，陛下
特遣中使宣諭勿遣，今乃使之爲萬里之別，生死固未可知，豈不
傷陛下孝治之意？"上意少解，乃曰："與嶺外善地可也。"余
曰："湖南永州等處，與嶺外何異？但且名目不謂之過嶺也。"
上曰："可散官安置永州。"余又曰："若令分司，便是致仕。"
上曰："且更商量。"來日再將上，余又留身，再三懇奏，拜於
榻前。上曰："浚平日兄事卿，卿一旦去國，浚所以擠陷卿者無
所不至。今浚得罪天下，卿乃極力營救，卿賢於浚遠矣。然今日
作壞得如此，使朕極難處置，卿亦難做。"余曰："此則天下共
知，雖爲國家無窮之患，原其初不過措置失當而已。偶因措置失
當，遂投嶺嶠之外，臣恐後來者以浚爲戒，不復以身任責矣。"
上意乃解，於是分司之議始定。初九日，降旨：張浚責授左朝請
郎、秘書少監，分司南京，永州居住。二十五日，謝大禮加恩，
不奏事，退答衢州諸書。先是，士大夫相知者責余作相逾月，未
見有所施設。余答之云："今日之事，有如至虛極弱久病之人，
再有所傷，元氣大耗，自非緩緩溫養之，必致顛覆。方此危迫之
際，唯有安靖不生事，坐以鎮之。若欲大作措置，煥然一新，此
起死之術也，非老拙所能。且張德遠非不欲有爲，而其效如此，
不量力之過，亦足爲戒矣。"一日，上曰："令張俊盡以舟師分

布控扼，然後引兵渡江。"余曰："淮西寂然無事，不須勞攘，但外間議論便謂朝廷棄却淮西。以兵家舉措言之，一軍潰散却補一軍，分明是怕他。却當一向勿顧，不發一兵，看彼如何，未必敢動。"上以爲然。是月，董弅徽猷待制，知嚴州。先是，弅任中書舍人，余罷政之十餘日，諫官陳公輔論二程之學恐惑亂天下，於是下詔曉諭。董權禮侍，録黄下部，吏欲鏤板，董曰"少俟"，他無所云也。郎官黄次山白臺諫，謂弅沮格詔令，侍御史周秘彈之，弅以殿撰出知衢州。其後，給事中胡世將舉次山自代，朝廷遂進擬修注。上曰："非告訐董弅者邪？此風不可長，可與在外差遣。"當國意甚沮，由是善類稍安，次山遂除湖南提刑。弅至是始除次對。一日奏稟："來春去留之計，請陛下更留聖慮，將來回蹕之後，中外便謂朝廷無復恢復之意。"上曰："張浚措置三年，窮竭民力，殫耗國用，何嘗得尺寸之地？而壞却許多事功，此等議論不足恤也。"余又曰："昨日進呈劉麟以酈瓊書送岳飛，瓊書云：'昨在合肥，已聞大齊政事修明，奉法向公，人民安業。今既到此，目自見之。投身效命，合得其所。'賊爲夸大之言，不無緣飾，然聞刑法極嚴整，人亦畏憚，官吏上下委無毫髮之擾。"上曰："也是，嗔他如此不得。"余乃曰："陛下承二百年太平之後，州縣玩習，相師成風，吏強官弱，民無赴訴，若非嚴加刑法，無由整肅。又念祖宗以來，純以仁恕待天下，所以享國長久，欲絶復興。雖朝廷法令時有更張，至於祖宗仁恕之心，則列聖相承，未嘗少變，此乃陛下之家法也，必不肯如彼所爲，加酷於天下。爲今日計，欲富國唯有屯田，欲息民唯有擇郡守。縣令衆多不能擇，監司則力有所不能及，唯守臣得人，則民自受賜。"上深以爲然。一日泛論時事，因及國史，上曰："前日觀朱墨本，内用朱勾去者也，是大冗。"余奏曰："朱勾者最係美事，皆蔡卞輩不喜之語，亦以其不學，故不知去取耳。且如《吳奎傳》載上神宗疏曰：‘臣願陛下爲堯舜主，不願陛下爲唐德宗猜忌之主。’卞等簽則云：‘所引狂悖，今删去。’臣謂載之乃見神宗之聖，蓋主聖然後臣直也。使唐魏徵、王圭輩傳中不載當時獻替之言，則後世亦安知太宗爲納諫之君？”上深以爲然。余又進曰：“使一部盡作諛詞，此豈美事？古謂之不諱之朝者，蓋屢聞直聲，必甚盛故也。帝王一代之典，是非褒貶，非子孫所敢爲者，所以使後代人君常懷儆懼之心，不敢爲非也。此孔子作《春秋》之意也。奸人常以《春秋》爲魯諱者，大惡諱，小惡必謹而書之不隱也。所載吳奎之疏，皆讜言正論，人所難堪者，神宗能容之，是乃盛德事，謂之大惡可乎？何諱之有？”上曰：“卿所論甚正，非他人可及也。”余又進曰：“臣去國半年餘，今者再見清光，竊觀聖意稍異於前日。”上曰：“不得不然，尋常造膝之言，每以孝悌之說相搖撼，其實紹述之謀也。又同事者和之一詞，朝夕浸淫，罔覺也。如程頤之學，每貶斥之，以爲不可用。”余曰：“秦檜莫爲陛下說些正論？”上曰：“並無一言。自卿去國，在庭之臣不減其舊者，唯朱震一人而已。”余又曰：“臣觀爲此謀者，不過持中論以眩惑聖聽，以謂不可太分別，當兼收並用，庶幾得人之路廣大無遺。臣竊以爲不然。取人之路雖廣，使君子、小人並進，亦何爲治？與其多得小人，不若少得君子之爲愈也。大抵持中論者，便是沮遏善類之術。分別善惡唯恐不嚴，稍似寬容，則乘間透漏，落其奸計，使君子不容措足矣。君子之於小人常存恕心，小人之於君子不少恕也。自古及今，君子常屏棄，小人常得志，以此故也。”上又以爲然。進呈高世則乞不收使元帥府結局轉兩官恩例，得旨依奏。執政奏曰：“莫却別與些恩數否？”上曰：“只問他宣仁族屬比之諸后家所得恩數如何，可取會也。”次日降指揮，令吏部檢會宣仁后族屬未推恩數，申上意，以宣仁之族惟世則近族，宣仁升遐時恩數甚薄，其家並無作使相者，欲以此寵世則。是日，余留身，奏曰："世則恩數已降指揮，令吏部檢會，此乃他日題目，庶使人曉然知其本末，不駭聽聞。然今年一年之間三除使相，韋淵、士褒、錢忱也。方今天下事殊未濟，而戚里相繼作使相，公議謂何？臣欲將世則除命少待來春。"上曰："卿所慮極是，非晚令世則辭去，直待來夏未晚也。"二十九日，進呈已，余因奏曰："臣比自外郡被召，迫於威命不敢固辭，然區區之誠，已嘗縷縷陳奏。今已冬深，雖別無警報，獨不知來歲動靜如何，要自今日議定去留。或可留，即但當措置防守；或以為不可留，即宜從今徐作動計。亦恐一兩月間別有不測驚擾，庶免緩急倉卒之患。"上曰："來春去留未議，但論來秋之計當如何。"余曰："若車駕留此，則來秋防守猶如今日。或茲暫回臨安，即俟有警，進臨平江或復幸此亦可。惟此兩途，別無他說。大計既定，其他瑣細措置，當款曲商量進呈。"秦曰："車駕稍移近裏，似為安穩，須使淮上略有措置，及使諸將各思向前，無退避之意，則車駕庶幾少安。"余曰："臣在平江府時，每與張浚議此，亦屢奏聞，止令諸軍各分一萬精兵控制淮上，作一小堡為堅守之計。萬一寇至，得則進攻，否則退守，或牽制，或尾襲，劫寨抄掠，晝夜擾之，而我之大軍悉屯江上，彼雖甚銳，安敢邃前？此臣之鄙見也。近自紹興蒙被收召，再嘗以敷奏，恐士大夫謂臣創為此說，欲符合諸將之意，不知陛下尚能記此否？"上曰："卿固嘗言之，奏章現在，當付中書，卿與執政一觀可也。"余又曰："若陛下果欲暫回臨安，即復以建康為行宮，守臣兼留守，差內侍主管匙鑰，留親事官備灑掃，百司官府並付留司看管，以備時巡，一如兩都故事，為往來之計。若金人舉國來寇，即舉行甲寅年捍御之策，此又臣之鄙見也，願更詢問參政張守而下，當各盡己見，子細商量。"張曰："不過如趙某所論，無可疑者，但願不輕動爾。"余進曰：

"臣昨來所論，正不欲輕動，奏札亦已具之矣。臣初至此時，人情極不安，議論洶洶。臣一切不顧，堅忍静坐以待之。今幸無事，却須議定來春大計也。諸人各有進説，正不敢專主不動之議。"余又進曰："臣之所説，自去歲迄今，止是如此，更無枝蔓，亦無改易。"上曰："朕固知之，莫暫回爲便否？"顧諸人曰："卿等以爲何如，議論定否？"諸人曰："如此甚便。"上曰："其餘合措置事，卿節次理會。"余曰："今所先者，諸軍營寨，便令計置，及於鎮江多備舟楫，亦恐緩急放散百司要用也。"上曰："此等事正宜辦也。"議既定，余又曰："來春之計既定，止是防秋萬一有警報，須是車駕前進一步，庶幾鼓作將士；萬一少退，則崩解不復支持，便以今日之退爲失策矣。"上曰："自當如此。"上曰："兩河故地，朕豈敢爲意？但使朕父子團集，及得一朝陵寢，朕之志願足矣。"某奏曰："陛下如常存此念，上天眷祐，必有悔禍之意。"上曰："朕之此念寢食不忘也。"某又曰："人君與臣庶不同，苟一念志誠，上天必須感格。"語及此，聖懷感動，惻然久之。某又與西樞亦不任悽感也。

　　十一月，初四日宣麻，右相轉左光禄大夫，以進書也。進呈吕本中乞宫觀，上曰："本中詩極佳，不减徐俯少時所作。俯晚年學李白，稍放肆矣。"胡紡報淮陽舟愈遠，向上往徐州去。光世使臣下書言，合淝之役，麟既退走，光世追之，道遇伏兵發，光世幾爲所得，賴諸將力戰，王德之弟某人者死之。夜二鼓收兵，光世負交椅者亦戰死，傷折亦衆，但未見其數。右相奏："光世得四百舟，準備朝廷使用。"又奏："須俟張浚軍回，乃往鎮江措置。"某留身，奏曰："數日來，外間傳言日中有黑子，司天臺曾奏否？"上曰："有之，前月二十九日見，如一李子大，兩頭尖，今消欲盡矣，其占陰干陽。"某奏曰："臣遍閱諸家占書，其説不一，或云臣蔽君之明，或云臣不掩君之惡，今不見百

姓惡君，使有此變。其餘占候不一，俱非吉兆。日者，人君之
象，恐非尋常灾變。願陛下更加明察，恐皆臣等之罪，無惜黜
責，以答天戒。"上曰："干卿何事？"某奏曰："恐懼修省，更
乞陛下留意。"初五日，進呈右相奏擬韓世忠與金帥並其屬將書。
先是，秦相奏言："金屬將乃主帥之壻，今聞統兵在山東，宜作
書與金屬將，俾達于主帥，責助賊豫爲背天逆理之事，何以爲臣
子之戒，冀其休兵息民也。"上曰："賊兵既退，何用此爲？且
留俟浚歸議之。"某曰："淮西既定，士氣方盛之時，浚乃有息
兵之意，生民之幸也。"上曰："如此，則留下札子，當批付浚
施行也。"某奏曰："昨日得浚書云，建康府入納鹽鐵甚盛，用
兵之效，不可不勉也。"上曰："沿路既安，商賈放心來往。"某
曰："亦緣久不變法。"上曰："法既可信，自然悠久。"蓋自渡
江後來，鹽法歲變，或至再變。自紹興四年冬立爲對帶法，明年
秋加以出剩，立爲分數，許入納不對帶。二法兼行，二年不變，
入納甚勻，比之常行，亦自增羨。二十一日，右相、西樞見訪，
會食早晚。余自淮西奏捷，即累求去。右相既歸，日治行計。初
議正初曲赦廬、壽、光、濠四州，才冬節開假，便作禮數，後商
量止俟十二月初一日。以日期既近，俟頒赦已，然後爲之，亦是
防秋結局也。蓋十一月初上，既見許，故凡所入文字等悉已
草下。

　　十二月，初一日，本留身告上，偶右相以密賜，乞留身謝
之，余展作初二日。是日，留身，懇告求去，上語雖未允，意亦
許矣。下殿更不批旨，歸私第，食後入文字訖，乃登舟。少頃，
押入都堂治事，復歸舟中。來旦，再押同班及堂治事，初三日
也。上曰："朕於君臣之間無毫髮不足，細察之，卿與張浚終難
同立朝也，朕當全盡進退禮數，煩卿一往紹興也。"某懇求宮觀，
上不允。既退，押到堂，放散人從，依時上馬，不得般出。初四

日，同奏事，留身，面投札子，乞出，再押到堂，復歸私第，晚歸舟中。初五日，宣押同奏事。至漏舍，再入文字，以腳疾有妨拜跪，遂免起居。再押到堂，復歸舟中，右相、西樞見過。初六日，降詔不允。初七日，忌，例不鎖。初八日，鎖院。初九日，降制，朱子發行詞。是日宣麻。初十日，受告閤門。是晚批出：趙某令朝辭上殿，並正謝。十一日，正謝。十二日，朝辭上殿。

校勘記

〔一〕“穎”，當作“潁”。

忠正德文集卷九

使指筆錄

王倫等申禀，將來到金國，有問對事下項：

一、和議成，若過有邀求，合如何對？和議成，若要歲幣，須量力應副。緣兵火以來，諸州例皆殘破，户口耗減，難比已前全盛時，除歲幣外，若有邀求，應副不得過，幣銀、絹各不過二十五萬匹兩。

一、和議成，許還土地，却要逐州税賦，合如何對？税賦合隨地土，若以地土見還，却要税賦，與不得地土無異。如前項歲幣則可，税賦則不可，歲幣便是税賦。

一、訪聞大河近年不行故道，向著近南。今若議和，以河爲界，却只以即今新河道標立界至，合如何商議？大河須是舊來濁河，應陝西、京東路州軍皆是。若以新河爲界，全不濟事，須是盡得劉豫地土。

一、若到前路，依例先來取國書，合與不合發去？先取國書，合依例先發副本。

一、若到軍前及金國，詰問招納，如何對？招納事皆邊將所爲，朝廷已行戒約，若和議已成，自無此事。

一、如到梓宮前，合服初喪服，若金人不容，合如何論對？到梓宮前，如金人不容服初喪服，合隨宜服黑帶，去佩魚之類。若入本界，即服初喪之服。

一、許和之後，欲行封册，移損尊稱，合如何對？上即位已十二年，已四次郊見上帝，君臣上下名分已定，更不煩行此禮數,切須拒之,斷不可從也。

一、金人若問既和之後,必便移蹕還汴京,合如何對?若盡得劉豫地土及宗族盡歸,即修奉陵寢,開淘汴水,俟漕運通行,儲積足備,及軍營百司修繕備辦,方可移蹕。

一、問因甚不差執政大臣來,合如何對?爲和議未成,未敢輒差執政。若和議已成,所差官自有故事。

一、將來到軍前,堅請移蹕建康,就便商議,如何對?建康爲經殘破,百色不便,難以久駐,兼與臨安相去不遠,商議事自不相妨。

一、許迎請梓宫,有合先奏稟事,未委倫等,合與不合先歸?迎請梓宫,若見得的確,先歸無害。

一、議和之際,若遣使人議事,合與不合同共前來?若土地、宗族悉如所請,事意分明,及所須度可應副,或要再遣敵使,即與同來。如和議未定,事不分明,即不須敵使再來。

一、若許和議,萬一却欲只以現今地土爲界,或別要地土換易,合如何對?若只以見今地土爲界,或別要地土換易,但云欲歸稟於朝,使人不敢與決,更不可將帶金使同來也。

一、所有本朝叛將舊在僞齊,今來和議既成,乞於未交割前,先與赦貸。和議既成,即已前叛將自合赦貸。

一、敵情譎詐,難保或有事干國體,從權應答,候回日抄録呈納。

除十四項事外,如到別有事干國體,自合從權應答,仍體度須是朝廷可從之事。

辯誣筆錄

原　序[一]

余叨塵逾分，績效無聞，固足以招致人言，重干典憲。而又學術迂僻，與衆背馳。其辯宣仁之冤誣，正裕陵之配享，無慊於心，無負於社稷，無愧於天地神明，而兩家之黨布滿中外，怨讟四起，叢於一身矣。銷骨鑠金，何所不至？度其勢力，將寘之必死，則凡今日流離之極，而尚延殘喘者，皆君父委曲庇護之賜也。有此僥倖，尚復何言？然前後論列逾數十章，其間寧無傳播失實、風聞文飾之誤？是不得不辯。其他細故，無足深較。謹擇其尤者，作《辯誣》。

趙鼎書[二]

辯誣筆錄卷一[三]

一、張邦昌僭竊，干王時雍，權京畿提刑，有"親奉玉音"之語。辯曰：靖康元年十二月末得省札，稱朝夕大金師退，奉聖旨差府曹一員、省郎一員，抄札遺下軍糧馬料。次日，工部侍郎司馬文季與余簡，封題云"提刑直閣"。繼得開封通引官姓白人札探除目帖子報，開封士曹趙某除直秘閣、京畿提刑，兼轉運副使。其日，余在同舍陳士曹閣子內與數同官會話，今刑掾郭璋獨在，可以爲證，時十二月二十七八間也。先是，聞開正大金師退，宰相何文縝廣坐中論師退後措置事。首言京畿蹂踐酷毒，須得人安集之；且言祖宗時止有提點一員，盡總諸司之事，俟師退頒赦改正，今且除提刑一員，兼漕事，當於士人中選通曉民事者。坐客薦洺州通判趙子昉，何曰：“子昉固佳，但資淺爾，須於府曹省官中選之。”程伯玉、司馬文季等數人同聲曰：“若求於省府官，無如開封士曹趙某者。”何曰：“得之矣，屢有人薦，使除職名。”即呼中使具除目將上。次日批旨，正月初畫黃下吏部。戶部侍郎邵澤民聞之，走見何相，薦宮教耿洵填士曹之闕。何曰：“已除趙子昉。”蓋初議畿憲不成，復以此處之，在外無日下供職指揮。適當多事，舍人行詞留滯，未給告間，車駕出郊，其事遂已。先被旨點檢出城骨肉，置局延真宮。二月初天地大變，六宮皇族相繼取詣軍前。一日，宋退翁、胡明仲過延真，率余同見府尹。時有金使二人來府中催促應副，退翁密謂余曰：“瑤華當祝尹深藏之，以備垂簾，待元帥之歸。”余曰：“何人可託？須有力量可保者。”退翁曰：“戚里王某，詵之子。內侍則邵成章。”既見尹，適金[四]使在坐，不容交談。退翁於掌上書“瑤華”二字，憑尹書几，展手示之。尹曰：“何爲[五]？”退翁曰：“藏之。”尹良久乃悟，曰：“會得會得。”是日晚，退翁作札子詳言其事，托余達之於尹。瑤華舊在州北，城破，遷之延寧宮。未幾延寧火，尹議密歸之孟氏私第，不欲在士庶之家也。其後迎入禁中垂簾，以待元帥之歸，其謀實始於此。逮邦昌入城，士大夫亦以此議誘之，故邦昌敢任其責。三月末間，金人漸次引去。一日，舊同官呂言問見訪，云朝廷議迎請元祐后歸禁中，家兄令言問與孟氏議定。兄舜徒也，言問與孟氏親，故舜徒委之。言問後作《垂簾記》，備見本末。後數日，余得行首司帖子，請召議事。至崇政殿門外閣子中，見王時雍、呂好問、馮澥同坐。時雍顧謂余曰：“煩公以畿內之事。”出除目一紙示余，除直秘閣、京畿提刑，兼權轉運副使。余起立白時雍，以私計不便，不願就此。時雍作色曰：“今日之事，須大家擔負。”余曰：“府官冗賤，何預國論？"時雍怒甚，不復言。舜徒恐激作禍生，謂時雍曰："且只以府曹兼權。"又謂余曰："府界職事，府曹兼領何害？兼有正月初成命。"余曰："若於差權札子內備坐正月初指揮，乃敢就職。"時雍益怒，面色變青，徐取筆勾去"直秘閣"字。舜徒又曰："府界事無限，且先理會東路，祗備元帥之歸。所以煩公，正爲此也。"余曰："聞金人留兵二萬屯河南武陽〔六〕縣界，如此即游騎四出，府界何以措手？"舜徒曰："近遺從官數輩至軍前懇告，今則盡發過河，更不留一人一騎在河南。"余曰："東路蹂踐尤甚，直抵南都，更無片瓦。"舜徒曰："元帥府官兵極多，須廣作蓆屋以待。"余曰："府界無一人百姓，使誰爲之？又無一錢支用。"時雍方發言曰："此等事自當應副，公可條具申來。"余歸，至晚得差權札子，猶豫未決。適提刑屬官孟某來參，不記名。問知是后家，因叩吕言問所説。孟曰："此議已定。某適離家時，見街道司已在宅前治道，恐亦非晚矣。"余既得此説，走見户侍邵澤民問子細。未及坐定，澤民曰："適自部中來，朝廷要二十副珠子花鐶頭面裝裏內人，就孟宅迎太后還內。於諸人家抄札家資內尋覓，竟不得足。"余曰："定在何日？"澤民曰："數日前馬仲時謂殿院馬伸。已上書太宰相公，請速出外第，且乞遣使迎元帥。邦昌得書極惶恐，便欲出居。東府諸公謂敵騎尚有在青城者，恐別有變生，少隱忍數日爲便。今聞後騎已過中牟，邦昌豈敢一日留滯？當亟請垂簾，一如初議也。如遣使，則已發數輩，近又差謝任伯克家捧寶而往。"余曰："何寶？"澤民曰："大宋受命之寶，的當無如此者。"余既聞此，始敢交職事。畿憲公使造酒，月給甚厚，余只請士曹之俸，不受一錢供給，今料錢歷可考也。不數日，大母垂簾，邦昌易服出外第。垂簾之次日，余到都堂白事，適見邦昌自崇政殿門出，循廊而南，朱衣前導，堂吏隨之。三衙一人從後來，不知姓名。升階稟邦昌，欲差班直數人導衛。邦昌踊身頓足，大叫曰："公等如此不相恤！"余見邦昌於都堂閣子，對坐茶湯。是時別無執政，前日暫權者皆已退歸舊班。余出札子再申明所權執事，次日降太后聖旨差權，余然後方敢舉職。又乞支降錢帛，前日王時雍所許者。邦昌謂余曰："要何用？"余對以蓋造蓆屋，以備元帥之歸，邦昌取筆判"依申支給"。前章謂余干王時雍，求京畿提刑，又謂余有"親奉玉音"之語，則天地鬼神實臨之。

一、權京畿提刑日糾集保甲以拒勤王之師。辯曰：丙午冬，金人分兩路渡河，直抵畿內。西自洛陽，東至南都，南自潁昌，北至大河，皆爲金人占據，京師在數千里重圍之中。仰視但見青天白日，而道路不通，中外斷絕。四方萬里之遠，郡縣櫛比，官吏享厚俸、兵級坐食衣糧者不可以數計，而優游自若，無一人回首一顧者，安得所謂勤王之師？月餘城破，敵分兵屯列城上下，瞰城中百萬生靈猶機上之肉。明年正、二月間，陝西大帥范致虛遣兵萬人，使辛企宗將之，出崤黽[七]。敵令西京所屯兵迎戰，甫交鋒，西兵敗走，去京師猶在十程之外。東南之兵聚之淮甸，盤桓不進。三月間，二聖已出郊，趙子崧總兵一項，自陳、蔡稍逼咸平界。遠望敵騎數百，奔潰不可止約，自相蹂踐，死者盈路，遺棄金帛鉅萬，不可數計，騎厚載而歸。此則勤王之兵也。時余在開封供職，不知京畿提刑者何人，謂之保甲者安在也。余得堂札兼權憲漕，時敵退城開已數日。逮交職事，敵騎已過鄭州，二帝北遷，渡河已久，京師官吏悉趨元帥府。所謂京師者，數千里瓦礫場中歸然一空城而已，何勤王之有？況保甲一司，自有武臣提刑專領。余權攝時，文臣見闕，係武憲汪長源兼領，余從長源交割得之，畿縣諸公悉來相見，不聞有保甲在京，亦未嘗說及也。隆祐垂簾之初，劉光世一項自鄜延來，太母遣武臣提刑汪長源、戶部郎官李革出城迎待，而光世由潁昌境上直趨濟州。

後數日，李革見訪，余始知光世之過也。後章謂余權京畿提刑日糾集在京保甲以拒勤王之兵[八]，則天地鬼神實臨之。

余初被權攝指揮，專爲措置東路奉迎元帥。自權領之後，往來雍邱、陳留，水陸措置。朝廷差中書舍人張澂達明提舉迎奉一行事務。余見達明議事，以驛頓什物全闕。次日得省札，具數申戶部，許於諸人家抄札什物內關請，後關到載往東界。余至雍邱編排回，中路逢樞副李回少愚[九]、右丞馮澥長源，同舟南下，相見舟中。余謂二公，論京畿蹂踐既酷，即今猶有潰兵及飢民嘯聚者時時出沒，流民不得安業，乞差兵彈壓等事，二公深然之。余遂率京畿父老上表勸進。五月初，上即阼，又率京畿父老上表請車駕還闕。至六月初，余申都省，以京畿措置就緒，遠邇寧靜，勞來安集，恐非時暫兼權者能辦，乞早差正官前來交割。凡累申不報。方朝廷節次行遣圍城諸人，議論洶洶之時，余敢露章求罷，而朝廷不聽其去。自以權攝始末可考，朝廷亦知之，而不以爲事也。兼權之人，凡有數等：除別以罪斥外，應權[一〇]執政官有自落職宮觀而復舊物者，皆責散置，李回、范宗尹之流是也。有自樞副升右丞者，馮澥是也。有自侍郎權尚書者，謝克家、邵溥是也，止於落職而已。有自從官權執政者，呂好問是也，事體爲最重。洎上即位，正除執政，進退恩禮未嘗少貶，以其權執政日，於圍城中募人間道詣元帥府密陳城中款師事狀之功也。其後宰相議圍城之罪，悉欲殺之，上終薄其罰者，以預知城中始謀權立之詳也。其自開封少尹權都司者，葉份之徒是也。自監丞權少監者，李佩之徒是也。自郎官權卿少，自館職權郎官，不能盡記，皆置而不問也。洎車駕渡江之後，洞照本末，當時權攝之人悉皆召用，李回復入樞府，謝克家再爲尚書，相繼入參大政，范宗尹召爲中丞，未逾年拜相，此皆權局中情重而責降散置者。葉份元不離行在，至八座而去。余以開封右判官權京畿監司，是爲外補，未嘗超獵，比之諸人不猶愈乎？邦昌之入城也，留守率百官用郊迎宰相禮見之於南薰門下。邦昌下馬相揖，入幕次，請從官就坐。邦昌厲聲曰："誰爲此謀？公等各爲妻子計，乃欲實邦昌赤族之地耶？"諸人惶恐無對，乃請邦昌居尚書省，留守司差從官十員相伴遊説，邦昌拒之甚堅。余亦竊聞一二諸人初謂邦昌曰："今日國祚不絶如綫，太宰受國厚恩，正是論報之日，謂宜勉徇軍前之意，款退敵師。即日遣官奉迎元帥，一面邀請元祐后垂簾，然後退就舊班，且速議勸進，既建大號，未必不以爲功也。"邦昌曰："諸公誤矣。元帥府將相已備，他日聞二帝北遷，未必不便正位號。唐明皇在蜀，肅宗即位靈武，投機之會不可失也。"諸人曰："才聞師退，急遣使勸進，此亦一機會也。且本謀專爲社稷計，他時誰不相諒？"邦昌曰："此事安可户曉？諸公不念邦昌有老母何〔一〕？"諸人又曰："今京畿百萬生靈性命所繫，太宰設心如此，天地神明亦必知之。"邦昌初慮師退之後別生他變，既聞垂簾之議，始有回意。後兩日，御史臺告報：百官并寄居待次官，及京城父老、諸軍將校並赴尚書省。官員立廳上，父老、將校立庭中。少頃，堂吏引邦昌出閤子，立柱廊上，士大夫建議紛紛，邦昌拒之，辭亦甚敏辯。其中一人謂衆曰："不須如此，便可山呼。"邦昌倉皇走避。百官未退，余與府僚先歸。臺吏遮攔，且曰："一城百萬生靈性命決於今日，官員門且更告他太宰。"衆謂之曰："府中應副事冗，自來集議等事才到便退，未嘗干與。"乃使之去。出省門，逢王伯時立之。小立，語及邦昌堅拒之説，伯時曰："須教他做，且是易制，他時足以襯刀。若使蔡京爲之，必別有措置，反爲大患。"襯刀謂斬也。户曹李沇曰："少卿且低聲，此語傳播，愈更艱難矣。"初，大變之後，敵移檄城中議所立者，云選世有名德之人。諸公議曰："衆所共知者惟吕舜徒、司馬文季，又惜其忠賢之裔，萬一爲敵所污，又見元祐之家一事。當求一易制而不爲人所顧惜者，如邦昌之流可也。邦昌久在軍中，與敵相熟，敵人之意亦在於此。”即遣翰林學士吳正仲入城，取指名狀，城上四圍兵合，張其勢以逼之。日晚，議未決，將欲變生。宋齊愈預聞初議者，遂書邦昌姓名以授之。軍中喻以此命，邦昌辭之甚哀切，以至號慟悶絕仆地，扶歸帳中，不復食。敵遣甲士百餘人露刃相向，且斡開口灌以粥飲，而邦昌終不從。敵之謀臣曰：“莫若送之城中，使自爲計，立一日限。事若不成，縱兵齊入，不使一人得脱。”故邦昌之入，在城士庶軍民祈哀萬種。議既定，有司告報，百官集闕門之外。敵使五人自南薰門入，甲騎數千衛之，捧册文前行，閤門等盡用敵人。邦昌乘馬出尚書省後門，大號於馬上，至御廊幕次，易服東望再拜。是時甲兵如雪，環列城上，鼓聲不絕，天日昏暗，風沙慘然。士大夫相顧，面無人色，邦昌亦揮洒不已。步自宣德西門入，敵使隨之。至殿門，五使先退，恐庭中禮數有所未盡，不欲見之，相回避也。邦昌升殿，倚西壁立，百官隨入，錯雜紛亂，無復行列。邦昌遣閤門一人下殿諭廷中曰：“實爲生靈，本非僭竊，官員、將校等並不得拜。”百官既拜，或起或伏，仰視邦昌倚[一二]壁鞠躬，側首北嚮，殿中但設空御座而已。先是，被圍之初，有旨權罷國忌行香。邦昌禮數甫畢，次日告報，依舊制行香，但無奉慰之禮，以此示都人，以見意也。後不復登殿，止坐升陽門，百官稟事，長揖階下。從官登門即坐，但以字相呼，一如執政見士大夫之禮。事定，敵議退師，欲留兵三萬爲衛，邦昌懇辭之。又欲留兵一萬屯河南武陽界，恐緩急京城要用，邦昌又辭之。既不敢留兵，所以急於迎奉隆祐還宮。敵退未旬日，太后垂簾，即日召元帥勸進。權中書舍人汪藻行辭，有云“晉獻之子九人，獨文公之在外；漢家之業十世，至光武以中興”，引證最爲切當。又旬餘，邦昌趨南都。上踐阼，封邦昌郡王，謝表云“姬旦攝成王之位，意在存周；紀信乘漢祖之車，本期誑楚”，此其本意也。然其間舉措不爲無失，如迎隆祐稱“宋太后”之類。敵騎雖未盡渡河，敵聞之有回戈之患，後來誰肯委曲見察？賴聖君在上，憐其本心，故止及其身，而置其家不問，親族之家亦不絶其禄仕，可謂忠厚之風、盛德之事矣。況如余輩庶官，時暫行〔一三〕兼權，未嘗超升，未嘗增俸，么麼不足比數，宜其弗以爲罪。奈何怨家讎人以此藉口，得肆其毒，增加緣飾，以無爲有，如“親奉玉音”、“集保甲以拒王師”之類，必欲寘之死地。而卒蒙矜貸，獲保餘生，皆君父之賜也。

一、某謫潮陽，岳飛自岳、鄂以金五萬貫賻行，某受之不辭，交結叛將，識者爲之寒心。辯曰：自渡江，諸大將與廟堂諸公並相往還，禮數唯遇生日，以功德疏、星香爲壽而已。岳飛後進，并生日禮數亦復不講。某謫潮陽，庚申七月初一日指揮也。初六日，得明州公文，繳到刑部牒，即日上道。時岳飛在鄂州，相去二千餘里，何由通問？至當年十二月間得飛一書，謝轉官而已。來人云，因過福州張丞相處下書，蓋自福州至潮，由循海入江西，乃其歸路。某以通封公狀謝之，未嘗答一字。次年正月末間又得一書，亦自福州經過，賀年節書也。某以謂既不答書，不必開看，亦以通封公狀謝之，并來書復付來人齎去，不曾開拆也。書且不留，何由有金五萬貫？以五萬貫之金須用兩人擎擔，必不輕付，須有管押之人。今岳飛既死，無由考證，然天地鬼神實鑒臨之。又邸報坐到岳飛案款，在酉年春末罷兵柄、入樞府之後。飛發書來潮陽在申年冬末，時猶總兵鎮上流也。謂之交結叛將，可乎？況來書未嘗啓封，復還之邪！且諸將總兵在外，每因職事咨禀廟堂，諸公必有書答之。飛最遠，書辭最勤。已前有書往還者，皆謂之交結叛將，可乎？此不待辯而可明者，以事體頗重，不得不一言也。

一、士襃、辛永宗赴闕，各有賄遺請求。辯曰：某戊午十月末罷政，知紹興府。冬至節，士襃以宗司瑞露酒十壺見餉。十二月得請奉祠，寓居能仁寺過歲。某始生之日，襃又以十壺見贈。適淮上諸將送糟淮白數頭，兔靶十餘隻，鵪靶十數對，遂以白魚二頭作一合，兔靶二隻、鵪十隻作一合，復贈士襃，蓋所以爲答也。某是時杜門謝客。至正月末間，士襃遣其子不議來訪。某嘗差不議權浙東屬官，故衩衣直入書院見余，云："大人被差朝陵，近催促甚急，緣腹疾未能起發。而舉市無附子，令稟覆，如宅庫有附子，覓數枚。"某尋以附子十枚送之。此所謂賂遺也。二月初，士襃來相別，坐未定，謂余曰："昨日得臨安相知書云，相公差知臨安，非晚命下。"某聞之駭然，謂襃曰："渴疾如此，公所親見，如何遠適？公到闕便當奏事，上不問則已，萬一問及，切告公，以某所苦未愈奏之，庶幾可免。"此外別無一語。是晚襃有簡借坐舡至蕭山，某回簡謝之，因言："適所奉懇，舉家休戚所繫，幸公留念。"蓋欲以疾苦奏知。此所謂請求也。又數日，辛永宗相訪，云被差京畿提刑，非晚前去，且言："相公必有重擔子與他擔負，聞已有消息矣。"其言與士襃相符，聞之憂甚，亦謂永宗曰："公過闕必對，上不問即已，萬一問及，幸公以某疾苦未愈奏之。"永宗曰："會得會得。"至如賄遺之物，雖滴水無之。某平生立朝行己，自有本末，何至與此輩相往還？永宗挾舊怨，且以某在紹興府待之不以禮，故撰造此說以相擠陷爾。如某以渴疾自引至於再三，方蒙矜允，恩意深厚，禮數優渥，君臣之間初無間隙。至奉祠養疾，尤荷眷顧之意，是時亦未有論擊者，不知所犯何罪？未委何爲請求？此不必質於天地神明，士大夫所共知，不待辯而明者。以其事近卑猥，故復言之。

一、盜用都督府錢十七萬貫。辯曰：某以甲寅八月初除知樞密、都督川陝荊襄軍馬。既正謝，奏乞先降錢一萬貫充激賞。次日，朱丞相勝非將上進呈，曰：「既開府便要錢用。」尋降錢一萬貫付庫收椿，差使臣二人專監，屬官兩員提舉。凡一行公用什物之類，及使人出入、間探之費，皆出此錢，收支請領各有所司畫一。中乞入蜀犒軍，蒙支錢五十萬貫，令在庫藏變易金銀寄椿，俟臨行交割，此物元不曾出庫。至九月末，留拜右相，洎扈從親征回，遂以左藏庫寄椿錢五十萬支付韓世忠，貼充大禮賞給。既兼諸路都督軍馬，府庫官屬不改，逐月請雜支用及食錢之類，節次下左藏庫關請，二年之間，不過三二萬貫而已，自有提舉及監官主管收支文歷可考也。初以二相兼督府，一在內，一時出視師，謂之行府。右相專在外，凡朝廷應副督府錢物，盡歸行府，無慮千萬。而在內，督府所總止於前數，既無所管之錢，不知從何盜用？洎某再相，督府已罷，舊監庫使臣者猶在密院，偶因事斥去，任處州兵鈐。後見言章有十七萬之說，郡中廣坐憤然屬聲謂守倅等曰：「自初建督府以至減罷，首尾監庫唯某一人，若謂趙相私用庫錢，一十七文亦無之。某又不是趙相處得意之人，將某趕出來，事有不平，難為認[一四]受。人雖不知，某便不知，天地神明亦須知之。」此語頗流傳也。此事初出於呂祉，祉得於一要人，達之言者，前來章中已有此事。要人之意欲重人之罪，恐其復來爾。如「親奉玉音」之語，及資善堂汲引親黨之謗，皆出於此。使某十年遷謫，百口流落，率由是也。某嘗謂怨嫌之禍小，忌嫉之禍深，自古皆然。怨嫌之禍既釋即已，忌嫉之禍無有已時，此其可謂也。

一、資善堂汲引親黨。乙卯春，資善既建，同列留身奏事，退謂某曰：「適得旨，傳令相公擇資善堂官一員。」言才出口，某曰：「今士人中學識淵源、人物蘊藉，可以為師範，無如范冲者。」此言應口即答，未嘗出於思慮。當時止為得旨擇人，若謂有他意，則皇天后土實鑒臨之。退亦思之，恐涉嫌謗，又念古人

内舉不避親之義，於是言於上，自信弗疑，不慮後患，此則某之
罪也。命下，范冲力辭，且言獨員，終日在內，恐涉嫌謗。遂又
進擬朱震。二人更直，舉朝內外皆以爲得人。後因臺諫諸人奏
事，上盛談二人之賢，諸人奏曰：“天生資善官二人，無與比
者。”翌日，上以臺諫之言語執政，顧某喜動天顔，某亦以此自
喜，不知爲今日之患也。然又有一事，最爲切害，迹狀曖昧，無
以自明。此所以摧心飲血，負屈銜冤，抱恨無窮，死且不忘也。
某丁巳秋再相，適岳飛入朝奏事。翌日，上曰：“飛昨日奏乞立
皇子，此事非飛所宜與。”某奏曰：“飛不循分守，乃至於此。”
退召飛隨軍運使薛弼，諭之曰：“大將總兵在外，豈可干與朝廷
大事，寧不避嫌？飛武人，不知爲此，殆幕中村秀才教之。公歸
語幕中，毋令作此態，非保全功名終始之理。”弼深以爲然，曰
當子細諭飛，且語幕中諸人也。若謂某結飛使之爲此，寧肯使人
諭止之？前譖者謂某汲引親黨，僥倖他日。後譖者謂某結飛，欲
以兵脅朝廷。嗚呼！讒人之言，一何酷邪！此自古人君惡聞之
者，殺身滅族之禍也。尚賴君父慈憐，得保首領，非其幸歟！萬
一再見天日，當瀝膽披肝，一訴始末，然後退就鼎鑊無憾矣。嗚
呼！皇天后土，實臨鑒之。

校勘記

〔一〕“原序”，據函海本補，四庫本無。

〔二〕“趙鼎書”，據函海本補，四庫本無。

〔三〕“辯誣筆錄卷一”，據函海本補，四庫本無。

〔四〕“金”，函海本作“見”。

〔五〕“爲”，函海本作“謂”。

〔六〕“武陽”，乃“陽武”之誤，後同。

〔七〕“䡑”，疑當作“澠”。

〔八〕“兵”，函海本作“師”。

〔九〕“愚”，函海本作“寓”。

〔一〇〕“權”，據函海本補，四庫本無。

〔一一〕“何”，函海本作“乎”。

〔一二〕“倚”，函海本作“依”。

〔一三〕“行”，據函海本補。

〔一四〕“認”，函海本作“忍”。

家訓筆錄

　　吾歷觀京洛士大夫之家，聚族既衆，必立規式，爲私門久遠之法。今參取諸家簡而可行者付之汝曹，世世守之，敢有違者，非吾之後也。紹興甲子歲四月十五日，得全居士親書。

　　第一項：閨門之內，以孝友爲先。吾平日教子孫讀書爲學，正爲此事。前人遺訓子孫，自有一書，并司馬温公《家範》，可各録一本，時時一覽，足以爲法，不待吾一一言之。

　　第二項：凡在仕宦，以廉勤爲本。人之才性各有短長，固難勉强，唯"廉勤"二字人人可至。廉勤所以處己，和順所以接物。與人和則可以安身，可以遠害矣。

　　第三項：諸位中以最長一人主管家事，及收支租課等事務。願令已次人主者聽，須衆議所同乃可。

　　第四項：子孫所爲不肖，敗壞家風，仰主家者集諸位子弟堂前訓飭，俾其改過。甚者影堂前庭訓，再犯再庭訓。

　　第五項：歲時享祀，主家者率諸位子弟協力排辦，務要如禮，以其享祀酒食合族破盤。

　　第六項：旦望酌酒獻食如平日，長幼畢集，不得懈慢。

　　第七項：遠忌供養，飯僧追薦如平日，合族食素。

　　第八項：應本家田產等，子子孫孫並不許分割，自有正條可以檢照遵守。

　　第九項：歲收租課，諸位計口分給，不論長幼俱爲一等，五歲已〔一〕上給三之一，十歲以上給半，十五歲已〔二〕上全給。止給骨肉，女雖嫁未離家，并壻、甥並同。其妳婢奴僕並不理口數，不在分給之限。

第十項：宅庫租課收支等應干文歷並收支單狀，主家者與諸位最長子弟一人通行簽押。其餘非泛增損事務，亦須商議。

第十一項：甲年所收租課，乙年出糶收索，至丙年正月初，據所收之數，十分內椿留一分，約度有餘即量增。以備門戶緩急。內有官人到官，支住；罷官到家，仍舊支給。

第十二項：椿留錢歲終有餘，即撥入租課歷，正初混同計數，分給椿留。

第十三項：田産既不許分割，即世世爲一户，同處居住，所貴不遠墳壠。

第十四項：仕宦稍達，俸入優厚，自置田産，養贍有餘，即以分給者均濟諸位之用度不足或無餘者。然不欲立爲定式，此在人義風何如耳。能體吾均愛子孫之心强行之，則吾爲有後矣。

第十五項：他日無使臣使唤，即於宣借內擇一二人善幹事、能書算者，令主管宅庫、租課等事，稍優其月給，庶或盡心。所給錢米正初分給時撥出，或季給，或月給。

第十六項：主管宅庫人專管宅庫應干事務，諸位不得私役及非理凌虐。

第十七項：罷官於他處寄居者，更不分給租課。

第十八項：每歲收索租課，預告報管田人，候見本宅衆[三]位子孫，同簽頭引及主管宅庫人親身到彼，方得交付。如諸位子弟衷[四]私取索，即不得應副。如輒支借，將來[五]計算本宅並不認數。

第十九項：諸位子弟不得於管田人處私取租課，如敢違者，重行戒約。及時私取錢物，於分給數內剋除外，更令倍罰。謂如私取十貫，已剋除十貫，更剋除十貫之類。

第二十項：每正初，契勘當年内如有合赴官者，據闕期遠近，展一季分給。如代者補填，俟接人到，據所展月日[六]於椿留貼支。契勘當年有任滿者，即約度計口存留，在官者先以書報。候到家日依舊分給所留。不足，即於椿留内貼支，有餘撥入椿留歷。

第二十一項：每正初合分給時，即契勘當年内諸位如有婚嫁，每分各給五百貫足，男女同。

第二十二項：增添人口，展修房户等，應有所費，並於椿留内支破。其餘些小修造，諸位自辦。

第二十三項：應婚嫁，主家者主之，有故以次人主之。除資送禮物等已給錢，諸位自行措置外，其筵會及應干費用並於椿留内支破。主家者與本位子孫協力排辦，務要如禮。

第二十四項：非泛支用，除婚嫁資送等已有定數外，如祭祀、忌日、旦望等名色不一，難爲預定，仰主家者公共商量，隨事裁處，務要適中，兩無妨闕。

第二十五項：應祭祀、忌日、旦望供養之物及禮數等，吾家自祖父以來相傳皆有則例，人人能記，不必具載，亦不必增損。

第二十六項：他日吾百年之後，除田産、房廊不許分割外，應吾所有資財依諸子法分給。諸子分自有正條。

第二十七項：三十六娘，吾所鍾愛，他日吾百年之後，於紹興府租課内撥米二百石充嫁資，仍經縣投狀，改立户名。

第二十八項：同族義居，唯是主家者持心公平，無一毫欺隱，乃可率下，不可以久遠不至[七]，敗壞家法。

第二十九項：古今遺訓子弟固有成書，其詳不可概舉，唯是節儉一事最爲美行。司馬文[八]公《訓儉文》，人寫一本，以爲永遠之法。

第三十項：應該載不盡事件，並仰主家者公共相度，從長措置行之。

　　右三十項恐太繁，更在臨時擇而行之。大意止是應田産不許分割，每歲計口分給約束。應本家所有田産，並不許分割，每歲據所入計口分給。其詳在私門規式册中，可以檢照遵守。子孫世守之，不得有違。紹興十四年九月初七日。

自誌筆錄

　　趙氏得姓於趙城始封之地，晋趙成季其後也。余家出成季之裔，世居汾晋，歷古仕宦不絕。藝祖初征河東，舉族内徙，居解州聞喜縣，今爲聞喜縣人。曾祖累贈太師，曾祖母李氏累贈秦國夫人。祖累贈太師，追封申國公，祖母牛氏累贈秦國夫人。父累贈太師，追封秦國公，母李氏累贈秦國夫人，母樊氏累贈秦國夫人。余四歲而孤，太夫人樊氏躬自訓導。二十一歲鄉里首薦，明年登進士第，崇寧五年也。初調鳳州兩當尉，次任岷州長道尉。以勞改京秩，調同州户曹。次任河中府河東縣丞。丁秦國太夫人樊氏憂，服闋，調河南府洛陽縣。靖康元年，除開封府士曹，尋改右判官，累遷朝請郎，賜緋魚袋。丁未秋，沿檄南渡，寓居杭州，遷朝奉大夫，祠差主管洞霄宫。己酉春，遷居衢州。二月，車駕渡江，駐蹕錢塘，是月被召。四月，至行在所，除司勛員外郎。五月，從駕還建康，對於普寧寺行宫。六月，除左司諫。七月，改殿中侍御史。八月，從駕平江。九月，除侍御史，從駕越州。十二月，至明州，除御史中丞。明年庚戌三月，復還紹興。五月，除端明殿學士、簽書樞密院事。十月，引疾奉祠，提舉臨安府洞霄宫，寓居衢州常山縣黃崗山永平寺。壬子十月，除知平江府，道改江東安撫大使、知建康府，節制廬壽軍馬。癸丑三月，移江西安撫大使、知洪州，節制蘄黃軍馬，兼制置大使。甲寅二月，召赴闕奏事。三月，除太中大夫、參知政事。八月，除知樞密院事，充川陝宣撫使，尋改都督川陝荆襄軍馬。九月，充明堂大禮使。是月末，除尚書右僕射兼樞密使。十月，扈從親征，駐平江。乙卯正月，扈從還臨安。二月，遷左僕射兼樞密使、都督諸路軍馬、監修國史。丙辰九月，扈從駐平江。十二月，引疾，除觀文殿大學士，充浙東安撫制置大使、知紹興府。丁巳八月，除萬壽觀使兼侍讀。九月，授金紫光禄大夫、尚書左僕射兼樞密使、監修國史。戊午九月，《哲宗實録》書成，授特進。十月，引疾，除檢校少傅、奉國軍節度使，充浙東安撫大使、知紹興府。十二月，請祠，除醴泉觀使，任便居住。己未二月，除知泉州。四月，落檢校官、節度使，依舊特進。庚申五月，請祠，提舉臨安府洞霄宮。六月，至明州慈溪縣。七月，責授清遠軍節度副使，潮州安置。甲子十月，移吉陽軍。乙丑二月一日，渡海，二十五日，至吉陽軍。丙寅十一月，得疾。丁卯八月十二日，終於貶所，壽六十三。得全居士趙元鎮自誌。

校勘記

〔一〕“巳”，《函海》本作“以”。

〔二〕“巳”，《函海》本作“以”。

〔三〕“衆”，《函海》本作“諸”。

〔四〕“衷”，《函海》本作“懷”。

〔五〕“將來”，《函海》本作“來年”。

〔六〕“月日”，《函海》本作“日月”。

〔七〕“至”，《函海》本作“慎”。

〔八〕“文”，《函海》本作“温”。

歷代名臣奏議

論憂勤中興

臣恭惟陛下歷兹艱運，屢更變故，雖否泰循環，理之必至，天其或者眷佑我宋，激勵陛下，益堅憂勤之念，以就中興之業乎？昔趙簡子以襄子爲後，謂其臣董安于曰："是其人能爲社稷忍辱。"後襄子蒙受灌飲之耻，而卒滅智伯。越王勾踐敗困會稽，既以反國，置膽於坐，飲食必嘗，曰："汝忘會稽之耻耶？"後亦以滅吳。區區小國之君，苟用心如此，卒能有成。今陛下承隆平久逸之後，躬履艱棘。淮甸之擾，倉卒播遷。二凶奸謀，乘間竊發。陛下不深以罪人，而責躬克己，唯以天下爲念，是能爲社稷忍辱矣。其亦飲食嘗膽，如負會稽之耻，仰承天之所以責成之意，則興衰撥亂，此其始歟！唯夫食不加肉，衣不重綵，折節下賢，與百姓同勞苦，是乃勾踐之所以滅吳也。（《歷代名臣奏議》卷八六）

請嚴三衙之選

臣竊惟太祖皇帝即位之初，用趙普策收諸道之兵，集之京師。又於其中遴選材武，以備禁衛，謂之親兵；委腹心之臣，分軍統領，謂之三衙。所以弱藩鎮，壯王室，以革唐末五代之弊。而又訓練駕馭，各盡其術，由是人思自效，得其死力。故凡邊隅有警，奸雄違命，天戈所指，莫之能抗，中外無事垂二百年，由此道也。太平日久，習爲驕惰，而三衙之任或非其人。自靖康以來，南北流離，散亡過半，遂使朝廷有反側之憂，人主無爪牙之勢，非祖宗之深意也。臣願陛下留意三衙，擇其忠勇盡節，臨難不避，恩威兼濟，爲衆所服者，親閱諸軍，取其人材武藝，以廣宿衛親兵之列。所以恢張國勢，震耀天威，使悍將強臣膽落氣沮，指顧號令雷動風行，然後可以大有爲於天下。兹事甚易，而所係利害非可以縷陳也，惟陛下留神省覽。（《歷代名臣奏議》卷二二二）

請移王璨軍馬城內駐札

臣竊見近降指揮，王璨軍馬城外駐札，今已有來者，見於禹廟諸處屯泊。臣昨在溫州時，見璨軍馬亦止城外，將士皆有言曰：“等是官軍，獨不得入城，以賊待我，我亦何憚而不爲？”璨軍昨在淮南，後自建康由江東趨福建，以達行在，沿路肅然，無秋毫所犯。今由明越，往往潰亡作過，雖軍情變動莫測，而懷憤之久，由此而發故也。養兵無他，嚴號令、信賞罰而已。有功者賞，有罪者罰，自餘屯泊、衣糧等事，當待之如一。儻有厚薄分別之異，必生怨望不平之心，理之必然，不可不慮。兼屯軍城外，既無寨堡節其出入，蹂踏民田，潛行劫奪，將無所不有，非若城中有所關防也。臣愚欲乞別降睿旨，取會人數多寡，且令城中踏逐，或於空閒官地搭蓋薦屋居住，猶愈於城外重爲民患，而生彼怨心也。（《歷代名臣奏議》卷二二二）

請支吉州榷貨務見錢造戰船糧船

臣契勘本路江州、興國、南康軍邊臨大江，地接光、黃，咫尺偏境，沿流曲折，控扼千里，萬一有警，須藉水軍防捍。唯是闕少戰船，緩急無以措手。近據探報，上流賊馬侵寇襄、隨，包藏不測。沿江制置使岳飛屯駐大軍，列戍江上，亦以戰船闕少爲慮。雖先奉聖旨，令江西轉運司和雇、收買二百隻應副，緣本路州縣累遭兵火，繼而招討、宣撫兩司大軍經由，劃刷舟船殆盡，目即江河惟有往來客船。若一例不以情願便行雇買，不惟商賈不通，有害貿易，亦非戰鬥所宜，兼逐時般載軍儲錢穀，亦無舟船輸運。本司今相度，欲計置打造戰船二百隻，以爲沿江控扼之備；般載錢糧船一百隻，專充本路往來使用。約其工費用度，不下十餘萬貫。欲望聖慈詳酌，特降睿旨，就吉州榷貨務支降見錢一十萬貫。如尚闕錢物，更容本司那融支撥。庶幾乘此時月計置木植，便可打造，免致防秋有誤大計。(《歷代名臣奏議》卷二二二)

永樂大典

乞留所起人兵札 紹興七年四月三日

臣今月初二日准樞密院札子，備奉聖旨，將本路已揀中弩手內十分爲率，就加揀五分武藝高強之人，限半月團結，差官管押赴都督府。臣近以車駕進臨大江，本路相去遼遠，聲勢不能相及，乞朝廷差發兵馬數千，於明州駐札，緩急可以彈壓。今准前項指揮，將本路見管人兵內摘起四分之一，數雖不多，然在本路實有利害。臣契勘本路見管隸將共六千八百人。除將投外，約計六千五百四十人。內一半習弓弩，計三千二百七十人。於內摘起一半，計一千六百三十五人。其間又有新招刺未合入等，及患病、逃亡、事故外，止六千二百人而已。在朝廷得此一千餘人，怯懦南兵，不足爲用。而一州之間，千百人之內，摘去強壯百數，則餘益不堪矣，謂之無兵可也。況本路兼備海道，與其他路分不同。欲望聖慈檢會臣前奏，分兵數千前來明州駐札，所有今來所起本路人兵，伏乞特降睿旨，許令存留，實一路之幸。臣以衰疾浸加，已乞宮觀差遣。然未去一日之間，苟有所見，不敢隱默，伏幸睿慈曲賜矜察。臣無任俯伏恐悚之至。

貼黃：臣竊惟朝廷措畫，雖非遠外所可臆度，然陛下既登戎路，則中外臣民孰不願輸寸效？況如臣愚，嘗待罪宰輔，而出當一面之寄。如朝廷決欲起發本路人兵，臣亦豈敢堅執？唯是紹興府係帥司置司去處，不可大令削弱。今照對本府，先准朝廷條式，取會堪出戰軍兵人數，內七百六人係揀中五分弓弩手，本府已於紹興六年十月內開具軍名帳狀，申行在樞密院去訖。續緣差出事故，目今見管六百三十五人，合發五分，計三百一十八人。本府見准朝廷指揮，於揀中弓弩手內起發二百人赴留守司彈壓。除發回外，有一百七十人，止合貼數起發一百四十八人，委是數目不多。欲乞特降睿旨，許令存留，非他州所敢援例也。臣既乞宮觀，則兵馬有無非臣之責。然臣在任之日，不爲一言，則後來帥臣必將罪臣矣。併望聖慈憐察。（《永樂大典》卷八四一三）

乞降睿旨訓飭岳飛札

臣被命西行，雖總數路，而隨行兵馬僅能防護行李，或有警報，實無以應援。竊見岳飛屯軍岳、鄂，制置襄漢；而襄、鄧等處所留兵將，又皆飛之部曲，勢足以相及，力足以相濟。今雖專令捕討湖寇，而襄漢衝要之地，尤不可忽。臣願陛下速降睿旨，訓飭岳飛，明遠斥候，常如寇至，斟量事勢，資助兵威，庶幾不廢前功，以圖善後。唯襄漢既能堅守，則么寇不日自平。然後移湖南兵食，益壯上流之勢，俾川陝增重，吳越鎮安，遠邇無睽阻之虞，緩急有首尾之應。經營之漸，當始於此。仰幸聖明，俯垂財察。（《永樂大典》卷八四一三）

山右叢書·二編 第一册

三六八

建炎以來繫年要錄

論王德殺韓世忠將陳彥章當死奏<small>建炎三年七月</small>

德緣兵敗自慚，而忌世忠之功，故殺其將。且德總兵在外，而擅殺不顧，此風一長，其禍有不勝言。（《建炎以來繫年要錄》卷二五）

乞罷常平官吏免常平錢穀疏<small>建炎三年閏八月</small>

臣聞漢昭元年，罷榷酤均輸之法，唐順宗即位，罷月進羨餘之資，如拯溺救焚，惟恐其不及，所以固邦本於不拔，延世祚於無窮。恭惟陛下即位之元年，即降指揮，罷常平官吏，蠲免常平錢穀，詔下之日，無遠無近，鼓舞歡呼，仰戴惟新之政。而去歲之冬初，復有指揮置提舉官，根刷諸司侵支，催理民閒舊欠。諸司侵支，固豈入己，非軍期犒賞，則月給錢糧，逼使撥還，亦非己出，奪彼與此，有何利害？民閒舊欠，所在皆然，非逃亡人民，則庸胥猾户迫令輸納，號令不行，良善之氓例遭抑配，開猾吏衣食之源，遺平民椎剥之苦。人心駭愕，物論紛紜，使陛下重失人心，特在此舉。繼聞有旨委從官詳議，渡江之後，未即施行。而遠方官司奉承不暇，修飾廨舍，召置吏人，供帳什物之資，增給祿廪之費，不知其幾何也。近據監察御史林之平申，福州一州已使過錢三萬餘貫，則其餘州縣計不減此。提舉官差與不差，提舉司置與不置，元無明降指揮，徒使四方奉行違戾。竊惟斂散本非良法，知取債之利，而不知還債之害，前言固已曲盡於人情，而今乃督責於既已放免之後，其爲嗟怨，豈特還債之比耶？臣願陛下明降睿旨，一依建炎元年指揮，罷提舉常平官吏，放見錢穀，仍令追理耗用樁充錢本，復舊平糴之法。不惟陛下恤民之詔不爲空言，而使斯民復見祖宗之政矣。（《建炎以來繫年要錄》卷二七）

論當以公安爲行闕疏 <small>建炎四年四月</small>

吳、越介在一隅，非進取中原之勢。荆、襄左顧川、陝，右視湖、湘，而下瞰京、洛，在三國必爭之地。宜以公安爲行闕，而屯重兵於襄陽，以爲屏翰，運江、浙之粟，資川、陝之兵，經營大業，計無出此。願詔張浚未可長驅深入，姑令五路各守其地，犄角相援可也。（《建炎以來繫年要錄》卷三二，又見《宋史》卷三六〇《趙鼎傳》）

辭免江西安撫大使奏 <small>紹興三年四月</small>

臣本由拙直受知於陛下，亦以招怨於人。昨蒙陛下除臣知建康，外鎮責任之劇，無逾於此。然足食足兵，帥司之事也，而臣無生財之長策，但以漕司應副不繼，屢匄於朝廷而已。勞來安集，守臣之職也，而臣無及民之實利，但以豫買價小不均，疊聞於陛下而已。至於僚屬所取，皆州縣無聞之人；郡政所先，唯鹽米聽斷之物。此皆臣已試之效也，何足取哉！臣素苦脚疾，而江西最號卑濕，萬一浸加，即不能支。惟陛下憐臣孤忠，除一宮觀。（《建炎以來繫年要錄》卷六四）

舒蘄黃三州受四司節制非便奏 <small>紹興三年九月</small>

舒、蘄、黃三州先得旨分隸大路，後有旨軍期事聽江州沿江安撫司約束，又令遇賊盜竊發聽淮西帥司約束，最後令舒、蘄二州聽岳飛節制。三州殘破之餘，事力單弱，凡受四司節制，不知號令何所適從。（《建炎以來繫年要錄》卷六八）

除川陝宣撫處置使陳乞錢帛等事奏紹興四年九月

臣隨行兵，除王進外，取於密院及諸處纔二千人，而强壯者曾無數百。又錢帛合依張浚例，初乞錢百萬，止得五十萬；度牒二萬，止得三千，再乞，得萬八千，又乞始足元數。臣日侍宸扆，所陳已艱難如此，況在萬里之外？惟望睿斷不爲群議所移，臣實萬幸。（《建炎以來繫年要録》卷八〇）

都督諸路軍馬合行事件奏紹興五年五月

蒙恩除都督諸路軍馬，有合奏請事件。一、印以"諸路軍事都督府之印"九字爲文。一、川陝荆襄都督府事務并官吏、兵將、官物等合併歸本府，內印記候鑄到新印日，於禮部寄收，如遇臣等出使，却行關取行使。一、本府行移，緣臣等係宰臣兼領，乞依三省體式。其與三省、樞密院往來文字，依從來體例互關。一、如遇臣等出使，其官屬并直省通引官、知客、散祗候、大理官、街司、堂厨、東厨、監厨合干人等，量度差撥，使回仍舊。內合破使臣、親兵、宣借兵士諸色人等，乞許存留照管家屬，或將帶隨行。一、本府應干合行事件，並遵依川陝荆襄都督府并臣昨措置江上已得指揮及體例施行，事小或待報不及，聽一面施行。（《建炎以來繫年要録》卷八五，又見《宋會要輯稿》職官三九之七）

乞追寢范冲資善堂翊善除命奏紹興五年五月

臣與范冲正係姻家，然臣罷簽書樞密院，退歸山閒，冲始有召命。去年春，再有旨促冲赴闕，亦在臣未還朝之前。自此冲每有除名，臣必再三陳免。冲超除次對，適在臣待罪宰相之日。冲之文學行誼，陛下所知。前後除擢，雖出聖意，然四方萬里，安能户曉，必謂臣以天下公器輒私親黨。崇觀僥倖之風，不可不戒

其漸，伏望追寢成命。（《建炎以來繫年要錄》卷八九）

論李大有上書事奏紹興五年十一月

昨蒙除出李有大上書，言及機權事，上曰："此涉兵機，不欲付外看詳。"昔張齊賢上書獻收河東之策，太祖皇帝怒甚，至裂其奏，擲之於地。及左右侍立之臣既退，徐收其奏，密授太宗曰："他日取河東，出兵運糧，當用齊賢策。"未幾，河東平，擢齊賢至宰相。沈幾如此，當爲萬世法。（《建炎以來繫年要錄》卷九五）

進退人才疏紹興七年九月

臣蒙恩召還經帷，方再辭，而復遣使宣押，臣感深且泣。至西興，又奉宸翰促行，且諭以圖治之意，臣無地措足。然先事言之，則不敢昧。蓋進退人才，乃其職分。今之清議所與，如劉大中、胡寅、呂本中、常同、林季仲之徒，陛下能用之乎？妒賢黨惡如趙霈、胡世將、周秘、陳公輔，陛下能去之乎？陛下於此或難，則臣何敢措其手也？昔姚崇以十事獻之明皇，終致開元之盛。臣何敢望崇，而中心所懷，不敢自隱，惟陛下擇之。（《建炎以來繫年要錄》卷一一四）

乞罷知泉州疏紹興九年七月

昨準告命，落節度使。自惟罪狀昭著，揆之禮法，赤族猶爲輕典，止從貶秩，益不自安。伏望罷知泉州，投之散地，庶幾澡雪淬勵，以副陛下庇護再生之賜。（《建炎以來繫年要錄》卷一三〇）

與劉光世書

參謀諸公久在幕府，必能裨贊聰明，共享富貴。固不可輕舉妄動，重貽朝廷之憂；亦安忍坐視不救，滋長賊勢，留無窮之

患？（《建炎以來繫年要錄》卷三七）

宋會要輯稿

舒蘄黄三州軍馬錢糧乞從淮西應副奏 紹興三年六月

本路昨兼管江北七州軍，内舒、蘄、黄三州見今分屯本司軍馬，那移錢糧等應副，即目興葺，漸成次第。近據報到，淮南西路安撫使胡舜陟乞節制舒、蘄、黄三州人馬，有旨依。本司契勘上項逐州軍馬既聽淮西帥臣節制，若本路不合兼管，其錢糧乞從淮西應副。并江西係與淮西相接，今蒙將舒、蘄、黄三州撥歸淮西，萬一上流有警，則沿江一帶並無軍馬應援。本司相度，遇有沿江探報，即乞許本司時暫勾索逐州人兵，權行使唤。（《宋會要輯稿》職官四一之一〇五）

乞量留軍馬彈壓虔州賊火奏 紹興三年七月

虔州管下，賊火不一。今來岳飛雖已破蕩巢穴，竊慮大軍起離之後復行嘯聚，合要一項軍馬彈壓措置。除已牒岳飛量留軍馬五千人權就虔州駐札，自餘軍馬發往吉州歇泊，量帶親兵并劉僅人馬赴行在。（《宋會要輯稿》兵一三之三）

乞以潘淳官資給還其孫濤奏 紹興四年四月

契勘洪州昨有試作監主簿潘興嗣[二]，自幼得官，高蹈不仕。朝廷察其高行，常除差遣，抗志不就。嘉祐間宰相韓琦等奏，乞加拔擢。凡所旌寵，每至輒辭。至元符三年尚書右丞黄履又引孫侔、王回等例乞録其後，遂官其孫淳，授太廟齋郎，調南康軍星子縣尉。蔡京用事，言者觀望，謂淳與陳瓘有連，每至京師，必館於瓘家，實預論議，又與曾布有鄉曲之舊，故履因緣論薦，遂降指揮追奪，士論冤之。三十餘年，今興嗣與淳皆卒，唯有孫濤亦復垂老，乞給還所奪官資與之，以爲廉退自守之勸。（《宋會要輯稿》崇儒六之二六）

開啓乾龍節道場事宜奏紹興五年三月

今月十一日樞密院開啓乾龍節道場。是日既爲淵聖皇后祝壽開啓，恐當崇重其禮，欲權免常參六參官起居。將來開啓滿散天寧節道場，亦乞依此。（《宋會要輯稿》禮五七之二五）

景定建康志

請權駐蹕建康疏紹興五年

臣願先定駐蹕之所。今鑾輿未復舊都，莫如權宜且於建康駐蹕，控引二浙，襟帶江湖，運漕貯穀，無不便利。淮南有藩籬形勢之固，然後建康可都。願與二三大臣熟議之。（《景定建康志》卷一四）

鄂國金陀續編

乞支錢糧贍給李橫軍兵奏

臣契勘近據諸處關報，襄陽失守，鎮撫使李橫等退師到漢陽軍界。臣先權宜措置，移牒李橫等將所部軍馬擇地利去處駐兵掩擊。續承岳飛來諮，目今李橫等已至蘄、黃州，一行兵馬既經潰散，若在江北住札，必不能安，或令過江相兼捍御，却可爲用。臣亦已牒岳飛從長措置，令逐項軍馬過江，安泊老小了當，整齺前去，相兼捍御。及牒李橫、李道權聽岳飛分撥使唤，并逐急差官水陸斡運糧米起撥應副。已累具上項因依申奏朝廷去訖。今月二十八日承岳飛公文：探聞李橫等人馬被番、僞賊兵潰散前來，各無鬥志，見有作過之人。李道、牛皋兩項共有人兵千餘人，已到江北岸張家渡。及李橫、翟琮、董先等共約有五千餘人，已起發漢陽軍。其李道、牛皋再來申告，乞聽岳飛節制，内李道單騎已到江州。臣契勘李橫等一行人兵今相繼前來，本司已逐旋起發糧米應副外，所有日後合用錢糧未有官司主管，今且以六千餘人約闕。（《鄂國金陀續編》卷二九）

乞遣中使訓諭諸帥應援岳飛札

臣昨日具奏，岳飛已定今月十九日出師。竊惟陛下渡江以來，每遣兵將，止是討蕩盜賊，未嘗與敵國交鋒。飛之此舉，利害甚重，或少有蹉跌，則使僞境益有輕慢朝廷之意。臣願陛下曲留聖意，凡有可以牽制應援，助其聲勢，及饋餉、錢糧等事，督責有司速爲應副，頻以親筆敦獎激勵，且使諸路帥臣協力共濟，庶使萬全。

一、乞遣中使齎親筆賜劉光世，遣發王德、酈瓊，共以萬人屯舒、蘄間，各將帶一兩月前[三]糧。或岳飛關報會合，即令兼程前去，併力攻討。仍行下岳飛照會。

一、乞以親筆賜岳鄂劉洪道、江西胡世將、荆南解潛等，各務盡忠體國，應岳飛報到遣發援兵、資助糧食，及應干軍須等事，一一應辦，不得輒分彼此，致失機會。

一、乞並以金字牌先次發行，仍諭光世，已遣中使諭旨，使先知陛下丁寧之意。

臣已請宮祠，既聞聖訓，不敢不盡愚見。

貼黃：臣今所陳，如或可采，乞作聖意行出，庶免越職侵官之罪。（《鄂國金陀續編》卷二九；又見《永樂大典》卷八四一三）

王彥移軍事宜奏

臣等適蒙宣諭王彥移軍事。臣中間與張浚議及此事，浚言彥病甚，其次無可委之人，萬一彥死，其衆無所統屬，所以又併歸岳飛之意。儻如早來聖諭，召彥赴闕，則荆南錢糧不足，其次既無可以倚仗之人，切慮別致生事。臣等商量，欲作書與岳飛，候飛移軍襄陽駐札定，然後行下王彥除命，及一面召彥前來，則其衆已在襄陽，部內不能轉動矣。更合取自聖裁。（《鄂國金陀續編》卷二九）

乞起復岳飛奏

臣等契勘，今日據岳飛下參謀官李若虛申，岳飛於三月二十六日丁母憂，乞別差官主管人馬。臣等檢會大將丁憂，例合起復，緣初八日歇泊假，欲從密院先降指揮，照會起復，令日下依舊主管人馬，措置渡江。於初八日進熟狀，鎖院，初九日降制。（《鄂國金陀續編》卷二九）

乞少寬憂顧奏

臣於今月初九日準金字牌降到親筆手詔，以臣在郡之久，無甚罪戾，曲加獎諭，仍戒飭防秋等事。臣孤遠書生，本無榮望，黃緣超躐，皆自陛下親擢，顧惟恩遇之隆，九死不足塞責。而孤忠寡與，動觸怨仇，重蒙全宥之私，久竊宮祠之祿。方杜門屏息，幸保餘齡，載被詔除，更帥兩路。雖以勤對拙，不敢辭難，而才力單微，訖無可記。惟陛下眷憐舊物，闊略愆尤，併示褒嘉，益難負荷。至如秋冬防托，乃臣之職，敢不仰體聖訓，勉效萬分。近岳飛到，已發兵屯駐江上，凡軍中事務，一一商量措置。飛久在江西，人情地利素所習熟。今陛下委付如此，必能感激奮勵，向前立功。臣謹當委曲協濟，以圖報稱。伏幸陛下少寬憂顧，所有條畫事宜，節次奏稟。（《鄂國金陀續編》卷二九）

輿地紀勝

與子書

　　紹聖初，吕微仲丞相謫嶺南，惟一子曰景山，愛之，不令同行，而景山堅欲隨去。將過嶺，吕顧其子，謂曰：“吾萬死何恤，汝何罪，欲俱死瘴鄉耶？我不若先死，猶有後也。”吕遂縱飲而死。吾不令汝侍行，亦吕微仲意。（《輿地紀勝》卷一〇〇；又見《方輿勝覽》卷三六）

宋人法書

郡寄帖

　　鼎以罪名至重，不敢復當郡寄，尋其奏陳，未賜俞允，區區之私，不免再陳悃愊。伏望鈞慈曲垂賛助，俾遂所請，實荷終始之賜。鼎方在罪籍，不敢時以書行闕，并幸憐察。右，謹具呈，

伏候鈞旨。八月八日，特進、知泉州軍州事趙鼎札子。（《宋人法書》第三册）

五百家播芳大全文粹

上憲使小簡一

冬季謹時，恭惟登攬之初，神人扶相，台候動止萬福。某竊食部封，仰依覆護，末由瞻覲。謹具啓干溷輿隸之聽，伏乞台察。（《五百家播芳大全文粹》卷六〇）

上憲使小簡二

偵候威嚴，具如右削。不審邇辰歲晏嚴寒，台履何似？恭惟玉節載臨，至和來宅。敢乞嚴護精神，葆嗇台重，慰天下朝夕之望。（《五百家播芳大全文粹》卷六〇）

上憲使小簡三

恭審某官蒙拜新恩，肅將使指，先聲所暨，士庶交欣。涓日之剛，已諧視事，恭惟慶慰。某自聆成命，忻喜倍於常人，敢著裁短啓別緘，申燕雀賀廈之私。伏幸台慈，特賜省録。（《五百家播芳大全文粹》卷六〇）

上憲使小簡四

某官天資傑特，地胄高華。兩宮之眷方隆，四姓之侯莫比。果膺一命禮，畀以祥刑。顧方今練達之材，疏通之政，以某觀之，未有如閣下者。而斡旋樞極，調燮元化，總天下本兵之寄，

非公尚誰望耶？第恐坐席未暖，環召鼎來，入拜制麻，垂副公議。(《五百家播芳大全文粹》卷六〇)

上憲使小簡五

伏自今春下違遠之拜，屈指數月，漸見歲換。拳拳尊敬，頃刻食息不敢或忘。唯是遠隔，不及時貢記府之問，迹雖似懈，情實不然。自邸報初傳，知有持節江東之命。某自惟衰晚，一何天幸，又獲仰事賢使者。況門墻舊物，計未終棄，朝夕引領，但未有趨拜之便。少叙下悰，睇望使星，心精馳騖，伏冀台照。(《五百家播芳大全文粹》卷六〇)

上憲使小簡六

某備數於此，已書一考有奇。冗食素餐，幸無吏責，祇益自愧。來春先次搬挈碎累歸於長樂，旋爲趨朝之計，庶幾密邇河海千里之潤。旌旄按臨屬部，諒在匪遙，首當伺壓境之初，先衆人而郊迎，以盡區區之恭。情之欲言，非筆舌之所能既，惟台慈有以諒之。國太夫人即日恭惟百順駢臻，五福寧謐，台眷上下一一茂集休祥。有委使，乞賜台旨。(《五百家播芳大全文粹》卷六〇)

全宋詩[四]

寄李參政

海風飄蕩水雲飛，黎母山高月上遲。千里孤光一樽酒，此情惟有故人知。(宋王象之《輿地紀勝》卷一二七《廣南西路·吉陽軍》)

和鄭有功游西湖二首

放舟越淮楚，更作三吴游。尚餘魂夢怖，敢動鄉邦愁。湖山自清絕，鑑中螺髻浮。況復得夫子，一笑忘幽憂。時時作清言，中有湖山秋。却念無家客，坎止而乘流。何當與俱歸，歲晚鄰一丘。

晚覺身名誤，悠悠定孰親。却向苕水棹，來看武林春。避地將安往，尋山莫厭頻。百錢挑竹杖，雲外踏嶙峋。（宋潛説友《咸淳臨安志》卷三三）

明慶僧房夜坐

月明窗竹冷橫斜，坐看風燈落爐花。老眼病餘嫌細字，枯腸寒甚怯清茶。囊空豈是久爲客，夢短其能飛到家。但有流年尋鬢髮，瀟瀟蓬葆颯霜華。（同上書卷七六）

趨三衢別故人時車駕幸杭州

傖父何由習楚風，家山俱在古河東。相逢憔悴干戈後，追數悲歡夢寐中。摻袂又成千里別，放歌空念一尊同。他年倘有加餐字，試問漁舟鶴髮翁。

飄零澤國幾春風，又觸驚濤泛短蓬。四海未知棲息地，百年半在別離中。功名元與世緣薄，兵火向來吾道窮。獨倚危樓淒望眼，青山無數浙江東。（同上書卷九七）

紫霄圃

群仙邀我游蓬島，白鶴隨人拾瑶草。英靈指點洞門開，前行後擁商山皓。崎嶇石路燕尾分，露濕蟠桃壓竹倒。一山萬山雲氣深，琅玕珠樹霜風老。王喬縹緲自天下，世許高情兩相好。中有一人字安期，笑捧金盆具瓜棗。食之令人可長生，遨遊八極登天行。有時一日三萬里，西風鶴骨霞衣輕。有時亦復一暫息，長歌一曲烟雲凝。高垂鐵鎖蒼苔古，云是神仙紫霄圃。芒鞋竹杖躡步間，丹鳳飛來向人舞。雲中雞犬異人世，藥鼎丹爐用心苦。開軒一飲三百杯，檐花亂落天飛雨。青紅黑綠亂眼前，萬草千花莫能數。茫然拂袖下山來，白髮婆娑鏡中睹。

喻彌陀收掩遺骸

骸骨鱗鱗（原校：疑當作"粼粼"）曠野昏，天陰雨濕向誰論？縱然有樂逾南面，爭似無爲實相門。

題常山草萍驛

繚過常山到草萍，驛亭偏喜雨初晴。麥畦水漲黃雲重，柳絮風吹白雪輕。身世自今忘俗慮，宦途從此快吟情。魏公已輟江西鎮，猶有甘棠頌政聲。（以上元陳世隆《宋詩拾遺》卷一五）

山門栖巖寺

天邊箭筈一門通，香隔雲蘿幾萬重。好借巖風爲披拂，移文有語笑塵容。（《永樂大典》卷三五二五）

暮　村

孤村烟樹暝黃昏，一簇人家半掩門。看盡栖鴉啼噪後，牧童歸去雨聲繁。（同上書卷三五八一）

落　花

花飛便覺春容減，一陣狂風滿地紅。可惜餘芳留不得，夜深

人静月朦朧。（同上書卷五八三九）

倦　妝

錦帕新裁玩月犀，旋開妝合間雲螭。一成貪耍慵梳洗，日晚惟添翠黛眉。（同上書卷六五二三）

思　鄉

何意分南北，無由問死生。永纏風樹感，深動渭陽情。兩姊各衰白，諸甥未老成。塵烟渺湖海，惻惻寸心驚。（同上書卷六六四一）

題謁松陵三賢堂

垂虹過高岸，左江右湖水。洞庭相吐吞，滄海迷涯涘。長波卷風雨，莽蒼窮南紀。人材鍾秀穎，習俗擅清美。高風想三賢，足以振頹靡。一時挺孤標，千載照青史。荒祠倚橋側，草草漁樵市。舟車往來衝，今誰踵前軌？我從都城出，萬事空化委。名迹有重輕，心期要倫擬。異代豈無人，意欲從此始。山林與鐘鼎，一決乃英偉。近聞北客言，兵戎纏鞏汜。誰能務采納，尚得扶隳毀。歸歟固夙心，寧作一身喜。亦念征戍兒，白骨委荒壘。道路異秦吳，魂夢隔生死。江湖信清絕，浮泛聊爾耳。却坐寫孤懷，悲風生綠綺。（同上書卷七二三六）

醉和顏美中元夕絕句

年年人月喜團圓，好在詩邊又酒邊。莫道玄真只漁釣，也隨世俗夜無眠。（同上書卷二〇三五四）

道　堂

疏松怪石水冷冷，白葛烏紗晚醉醒。想見眼前無俗物，一爐沉水寫《黃庭》。(影印《詩淵》册三頁一五六九)

靈巖寺

我爲兹山好，登臨到日曛。巖幽餘暑雪，鐘冷人秋雲。篇咏唯僧助，塵煩與俗分。明朝人東棹，因得識吾文。(明錢穀《吳都文粹續集》卷三二)

瀟湘亭

綠柳平蕪遠際天，青山迴抱水相連。半空梅雨昏窗色，一棹萍風破暝烟。酒到愁來那覺醉，詩逢佳客不論篇。只知身在將軍府，一夢江南落枕邊。(明石祿《正德大名府志》卷九)

和聶之美重游東郡

躍馬津亭未幾何，宦遊容易十年過。飄搖空似隨流梗，寂寞猶如挂壁梭。西嶺應餘當日翠，南湖直減幾分波。輸君尚得飛征蓋，重向東園聽楚歌。(同上書卷一〇)

句

速宜净掃妖氛了，來看錢塘八月潮。

身騎箕尾歸天上，氣作山河壯本朝。(自書銘旌　以上宋陸遊《老學庵筆記》卷一)

顔齋在倅廳，面對逍遥樓。(《永樂大典》卷二五三六)

顔齋在倅廳面對逍遥樓牌額三二字顔魯公所書（《永樂大典》卷二千五百三十六"齋"字韵，頁一上引"趙元鎮詩"。影印本第二十九册。）

想像英姿不可還，空餘翰墨照人寰。亦知凛凛有生氣，千載長留顧揖間。

全宋詞[五]

蝶戀花長道縣和元彦修梅詞。彦修，錢塘人，名時敏。坐張天覺黨，自户部員外郎謫監長道之白石鎮。

一朵江梅春帶雪，玉軟雲嬌，姑射肌膚潔。照影凌波微步怯，暗香浮動黄昏月。　謾道廣平心似鐵，詞賦風流，不盡愁千結。望斷江南音信絶，隴頭行客空情切。

點絳唇春愁

香冷金爐，夢回鴛帳餘香嫩。更無人問，一枕江南恨。消瘦休文，頓覺春衫褪，清明近。杏花吹盡，薄暮東風緊。

人月圓中秋

連環寶瑟深深願，結盡一生愁。人間天上，佳期勝賞，今夜中秋。　雅歌妍態，嫦娥見了，應羨風流。芳尊美酒，年年歲歲，月滿高樓。

河傳 以石曼卿詩爲之

年年桃李，渺關河一夢，飛花空委。鴻去燕來，錦字參差難寄。斂雙眉，山對起。　嬌波淚落妝如洗，獨倚高樓，日日春風裏。江水際，天色無情，似送離懷千里。

好事近 倅車還闕，分得茶詞。

蘭燭畫堂深，歌吹已終瑤席。碾破密雲金縷，送蓬萊歸客。　看看宣詔未央宮，草詔侍宸極。拜賜一杯甘露，泛天邊春色。

烏夜啼

檐花點滴秋清，寸心驚。香斷一爐沈水、一燈青。　涼宵永，孤衾冷，夢難成。葉葉高梧敲恨、送殘更。

浣溪沙 美人

艷艷春嬌入眼波，勸人金盞緩聲歌，不禁粉淚搵香羅。暮雨朝雲相見少，落花流水別離多，寸腸爭奈此情何？

浪淘沙 次韵史東美洛中作

歸計信悠悠，歸去誰留？夢隨江水遶沙洲。沙上孤鴻猶笑我，萍梗飄流。　與世且沈浮，要便歸休。一杯消盡一生愁。儻有人來閒論事，我會搖頭。

滿江紅 丁未九月南渡，泊舟儀真江口作。

慘結秋陰，西風送、霏霏一作“絲絲”。雨濕。凄望眼、征鴻幾字，暮投沙磧。試問一作“向”。鄉關何處是？水雲浩蕩迷南北。

但一抹、寒青—作"修眉—抹"。有無中，遥山色。　　天涯路，江上客。腸欲斷，頭應白。空搔首興嘆，暮年離拆—作"隔"。須信道消憂—作"欲待忘憂"。除是酒，奈酒行有盡情無極。便挽取、長江—作"挽將江水"。入尊罍，澆胸臆。

如夢令建康作

烟雨滿江風細，江上危樓獨倚。歌罷楚雲空，樓下依前流水。迢遞，迢遞，目送孤鴻千里。

好事近杭州作

楊柳曲江頭，曾記綵舟良夕。一枕楚臺殘夢，似行雲無迹。　　青山迢遞水悠悠，何處問消息？還是一年春暮，倚東風獨立。

點絳唇惜別

惜別傷離，此生此念無重數。故人何處，還送春歸去。美酒一杯，誰解歌金縷，無情緒。淡烟疏雨，花落空庭暮。

花心動偶居杭州七寶山國清寺冬夜作

江月初升，聽悲風、蕭瑟滿山零葉。夜久酒闌，火冷燈青，奈此愁懷千結。綠琴三嘆朱弦絕，與誰唱、陽春白雪。但遐想、窮年坐對，斷編遺冊。　　西北欃槍未滅。千萬鄉關，夢遥吳越。慨念少年，橫槊風流，醉膽海涵天闊。老來身世疏篷底，忍憔悴、看人顏色。更何似、歸歟枕流漱石。

烏夜啼中秋

雨餘風露凄然，月流天，還是年時今夜、照關山。　　收別淚，持杯起，問嬋娟。問我扁舟流蕩、幾時還。

滿庭芳 九日用淵明二詩作

靡靡流光，淒淒風露，小園草木初彫。杳然塵影，爽氣界天高。愛此佳名重九，隨宜對、秋菊持醪。登臨處，哀蟬斷響，燕雁度雲霄。　　閒謠。情緬邈，相尋萬化，人世徒勞。念胸中百慮，何物能消？欲致頹齡不老，和金莖、一醉陶陶。君休問，千年事往，聊與永今朝。

賀聖朝 道中聞子規

征鞍南去天涯路，青山無數。更堪月下子規啼，向深山深處。　　淒然推枕，難尋新夢，忍聽伊言語。更闌人静一聲聲，道不如歸去。

小重山

漠漠晴霓和雨收。長波千萬里，拍天流。雲帆烟棹去悠悠。西風裏，歸興滿滄州。謾道醉忘憂。蕩高懷遠恨，更悲秋。一眉山色爲誰愁。黃昏也，獨自倚危樓。

惜雙雙 梅

度隴信音誰與寄？腸斷江南千里。深雪前村裏，一枝昨夜傳芳意。　　冷蕊暗香空旖旎，也應是、春來憔悴。風度將誰比，憶曾插向香羅□。

行香子

草色芊綿，雨點闌斑，糝飛花、還是春殘。天涯萬里，海上三年。試倚危樓，將遠恨，捲簾看。　　舉頭見日，不見長安，謾凝眸、老淚凄然。山禽飛去，榕葉生寒。到黄昏也，獨自個，尚凭闌。

浪淘沙

玉宇洗秋晴，凉月亭亭。夢回孤枕瑣窗明。何處飛來三弄笛，風露凄清。　　曾看玉纖横，苦愛新聲。由來百慮爲愁生。此夜曲中聞折柳，都是離情。

（以上四印齋所刻詞本《得全居士詞》）

校勘記

〔一〕附録中文章篇什，除《歷代名臣奏議》幾篇是從原本中輯出外，其餘俱是從上海辭書出版社 2006 年 8 月第一版《全宋文》中輯出。

〔二〕“試”下《全宋文》有一“將”字。

〔三〕“前”，疑當作“錢”。

〔四〕引自北京大學出版社《全宋詩》，1995 年 12 月第二版。

〔五〕引自中華書局《全宋詞》，1965 年 6 月第一版。

拙庵集

〔明〕杜敩 撰

岳海燕 點校

點校説明

杜斅（約 1313—1384），字致道，又字徵君，號拙庵，亦號南坡、太行樵者，山西壺關人。杜斅資質純明，自幼習儒，學貫《五經》，尤通《易經》。十九歲應河東鄉試，中第一，任高平縣教諭，又升任臺州學正。後因丁父憂而家居事親，從此居鄉里教書，遠近學者爭相從其學習，期間屢被徵召，都辭謝未就。洪武十三年，明太祖朱元璋以杜斅年高德劭，下詔徵其入朝，任四輔官兼太子賓客，司夏季上旬。任職期間，盡職盡忠，受到太祖信任，曾與太祖遊園聯詩，并引薦明代名臣國子監祭酒宋訥入朝爲官。後以老病辭官，朝廷禮遇送歸家鄉。洪武十七年，卒於家，終年七十二歲。其事迹在《明史·列傳第二十五》有簡略記載，明代雷禮《國朝列卿記》中亦有所載。

拙庵先生平生著述散逸頗多。所存詩文，後由其孫杜矩編訂成書，名爲《拙庵集》。全書共分十卷：首卷《聖製》，爲太祖徵召杜斅入朝及授予官職時所下諭旨，及遊園時太祖與四輔官所聯之詩，反映出拙庵先生在朝任職情況；卷二至卷七爲詩，内容涉及感懷、送別、祝賀、書信等方面，反映拙庵先生的日常生活狀況；卷八、卷九爲文，是拙庵先生爲他人所作序、記；卷十爲拙庵先生平生交遊涉及的題咏贈遺之作。

本次點校的底本據明成化刻嘉靖四年遞修本影印，印本多存在字迹模糊難辨之處，尤其第三卷前脱漏頗多，惜無他本參校，只能通過前後文理校，尤其難辨者暫作闕如處理，在正文中以□標出。

《拙庵集》序

《拙庵集》者，太學生壺關杜矩之所編也。矩大父斁在高皇時以耆年碩德，布衣被召，授四輔官，兼太子賓客，司夏季上旬，累膺詔諭、賡歌之寵，名臣宋祭酒訥寔斁所薦引，故具録。

《聖製》爲一卷，尊居其前；平生著述多散逸，其僅存者，爲詩六卷，爲文二卷；斁事行當在國史，今存于家，有狀可稽，拙庵自命，與凡出處交游有題咏贈遺之作，并爲附録一卷，殿其後焉。矩恒持以自隨，兹以公事來南中，屬爲之序。惟昔聖人在天子之位，莫不以和陰陽、順四時爲本。先王之制，今不復存，然《月令》之書，雖在暴秦，莫之或廢，漢高有趙堯等四人各職一時，舉所施行政事，恩澤封賞，理獄論囚，各有其時。從而至於服食之微，亦必順四時，亦必法天地，所謂上自天子，下及庶民，以之而治國家，則身無害災，年壽永究，所繫豈淺淺哉？下迫唐人，咏歌游衍之際，猶能以乘陽氣、行時令言之，自時厥後，斯道漸衰，君臣上下疲精役神，不出乎瑣瑣事爲之末，而治道之不足觀，又何怪也！

我太祖高皇帝以大有爲之資，爲大有爲之事，有如斁等待遇遭際，振古莫倫。觀夫上之所以諭斁，斁之所以納忠薦士有如此者，則一時君臣之間腹心之密，魚水之歡，所以致太平之盛，能不於斯而想見之乎？

聖子神孫，詒謀燕翼，垂百年而永監弗弛[一]，宜哉！盛於是編，幸名德之有後，重有以感激乎高皇之盛休也，於是踖然有言而謹書之。

　　天順八年夏四月上日，中順大夫、都察院右僉都御史昆山葉盛序

校勘記

　　〔一〕"徇"，據文意似當爲"忘"的俗體。

《拙庵集》序

松江府推官壺關杜矩持其大父《拙庵集》一編，請爲之序。大父諱斆，字致道，拙庵其號也。昔我聖祖馭宇十有三年，天下一統，思得耆彦以臻至治，於是詔起斆等五人，諭以策杖來朝，且曰"與朕同遊"。斆等至，命爲四輔官，兼太子賓客，各司春夏季上、中、下旬。蓋務農重穀，於時尤慎，而斆則司夏季上旬，出入啓沃，遇歌寵幸，冠於一時。

蓋自黄帝得六相，主天地四方，堯分命授時，以及虞、夏、商、周，遂有師保、疑丞、四輔之設，即伊尹所謂"公卿調陰陽、通寒暑"者是也。下逮漢、唐、宋，雖不常置，而或置如三老五更，一遇天地災變，尋復策免，尚安望其寅亮燮理，贊兩間之化、弼一人之治哉！此聖祖所以法天立道，孳孳以皋、夔望其臣，而斆等亦顒顒以堯舜期其君，謨明而弼諧，道洽而政治，足弘休妥範于千萬載，陋近代而遠復熙皞之盛也。溥嘗伏睹《高廟實錄》，其任賢圖治，如待斆等，固無不載。至于斯集，首尊聖製，次述平生詩文及交遊、贈遺、傳狀諸作，觀之尤足徵焉，而況矩也？能如古郯子善言其祖之制，豈無問而知其爲賢矣乎？故序以歸之。

成化八年壬辰春正月穀日，翰林侍讀學士、奉直大夫、國志總裁官、直文華殿、賜一品服、奉詔歸閒鶴城錢溥謹序

拙庵集卷一

聖　製

初召敕符

諭山西潞州壺關縣儒士杜斆：昔之馭宇內者，無倖位，無遺賢，致時和而世泰，蓋由善備耳聰目明之道，所以士仁者樂從其遊，輔之以德，間有非哲者處於民上，則倖位遺賢亦備矣。今朕才疏，迷聖道之良宗，是致賢隱善匿，民未康，世未泰。今爾博學君子，齒有年矣。符到，若精力有餘，則策杖來朝，果可作爲，加以顯爵，與朕同遊，故茲敕諭。

宙字六十四號　洪武十三年五月二十九日

授官制諭

昔有莘耕者爲政，社稷永安；傅巖之野者在朝，君仁民康。斯二賢疊出於殷商，致君六百年之大業。是賢者雖處同出異，其忠君濟民之道一。然朕政未施，訪近臣而求士，召爾等來朝，命爲四輔之官，兼太子賓客，位列公侯都府之次，必欲均調四時，德合人天。卿等慎之，同安盛世，故茲制諭。

再制諭

四輔官謹聽，再制諭之：卿等受斯重任，朕與卿等，民生係焉，可不重乎？且卿等昨爲庶民，今輔朕以掌民命，出類拔萃，以顯父母，豈不天人交慶？於戲慎哉！二儀之敬，事理無乖，心常格神，言常履道，故兹再諭，想宜知悉。

均職制諭

古以三公四輔論道經邦，理陰陽，順四時。然當是時，間有陽順陰乖、陰順陽戾者有之，是由通理而使然也。且任三公，職四輔，非數人不居，凡數人，使居是任，豈不善惡半之？善雖格天，惡能違帝。是故人事不齊，天亦如之而應，此其所以陰陽駁雜也。當陰陽駁雜之時，所理者，三公四輔，冢宰既多，各無司，定節序，期其時，而究將問誰？假使上帝以一賢之善，不致斑駁其時，則惡人偷光飾己，又小人效之，所以斑駁其時，雖在上帝，不得不如是也。其天道人事，疾如影響，爲此也。朕今設四輔，恐上帝艱分善惡，累時序之不常，特以四季均職於四輔，又以上、中、下三旬，人各司之。設若上帝福善禍淫，易爲殃著所司者，比之渾肴，豈不利哉？特以四輔所司，明述於後，以驗雨暘時若也。

春三月，李祐司春季三月，皆中旬十日；龔敩司春季三月，皆下旬十日。

夏三月，杜敩司夏季三月，皆上旬十日；吳源司夏季三月，皆中旬十日；趙民望司夏季三月，皆下旬十日。

上與四輔遊東苑詩

上：踞蟠龍虎肇豪英。

五色卿雲炫日明。臣杜敩

王氣瑩然垂景象。臣吳源

民風樂耳見昇平。臣龔敩

山河百二金陵最。臣趙民望

宇宙千秋帝業成。_{臣李祜}

上：暗憶六朝興替事。

禎祥未盡又加禎。_{臣杜敩}

召宋訥敕符

朕君天下十有三年矣，意野無遺賢，雖夙夜孜孜以求賢，賢何弗至。今四輔官杜敩抱忠爲國，舉所知宋訥才堪任用。符到之日，有司禮送赴京，以稱朕意焉。

拙庵集卷二

詩

□秋夜渡黃河抵宿河陰遞運所酬大使□德明

蟾光□〔一〕色兩瀰茫，夜亂河陰十里黃。解后斯文淹遞運，殷勤延客引壺觴。因談瓦缶江梅句，重說鐵崖錦繡腸。酹月朝天今昔事，顧予二老上翱翔。

壽州舟中二首

驅車直下太行路，乘軺遞經河蔡流。如彼呂伊二老者，同茲李郭一仙舟。雲峰對峙荆門曉，雪浪高抛楚澤秋。時倚孤蓬三引領，金陵王氣炫雙眸。

自領徵書起賁丘，五雲深處望神州。塵埃古道雪侵鬢，舟楫長淮風打頭。過楚遙瞻莊叟里，憶唐孰與董生儔。顧予謁帝無長策，勇退須當在急流。

揚州懷古

廣陵淮海郡，兵毀太悽然。城是何人是，今年豈昔年？璚花空有觀，鶴背更無錢。世變還如此，嗟傷夕照邊。

舟次臨淮值風雨

艤舟夜泊臨淮浦，風雨忽來午夜過。吹灑蓬窗驚夢破，漂搖舵板感愁多。抛猫深籍維持力，停櫓寧聞欸乃歌。顧我待爲濟川用，如其阻滯不行何。

揚子江書所見

邗溝南下瓜洲步，揚子江頭倒㙷舩。水繞金山深有底，潮生滄海遠無邊。廟遺項羽中流石，巖刻觀音傍港蓮。直抵龍灣望京闕，皇明王氣正當天。

應召

符使星馳到蓽門，草茅何者敢逾垣。鞠躬出拜正言辱，策杖來朝上位尊。輦御六龍登黼座，樓棲丹鳳叫天閽。方今復睹勛華盛，蕩蕩巍巍至道存。

受官

應聘叨聯宰輔班，九重□闕幸躋攀。時論風化巖廊□，日近天顏咫尺間。紫禁進趨冠岌岌，青宮步履珮珊珊。爲臣補報心渾赤，方得稱爲不素飡。

預宴

紫極皇皇分四輔，泰階兩兩列三台。風和鳳閣簫韶奏，日射龍亭寶蓋開。香惹御爐烟滿袖，味含甘露酒盈杯。歸時或問朝何晚，恰在天宮宴罷來。

幸第

絳幘雞人報曉初，洞開闓闍辟康衢。鑾輿冉冉九天降，翠蓋亭亭四輔居。聖眷下垂安否問，老臣上辱姓名呼。吳儂何幸承殊寵，才德慚非韋趙如。

賜衣饌

四輔星芒近紫微，忝居名位應餘輝。上前日侍再飱膳，内裏時頒三襲衣。重使飽温優老禮，長歌緇粲好賢詩。退朝爲問康衢叟，帝力夫何有不知。

辭　秩

老我爲儒族本寒，使符飛下促征鞍。朝班竊位三公次，齒序叨居四輔端。雷夜被宣謨紫禁，雨晴承制賦金鑾。只因溺殿東方朔，犯得天顏許掛冠。

謝　表

伏以乾坤，萬物之父母，以六子主時致用而成歲功；天子，萬民之父母，以百官分秩任事而成治功。蓋君代天以理物，臣盡忠以報國，則上下交泰，遠邇攸同也。欽惟皇帝陛下，聖神文武，體至誠之道；剛健中正，履至尊之位。兢兢焉，業業焉，心格夫穹壤；巍巍乎，蕩蕩乎，功邁于華勛。奠宗社磐石之固，措寰宇雄嶽之安。廣求群彦，以綏兆姓。臣等在野庶民，叨官四輔，備顧問于紫宸，預賓客乎青宫，日夜惶懼，弗堪負荷，敢不罄竭愚衷，共圖補報，贊海涵春育之恩，期天長地久之祚。

給舟車首尾吟

問伊進退復何如，水驛官舡陸棧車。一葦遥遥衝巨浪，雙篷隱隱轉長途。申公應聘迎三輔，范蠡歸休泛五湖。用舍行藏今乃爾，問伊進退復何如。

命窮通首尾吟

問伊數命曷窮通，出處時殊道則同。任重尹莘三聘日，名清嚴瀨一絲風。鳳麟既瑞楓廷盛，猿鶴何愁蕙帳空。行止顯微如是爾，問伊數命曷窮通。

嘆陸沉首尾吟

爲問誰何嘆陸沉，陽奇陰耦古猶今。同朝文子升臣僕，竊位臧孫下展禽。劍匣乍觀牛斗氣，曲高寡和徵商音。進難退易還如此，爲問誰何嘆陸沉。

舟次蔡河阻風

千里江淮一葦過，豈期陳蔡阻風波。檣欹舵側驛舡小，浪駭湍驚官閘多。說彼飛廉狂乃爾，怪茲罔象怒如何。舉頭遙望開封道，蕩蕩平平入浩歌。

舟次雙溝遇凍

沿江遡洄泊雙溝，百里開封是地頭。風急浪高難過閘，天寒冰凍阻操舟。道窮浮海孔尼父，興盡泛溪王子猷。命駕小車履周道，行窩到處恣優游。

上太行書□

既乘枯木渡銀潢，復駕輶軒上太行。驛路星軺迎疊翠，關門天井仰穹蒼。澤連大禹避均地，冢倚神農種穀莊。西北望窮天下脊，山河表裏晉封疆。

書橫望郵亭壁

巒壑高深路屈盤，險如平地上天難。時登絶頂發孤嘯，才不教人下眼看。

渡江有感

江淮東注勢連天，鉦鼓聲中倒驛船。試問滔滔如是者，急流勇退孰其賢？

題白雲驛浩天使望雲軒卷

雲軒揭扁北堂壁，心目無時不在茲。行役嗟傷登屺岵，音容夢寐侍庭闈。太行斷靄雙親舍，榆社春陽寸草暉。復喜寧家賢伯仲，宦歸同試老萊衣。

題江村漁樂圖卷

一葉之舟，其爲屋也悠，曾不築修；百尾之鱗，其爲糧也新，曾不囷困。是爲葛天無懷氏之民，有客倚杖而歌之曰：“采春江之毛兮，彼茁者蒲；捕秋江之魚兮，彼肥者鱸。左琴與書，右尊與壺。貧歟富歟？寵歟辱歟？”歌闋而去。

和陶淵明《歸去來兮辭》并引

拙庵，時予素隱太行之紫團。洪武十三年五月，朝廷遣內使賫敕符臨門，召敷策杖來朝。候秋凉，有司禮送起程，九月十八日到京。是日，儀禮司引進朝見。十月初一日制命，爲四輔官，兼太子賓客。後以老病辭朝，給驛還家。竊惟晋處士陶潛爲彭澤縣令八十餘日，解印綬辭職，作《歸去來兮辭》。宋朝蘇軾謫居儋耳，嘗追和之。其弟轍謫居海康，軾以所作示轍，要其同和。後再遷龍川，未暇及。既還潁川，時軾謝世，轍泣而和之，并示陳宛丘共和，當時陳了翁、胡澹庵俱和，皆傑作也。予弗愧匪才，勉和以見志焉。

辭曰：

歸去來兮，家山北顧宜旋歸。諒窮達之在天，胡乃爲之歡悲？謂天樞之可運，睹日馭之是追。寔弗量厥智力，曾孰究夫是非？俊甫聘以玉幣，忽即掛其冠衣。既進禮而退義，何朝顯而夕微？

優給驛傳，免勞駿奔。辭違禁闕，棲遲衡門。拙庵無恙，故物尚存。圓圖方書，磁甌瓦尊。懷二老於岐周，憶四皓乎商顏。眷朝野之異地，夫曷危而曷安？驚寵辱斯在躬，寔人鬼之攸關。閱古今之明哲，宜逃聽而旁觀。嗟孔孟其數奇，屢齊魯而去還。由邪正弗並立，或毀害於臧桓。

歸去來兮，與木石伍而鹿豕既遊。脫屣乎囂埃，於世物兮焉求？訪野叟而閑話，撫童稚以忘憂。或嘯傲乎林泉，或逍遙乎田疇。陸駕小車，水泛虛舟。唯太行脊於天下，登俯覽其九丘。偕達人之大觀，恥時俗與同流。琴絕弦而弗張，棋終局以無休。

已矣乎！少壯老死同四時，死孰去而少孰留？萬彙紛紜各所之，往古足爲鑒，來今猶可期。冀嘉穀之維碩，彼稂莠之是籽。接統緒以爲文，關世教而哦詩。雖瞑目其不憾，示諸後人無或疑。

卧病吟

退休歸山衰病纏，七十有二交流年。挂杖瘦扶老鶴像，唾盂粘貯長蛟涎。散圓祇在袪咽膈，鯁饐何勞祝後前。久抱沉疴卧連夕，不知誰是杏林仙。

謝世吟

父天母地一何神，明月清風托此身。江上山間全在我，吟嘲醉弄任由人。照吹阮籍簾幃假，光霽濂溪氣象真。撒手翻然歸去好，了無雲翳静無塵。

没寧歌

高歌兮振林野，明月清風不我捨。魂升魄降天地間，異日聰明返何著？歸去也！歸去也！

校勘記

〔一〕□，底本漫漶不清，據文意及殘文似當作“水”。

拙庵集卷三〔一〕

□　□〔二〕

□□□□□□□，□□□□□□□。□□□□□□水，疇昔花封揚政聲。行道終當酬素志，讀書端不負平生。兔園老我二三策，遙憶考績無盡情。

甲午感事

太皇鐵騎奮龍沙，四海于今遂一家。妖寇敢闚溫室樹，詞臣方擬《後庭花》。牙檣引纜通金水，寶閣橫攔映彩霞。惆悵中州成瓦礫，不堪回首憶繁華。

過洪洞題孫氏學壁

高齋瀟洒枕崇墉，隱几忘言意自通。海岳幾番經戰鬬，英雄群起入牢峰。雲龍風虎消沉裏，霸業王綱感慨中。時事廢興何日了，天涯極目送飛鴻。

自　述

姓名籍甚武醫師，撤暗還明術妙奇。龍木昔生雲漢漠，鵶林今睹日熙熙。迷尋阮籍途窮處，遠察離婁毫末時。老我年來心獨瞀，草堂終日坐如癡。

寒食遇雨

長年寒食一百五，今日禁烟二十三。綺陌香塵春寂寂，凄風冷雨晝□□。鞦韆抱恨東鄰女，蹴鞠懷憂北里男。誰道人生行樂爾，感時雙淚濕青衫。

和王節判顔龍上

清廉徵起篷鵷行，倅郡冥搜錦繡腸。愛日堂深萱燁燁，德風
亭古柏蒼蒼。犢留車駕時苗牸，椹熟籃兮蔡順桑。公暇閑登太行
頂，白雲江水兩微茫。

和鄭重道詩祝韓志道壽

昔年名利念俱忘，消散田園鬢未蒼。五福擬符神禹範，半仙
宜記祖相方。寒凝庭雪松筠茂，春□〔三〕壺天日月長。教子養親
心事了，家門管取熾而昌。

寄梅判簿

河朔江東幾許程，比詹眉宇蚤聞名。飛飛宣類鴉仍萃，噦噦
壺林鳳有聲。霹靂提封方百里，箕裘家學惠諸生。蹇予甘分溝中
斷，清眼殊深惓惓情。

自　述

成都初莫問前程，藥價終難隱姓名。閉户豈聞當世事，垂帷
惟聽讀書聲。年□〔四〕耆艾雖瀕死，時遇文明不罔生。閑把焦桐
横□〔五〕上，幾知山水調中情。

送韓士□〔六〕賈克勤起遣赴京

老我非才賜掛冠，鄉□〔七〕遇賈又逢韓。一時爲政蒲盧易，
三黜應知柳下難。藻鑑到頭分美惡，離筵執手話悲歡。聯鑣復上
青雲路，報國心懷方寸丹。

寄開封徐都指揮使

河南藩翰徐都統，往返難忘再識荆。龍虎會時乘變化，鳳麟

當代瑞文明。停雲賦麗袍應奪，對月詩豪槊屢橫。愧我退休無補報，願陪椽筆頌隆平。

送梅判簿朝覲

梅仙千載衍宗支，係出宛陵獨白眉。名列詩壇才更雅，政成簿縣迹尤奇。太行疊巘欣瞻仰，漳浦流波愴別離。百里本非賢者路，鳳鸞整翮在高飛。

寄李瑁求天花摩姑菜

曩予嘗正臺州學，今汝為儒臺縣師。兵毀巋然文廟在，治從蓑爾舊官非。山隈地菜同朝菌，石罅天花類紫芝。包匭如夢或相惠，衷情遠慰素懷思。

羅雀網

口腹年來苦累人，命僮取次結絲緡。編聯倣彼蜘蛛巧，翻覆欺他鳥雀馴。祝去獵圍湯有德，養為弋射孔時貧。群飛自入王祥幕，懷古嗟今為愴神。

用飲瓢

欲平磈礧滌塵襟，破瓠為蠡戒湎沉。外示包含清濁量，中存斟酌聖賢心。時操莫笑阮狂蕩，日飲可睎顏樂深。挹酒酌泉隨用足，拙翁瀟散紫團陰。

蘇苗雨

土著山農枕太行，石田磽埆慮恒陽。及時十日一場雨，比歲再輸千里糧。專仰上天均惠澤，何如下地利陂塘。欣聞鼓腹謳歌者，世泰民康政不荒。

護霜雲

陵壺節氣早風霜，屏翳于時幕遞張。侵曉輕陰迷稼穡，連宵浮靄廕蒼黃。三秋妒害羞青女，萬寶妝成謝白藏。近日紫團長五色，料應華蓋散餘光。

秋暮山行夜宿田家

杖屨逍遥過石梁，同行野叟宿山莊。出門有興秋容老，對榻無眠夜刻長。斷續鈴聲牛嚼秣，翻騰盆響鼠偷糧。侵晨樽酒歡相慰，物阜年豐家道昌。

謝友送菊

清曉秋香入夢魂，短僮携菊到衡門。金英采采沾衣袖，翠樹低低可瓦盆。欲療枯腸供一嚼，且將客土寄孤根。等閑不使西風笑，花滿東籬酒滿樽。

冬暮即事

鳥飛兔走任西東，痴坐茅茨又暮冬。醅甕蟻蛆瓢撇綠，地爐榾柮火煨紅。歲寒有分陪三友，衰拙無文送五窮。日與南榮村老子，獻暄願擬答宸衷。

山居漫興

舌耕筆耨了平生，野處林居養性靈。穩座手探仙者樂，空樽心醉聖之清。柴扉晝靜風開闔，甕牖宵長月晦明。自笑草圖鳩似拙，回頭寵辱總忘情。

夢中有覺足其句

小小岡陵淺淺灘，漁樵兩個話艱難。空磨百煉純鋼斧，枉把一條長竹竿。烟擁豫章陰荏苒，月明滄海影瀰漫。幾時龍虎風雲會，擬不耕莘不釣磻。

客中送友人還鄉

官橋春柳綠如縹，送友京門思已撩。過酒墻頭方解檝，艤舟渡口且停橈。江南地下魚書近，河朔風寒雁帖遙。顧我欲歸歸不得，白雲望斷太行椒。

賀李子春再娶

暴風井寶祇傷情，繼室新歡春又生。琴瑟座間花燭影，鳳凰臺上玉簫聲。橋橫銀漢星重渡，枕粲芸窗月更明。管領絲羅纏結固，莫辭詎爾喚卿卿。

寄程潞州

招賢江左大夫旌，作郡山西潞子城。景仰堂顏期敬簡^{堂名}，雍容廳事擬公明^{廳名}。太行雄倚連雲勢，漳水波流達海聲。我遂紫團歸舊隱，願同白也識韓荆。

用章知事韻奉答

嘆我歸休擬放翁，羡公文學應招弓。朝家品秩衣冠盛，幕府森嚴劍戟重。擢秀青春稱郤桂，虛名白首夢丁松。太行絕頂時登眺，目極閩南天柱峰。

寄潞州衛指揮劉顯忠

妙年英發武兼文，掌握兵權襲世勛。燕室琴書延上客，轅門旗劍衛中軍。輕裘緩帶晋羊祜，歌雅投壺漢祭遵。漫説麾官守方面，如公才俊幾何人。

元日有感

自成老醜鬢皤然，節物驚心又別年。生意兩間春脉脉，仁心一視日綿綿。行庭紫鳳冒晴雪，松塢蒼龍含曉烟。静室弄環坐終日，幾何人識後先天。

冬日有感

乾道流行氣化初，子當正位運玄樞。一元坱圠先天易，萬物胚暉太極圖。陰盛漸消坤體拆，陽微方長復心穌。對時因得環中趣，周邵丁寧爲起予。

寄潞州學正趙宗文訓導李子春王魯徽

教誨諄諄嚴博約，生徒濟濟賴陶熏。一王法斷春秋筆趙，四代書研隸古文李、王。日永鴉林陰滿地，風生芹泮水成紋。鳶飛魚躍天機活，道學源流有見聞。

寄壺關簿李傳心治《春秋》

昔進門生立雪寒，今登仕版入雲端。一公政斷春秋法，再簿縣居撫字官。玉石無分寧抱樸，鷹鸇有志豈如鸞。調同詩古少陵老，勛業頻將鏡裏看。

寄紀善張子壽

廣文博學時□援，鳳翼龍鱗日附攀。善道章章陳蜀府，敬容□□進朝班。雪庭瀟洒竹聲凍，月牖清癯梅影寒。料得委蛇出休□，應將勛業鏡頻看。

寄趙縣丞

趙侯丞縣逾三載，官學今知有始終。闔境政聲風偃草，滿襟清氣日哦松。生魚釜底廉如范，馴雉桑陰化似恭。咫尺朝京優考績，枳鷺一舉上蒼穹。

寄二王訓導贐誠克仁

弦誦洋洋溢頖宮，師生濟濟共雍容。禮經全記初言敬，魯史惟書一字公。立久伊川門外雪，坐融明道席間風。壺關復睹武城治，鼓舞宣尼笑語中。

不寐讀丹經

何其冬半夜如年，欹枕茅齋耿不眠。鼻息綿綿調氣順，心田寂寂養神全。一元道始靜還靜，衆妙門深玄又玄。會待黃庭功行滿，飄飄騎鶴上青天。

寄王布政使

天挺長材夐不同，揚揚綽有古人風。承宣績考諸司最，被寵恩殊九牧隆。中立嵩高新改觀，居方河朔舊提封。汗青已紀循良傳，政績應知備始終。

創作漳橋寄趙丞

厲揭杠橋事兩難，凌空甃石壓狂瀾。長堤橫臥霓千尺，濁浪平分玉五環。題柱相如終遂志，乘輿子產始慚顏。趙侯才力嚴敦匠，功迹宜將翠琰刊。

寄張清貞老潞州同知張大亨父也，有《瓦缶集》，蓟州人。

兩地暌違一舍間，仰瞻泰北复高寒。橫渠家學源何遠，瓦缶遺音和實難。針芥投時今者是，藩籬剖破文家寬。南風咫尺鱗鴻便，爲祝清貞進膳餐。

寄臨漳鄭重道

辱游杜斆蕭聞書，重道詩仙隱者居。動静知公常綽綽，行藏念僕第區區。太行樵采溝中斷，漳浦漁鈎水底鱸。更冀順時善調攝，甫處千載可同符。

詩寄潞州太守陳

竹馬郊迎行且歌，郡僚復政揚恩波。吉人固爾自天相，雄雉暫然罹兔羅。庶職修沿考國法，九重摩撫蠲民痾。拙庵老叟三抃躍，爲言補報當如何。

和《野田黄雀》

無角能穿屋作窠，紛紛族類不勝多。雨收荒甸尋遺粒，日上樊籬啄短科。孝感庭闈嘗入幕，窮居陋巷可張羅。堪嗟鷙悍爲鸇者，驅入叢林如彼何。

謝　瓜

枯腸燥吻渴生烟，如抱沉痾望一痊。冰谷摘將龍夘大，金刀剖破虎頭圓。東陵國滅暴秦日，南畝園開炎漢天。笑我不通埊兆讖，草庵鼓腹但便便。

吳復初以海樓自號詩見示用其韵

五色雲成十二樓，憑虛勢壓鳳麟洲。雪山鴻洞長□迴，身世微茫大地浮。蓬島無津迷此觀，滄溟有市□橫流。謫仙萬丈才名在，取次詩翁雅號收。

竹　笠

琅玕斫得自淇隈，霧煮雲蒸巧製裁。低展寬檐形陡峭，高攢圓頂勢崔嵬。雨時春野耕方歇，雪霽寒江釣未迴。飯顆山前嗟老杜，太陽不照瘦軀骸。

乞　犬

光耀婁星天北隅，君家龎乳小於菟。月明門館何虞盜，路隔江淮爲寄書。四足生氂驚宋鵲，重環遺響認韓獹。天生復下董生瑞，試問清貞可乞諸？

別　友

擾擾干戈二十春，乾坤何處不風塵？嗟予產迹果忘世，羨爾逃名常卜鄰。兩地離居勞杖屨，一簪華鬢苦吟呻。此行爲訪三鄉老，吊古傷今淚滿巾。

□　□〔八〕

病眼書何讀半行，漫思江水濟枯腸。鬢毛衰颿從他白，身□□□任彼蒼。夢馭孤雲歸華岳，醉吟五柳老柴桑。浮雲□昇東流水，閑看波瀾入渺茫。

此篇在《和王節判》下，因亡結一句，補錄在此。

校勘記

〔一〕本卷卷首脱漏一葉，此六字依例補。

〔二〕□□，本詩題目脱漏，前三句脱漏若干字，據本卷其他詩歌及本詩殘存詩句，本詩當爲律詩。

〔三〕□，底本漫漶不清，據殘文似當作“在”。

〔四〕□，底本漫漶不清，據文意及殘文似當作“垂”。

〔五〕□，底本漫漶不清，據語境及殘文似當作“膝”。

〔六〕□，底本漫漶不清，據殘文似當作“敏”。

〔七〕□，底本漫漶不清，據語境及殘文似當作“闇”。

〔八〕□□，底本漫漶不清，據語境及殘文似當作“自述”。

詩

客裏中秋懷友

客遇中秋嘆我生，眼空節物坐茅亭。老天萬古此明月，故友幾人如曉星。南北連年猶戰伐，衣冠何地不凋零。呼僮旋貰西鄰酒，拼却金宵醉不醒。

中秋夜月

人在中庭月在天，幾家人月共團圓。素娥舞按霓裳曲，丹桂香凝玉醴□。滿眼分明戈甲地，回頭蕭索綺羅筵。遙瞻采石杯三酹，誰識當年李謫仙。

中秋不見月

一年清興在中秋，辜負良宵是獻酬。天地氣爲昏霧塞，山河影被暮雲收。寂寥無客泊袁渚，瀟洒何人登庾樓。多是姮娥謫凡世，殿門空鏁廣寒幽。

十四夜月

中秋佳節自年年，何預吟觀一日前。鳳曆連爲三月大，蟾光早到十分圓。陰晴來夕知難定，詩酒今宵樂已便。對影三人還獨笑，明添白髮太幡然。

十六夜月

昨夜中秋今日過，清輝較減夜來多。尋常才俊攀丹桂，二八良宵宴素娥。江渚有懷歌慷慨，霓裳無夢舞婆娑。南坡老子興何淺，聆瑟猶能捲翠螺。

菊　碗

芬芬甘菊飽秋霜，山野幽棲入品嘗。石鼎烹雲翻翠浪，磁甌和露泛青香。夢魂自是迷三徑，病眼應難下五行。喚起當年玉川子，不須七碗發歌狂。

椒木杖

剪來林木遠條且，玩水游山即與俱。老景行吟須倚仗，枯形瘤瘿共清癯。强資藥力痊身病，香襲春風挑酒壺。得遇飛仙能好我，橫橋携手上空虛。

菊　枕

采采金英滿懿筐，旋爲布枕貯秋香。暮年明目簡編便，曉夜支頭詩思長。夢我篷篷迷蛺蝶，笑伊兩兩並鴛鴦。歸來清似陶元亮，紙帳裯衾舊草堂。

雁　影

南來北去度流年，形在晴空影在川。散亂遮昏庭下月，橫斜點破水中天。孤哀青冢吊高下，群到衡陽隨後先。自是銜蘆避矰繳，羲娥如把畫圖傳。

哭張德彥

霜風凜冽慘儒林，楚些招魂無處尋。馬鬣封埋遺世夢，麟經筆絕誨人心。文章競作誰司命？大雅希聲曷賞音？年比顏淵多一倍，交情痛□□分襟。

又

壺關一夕殞文星，雨淚風號晝晦冥。慘淡松楸新宅兆，悲涼詩禮舊家庭。玉樓作記元非誕，金闕修文乃自靈。雖死猶生能有幾？名留桂籍藹餘馨。

哭王子和李國英元獻之張德彥四友相繼而死

故人相憶小齋空，凶問連來報走僮。自縊子和年九九，沒寧世傑目矇矇。獻之易簀顏猶笑，德彥遺言意弗窮。今後不知誰哭我，感時揮淚濕東風。

寄晉雄飛求瓦器時在壺神闡教

壺神東瞰石橋高，百許人家半上窰。摶弄化鈞成器物，招延師範被薰陶。公應如孟餘三鼎，我願晞顏乏一瓢。爲索黑光雙瓦鉢，藜羹白粥正煎熬。

題徐指揮《折枝桃圖》

畫圖以此自娛者，妙在揮毫奪化工。葉作正翻分老嫩，實爲生熟點青紅。偷三且爾孤枝折，獻五何其一蒂空。宜掛北堂珍重玩，仙醪杯泛紫霞濃。

賀耿致道縣尹弄璋

熊羆協夢兆禎祥，諼草餘馨□□□。□嗣詩還通作似，弄璋書莫誤爲獐。丹砂粒剖榴堪薦，綺閣筵開餅作湯。自是烟樓看撞破，嶄然頭角更軒昂。

賀濟民生子就干給事文焕

山色連雲入紫團，築居深處迹堪安。風吹丹桂庭中發，月照明珠掌上看。進學預謀收典籍，傳家能許襲衣冠。從來韓氏多奇俊，喜見當朝給事官。

謝劉光澤光民醫者

共説劉家□□□，□篋技術振先聲。醫傳六世名應遠，垣見一方人更明。龍虎鼎傍嬰姹好，椿楦庭下术參榮。爲憐老病瀕危苴，扶我林泉復杖行。

寄壺關縣丞郭柏

獨員丞縣才三月，雷厲風飛見設施。日夕花封猶聽政，月明松院正哦詩。康莊當展龍媒足，枳棘非棲鳳鳥枝。卓魯到今千載遠，料應德教有光輝。

郭丞父歸覲

天叙彝倫止孝慈，家名詩禮業裘箕。子居貳令承嚴訓，親在三山慰遠思。橋梓嶺前雲氣重，桂椿堂上日陰遲。君今歸覲詩爲贈，感我老懷風木悲。

用錢太守韵二首

昔王吳越遞朝曛，門閥今存賢使君。作郡兩番嘶五馬，歸山長嘯卧閑雲。鱸肥笠澤霜秋興，鶴唳華亭月夜聞。正喜識荆親德學，無何爭忍便携分。

又

羔裘閑適自居居，進退雍容裕有餘。比憶金羹形客夢，先令黃耳寄家書。士非徐孺常懸榻，友是嵇康即駕車。浮玉山深歸舊隱，兩間天地一茅廬。

書　懷

自嘆愚生性拙偏，時危遁世老林泉。草衣木食尋常事，釣月耕雲二十年。夢訪緱山騎鶴客，吟招商嶺采芝仙。殘軀如得長生術，何幸區區有二天。

和令聞王君寄詩韵

自從春盡惜分襟，兩月微茫隔訪尋。猥我仍爲青佩賦，感君亟寄白頭吟。西瞻柳市城猶遠，南望桃源路更深。夢寐恍聞山水調，千年誰識伯牙心。

寄隱仙楊仲禄

身爲羽客性爲禪，回首紅塵八十年。服氣静存胎息法，拋家宿有住山緣。蟾穌膏點昏盲退，鶴頂丹攻痼疾痊。我遂太行歸舊隱，尋真別是洞中天。

瑞　雲

歲行壬戌端陽月，雲瑞東南傍午時。氛郁絢空浮五色，輪囷抱日耀重暉。飛鸞象現山陵氣，錦爛紋生造化機。野叟幸逢太平日，禎祥屢睹古應稀。

訪　隱

自憐塵土滿冠巾，林下逍遥訪逸民。萬壑烟霞孤僻地，兩間宇宙一閑身。楚狂遁世曾歌鳳，魯叟當時在泣麟。拂袖不如好歸去，山有野蕨正欣欣。

咏　懷

辭歸仕路半機阮，静夜思來夢亦驚。眼孔蒙蒙雲作障，頭顱冉冉雪爲莖。做成老態寇丞相，笑結窮途阮步兵。二子是非俱莫論，太行深處且偷生。

次張清貞上元韵

年來天氣半陰晴，元夕風光好郭城。月鑑嬋娟千里共，星毬的皪萬家明。漢從泰壹祠昏旦，唐到開元熾欲情。拄杖揩頤出門立，看人弄影可街行。

又

節届上元連夜晴，熒煌燈火照重城。六鰲山頂懸星象，十字街頭步月明。暗去昭來同有樂，歌樓舞榭獨無情。爲言雖弛金吾禁，大道誰人不可行。

題李靖廟壁

鹿走中原未有王，天生英輔定封疆。直期神策清寰宇，不倦
戎衣老戰場。竭節大唐存首冠，獻書西嶽見肝腸。我來爲吊當時
事，拜謝英靈有耿光。

上廉使楊士傑

誰昔魁登黃甲選，是時鳶角復峨峨。整襟白簡霜風肅，惠及
蒼生雨露多。士子共成文作範，朝家方賴禮爲羅。顧當立靈趨函
丈，奈此斯文已墜何。

孔郭二書吏

金井冰輪吏隱儒，霜臺氣肅自威如。聯鑣共侍青□〔一〕馬，
攬轡同登白鷺車。深谷潤泉資灌溉，害苗稂莠在耰鋤。寒儒披睹
何其幸，陡覺陽春及弊廬。

寄慈雲寺衲子歸養

空門矯首屢咨嗟，爲念孤孀母在家。旋理田園新活計，頓拋
衣缽舊生涯。招提不顧苾蒭影，庭院宜栽萱草花。心地惺惺即爲
佛，何須披剃老壇霞。

呈朱彥文軍諮

冰鑑心胸玉樹姿，考亭家世慰深思。贊謀屏翰三邊日，從事
平章百姓時。風靜碧油還草檄，月明黃閣正哦詩。鳳凰時至維音
好，鳴集碧梧上下枝。

上潞州知州

桂花濃惹赭袍鮮，符竹新分出奉天。闔郡陽春行有脚，皓空長月照無偏。文章太守誠賢守，德化漳川似潁川。不待省臺重鶚薦，姓名疏寫御屏先。

上武帥

海宇茫茫定在兹，將軍武略出多奇。四方氛祲攘除日，千載風雲際會時。月夜譙樓悲鼓角，霜寒營衛樹旌旖。太陽拱捧光天下，何幸蒼生有所依。

上總兵

碧油幢底識章縫，名重珪璋氣吐虹。八陣縱橫歸掌握，五經淹貫醉心胸。鳳飛江左多平亂，雷屬山西太折衝。早晚昇平論勛業，麒麟閣上寫儀容。

松　□

虯枝折得翠纖纖，建碗湯瓶手自拈。雪浪起時搖麈尾，雨聲歇處振龍髯。精神期與歲寒茂，□思不知春畫甜。嘯傲萬松亭上客，清風滿座興無厭。

草　鞋

清溪采得美如綿，携就雲庵自織編。幾坐釣臺遺石畔，數回春浦涉溪前。尋僧印破堦前蘚，采藥衝開草上烟。何事茫然勝朱履，爲能相從到林泉。

拄　杖

橘根屈曲稱予懷，自向林泉采得來。就客飲時擔酒去，見魚
遊處撥萍開。閑聽樂譜擊紅樹，暗算流年畫綠苔。盡日携伊閑眺
望，不愁無力上高臺。

紅瓤瓜

萋萋中甌赤與黃，剖開混沌判陰陽。盤盂爛若霞生瓣，齒頰
甜如蜜作瓤。赤子宜多存種類，丹衷何少示肝腸？誰人強比同萍
實，豈解當年事異常？

鞦　韆

花欄側畔小池東，競戲鞦韆幾女童？畫板踏時蓮臉嫩，綵繩
開處柳腰秢。胭脂襪濕花稍露，翡翠裙拖柳腳風。日暮相將各歸
去，海棠枝上月朦朧。

燕鶯蜂蝶

明媚春光正及時，燕鶯蜂蝶一齊飛。嚶嚶出谷遷喬木，點點
銜泥入舊扉。作配求媒鬚帶蜜，偷看携侶粉爲衣。可憐幾日能相
伴，咫尺秋來各自歸。

挽曹國公太傅平章李寶

皇明御曆日當中，外戚甥多不世功。茅土分封魁五爵，陰陽
燮理位三公。聖躬問疾憂心切，大赦餘辜救命終。我昔同朝忝班
次，淚流盈把灑東風。

謝東平侯賜酒肴

朋酒盤腥使命將，賜臨蓬蓽蔚生光。萊園踏破渾閑事，詩壘攻開入醉鄉。靖節何煩巾漉酒，宣尼必薦俎馨香。千年重憶少陵老，月户風櫺祠耒陽。

望山西書事

表裏山河古冀方，遺風後代憶陶唐。剪桐殿陛封虞叔，發楚宮垣試趙襄。汾水秋空飛過雁，并門暮爛映朝陽。方今兵衛連雲朔，胙土分茅爵晋王。

扶老杖

齒豁眉厖氣血衰，常携五尺疲笻枝。世途賴爾無傾跌，心地於予不險危。鄉飲每陪先出禮，殿班嘗預早朝儀。歸來穩結跏趺座，椅壁夫何復所之。

校勘記

〔一〕□，底本漫漶不清，據文意及殘文似當作“聽”。

拙庵集卷五

詩

謁山村文廟

殿閣參差一畝宮，聖賢袞冕儼儀容。山村尚有尊崇者，地老天荒道不窮。

題豐山寺壁

踆烏銜火燎穹蒼，倦客騎驢到上方。坐久乍醒塵土眼，恍如身世在清凉。

自　述

章甫游閩每自嘆，面皮猶帶唾痕乾。既知世道相矛盾，只合當初不下山。

鄉校自述

策蹇凌兢大谷過，萬松陰下卜行窩。老天分我幽棲所，童冠無多樂已多。

題丁師聖《還鄉詩卷》

病眼風塵經幾秋，逾河不獨爲身謀。全家還上開平道，城是人非汴自流。

題《蔚州同知王忠送行詩卷》

文采鳳城王別駕，代歸過潞早春時。驛亭偶爾話傾蓋，出示空囊數軸詩。

題《李弘道醫者詩卷》

技術紛紛不一科，如其藥病莫投何。賴君調理山西相，方面生靈福更多。

題《紫團山景》四首

磴道崎嶇雲作梯，登峰環抱古招堤。何時得解黃塵鞅，卜築紫團深處栖。

又

紫團山景三十六，具載先人石碣哦。我欲揮毫續爲咏，殊恨篇什不全何。

又

黃茅白葦亂江津，侵曉霜空陽烏賓。岸磧行行求濟者，顧瞻不見使船人。

又

山水相輝兩絕清，人心險陂甚多爭。眼前放着平平道，只向風波陡處行。

贈李英《孝行卷》

健訟孤哀報父仇，弊廬三載守荒丘。題詩因讀《王褒傳》，孝行惟生可與儔。

又

廬處荒塋臥枕干，父儺已復坐連官。吟餘撫卷成三嘆，年少如英孝亦難。

寄趙州判王公《割股孝行卷》

醫藥難痊老病親，烹羹寧顧痛傷身。莫言是孝非常道，升世如伊有幾人。

用王令聞寄韵

世道從升降，人心與變更。尋常憂底事，七十嘆浮生。思切簪當盍，機投蓋自傾。承詩應秋律，衰病覺痊平。

送襄垣李縣丞職滿朝京

新鄭森仙李，陽陽氣更豪。群英聯雁塔，百里試牛刀。行李瓜今代，離亭柳正繰。鳳凰臺上月，遲子好吹簫。

贈李志本

弈葉敷仙李，交柯茂固松。賓居龍虎幕，主祀斧堂封。家國存忠孝，梓桑致敬恭。天風促行旆，輿疾別忽忽。右龍虎衛知事李公志本告奉朝命來，賜乃祖秋谷韓國公、考國公，公祀先塋，負疾還京，聊爲口號以贈云。

祝士龍眉壽

君其知命者，游息野齋居。兵亂全無難，家完慶有餘。遺安先世業，學飽古人書。會待蒲輪召，招遙過里閭。

送知州考滿

席爵先前緒，黑頭倅一州。公勤稱治最，擿發見才優。行李惟琴鶴，期瓜動別愁。朝家求俊彥，宜示近宸旒。

送縣學生郭炳赴京

之子年幾立，孳孳道藝攻。同儕推首冠，歲貢備登庸。山縣壺關僻，天朝建業雄。會看行所學，報國立殊功。

始終交杖

研彼枯藤枝，結爲始終交。家訓諸子受，鄉飲短僮操。老將曳侯國，毫可携王朝。顛危賴扶持，相契修潦膠。

拙庵集卷六

詩

贈卜者張雲溪

雲溪老人八秩翁，髮如老子顏如童。身世浮雲薄四海，胸懷列宿森九宮。坎離顛倒煉金鼎，象數推演敲銅鐘。爲言君平貨卜勸忠孝，百錢閉肆名無窮。

題壺關縣學訓導齋居門屏梅竹木石圖

伊姑射之清癯，俯枯木之卑屈。抱此君之勁節，違棘之絓觸。惟介如其貞石，廁中間而突兀。諒畫史之意微，示正邪乎心目。

鴻雁行寄趙有容

天風冷冷吹太行，催起鴻雁賓江鄉。月夜銜蘆避矰繳，霜晨遵渚謀稻粱。朱雀橋，水光溜。丹鳳樓，日明晝。羽毛鶴鶴可用儀，宛覩文王在靈囿。忽爾一陽來復時，還隨北地卭翼期。免烹既處材否間，翔集自是能知幾。鵷行鷺列顧踵武，龍庭鶴禁懌容與。同歸深荷孤栖言，短歌爲寄良朋侶。

悼萬鈞獨醉翁悼亡

子皐葬妻犯人禾，恃寵虐民愚如何。莊叟喪妻鼓缶歌，棄滅恩義非同科。太過不及乃若此，卓哉中行蘇季子。一夕客夢炊臼中，暴風吹竈忽然爾。歲莫失配良可哀，哀其荊布誰衣釵。不復舉桉敬相待，拋遺子婦孫嬰孩。親屬會葬禮相送，朋友遠邁爲吊問。苟非賢德示壼儀，所天夫何哭爲慟。書帷夜寂燈半明，孤枕恍惚聞卿卿。嗟呼！人之生死固有命，會看冰玉重潔清。

題道士

閉口懶言天下事，讀書求見古人顏。龍祥道士無人識，欲煉長生九轉丹。猿鶴曉參風霞冷，松筠晚對水雲閑。釀成白酒春生醉，讀罷《黃庭》月滿壇。愧我尋真猶未得，空留名姓在人間。

隨車雨詩上監郡

君不見，淮陽太守漢鄭洪，行春不雨旱蘊隆。陰官爲之駿奔走，疾呵神女鞭雷公。又不見，徐州刺史百里嵩，部郡魃虐何橫縱。轍迹所屆甘澍隨，多應手策驚潛龍。二公嘉迹耀古史，千載寥寥孰爲爾。監郡傑出駕芳軌，仁厚之風美麟趾。靈扃洞澈沛恩波，一念真誠保赤子。齋馬鳴鑣說桑野，頌聲洋洋溢閭里。時當赤帝行驕陽，雲甲鐵騎空微茫。袖挽靈雨從南來，氛塵一洗民無傷。萬象森蔚自形色，園林枯槁生殊光。會看大展爲霖手，六龍變化彌天章。

無雪謠

朔幕邊城當苦寒，今年雨雪何其慳。秋及冬窮五閱月，了無霑潤時常暄。密雲暫爾蔽穹昊，倏忽開霽空漫漫。誰說長安爲瑞多不宜，是憐貧者衣恒單。那復公車平地深尺許，共笑東郭履弗完。豈不見，太行之神歲暮頭莫白，黛眉螺髻青巑岏。又不見，黃河之伯寒沍腹莫堅，九曲千里奔波瀾。所慮桑柘條不封，老人衣帛或有闕。復憂秣麰壠不滋，大家炊餅何由餐。陰陽慾伏乃若是，瘟疫將燬人匪安。我以此故謂里甲，里甲滿面塵土殿，曷罔聞知申厥官。急訴上帝降膏澤，挽回生意無旱乾。管取交春老農扶犂阡陌間，歡天喜地俱舒顏。

喜雪歌

潑墨濃雲歸鳥滅，魂清欲作江天雪。一片秀色皓零亂，萬樹無聲寒妥帖。孤舟臥聽打窗扉，起看宵晴月正輝。忽驚盡捲青山去，便覺重携春色暮。風動寒江鳥不飛，雪花撩亂暮雲垂。漁蓑警句真堪畫，急手先輸鄭谷詩。

贈卜者鐵管李天禄短歌

漳西卜者鐵管李，手捉五寸黑龍尾。黑龍長吟山石裂，交錯星辰動神鬼。時向城郭作一聲，東家送出西家迎。八字數衍範圍好，五行命講淵源精。富貴貧賤有的見，窮通壽夭無遁情。昨日扶筇到山谷，山谷人家夜留宿。南坡老我久忘世，論及平生慰幽獨。不灼龜，不筮蓍，禍福已往指掌時。不筵簪，不瓦毀，吉凶未來亦如此。安樂窩中翁無名，成都市隱嚴君平。君平日得錢一緡，分取半緡惠孤煢。誨人忠孝爲本根，推人數名相重輕。願君好吹鐵管走天下，亹亹爲指迷途人，亹亹爲指迷途人。

歲寒三友歌

拙庵野老何疏慵，掛寇歸來甘固窮。襟懷落落素尚友，衰與草木寧朽同。貞清共守歲寒操，聲諧意會長相從。每木枯瘦凜冰雪，孤標瀟洒無塵容。倒艸檀□〔一〕足風月，虛心挺節庭西東。童童勁質倚翠蓋，後年十八當爲公。豈不聞鄭薰處士者，端勁且儒雅。在朝引進寒士多，老號七松隱巖野。又不聞李白稱謫仙，斗酒詩百篇。醉墨淋漓宮錦袍，竹溪六逸詩留連。堪嘆二公各好樂，所處異地不同調。清癯復有林逋仙，詩句咀嚼梅華妙。拙庵老，時獨笑，掀蒼髯，還自道，掄材忝備棟梁用。截竹濫協鳳凰叫，摘實竊和鼎蕭羹。生平出處見懷抱，締結三賢歲寒友。彼交日親誠匪教，豈同泛常閑草木，匪予心迹或相肖。嗚呼！孔子垂訓殊諄諄，友弗以貌當以心。損益於人各有三，物理分明吾所箴。

木蘭花慢_{黎城送嚴楚文主簿瓜代}

維搢紳家世，初占籍，在臨川。自刺舉科名，八桂清白相傳。高祖守軒隱者，師象山，理學造淵源。居有唐時古屋，講開朱子經筵。

迄今不失舊青氈，昭代薦其賢。嘗從事憲司，編修三尺，簿縣重銓。佐治黎城五載，亶一廉，如水直如弦，若個老成器識，會看華要升遷。

謝陳清甫寫真

上黨朔里阜東叟，畫史藪中稱好手。包羅萬象在心胸，竊奪化工半描醜。昨乃泚毫寫我神，褒衣博帶紗冠巾。平生孰識所抱負，翛然甘作山中人。技倆如鳩拙庵小，明月清風柴門道。展像掛壁不問知，太行樵者南坡老。

校勘記

〔一〕□，底本漫漶不清，似當作"藥"。

拙庵集卷七

詩

寄主簿申維嶽

申公吾益友，垂老氣猶雄。黃卷心胸貯，青雲步履從。蕪湖新邑宰，麗澤舊齋翁。驥顧康莊路，鸞栖枳棘叢。官卑名煊赫，才屈事融通。利器分盤錯，鳴琴化暴凶。一廉應比范，三異擬如恭。清絕梅含雪，行先草尚風。京畿伊密邇，江漢共朝宗。朱雀聲還在，金陵氣正隆。長材加刲剟，美玉更磨礲。披瀝抒臣志，施爲徹帝聰。會看朝顯擢，盡力效公忠。

次郭丞重九韵

佳節乃因菊，昔會今亦有。昔人恣游賞，今或可空負。時不得一再，況值閏重九。龍山風落帽，彭澤巾漉酒。陶孟何人哉，風韵邈傳久。陳迹委土埃，起我問然否。欲求千載名，宜尚千古友。卷舒孤雲身，聲咳談天口。青黃木之災，樗散得其壽。或茹商顏芝，或餐玉井藕。不貪軒冕榮，甘分耕讀守。歲時任居諸，世事儘卯酉。一切置度外，無言祇低首。

又

間氣毓才俊，才俊不多有。學既深造詣，仕乃重抱負。調官里約萬，到縣月維九。比栖枳樹鸞，嘗宴瓊林酒。先聲彼既著，後實此未久。政克兼猛寬，知以別臧否。貳令了滯弊，獨員缺僚友。欣欣百姓心，藉藉多士口。吏黠使之畏，民生俾以壽。擬拔家園葵，不禁官塘藕。既乃見設施，於以識操守。封部庇幱幪，公衙署卯酉。區區愧言耄，冒瀆幸肯首。

松筠和庭芳詩韵

山居獨幽僻，客至多留連。瓢挂屋角樹，纓濯床頭泉。石鼎響晴雨，茅檐橫暮烟。搽緘不時開，松筠成天然。適用何其妙，玉團香益全。爲體殊自具，翠針齊以圓。龍鬐捲雪浪，蟹眼翻玉川。祇覺勁氣足，頻使沉疴痊。歲寒操特異，塵俗爲絶懸。作器既不費，爲物常乃鮮。豈惟挺孤摽，況可招群仙。頹齡制弗衰，華髮還復玄。遺後爲故物，十八公是傳。

贈王士謙悟然

之子昔行貨，江湖時留連。偶識方外者，號之曰悟然。謂淳朴可還，謂勢利勿牽。廣莫期同游，高真啓與肩。逍遥以遺世，修善斯引年。賴我圖南子，叙以矯其偏。祇聞道自道，孰云玄又玄。所處固異地，所稟惟一天。虛誕毋陷爾，彝倫當勉旃。我歌言僅百，服膺加拳拳。

病　中

甲午歲陽月，兔園卜幽處。磐室太岑寂，桐子才六五。衣襌便火坑，食疏厭飯黍。偏頭忽風眩，盈耳殆鳴鼓。夜半披衣出，仆地惜不語。少頃方自蘇，右跨痛而傴。行立賴挂杖，恰如學步禹。衰病交相攻，殘軀幾入土。既乏萬金劑，砭針以瀉補。身世大夢幻，生死小今古。憶舊晨星稀，而我不在數。

詩簡寄前衛州太守尚

昔別手姿久，今惟歲月更。太行遮望眼，衛潞隔離情。守土饒珍產，因書托藥名。仙茅根固本，香附子通靈。半夏痰涎化，三棱氣積平。毋勞躬采斸，莫惜共煎烹。包匭新相贈，瓊瑤報尚輕。區區衰病叟，鴻便達微誠。

寄王府判

山路苦欹側，屈若羊腸然。呀呀谷深黝，崒嵂崖巔懸。眼底起層霄，耳根流飛泉。太行埶之險，摧車應是憐。劍閣天如高，驅馬猶或先。偉哉王郡倅，為使勞獨賢。長歌武鄉道，念彼揮老拳。景行既實踐，天道良有緣。

寄任郡博

泰運開文明，人才育菁莪。教化首善地，道藝分等科。眷彼武鄉學，師弟相砥摩。邇聞任氏子，志大氣乃和。力學忘寢食，揮毫排江河。分憲為勸獎，朝家將網羅。淵珠加澤媚，璞玉重琢磨。養此廟廊器，圭幣走巖阿。戴彼鷹角冠，砥柱矻洪波。大材需大用，重賡唐虞歌。

上潞州守

龍虎戰相啖，兵戈日以持。冉冉眷白首，是起林壑思。遁身紀再涉，遲躅疇與追。寵辱不干慮，真趣或在斯。耕雲太行麓，釣月衡漳湄。永期課諸子，毋陷荒以嬉。而乃應單門，翻作吁復悲。天宇忽澄澈，仰睹雲霧披。和氣布海縣，太陽當南離。周周且逆飲，蚩蚩應無飢。幸遇賢使君，德教民帥師。素懷耿中夜，老我顏忸怩。煩燥頓一解，開襟受涼颸。

上郭丞鑿池

混沌既開闢，清濁乃奠位。水居五行始，生成一六配。其氣
升乎天，其質行乎地。流者以爲坎，止者以爲兑。險則陷不測，
説則通且濟。既云爲至足，何獨此垂閟。引泉無津源，掘井極深
昧。汲挹苦長綆，瓶罌恨虛器。夫何免渴飢，是宜惜沐頮。偉哉
賢大丞，憂民形夢寐。爲鑿方圓池，修治絶污穢。至誠感必通，
甘澍忽滂沛。水潦注以盈，泓澄清乃匯。月浸波光平，風皺水紋
細。汲之意隨足，取者力爲易。遠邇既通潤，上下盡惠利。農民
歌諸野，商賈忻於市。誰如公之仁，疇若公之智。詩以歌政清，
碑以鐫政異。澤期施無涯，芳名永弗墜。

贈鄧善友安仁《湛堂引》五言二十韵

粤鄧安仁氏，占籍潞編民。闔家僅五喙，行年逾七旬。婦勤
功紡織，子壯倚市門。藥圓一塊氣，薌炷百和薰。仰此足生計，
分外爲勞神。宿心慕瞿曇，素形修果因。禮貌致問訊，食飲毋羶
葷。手捻樬子串，口諷貝葉文。衆稱信善友，州選耆老人。皂緣
白長衫，金添烏方巾。孝敬勵薄俗，法令逾里鄰。沙門古峰者，
教闡浮屠尊。戒定鑒止水，朅來隨孤雲。針芥忽相投，文席參且
勤。湛堂賜別號，慈航濟迷津。六根在清净，五蘊空埃塵。湛以
指本性，堂乃形厥身。淵泉自澂澈，棟宇殊奐輪。設象以示教，
取假斯譬真。曷源復曷基，雲臺巋獨存？

送潞州通守二十韵

大明承景運，赤縣拓遐垠。天地今開泰，雲雷昔遘屯。外攘
資武衛，内理托文臣。鄉舉羅英俊，朝班第選掄。拈閹名迺定，
別駕職攸分。赫艳衣衯赤，晶熒帶賜銀。謝君趨禁闈，奉旨出嚴

宸。去別應天府，來臨昭義軍。單車官替舊，貳郡治從新。明照無私月，陽回有脚春。廳堂黃尚飾，印篆綠生紋。威鎮太行麓，澤漸漳水濱。循行親里社，欽錄劾忠勤。版籍俱收入，田糧備勘中。提封稱靜謐，闔境號平均。念僕叨鄉學，遇公撫井民。望塵慚白首，披霧睹蒼旻。甘分蛇盤壑，謀生蟻在塵。既聆敷善教，殊幸振斯文。諒采民風者，飛章擬薦聞。

登潞州德風亭和晉寧路總管雪莊尚書熊公詩韻

舜肇十二州，禹別冀其一。艱哉隨浚功，首此太行脊。衡漳經其中，梁岐聳于北。洪河下壺口，往往見遺迹。桑土民既蠶，作乂民乃立。格苗舞干羽，矢謨歌帝德。錫圭叙彝事，昭然具經籍。范范秦漢下，疇敢不袛飾。嵇山秘丹寶，神鼎隱金液。曄曄商顏芝，纍纍穀城石。拯溺豈無人，會當歸有極。時風委蔓草，殘喘不滿臆。疲薾陟華構，奚預休與戚。汲泉煮山茗，植杖仰虛碧。老見龔黃治，詩寫情懷得。尚賴德化成，及此風塵息。

序

《孝經解》序

孝道廣矣,大矣! 天之經,地之義,人之行也。盡其愛敬,移爲忠順,斯德之本,教之所由生歟? 稽諸載籍,稱舜曰諧孝,曰大孝; 禹曰致孝; 文王曰追孝; 武王、周公曰達孝。前聖後聖,世異道同。推之天下國家,政不嚴而治,教不肅而成,一本乎孝而已。嗚呼盛哉!

孔子生周衰世,心列聖之至德,身列聖之要道,不得其位以行政教。當其閒居,曾參侍坐,乃獨以孝問答,累數千言。其懇切雍容,氣象穆乎丈席之間,七十子儔無預焉者,則曾子所存所履而聖人爲天下後世慮,概可見矣。其立以爲經,則子思子述所傳也。

逮秦□□典籍,漢興,是書出孔氏壁中,世爲儒者專門,命氏殆百餘家,注述互有得失,不免識者之議,然亦未有灼見。孔、曾授受之心,即唐虞三代化成天下之心也。

今去聖人幾二千年,老師宿儒類於訓蒙,第爲口耳之習,求其涵養良心之本源,以爲真知實踐所當務者,蓋鮮矣。愚病此久,時訂頑鄉里,諸生劉覺持示家藏無垢張氏《孝經解》寫本一帙,讀三四過,則不拘拘於章句之釋,而渾渾乎融通之論,一掃昔儒訓詁之陋,其精深痛切,可謂知所本,得其要也。顧繕寫不無魚魯,是忘固陋,妄爲是正,俾學者以廣其傳,庶不失聖賢垂教無窮之意云爾。

壺關拙庵杜敩序

送壺關縣丞郭柏序

予嘗歷覽載籍，考古人之行實，乃有處困而心則亨，居暗而名則彰，其故處窮乏弗鬱，患難之備嘗，曾弗芥蒂，其心胸險夷一途者，誠非有大過人之行弗能也。視彼一挫其志則戚戚而憂，一愜其意則躍躍而喜者，何其霄壤懸絕哉！譬之木焉，此松柏雖風饕雪妬，傲歲寒而鬱鬱，曾弗改枝易葉減其色，彼花柳則霞烘烟染，趁陽春之艷艷，唯以爭妍競秀逞厥態。嗚呼！人物之不齊，類各如是夫。

茲者三山郭柏氏，始由進士擢濛陽簿，考滿，丞壺關縣。公學仕兩優者也，其丰姿灑落如玉樹焉，吐詞鏗鏘如金石焉，襟懷皎潔如冰鑑焉，操志貞苦如松檗焉，誠枳棘之鸞鳳也。當是時，縣闕知與簿，公獨員聽政，吏畏其威，民從其化，令則行，禁則止，殆猶影響之於形聲，政未及考而已有成矣。邇以逃軍故而誤陷譴責，公則處之泰然也，及尋遇原宥，公則視之漠如也。所謂天道有知，吉人是相，信不誣矣。今解印綬退歸鄉里，而壺關士民於其初則以非其罪爲之憂，於其後則以免其辱爲之喜，今於其去也，則莫不慨然而嘆，盡然而傷，緬然而思遮留之，弗可得。非公素有得其士民之心者，能若是乎？吁，公行矣！其不幸有大幸焉者，何也？公年甫逾立，既富且力強，當益堅厥志，殖厥學，加進乃德，修乃業，他日被顯，擢膺大任，則彼蒼必庸玉其成而聲名烜赫，耀後光前矣，予雖老耄，猶可拭睨而睹，傾瞶而聽焉，故曰其操心也危，其慮患也深，故達。

洪武辛酉冬，壺關拙庵杜敩序

送黎城林知縣朝覲詩序

黎，古殷侯國也。降自秦漢，爲潞屬縣，域太行麓，介山東西間。地瘠民勞，土儉俗樸，從化爲甚易。彼居民上者，或美與惡，風行草偃，應捷影響。若然，則順之者治，逆之者亂，古今一律云爾。比者，林公某來知其縣，下車伊始，滯者興，弊者補，政令爲之一新。其撫民則以仁，御吏則以嚴，蒞政也則以明，如田糧之均平，户版之增羨，學校農桑之勸劼，莫不班班然可考也。今三年有成，例當朝覲，路過壺關，與知縣吕公士安宿結□□□，政同魯衛，乃唱□詩歌，以賁其行，時予退歸□□[一]，囑爲序引，謂之曰：

方今三載，考績九載，黜陟幽明，復唐虞之治，如林公以老成練達，公平廉恕，恪守明憲，由是升高歷顯，大展厥才，爲不難矣。予愧不佞，以是爲贈，而弁卷首焉。

壺關拙庵杜敳序

送壺關縣簿梅之尹告歸序

惟見用於時，以素所藴畜抱負，獲展厥志，雖位有崇庫，秩有大小，乃鞠躬盡力，而忠愛之心始終不渝，苟非才識卓越有守者，弗克爾也。然則賢者則尊之，能者則使之，其或進與退焉，得與喪焉，則處於義，安乎命，視彼貪慕禄爵而患得患失，投間抵蟻，乃溺而弗止，爲可耻者。信乎有能人之知，高世之行，吾難得而見之。今則壺關簿梅公之尹，斯可矣。

公始訓導宣城縣學，擢選前職，係宋朝都官宛陵夫子梅聖俞遠孫，以家世詩禮，故族多聞人。今之由文學登仕版，菎英騰實，項背相望，其遵祖訓，公則卓然者。夫簿是縣也，官雖佐貳，凡政教所施，令則行，禁則止，風行草偃，如耕桑則勸劼之，里諭戶曉，歲供賦稅而無逋欠焉。學校則躬親之，菁莪樂育，時考文課，人材輩出焉。乃至獄訟簡而狴犴空，豪黠默而部落靜，非其蒞事之勤，守法之嚴，曷臻是哉！迨三載政成，朝京考績，一無過，舉爲山西最，乃調簿臨淄。將之官，以諸父極刑□□免官以歸來別，求以言送。

乃謂曰：予野人，在封部下，嘗辱招延教諸子，則其行實爲相知也。居無何，朝廷遣內使召敫來朝，乃叨官四輔，兼太子賓客，後以老病告歸，則出處爲相同也。然予以衰拙，退不可用，公年方知命，以非罪退，譬諸偉器不褻大施厥用，而坐是沉滯，使有識者爲之怏怏然，不覺深惜之而重嘆之。故予始以忠愛謂其進，終以義命謂其退。公歸矣！古人有云：「士不係世類，尚矣！」又安知他日不膺顯據要，以經濟之學佐理天下乎？

壺關拙庵杜敫序

送錢潞州告歸序

洪武丙辰冬，朝廷調遂寧知州錢公來知潞州，到官未旬，從子某遂平丞被罪，故坐解篆告歸。潞屬縣壺關丞三山郭公倡爲詩歌，率縣二分致庠諸士能鳴於詩者餞其行，辱命走爲之序。

竊聞錢公某松江人，其行實以質，其言華以文，爲世通儒。向知遂寧六載，績登上上考，民被其化，沐其澤，名藉藉也。及調知是州，未至，民仰之，既至，民悅之，衆方冀其宣主德，流恩澤，政平訟理，而不減乎遂寧者矣。無何，以非罪行，上下之情惓惓焉不忍去，切切焉不易舍，齎咨涕洟，攀其轅，臥其轍，乃至方春草木爲之慘色，徹曉禽鳥爲之驚心也。

噫！公之去就如此，夫何遂之幸而潞之不幸哉！公行矣！當思古人善處是者，益□其忠愛之志，德日加進，業日加修，以遠大期，則□御屏，覆金甌，豈終於是而已乎？故曰：其操心也危，其慮患也深，故達。

壺關拙庵杜斅序

喜雨詩序

旱而禱曰雩，禮也。載籍班班可考，第應否在誠不誠，未有誠而不應者，亦未有不誠而獲應者。天人流行之理，幽明感通之妙，其可忽諸？潞居太行，爲天下脊，厥土磽，厥田下，無陂澤之利，有旱暵之憂，歲時屢以祈禱爲事者，所居使之然也。

洪武庚戌，自春涉夏，雨暘時若，百穀在野，且芃芃焉，薿薿焉，民以有秋爲可望。迄夫夏暑既徂，亢陽爲灾，如其苗而不秀，花而不實，百姓遍走群望，而旱暵逾熾者乎！時太守竺侯以宣□〔二〕起闕庭畿，□〔三〕月還，半途聞而憂之，乃飛騎至郡，翌日即禮群神，造五龍山而禱焉，侯暴露祠下。是夕，雲忽游漫自東南來，益以□□〔四〕，及旦，陰氣四塞，澍雨沛然者□〔五〕日，天乃開霽。侯□〔六〕謝還，雨□轡而注者又三日，闔境以沾足告，商賈相與歌於市，農氓相與忭於野。爲士大夫者，肩摩踵接，慶於侯之庭，競咏詩爲獻，以著神之惠，侯之德也。山東隱者鄭□道詩有“雲從神物洞中出，雨自使君心上來”之句，仍萃諸大夫士所□軸，來求爲之序。予謂□□歲三十六雨而□地之氣宣，十日小雨惠天文，十三日大雨以斗運，乃時若休證也。成湯放桀後，大旱七年，豈□證歟？斷□□林，天乃大雨。《老子》曰：大軍之後必有凶年。信矣！然此以天下論，□一郡一邑，雖大小事殊，亦可以類推之。夫竺侯之來是州，將未幾月，雨暘非不時若也矣。朝觀不再月，雨或愆期，及其還，禱而雨者，非偶然也，侯之誠有以動乎天也。或曰：昔顏真卿辨獄而雨，謂之御史雨，百里嵩行□而雨，謂之隨車雨；今竺侯述宣諭還，謂之宣諭雨，可乎？嗚呼！太空冥冥耶鑒下土，請諗諸太史。

五龍廟牧鶴圖序

□中夏延袤幾千里而最雄者，掎之爲太行，域其間爲郡，則上黨脊天下，其東南蜿蟺盤踞，節然峭拔□□□□□，山之頂宮觀周阿，山之背石洞崚岈，山之腹甃井泓澄，山之液流泉潺湲，則皆以龍名也。若夫松蓋森以參天，苔錦爛以被地，其四時景物不可盡得而名識也。佳樹蔽日而陰敷，野芳飄風而香遞，是宜曠達隱晦之士棲遲是，游息是，消摇而忘乎世也。若有人焉，幅巾大帶而杖屨往來，乃牧玄鶴之一二也。則鶴者，其立伶俜，或顧或瞠，殆思與威鳳爲交也。其行聊浪，或俯或仰，殆恥與凡鳥俛啄也。方其山椒月明，則將鼓翅高舉，而身歷乎八紘也；巖松露冷，則將引吭長鳴，而聲聞乎九天也。或者見之，不覺始而驚，終而愕，以爲孤山之林逋，縱之飛去而復來自如也；以爲赤壁之東坡，見其玄裳縞衣，戛然而鳴，掠舟而西過也；抑以爲緱山王子喬，乘之山頂，將與時人既去而還來，相招相謝也。夫所謂羽族之宗長，仙人之騏驥者，豈不爲益信也？予覽是圖，乃知逸者飄飄然將游於方之外，而以塵容俗狀爲可怪也，翛翛然將神游八表，吸沆瀣而吞朝霞，爲永好也。不然，則何以酷樂山水而侶乎鶴、從乎龍？思存其全，慮變其通，而於仁知，力欲求之而兼得其躬也。逸者謂誰？上黨曹某。而圖之者，壺關雲岑子秦邦紀。爲其序者，太行樵者杜敩致道也。

賀韓濟民生子序

予嘗讀《易·蠱》："初六，有子，考無咎。"及《孟子》書："不孝有三，無後爲大。"因究而言之：有子者無咎，無則咎矣；無後者則不孝，有則孝矣。固也。且子曰：有者非得，不無之謂，以其克肖承家，幹父之蠱者也。後曰：無者是，第不得有爲，言以其不娶無子，絕先祖祀者也。由是觀之，人子有不有、肖不肖，所係之重如是哉！彼無而不肖，姑置勿論，其有而肖者，所謂百不爲多，一不爲少，誠難乎其人矣！

壺關偏橋里韓濟民者，善人也，年垂知命，甫生一子，初視其骨相，聽其啼聲，試其周晬，衆皆固以爲奇且不凡矣。今年五齡而已有知，則教之數日矣，誦習矣，舉以禮矣，是宜親賓賀而祝者肩摩踵接，前後相繼不絕也。濟民乃自祖考洎昆仲，舉農爲業，而濟民乃韓氏之白眉焉，其兄子森立如林，文紀以吏，昔掾省垣，從事軍國；文煥以儒，今給事中，出入禁闈，則其先所積厚，其流光既有徵矣。而濟民子方孩提，神采炯然，容止儼然有足動人者，其視從兄如芝蘭玉樹並茂庭階，必鞠育之盡道，教養之有方，而韓氏之門豈不愈昌大乎？予訂頑長寧里，濟民爲東道主人，嘗過其家，見其子，因以言爲有子賀。

洪武十一年正月望，太行樵者杜斅序

校勘記

〔一〕□□，底本漫漶不清，據殘文及文意似當爲"草野"。

〔二〕□，底本漫漶不清，據殘文似當爲"讁"。

〔三〕□，底本漫漶不清，據殘文似當爲"再"。

〔四〕□□，底本漫漶不清，據殘文及文意似當爲"霹靂"。

〔五〕□，底本漫漶不清，據殘文似當爲"二"。

〔六〕□，底本漫漶不清，據殘文及文意似當爲"懇"。

記

書隱記

　　書隱者，隱於書也。書從聿從曰，爲會意。一名有二義，簡冊、文字之謂焉。孔子贊《易》有曰"河出圖，洛出書，聖人則之"者，伏羲氏時，龍馬負圖，出乎河，羲因之而畫卦。夫卦者，文字之源也，厥後文之繇、周之爻由是而作，則龍馬者猶簡冊也。圖者，猶文字也，曰繇曰爻，謂之經矣。夏后氏時，神龜負書，出乎洛，禹因之以叙疇。夫疇者，文字之衍也。厥後箕之《範》、武之《書》由是而作，則神龜者，亦猶簡冊也。書者，亦猶文字也。曰《範》曰《書》，謂之史矣。由是而觀，曰簡冊曰文字，其昉乎圖書，而後總謂之書也。迨漢司馬遷作《史記》，有曰黃帝時臣蒼頡觀鳥迹制字，謂之鳥迹書。後又有蝌蚪書、篆書、隸書，說者謂虞夏商周四代之書皆蝌蚪文字，漢則以隸書定者是也。雖然，自頡而下，制字之體雖若不一，其能出乎《周禮》六書之外者乎？世變風移，自質而文，由拙而巧，曰八分書，曰楷書，曰真書，曰行書，曰草書，其所謂五勢，雖若與古異，而其文則未始不同，乃所以遵王制，前民用載道紀事者，一襲乎古，後之人弗敢有加損也。今則有若山西憲幕陳公曰新，古筠人，以書隱爲號，蓋心隱乎圖書之妙，身隱乎字書之精，而托以自謙者與？雖然，字書者，心畫也，竊嘗觀所書之嚴毅方正，筆勢之遒勁飛□，儼然屹然，殆如忠臣烈士有不可犯者，使人不覺斂手加敬，慄股以畏，則因其外之所發，而其中之所存者概可見。視彼嫵媚婉孌若婦人女子態者，大有逕庭矣，方今譎觚皇猷，模寫太平，公既隱而顯，將以遲其大用焉。昔達巷黨人稱孔子曰："大哉孔子！博學而無所成名。"子聞之，則曰："吾何執？吾執御矣。"説者謂："聞人譽己，承之以謙也。"吾於陳公書隱亦云。

太行樵者杜敩記

壺關縣新鑿南池記

潞爲州，屬縣六，壺關西距州治僅一舍，域太行麓，地高亢，土峭剛，而獨闕井泉利，縣郭民會有力者掘井，深倍九仞，往往爲石隔而不及泉，間或及之，水脉津津，汲挹曾弗滿瓶。其勞於遠井，直抵州境，洎他聚落，乃至積雪窖、鑿冰壑，給旦夕用，以故其民不免有飢渴之害者。

洪武丙辰，閏九月，三山郭公來丞是縣，興利除害，政教以行，憂民渴飢，不啻猶己。越明年，丁巳春正月，乃會群吏屬耆衆而謀曰："縣治南關，故池耳，衆向集雨潦，第以澣衣飲畜，今洿壞淤塞，棄同無用，我將即農隙，借民力是鑿是浚，俟雨西郊，瀦泊泓澄，惟供飲食，可乎？"衆乃舉手加額，同口一辭曰："何民生之幸！"於是上於州司，而允其請。乃卜日，召近縣郭民，畚鍤齊興，不旬日而池成。其溽則護以木栅而防崩齧之患，其岸則繚以垣墉而限污穢之雜。坤隅爲閘，兩壁翼張而環板橫施，俟大雨流行，則起之以石硤，注瀉而入水。艮隅爲門，兩楹山峙，而肩鐍豎。設令衆人汲挹則開之，由石級下上而出水。廣則呀焉窐焉，廓其有容，殆如天造地設；深則瀇然滉然，昧其不測，宛若陽闢陰闔。於以免往復遠汲之勞，於以慰飢渴燥吻之思。衆請其名，則曰惠澤，蓋取語云"因民所利，惠而不費"

之謂。嗚呼！旨哉！嘗稽《易·大象》“澤無水則曰困，澤有水則曰節”，夫澤水有無，其卦則爲困爲節，猶池之廢興，其水則爲潔爲洿，今池轉洿爲潔，猶卦反困爲節，既變通以盡利，復推行以爲通，乃因天之澤爲地之澤，以地之澤爲民之澤，公可謂能體《易》以利民者矣。且古之爲國者，唯水事爲重，故有幛大澤勤其官受封者。公既陂大其量，淵深其學，由是將爲州爲府而登庸於朝，澤加天下，則惠利所及，其源深，其流長，而或可以涯涘哉？縣南坊耆衆某輩，請文刻石而紀功績，以示永久，俾勿替。公名柏，字永齡，由進士擢濛陽簿，今爲壺關丞。

太行樵者杜斅記

感應記

山曰五龍，郡雩禜所有事也。郡治巽方地，山巑岏，僅一舍許，磻踞東北，少下有洞，深昧莫測。

傳云，晉十六國慕容時旱，嘗禱郡西金龍池，俄陰雨晝暝，或五龍自池躍出，飛而見是山之椒，潛是洞之窨，山名其昉於茲焉。郡人即所爲廟後殿壁龍五，其象方其五色，洎豐隆列缺，屏翳飛廉，神工鬼使，奇形詭相，勢殆活動，目之使人魂失魄褫，毛髮凜然，恍龍宮幻人世者。

宋大觀間旱，禱輒應，即以事聞，誕各疏封王爵，號“會應”以神其靈。後凡遇旱乾水溢，竭誠致禱，有感即通，神龍之靈，至昭昭也。

洪武二年，奉訓大夫竺侯來知是州，屬大兵後，雨暘且時。越明年，庚戌夏六月，侯以宣諭故朝覲闕庭，繼而旱暵熾甚，百穀告菱，百姓遍走，群望不雨。再幾月，衆口嗷嗷，惟餓殍是懼。迄秋，侯述職還，中途聞而憂之，飛軺至郡，謂寮寀曰：“旱乾若是，咎將焉逃？”翌日，即禮群神，造是山禱焉，乃命設五瓮殿中庭,汲龍井注之,浸以楊柳,聯黃紙,爲幡五,大書五龍爵號,竿懸豎各□,侯暴露,灌薦祠下,愈恭。是夕,雲忽游漫東南來,潤以霡霂。及旦,陰氣霾霽,甘雨沛然者三日,天乃開霽。侯懇謝還郡,雨隨轡注者又三日,闔境沾足,施厥溥也。郡士民咸歡忻鼓舞相告曰:"雨既優既渥矣,禾乃穎乃粟矣,歲回歉以豐矣。"某等踵予門,爲之請:"昔旱而禱,禱而應非一,睹諸廟庭碑碣森列,斯其驗已。今侯感應之速,有甚於昔,願子爲文刻石,不惟表侯之誠,實以彰神之靈耳。"予辭不容已,因考諸《易·乾》,六爻象以龍者,乾爲天,陽之性也,理無形,聖人假象以明之。龍,陽物,靈變不測,故以象,乾道變化,陽氣消息,乾有三男,震、坎、艮,所以代乾主時成用也。震之象爲龍、爲雷,坎之象爲雲、爲雨、爲水,艮之象爲山,龍所居者山,所托者水,出則雲從之,雷應之而雨施之。茲郡有山,以托乎龍,山有水,以潛乎龍,山川出雲以從乎龍,雷雨作解,諒可期矣。若夫人之性一天也,人之氣亦一天也,人之動静語默無非天,則天人乃一理氣相爲流通者。但衆人蔽於物欲,梏於有我之私,與天不同,苟能會一理氣之所同,誠以感之,無不通者。況夫侯事上忠也,臨下仁也,專一之誠,感通之妙,捷如影響,於以荷神休貺,非直侯一身慶,抑爲庶民無窮之福爾。仍係以贊曰:

山之蠱,何巃嵸。洞之窅,何洪濛。神攸宅,龍是宫。郡雩禜,昔今同。庚戌夏,旱蘊隆。川殆涸,山將童。誠其格,感而通。款河伯,煩雨工。雷以動,雲其從。傾天瓢,瀝馬□。澤斯溥,年爲豐。荷休貺,焉其窮。

太行樵者杜敩記

感應記

古昔凡遇荒旱,則素衣縞冠,或土龍象漬龍穴,而天輒雨,感應何其枹鼓也。

　　至正戊戌冬無雪，己亥春不雨，涉夏亦不雨，山童川涸，原隰龜坼，燥風挾日，穀不下種，民皇焉。上黨監縣忽都帖木兒、縣尹李志學相謂曰："旱既太甚，民將何食？可齋宿雩宗能興雲雨之神，方以供億之未遑也。"監謂尹曰："爾可專治，予往決焉。"

　　於四月有五日蚤露跣行，禱五龍，上廟，禮取聖水二瓶，奉來下廟，日夕空濛絲洒，黎明□〔一〕闐沾足，公謂眾曰："雨既降矣，應已彰矣，聖水可以旋矣。"乃復露跣奉瓶出郭，行見泥濘漸無，及至上廟，乾壤如故，公愀然曰："神龍施澤之不溥，無乃我躬獲戾於天人歟？抑亦誠敬之弗至歟？"誓禱祠下三日，寅夜露宿，叩頭血出。翼日，雲霧四塞，雷電交擊，甘澍大注。公懇謝還縣，與尹聽政。間有百姓奉瓶執香造縣庭，且揚言："我眾來茲，求禮聖水也。"尹屬聲云："爾眾猖狂，斯何聖水之有邪？"其張德林率眾跪而進曰："予西八里民，昨夜夢神人儀冠甚偉，嘗謂予曰：'某地旱乾，爾眾當求禮聖水於縣庭，天乃雨矣。'神人告報如是者三，予弗敢誣。"監曰："試從之。"張與眾置瓶及香桉於中庭，拜不滿百，瓶水溢出，若眾奉迎而去，甫及里所，雨乃沛然優渥，吒畝鄰里聞之而迎去者，雨無不足。於是闔境之民歡忻鼓舞而無飢，是樂矣。

　　嗚呼！龍之爲靈，昭昭也，潛見飛躍，變化不測，其御雲氣以水下土，溥惠澤而蘇焦枯者，功用不既大矣乎？蓋山川出雲，必龍是從，人與天地，陰陽一氣，相爲流通，龍能乘陰陽變化，而人之精神懇切，有所感動則所應斯捷爾。方今群寇猖獗，興師動眾，幾十年矣。是致陽愆陰伏，雨不時若，彼蒼未定，雖神龍之靈，且藏其用，若鹽、尹二公，憂民之憂而感召如是者，非其心存愛物、政合神明能之乎？一日，西申里儒者申秉誠、西溪處士申惟通洎耆衆張貢，持狀來徵予文，請刻貞珉，用彰神龍之靈、感應之妙，以紀其實云爾。仍繫之以歌曰：

儼龍宮兮南山巔，及縣治兮西偏。象五方兮夭矯，倏飛躍兮天淵。斂變化兮九地，奮沛澤兮百川。暘烏烈兮魃爲虐，鑠金石兮涸流泉。誕舞雩兮胖蠁，奠椒桂兮陳豆籩。聖水降兮飛灑，神之格兮蜿蜒。噓雲霧兮寥廓，注溟渤兮農田。荷神貺兮無極，亶大書兮有年。

太行樵者杜敦記

麗澤齋記

麗澤齋者，吾友申氏維嶽顔其游息之所也。夫自羈貫，力學強識，同輩鮮或之先。既冠，擔簦負笈，西走秦雍，得師友淵源。學後中鄉舉，選爲明《易經》者魁。茲焉主教潞泮，惓惓以名齋意勵諸生。其陂以成己，波以及人，可謂深探吾夫子贊《易》之旨矣。辱婁屬爲記，予不獲淺陋辭，乃謂曰：聖人之精，畫卦以示，聖人之蘊，因卦以發。象之所示者深，言之所傳者淺，固也。先天卦圖，兌位東南，其象爲澤，以二陽實其下，一陰闕其上，而不掩所謂山澤通氣是已。後天卦圖，兌位正西，其象爲説，以一陰見於二陽之上，所謂説萬物莫説乎澤是已。然則先天象兌爲地之澤，其渟滀而弗流也。後天德兌爲天之澤，其溥潤而弗間也。孔子贊《易》於兌《大象》曰：“麗澤兌，君子以朋友講習，所以明乎伏羲之《易》，兩澤相麗，交相滋，互相溉，淵淵其淵，浩浩其天，既未易知其涯涘，又孰克泛觀其瀾哉！惟君子法之，同類以相會，同道以相資。講之習之，所以浚性命道德之源，窮禮樂文章之委，有所不容已焉。且朋則兩月以相依，友則兩又以相附，取重卦義也。”講曰：“論説取兌口象也，習曰重習，亦取重卦義也。”觀兌卦交相重之畫，明麗澤交相滋之象，爲君子交相益之學，不曰朋友講習，謂之何哉？噫！每有良朋，詩人嘆之；獨學無友，君子戒之。世固有介然自立於穹壤間，崖岸以爲高，潢潦以爲深，與世浮沉，而甘心於離群索居，自足泛泛之淺見，匪求渾渾之深識，滔滔者天下皆是也。亦有同堂而居，共席而處，握手相誓，有如斯水，似可尚矣。然同流合污而漸摩之義弗聞，涉難行險而陷溺之患立至，是皆於講習之功無有也。

　　嗚呼，朋友，人倫之一，自天子至於庶人，無不相須以成者，盍亦觀夫麗澤之象義乎！朋來斯遠，其朋也以心而非面也；友以輔仁，其友也以德而非挾也。芬乎如蘭而氣味之相投，淡乎如水而肝膽之相照。朝夕與居，出入與游。攝以威儀，而無衣冠不正之羞也；篤以道義，而有車裘共敝之願也。朋斯朋，友斯友，君子何汲汲於是乎，寧不曰“學之不講”，夫子所憂，相與講之，非朋而何？“傳之而習”，夫子是説，相與習之，非友而何？是乃討論乎前言往行之博而切磋之必精也，佩服乎修己治人之要而琢磨之必熟也。問學滲漉之無已，義理沾漑之無窮，其講其習，真如兩澤相麗，曾無得而間之，視彼口説之滕而真實是喪，知講而不知習，奚可哉？獨學自是而孤陋寡聞，知習而不知講，又奚可哉？斯人也，斯可語麗澤之君子乎！予竊思之，虞廷九官都俞賡歌，此朋友也。所以開鑿麗澤者，不測其深也。孔門弟子難疑問答，此朋友也。所以疏導麗澤者，無限其大也。迨世下降，聖賢道否，人欲橫流，天理泯滅，所講者非管商之功利，則申韓之法術也，所習者非儀秦之縱橫，則孫吳之詭詐也。及其交疏於勢睽之日，義薄乎利盡之時，爲反眼相賣，爲擠井下石，爲同舟敵國，爲交臂相戕，無他，講非其所講，習非其所習，固應爾也。然則固仁義中正之防，遏邪暴奔潰之害，則於麗澤之君子深致意焉。若維嶽者，兌以説諸心，澤以澡諸心，必伊洛是沿，洙泗是遡，而涵泳道涯，沛沐時雨，其於朋友講習爲有徵也。昔人謂韓愈有云“回狂瀾於既倒，幛百川以東之[二]”，予將借其言復以稱之，則是齋爲非虛器。

　　壺關拙庵杜敩記

校勘記

　　〔一〕□，底本漫漶不清，據殘文似當爲“闌”。

　　〔二〕各版韓愈文集並作“障百川而東之”。

拙庵集卷十

附　錄

送徵君杜先生赴京

老成文物出山林，天上君王降德音。鵷鷺階前趨白玉，鳳凰臺畔築黃金。星星蒼髮三千丈，耿耿丹衷一寸心。不是傅巖勞板築，未應夢寐起商霖。

又

博雅古君子，芳名遍玉京。詔從天上下，人向日邊行。鳳閣風雲麗，龍江波浪清。好將新事業，黼黻看昇平。

生員任理

邦國徵賢此有光，扶輿清淑產忠良。甫申降誕維崧嶽，澤潞連城擁太行。金馬門高晨待詔，木犀花發早生香。朝廷側席需求急，學問淵源爲發揚。

生員馬文淵

草廬龍臥七旬高，丹詔星馳起俊髦。夢協傅巖賢易顯，氣冲牛鬥劍難韜。細氈侍講應前席，大廈經筵或賜袍。天下蒼生望安石，好將甘澍普林皋。

生員程亮

人生最是觀光好，公去金陵八月時。秋色一江楊子渡，天香萬里桂花枝。草堂事業知工部，御史風流說牧之。自古冶城登眺地，好詩相寄莫相違。

生員張肅

林泉杖屨自秋秋，徵詔今從上國遊。舟楫一江南北塹，車書四海帝王州。差差屋比烏衣巷，望望波平白鷺洲。此去先生登眺後，珮聲鳴向鳳池頭。

生員牛景鳳

送徵君致道先生詩二首

金陵王氣正繁鼇，方是明良際遇時。禮樂車書南北混，江山形勢古今宜。鳳雛麟趾滿郊藪，虎踞龍盤壯帝基。歛鍔藏鋒待時用，此行不負帶經爲。

又

太行山水有餘清，相對琴書適性情。州縣忽傳天子使，丘園誰識敕符名。踵門已備尊賢禮，報國應知在己誠。幸遇風雲千載會，好將霖雨濟蒼生。

李惟馨庭芳

晦迹山林俟世清，豈知白首尚窮經。金門玉笋開堯日，銀漢仙槎起客星。致治有爲惟一語，求賢何必待三徵。此行好慰蒼生望，盡把經綸徹聖聽。

三山郭柏

喜雨篇送杜致道先生赴召

時亢旱喜雨，黌舍舉酒餞別，因作詩贈焉。同會者，吳興呂侯侍安，三山郭公永齡，幕賓絳陽馮遵道，稅使觀津李思敬，邑庠王進誠、曹九齡，館下諸生馬文淵輩二十人，俱書壁間以紀歲月云耳。

去年五月禱即雨，今年七月尤虔虔。行香三日迺小雨，五日甘澍始霈然。不才愧攝百里政，民命實繫蒼蒼天。君恩有詔甚寬厚，天下大復秋租全。雨暘時若又豐稔，康衢擊壤雍熙年。吳興呂侯有善政，餘波流澤無後先。三山郭公興水利，兩池水滿歡聲傳。邑中官曹與文學，彬彬人物但時賢。太行杜公近被召，恩波萬頃天池邊。非熊之兆後車載，白頭拾遺黃麻宣。朝廷鳩杖作圖畫，讜論獻納近御筵。泮宮諸生此餞別，賦詩因贈喜雨篇。

　　　　　　　　　　　　　　　　宣城梅之尹

送致道杜先生詩三首并引

　　聘君南坡致道先生朝京，潞郡大夫士庭芳李先生、士龍郭公歌詩以華其行，區區甫，南坡公同硯友生也，最爲相得，詎容緘默？不愧勉裁《南坡》《太行路》《清時》三詩，布鼓雷門，寔自慚耳。

其一曰南坡

南岐老明經，鬢影鬖如雪。智囊深無底，眼孔大如月。樂天安土臥東山，義膽忠肝凜如鐵。芝香薇嫩蕨牙肥，及時自釀松醪酎。衣裁荷芰佩紉蘭，枕石嗽流尚高節。富貴惡能移，威武安能折？丈夫真誠天下奇，襟懷玉鑑冰壺潔。亂世保身脫網羅，克剛克柔克明哲。治朝符使天上來，翻然應聘朝京闕。京闕遙遙二千里，騎鯨遠涉吳江水。吳江滔滔浪拍天，一着神鞭上鵷尾。叩閶闔，瞻天顏。敷奏萬言策，字字鏘琅玕。行道濟時素志酬，周公夢復非邯鄲。黃袍虛席久矣，望子爲稷契，豈止爲謝安？

其二曰太行路

太行路，何崎嶇，相逢盡道能摧車。冷雲直上三萬丈，一綫之字百折通天衢。飛猿健鶻不得上，古雪空嵌巖，但見巔峰疊獻，宛如快劍削出青芙蕖，霞吐雲蒸如畫圖。天壇王屋遥相望，洞府往來飛仙居。元氣老不死，挺然南坡君子儒。居仁由義力有餘，閉户琅琅勤讀書。三老杖策遥相訪，珊珊雜佩鏘瓊琚。斂容拱手趨座隅，山鬼獨脚呼揶揄。秋風拂焦尾，夜月彈昆吾。物欲凈如掃，玉鑑與冰壺。豈是蓬蒿人，真誠大丈夫。奈何時不偶，笑彼三匝烏。熙熙暮景垂桑榆，夜來天使賫敕符。杖策遥遥下太行，應聘遠朝天子都。應聘遠朝天子都，致君堯舜歌唐虞。

其三曰清時

清時賢路開，曠達平如砥。州縣忽傳宣，召博古君子。猗歟南坡翁，靈哉湛秋水。學問際天人，有德復有齒。居易依中庸，言行相表裏。俾之展經綸，允克慎終始。霖雨穌丘民，足以歌豈弟。徵書下五雲，天使來親禮。猿鶴驚離群，扶杖翻然起。行行詣神京，前程難怚已。調鼎志不渝，陰陽可燮理。功成拂袖歸，流芳播青史。

申甫維嶽

拙庵記

巧視拙若愚，常情也。予獨爲不然，夫才辨智慧，灼無不知，性之明也。吉凶悔吝，皆由順正所養然也。君子知其性，故養以正而吉，小人不知其性，故養以邪而凶，理之常也。所養既正而反是者，時之變也。處乎時之變，能不失乎？理之常，惟南坡杜先生爲然。先生性□而不阿，德直而不徑，文正而不詭，言辯而不佞，行年六十，爵禄未沾於身，志氣未伸於時，落落人世，不知所以，因額其所居曰拙，是果誠然乎？曰：非也。吁！雞鳴而起，待漏東華，珪璋滿前，軒冕是華，簧鼓而舌，衒辨矜誇，子於是時，能耶？否也？奔走門墙，爭植桃李，脅肩諂笑，恬無愧恥，車前拜塵，花村學吠，一資半級，驕人白日，子於是時，能耶？否也？逢迎辨給，甘口如蜜，鄉稱願人，取媚權勢，乘肥嘬腴，榮耀閭里，子於是時，能耶？否也？文章藻麗，詞句浮華，雕蟲篆刻，補織龍蛇，務炙人口，專事淫哇，子於是時，能耶？否也？富盛貴極，恩亡寵衰，盈滿不戒，擁爲禍胎，顧欲牽犬上蔡，聞鶴華亭，惆惆徘徊，奈何得存？於是之時，巧拙智愚，始得而分，故抱甕澆畦，不欲爲機，餅士止歌，利方孔多，彼得此失，巧拙云何？然則子當抱子之拙，以全其生，甘貧守分，以樂夫命，吉凶順正，養而莫害？優游乎義理之場，雖遁世不見，知而不悔，何於是拙多乎哉？先生曰：然子言吾志也，請書以爲《拙庵記》。予於是書。庵者，壺關杜敩氏致道；記者，上黨張安伯氏子壽。岿次洪武癸丑春三月也。

又

壺關杜敩氏，儒林之師表也，以拙庵別名字而爲號。一日過予，請爲記。

予謂致道："不風雲、月露、山川、花木是取，而惟拙是取；不高堂、大廈、上棟、下宇是居，而惟庵是居，可以覘其志矣。夫庵，草□也，且以拙言之，拙，巧之反也，而乃自目之。於乎！致道豈曖昧墨床，拙於時者乎？唔嚘囁嚅，拙於言者乎？抑椎魯木強，拙於文者乎？觀其方矩圓規，仰高俯下，隨時之宜，循循雅雅，謂致道之拙於時，不可也。博古通今，偉談清辯，瀉江河之滔滔，吐雲霞之變變，謂致道之拙於言，亦不可也。揮毫對客，視人無前，縟章繪句，累牘連篇，謂致道之拙於文，尤不可也。非拙謂拙，意其何如？"

致道曰："吁！子之破吾之拙，善則善矣，然不知吾今日之所見也。昔之時，謂吾爲拙，則忿然切齒，謂吾爲巧，則欣然而喜。今之時謂吾爲拙，則悦其知己，謂吾爲巧，則走而掩耳。豈不聞復命歸根，乃知物理；霜降水涸，始見涯涘。與其巧而勞吾心，孰若拙而頤吾神？與其巧而奔走乎風塵，孰若拙而保全吾天真？千言千中，不如一默；刻心鏤肺，不如無識；氣宇軒昂，不如退藏；知識聰明，不如坐忘。吾欲用拙存吾道，以養吾晚節，子勿巧爲之説，以破吾之拙也。”

致衞辭去，庵中獨坐，矮榻風清，虚檐月墮，清貞老人皋城張文振書于潞州之寓舍。

又

凡人聞言己之拙則不悦，聞言己之巧則乃喜，此衆人之常情，古今之通病，雖愚夫愚婦莫不知之。至於聰明特達之士，亦或如是。何耶？蓋巧恒近乎詐而能悦人之情，拙則近乎誠而卒難遂己之志，是以務巧者多，務拙者少。惟聖賢則不然，仲尼云：“巧言令色，鮮矣仁。”孟子云：“爲機變之巧者無所用，恥焉。”周子亦嘗作《拙賦》以見己意，是不貴乎巧而尚夫拙也。雖然，及孟子見齊王，言“見牛未見羊，此乃仁術也”。説右仁術，法之巧者，又對齊王言“好貨好色”之類，雖若異語之言，亦若近夫巧者。間嘗思之，夫大人君子之言，若天理流行，無往而不可。但欲伸己之道，惟義所在，初不計其拙與巧也，在乎誠而已。下焉者，則有假其拙而文其巧者，如唐之柳宗元作《乞巧文》，以譏時人陽德其拙而陰施其巧，卒以巧媚權臣而死於貶所，則與鬱華子大巧若拙，其外是内非，詭譎欺人無以異也。由是觀之，能真拙者，豈易得哉？予於壺關杜致道先生見之矣。今以“拙”號其庵，俾予作記，以宣其意。

先生平昔爲人，於勢利漠如也，不喜功名，自辛亥兵興以來，即隱居教授，日飲酒賦詩而已。省院辟之皆不就，與予登山臨水，嘯咏終日忘倦，未嘗一語以及時事，其形雖若拙者，就中學問抱負，炳若日星，有他人不及知而己獨知者。杜工部詩有云："用拙存吾道。"先生今以"拙"名庵，可謂克□□祖矣。予之言雖不足盡先生之萬一，幸毋沉□□□爲吾藏拙也。

老友太康吳善八十一歲書

《拙庵看山圖》序

山水佳麗，武夷爲最，次則太行東南壺關、陵川之間也。壺關縣治東南一舍，里曰林青，即致道別業，聚廬而托處者數世矣。鄉曰紫團，乃太行絕頂，若武夷之幔亭峰也，世傳神仙所宅。山曰紫團，山洞曰紫團洞，仙曰紫團師，所產人參曰紫團參，洞一名曰翠微洞，中有潭曰白龍，泓澄渟匯，其遠近深淺，皆不可測，盛夏，雲雷出於其中。舊志云：藥氏二女，微子之後，采藥於山中，常栖於洞，服食人參，得道仙去。宋政和間，敕賜冲惠、冲淑真人，廟額曰"真澤"，其他殊名異迹不可勝紀，東迤百里而近百丈原，康節故居；稍南，孫登長嘯之所；少北，則隆慮也。風古地靈，草木秀潤。翠松蒼檜，凌雲千尺。修竹茂林，與山無窮。蔥蒨醲郁，撥拂雲霞。蔽虧日月，名狀罔既。群山竦立，芒角峭拔，森若劍戟，風清雨霽。乘興登覽，使人神怡目眩，應接不暇。如瀑布水簾，垂虹噴雪，天巧捷出，五嶽三塗，似難伯仲。但人迹罕到，未嘗表麗其盛景也。大抵一溪一壑，一盤一曲，丹崖堊壁，疊嶂巑峰。上接霄漢，下瞰烟靄。試一臨之，毛骨聳豎。雖洞天神府，無以加焉。

致道每游憩於茲，時命童僕挈榼提壺，或吟詩雲根，或獨酌松下，因而誅茅結屋，扁曰"拙庵"。於是乎奇嵒絕巘，環刊於軒戶之外，几席之上，仍命工肖形，蠟屐幅巾，野服藜杖，自名曰《拙庵看山圖》，誌予爲文。

大凡地有勝境，得人而後發；人有心匠，得物而後開，境匠相遇，固有時耶？襄陽峴山，蓋諸山之小者，而其壯箸於荆州者，豈非羊叔子、杜元凱相繼於此以成其勝哉？至於流風餘韵藹然被於江漢之間，是兹山待其人而後著。紫團山有待於致道以彰顯也。致道博學多聞，謙和儒雅，胸次洒落，襟懷夷畡，不爲崖岸斬絶之行，近功小利，未易以動。深明於《易》，其吉凶消長進退存亡之理，自有繩尺。嘗爲郡博士，講明傳授，他人莫及。一領鄉薦，以投牒自媒爲耻，後不復出。門人登第者恒有本末，閫外得專封拜，擢爲陝西儒學提舉，亦不屑就。古所謂爵禄慶賞，有不可致之人，今復見矣。自是以來，年高而德邵，學富而力行，教授鄉里，叮嚀懇至，將以傳其業也。雖嘗觴咏於泉石間，但遣懷舒興，非耽樂放浪如晋人之無檢束也。好樂於斯者，有安重堅實，與己志同，安重堅實，其道光明，予於致道見之矣。

洪武歲上章涒灘月重光大荒落日玄黓敦牂，雄山李惟馨序

題《拙庵看山圖》

二儀默玄運，塊圠無停輈。萬物□化□，生成諒有由。人惟物之靈，心與大造侔。至誠静無爲，體健行日休。所以拙庵叟，高遁忘春秋。守拙致斯道，養拙娱林立。大巧不自施，古心誰能猶。良材匪規琢，巨璞難彫搜。抱琴奏周雅，載籍稽禹疇。雲泉歌考槃，松石尋交游。天爵每獨好，榮名非所求。丹符從天來，使者垂諮諏。安車聘耆惠，上分霄旰憂。經濟當及時，用舍道與謀。致君邁唐虞。孰曰無良籌。保生固往拙，拯物追前修。洪運若循環，勛業讋浮漚。披圖□[一]真趣，出處選悠悠。願言業令德，歸來黄騎儔。

三山郭柏

拙庵老人傳略

拙庵老人者，壺關杜斅致道父也。齒宿而德尊，人不敢以姓字呼之，故因其以“拙”自號而稱之曰“拙庵老人”云。拙庵老人家少陵，老之世而居鄰壺關三老之鄉。紫團幽幽，廬以處休。真知實踐，既藏且修。人劫劫而無競，人汩汩而無求。浮其言以誇大無忌憚者則耻之，詭其行而越乎禮法之外者則鄙之。古貌古心，世無知音。茫乎昔之迨今，邈乎墜緒之尋。惟用拙之是樂，而不知年邁之老侵。丹符下宣，華使遠臨。浮雲富貴，奚濫奚淫。謝輔相與，賓客乃歸，棲乎太行之陰。兹拙庵老人之大致而付自然翁之欽欽。故略序次老人之行迹而傳之於儒林。翁謂誰？閩吳源性傳父也。年月日不書。

拙庵杜先生行狀

先生諱斅，字致道。世業農，居壺關紫團鄉林青里。幼承父訓，質稟純明，習儒行，甫十歲，就潞庠。及長，學逾融貫，泛通五經，尤深於《易》。心貌俱古，迥出時輩。十七歲試選，中潞州直學。十九歲應河東鄉試，中第一，遂除潞城高平縣教諭，升除臺州學正。未滿，丁父憂，家居事親，教授鄉里。時闑外得專封拜，尋除陝西儒學提舉及省院辟之，皆不就，遠近授學者爭從之，門人登第及仕者衆。暇或臨風對月，感懷述事。其形於歌咏序記文辭之間者，所稱道號不同，或南坡，或太行樵者，或拙庵，有詩成集。遺世潛居，抱道樂處太行之陰，名達聖聰。

洪武十三年五月，特遣內使賫敕臨門，召斅策杖來朝。候秋涼，有司禮送起程。九月十八日到京，是日，儀禮司引進朝見。十月初一日，制命爲四輔官，兼太子賓客，御書官爵，制諭以賜，再諭至三。每覲天顏，恩禮尤重。講明治政，必以古先哲王爲範。一日，上曰："我今當做前代誰治天下？"李祐對曰："當做唐太宗。"上默然。敳對曰："治天下之道，莫過於堯舜。"上曰："我非敢當堯舜，卿等願效稷、契、皋陶。"

一日，上曰："于今天下將太平，國子監小秀才每少個好先生做祭酒訓教他，卿敳你舉一個堪爲祭酒的，舉來教他做祭酒。"敳舉滑縣宋訥來朝。上謂敳曰："恐不勝任。"敳對曰："上位且用他。"上意猶未允，敳對曰："上位且用他。"訥立學規，教法稱旨。後上曰："你舉的人果中一用。"

一日，上幸其第，曰："我看你安否何如。"敳頓首曰："臣蒙陛下寵光，死生難報。"上曰："卿學博年高，朕賴以輔治道。"賜坐賜饌，日兼一日，幸第襲衣，特加殊寵，皇上優老待下之意至矣盡矣。敳曰："臣以犬馬之軀，生逢盛世，叨蒙陛下眷遇隆重，承恩實深，日夜惶懼，弗堪負荷，思竭丹衷，捐生補報。"

時以老病及身，表謝辭秩，頓首曰："臣生草野，獲際聖明，多負於寵恩，恨無以報國，死不瞑目矣。"深蒙恩諭，給驛以禮歸家。壽期七十有二，洪武十七年五月初八日，沐浴而終于居第之正寢。

子四人葬於祖塋南坡之下云。四子：長曰承之莊，次曰乙之巽，次曰壬之□，次曰寅之震；女一人，適廬城李謹元，兵部尚書惟馨庭芳次子也。四子俱業儒，賓與壬承纂縣志，謂賓曰："予先人洪武十三年被徵，制命爲四輔官，兼太子賓客，後以老病辭歸，及有詩成集，請子錄以爲狀。"予與先生田莊相鄰，自幼充邑庠弟子員，嘗得承接先生辭顏矣。先生被徵，際我太祖高皇帝，其輔佐敷陳，必在國史，非草茅所敢妄談，重違厥請。特以親見先生出處，及述《儒林傳》，説先生言動師法、宦迹略節爲行狀。伏睹明良相逢，講明至隆之盛治，君臣相得，同遊歌咏之氣象，其虞廷之都俞吁咈，周室之告戒贊襄，三千餘年而再一見者也，猗歟盛哉！

壺關縣儒學訓導邑人王賓盡誠拜手謹書

懷拙庵杜先生〔二〕

正統初，家尊僉憲山西，每道壺關士子杜矩之賢，已而果以《易經》魁多士。時予爲教官，居鄉邑，矩乘傳赴京會試，便道過予。予愛其樸實淳雅，出辭多義氣，叩其衷，淵乎莫測也，心竊重之。既而登進士右榜，不屑就，願卒業太學。凡若干歲，予亦不自意由教官承乏内臺，繼升今職，巡歷壺關，得睹縣誌，始知迺祖拙庵先生出處之詳，而又雅其當時得君之深有如此者，是宜其故家文獻，流風餘韵，有未艾也，遂不鄙作詩以紀其盛。

乃祖先朝第一流，蒲輪應聘謁龍樓。官居四輔經綸遠，位次三公寵渥優。大册雄文傳海宇，鳳箋鸞誥貴林丘。登科喜得賢孫子，志氣昂昂貫斗牛。

山西按察司副使金臺李俊景泰七年

東巡澤潞道經壺關過杜徵君故居見其雲仍 彬彬雅飭不替文獻作詩贈之

當年束帛賁衡門，曾駕安車覲至尊。喬木森森遺澤在，餘陰鍾秀見兒孫。

山西布政司左參政祝顥蘇州人，天順五年

詩贈杜矩之編《拙庵集》〔三〕

誰識高皇四輔孫，手編遺集顯殊恩。昭宣天語三光重，焕發人文百世存。臏有勛名垂汗簡，豈無陰德振高門？欲求聖代遭逢盛，湏聽公餘一細論。

前學士錢溥

校勘記

〔一〕□，底本漫漶不清，據殘文似當爲"覯"。

〔二〕本詩無題，詩名爲點校者所加。

〔三〕本詩無題，詩名爲點校者所加。

書《拙庵集》後

曩予在京師，士大夫多從予求《拙庵集》者。拙庵杜先生，國初爲四輔官，予鄰邑壺關人也。其行業在史册與誌狀，集且有序，予不敢贅。少時嘗一見其集，宦遊後實未有儲本，故無以應之。比以先淑人憂歸，又多托爲致之者。會其邑大夫張君友直過予，因及之張君，許爲予致，且謂集刻雖藏其家，力不能自舉，兼以地僻少文，鮮或過而問之，百六十年來遺澤寖微，風俗頹散，似非名賢故里所宜有者。有識爲之嘆息，尚幸集刻之存，觀其遺稿，猶可想見人品，爲之興起。况夫天造經綸之際，明良賡歌，追古製作，一代文章之盛，實基于此，而可忽哉？顧其傳未廣，又將湮没無聞，豈惟厥後，亦宰邑者之過也。友直慨欲表章，捐俸爲簡册費，布之境内，俾家傳人誦，知鄉有先達，鄉人不可以愧之，庶幾幡然向慕，舍舊圖新，風移俗易，有可觀者，邑宰亦得藉以逭責矣。抑此特以諭夫村氓之不知學者，若夫衣冠家，則自文雅温厚，有先王之風，雖無集可也。幸畀一言，爲集之重，使其益尊且信，爲之不厭，何如？予惟斯集，遠方士大夫所崇，未應桑梓乃爾，特不遇其人爲表章耳。今已晦而輒顯，幾廢而復興，不有賴於張君乎？噫！集非待予言而傳，張君美意則非予言莫之傳也，故爲識其末簡。

嘉靖四年乙酉春二月望日，通議大夫、禮部右侍郎、前翰林院學士、經筵日講官兼修國史玉牒上黨劉龍書

《拙庵集》跋

正德己卯夏四月，予自孝義來承乏是邑，窺見部下往往相習不善，愧無以爲教，每舉鄉賢四輔公拙庵杜老先生學術經濟爲我皇明非常之聘訓之。奈世久湮微，弗信者衆，因留心延訪，得是集刻本於私藏，願印布，俾家傳人誦而學之，但刻多殘缺，又少序其後者，將增補焉。時當朝覲，累於廢政不暇也，徒爲惡有司耳。至嘉靖甲申冬，予以公適襄，進謁大宗伯紫巖劉老先生，請書《拙庵集》後，先生慨然示予，予惟序既成，刻之殘缺，不可不補也。遂命工鋟梓就緒，庶廣其傳，以慰予之初心矣。嗚呼！拙庵先生得君寵遇之隆，不能及也。拙庵先生之學之行，吾人豈可自棄而不企及也哉？予弗顧續貂之恥，故書之以識歲月云。

嘉靖四年，歲次乙酉，春三月穀旦，知壺關縣事、文林郎關中張友直跋

弊帚集

〔明〕王　翰　撰

李　蹊　點校

點校説明

　　《弊帚集》五卷，明王翰著。王翰其人，據《四庫全書》所收《梁園寓稿》提要述：“翰，字時舉，禹州人，元季隱居中條山中，明初出爲周王櫏長史。王素驕，有異志。正諫弗納，斷指佯狂去。王敗，竟無所坐。事載《明史・周王傳》。後起爲翰林編修，謫廉州教授。夷獠亂，城陷，死難。”

　　今將王翰作爲山西人，收入其作品，乃因王翰晚年避亂中條山。無論《梁園寓稿》還是《弊帚集》，都將王翰稱作“夏臺王時舉”。《清一統志》卷一百十七，解州有夏臺，在夏縣西北十五里。《水經注》：“安邑，禹都也。禹娶塗山氏女，思戀本國，築臺以望之。今城南門，臺基猶存。”《寰宇記》亦云：“（夏臺）在夏縣西北安邑故城中，今俗謂之青臺，上有禹祠。”説明王翰本人及其同時代人皆以王翰爲山西夏臺人。盡管王翰詩文中有“翰居夏縣有年矣，窮愁鄉思，浩瀚如海”之句，表現出王翰本人對河南老家禹州念念不忘，但他畢竟在山西時間較長，且其創作活動亦在山西。在《題陸員外顥爲予畫中條山房圖》中，他説：“家山已及經年別，又被顥齋寫作圖。一段清愁圖不得，醉吟驢背雪模糊。”足見王翰自己已經把中條山當作老家了。

　　至於王翰生平著述，《四庫提要》亦有提及：“《明史・藝文志》載所著有《弊帚集》五卷，《梁園寓稿》九卷。《弊帚集》今未見。此書卷數與《明史》合。焦竑《經籍志》止稱《寓稿》二卷，誤也。焦《志》別載翰《山林樵唱》一卷，今亦未見，殆併佚歟！”

　　而據今所收《弊帚集》中劉弘所書《弊帚集序》，劉弘在知長垣縣事時，時爲大名守的王翰之孫王正曾向劉弘出示王翰《梁園寓稿》、《弊帚》、《樵唱》等著作。也就是説至晚在王翰之孫時，《明史·藝文志》提到的《弊帚集》、《梁園寓稿》，焦竑《經籍志》提到的《山林樵唱》還都存世。其中《梁園寓稿》因被收入《四庫全書》，流傳最廣；《弊帚集》迄今僅見天順六年劉弘刻本，而《山林樵唱》則尚未見到。另據洪武十二年七月四明陳莊所作序文，《弊帚集》應是王翰在此之前已經編就。然而天順六年劉弘刻《弊帚集》，從内容上判斷，顯然有的作品是在洪武十二年以後所作（如《廉州中秋》）。再根據劉弘序文中"太守公諾，遂手録各集中詩文易曉者若干，分爲五卷，實千百之什一也。仍以先生所謂'弊帚'以名之，命工鋟梓"來判斷，我們今天所見到的《弊帚集》應該是托《弊帚集》之名而收入了王翰其他時期的作品而成。今所見《弊帚集》五卷，分詩三卷，文二卷；另有劉弘、陳莊序文各一篇，王正跋一篇。所作詩三卷，多爲遊歷、唱景、感懷之作，間有唱和；文二卷，有書信、碑銘、序文、書論、遊記等。

本次整理，所據除劉弘刻本外，無他本可校。原書每卷名後有"夏臺王翰時舉著無錫劉弘超遠校正"二行，今删去。

《弊帚集》序

夏臺時舉王先生以文章顯融當代，歷官皆師儒之職，名聲著聞湖海，没猶在焉。予幼嘗耳先輩道其梗概，惜生晚，弗獲一睹風度。既壯，知長垣縣事，適先生之孫正公來守大名，出先生所爲《梁園寓稿》、《弊帚》、《樵唱》等集示予。予固不足以究先生之底蘊，然見其若詩若文，根乎實理，妙乎春趣，無杜撰矯激之態，無雕斲靡肆之非，清而和，約而達，深而則，誠一壇屋之老將，豈生輩所敢窺測哉？因竊嘆垣地斯教久衰，請刻傳爲後學秴式。太守公諾，遂手録各集中詩文易曉者若干，分爲五卷，實千百之什一也。仍以先生所謂"弊帚"以名之，命工鋟梓。然無言以引其端，若其舊集中之一耳。夫帚之爲物，日用不可缺者，苟至於弊，孰不棄而賤之？殊不知猶足以去垢，猶足以致潔焉，烏可棄而賤耶？先生之作，其猶是乎！學者苟能誦而讀之，知其清而和，則淫冶鄙傲者可以戒；約而達，則支離局澀者可以勸；深而[一]，則其豪蕩無節者又豈不知所勉乎？千金之售，殆將於斯集驗焉！

時天順六年夏六月，寓垣鶴叟、無錫劉弘書於風蓬軒

校勘記

〔一〕"深而"，按上文所言"深而則"，此處當脱一"則"字。

《弊帚集》序

論文章者，多以世運之盛衰、風氣之通塞而觀之。六經而下，如漢之賈、馬、劉向、揚雄之徒，唐之韓、柳，宋之歐、蘇、曾、王之文，如神龜寶鼎，南金赤箭，河海涵而山嶽鎮，龍馬馳而鳳鳥鳴，如此之文，世豈多見哉？至元，古文雖不逮漢唐，要不失其舊，及其季世，漸致衰陋。

莊來北方者三年矣，訪文獻之家，寥寥無聞，然老儒、學子皆敦龐椎魯有餘，及徵諸文事，往往不能執筆，至竿牘慶吊往復之文，亦闕而不講，余甚悼之。

余在太原，初識夏臺王時舉，其人癯而清，短而穎，言音宏亮，眉目秀整。余察之，知必有文也。與談之累日，至經、史之簡奧，《莊》、《騷》之清深，韓、柳、歐、蘇波瀾關鍵之法度，無不悉究而博觀。吞吐出入，何其奇哉！暨爲余作《雲山琴會圖詩》序，併《睡樂窩詩》，皆豐腴清健，雅正典則，甚合乎作者。予知北方之有文也。七月，又會時舉於平陽，且出雜文數十篇，目曰《弊帚集》，命余序之，曰："論道以文章爲末事，貴菽粟則視珠玉犀象爲無用。然文者，道之寓也，道以文見，其可二之哉？"

今聖明在上，光岳渾全之時，時舉力追往作，直與古人方駕並驅而後已，不但無愧於魏文之譏，且見一字千金有售時舉者矣。余將攫攘於旁。

洪武十二年七月二十日，四明陳莊序

題山水

秋後園林雨後山，陰崖生蘚翠班班。小溪竟隔紅塵斷，只許扁舟自往還。

蒼松無數映樓臺，翠壁連雲四面開。好侶王溪南畔路，杖藜携酒記曾來。

盡落蘇

帶露夏條青旖旎，抹烟秋實紫膨脝。縱然無肉堪咀嚼，孰道令人大瘦生。

畫萊本

昔年學圃種嘉蔬，雨葉烟苗手自鉏。祇爲聞《韶》解忘味，幾曾彈鋏更歌魚。

過曹操疑冢在磁州

老瞞何事死猶瞞，事不推誠隱禍端。陵谷有遷川有竭，豈容漳底着金冠。

銅雀瓦硯

賣履焚香志亦卑，其中情事總相違。誰知廢瓦千年出，留與文人定是非。

西村道中在平陸

綠桑采盡陰還薄，朱李摘殘枝尚低。處處短墙圍土窟，行人日午只聞雞。

梅蘭水仙圖

國香同味不同時，疑是湘纍配二妃。萬里素魂招不得，楚天春盡總忘歸。

青山白雲圖

遥山雨過碧崚嶒，隔岸人家屋宇清。一鳥不鳴春晝静，幽人端坐看雲生。

湘川秋意

秋入空山冷薜蘿，黃陵廟下少人過。誰知一夜瀟湘雨，不比嬋娥淚更多。

球琳瑯玕

淇澳水邊秋滿林，篔簹谷裏暮烟深。幽人六月北窗下，一枕清風直萬金。

題陸員外頤爲予畫中條山房圖

家山已及經年別，又被頤齋寫作圖。一段清愁圖不得，醉吟驢背雪模糊。

過左蠡

一葉小舟千丈水，十尋高岸數家村。往來若得風濤便，東望吳城西海門。

梅　花

一官直欲到天涯，回首中原萬里賒。便覺此生渾不俗，始來林下識梅花。

又

荒山斜日淡無暉，一樹寒花萬玉姬。何似北人偏愛惜，取來風韵笛中吹。

九月初八日作

驚聞明日是重陽，詩思那兼百慮妨。黃菊與人知舊約，逐風先送一簾香。

閑居書事

雲占青山鶴占松，惟將泉石與衰翁。醉來倒着接籬去，吹袖不嫌花下風。

雪後望瑶臺

曉來萬徑滅無蹤，遥望南山失數峰。惟有瑶臺獨屹立，倚天開出玉芙蓉。

烟江釣艇圖

狂瀾斜捲暮山長，渺渺凌波一葦航。幾個柴門小兒女，春烟深處認鳴榔。

過段干木廟在芮城縣西張村

殺妻吳起非良將，食子樂羊真鄙人。爭若先生無一事，西向能解虎狼秦。

題墨竹目爲湘川夜雨雲

數竿低亞碧參差，識是湘川待鳳枝。千古淚痕消不盡，清愁都在雨來時。

寄薛韓張三秀才

記得城南醉別時，匆匆不及送君詩。如今再望西南路，綠樹青山無限思。

村居感事三首

小徑通村燕尾分，主人多厭路行人。便於平地埋荆棘，幾日田頭草色新。

二

野人情性頗真淳，無奈干戈斷喪頻。今日畏途那可說，却知鄉願是賢人。

一〔一〕

淳風舊日侶朱陳，物是人非不可親。誰信白頭三子母，忍飢垂淚對比鄰。

過文中子

六籍心傳已失真，先生有志覺斯民。奈何石補青天裂，笑殺寒栖亭上人。

張郭店送客有感

中條山下張家店，一歲三來送客歸。惟我無家歸不得，此身雖在故人稀。

讀感興詩三首

心境虛閑本寂然，忽從魚鳥見先天。程家三百年前樂，亦在風輕雲淡邊。

二

收拾心情入短吟，放開元氣豁靈襟。千紅萬紫從妝點，開過春風無處尋。

三

詩從删後豈論唐，何獨詩人愛子昂。自是鳳凰音調古，不妨師曠與更張。

昭君怨<small>二首</small>

雲鬟花顏自勝人，黃金不買畫圖真。誰知風雪龍沙道，顏色黃金却誤身。

二

回首長門淚暗流，氊城春似漢宮秋。琵琶閑撥勸胡酒，胡正勸時妾正愁。

過華清宮

山自青青花自零，五家車騎寂無聲。千秋萬古温泉水，不爲楊環洗惡名。

雜　詩 五首

梨花如雪露桃繁，蜂蝶紛紛日滿園。多少風流看花客，却嫌長日不開門。

二

海棠半拆露紅腮，葉底盈盈笑欲來。不是主人高着架，何由墙外見花開。

三

酴醿時待曉風吹，底是緘情未肯開。不識芳容却回去，也教人道看花來。

四

牡丹開後日偏長，芍藥含羞恰試妝。却是廣陵偏愛惜，拼教車馬十朝忙。

五

尋芳須要趁芳時，花下千杯醉不辭。莫待西園春事已，却從人後拆〔二〕空枝。

次莊師古寒夜偶成詩韵二首

擁衾孤坐到中宵，酒醒燈昏正寂寥。欲寫幽懷向詩句，不堪吟筆凍難消。

二

卧聽山城更漏長，霜風入户冷侵床。誰家短笛吹明月，客夢何由到故鄉。

和程彦存秋夜有感

一紙家書意萬重，秋風歸興晚偏濃。黃河一葦非難渡，只聽甘棠半夜鐘。

題倒枝紅梅

陳宮井上香成陣，石氏樓高玉作塵。可惜穎厓無路折，年年孤負卜分春。

題扇小景

瑟瑟西風蘆葉黃，水光天影澹微茫。前灣日暮漁歌起，驚散沙頭雁幾行。

題二畫二首

山中僧衲本無塵，時向清漪浣洒頻。惟有高禽愛岑寂，飛來林下伴幽人。

二

屋上青山門外溪，輕簾斜挑出疏籬。主人醉臥竹陰下，犬吠客來渾不知。

商山四皓弈棋圖

　　雲堅松嚴興不孤，一枰相對勝觀書。個中高着無人解，安漢功臣亦不如。

題小景

　　桃花流水鱖魚肥，短棹輕舟向晚歸。展盡碧天春岸闊，幾多白鳥自由飛。

十日登高

　　昨因風雨阻登臨，今日憑高逸興新。多是青山厭俗客，也應黃菊待詩人。

十日賞菊

　　野人無分作重陽，隔夜寒花頓減香。縱使寒香渾減盡，不妨爛醉向花傍。

十日送酒

　　白衣不遣到山家，虚度重陽重嘆嗟。今日故人纔見惠，開樽還不負黄花。

雪夜雜詩

　　紛紛啼斷樹頭鴉，擁被呼童旋煮茶。老子明朝有公事，杖藜江上探梅花。

　　漸覺衾裯潑水寒，豐年有兆萬家歡。不眠老子關何事，壓損庭前竹數竿。

　　朔風刮地霧昏昏，落日荒村早閉門。夢覺不知渾是雪，一庭明月浸梅魂。

　　紙窗掩亂撲春蠅，起坐挑燈試静聽。秋蟹春韰都不似，新醅初動瓮頭聲。

　　松風萬壑入茶瓶，一段奇寒徹骨清。不到灞橋驢背上，詩人胸次未能平。

題趙竹窗紅梅

　　羅浮仙子雪爲容，酒暈春潮玉頰紅。笑倚江橋烟竹外，只將顏色媚東風。

和丁志善客中述懷 三首

客程千里涉江河，對榻情親話更多。底事匆匆頻告別，不如樽酒且蹉跎。

二

肯向山城數日留，交情未便冷如秋。歸來定約重相見，莫遣空緘過陝州。

三

一年一見一番親，惆悵相看白髮新。莫厭小齋催去急，且須調養病中身。

校勘記

〔一〕“二”，按順序此處應爲“三”。

〔二〕“拆”，據文意當作“折”。

春日客中書懷

年來常作客，春半苦思鄉。萍葉浮新水，桃花簇短墻。貧傷交態薄，老倦路歧長。南雁飛看盡，何時有報章。

葡　萄

騄駬來西域，葡萄入上林。翠盤玄露重，玉碗紫霞深。番帳藏千斗，華筵直萬金。當年窮遠略，遺恨到如今。

栽　菊

想知耽野意，持送鞠花栽。但向秋前種，須期雨後開。境幽詩總好，籬靜客頻來。治地催畦秫，花時要舉杯。

送人歸括蒼 二首

南歸負孤劍，飲散及殘曛。土室人投宿，冰河雁失群。夢懸臨海樹，望入括山雲。綵服稱觴處，梅開到幾分？

二

匆匆歲又殘，匹馬獨南遷。淮月簫聲苦，吳霜鬢影寒。清溪
攜《易》讀，滄海伴鷗閑。日暮雲生處，相思各倚闌。

遊山寺

登山自補履，來訪贊公房。巖曉雲偏白，山寒葉早黃。燃燈
高壁暗，洗藥小池香。耿耿夜無寐，滿身蘿月涼。

送張荆坡先生解州

十年戎馬動，奔竄抱遺經。有道窮通樂，無私去就輕。樹高
風更急，岸遠浪難平。聞說山田賤，歸耕了此生。

送柮修先生歸山居

新秋離舊隱，不覺入秋深。苦厭市城聒，久思山水音。雨荒
窗外菊，塵滿架頭琴。黍熟家家酒，時邀田父斟。

夜宿瑤臺觀

亂峰多古柏，深處隱琳宮。木潤龍歸洞，天晴鶴出籠。高窗星逼座，古殿月浮空。明日下山去，芳生歧路中。

答戴先生希謙

囊中無舊金，袖內有新吟。白雪滿簪髮，青山一片心。我時思剡曲，誰解訪山陰。遙想無媒徑，蕭蕭草又深。

遊石嵻寺

山路政崎嶔，山房不易尋。鳥歸青嶂晚，鐘響白雲深。石井清□肺，松門爽客心。投簪欲習靜，塵土莫相侵。

□□師古遊西園韵

不識□□□，桃園別有天。谷雲晴落石，山雨夜添泉。村酒容留飲，河魚不論錢。晚來歸興逸，鳥沒夕陽邊。

毛節婦

素節毛家婦，盟言江海深。青燈空照室，白髮已盈簪。古井沉寒月，高松落晚陰。逢夫九泉下，見此百年心。

鬼 門

□事神奸秘，雲陰白晝昏。清深蛟蜃窟，冷浸賈商魂。月落山精出，波喧水獺奔。高巖石似玉，萬古竟誰捫。

神 門

一派河東注，巉巉兩壁開。危舟飄短葉，閣道出層崖。□挽因人力，疏排本聖才。德亡徒恃險，萬古起長衰。

人 門

峭壁雙扉立，濁波走急流。聲喧鼙鼓振，浪激雪花浮。疏鑿功難滅，傾沉怨未休。風雷催變化，遊容不堪留。

煉丹爐

百丈標雲外，停停立不傾。晚霞飛鼎火，秋籟響雲笙。海眼
黿鼉吼，峰頭鶴鸛鳴。異人如解后，再拜學長生。

底　柱

中流一表立，千古獨崔嵬。水激揚瀾里，船危灩澦堆。隋書
傷覆溺，唐史紀崩摧。獨覺神功大，光芒日月垂。

開元新河

開元乘泰運，鑿石殺雲濤。欲繼千年迹，何憂四海勞。水深
纔泛梗，岸窄不容舟[一]。上有豐碑在，年深臥草茅。

翠陰巖

峽深清曉入，林下暫停驂。待鶴回青嶂，看雲倚翠杉。朝陽
晞晚露，宿雨浥晴嵐。山鳥催歸急，題名向石龕。

神仙洞

探奇窮鳥道，仙洞隱烟霾。草沒棋枰亂，花深藥竈埋。沙沉談道榻，月照步虛臺。一自朝元去，靈關竟不開。

開花寺

中流山崒嵂，最上隱精藍。碑勒前朝額，僧居何處庵。齋鐘沉濁水，經卷寄空巖。日日行人過，焚香禮石龕。

壬戌初度日述懷二首

乾坤元渾厚，時命自艱難。生理耽詩廢，年華攬鏡嘆。風回常棣下，沙暝鶺鴒寒。一笑雙雛近，令人懷抱寬。

二

四十明年是，勛名何所成。飲多愁得感，吟細律還精。我誤輕黃祖，誰能貸禰衡。予生真寡遇，領雪任從生。

謾成二首

何處此生托，草堂聊復完。焚香披鶴氅，看竹戴儒冠。馬縱風塵靜，鷗眠雲水寬。晴窗讀《易》罷，隱几壓蒲團。

二

懶多疏禮法，出戶怕逢人。遣意詩仍積，澆愁酒屢親。風雲千里志，土木百年身。時與漁樵客，垂綸向水濱。

送李彥益大尹歸淮海

中秋明月底，匹馬獨南歸。家遠來音少，官閒送客稀。春眠尋野寺，晚飯傍漁磯。甓社湖邊路，相思魂夢飛。

立秋前一日夜坐有感

夜色已秋意，閉門蟲亂鳴。月翻波底白，風過竹間清。思苦睡難曉，愁多淚不晴。那堪吟毀壁，明發白頭生。

秋江獨釣

輟棹空江入，雲寒浦溆陰。鷺驚竿竹動，魚上釣絲沉。篷背
霜華重，船頭木葉深。歸來仍得酒，不負憶鱸心。

送同德徽知豳州

祖帳太陽津，辭家西向秦。邊陲初作郡，芹泮久爲賓。風播
周詩舊，民謠聖化新。到官多暇日，無惜寄聲頻。

和丁志善病中自述韵二首

作客經時病，愁供白髮添。方書須自寫，拄杖倩人拈。歸路
山川隔，征衣涕淚兼。薄遊適秦隴，未敢爲趨炎。

二

久病衰劬力，晨興步屨輕。夢安神覺爽，心定氣還平。閱曆
推行日，停燈數去程。艱難知己少，青眼爲誰明。

早　行

雞鳴催客起，足趼又重生。野店殘燈在，疏林淡月明。天涯常寄食，歧路自關情。何日車輪角，都交旅恨平。

早　秋

金風推老暑，快雨洗清秋。塵扇未歸篋，風簾難上鈎。葉疏孤嶂出，水冷淡烟浮。旅恨重重積，新來不上樓。

平陽言懷五十韻兼呈張中立詩伯

行役來千里，構幽已二年。形容驚老醜，命運際迍邅。北海陂陁血，南荒苡薏愆。叫閽天路遠，出獄死灰燃。履壞餘雙趾，囊羞只一錢。鬢疏渾種種，淚盡更漣漣。醒酒晋山雨，濯纓平水泉。崆峒仙氣接，霍岳慶雲連。餘化遵勤儉，遺風慕聖賢。文章俱彩筆，華胄盡青氈。庠序家家讀，歌謠處處弦。輪蹄爭綺陌，簫皷沸華筵。立雪郁無誨，披雲幸有緣。少開孫敬戶，不着祖生鞭。後進多矜式，前修少比肩。名高山斗重，清議鑑衡懸。壽考延黃耈，丹成及紫鉛。四詩譏訓詁，三禮訂劓穿。魯史明功罪，羲爻探自然。史超司馬上，詩度少陵前。開口論堅白，澄心草太玄。紫衣山内相，錦服酒中仙。甚矣先生樂，何如小子邅。途窮惟有哭，形瘁祇堪眠。洲上無千樹，蜀中有一廛。憂愁詩總費，貧病道終全。委頓穽中虎，栖遲檻上猿。觸藩難進退，失步久淹延。孤館吟風笛，疏林落日蟬。雨頻城減市，川漲渡停船。寫帖常求米，傾家盡食饘。鄰砧敲落月，塞雁度長天。白露滋庭草，清霜倒渚蓮。思親心切切，懷友意拳拳。惴惴臨深谷，忡忡墮廣淵。麒麟非犬馬，雕鶚異鷹鸇。俱詆西施醜，番爲嫫母妍。相逢鵬笑鷃，不見夔憐蚿。古調知音少，移山立志堅。鼠能窮五技，兔狡謾三迂。對卷花生目，持簪雪滿顚。晚山松落落，秋漢鶴翩翩。老圃歸收藥，荒園想力田。褰簾花簌簌，枕石溜涓涓。閑咏無心句，常參没眼禪。荷衣藜杖短，麥酒瘦杯圓。細閱青雲傳，高吟白雪篇。爐存蒸芋火，窗出煮茶烟。澼絖傳家業，行歌市餅廛。歸歟休折竹，造化任烏鳶。

送徐子岍被旨南歸四十韵

　　青雲高躡步，玄髮早榮身。交契何論舊，情親頗見真。西膠才少偶，北鄙德無鄰。教雨霑青子，仁風散紫宸。賜衣多綺服，馳傳有雕輪。才氣金閨彦，聲華繡幕賓。芙蓉清照水，雕鶚迥離塵。二陸才知窘，三王筆謾勤。千言真禁臠，五字實猩唇。經史兼漁獵，□騷入討論。用官無所棄，方技亦嘗親。頭腹豈無物，歐鄉已有人。別親頻換曆，去國隔通津。邊地愁霜雪，荒城畏棘榛。蟲鳴孤館夜，花發故園春。聽雨魂迷樹，看雲淚滿巾。契深如共被，心協似同寅。俱忘懷兼盡，相知意頗伸。清談服疊疊，正論畏誾誾。穎悟升堂室，波瀾失岸垠。塵清冰鑑出，雪霽玉山新。論列涇淯渭，攀交玉混珉。筆鋒驚琬琰，詩陣避逡巡。秋靜嘗陪射，春和共采蘋。瑤臺登覽快，禹廟往遊頻。緩急門堪扣，交遊事有因。九重飛雨露，天上下絲綸。歸路川原靜，行裝囊素貧。傅巖山靡靡，虞板^{〔二〕}草萋萋。看寺過崧麓，尋航到渭濱。霜清天地肅，木落道塗均。羡子志方展，嗟予命實屯。轉喉生誹謗，坐辱作頑嚚。急遽南飛鳥，踉蹡東郭麑。城灾及池鯉，虎患到林麀。言笑藏戈戟，登臨撤檻栖。罪名慚自負，鄙事猥君陳。世態如冰冷，交心似酒醇。南回應賜桂，東去豈思蓴。柳盡見江渚，梅開照綺闉。今宵如見月，俯仰重傷神。

送丁縣丞之任稷陽二十韵

薇省嘗游刃，華封已試刀。公誠推野叟，佳政動天曹。暫阻哦松興，休思把菊高。贊襄無敗事，撫字不辭勞。白髮慚裨益，青襟賴鑄陶。稷陽民引頷^{〔三〕}，夏邑士悲號。恩澤沾惸獨，聲名問牟髦。六安詩價重，三異德應褒。愛客常投轄，憐貧慣贈袍。能談罍注水，多智輠流膏。風勁思千里，天晴聞九皋。巨毫推點更^{〔四〕}，重判壓群豪。自喜頭生骨，何憂舌有毛。升騰皆契會，功業有逢遭。別路秋鴻斷，疏林宿鳥嗥。露寒愁蟋蟀，霜冷熟葡萄。落日收禾黍，商風振菶蒿。繞朝將贈策，寫意欲傾醪。海月飛金鏡，川霞亂錦濤。姑山一回首，短髮不勝搔。

尚何縣丞三十韵

冠蓋來南極，文章振北方。異才鍾嶽氣，高第破天荒。丹桂何勞折，青雲未可量。典謨窮蘊奧，禮樂對鏗鏘。價重璠璵器，文縟錦繡腸。詞源窺屈賈，書法倒鍾^{〔五〕}王。博識傾婁焕，雄風逼子長。霜蹄思汗漫，風翮想翺翔。歷塊終當展，垂雲暫可傷。

陶潛榮未去，阮籍哭何狂。判重揮山嶽，門清落雪霜。接人春盎盎，潤物雨琅琅。未敢依劉表，時方逐葛强。飲邀秋月白，吟踏曉花香。有意甘疏散，無心效激昂。虛舟誠不兢，流梗去無鄉。憶舊心常折，思親鬢欲蒼。家山成契闊，墳墓久荒涼。骨肉風飄葉，干戈鼎沸湯。行藏諳失馬，憂樂悟亡羊。失木猿悲侶，傷弓鳥護瘡。光陰愁裏老，日月夢中忙。卒歲無衣褐，天寒念稻糧。倚門慚趙臺，執戟老馮唐。幾欲逃箕上，還愁死道傍。腐門登寶黍，稚榻禮尤光。自是憐才地，由來致醴堂。祇應哀轃軻，蒭拂令飛揚。

謁虞芮二君廟

策馬平高坂，來尋虞芮田。隴平迷畎澮，澗遠隔風烟。往爲囂爭質，歸成讓德堅。土封隳遠陌，石表倒平阡。草薦初經雨，林長欲接天。張機獲走鹿，設穽得豪豜。遺廟金元際，豐碑趙宋前。冕旒瞻肅穆，歌吹享幽玄。德化貪夫潔，風移鄙士賢。清名垂史傳，芳躅列詩編。永與山河固，精禋億萬年。

送周判簿服闋赴京

太尉雲仍冠玉姿，一門忠孝動明時。蓼莪歲晚垂青血，華表春融長紫芝。疏雨長楊三墜葉，清霜苦柏幾摧枝。青雲氣概催吟興，白雪關山入夢思。水落魚龍歸窟宅，山空羆虎近茅茨。道逢楚甸梅花發，行遇隋堤楊柳衰。玉斝葡萄三疊曲，翠鞭騣騣一囊詩。地雄鐘阜蟠龍闕，江遠金陵壯帝畿。丹禁疾趨天語近，黃簾纔捲御香披。少年行役須珍重，此別相逢未可期。

校勘記

〔一〕"舟"，依本詩韵脚，當爲"刀"或"舠"字之誤。

〔二〕"板"，當作"坂"。

〔三〕"頷"，據文意當作"領"。

〔四〕"更"，據文意當作"吏"。

〔五〕"鐘"，當作"鍾"。

雪集柳枝玲瓏可愛

肜雲釀雪暗江鄉，一夜霏霏集綠楊。蝶避曉寒飛不去，絮霑春雨濕無香。絲絲照水冰弦直，嫋嫋牽風縞帶長。清致一時無可比，野梅繁李總尋常。

安邑學齋憶故山兼呈祝景仁訓導

負劍當年擬壯遊，有時佳遁上心頭。一窗松影白雲曉，四壁泉聲紅葉秋。蕙帳夜寒靈鶴怨，巖花春盡野猿愁。故山有葉不歸去，空向斜陽獨倚樓。

落　花

冷雨霏霏壓樹低，安排[一]詩句送春歸。葉間青子看看露，枝上紅芳漸漸稀。萬片舞風清曉亂，一溪流水夕陽微。吾今正有飄零嘆，莫送殘香上客衣。

秋日堤上行吟

長堤東去水駸駸，拂水垂楊兩岸陰。雲暗遠林迷望眼，雁鳴秋浦引歸心。樹凋一葉霜初隕，蟬響千山日欲沉。不用登臨憶鄉國，消憂渾賴短長吟。

予吳純夫縣丞其人客死武昌

報章曾折喜新除，府檄傳哀定不虛。萬里衣冠悲旅殯，一竿旌旐到鄉閭。應門令子早加冠，垂髮尊親自荷鋤。何用招魂頻剪紙，英靈不戀武昌魚。

書舍述懷

行藏何事獨栖栖，繞樹驚烏無處依。滿鏡朱顏辭我去，盈頭白雪向人飛。一生歲月客中過，萬里鄉關夢裏歸。牢落羈懷誰與慰，長吟獨立夕陽微。

自東呂村至芮城縣道中作

兩餘禾黍漲西疇，豐草長林看放牛。一帶晚山眉却月，半泓寒水眼橫秋。官清雞犬無驚吠，縣僻輪蹄少送留。我已紅塵厭奔走，便堪於此覓菟裘。

秋日客中述懷自和<small>四首</small>

西山爽氣接平疇，水闊焉能辨馬牛。窮巷索居如結夏，高樓閑眺更悲秋。夢回無奈蟲聲切，歸去惟聞燕語留。雨歇新凉侵病骨，禦寒空使憶重裘。

二

桑麻蔽野黍盈疇，洗耳溪頭不飲牛。詩到無題清似水，情從忘世淡如秋。半林寒葉先霜隕，一片晴雲向晚留。牢落客懷何處遣，酒來便解鷫鸘裘。

三

故山荒却舊田疇，跋涉勞如喘月牛。司馬渴痟偏畏暑，少陵詩瘦不宜秋。松筠有節凌風勁，鷗鳥忘機盡日留。可笑浪遊蘇季子，無成空弊黑貂裘。

四

平生學古仰先疇，招[二]角時歌甯戚牛。故國謾傷千里月，他鄉又過一年秋。霜前白雁背人去，雨後菊花因客留。世味淡微方是好，適來那敢議輕裘。

觀河漲

扶藜南上欲觀瀾，天際歸舟見一班。我欲乘風摧雪浪，誰能撾鼓過銀山。禹疏本以爲經濟，秦霸由來恃險艱。予古〔三〕傷今無限意，青天飛盡鳥空還。

送宗文歸陝西

歸期曾約在重陽，鄉思綿綿又促裝。道阨不妨天地闊，年衰倍覺路歧長。風霜侵鬢忙中老，蕨筍關心夢裏香。聞説輞川莊上景，亂離猶自勝他鄉。

題伯樂廟在芮城縣西王村

孫陽廟古枕河堧，碑字湮淪不記年。千里馬生須有待，九泉人死起無緣。雨收閑砌生新草，香冷疏窗帶舊烟。我亦長才悲不遇，借君一顧便掀〔四〕然。

元夕和李行素韵三首

月明如畫夜如年，樓上紅妝畫裏仙。綵筆寫詩先得句，玉簫吹夢不成眠。燭龍有焰翻蒼海，列宿無風落碧天。堪嘆人生幾歡會，暫拋身世醉樽前。

二

今年風物異常年，處處遊人如醉仙。入手飛觴能解慮，近窗爆竹又驚眠。輪蹄交錯蠱長夜，簫鼓悲吟沸遠天。萬炬寶燈歸去後，誰來拾翠向街前。

三

今歲先知大有年，倡優誠拙信坡仙。帶蛆挹酒招人飲，剪燭分題罷客眠。萬井寶燈成白晝，九霄華月轉青天。歸來不盡歡遊興，愁在金吾禁鼓前。

述懷四首

春風吹渡塞垣深，愁殺思歸客子心。世亂避兵生白髮，家貧無藥變黃金。故人經歲曾疏問，鄰舍終宵厭苦吟。爲憶東山舊佳隱，杖黎^{〔五〕}時復夢中尋。

二

清齋終日客來稀，困酒閑眠晝掩扉。土潤雪消蘆菔脆，山深春早蕨牙肥。仰嘆出岫閑雲卷，最羨投林倦鳥歸。却恨此身無羽翰，出籠那得自由飛。

三

本來安分守蓬蓽，翻作寒林嚇鼠鴟。一世交遊皆致謗，舉家妻子盡啼飢。叨餐虛廢太倉粟，考課羞無絕妙辭。謾負青山苦招隱，老猿秋月不勝悲。

四

野馬從來不受羈，豈期歷塊蹶霜蹄。鉂鋒未肯輕屠狗，强弩終當悔射鼷。流落一身天塹北，飄零十口太行西。故山回首家何在，滿目旌旗路已迷。

和郝先生寄魯攎張先生韵

岳氣鍾英間世才，明時争睹鳳凰來。未霑天禄通青瑣，且醉秋風臥紫苔。一片白雲招舊隱，數叢黃菊喜新栽。先生胸次無人識，鐘鼎山林志亦該。

送何德舉縣丞

溪上鳧雛入蔣芽，春雲輕暖護溪沙。瀟瀟燈火三年客，渺渺江湖萬里家。鸒鷃飽厭淮甸草，鷓鴣啼老越山花。他時平陸聞佳政，應有棠陰野老誇。

代作楓林送別圖

賓從瀟瀟近水湄，斜陽紅樹錦離披。廉無晋物留行橐，歸有吳霜點鬢絲。山館夜深蟲亂響，江鄉秋盡鴈相隨。五雲高處蓬萊近，他日裁詩有所思。

壽閻大尹將報政於京

曾侍飛龍近翠華，忽承丹詔到天涯。人間楊柳半飛絮，海上蟠桃幾度花。紫麝氣濃春酒暖，朱簾風細舞衫斜。今晨且莫推辭醉，他日相思萬里賒。

題謙齋詩卷

接人風采自雍雍，邂逅山城笑語同。寸地可能生夜白，高松應不競春紅。一團和氣程夫子，滿座光風茂叔翁。君正妙齡當自勉，令名從此亦無窮。

題東山閑叟詩卷

老向東山買一塵，儀形相對自怡然。松醪滿瓮和烟釀，茶乳浮鐺帶露煎。畫卷詩筒青竹裏，藥囊蔬圃白雲邊。知君他日還山價，壁上空囊有幾錢。

讀劉靜修先生文集

元季文章老縉紳，容城咄咄逼斯人。性源深處窮伊洛，道用行時即渭莘。筆底山河元自壯，胸中天地本來春。如今世上紛紛輩，徒與先生作後塵。

予在總角時監驛劉公可與與先人最親密予得往來通家會暮醉歸必擇良馬以送劉公去世已十二年予因提學過其處見其子飢寒無聊不能無西州之悲焉作近體詩題舊驛壁以攄懷云

巧綰[六]雙髦佩紫囊，上堂一拜挹清光。顔萱有感悲張祐，優孟無因說楚王。騄駬不嫌況錦障，蛾眉常許送清觴。如今再到經行處，蕭瑟西風響白楊。

温公書院

立朝忠節烈秋霜，治至熙寧匪小康。廟貌仰瞻敦薄俗，遺書伏讀益綱常。千尋喬木風烟外，一片豐碑雨露傍。公到金陵問耆舊，半山祠宇幾興亡。

温公杏園

再起奸回紹聖時，斯碑一仆不深思。怨生戲謔成三黨，禍在調停只半辭。天佑哲人終不墜，地生文杏豈容私。天朝良史多班馬，解後須當示此詩。

中立作銘

古硯形如璧玉圓，家藏三世勝青氊。潤涵海氣偏宜溉，剛琢雲根更耐研。劫火已驚天地老，斯文終與古今傳。昌黎早有陶泓號，須望先生述此篇。

子陵釣臺

棄富甘貧古所稀，先生何苦與時違。行同伊吕勤耕築，心若夷齊采蕨薇。數尺系綸乘晚水，半間茅屋照斜暉。桐江千載求貽迹，徒見寒禽下翠微。

過赤壁

千載周郎事已違，曹瞞應合夢魂飛。山高月出雲來少，水落石生雁到稀。歌罷《離騷》還古〔七〕枻，飲殘醽醁再銜巵。傷今予古〔八〕情無限，一道寒江遶釣磯。

廉州中秋

宦遊萬里到天涯，節近重陽感歲華。黃菊籬邊迎我笑，綠醑瓶內對人誇。相逢萍水皆非舊，會飲杯觴盡不嘉。日暮戍樓時一望，斷橋流水接淺〔九〕霞。

自 盟

久將心事對神明，一片忠心一片誠。不爲名利虧正道，肯教邪僻亂真情？中流砥柱千年立，四海波濤萬古青。蕩蕩亨途從此去，罔徇私已愧吾生。

思 鄉

居家原在鳴條下，今日廉邦作客遊。春雁寄信從此去，錦江有水向東流。世情冉冉原無定，歲月翻翻更不休。漫想鄉關何處是，白雲隔斷故山秋。

夜宿安邑齋舍

清曉發瑤臺，條山列帳開。路長依碧樹，力困臥青苔。魏豹城烟合，陽城冢草埋。張生交契舊，一宿暫徘徊。

觀丁樊邨千尺井

鑿破方輿一竅通，移山未可笑愚公。始知何地無元氣，誰信恒人有聖功。天影照來成皎月，地維穿透吼陰風。淺深泉脉誠如此，不出羲文卦畫中。

苦旱

山陰石爍井泉温，廣澤枯蕉草不春。祇恐扶桑無潤木，更愁滄海有窮鱗。爲霖須挽明河水，救熱先清大地塵。我最忘情忘世者，兩眉經月不曾伸。

送張思宗

平水相逢抱玉啼，可慚青眼爲栖栖。有時偶得誠蕉鹿，今日虛名類瓦雞。伐木聲乾心已折，停雲望斷眼空迷。人生相會知多少，紅日無言又向西。

夜月吹簫圖

梧桐月上欲栖鴉，閑弄參羌隔紫霞。彩鳳暗巢長樂樹，金鶯偷語上陽花。鬥妝凉露沾釵玉，簌伏香雲遶扇紗。吹到《梁州》移別調，君王親爲按紅牙。

和丁大尹端午客中偶成

金年佳節在它鄉，悶讀《離騷》恨更長。日永蛛絲垂静室，雨多蝸篆上空墻。酒行玉斝菖蒲緑，符綴金釵綵縷香。晋地從來風土異，欲更白苧怯新凉。

平陸城樓晚望陝城有感

隔岸風傳角韵長，抱城東去水茫茫。仙公遺廟惟荒草，召伯流風尚愛棠。秋雁遠投沙渚静，暮鴉飛散野烟蒼。客懷不盡登臨興，殘日無言下女墻。

清明遣懷二首

芳草連雲柳色深，小窗殘月子規吟。春光入水晚偏媚，天氣養花晴又陰。拜掃已違今日願，秋千渾忘少年心。何時書劍歸樵隱，卧看白雲栖碧岑。

二

老去傷春心更哀，客懷牢落向誰開。榆錢滿樹墮將盡，柳絮漫天飛不回。煮茗偶逢林下火，敲詩閑上水邊臺。思親念舊情難忘，夜夜松楸入夢來。

高判簿官滿約遊三門

三年冗劇一朝閑，長日無人自掩關。花落殘香留樹底，雨晴空翠落窗間。春塘水暖游魚出，暝樹烟消倦鳥還。在此淹留渾十日，好山無數盡躋攀。

簡高判簿

二載山城已久淹，去官蹤迹類陶潛。堂前客到常呼酒，筆底詩成便下簾。寫意偶尋琴譜勘，適情時把釣竿拈。朝來睡徹東窗日，不聽樓頭五鼓嚴。

夢中送人歸天台前四句
夢中所得後乃足成

昔年曾訪石橋寺，今日秋風送客還。澤國山青雲更白，吳江楓冷葉初殷。野林烟暝漁燈小，沙渚潮回客枕寒。別後相思定何處，夕陽樓外倚闌干。

白　菊

秖疑姑射是花神，細剪秋英疊粉痕。冷艷正宜霜鬬潔，素靈應借月爲魂。黃蕤點蜜蜂鬚短，綠芳含香麝腹溫。窗外數叢開若晚，早梅爭敢妒黃昏？

新蟬柬丁志善方有秦州之行

槐庭雨過暑風清，忽聽枝頭一兩聲。獨繭細抽鐺內絮，繁弦誰撥枕邊箏。光陰有限人空老，物本無情客自驚。君向秦州更西去，亂山無數樹層層。

夏日即事呈丁志善

睡足南薰烏帽斜，客來燒竹自煎茶。片雲送雨洒炎暑，殘日下山明晚霞。多病久收康伯藥，苦貧擬積邵平瓜。無端又被虛名誤，臥訓青襟度歲華。

上劉道益知縣二首

才氣凌雲志未酬，風塵到處是依劉。窗間夜月檠三尺，溪上秋風釣一鈎。命拙文章將底用，途窮書劍更何投？琴堂不是斯文在，空倚斜陽江上樓。

二

半世儒冠不負予，清時甘分作樵漁。買牛已賣腰間劍，換米從拈架上書。美政共推賢守令，僚居渾勝舊鄉閭。相從六七青衿子，時咏春風學舞雩。

虛白軒

一軒幽寂小如斗，中有高人日守玄。養生不學中散論，齊物時讀《南華》篇。煎茶引睡點活水，焚香燕坐凝輕烟。我來愛此不歸去，海風扶月瑤臺巔。

環翠軒感舊

當年才彥盡金閨，回首歡遊事已非。極浦斷雲歸鳥没，高亭老樹宿鴉稀。詩狂把酒邀明月，興發彈琴對落暉。今日重來多感慨，白楊飄葉雨霏霏。

春夜聞杜鵑

南斗闌干北斗稀，時聞窗外子規蹄。夢中芳草迷歸路，醉裏落花沾客衣。巫谷烟霞思往事，禹城風月入新題。無因化作千蝴蝶，閑逐春風款款飛。

登夏城晚望

全晋山川氣象開，滿城烟樹擁層臺。土風舊有堯時俗，人物今無楚國材。千嶂晚雲原上合，兩河秋色雁邊來。昔賢勝賞空陳迹，落日登臨畫角哀。

和靳天章飲趙氏亭

城上高亭一再過，每看風物費吟哦。近詩頗侣寒山子，往事徒成春夢婆。賖買十千燕市酒，閑聽二八越娘歌。梅花枉報春消息，衹遣經年别恨多。

題樂逸軒

山下長溪溪上村，溪上如畫正當門。遣懷詩就題蕉葉，理釣船歸繫柳根。問姓不教通郡縣，買書常許遺兒孫。相望即是柴桑里，何日從君酒一樽。

楊子渡

世間歧路此悠悠，風急楊花兩岸愁。三峽江聲來萬里，六朝山色上孤舟。投鞭南渡心何壯，擊楫中流恨已休。回首秦淮舊時月，盡輸歌吹竹西樓。

校勘記

〔一〕"桽"，當作"排"。

〔二〕"招"，據所用典故，當作"扣"。

〔三〕"予古"，當作"吊古"。

〔四〕"掀"，當作"俹"，同"欣"、"忻"。

〔五〕"黎"，當作"藜"。

〔六〕"縮"，原書該字從"彡"，不從"糸"，當爲明人俗體字，徑改。

〔七〕"古"，據文意當作"鼓"。

〔八〕"予古"，當作"吊古"。

〔九〕"淺"，據文意，當是"殘"字之誤。

與黎士蒸書

士蒸老兄足下：

違奉話言，自春涉夏，屢審起居，以道體清吉爲慰。向日道迪夏城，足下去意忽迫，未及款曲爲恨。翰薄劣無狀，不爲士類之所齒，又豈敢望於高明哉？僻居村落，與人事罕接，得讀周、程、朱、張之格言，稍覺有味，其不了者甚多。今因書質問，想夫足下仁恕，必不靳於不教也。

周子所謂“無極而大極”，朱子釋之曰：“不言無極，大[一]極同爲[二]一物，不足爲萬化之根本。不言太極，則無極淪于空寂，不能爲萬化之根本。”在無極則言“不足”，在太極則言“不能”，何也？陸子靜詆周子之言“無極”本出於《老子》，歸於無極[三]，莊[四]生入無窮之門、遊無極之野之意[五]。朱子辨之：“吾道與異端不同。”不得其所以然不同者。又曰：“無極而太極，猶曰莫而爲之爲，莫而致之而至[六]。”其旨何在？及張子立說曰：“由太虛有天之名，由氣化有道之名。”何不言無極而直言太極[七]？與周子不同。朱子亦不言“不足爲萬化之根本”，又何耶？程子言“動靜無端，陰陽無始”，朱子曰“始於陽，成於陰；本於靜，流於動”，又何耶？《方圓圖》，邵子先天心法也。《圓圖》北起於坤、復之間，南起於乾、姤之間，以二至、二分、八節、十六氣配六十四卦也，而從中起也。《方圖》中起於巽、震、恒、益，豈無說乎？朱子曰：“中央之五，數之象矣。”其爲數也以數言之，通乎？一圖由內及外，固各有積，實可紀之數也。《圖》之一二三四各居其五，象本方之外；而六七八九十各因五而得數，以附生數之外。《書》之一三五七九，亦各居其五，象本方之外；二四六八者，又各因其數以附於奇數之側。蓋中者爲主，外者爲客，正者爲君，側者爲臣，各有條而不紊。《通釋》之説造化，貴陽而賤陰，假《圖》、《書》以顯其理，以《書》言一三五七九，奇數也，爲君爲主，二四六八，偶數也，爲臣爲客，固不紊也。以《圖》言之，二四，陰也，在生數，轉而爲君爲主也；七九，陽也，在成數，抑之而爲臣爲客。《圖》之數積之至五十五，《書》之數積之得四十五，何耶？上數條非有挾而問，强以臆説，恐以未安，置而不究，終不爲快，以此不避煩瀆，以至諜諜也。並拙作數篇，別幅録去，乞爲拭硯可矣。時暑方盛，萬萬以道自重，不備。

與石教諭書

廣文石先生足下：

自暌別都城，忽爾隔歲，懷佇之必〔八〕，無日不東也。日者，羅貳令行，又懶慢不即奉書，以致閣下先辱教問，愧懷愧悚。翰僻居一隅，又久乏友義，聞見日疏而學不進，年齒益增而道未成，與日汩没，日復一日。器小而用大，職卑而責重，是其日夜懸懸而未釋也。獲睹手教，莊子所謂"逃空谷而聞足音"者也，甚慰甚慰！自選丁來，學者散落，幾至倚席矣。邇者相與科〔九〕理，旬月間尚未如昔，可嘆可嘆！以足下之高明，且黎先生爲之地，如登昆山，臨珠池，用卞氏、隨侯爲之指示焉，不得乎徑寸之珠、連城之寶而不已也。故翰者固在風斯下矣，何足爲齒録也哉！又聞足下近欲來夏縣，翰以學糧所絆，不能往會，是所恨也。約四月，足下來解州得會，甚幸。

與石庭壁書

庭壁廣文先生閣下：

日者一別，轉首隔歲，近得辱書，並登科録，兒子輩捧而喜甚，殆諸千佛名經者矣。孫知事過沙間，適翰在解，其人留詩而別，自明其無罪而有圖回之望。斯人廉介清慎，必得鬼神相之，不使雁比大咎。又辱寄《淵明風抑圖説》，僕讀數過，知閣下學大進，文益工，記識日强，是翰私喜而無寐也。兹者，敢進一言於左右乎？但凡水無涯涘，則横潰四出而有墊溺之憂；土無封域，則平行曠達而有侵削閉閡之患；文章無法度，則心牽合綴緝，則有排比餖輳之病。古人雖有“風行水上”之説，未嘗無法度之爲紀也。大抵文有古今，而理無古今。嚮觀閣下詩義，其締構間架，起伏波瀾，開闔顯晦之法，抑揚頓挫之勢，可謂整整而不亂者矣。及觀此文，汗漫而無涯涘，曠衍而無封域，其牽合排比者，不能盡無。想閣下之意，以爲古文不若時文，拘以程度，詞盡義盡而止爾。故得纍纍罍罍，一揮而畢。不然，則思涌才豪，殆難束以法度耶？足下試取古人之文而紬繹之，其無法度之中，而有法度存焉。其或玄妙而轉機無常，飄逸而變化難測爾。其於斷而復連，絶而復生，首尾相應，若常山之蛇者，血脉相接；如引繩貫昧[一〇]者，無篇無之。閣下治經之暇，取韓、柳、歐、蘇諸名家之文讀之，豈直見古人作文之妙，其於時文之中，運意遣文，使流轉脱活，不至底滯者，深有助也。然欲求其源委，必以五經四書爲主。下此其環偉簡古，雄深雅健，非遷史不可也。蓋是先秦西漢之文，三代文氣，未至大變，故其渾厚如

弊帚集・卷四

此，非後世操觚佔畢者所能爲也。古人學文，未始不究乎此者
也。今日，此事好之者少，非但好之者少，知之者亦少矣。閣下
非但知之，而又好之；非但好之，又日書所得下示。不肖區區，
固不足以當之，然良感閣下之勤，喜閣下之學進，不能嘿嘿者
也。惟閣下亮之，甚幸。

與桂知府書

士之處世者二道，仕與隱而已矣。隱者韜晦其聲光，掃滅其
蹤迹，跧伏于山林巖穴，若畏人之知也。仕者必飾其行，華其
文，張其譽，自振厲以求知已遂其達，逐逐于聲利之場也。行其
所志，爲其所事，無怪乎有二者之異也。有人於此，無隱者自高
之心，無仕者自媒之志，非賢而不交，不善而不與。非廉直清謹
之德、非高明碩大之學聞于當世者，則雖貴而不之見。在大人君
子則與之乎？而拒之乎？翰自結髮讀書，逮今四十年者，居於中
條山中，結茅茨以處妻子，斯山田數畝，雜采橡杼、藜莧而食
之。日讀六經諸史，並百家之說，頗窺識其一二。思而有得，雖
詞語鄙里，不敢示人，取而長吟于樵歌牧唱之間，亦足自樂，非
有隱而自高之意，畜學以待用也。而後用仕而先達者之招出而仕
之，非有求也，出而行其學也。翰濫吹平陸學訓，當時閣下方來
知陜，平陸與陜相距一水之間，盛聞閣下廉直清謹之德、高明碩
大之學久矣。翰絆以薄職，限以屬禁，未嘗得登大人君子之門，
瞻望其履舄，列在賓客之末，得聞道德之緒論，而爲恨也。前
年，翰調官河南，竊私喜之見閣下有日矣。適閣下遷授平陽，又
爲悵悵不樂者累日。其後，停罷學事而至京師，朝廷哀翰老疾，
許以冠帶致仕而還，幸而喜曰今乃遂見之矣。然而以其五年願見

五二五

之心不遂其見，今不遠數百里幸一見之，翰又老疾侵陵，聽瞶而視眊，形體羸，方不知自今已後得幾見之耶？見於閣下，隱而自高者，固不論也，而於求於知己遂其達，逐逐於聲利之場者，亦無有也。閣下亮昔願見之心，今來見之意，果何在哉？在乎慕閣下廉直清謹之德、高明碩大之學也。今以舊作詩文二十首録之別帙，以代執雉之禮，儻閣下一賜觀覽，幸甚。

漢高祖論

非聖人之道，皆可以亡國，以其害道有輕重，故亡國有遲速。何則？秦以詐力并六國，連兵結怨幾三十年。關中之民困於饋餉，嗸嗸而無聊矣。窮極土木，貪求珍玩，巡行忘反，蠶食天下，矜功代[一]能，求仙祈福，封禪瀆神。廢井田，開阡陌，以亂先王之法；尚刑名，繁□□，以懾黔首之心。斯足以亡秦，亡秦者非此也。夫詩□者，聖人之權衡；教化者，天下之利器。二帝三王，以此相授，奉持拳拳而恐失墜。始皇何人？一旦憑小忿，羅而焚之，且禁天下，俾不得聞而知也。而後人惟知其勢而不知其禮，惟見其利而不見其義，背主降敵而恐不先，殺長吏而首亂者遍天下。身死五年，傳不二世，殞於人手，宗廟社稷殄滅而不悟，亡秦者顧不在此乎？噫！高祖素稱長者，山東豪傑響應，諸侯無不推服者；子房稱其聰明，殆非天授。猶有可議者。敗於睢上時，羽得太翁，嘗置於俎上。高祖曰："我公即若公也，如烹之，幸分我一杯羹。"説者以爲天下之重，不暇顧也。噫！過矣。孟子稱，舜以天下不足解憂，惟得親可以解憂。難者又以舜處無事，高祖處不幸故也。曰：時有變，爲子愛親之心無時變也。當時，羽置太翁俎上，高祖曰："我公即若公也。争雄者在我，太公何與焉？如果烹，則吾莫如之何也已。"今曰不然，遽曰"幸分我一杯羹"，使不幸一言激羽之怒，如燕將然，羽亦遺杯羹，爲子之心忍耶？否耶？食耶？否耶？樂羊之事，蓋高祖嘗聞之矣，故效之。既效之，安必其羽不烹耶？高祖可謂危其親者也。且楚滅，自王后、太子、諸侯皆有加，而太公無聞焉。五日一朝，家令不以文王之事而告高祖，反以父無臣子之義諭太公，致使擁篲而迎，高祖方悟而有加焉，不幾於侮乎？又不責不直告，反賜金寵之，吾不知何賞也。以此可見，《詩》《書》焚而教化絶，名分滅而人倫乖。使豁達寬厚高祖猶有貪功鄙將之心而遺其親；多聞習事之家，今猶有齊東野人之語以諛其君。君者尚然，況他人乎？光武不封南頓，蓋有由矣。

漢宣帝論

漢宣帝言，漢自有家法。惡孰之造歟？蓋謂祖宗講而貽子孫以爲憑藉者也。觀漢祖入關，除秦苛暴，約法三章，秦民大悦。用三老董公仁義之説，爲義帝發喪，卒滅項羽。未始不以德教爲用，而以刑戮爲戒也。以其繼秦爲治，未嘗知學，又無醇儒輔之，不免有因循之弊。至文帝躬修玄默，盡更秦法。今日下賑貸，明日免租税，除誹謗妖言之律，罷收孥連坐之法。聞馮唐之言而赦魏尚，因緹縈之請而罷肉刑。專主德教而化民，以致海內富庶。興於禮義，斷獄數百，幾致刑措。斯漢之已效之家法也。景帝好黄老申韓之學，又輔之以刻薄之晁錯，專任術數詐力以禦[一二]臣下。其於君臣父子兄弟夫婦之間，多所乖缺，其高、文之家法於是乎變矣。武帝肆行殺戮，窮征遠略，誅求過當，海內虛耗，皆踵景帝而然也。宣帝不求高、文立法之初意，而用景、武變法之繆爲，復好讀《申子・君臣篇》，故多任文吏，以刑名繩下，使韓、楊、趙、蓋俱不得死，而啓三大釁，卒以致亂。太子之所言者，政祖宗之家法，反慮用儒而爲不振。殊不知將來之亂，在變祖宗之家法而基之也。嗚呼！參苓鳥喙，皆可伐病。良醫終不捨參苓而主鳥喙者，鳥喙去疾速而傷元氣，病復作而無可救；參苓取效遲，調順補益而無後患。宣帝破壞已成之法，是主鳥喙而捨參苓者也，烏在夫守祖宗之家法也？

四皓論

論曰：不受人辱謂之潔，無慕於世謂之高。若漢四叟，可謂之潔，而不得謂之高也。何哉？方秦政無道，坑儒生，焚典籍，廢棄先王之道，於此之時，四老固不可出矣。其後秦滅，劉項爭雄，五年未決，於此之際，四老不出，猶爲可矣。至於項氏滅亡，漢高即位，統一天下而紹周運，且慕其四老高風遠韻，求索數年，於是時可以幡然高降，駿奔王庭，與張留侯、蕭相國、叔孫通、陸、賈之流揄揚道德而製作禮樂，張皇治道而黼黻皇獻，議於廊廟之上，垂名竹帛之間，豈不偉哉？顧乃不出乎此，而且遠隱高蹈，沉其姓名而滅其蹤迹，以避其罵辱之小節，而不識君臣之大義。予故曰：可得謂之潔，而不可謂之高也。及乎高祖以一己之私情，欲廢天下之公論，易太子盈而立趙王如意，子房以口舌不足與爭，而教太子卑辭厚禮以召四叟，而聳動高祖，爲太子之助，斯出者尤非也。曰：鄉者高祖求見，爲天下也；太子之召者，爲太子之一己也。爲天下者出，爲天下之計；爲太子者出，爲太子之計。父欲廢子而助子，使其父志而不得行，是陰立其黨以制其父命也。向之不從其父之徵，欲賣其高。今以從其子之召，使感其德。謂其無慕於世，未之信也。蓋於古之賢人君子出處之義，概乎未聞也。自是之後，高祖崩而惠帝立，吕后擅權，斬斷戚氏而酖死趙王，遍王諸吕，幾移漢祚者，其四老曾無一言以救之耶？乃子房過計，四老之出，有以激之也。故杜牧之曰"四老安劉，是以滅劉"，而爲名言也。予論故及之。

罵蚤文

予以事逮，下理問獄。適時盛暑，獄舍幽暗，不漏光景。且坐者接膝磨肘，氣喘相噓，如墜甑釜中。氣不宣泄，通夜不寐。且爲跳蚤所噬，抓搔輾轉，倒枕從席，振被拂衣。床半夜而五掃，壁一更而十燭。心煩體疲，不少休歇。

予怒而罵之：天地生物，賦性與形。蠢然而動，莫不含靈。大而噬者，如虎如狼，吾得以遠之。小而螫者，如蝎如蠆，吾得以避之。非若爾等，形眇而性黠，易孳且蕃；寄迹陰穢，爾反爲安；姑嚙鑽研，而不知其殘。吾有刀鋸之利而無所設施，良平之智亦不得衛閑。爾且旋轉跳躍，潛匿緣板。至如出没如鬼，目睛而不可逃；踔趨如風，手指而失其措。血如蠅首，腹如秕粟，日夜營營，何苦而不足！且我等觸犯天形，久淹縲絏，澡沐越時，飲食失節。滯魂魄於沉淪，寄姓命[一三]于杌陧。吾欲假寢睡以忘憂，奈何爾等呼朋聚類，苦爲攻竭？若爾等不悛，我則集其帚，沸其湯，大搜爾場，大擣爾穴，使爾其無類矣。

予欲睡，于恍惚中似有所聞，唧唧然而告予者，曰："陰陽陶物，大本均平，賦性善惡而不能齊也。烏鳳同生，蘭棘共茂，而雨露生育之道，未嘗偏也。爾之器小識薄，反訴罵我等，正所謂力能搏猛虎而不能變色於蠆蠆，能讓千金之璧[一四]，不能不失聲於破釜。惟其子氣之不宏，養之不素，雖風葉飄瓦之觸，亦以加怒。爾何不早恒其心，衡其機，愚其智，而空其腹乎？豈非逞其鼠黠狙巧而自投於桎梏者哉？是爾取之有道以甘我口者也。知命者不怨天，自反者不責物。已乎已乎！吾不知其爾所詬我者也。"

予恍然自失，與欲之語，寂然無聞，覺而記之。

雷雨山川壇禱雨文

伏以名山大川，以出雲雨，則民以望歲者之斯邑也，背中條，面大河，所謂出雲雨爲民所望者有在矣。矧國朝春秋行祈報之禮，合壇併祭，其牲幣祝器以比社稷，其爲神之榮，莫以加矣。

時方孟夏，猰風發作，靈雨苦籲，歲事不獲，民憂轉深。余謹用某月某日，縣長徐某率僚屬恭禱於壇所，惟神斡旋化機，爲民作福，鞭驅祅魃，震驚蟄龍，爲霖雨三日，以慰九農。如此，神之享國之爵祀，誠爲宜也。下官不勝懇切之至。

城隍廟禱雨文

嘗聞"國以民爲本，民以食爲天"，其職守在民者，猶所當急也。本縣上有正佐以宣其化，下有幕吏以贊其成。雖職有貴賤，責有重輕，莫不欲偨偨循循，盡職守以報其上；兢兢業業，竭心力以愛其民。或人事有所乖違，則天變因之譴告。念其今歲，曷以有秋？自六月之間，迄中元之後，旱暵方作，雨澎苦艱。水涸地拆，土燥草枯。禾穎含秀而不實，豆莢懸針而欲槁。百姓嗟怨，群官憫憂。以國稅無所取徵，私家何以致養？某乃思之，既人事有不能爲，其鬼神亦或可禱。惟其境土之神，併受朝廷之祀，其職專捍禦，實在城隍。惟神明而能察，惠而有功，剛而必果，直而無私，其於民之休戚，歲之凶歉，其尤神之所當留意者也。尚神運不測之靈，行無聲之載，爕和陰陽，均調造化，三日之霖，庶幾可望九秋之稼。幸而得獲如此，則民無展轉溝壑之虞，官無呼號鞭捶之苦。其神之爵祀，億萬斯年。下官不勝瞻仰之至。

招辭招白生端也

　　有美一人兮在水南，采夫容兮檻芳椽，望不見兮勞我心。山迢迢兮雨淎淎。歸來歸來，彼不可以久處兮。蛟龍黿鼉出没洪波，熊羆虎豹貌深林。無東無西兮，魂魄沉沉。俟不來兮，使我呻吟。歸來歸來，舊鄉差樂兮，女斟而我琴。

　　有美一人兮在山下，佩明月兮紉杜，望不見兮使我心苦。天蔽絶兮路修阻，水蕩潏兮林莽莽。歸來歸來，彼不可以久留兮。虺蛇伺間，豹虎憑怒。雨淫風暴，光景蔽絶兮，目不得而睹。歸來歸來，舊鄉差樂兮，女舞而我鼓。

　　有美一人兮在中洲，寧清潔兮薦芳柔，望不見兮使我心憂。音容寥闊兮道路阻修，明月耿耿兮洞房幽，白露爲霜兮集草稠。歸來歸來，彼不可以久居兮。狐狸跳踉，鶡鵑呷嘎。無使爾魂不可致兮，遺巫陽之差〔一五〕。歸來歸來，舊鄉差樂兮，女和而我謳。

蓑衣贊

緑絲蒙戎，蓊柔且豐。爰見製於漁釣，匪有蠹於女紅。若夫佳晨晴晝，葛錦是求，爾方與破網敗緒之爲儔。至如東皋雪下，西山雨昏，錦葛之美，不足恃也，爾然後折衝而策勳。

周尚謙真贊

皙面娥眉，而心雄萬夫。體不勝衣，而氣摧山岳。昆季事弓刀，而能業觚翰。家世厭粱肉[一六]，而能甘藜藿。有此四反，非予文而不曜。然則兹像，惟外是肖。

釣竿箴

修以協度，萃以見掄。内洞外直，霜節雲根。捲舒有時，把持不頗。勿求於深，勿貪於多。以蹈厥中，過則賊虐。釣而不網，魚鱉咸若。

懲忿箴

余在壯年，性頗褊急。未知力袪，動忤物情。用先賢佩韋之訓，以克治之，日就溫緩。今年不惑，殆槁木死灰、虚舟飄瓦，於世無所校矣。嚮以門弟小子，多尚氣恃力，屢致建訟。恭惟綸音，以含情忍性，誠敕諸生，揭之中堂久矣。諸生朝多佩服之，庶幾免蹈後患。今編爲韵語，以砥礪之，非有創作，不過發揮聖意，用廣濟育：

人之有生，理氣兼賦。陰勝多畏，陽偏好怒。水其易制，火則難防。斲性喪生，覆轍相望。顏氏不校，百世之師。季路死勇，暴虎何辭。懲忿窒欲，克己復禮。昭昭聖謨，朝夕在耳。嗟予小子，謬寄師模。作爲箴規，以告吾徒。逞一朝忿，忘七尺體軀。是智與？是其惑與！

桔槔銘

爾材曲屈，不中繩墨。爾質朽蠹，不中梁柱。適老圃之乏用，爾幸而見錄。暵則勤劬，雨則静□。□俯仰以知時，雖小試而亦足。

紙扇銘

皎如秋月，潔若春冰，截湘川之修竹，裁剡溪之素藤。可以蔽盾日之烈，可以障庾塵之腥。薰弦解愠，甫誦風清。與摘紃而製縠，實同功而異情。儉而不費，陋而不爭，所以求之則孔易，損之亦輕也。

比干廟碑

洪武戊辰，平陸西鄭里重新比干廟成，求予文以記之。予曰：殷之三仁，見于經傳，固非一處，莫明於《尚書》，莫定於《論語》。三人去就先後之義，莫詳於《史記》。今參考之。商辛毒痛，稔惡不悛。惟女色佞倖是從，珠玉犬馬是玩。囚西伯羑里，因臣納賂而釋之，且賜斧鉞，得專征伐。伐密須、犬戎、耆、邘，戡黎、崇，國日强大。商釋權重，且祖伊奔告，商辛不聽。及武王觀兵盟津，諸侯不期會者八百。微子、箕子諫而又不聽，于時殷之已不國矣。武王尚以元老大臣維持人心，不忍即去，推此，知天時未也，遂班還其師。再遲二年，紂惡滋甚，殺比干，囚奴箕子。於是遍告諸侯，殷不可不伐，遂東伐紂。

以此觀之，殷之存亡，實係三人之存亡也。常疑祖伊諫紂矣，微子、箕子亦諫紂矣，獨比干見殺者，先儒謂適逢紂怒然也。今思之，古之人臣爲諫也，非若後世諛辭而奭語，恐喝滑稽，聽之則塞責，不聽則保身，必陳先王之所以興，今日之所以亂，並天道人心去就之驗，綱紀法度廢壞之由，直詆其失，而不恤於商辛之悍鷙，其安必其不怒哉？而二子之得生者，蓋其志弗專於諫者也。一諫不聽，則曰“與其徒死而無益於國，孰若改國焉爾”，於是微子去而存祀，箕子狂而受辱。在比干不容，復有是爲也。惟有其諫爾，一諫而弗聽，則再諫之，再諫之弗聽，又復諫焉。孟子所爲[一七]“三諫而不聽”者也。諫愈數而言愈迫，言愈迫則怒愈深，以此比干之不免也。諫之辭不見經傳，獨《大紀》載之：“比干極陳先王艱難，天命不易，國家危亡之明驗，請王洗心易行，伏於象魏之門。紂怒，於是殺而剖其心。”所謂

"伏於象魏"者，反復而諫之也。僥倖萬一改焉，宗社得而不亡，其於己之死生不暇顧也。此比干之心也。今觀比干之諫，惟言商辛之失道，未有一言而忌周者，豈不曰德政之不修者在我爾，初無與於周也；德政之苟修，彼者且臣服之不暇，曷能伐爲哉？此三代聖賢公恕之心也，又見武王無心于天下也明矣。嗚呼！《書》云："自靖，人自獻於先王，我不顧行遁。"孔子曰："殷有三仁焉。"自靖，三人之心也。三仁即心而致其行，孔子之仁稱，即行而知其心□如是之契合，賢則知古今一理，聖賢一心，終宇宙而不泯者也。予□□莫明于《書》，莫定於《論語》，其於三仁之德，又何加焉？天下通祀也宜矣。且作享神之詞而□之：

　　□□先生兮，遭時之不良。叩天無路兮，馮虛無梁。謇謇以殞身兮，宗社云亡。苟臣心之可瀝兮，雖萬死以何傷。先生去兮，孰云其死！宗社爲墟兮，誰蒙其耻！一時之毒兮，萬世之履。久以成仁兮，穹壤同祀。木陰陰兮承宇，雲冥冥兮蓋屋。惠我以風兮，旣我以雨。秔稑滿塍兮，屢多其黍。吹洞簫兮伐鼉，鼓神之來兮以飮以茹。

校勘記

〔一〕"大"（太）字前《朱子全書》有"則"字，此處脱。

〔二〕"爲"，《朱子全書》作"於"。

〔三〕此句前有"老子復"三字，意思始明，此處脱。

〔四〕"莊"前《朱子全書》有"如"字。

〔五〕"意"，《朱子全書》作"義"。

〔六〕此句錯亂，不可讀，《朱子全書》爲："無極而太極，猶曰莫之爲而爲，莫之致而至。"

〔七〕"極"，疑當作"虛"。

〔八〕"必"，據文意當作"心"。

〔九〕“科”，據文意似當作“料”。

〔一〇〕“昧”，據文意似當作“珠”。

〔一一〕“代”，據文意當作“伐”。

〔一二〕“禦”，似當作“御”。

〔一三〕“姓命”，據文意似當作“性命”。

〔一四〕“壁”，當作“璧”。

〔一五〕“差”，據文意當作“差”。

〔一六〕“粱内”，據文意似當作“粱肉”。

〔一七〕“爲”，據文意似當作“謂”。

書《文中子》後

　　文中子非引而自高者歟？自高者欲道勝也，道勝則固然，匪聖賢而納諸聖賢，何其不知人也？自三代而降，典章製作愈降而愈漓，欲以七制六朝之文，上續夫數千年聖賢之述作，何其不知言也？而世遂有四疑焉。今觀文中子之學，固正大明白，伊川謂“荀揚不能到”，朱子謂時變先後都分曉，得於擬經自聖之意，不能無責焉；通之僭妄，亦不能辭矣〔一〕。世之惑於四疑，往往得薄之，中序辨之詳矣。駁《中說》刻劾太深，尤不可。據唐史言，叔達欲作傳而畏大尉，又載魏公“儻逢明王，願翼其道”之語，其事甚明，好異者猶持其說不信。噫！王氏之學，爲隋季之宗儒，房、杜、王、魏爲有唐之宰輔，卒賴其學而致大平。唐棄世家而不録，吁，門人之不忠歟？王氏之不幸歟？秉筆之不宜歟？予有俟於知者。

書《法言》後

　　子雲《法言》乃木鐸後說鈴也，其間詆訶申韓，雌黃莊老，與吾道不能無功也。雄也知規矩準繩而爲大器而不能自治，逆知漢之中天而事於新奔〔二〕，知清静自持而獻符命，又何責夫語言不精、不詳也？向使雄恬於勢利而與嚴季遊，則亦世之一董、賈爾。況《太玄》之作，深乎性命鬼神之妙，實有不可易議者，尚不免覆醬瓿、艱深文淺之誚。豈非士君子大節一虧，其餘不足觀也歟？故書以自警云。

跋丹丘生畫

某氏所藏丹丘生畫，橫披鼪鼠六，栗木一株。秋實已罅而未脱其芒，方鯁鼠欲出而未得也，故緣於枝作振動者，伏於地作窺伺者，挂其顛作探取者，仰而跂立者，爭而鬭嚇者，知先托意，非苟作也。栗至甘者也，甘則鼠嗜。罅而未脱，極其欲得之心；芒刺梗之，甚其恚怒之意。斯鼠之技已窮矣。技窮莫若俟時，時則得逸而食安。嗚呼！奈何非時衒技，强求之不已也？

書《戰國策》後

《戰國策》文辭簡古，叙事有法，司馬子長刺取而成《史記》者也。其載者皆縱橫捭闔之説，譎詭傾奪之謀，讀之者不無愛其華藻而忘其陋，亦不能不使人赧然之色發於面，未終卷而罷也。文最舛訛，雖更數家校注，竟莫能通，怪夫！典謨訓誥，詩書禮樂，春秋之文，而在當時，宜乎家藏而人有之。斯《策》載二年〔三〕行事，所爲策者又皆豪傑明智之士，何無一人而行之哉？且無一言而及之哉？不行、不言，是無一人而知也。書在，天下人不言、不行、不知二百餘年，書之所寄，果何在哉？則必視爲無用之器，置于無用之地，斷爛而磨滅者也。雖有孟軻、荀卿、孔贇、公孫固之徒，其道又不大行，從而師之者少。周之制田、官爵之法，雖孟子亦不得詳，則吾儒之書在未焚之前已不得

爲完書矣。如《周官》、《尚書》之遺亡，《儀禮》、《禮記》之
放失，《孝經》、《論語》之增損，《春秋》夏五郭公之訛繆，未
必皆出於灰燼者然也。是《策》雖爲先秦古書，所載者正秦之
所以取天下者，況載秦事爲多，其在於不焚者乎？或成于始皇之
後，楚漢交爭之秋，皆未可知也。又何爲舛訛之甚者也？蓋斯
《策》在漢已讀之者少，後賈生、董子之說，行人之知鄙之，亦
視爲無用之器而置于無用之地，其斷爛磨滅而不收也。其在《史
記》所采者，則無雜亂，蓋附見吾儒之書，人因得而不廢也。
噫！吾書不幸而毀於未焚之前，斯《策》幸而滅於已焚之後，
今復出也哉！今復出也哉！

河東大鼠

　　河東有大鼠，色蒼而性黠，其味甘香肥脆，人爲珍味。其爲
物，春夏則節飲食簡，出入穴僻處，預知天之雨暘爲之備，其於
避機防患百至，且食草氣臭，人多不食。至秋，大田豐稼，夜食
晝伏，人亦莫之得也。至冬，則膏肪氣薰，結墊不出，嚙土，以
鼻端反實其穴。求者以鉺取土辨之，深不咫尺，鼻痕宛然，百不
失一。

　　吾悲夫天之生物，飛潛動植，皆能自衛，未若斯鼠之爲至
也，亦未若斯鼠之得禍速而多也。凡物用其智以防患者，殊不知
其患生于智；永[四]物養其生者，殊不知因物而喪其生。何則？
其鼠春夏草食，未必不戚戚也；秋冬食稼，未必不欣欣也。膏肪
氣薰，彼以爲得養也，而不知人欲之。擁土實穴，彼以爲得計
也，而不知因其計而露其迹矣。是用知者必自賊，多欲者必賈
害，絕智去欲，任造物之自然，可以保軀體而終天年爾。

葡萄酒賦

　　翰嘗觀宋景文公《葡萄賦》，詞意深婉，音節鏗鏘，真傑作也。然終篇自況，風韵高致，有所不暇摸寫者，故有不盡其韵之恨。至原浚儀歸先生賦出，瑰偉奇古，一揮無餘，惜其兵後不傳。翰居夏縣有年矣，窮愁鄉思，浩瀚如海，多賴是以排遣之。久欲作賦以酬之，但愧辭凡意陋，徒塵污筆札而已。

　　洪武辛酉，因謁禹廟，甚暑且渴，有以是餉者，其甘寒清冽，金桦之露，玉杵之霜，殆不能過也。飲訖，頹然而醉，竟而西山雨霽，新涼晚生，揚茶烟於鬢影，漱松風於齒牙，於是命童子執筆書是賦以酬之。辭曰：

　　有西域先生蔓碩生者，謁安邑主人。主人曰：“何先生質性朴木，言腴而體豐，不動而能與人同，不言而能爲人容？慕先生之風者，能遺千乘之貴；味先生之道者，可忘萬鐘之隆。且種派之繁衍，流澤之不窮者，其有自乎？”

　　於是西域客人起而揖曰：“昔卯金氏之五葉，好逞兵而四征。匈奴授首，氐羌來庭。廣利之師律未輯，博望之使節已行。吾皇考時方埋名遁形，弢光匿馨，何聘帛三往，竟上貢乎西京。雖一拔而遽起，冀七葉而是榮。尚未忘於故土，常含酸而寄情。於是覲武皇於未央之殿，上表而致名也。武皇見予皇考中碩而外茂，氣芳而德醇，曰：‘可謂席上之珍也。’或待詔於上林，或備問於几筵。或與金母之桃同薦，或與玉屑之露同斸。東方之譴，因吾而逞其技；相如之渴，賴予以獲其瘳。向使武皇能盡用吾皇考之道，必不祀神而求仙也。爾後太原之蔓延，安邑之蟬聯，吾能一説使百匹之帛而可得，三品之職而遽遷。叔達之行，以吾而表其孝；宋公之賦，因我而著其賢。予小子誠中原之一支，共大宛之一天者也。”

主人曰：“出處地望，吾既聞之矣。請聞先生之爲道也。”

客人曰：“吾始也好甘言以説人，畜陰冷以發疾。愧學道之不醇，方發憤以改習。遵麯生之遺法，亦禁水而絶粒。訝刀珪之入口，俟骨蜕而生羽翼。其心也湛然若止水，其氣也盎然若春色。挹之而不污濁，引之而不歹愿。先生向言質性樸木，言腴而體豐者，實由乎此也。友我者，使稜峭者昆侖，僵暴者藏神，戕賊而機變者，皆抱璞而含真。欲使區宇之人，偕從吾於無何有之鄉，而爲葛天氏之民也。”

主人曰：“善乎先生之爲道也。”於是命僕執席具几，百拜定交於先生。先生於是啞然而笑，欣然而談。泛然而挹春江之波，湛然若臨秋月之譚[五]。噀九天之珠玉，蜇萬壑之烟嵐。主人不覺氣和而意適，體薰而心醅，頹然而就枕，不知明月之在西南。竟而使童子之執筆，記先生之良醲。

引咎賦

予性曠達不謹，小節不微，以致遭罹禍咎，拘挶瑕，囚晋陽，自秋涉夏不得歸。時賴乎篇什，陶寫鬱鬱，時復吟咏。如是則飲食則飽，寢興則安，如脱桎梏出圄圄，安於枕席之上者。然命意遣辭，惟其自反，如《自悼》、《懲咎》、《復志》等作，皆出於無聊之際者。故托以楚聲，非將以悲哀其心乎？悲哀極則善心生，善心生，無有不知其過而自反者也。秋在平陽，作《引咎賦》以示同志，俾緣文求志，且知成人之難也。辭曰：

父師愍予兮，倡予以不頗。予肇植其心志兮，匪度之以訛。

惟其裾之不修兮，孰其婆娑；眉之不變兮，孰其笑歌？襲瑾瑜之
不謹兮，指膚璺以爲疴。縷絲之不比兮，致黃鐘之不和。惟其弱
羽而高舉兮，宜乎投於網羅。哀日月而罔燭兮，悲風雨兮滂沱。
實予之有罪兮，其尤也匪他。悲祭掃而越時兮，悼歲月之邁過。
雖有息而沖弱兮，何怙其孔多。心沖沖以拆裂兮，淚繼下以懸
河。魂憑憑以上征兮，過高山之陂陀。雲霏霏以蔽虛兮，涉浩蕩
之洪波。望家園而下指兮，方離離而秀木。扣衡門而涉屢兮，盼
前之修柯。挾妻拿而入空兮，其載吟而載哦。訊圖書之無恙兮，
曁松菊之則那。既覺而相失兮，其玄髮以變□。稽前修之不遭
兮，亦皆值乎詆訶。惟悼悔以自洽兮，靡他人之剴劘。雖念其往
咎兮，猶臣體而病瘥。念茲而弗替兮，期終身之不磨。竟賢哲而
並列兮，雖異世而同科。

閑田賦

條山之陽，黃河之傍，灌莽極目，獸駭鳥翔。畎澮縱橫以遠
際，溝塗陂阤以衍長。經界宛其未改，廬井已不可得。而詳問平
高之耆老，乃知古虞君之故邦。及芮伯爭而未決，質成於文王者
也。嗚呼！姬周之造迹，自后稷之達邦，公劉之啓土，古公著撫
民之庸，王季號勤王之祖，至翼翼之文王，得奔奏禦侮之賢輔。
三天下而有二，猶臣服商，受而遵王之所也。傷漢儒之鄙陋，議
圖讖以厚誣。以虞芮質成而被化，爲周始稱王而受符。以區區之
陋邦，睹至德於須臾。來四十國之臣妾，如父召而子俞。文王之
受命，固定于虞芮之質成。若尊號改元，斯盛德之所必無也。嗚
呼！天有昭昭之明，無諄諄之教；視其命之去就，在人心之惡
好。若處時而得中，何必丹書朱雀而爲符告也？眺荒原之茫茫，

撫往事而增悼。追淳風之不反，傷衰世之末造。誦《綿》詩而來嘆，爲執筆以三叫。

《登高絶唱詩》序

　　先輩論詩，嘗推崔顥《黄鶴樓》詩爲唐詩第一，雖太白豪才逸氣，如《鳳凰臺》、《鸚鵡洲》之作，皆接其步驟。自沈、宋而下至開元，作者奇才大手，横放傑出，雕青天而倒滄海、騎鵬背而拔鯨牙者豈少人哉？太白何獨數數於崔顥者？蓋善詩者發言，猶化工之播物，大而三光五岳，小而一花一草，旁咏曲體，莫不各臻其妙。其登高懷古之作，尤必三致意而後遣辭。不然，《黍離》之詩傷周室，《麥秀之歌》悲殷墟，千載而下，使人讀之如目其荒寒颼颼之態者，其言工也。言工也者必感深，感深者必思苦，思苦則情隨而發，斯太白獨有取於顥也。先輩論詩，豈過也哉？予問學之餘，專選登高懷古七言律詩，或咏物贈送之類，辭意有涉於可采者亦録之。以子美爲冠，訖於本朝，得若干篇，目曰“登高絶唱”。近代元好問嘗選唐律詩，號爲“鼓吹”。況予選者多咏蕪廢闕、殘碑斷壟，内存忠厚慘怛之意，發爲慨嘆調笑之聲。使人歌之，知盛衰相尋，尤足爲戒。又非鼓吹托物、像聲，夸軍容而止也。但恐收魚目而棄夜光，摭星宿而遺曦娥，尚有望於宗匠。

彭氏譜系序

　　夫譜系之説，求諸經無有也。考之《詩·皇矣》、《大明》、

《綿》之篇，歌咏后稷、公劉，下至文武之德業，又見諸禮家所謂大宗、小宗、別子之説，與孟子所謂"君子之澤，五世而斬；小人之澤，五世而斬"，譜系之説，略見于此。至太史公作《史記》，於天子立"本紀"，於諸侯立"世家"，於大夫立"列傳"。其於子子孫孫相繼相承，其或理亂安危，興滅置黜，至千百祀之遠，親疏遠邇，支分派别，秩然而不紊。斯司馬氏博求載籍，貫穿古今，有良史之才也。譜系之説，大著於此矣。後世仕大夫之家，蒙上世父祖之澤，憂後世子孫代遠情遷，無以考夫家世之盛，故各立家傳，又定家譜，以求當世聞人才士可以信衆而傳遠者，爲文而紀之，世遂稱之，以爲能子孫者矣。

寧遠彭氏從善，持家譜來求予以叙之。接其譜，自五世祖家于江西廬陵，隱德不耀。至曾祖繼先，自南宋來仕，道之寧遠，愛九疑山水之秀，遂買田宅居焉。至大父景榮，仕於元氏，任海北、徐聞縣丞，大有異政，去則縣民刻碑頌之。考思恭，官至承務郎，病卒於家。今從善應茂才之選，欽承朝命，來司農政。介而通，强而仁，直而有容，方而有禮。德性之懿，不假矯飾，見者皆以"君子"稱之。今且不墜祖考之志，以續其奕世之美。彭氏之後，至從善而益顯矣。可謂能家之子孫也。它日大自振屬，位大官，立大功，復求當世大手筆可以信衆而傳遠者以叙之，於予俚言，曷容贅于後？

水雲軒詩序

琴筑可以養性，詩酒足以陶情。此曲好偏嗜之所志，非高雅絶俗者之所尚也。若山林雲水之樂，尤其可嘉者也。然山林者居有所不得，則必挈壺觴，煩杖履，扳緣涉勞而後可得也。何若雲水，隨所在而有之，日接於其目而樂於其心，俾靜有所息而動有所養，俾其和粹沖融而杳[六]滓不容，流通活動不致其結閡，則可以德崇而業廣，器宏而誠明，此水雲有助於養德也如此。新喻胡叔雅氏，在唐宋爲望族，觀譜系明信可考。至叔雅尤讀書好古，箕裘世業，志樂淡泊，不事紛華。家在歸駟橋之側，背渝水而面方塘。其於佳晨晴晝，則白雲飛交於棟宇，清流映帶於戶庭。淪漣渟滀，飄忽捲舒，欻然而而[七]變，蔽大虛而涵萬象，則俯仰於兩間，莫窮其端倪。其澄明清淑之氣，收而養吾之氣，安得不爲吾德性之助哉？故取是以扁其軒，鄉先生暨諸友人作爲詩文以道其嘉美，且命予以贅其後。予曰：叔雅官遊數千里之外，親老而不得省，望其雲，豈不起思親之念哉？方今養民致賢之秋，視其水，豈不爲舟楫濟川之用哉？如此論之，斯軒豈獨爲適情養性之具而已，又爲忠孝之所資也。且繼之以楚詩云：

渝之雲兮，爲子德之芬兮。渝之水兮，潔子服之美兮。伊軒之敞兮，爲子心之養兮。水湯湯兮雲浮浮，服嘉命兮官中州。矯首兮南望，徒歲莫以增憂。垣斯志而不渝兮，庶忠孝之可酬。

容郯軒詩序

蕭山許某來爲平陸幕賓，闢官舍之北爲軒，其小纔置榻，左右列琴書。公餘，則解帶舒嘯，可以忘倦也。扁曰“容郯”，命予詩且叙其義也。予辭不敏，卒其說曰：斯扁也，實陶淵明之語。淵明在東晋，以宏才遠識，文辭高出一時。屈在下官，終不能折腰於小兒，解印綬，歸鄉里，以菊酒自惧[八]。晚節尤高，非當世諸賢所及，後之作史君子深有取焉。今許某神清貌古，襟懷消散，通經博古，且工詩文。今又治縣，其出處有合乎淵明者歟！高山仰止，取友于千古者歟！慕其人則思同其道，思同其道，必欲佩服其言也，亦奚疑哉？然高堂大廈，故我所欲，苟不操心也危，慮患也深，適爲之厲階也，何易安之有乎？雕墙繡戶，我所願也，或秉德不常，少所觸冒，無所投足，何容郄之有乎？物無大小，貴所適。適則寄形于一軒之中，運心於天地之外，降萬物不足易吾樂也。斯淵明之志浩然，而某朝夕之佩服者乎！淵明得遂歸，許某弗能即去，詎可以强合乎？雖然，許某年歲從心，它日考績告老而歸，得遂初志，復開此軒，蒔松菊，羅酒餚，鼓無弦琴，長歌《歸去》之辭，尋遠法師、陸修静之徒，徜祥乎以從東林之遊，則晋人之風流復見於今日矣。斯軒之顏，殆他日先兆乎？

《望雲思親圖》詩序

古今所同者理，貴賤所同者心，心統此理，理本此心，故無古今貴賤之分焉。自唐之永徽至於今，殆千年矣，豈不謂之古今異世乎？自宰執至於凡民，豈不謂之貴賤異位乎？如其忠孝之心，愛敬之理，出於天而賦於我者，則自清濁分而人紀立，無一時一人而不同也。

唐之狄仁傑，登山望雲而思其親，天下古今之人同爲[九]之孝子。及其居宰輔也，能悟武氏之心，薦賢匡救，復安唐室，天下古今之人復爲[一〇]之忠臣。其爲臣子者，孰不慕其道而仰其賢哉？有離親去國，久於行役，不得歸養者，輒繪望雲之事以爲圖，時復開展以紓其繾綣之情。然自慕親之心以慕其公，因慕公之心以形於畫，是古今無二理也。於公之貴極而望隆，人心擬之不以爲僭者，是貴賤同一心也。《傳》曰："堯舜之道，孝悌而已矣。"又曰："人皆可以爲堯舜。"豈直爲梁公而已哉？古今一理而貴賤一心者，爲不誣矣。

渝川胡叔雅氏來任夏邑之幕賓，母老家居，且別日久，歸養未可期也，亦寫是圖以自隨，一時文士又申以歌咏，求予叙於卷端。予復之曰：慕梁公之孝於親者，固已形於畫矣。梁公之忠於君者，豈可以畫而見乎？若叔雅即其素行，竭盡其才，攄忠宣力，以裨治體。其於狄公之功業，邈未敢方；其於狄公之心，庶幾可同也。至於考績天官，列之上等，於叔雅之取榮禄易如俯拾。然後奉母于高堂，稱觴上壽，復歌以《白華》之詩，其樂在天壤間無以加矣。其於梁公之賢，可爲不虛慕矣。叔雅勉斾。

贈知縣徐彦和詩序

稽古唐虞，建官惟百，夏商倍之；下至成周，增多至三百六十。余嘗疑焉：武王大封一千八百餘國，所建之官，止於三百六十之數，將何以治，豈不相戾耶？説者謂"紀國中之數也，天下侯國不在所紀焉"，此内重外輕之説，亦略見於此矣。自兩漢而下，外有州牧刺史，次郡太守，次縣令。三等之爵，州牧郡守尤爲重焉，故嘗出三公以補外，自牧守入居宰相，以均内外之勢也。縣令不與焉，非所以重民也。縣令近民反弗重焉，無乃玩民乎？玩民而望天下治，猶南求燕而北之越也。其内重外輕之制，至於如此！

皇朝御極，逮四十年於兹矣。常以民爲重，而難其授人。入任之途有五也，科舉、歲貢出自郡邑之學，通經人材本於鄉舉里選，府史、胥徒積月九十，亦得補郡邑參佐。其於郡縣之長，非自通經術、明法律、識達古今之治體者，無幸於其間也。然無内重外輕之患，無玩民苟治之弊，億兆生民，涵濡聖澤，熙熙皥皥，不知其帝力於我也。

三衢徐彥和，始以儒士舉清江簿，甚有政聲。再舉而來知夏邑，任及三載，當考績天官。貳尹某、判簿某、幕賓胡叔雅曰："吾等與彥和同事者，殆數寒暑矣。其在公治，剖決庶物，論定是非，判署公案，則洞見肝鬲，而無絲毫之嫌。今公將去我而入京也，子盍言我之欲言者以華其行哉？"

予曰："儒者之學不行也久矣。學之不行非道之過哉，在乎人而已矣。公自少事鉛槧以紹家世，處鄉黨以順德致名，居清江以才幹延譽，累見騰章薦鶚〔一一〕，獲居是位。茲其行也，又俾寮寀服其公，士林厭其化，民庶思其德，胥吏讋其威；清介而有守，恪勤而無怠，威儀動作，咸足師表其民。斯儒者之學，小試於一邑也。庶幾不負國家重守令之選，厚斯民之意也。今銓衡者高下其士，若懸方諸而定妍醜，持尺度而縈梗楠，按形圖而索騏驥。或拔公於凡品之中，擢以不次之任，將見把麾持節，領名邦而治大郡，其功名事業之盛，又不止於是也。俾人曰，儒者之學真可以有用於世而不虛矣。公此行十〔一二〕之。"

送王判府考績序

《傳》稱，堯舜禹三聖人所都咸在河東，土壤相接不過數百里間。至於今相去數千年，民生其間者，柔仁而樂易，謙恭而孝友，節儉而正直，聖人之餘澤遺風猶有存者矣，自前代號稱易治。然民眾土匼，物產不豐，其力本者才及十之伍，仰事俯育之資常憂於不足，故秀穎者多習於百工技巧，敦樸者恒事於牽牛服賈，故終身營營焉，未嘗有一日之休也，而其爲治者始難之。然官得其人，率之以仁則速化，導之以禮則易從，加之以政不敢違，臨之以刑不敢怨，非直民性之然哉？蓋居上者感之誠而應之速，正己而物正者也。

容城王公，由邑庠弟子員入居國學上舍，復以莘選授判平陽府事。其人潔廉而有守，剛直而不撓，才足以理劇，義足以釋紛，恭己足以事上，仁愛足以活民；餘又能戢貪暴，恤孤幼，禮賢而尚德，政聲洋溢，不隔窮山深谷之民也。今年任滿，將報政于天官。夏之令徐彥和、縣丞劉知至、典史胡叔雅暨諸文學之士皆以詩道其行，命予敘以弁卷首。予嘗揖公于夏之官舍，得接話言，其於公之爲人概得之矣。然復采風謠而次第之，以遂衆志。公之此[一三]例得復莅斯郡，固有期矣，實民心之所願也。然以公之才之德，宜在優等，或入贊內曹，出典政司，又我等之所望也。望公之復來者，一郡之民情也。願公大用者，天下之公議也。公何預焉，有待於銓衡者之擇焉，吾將佇以俟之。

送胡典史考滿序

國之取人有定法，士之進身有定理。有定法，人不得幸進；有定理，士不可妄求。誠如此，上有遺才，有不能盡其才，故有損大而就小，捨遠而圖近，其任法之制，不得不爾也。自三代以降，兩漢之制，猶爲近古。其參佐即署郡長得自辟選，故一時之人，項背相望，列于史傳，以循良而稱之者何其盛哉！新喻以胡叔雅氏，循定法而不能盡其才者也。始克邑庠弟子員未卒業而學於家，後補冬曹掾而再歷後軍都府，以其累績而注夏縣幕司。自到任來，執敬以事上官，推恕以愛民物，嚴以詟吏卒，誠以待儒雅，筆如風雨，事無留滯，明若水鑑而獄無冤抑。其簿書叢雜，詞訟倥傯則抵掌談笑，如風行水流，略無肎綮矣。適大尹三衢徐彥和、二令青苑劉與機、判簿句容章以端，得公贊襄之才，同寅協恭，教化大行矣，上下皆以賢能稱之。今歲當考績之年，將報政於京。持酒餚祖餞於秋風亭之上，酒數行，大尹徐公掘手告叔雅曰：「方今天朝受命維新，百度修舉，一遵舊章。如叔雅‘才諝兼茂’評語，又昂大有以克當與選者求才之意，將見不次之擢，超越凡品。或授邑長，或居要政，有以發攄叔雅平素之蘊，沛乎事業，則若展逸足於九逵，運扶搖於天池，以厭士林之望，豈不偉哉！」其叔雅尚勉之哉！

菜齋記

吾友趙君允中業儒而性好恬淡，擇交遊，寡嗜欲，而以冰蘖自持。平居養親之餘，朝暮則飯一盂、蔬一盤，客至則蔬有加焉。或者以菜齋嘲之，允中欣然領之，曰：「是吾所願也。」請予文以記之，余曰：養其大者為大人，養其小者為小人，是吾孟子觀人之法也。不獨觀人也，又紀前人之賢而稱道之。晉平公往亥唐之家，雖蔬食菜羹，未嘗不飽。嘗論之：平公，諸侯之至貴者也；亥唐，匹夫之至賤者也；菜羹，物之至薄者也。以至之賤[一四]夫，用至薄之物，以食至貴之人，亦不為異，且使不敢慢其命，飽而後已。何哉？蓋非至賤者不能成至貴之名，非至貴不能見至賤之賢。以德而好德，能相忘於世，故不自知物之薄厚、味之美惡矣。若平公見菜羹之薄，以亥唐故而強食之飽，則好德之心已不純而出於偽也，豈能久而不變哉？吾友允中之心，庶幾乎亥唐矣。以其或者好德之心不純，不能相忘於世故，故有是嘲也。嘲之者以世故而見其薄，而不知所薄者正在吾所願之內爾。

既不與之辨，又取以爲號，而其所嘲者不待解而自解矣。然則允中何愧於所嘲者乎？然不知所嘲者愧此乎？然不扣則不堅，不規則不圓，惡石成美玉，豈不信然？有郭有道而知茅生之賢，知允中之不遇，必不尤於人而怨於天矣。

知足窩記

同氏德徵[一五]者，陝右人。世以宦顯，通經學，洞博史傳，且及方外書，尤嗜老氏言，常以柔巽勝物。居平陸北皋下，穴土作室，不騫不崩；高亢爽朗，與寒暑適宜。四面崗壟拱抱，其中宎然，舊名“西窩”。先生一日告予曰：上占[一六]巢居穴處，用以庇風雨，寄休息，其後遂易以棟宇，始制簡陋，不今之若也。今人善居，必罿榮彩椽、畫梲[一七]刻㮰，延榱題，敞軒牖，如是後纔慊於心。吾非惡此不爲，顧其力不足也。力不足以求足則有禍，於其用力以求足，不若知足以爲足，未始不足也。予室不阰不陛，不可爲堂；不筵不席，不可爲齋。據字書，穴土作居曰“窩”，且從其舊，扁曰“知足窩”，請先生記之。予申之曰：知足不辱，知止不殆。人常患不知足，苟知足則足以勝外物。若室嫫母不慕乎西子，衣綈布不樂乎文繡，處木石不眩乎金玉。其一切驚俗駭世之物，紛華因[一八]前，一以知足而勝之，何辱殆之有哉？且德徵前年以論治道，徵起藉其名，給符來歸，不久得位，將行其道也。或立朝臨民，據清要，當通顯處，高堂大廈之下，吾知必不強智以衒能，越分以徼譽，陵物以矜功，亦以知止爲律。德徵知足，非足於此而不願才彼也。老子曰“知足常足”，蓋通貴賤而言。得[一九]徵扁名之意，有合於此矣。

聚德堂記

南昌鄧景武，洪武庚午以耆德舉，來知夏臺。越明年，余以議學事獲謁公於邑庠。見公質性簡默，監裁閑遠，言論風旨，若不涉慮，輒出人意表。後詢及爲政，以寬厚爲本，不以刻覈忮物。平居無赫赫名，而吏民不忍欺且懷焉。予疑而匪世家之懿範，則世業之遺學也。後得於鄉人，知公自先世以儒業起家，登巍科而取高第，著勛庸而曳金紫者，其幾世幾人矣。才用靖難，德足鎮物，世倚之輕重，命數寵異者，亦間有焉。噫！《書》曰“垂裕後昆”，《詩》曰“錫爾純嘏，子孫其湛”，其鄧氏之謂乎！鄧氏之種德也，若嵩華之爲山，江河之爲水，豫章之爲木，其基博厚則其負也重，以源淵淪而本植固，則其流衍而其末茂，未始不因其行誼之美也。行誼美則倫理明，倫理明則和氣洽，和氣洽而善人多，此“聚德堂”所由作也。斯堂之作，無斲橑、無刻桷，以簡以樸、不奢不陋。棟宇穹窿，軒窗洞達，其爲延賓客、會宗人之所也。登斯堂也，長者于于焉而適也，昆季衎衎焉而樂也，子孫承承焉奔走而給命也。嚴而不傷，養而不違，宴樂醉飽不逾其節，富貴顯達不驕其志。其惟訓誡是服，惟規矩是蹈，雍雍之和，藹然於一堂之中，將復有德星之聚，或動太史之占也。

今公知夏，夏人既服其政、誦其德矣，是不顯於威猛，咸和其民心焉，又能以施之家者推之邑矣。而爲肯堂肯搆，公於宗人中尤賢者歟！自斯等而上之，或牧守一郡，或藩維一方，德惠溥博，政化旁流，吾將見鄧氏雅之邑者，又不止於斯而已。因是可見吾聖賢《大學》“修齊治平”之教者，其於鄧氏尤爲明效焉。公命予記之，予不敢固辭，因摭其實而記之云。

山房藏書記

吾家舊儲書甚富，自罹兵燹，散亡殆盡。後稍定，學者倍價購求，然終無完帙。或相假易，或相傳録，亦未多得也。殆聖朝混一南北，建書北來，其賈甚廉，值吾甚貧，輟衣食之奉，舉貸而市之，以足其平生未見者也。上自六經，下至群史，及諸子之所著，文士之所述，兵律方技之不可遺者，靡所不收，至數千卷。新之以表飾，尊之以庋閣，加之以薰曝，已勤且勞矣。若是者，非夸多鬥靡也，爲子孫計。爲子孫計，豈不以良田美金遺汝哉？荒則田不得而食矣，盜則金不得而據矣。苟賢而好學者，專是爲業，内而善一身一家，出而教一鄉一邑，果德積而行成，其富貴利達未必不因稽古之力也。然不得，則有命存焉。如是者，庶不負其父祖托付之心，豈不謂能承家之子孫也？或耽好飲博，輕爲俠縱，忘訓棄業，甘爲下流，致帙亂而不理，垢冒而弗拭，蠹毀而不加省，甚至持其市而鬻於人，豈不慚於鄉黨父兄哉？是不肖敗家之子弟也。今具其經營之艱難，表飾之勤苦，與子孫賢不肖，揭之齋壁，俾其自省擇焉。

寡欲軒記

或人問曰：治心之道何如？曰：敬而已。曰：敬奈何？曰：主静而已。心得其静，欲得而寡，寡而又寡，則至於無欲也。曰：無欲奈何？曰：湛然虛明，寂然不動，而後中正仁義之道存焉。使天下之理，該貫乎一源；天下之事，總攝乎一心。雖天地日月，四時鬼神，有所不能違。此主靜之極功，用敬之至效也。欲者，情也，雖聖人不能無之，果可以寡乎？自寡而至於無乎？若至無欲而後爲道，豈不爲虛無寂滅之學乎？曰：欲固情也，有公私之分。如目之欲色，口之味[二〇]，耳之於[二一]聲，鼻之欲馨香，身之欲安裕，一心之微而其衆慾攻之，豈不爲之多欲乎？若人心未發之前，以敬攝之，則不妄動，如霜潭秋月而無纖雲點滓，軒豁玲瓏，八窗洞達，俾耳目口鼻之欲一從其正，斯理之云乎，非慾之云乎！是其勝私復理之功，自多欲而至寡欲，自寡欲而至無欲爾。豈若窒耳目而屛嗜欲，絕倫理而滅綱常，以天地萬物而爲無有，而後謂之無欲哉？

吾友臨潁令文隆馬公，扁其軒曰"寡欲"，需予記之。文隆其性詳緩簡默，廉取而易足，與物無競，常得其主靜之功，庶乎其寡欲矣。若使克復之功不已，使其靜不昏冥，動不結閡，內外一致，表裏無間，獲顏子歸仁之交，庶乎無欲矣，豈但寡而已哉？它日位以德崇，不止牛刀小試於百里之間，希□三輔寡豪，馳聲九州牧者，不難致矣。文隆雖曰"寡欲"，詎得而辭哉？

送韓士舉詩序

聖人之教人，在成德達材而已。所以成德而達材者，不過所謂四科者焉。所謂德行者，非不教以言語也；所謂政事者，非不教以文章也。以其諸弟子受性有所偏長，故聖人因其所稟而益厚之而已矣。自春秋、戰國、漢、唐以來，所謂名臣者，莫不因其所性之偏，學益精之，用以治世撫民，以成一代之治也。如稷之稼穡，禼之典教，咎繇之掌刑獄，伯夷之典三禮，蕭、曹、長孫之法理，韓信、英、衛之治軍，張良、房、杜之謀斷，斯皆出乎天性之所長，學以至其極者也。若欲彼此相易而用，未必能成其功、立其名也。寶坻韓均士牟[二二]應茂材，任承平陸。士牟雖不專於學問，其性慈祥愷悌，長於治民；開豁明敏，長於理劇；洞明果斷，長於折獄；廉靜謹飭，長於守己。斯其所性之美，仕而未暇學者也。餘者如釋難解紛，倜儻好義，見賢而孤寒者，即傾囊施與而無吝色；好與士人交，其於樽俎之間、進退揖讓之禮，雍雍怡怡，望之儼然一佳士也。若士牟於公務之暇，取《詩》、《禮》而讀之，且親有道之士，質其是非，以求夫古之聖賢立身行道之美，它日入而守京畿，出而令郡邑，其於功名事業，炳炳烺烺，溢人耳目，又不正爲今日而已矣。今年秩滿，將考績於春官，平陸之士皆有詩以道其行，屬余序於首簡。余與士牟忝親，故誦其美而又勸其學也。

望雲辭

白雲飛兮青山，望夫親兮雲間。白雲兮去復還，親不見兮摧心顏。望雲兮日日，契闊兮南北。氣將出而弗舒，淚欲下而飲泣。春草兮空碧，行人兮不歸。安得乘彼白雲，望吳會而南馳。攬江上之芙蓉，采山間之蕨薇。舞春風之采服，奉甘旨於慈闈。

贈百户黃振遠詩序

《詩》稱：“宣哲維人，文武維后。”又曰：“王之元舅[二三]，文武是憲。”皆言一人之身具此二美，而後爲才全德備之君子也。降自春秋戰國，雖三代之不若，皆學古入官，度才授職，亦采嘗岐而二之，如冰炭之不相入也。至兩漢之將，簡用才德而兼取謀略，猶彬彬可觀矣。有雅歌投壺而不忘俎豆者，綸巾[二四]羽扇、指揮三軍者，輕裘緩帶、意思安閑者，橫槊賦詩、風情高邁者。經史紀載，未嘗不以文武兼資，而爲得人之盛也。逮及唐宋，始設文武之科，以致天下之才。業儒者誦周孔之言，考之以詩賦、策論之目。習武者攻孫吳之術，閱以騎射、超距之法。文者理民事，武者治軍伍，卒不能通之。此人才之盛不及古者，良以此也。

我皇明始以武功混一海宇，即令武臣子孫入國學，教以《詩》、《書》，通以法律，間習辭章，迨今有年矣。故一時將官，襲甲冑、操刀稍於鞍馬間，足以威近而服遠，固爲雄偉矣。若退處家庭，列几筵，揖賓客，其容貌肅恭，則與士人無異。若其考訂文史，評論古今，製作篇什，又有遠過人者。其作成人材，過唐宋遠矣。

百户黃振遠，奉衛符來自寧遠，以收離伍之士。出大卷授余，余讀之，知寧遠賢大夫並諸文士餞行之詩文也。且求予言於其後，予不獲辭，用告予振遠曰：方今戡定禍亂，海內晏安，正投戈講藝、歇馬論道之時。如公襲父祖勛勞，又嘗立功絕域，居六品之職，固其宜也。又好尚文雅，樂從儒士遊，不專近鞭樞小健者，亦不負國家培植根本、寵大規模、致治太平之意也。公尚妙齡，復恢廓其器量，博究其《詩》、《書》，洞明其韜略，它日當爲萬人之傑，不止於百夫之長也。公尚勖之哉！

送李瓛秀才序

誠身莫尚於明道，而明道莫重於親師。弟子之於師，奚但授業解惑而已矣，在乎誠身而明道也。

聖朝急於求治，自京師達於郡縣，莫不建學立師以明其道而淑諸人也，俾人倫厚於上而風化美於下。三年有歲貢、科舉之目，冀得賢才碩德之士布列中外，以期至治，其恩至渥也。然爲師者稍莅之以嚴正，則噂沓訛訾百至；微有過差，則面折而不以恕；意所不合，則輒群起而爭之，甚至建訟致獄，嘲謗僇辱，不異路人耳。其於古之三事之義，掃地而無餘矣，甚非國家立學之本意也。余忝訓鄢陵者二年，以其才凡德薄，常以是自警而未能也。霍丘李生璲者，因司訓陳先生請學於余。其人性明敏而不滯於見聞，才疏通而不蔽於淺近。其解釋義理，誦說古今，如丸走坂而矢脱弦，涌泉之赴壑，熾火之爍冰，輕飄之迫風，介馬之陷陣，不足喻其痛快而超邁也。然與人交接之則温温，問之則訥訥然。能虛己以授人，不足己以拒物。其於講習論辨之時，登降進退之際，服勤致恭之節，能執弟子之禮，愈久而愈堅也。然學不知師久矣，豈有千里從師者哉？異其時之爲弟子者至矣，豈有能行古道者哉？生能自拔於流俗，如此不既賢於人乎？願予不足以當之也。今歸而省視，及其行也，吾不能無言也，書是以贈之。

秋潭詩序

“天一生水”，大《易》已首言之矣。孔子之“嘆[二五]逝”，孟子之“觀瀾”，蒙莊因“秋水”而著論，釋氏托“止水”而爲觀，或指道體，或警進學，或用以况情性，古人取於水尚矣哉！

觀夫水也，吞吐川岳，掩抑黿鼉，奮迅雷霆而噴薄風雨者，乃水之有本者然也。若大而方舟、小而浮芥之東注西，可以灌、可以溉也；分清辨濁，可以瀚、可以濯也；挹淺汲深，可以烹、可以湘也。斯乃水之動，水之用也。暨乎金行西陸，素霜夕隕，潦潏潰涸，雲閑波鏡，臨萬頃之陂而試觀焉，纖滓弗容，微瀾不興，汪濊淳澹，淪漣紆餘，湛然若方諸，皦然如環璧，混大清而涵萬象者樂焉。吾友人平鄉王居敬，樂靜者也，故取“秋潭”以自號。居敬世業繪事，平居多與異人遊，故得澄心止觀之法。且性孤耿不苟合，雖炎門要路，金璧山積，終不可得也。或偶遇靜境，澄神凝思，萬慮齊息，忽焉有得，急濡毫拂縑，解衣盤礴，則山林遠近之姿，波濤起伏之狀，花鳥蟲魚之異，鬼神仙佛之怪，莫不極其妙、入其神也，詎非遊藝有得於靜者耶？“秋潭”之號，居敬實有契夫中，而非豫乎外者也。居敬求序，予不得辭，既序，且繼之詩云：

　　茫茫六合外，水浮大地舟。況彼江河水，不及一綫流。不若觀止水，一鏡懸清秋。濯足烟澹澹，照影寒颼颼。輕鷗舞未下，潎魚潛不游。幽人時倚杖，對此清心目。岸蘆曉紛白，汀樹晴涵綠。晨霞濯錦綺，素月墮璧玉。輕風動微瀾，玄霜隕群木。瞻彼寒波深，同此寸心寂。形神入坐忘，鼻觀存一息。萬慮靜如掃，千駟付一擲。惟我風心好，洞悟不泥迹。俄然清興發，狂寫高堂壁。均有秋潭心，我作秋潭詩。均觀我詩清，何如秋潭而。撫卷三太息，塵滓從此辭。

洪厓詩序

　　南昌沈氏伯經者，乃江西之雅士也。讀書工詩，通陰陽，博史傳，尤長乎方書。自壯年挾是術游諸關隴，歷交一時豪俠，睹夫太華、黃河之形勢，故氣清神壯。善論辯，發言遣辭，簡徑不繁，援引根據，咸中乎理，終日聽之，使人忘倦也。一日謂予曰："吾州之西山，昔葛仙煉形之所，有井曰'丹井'，有山曰'洪厓'。吾愛其巉巖嶄巚，蒼顔秀色，復出乎諸峰之表。吾至其處也，則起坐食息於乎是，偃仰游衍於乎是，登覽吟嘯於乎是。斯愛之不已，則取以爲號也。今予歸也，卜築其下，置琴書，蒔蔬藥，復養吾氣，精吾術，醫活一方人，則吾之志也。願子之文以發之，可乎？"予觀《晋史》，葛洪字稚川，因丹砂而求爲勾漏令者也，後竟以仙去，其丹井洪厓，殆其遺迹歟？原其醫藥起自黃帝，黃帝亦仙去。蓋醫者，仙之一道也；蓋洪者，學黃帝者，而與長桑君、秋符、王纂之爲流亞者也。今伯經性識明敏，骨氣不凡，恬静寡欲，無少外慕，雖未敢以仙風道骨目之，要之近似者也。因其迹而慕洪之道，因慕洪之道以精其道，它日或神交夢感，有以神樓之散、上池之水湔腸滌髓之法爲授伯經者，未可知也。伯經取是號也，其有深意乎！然豈無異説哉？厓者，壘土之高者也。洪者，又大水之名也。觀孔子"譬如爲山，未成一簣"，孟子"盈科進成[二六]"章，而達斯聖賢，豈徒言哉？亦欲崇其德而廣其業爾。《詩》不云[二七]："高山仰止，景行行止"，"節彼南山，惟石巖巖"。或取以况人之德，或用以諷人之貴，詩人其於山水何如哉？前説荒幼[二八]，不足以盡伯經之志，後之説或一道也。庶幾伯經有取否乎？

送主簿薛孟常序

國家外設司府州縣，使其上下相統屬也。以事繁而任重，其難責備於一人，而又有長有貳，與幕職之選、吏胥之役咸備而無□[二九]焉。吏承其符，先白於幕，以次而至乎長官，長官與衆議其利害，究其是非，定其可否，立其期而責其成爾。然佐貳得其人，長官則優幽而佚樂，恬和而蕭散，實得其大體焉。否則，催報之偎，則躬臨之；勾稽之細，必親執之。錢穀之出入，刑獄之聽斷，徵科之盈縮，莫不歸於長官。披卷則神昏，揮署則腕脱，是下逸而上勞也。雖有治劇之才，必無安靖之理也。其所謂大體者，於是乎傷矣！故長官尚賢明而貴尊重，佐貳則尚才能而貴幹局，以其位不同而職守之所異也。

洪武丁卯，新平薛孟常來任夏縣簿。公世業儒，無柔懦委靡之態，除苟解嬈[三〇]，剗其妨政梗化之甚者，則一境帖然矣。然關白不及其門，包苴不入於室，事上以謙，接下以禮，明不過於察，威不至於刻，智辨而能不自欺，抵掌談笑，事無不集者。長官無齎咨軼掌之憂，吏胥無鞭笞號呼之苦，人民無逋逃負欠之虞。三年在縣，其如一日也。上下皆以良佐貳目之。今年將考績於春官，學士大夫作爲歌詩以送之，請予序於首簡。予謂薛公今居佐貳，其謂不能幹局之美盡之矣。它日自佐貳升長官，於賢明尊重者詎不能之乎？苟曰善於此而不善於彼，皆不通之論，吾不之信也。公能執此志，等而上之，其功名利之達者，殆不可量也。復繼之以詩曰：

條山高兮不阻其輈，河水長兮不藏其舟。均[三一]去兮不可留，使我思兮心悠悠。抗旌兮葳蕤，被眼兮陸離。均[三二]之去兮不我遲，使我望兮心傷悲。歌吾詩兮酌吾醑，酣與君兮聊容與。

贈趙膏新序

余早歲與趙膏新鼎新氏同里閈，時鼎新方在稚年，余見其神清貌秀，性恬氣和，頭角嶄嶄而弗好群嬉，固知其非凡器也。居數歲，還業安邑里後，再見之，風裁粹美，衣冠翹楚。問之，已爲邑庠弟子員矣，績學業文，甚籍籍有聲。何居無[三三]，造秀成均，超居上舍。洪武庚午，予臥病平陸，鼎新來謁，出大卷授余，蓋賜告歸養時，同舍師友所贈之詩文也。復求余叙其後，余固辭不獲，因告之曰：事莫難於養，行莫加於孝，其力本者學也。曾參孝己之行，類非木強之人所能爲也。是知日造膝下者，不容少有間矣。因是而推之，則道德性命之蘊，天地鬼神之幽，禮樂名物之品，古今治亂之迹，可得而通矣。他日應孝第科，入而寄喉舌，出而典藩輔，致善政而成美俗，則鼎新之行，不獨止於一身一家而已也。鼎新懿德，出自天性。余懼輟學而不求其德之全也，故以爲告。若捧觴廝綵，鶴齡椿算，而爲鼎新賀者，前文盡之矣，何容余贅？

洪武庚年三月●日序。

遊王官谷記

王官谷，乃司空表聖所隱處，在解西二二十五里[三四]中條山中。洪武九年，奉憲檄纂集地志，萃邑教於蒲。及反，與芮城董仲倫道迪故市，仲倫邀予同遊焉。并山麓行，及谷口，可五里，林茂土沃，阡陌縱橫，民附吳而居，柴桑雞犬，熙熙如也。東道不百步，樹益密，山益峭。又百步，豁然開明，仰見崇門廣殿，竹箭花卉，羅列縮錯，有道士三五輩，衣冠甚偉。循細徑東入谷，可三百步，佳木奇石，青陰綠縟，有泉飛下，若白虹之沉沉，下流而成溪，道士使以激磑。返而至老子殿，蒼顏秀色，峭立萬丈，仰視飛鳥，沾沾於蒼翠中爾。刳木架壑，引水繚垣而西也。泠泠瀯瀯，可盥可濯，可汲可鑒。蒼籐老樹，搖落紛披；幽鳥一鳴，清籟時發。林光山影，在我襟袖，肝肺胸臆，夙穢匿垢，一滌而盡，如與羨門、安期乘風騎氣，游於方外者也。向之功名事業之心，曾脱弊屣、棄糞凡之不如，詎敢負才使氣，凌兹山乎？追慕表聖，挺大節而不屈於朱梁凶盜，尚且愛而不窺其家，宜乎爲斯山之主，優游於觴咏也。我輩塵容俗態，役於斗筲之禄，奔走之不暇，欲適情放意於山，不可得矣。不遄去，恐遺山間之羞。飯訖，道士送予於山門而别，是夕宿於仲倫之家焉。

校勘記

〔一〕朱熹此語不見於《朱子語類》，蓋引其意。

〔二〕“奔”，據文意當作“莽”。

〔三〕“二年”，據下文當作“二百年”。

〔四〕“永”，當作“用”。

〔五〕“譚”，據文意似當作“潭”。

〔六〕“杳”，似當作“渣”字。

〔七〕“而而”，後一“而”字衍。

〔八〕“悮”，據文意似當作“娱”。

〔九〕“爲”，當作“謂”。

〔一〇〕“爲”，當作“謂”。

〔一一〕“鶏”，似當作“鶉”。

〔一二〕“十”，似當作“卜”。

〔一三〕“此”後疑有脱字。

〔一四〕“至之”，當乙。

〔一五〕“徵”，後文屢見作“徽”，“徽”字有出處（《詩經・大雅・文王》）。

〔一六〕“占”，當作“古”。

〔一七〕“税”，疑當作“税”。

〔一八〕"因"，據文意似當作"目"。

〔一九〕"得"，當作"德"。

〔二〇〕"口之味"，據上下文文意當作"口之欲味"。

〔二一〕"於"，據上下文文意當作"欲"。

〔二二〕"夆"，似當作"夆"，"舉"之異體。以下不出校。

〔二三〕"臼"，《毛詩》作"舅"。

〔二四〕"中"，當作"巾"。

〔二五〕"嘆"，當作"嘆"。

〔二六〕《孟子》原文爲"盈科而後進"。

〔二七〕"云"後似脫一"乎"字。

〔二八〕"荒幼"，疑當作"荒幻"。

〔二九〕□，原書漫漶，疑當爲"缺"或"闕"。

〔三〇〕"嬈"，疑當作"澆"。

〔三一〕"均"，據文意似當作"君"。

〔三二〕"均"，同前校記。

〔三三〕"何居無"，似當作"居無何"。

〔三四〕"二二十五里"，當衍一"二"字。

書《弊帚集》後

先祖值元末，避兵，隱條山深谷中。韜光育德，築室讀書，不汲汲以求售。入國朝，以明經薦者，歷夏縣、平陸訓導，陟鄢陵教諭，仕周邸爲教授，後以廉州府教授卒官。生平能文，工詩律。遺稿有《山林樵唱詩》、《弊帚文集》二帙，家君秘藏以珍寶之，志於傳世。奈跋涉宦途，縈挂思慮有不暇也。正幸托先祖餘廕，叨禄數載，惴惴焉以不能久傳是懼。

天順丁丑歲，承乏大名，適錫山劉超遠崇重儒道之君子也，來尹於蒲城。公餘，以先祖遺稿，因托以校正。侯覽而讀之，慨然曰：“先生潛德幽光，豈私諸己以便自觀？當公於人，用傳不朽。”於是遂捐己俸，命工鏤版以廣其傳。噫！劉侯以此用心之薦，非特使先世德業有所彰明，俾區區後之子孫繼承，咸知所重焉，可謂君子樂道人之善也，亦可謂成人之美也。蓋必有陰德者存其積善餘慶，豈得綿綿而已哉？

天順六年，歲次壬午春三月穀旦，孫正頓首百拜謹書

梁園寓稿

〔明〕王　翰　撰

李　蹊　點校

點校説明

　　《梁園寓稿》九卷，明王翰著。王翰其人，據《四庫全書》本書提要所述："翰，字時舉，禹州人，元季隱居中條山中，明初出爲周王橚長史。王素驕，有異志。正諫弗納，斷指佯狂去。王敗，竟無所坐。事載《明史・周王傳》。後起爲翰林編修，謫廉州教授。夷獠亂，城陷，死難。"餘詳《弊帚集》。

　　《梁園寓稿》能收入《四庫全書》，據《四庫全書提要》稱，乃是"今以其人而存之，見聖代表彰忠烈、闡揚幽隱之義焉"。但對王翰詩作的評價，也還較高："古體往往有質直語。然自抒性情，無元人穠纖之習，七言近體聲調亦頗高朗。"如《鑄鏡行》："妾念嫁時新鑄鏡，鑄成團團秋月色。從夫從軍藏入匣，鏡面已昏妾面隔。紅顏落爲霜葉枯，綠髮已隨秋草白。妾顏雖改心不轉，手携團鏡情脉脉。昨日書來在桑乾，新衣未寄舊衣單。秋風入户吹羅幌，妾身未衣念郎寒。何時降王來款塞，罷負長戈卸征鎧。歸來對鏡試春衫，團鏡重磨妾掃黛。"很有唐人氣韵。有的句子不但寫得別致，且注意聲韵、色彩的搭配，是一幅趣味很濃的圖畫："幾個修篁鳴翠雨，一溪流水隔紅塵。"語式雖明顯襲杜，仍不失獨會之趣。有的詩連續用典，但他有能力把典故銷融到自己的詩句中，看不到用典的痕迹："少年鞍馬事弓刀，關塞風塵變二毛。午夜謾談豪士鋏，一寒誰藉故人袍。新豐遣興惟沽酒，澤畔行吟秪命騷。此去周南莫留滯，金臺重築待英髦。"幾乎句句用典，但讀來没有絲毫疙疙瘩瘩的感覺。説明作者作詩駕馭語言的能力極强。

　　《梁園寓稿》的存世版本，目前所知爲文淵閣四庫本（九

卷）和正德本（原國立北平圖書館甲庫善本叢書，五卷，名
《梁園寓稿詩集》）。正德本雖然年代較四庫本爲早，然其錯訛
之處却遠較四庫本爲多，加之只有五卷，故本書點校選擇四庫本
爲底本，正德本爲校本。

四庫全書總目提要

　　臣等謹案：《梁園寓稿》九卷，明王翰撰。翰，字時舉，禹州人，元季隱居中條山中，明初出爲周王橚長史。王素驕，有異志。正諫弗納，斷指佯狂去。王敗，竟無所坐。事載《明史・周王傳》。後起爲翰林編修，謫廉州教授。夷獠亂，城陷，死難。《明史・藝文志》載所著有《弊帚集》五卷，《梁園寓稿》九卷。《弊帚集》今未見。此書卷數與《明史》合。焦竑《經籍志》止稱《寓稿》二卷，誤也。焦《志》別載翰《山林樵唱》一卷，今亦未見，殆併佚歟！

　　翰始抗驕王，終殉國事，其立身具有本末。而當時不以文章名，故古體往往有質直語。然自抒性情，無元人穠纖之習，七言近體聲調亦頗高朗。

　　國朝朱彝尊輯《明詩綜》，未録翰詩，當由未睹斯集。今以其人而存之，見聖代表彰忠烈、闡揚幽隱之義焉。〔一〕

校勘記

　　〔一〕原文後有“乾隆四十三年五月恭校上　總纂官……總校官……”等字樣，今不録。

五　古

古詩五首

空堂霜氣蕭，落木集已多。墻陰數叢菊，歲晏承陽和。置卷下堂行，自愛顏色佳。掇英泛濁醪，爲我駐年華。淵明已黃土，幽姿徒爾嘉。惆悵南山上，千載空烟霞。

清風泛欄楯，明月耿房帷。夜永草蟲吊，天長鴻雁悲。容華漸銷鑠，陽景空中馳。寶劍光陸離，白馬黃金羈。丈夫貴循名，詎以別離爲？含情掩瑶琴，涕泗空漣洏。

日暮洛陽道，北山正嶕嶢。高墳望纍纍，歲久青松凋。爲問葬者誰，云是漢唐朝。龜龍卧深草，文字半沉銷。凄風撲霜葉，陰雲慘寒郊。頹垣隱狐兔，荒棘鳴鷗鴉。千載雍門琴，令人涕淚交。

夷齊千載後，西山淡無姿。賢人千載生，空林老蕨薇。青青廟前柏，高高堂下碑。空山閱今古，同與天地摧。倜儻魯連子，抱義不逢時。片言爲解紛，尺素殺軍師。耻秦誓蹈海，辭趙非金爲。頹波無回流，砥柱高崔嵬。芳名在簡策，壯士歛風儀。

今日天氣佳，曳杖出衡門。凉露濕芒屨，清風感帨巾。幽鳥避人飛，游魚畏釣沉。蛛絲映空張，飢隼號北林。惡彼機事深，安能降我心。歸來遣世慮，濁酒聊自斟。

思山吟并序

余本山野人，自計懶殘與世而無爲者也。適以升斗所縻，動值轗軻。今放出田里，猶衣人衣，食人食，不能擺脱世故而爲快也。徒自羨歸鳥，望行雲，懷故山之松菊，作《思山吟》以寫其悒悒，且自勖云。

南山有松樹，托根白雲岑。枝葉冒霜雪，不易太古心。我昔來結茅，相對歲月深。輕花釀春酒，寒聲雜清琴。野馬被羈靮，沐猴强冠簪。華靡非其心，動踐所不任。我罪非所得，脱身事幽尋。歸來治田疇，損物猶蝱蟫。矯首望故山，白雨翳青林。首丘匪可忘，治任須及今。往從荷蓧徒，永與世幽沉。

牧　羊

羔羊不受秣，呦呦索晨牧。稚子懼出門，動與虎狼觸。垂鞭不敢前，常向風雨哭。我老輕其生，仗策入幽谷。原平散漫食，逕狹相追逐。霜餘野草白，沙寒山水緑。荒磴隨漁樵，深林雜麋鹿。讀書坐磐石，挎捕向皋陸。爲感蒙莊言，歸塗不可暮。

黄河曲

行吟散鬱積，日暮黄河曲。黄河昆侖來，萬里經平陸。西北限秦晉，東南走梁宋。龍門夜雨深，砥柱秋濤横。黿鼉時出没，鯨鯢相簸弄。艱險自天設，萬騎安所用。人事多乖迕，山河有變更。孝武宣房歌，千載有餘清〔一〕。朱梁白馬禍，草木動悲鳴。聖人總四溟，天地還清寧。河當一澄徹，因之作頌聲。

示子礪

我家本燕雲，皇考昔臄仕。門户早單弱，田園久廢置。中原喪亂頻，骨肉不得恃。兄弟棄草野，松楸作平地。今我雖偶存，貧病苦交至。有爾且暖眼，嗣續得不墜。富貴人所願，詩書須爾事。頭角似稍長，難以雜童稚。玉琢終待磨，木揉後成器。存陰必自惜，前修可追跂。數數恐傷恩，斯言爾當誌。

秋蟬抱葉而吟葉脱而墮困於群蟻亟
遣僕置高樹且憐而作詩吊之

一氣無停機，四時仍代用。萬物生兩間，潛植與蠢動。時至靡不榮，運往詎所慟？蟬生糞壤間，潛化自能玨。登木喜得時，鳴響甚恣縱。既免螳蜋搏，幸脱痀瘻中。或學秦箏鳴，或作雅琴弄。或緩美人歌，或繁小子誦。或静而獨鳴，或聚而相哄。不料甕内鷄，遽擬竹上鳳。涼飈一朝發，繁霜藉草重。强鳴聲噎塞，處危心惚恫。所付既靡鹽，脱落難持控。高蜇翅剪鍛，不飲腹空洞。局促塵埃中，蟻困況集衆。我行庭樹間，見之心爲痛。呼兒置深穩，聊盡爾餘哢。作詩予時哉，含悽不成諷。

言懷呈董仲綸訓導

南山有佳樹，衆鳥寒相依。佳樹何團團，歲暮心不移。高枝聊可嬉，低枝安我栖。有巢不能庇，敢望故林飛？古劍光射斗，陸沉還不朽。欲淬使之利，持此恐傷手。不若兩錢錐，反以得取售。向市空抱歸，令人顔甚厚。蟪蛐涎自濡，蛟龍嘘成雲。蟪蛐以自足，蛟龍或可馴。大小各逍遥，雕鶚何足論！方崖秋氣高，天宇何蕭騷。主人有西成，客子免焦勞。道途何縱横，使我顔色消。世故多紛紜，萬事徒瞥瞥。一笑欲拂衣，青山頻見招。筳篝幾欲折，秋風戀綈袍。書之雙淚下，楮觚不能操。

題管鮑論交圖

黃金是何物，能摧壯士心。有金交契厚，有金交意深。一朝金用盡，相看同路人。古人重交道，敬至義自伸。我觀管鮑徒，交厚情最親。知心兩無猜，巽讓常欣欣。斯可愧薄俗，外物非所珍。子魚能一擲，幼安同浮塵。棄之同一道，中有僞與真。高風魯連子，千載名如新。

初冬述懷

東風作雪意，竹窗寒策策。老鷗向晨鳴，飢鼠當晝嚇。不爨米瓶空，止飲酒樽側。妻子色悽涼，吾心自安適。前途有風雪，行路黑如漆。貂裘重不暖，素顏慘無質。吾生抱大拙，默坐永朝日。鶴長與鳧短，天性爲至佚。化工諒均平，守玄保真白。誦詩晤童子，或當發蒙密。

關山蚤行圖

早起去山店，鷄鳴月在天。瘦馬戀殘蒭，僕夫煩力牽。山外有畏途，石粗履幾穿。行行二十里，仿佛聞炊烟。林間宿鳥散，搖蕩露溥溥。遲明據鞍睡，夢裏到長安。

讀韓信傳

有功當記錄，有罪當準理。忘功治其罪，漢祖少恩耳。不忍一身誅，況及三族死。千載胡公言，爲雪泉下耻。胡氏有“功罪相準”之説，其論甚平，《綱目》取之。

讀儀秦傳

强秦奮關中，六國環恣睢。西上望函谷，壯士不能逾。地開天府險，法倣申韓餘。治道既出下，民性皆異趍。彼哉蘇張徒，挾詐從橫書。捭闔中時議，三寸撓萬夫。韓趙弗敢違，齊楚從其驅。車騎頗張皇，威焰烜赫如。最緩來踵迹，代衍還連茹。軻也論王道，妾婦明其狙。周綱既陵替，秦治非遠圖。土地何其貪，生民何其辜。兵甲日以麋，膏血日以塗。至今載簡策，莊士長不愉。斯人在三代，讒口伏顯誅。

四 老

漢祖匿私愛，吕氏不寧處。大位垂轉易，禍福在反覆。諫口徒期期，不勝留侯術。四老高蹈士，斯出亦頗辱。安劉實滅劉，爲趙速剪戮。周昌縱强相，何濟几上肉。激烈鴻鵠歌，不救身後毒。子房多廟算，此舉良不足。

初冬述懷時樊女南遷

北風吹大荒，晨霜隕群木。天宇淡寥寥，河水來汨汨。候雁常悲鳴，蟄蟲已跧伏。聿念遠行者，衣敝逢歲暮。況是羈縶人，何以營水菽。愁來安用生，酸痛徹心骨。

望雲生

峨峨太行山，悠悠行子心。憑高望鄉國，白雲翳遥岑。目觸心亦馳，親居宛在臨。欲發久裴回，悒悒傷中襟。孝哉狄文惠，才器真遺珠。推轂五龍起，扶日升天衢。元功照簡策，存與天地俱。許公純孝心，羹墻見昏曉。辭家曠定省，作郡理紛擾。懷親慕昔賢，襟韵同表表。惟此遠業期，令譽庶終保。

雪晴齋居

停午陰風生，向夜星彩没。入杯湯已冰，挾纊肌欲粟。始見微霰零，俄驚素花數。皓色射窗楮，輕聲碎軒竹。雅琴無秦箏，佳茗勝醽醁。愛此清夜吟，共剪西窗燭。

雪夜茗會

歲月忽云徂，倏爾值嘉令。軒裳謝束纏，蓬茅養清静。溪合玄冰積，階平白雪盛。時惟朋儕臨，杖屨造門徑。開門延客入，拜揖須展敬。土爐火新熾，石鼎安欲正。寒井方及深，清泠絶泥滓。奇茗畜時久，待此佳客命。蠅聲響不歇，蟹目亂無定。盞斝滌已潔，槃托拭更净。咽沃肝肺清，漱祛齒牙病。坐覺昏睡除，言出清淡勝。幸拜高軒臨，愧乏珍饌飣。鄭重彌明仙，聊爲盡吟興。

孝思堂

雙親久謝世，歲月倏已徂。音容宛猶在，曷以侍槃杯。晝思儼在堂，暮思恒倚閭。思之不能置，淚下霑衣裾。陵中有蓼莪，堂下有風木。草木尚有因，獨無父母屬。哀哀慈母勞，戚戚嚴父鞠。此心何時已，終身詎爲足。

題静學齋爲陳司訓

昔日武鄉侯，教子著明訓。嘉言載簡策，千古挹芳潤。我心身上衣，皦皦化爲緇。我身庭中樹，時時風撓之。内外受紛擾，聲利何由辭。陳均古好學，逸情知繕性。不惟誦書史，迹不邁門徑。理超性亦澄，物遣道自勝。跧居有餘樂，誓不嘆貧病。朋儕從講問，冠屨來相依。一朝施樂育，賢哲端可希。爲國儲賢才，文館多光輝。青雲終自致，白日看翻飛。

謁微子祠

朝登微子嶺，上有微子祠。我來拜堂下，升堂瞻聖儀。三人
儼相向，衣冠肖古時。嗟此崇黎地，何以知祀茲。好德本彝性，
公議孰掩之。林木交廕翳，岡巒互參差。泉脉且甘冽，周道通四
馳。我欲告邑人，好刻銅盤詞。

涉潞水

早發黎城縣，一水橫其前。其涘立行人，相聚聲喧喧。我問
今何之，欲渡無所緣。縣官欲安橋，漂流隨奔湍。邑人議舟航，
沙淺膠其船。幾人徒涉之，激射若洄漣。相望無百步，艱險如登
天。我觀古聖人，舟楫用濟川。杠梁有國政，使民無病褰。聖人
知有窮，而況私智焉。退居待水落，王事匪可延。扶掖一濟之，
河伯誠所憐。作詩識吾喜，書之山石巔。

講堂前右植石榴左植修竹是年蝗灾
竹爲所食石榴味苦感而有作

芳樹吐佳花，時近君子居。君子惜芬香，且愛枝葉敷。外飾
內不德，細葉含辛毒。妖蝗群飛來，四野無嘉穀。此木免噬嚙，
爲爾受性獨。所喜彼偶存，所悼惟修竹。抗節異群木，畜甘勝諸
菽。坐見顏色改，無復青陰穆。向惡尚免禍，外直恒遭戮。轉首
霜節至，問訊南窗菊。

送胡仲雅南歸

秋風拂庭梧，有客遠行邁。行邁將何之，家林稍雲外。向與
父母別，來叙兄弟愛。褰裳上中條，秋河方迅快。握手復幾時，

良會止一再。華筵接高論，芳德曳蘭佩。歸計何匆匆，令人增永慨。

郊園秋氣薄，征驂方載路。送客上中條，執手話離素。搖搖千里心，竟以親愛故。高亭多秋風，假道繁曉露。念子遠行邁，空山日將暮。搔首望江南，高林起烟霧。

中秋明月低，匹馬獨南歸。雨館蟲聲切，霜皋樹影稀。雲開鴻雁過，沙暖鵁鶄飛。想到江南日，高堂戲綵衣。

講堂前種竹舊極盛茂近爲蠶蝗所食頓見枯落
斐然君子無所托興復有可類者甚可悼焉

嫋嫋庭下竹，移根自當年。時霑雨露滋，近砌搖芳妍。持此冰霜操，歲寒心特堅。蠶蟲自何來，遶叢亂飛還。致使枝葉碎，勁節亦虧騫。嘉實竟不成，鳳飢亦可憐。百遶高堂下，使我心憂煎。〔二〕

校勘記

〔一〕"清"字，疑當作"情"。

〔二〕卷末原有"梁園寓稿卷一"字樣，今除去，下不再一一出校。

七　古

叩馬圖

商家社稷垂年久，如何竟落獨夫手。妖姬一寵四海毒，犬馬紛紛鹿臺走。周侯神聖天命新，渭濱晚起釣璜臣。旌旗東指盟津野，朝歌王氣空沉淪。兄弟遼海古墨胎，數言馬首驚風雷。君臣義分固如此，天意喪殷誰能回。歸來懷義腹應飽，周粟無食可終老。首陽山暖蕨薇甘，想見形容不枯槁。黃河水渾難濯纓，世賢豈待文王興。一窮直與天地並，景公千駟鴻毛輕。披圖一見長太息，習習清風生几席。衣冠儼若見儀刑，貪夫而廉懦夫立。

過韓廟

紛紛天下逐秦鹿，白蛇中斷鬼夜哭。將軍晚從隆準公，仗劍登壇萬人服。西來鐵馬疾如風，魏豹就虜猶兒童。背水一戰趙壁破，飛書纔入燕城崩。叱咤素號萬人敵，龍生敗死猶骨栗。帳下悲歌騅不逝，霸業無成劍鋙赤。將軍有功當對齊，假王一請君臣疑。鳥盡弓藏良可惜，拭淚更讀歸賜碑。

七夕篇

七夕家家望河鼓，烏鵲翩翩彩鸞翥。玉宇無聲河漢流，風遞吹歌喧萬户。我自少小攻文章，天孫爲乞雲錦裳。五色炫爛秋霞光，對客落筆聲鏘鏘。刻楮三年費心曲，畫蛇豈容添一足。人生所貴在真醇，以巧衒人猶衒玉。勸君乞巧莫乞深，巧深入骨淫人心。人心淫慝不可滌，柳州商監猶昨今。我爲多技足憂患，寧復此夕雜童忸。閉門却掃省前非，遥禮舂陵香一瓣。周子有《拙賦》。

毛述古山水

近山青青綰髻螺，遠山淡淡浮黛蛾。喬松廲石鐵作柯，白雲帖水迷澗阿。幾家老屋岩石側，長林落木秋瑟瑟。枯槎側倒枕長溪，路入陰崖行轉窄。樓臺隱隱出木末，山下僧歸背夕日。渡頭市散賣魚歸，平蕪落日蒼烟堆。兒子柴門指相似，遥望沙觜孤帆開。行人走迸山店宿，髯客跨驢如跨鹿。蒼頭苦怨行李重，步武跛蹩胼生足。畫工以畫傳其意，人生所貴在寡欲。蜀山楚水天下險，君胡爲乎苦跋躓。此圖題作行路難，非寫烟霞樂心曲。

樊宗亮墨竹

宗亮風神本瀟洒，胸中自有萬竹竿。蒼龍雨過影在壁，彩鳳月冷鳴空山。新詩數句細字寫，銀鈎挂在青琅玕。毫素醉揮烏帽脱，鵞綠淺蘸端溪寒。當時直欲乘興寫，豈料今日垂涕看。

徐士清墨竹

士清世上清狂士，狂寫墨竹竟得名。狂發拈筆寫一個，鐵網出海珊瑚青。持縑候謁四方客，醉卧木榻呼不醒。如山白璧不敢换，時拂素壁千竿成。士清士清狂且真，死爲狂鬼應有神。南山松下昔有墳，墳作平地松爲薪，壁間墨竹墨如新。我詩便作貧簹記，千載更有如斯人。

鑄鏡行

妾念嫁時新鑄鏡，鑄成團團秋月色。從夫從軍藏入匣，鏡面已昏妾面隔。紅顔落爲霜葉枯，緑髮已隨秋草白。妾顔雖改心不轉，手携團鏡情脉脉。昨日書來在桑乾，新衣未寄舊衣單。秋風入户吹羅幌，妾身未衣念郎寒。何時降王來款塞，罷負長戈卸征鎧。歸來對鏡試春衫，團鏡重磨妾掃黛。

冬日齋居遣懷

十月雪花大如手，朔吹奔騰撼北牖。閉門伏几讀古書，招客圍爐飲醇酎。世上行路風塵多，河水寒積白峨峨。爲儒無補謾癡絶，坐竊俸廩將如何？夙昔早有林泉興，野鶴山猿自天性。一落紅塵竟不歸，白雲久塞南山徑。廟堂之臣夔與龍，明堂之材柏與松。揖遜堯舜邁往古，製作禮樂同皇風。我本山中釣魚者，偶弄文墨自陶寫。沐猴安可着衣冠，夢入雲林亦瀟洒。滄浪之水何時清，水清待我濯長纓。束書從此便歸去，爲續沙頭鷗鷺盟。

送劉允中游關中

赤日當天凝不移，黃塵吹風雙眼迷。劉生觸此入關西，百跰不倦輕路蹊。我問劉生胡爲爾，載酒問道嚴登躋。自言我生如醢雞，欲挾扶摇運天池。又言我生如櫪馬，擬棄棧豆追駃騠。關中形勝天下少，壯觀奇聞恣探討。濁涇清渭光動摇，太華終南翠如掃。橐泉西去吊三良，商顔南來尋四皓。渭河橋邊楊夫子，直節千年照青史。常平坂下馬太史，萬丈文光猶不死。金童仙去謾荒涼，石馬陵空自碕礒。劉生兹游冠平生，胸次磊落氣崢嶸。豪邁不盡遠遊興，摳衣載質仍傳經。歸來多載晉唐帖，璞玉精金等奇絶。知生好古不好餘，青李來禽滿筐篋。我將得此課群兒，日向明窗臨一葉。我亦平生湖海心，會稽虞穴窮幽深。孰知病廢坐空室，門屏咫尺如遥岑。送君斯遊傷我心，不覺淚下沾衣襟。

狡兔行

中條山下三尺雪，狡兔不出深藏穴。連日不食仍苦飢，偷入林間行蹩躠。林間山麓無豐養，草根木實恣噬嗑。崗頭獵騎如雲來，俛耳縮頭心惙惙。蹤迹發露一躍出，健足過眼纔一瞥。黄犬脱手疾風飛，蒼鷹掣臂翻雲抉。窘迫只作嬰兒啼，狼藉平原洒毛血。兔肉不甘皮不美，徒逞騎射供笑咥。笑者何樂死何苦，更忍搜索倒絶滅。世上只言兔性狡，不見人心更險譎。

題賈原善典寶寒潭漁隱圖

君家舊在寒潭住，故寫新圖記幽趣。木落秋山潭水空，猶把長竿倚溪樹。角巾野服身翩翩，仿佛當年孟浩然。王門曳裾今幾年，夢魂長繞寒潭邊。他年賜告承恩渥，歸結草屋臨風烟。朝朝擊榜向巖石，只許白鷗伴幽寂。春來舉櫂入春潭，會見桃花泛晴碧。

北海鯨時北征納克楚[一]

偃蹇長鯨橫北海，怒歕風雷九州垓。九州壯士賁育徒，雄劍長弓幾千隊。長鯨掉尾鱗鬣張，壯士辟易弓劍傷。九州塵土山岳動，蔽虧日月無晶光。長鯨長鯨爾當殪，上帝威靈不可比。一朝怒遣似飛來，盡赤溟波千丈水。山岳重安日月明，長鯨長鯨爾獨死。

擁翠軒

梁園先生夷山曲，斸地開軒種修竹。千竿森立隔塵囂，十里蒼雲净炎燠。彈琴焚香意不俗，滿卷佳章咏淇澳。有時曳杖冠峨峨，披拂幽叢逸興多。樽罍每置清陰裏，日待嵇阮來經過。高挂幽軒一凭几，繞屋娟娟翠如洗。莫遣家僮掃落花，恐損庭前清鳳尾。

送毛教授扈從汝寧

稽山海上青連延，山陰自古多明賢。毛生登第方青年，風神不減王逸少。手中巨筆如修椽，立馬一掃三萬言，飄然滿紙飛雲烟。天官注意求才藷，曳裾更入東平府。東平揀賢如揀珠，直向稠人識眉宇。辭家躍馬蔡州行，蔡州舊是懸瓠城。汝南先賢有遺迹，勞君遠訪披榛荆。天生才器元無敵，日侍賢王親且密。朝朝染翰擅詞林，日日談經趨講席。先生有德如陽春，半載交情清且真。讀書不獨破萬卷，吐論便欲回千鈞。汀草青青汝水綠，八月扁舟渡洄曲。市中倘遇賣藥翁，爲我跪問長生錄。

酒家謠

大梁城中百萬家，誰家沽酒爲生涯。青帘白晝垂到地，書言美酒非爲誇。座中多是江南客，賣茶販鹽爲本業。自從伴着如花人，囊橐番番捲秋葉。日長不厭秦箏繁，夜闌不放清歌歇。篋裏黃金索已無，朝來暮去情漸疏。秋風吹斷高唐夢，但見陽臺明月孤。昨日書來寄親語，老病空牀淚如雨。寄與佳兒促早歸，何用離鄉作商賈。市中賣得舊衣錢，獨向黃河買去船。

騶虞圖

陽翟之山幾千里，山頭千丈神光起。騶虞瑞世生其間，百獸爭趨似群蟻。漆光玄章耀朝日，雪色白毛濯秋水。騶虞含仁性不殘，兩虎常從供飲食。野人奔走告王庭，整駕取之勞玉趾。鸞旗不動仙仗閑，逶巡俛首伏雕闌。鼓吹導引入城市，填衢塞巷居民看。咸言聖人堯舜德，基業永固安如山。玉燭調元風雨時，草木蕪蕪禽獸繁。儲祥兆和四靈至，騶虞稀見從古難。碣來賜宴乘運殿，群臣拜賀歡心顏。鶴駕東行獻金闕，天門曉啓紅光發。雕龍昇入龍顏喜，千官聚看稱奇絶。聖主謙沖不敢當，賢王遜美情尤切。寵章飛動賜金敕，虎士騰拿分玉節。歸命丹青寫作圖，記此奇形前代無。深林妥尾走妖狐，枯槎礪吻鳴老烏。落木紛紛下空谷，陰風颯颯吹黃蘆。一朝金門拜賜歸，華堂展玩皆歡呼。什襲珍藏爲至寶，金璧雖多孰敢估。

具慶堂詩爲臨潁教諭張朝宗作

沱江之水清如玉，紫霞山高翠堪掬。山下華堂畫不如，藹藹蒼烟廕喬木。翁媼相扶近百年，遺經教子成世賢。一朝典教來潁川，孝心養親人共憐。少者割鮮長行酒，具慶人間更稀有。昔年聞説朱壽昌，何似賢名世難朽。時向賓筵戲綵衣，新詩千首總珠璣。它年復領天官薦，除書更捧歡親闈。

題上清張真人畫陰厓長嘯圖

穹厓壁立三千尺，萬梃蒼官並厓立。半空垂瀑似飛龍，怪石秋陰護苔色。水邊鵠立是神仙，意欲飛空陵紫烟。白雲不隔華陽洞，緑波遠入桃花源。羽衣翩翩無覓處，萬壑千巖鎖烟霧。龍吟鳳嗷下青冥，天風振落三花樹。上清宮中仙子家，興來繞筆飛烟霞。蘇門一嘯聞千古，但恨不得隨仙槎。

校勘記

〔一〕"納克楚"，正德十三年五卷本作"那哈赤"。

梁園寓稿卷三

七古長短句

瑤臺篇

中條與太華，天際浮修眉。巨靈擘之翠壁斷，日月仿佛繮東西。瑤臺之峰去天才咫尺，下視齊州九點烟。霧迷中有至人骨法奇，芙蓉作裳荷製衣。玄雲石上紫芝秀，碧沙洞中瑤草肥。我時來尋步屧遲，杖藜直入白雲栖。林藏鼎竈自與人間隔，雲間或聞犬與雞。吾知子兮詎學商山采芝之黃綺，首陽食蕨之夷齊；亦不學遺世節兮三休宜，避地爲遠豺狼欺。有商碩輔此版築，至今草木含精輝。千年斯人躕芳躅，抱養元氣蟠塗泥。一日幡然作霖雨，坐使四海枯槁春淋漓。歸來濯足清漣漪，浩歌明月當巖扉，山靈有文慎勿移。

仙遊篇

無錢可買季子田，無地可置楊公廛。中條山下饒斥鹵，營田一區屋數椽。牀頭閒讀種樹書，有酒可斟琴可弦。酒酣耳熱聲嗚嗚，對客起舞身翩翩。既不能騎鯨鼓浪遊汗漫，又不能披雲掃霧瞻晴天，我來此世三十年，豪氣壓倒江湖前。輕鳧兩隻舃，扁舟一葉蓮。足濯滄海流，頭枕崑崙巔。仙山鼇背青連延，三十六宮飛紫烟。仙人一笑三千年，摩頂授我長生詮。我欲舉手謝塵世，此身縈繞終無緣。仙兮仙兮辭我清淚之漣漣，盼我美目之娟娟。群仙知我不可留，送我淡月清風邊。歸來兩耳聲喧喧，六合塵土厭腥羶。呼兒汲取薔薇露，滌手爲寫仙遊篇。

勸君酒

勸君酒，歲將暮。新歲冉冉來，舊歲堂堂去。去者挽不回，來者無由駐。春風吹落花，花落深可惜。不知向君面，吹落嬌紅色。歌緩聲，舞垂手，昨日少年今白首！歲將暮，勸君酒。

楊白花辭

楊白花，初二月，飛滿春江正愁絕。有客沙頭來告別，共挽長條落香雪。

楊白花，春冥冥，飄颻無定止，化作青浮萍。悠悠亦是無根蒂，可是無情動有情？

城南行

城南陌上東西路，戴勝飛來桑葉綠。綠桑枝低掛羅裙，佳人采桑春日曛。陌頭騎馬年少客，新着春衫面皙白。翠鞭時拍馬鞴吟，吟高調急驚春心。女郎遙隔桑隴聽，無由一笑開春襟。低眉躑躅立多時，回頭轉盼情亦深。妾爲盧郎婦，君有秋胡金。妾以節奉夫，君以金奉母。好置美酒壽高堂，君搥鼓，妾萬舞。援箏莫彈陌上桑，箏聲哀鳴兩心苦。

棠梨墓歌

棠梨花白春似雪，棠梨葉赤秋如血。春來秋去棠梨枝，長夜漫漫幾時徹。明月照青鏡，香霧綰翠鬟。草寒蟲嘖嘖，花落鶯關關。青燈耿玄閟，黃土埋紅顔。楊柳樓頭紅粉歌，舞罷春風斂翠蛾。莫厭樽前金叵羅，君看岡頭窣堵波。

爲祥符縣滕碩先生題騶虞卷

陸渾之疆，伊闕之旁。氣盤勢阻，水匯山蒼。神獸見之當八月，西律行天金氣洩。向嵎不怒亦不嘯，貌閑言和心且狎。但見黑章眹眹映林薄，白雪被身毛質潔。更有兩虎作興衛，供奉飮包不敢闚。賢王致之獻上京，詞臣制爲影頌聲。聖皇褒崇賜金敕，王言致此由皇靈。騶虞之身上天去，至今形質留丹青。承運殿上親賜與，白璧不換千金輕。騶虞千年爲上瑞，拜表又賀黄河清。

五　律

龍江別意二首

京華同作客，執手未能分。白雁天浮水，青山樹入雲。寫愁詩似盡，惜別酒生紋。薄暮空回首，高城日正曛。

送客都門道，旗亭酒一樽。雨餘芳草合，風定落花繁。曉樹連雲暗，春江帶雨渾。明朝定相憶，遥望一銷魂。

和王清源教諭寒夜雜咏

筋力年來減，窮愁客裏增。夜風摇榮戟，霜氣壓觚稜。砌凍花粘甓，窗虚紙照冰。哦詩清不寐，明發寄良朋。

過黎城縣

曉過黎城縣，川原似畫成。雞栖連樹着，牛鐸上山鳴。小酌茅柴酒，新嘗蕎麥羹。周文猶用武，聖代不煩兵。

過沁水縣米貴，市無得，賴司訓陳先生送酒米，一飯而過

邑小居民衆，途衝過客多。田荒多間石，路險半登坡。市米如炊玉，村醪似飲河。廣文青眼顧，相慰問如何。

初　冬

值此初冬候，頑雲凍不消。風威連夜動，雪意挾寒驕。官冷裝寒薄，川回得信遥。山中多故舊，何用作書招？

洛水春風寫竹作

行縢青竹杖，溪上獨來時。風定游絲墮，天長去鳥遲。閑雲流水意，隨柳傍花詩。無限幽人思，尋常少得知。

送陳主簿歸四明

祖帳近郊坰，花明爛漫春。十年三度嶺，萬里一吟身。東海老垂釣，西亭醉問津。謀身温飽外，詩酒見天真。

賀三十生子

立年古有室，生子未爲遲。湯餅皆佳客，弄璋多好詩。藍田生拱璧，清水出摩尼。從此喬家宅，烟樓不可卑。

禹功巖

琬琰何時寫，磨崖紀聖功。石紅經火烈，字緑見苔封。疏決功能就，懷襄害亦窮。魚鰕民免化，至德與天同。

挂鼓石

奇峰名挂鼓，今古竟相傳。樹密清陰合，烟消翠影圓。斕斑

驚踞虎，騫舉類飛鳶。月夜聞鼉吼，猶疑餘韵喧。

題山居幽趣圖

幽人愛岑寂，林下築幽居。觸石雲生谷，通泉溜決渠。鶴眠春院静，猿去晚林疏。時有采芝客，商歌振碧虚。

山居幽趣斷前詩句成

買得青山好，林居事事清。曉窗分竹色，夜枕落泉聲。露滴琴書潤，雲隨几杖生。未能脱簪笏，猿鳥莫忘情。

騶虞詩

騶虞神后出，佳氣藹山隅。瑞世千年出，從風百獸趨。質同金獬豸，性異白於菟。想見唐堯治，窗前展畫圖。

風木軒爲吴審理賦

庭際瞻嘉樹，蕭蕭日有聲。霜風仍見慘，歲月若爲情。有幸榮三釜，無時捧一罌。空階摇落處，相對淚縱横。

過湖口縣

澄江東去急，南槳入湖深。林密藏秋雨，山高倒夕陰。麗譙臨小縣，佛閣出遥岑。當得風濤便，無由得賞心。

過九江府

早發潯陽岸，秋風鴻雁高。谷容通窈窕，江色變葡萄。堅壁雄千雉，危檣艤萬艘。琵琶亭下水，猶似響檀槽。

五言排律

存心堂詩爲彭州判作

虛静元無迹，靈臺本湛然。服膺還有得，逐物亦能遷。準定知高下，銅光見醜妍。祇應求大用，未是泥塵編。北闕辭華衮，南荒拜繡旂。聽《韶》丹陛下，納表五雲邊。走馬來鍾阜，持麾到潁川。自今霄漢上，争看德星懸。

金陵送别圖爲體方黃先生作

聖代開文運，西江盛偉人。雅懷多蘊藉，大器負經綸。家世聯簪笏，聲光動縉紳。文雄才似水，詩俊筆如神。白雪難同調，青雲好致身。應時鳴鷟鷟，當世得麒麟。入作王門客，來爲上國賓。清操居侍從，博學待諮詢。文府多裁製，經筵費討論。晚山别館盛，春水片帆新。祖席多才彦，囊詩盡襲珍。吹臺追逸容，梁苑作詞臣。契合應無間，交游會有因。夷山登覽快，汴水往游頻。行樂追攀屢，論文懷抱伸。相知惟管鮑，交契得雷陳。擬向高陽里，相依爲卜鄰。

游上方寺和卜長史韵

尋幽來寶地，聯轡盡佳朋。隔水微聞磬，窺林遠見燈。未談超世法，先見小乘僧。古殿生虛籟，陰廊挂斷冰。幽軒聊借憩，高塔險難登。石鉢青蓮長，天香翠靄凝。風幡生夙悟，雷鼓報晨興。延坐分奇茗，登臨挂瘦藤。毒龍僧作伴，香象佛能乘。學道分真妄，參禪祖秀能。悟空魔女去，入定睡蛇騰。境界清凉勝，山林氣象增。雅懷端可重，塵抱不須矜。暫結跏趺坐，心源返照澄。

送柳思之武陟令

柳氏河東秀，何年去遠遐。祇應尋玉斧，得以住金華。拱璧來垂棘，名駒産渥洼。居鄉曾領薦，治縣久栽花。浪毀金爲礦，虛言玉有瑕。看山吟好句，見字識名家。重睹中天日，還乘貫月槎。承恩辭紫禁，霈命賜黃麻。未署移山判，先驅露冕車。兒童騎竹馬，父老候閭閻。明日麗譙鼓，鼕鼕報早衙。

五　絶

山居即事五首

群狙戲絕巘，一一聯臂下。雨黑人盡歸，竊食巖下稼。

每愛羅家老，殷勤久不窮。秋風新栗熟，先送滿筠籠。

清朝微雨歇，雲氣行丹崖。幾家挑菜女，笑下青峰來。

意閑禽鳥狎，同出更同栖。日高人尚眠，就向窗前啼。

餉田分野飯，社酒倒山樽。茅舍無人守，春風自閉門。

憶山居

一別南山後，于今已十年。相應東嶺月，空照草堂前。

無題五首

惆悵昨宵夢，千思與萬思。黃河流入海，豈有上天時。

心緒渾無定，春空百尺絲。夢隨蜀帝魄，啼血向花枝。

愁來情緒惡，錦瑟只聞拋。一任朱弦絕，何勞鳳嘴膠。

猶記城南別，歌殘折柳枝。春深歸未得，腸斷落花時。

坐見三春去，無心作冶遊。可憐明月夜，獨自倚高樓。

七　絕

閑居書事

功名場上早抽身，不踏長安陌上塵。明月清風無盡識，天將真景付閑人。

村居感事三首

共待優人是貴人，滿村簫鼓沸秋雲。夜來鄉校追呼急，總道兒童不好文。

早婚禮義已全乖，偷薄成風可更哀。幾欲持毫濡滄海，不勝今日續《新臺》。

親喪未葬不成哀，笙笛悠悠笑語開。月落燈昏梵唄歇，就中扶出醉人來。

題寒梅凍雀圖

冰肌翠袖淡無痕，照影羅浮江上村。霜鳥寒蜂解清意，徘徊風月欲黃昏。

題明皇吹簫圖二首

逆豎誰教解巧機，玉簫新進上方吹。進宮已自幾千里，亡國何須數百枚。

朝退從容適且安，《梁州》新譜合《清歡》。玉簫取次閑拈處，便有《霖鈴》《蜀道難》。

咏史五首

漢鼎恢圖入笑談，豈期失利向東山。召時已有忌才意，不待論封始犯顏。<small>孔融。</small>

鋤菜忘金志亦雄，眼高四海却如空。當時不識公孫度，必托中山大耳公。<small>管寧。</small>

剛愎從來蹈禍機，管生聰悟更知微。若非太守能容物，亦嘆秋風鸚鵡飛。<small>邴原。</small>

慢罵狂生捋虎鬚，比言雀鼠意何如。只緣要假劉郎手，兼道才名亦是虛。<small>禰衡。</small>

一擲難如不顧人，豫章一屈匪躬臣。葛巾野服非君物，合着當年夷皓身。<small>華歆。</small>

昭君怨

回首長門淚暗流，氊城春似漢宮秋。琵琶强勸單于酒，酒正酣時妾正愁。

讀汝南遺事三首

城南驚見宋人旗，寄重承麟事已遲。愧似二陵從北狩，非干鞍馬倦驅馳。

行院忠心匪石貞，乘輿北幸志難伸。誰知汝水深如海，能殺田橫五百人。仲德在徐邳時，人無老少，皆以行院呼之。

火烈幽蘭國祚終，絳山風節更高崇。九泉若見諸藩鎮，羞殺恒山武相公。恒山王仙。

南陌詞

南陌東邊楊柳枝，長條拂水綠參差。行人不似枝頭絮，也有無風到地時。

南陌東邊千樹花，東家開罷落西家。無心却愛西窗竹，只向牆陰長笋芽。

南陌東邊草染裙，嫩青深翠一時新。王孫去後無消息，春雨春烟惱殺人。

墨桃華

武陵溪畔春風面，研綠調朱染得真。尤愛倪生能畫意，只將淡墨寫精神。

雪夜雜詩

閉門吟咏學飢鳶，孤興高情自一天。清景惟詩收拾得，党家粗俗亦徒然。

不燻被暖知風定，未曉窗明覺雪深。一夜小齋清不寐，詩成旋教小童吟。

滿天星斗曉來收，萬丈瑤臺夢裏遊。物到歲寒偏耐看，一軒松竹不勝幽。

明河清淺護溪沙，白鶴歸來處士家。雪與寒梅有成約，夜來才放兩三花。

詩翁老去不禁寒，日在柴門已返關。清曉家僮呼我起，墻頭驚失夜來山。

雙瓜圖二首爲瞿長史賦

開圖好似吳興筆，愛與青斑爲寫生。中有周詩千古意，子孫蕃大更才名。

碧叢抽穗爲苿苜，青蔓懸瓜若旨苕。一段天機精妙處，便堪持此換瓊瑶。

瞿長史黄瓜圖

車前楚楚初抽穗，桂髓綿綿引嫩條。葉底翠罍真可摘，孰云不可報瓊瑶。

和王清源秋日漫興五首

苒苒沙汀展翠氈，行行苔徑踏青錢。適來倚杖看雲處，閑與白鷗相對眠。

閑扶藜杖立沙頭，水落空江露遠洲。紅日轉山將市散，幾多漁艇漾寒流。

信我行藏自有天，任他歲月似奔川。狂歌痛飲閑消遣，不過人間一百年。

菊花霜後半凋殘，壁下蚤吟不奈寒。多少朱門盡豪俊，十年掉臂不相干。

白鳥飛飛綠柳長，雨收秋水滿橫塘。敗荷折柄餘殘翠，老藕着花留晚香。

望嵩山

昔汝海楊飛輕《登嵩陽樓》詩曰："清洛遠披宮女佩，碧嵩高插羽人冠。"予過汝州，見少室宛然如一冠，適有輕霞搖曳其上，又如簪綬然。予奇而作詩以記之。

獵獵西風卷暮陰，芙蓉古樣映遙岑。物華呈瑞天然巧，橫冠青霞作玉簪。

和郵亭壁間趙氏韵

其夫嘗任朝官，以事從軍，詩語頗涉不平，余故矯其意而賡之。

駟馬高車亦可誇，簞瓢陋巷足生涯。自從任運無心後，楚越方知是一家。

賺蘭亭圖

山陰樂事已塵埃，留落名書到辨才。殉葬昭陵何足貴，他年佳傳更新裁。

題白鷺圖

垂柳含風綠綫長，春鉏飛下玉雙雙。一溪春水無人渡，低掠蒹葭過石淙。

白雲思親圖

暮山高處白雲生，遊子登臨淚滿纓。恨不此身生羽翼，隨雲飛去到親庭。

題子陵釣臺圖

浪迹江湖隱姓名，徵書何事下青冥。狂奴一語如真有，何用區區奏客星。

題畫竹三首爲黃伴讀作

雲望天風

翠壑風生萬竹啼，清秋搖落怨凄凄。疏叢頻仰渾無定，鳴鳳來時不得栖。

金風玉露

玉宇風生秋滿天，露華涼冷浸芝田。適來雲表皋禽下，獨立蒼苔警不眠。

淇水晴暉

淇水悠悠綠似苔，衛侯文雅亦賢才。可憐培養千年後，盡塞宣房更可哀。

孟浩然

詩愛襄陽老布衣，玉堂字字總珠璣。秋風歸興輸張翰，不道槎頭鯿正肥。

七　律

奉教題龍江送別圖

曉日瞳曨帳殿開，五雲光彩上蓬萊。鸞牋續卷題金薤，鶴駕臨江送玉杯。上國旌旗分將相，從官詞賦總鄒枚。蘭舟棹舉歈歌發，回首青山繞鳳臺。

夜月吹簫圖

梧桐月轉欲栖鴉，閑弄參差隔紫霞。彩鳳暗巢長樂樹，金鶯偷語上楊花。鬭妝涼露霑釵玉，簇仗香雲繞扇紗。吹到《涼州》移別調，君王親爲按紅牙。

和卞長史郊行

夢裏尋春覺後遲，分明曾到武陵西。川光浴日驪珠動，石氣蒸雲翠蓋齊。一曲柳塘初下雁，數家茅屋不聞鷄。世間萬事莊周蝶，且共隨花信馬蹄。

次韵峨眉山

霧作衣裳雲作屏，玻璃萬頃着娉婷。望夫石上偏多雨，織女河邊欲隕星。蟪蛄夏涼收淺絳，蟾蜍秋冷抹長青。可憐天際微顰處，六國興亡一夢醒。

雪後簡伯純縣令

大地山河罄一湔，臘間三白見豐年。天人巧剪銀河水，山岳新開玉井蓮。我欲忍寒還罷釣，人誰乘興未歸船。閉門不作袁安臥，賴有夷山令尹賢。

和黃體方郊行

長河水落露汀沙，隔水依稀似見花。曠野蒿萊千萬畝，荒村籬落兩三家。柳塘灩灩新堤固，麥隴青青小徑斜。自是遊人耽野趣，哦詩驢背不知賒。

題望雲思親圖

草鋪平野樹蒼蒼，遊子登臨倍感傷。鴻雁去邊生客思，白雲飛處望親鄉。山遮故國身難越，水接遙天恨共長。何日得歸盱水上，一樽春酒壽高堂。

送吳指揮扈從汝寧

曾屬櫜鞬侍玉墀，分藩又從汝南馳。幽蘭亭古連青項，懸瓠城高駐綵旗。射藝遠過猿臂巧，畫名不減虎頭癡。從容退食知多暇，好爲裁詩寄所思。

破　屋

大梁城內宋門前，借得盧仝屋數椽。一片危墙將倒地，四周破瓦好窺天。風穿每恨塵凝座，雨漏長憂濕滿氈。欲向浣花新卜築，無人爲送草堂錢。

送馬文隆縣令歸臨潁

醉把離杯汴水頭，大梁風物又新秋。金門賜宴連朝醉，華館題詩數日留。斛麥每承賢宰送，綈袍不待故人求。乞書儻許歸桑梓，投老瑤臺續舊游。

丹山歸隱

洞天深入結茅茨，陶令歸來鬢未絲。篠簜拂檐巢翡翠，蒹葭近釣隱鸕鷀。細炊白石能成飯，净掃蒼苔好看棋。縱有徵書何處覓，桃源去路少人知。

慈竹軒

何物風標可悦神，數竿修竹雜蘭蓀。開軒翠色連書幌，隱几清陰落酒樽。未睹朝陽鳴鸑鷟，方欣春雨長兒孫。羨君得此堪娛老，況復高堂更樹萱。

奉教題夷山晚望圖

朝朝鶴駕駐山頭，極目天南是越州。洱海川原何日到，蜀江風浪幾回留。鶺鴒每誦常聯榻，花萼相輝共倚樓。友愛天倫情最切，別來幾許鬢成秋。

古山道人詩卷

青山峨峨自太古，中有物外真仙人。一朝不隨舜花盡，千載要見蟠桃春。初平入山羊作隊，丁令還家鶴語神。自今好覓麻姑去，看到滄海飛黄塵。

臨池清興爲張敬惟作二首

夷山山下有行窩，池水經春綠似蘿。佳客到門常載酒，道人求字不籠鵝。樹連別院鶯聲滑，苔長閑庭鳥迹多。自是心傳有家法，莫忘三折始成波。

梁園雜沓市塵紅，中有幽人趣不同。門掩綠苔行白鶴，窗開蒼雪落青松。晴泥汩汩蟠蚯蚓，春水深深見活東。好似高情陶靖節，求工元不在絲桐。

送陳惟一司訓還鄢陵伯振教授
寫墨竹以送予就題於上

曾上陳家聚德亭，亭在城外，其址尚存。雲孫典教繼家聲。許由祠下花連墢，彭祖崗邊水繞城。籛史王門存藻鑑，橫經庠序樂群英。廣文特寫寒梢碧，爲表平生一節貞。

人日喜晴和體方伴讀韵

年年此日不常晴，今日晴光品物生。地底昆蟲將啓蟄，世間草木盡回榮。璇璣運轉天時正，玉燭調和氣候平。且喜新正風景好，題詩不似劍南情。

穀日喜晴和體方韵

穀旦占年喜得晴，春來無物不回生。日昇暘谷冰初泮，星轉蒼龍木向榮。斗米三錢書歲稔，遺蝗千尺見時平。風流只有梁園客，特寄新詩爲寫情。

送金伴讀歸汝寧省家

大梁門外分襟處，南望白雲是蔡州。且喜承恩延講席，又蒙榮賜上歸舟。幽軒月上吳城閉，洄曲春生汝水流。及到家庭元夕近，滿街燈火照歡遊。

送郭工副焕章之汝寧放糧

羨公本是汾陽後，致用還優經濟才。千里黃塵承命去，萬倉紅粟被恩開。柳添新綠遮文旆，梅送殘香入酒杯。莫待梁園春事已，公餘策馬早歸來。

和黃體方伴讀新蟬韵

滿地殘花過雨天，槐陰庭院響新蟬。輕敲金奏當窗外，閑撥銀箏向枕邊。曉露吸殘青草岸，晚風吹出綠楊烟。家山深處林亭好，曾被繁聲聒醉眠。

和體方遊相國寺

夷山寶刹自唐家，石塔橫空半欲斜。神鹿聽經翻貝葉，毒龍噴水出曇華。咒師碧眼渾如鵠，老衲弓身曲似蝦。知我登堂來問法，呼童先點趙州茶。

題騶虞圖

陽翟山前洛水濱，騶虞瑞世自驚人。珠璣落紙矜能賦，金碧爭輝看寫真。猛氣折衝風淅瀝，素毛抖擻雪精神。適來拜賜端門下，他日披觀勝鳳麟。

琴月軒詩卷

幽人獨坐敞華亭，霄宇無塵河漢橫。窗紙漸明知月上，琴絲微冷覺秋生。霜凝碧樹烏三繞，露下蒼苔鶴一鳴。更得梅花相慰藉，聞香三弄不勝清。

題畫竹爲胡子澄作

伶倫截得碧琅玕，裊裊新梢露未乾。便與鈞天裁鳳管，不將江浦製魚竿。蒼梧帝子峨眉老，空谷佳人翠袖寒。只有幽軒隱君子，時時寫入畫圖看。

挽草堂李先生爲李居恭

文江江上草堂寬，遊宦歸來鬢已皤。酒飲賢人秋社散，星亡處士夜臺寒。詩成自挽應難和，琴在無弦不用彈。自是承家有新錄，埋名千古便須刊。

奉教送汝陽王之國汝寧

宗藩百世鎮夷門，列郡分封合禮文。仙李盤根隨地盛，銀潢瀉派自天分。山川西去連秦晉，風教南來及汝墳。此去賢王思聖澤，千年職貢效殷勤。

客中清明

梁園三月遇清明，旅況蕭條百感生。故苑雨餘春草綠，高城日上曉烟輕。花間歌管歡娛動，月下鞦韆笑語聲。老去更無兒女念，祇餘拜掃最關情。

環翠堂二首爲王審理

一曲清流上四圍，世家種德有餘輝。親藩開卷題金蕥，念子趨庭着繡衣。風引晴嵐來几席，烏拖秋色入檐扉。江山孕秀門庭貴，夾路青槐四牡騑。

華堂夙構玉爲屏，故相當年識地靈。諸子鳳毛成令器，雙親鶴髮見遐齡。門前秋水千尋碧，窗外寒山四面青。珍重賢王揮彩筆，流傳百代播芳馨。

題瞿德皋奉親讀書處

日向華堂奉起居，夜歸芸閣坐觀書。養親願祝千齡壽，稽古須通萬卷餘。汗簡青青裁楚竹，厨羹白白饌江魚。它時曾作龍頭客，忠孝傳家定不虛。

梁園言懷

秋入梁園木葉稀，可憐歸計尚栖遲。形骸不爲裁詩瘦，鬢髮還因覽鏡悲。官路未通身已老，文章雖好數先奇。囊中清俸餘多少，又被窮人五鬼知。

寒潭漁隱

浪迹江湖作散人，碧潭霜冷見潛鱗。蘆華織被長眠雪，荷葉裁衣不涴塵。載酒幾回尋賀老，畫圖何處訪玄真。自今已是成嘉遁，莫向桃源別問津。

慎獨齋

危坐窮經得趣深，敬存直欲禁邪淫。道求實用惟王業，學到

真知見聖心。方寸不欹天地位，氣機纏動鬼神臨。先生猶恐多岐
盛，用扁高齋要自箴。

送趙煉師歸白雲庵

白雲庵對白雲岑，殿宇崢嶸雲氣深。裊裊青猿啼竹裏，雙雙
赤鯉見潭心。靈風颯爽神君至，秋月空明木客吟。羨子早年歸福
地，愧予何日遂投簪。

暮秋梁園言懷呈體方伯振二詩伯

一夕青霜木葉殘，地爐無火客衣單。敢思瀲灩葡萄釀，孰厭
闌干苜蓿盤。交到忘形貧亦好，拙知學步老尤難。涓埃未報君恩
重，不欲掃田學挂冠。

送時志秀才赴禮闈

梁園自古文辭盛，解后憐公有俊才。大器不為三語掾，雄文
奪得一經魁。鳳凰臺上詩情好，龍虎榜頭春意回。想到京華方二
月，須憑歸雁寄音來。

和賜瞿長史象牙笏韵

周旋庭陛已多年，名器新頒秩九遷。價重一雙和氏璧，賜同
十萬水衡錢。摛辭每揖金坡下，對命高擎玉殿前。舊物青氈何足
貴，好俱簪綬盛家傳。

奉教和王達善學士梅花四咏

梅影
黃昏相對自清神，移上闌干似寫真。窗外橫斜因得月，水邊
凌亂正愁人。瘦宜苔徑偏留迹，雅比花陰不染塵。何必臨風香萬

斛，一枝搖弄自生春。

梅香

雪爲丰采月爲神，檀藥風傳始辨真。高似廣寒攀桂客，幽如湘水佩蘭人。冰蕤吹破黃金粟，玉骨薰穰紫麝塵。世上群芳孰可比，可憐茉莉屬殘春。

梅魂

秖疑姑射是花神，傲兀風霜可見真。庾嶺有情能駐馬，羅浮無夢更迷人。冰花借月方成魄，雪態生香自出塵。一段素靈招不得，誰家紙帳又添春。

梅格

皓彩名香總入神，世間俗眼久迷真。靚妝可比惟西子，艷態相看是北人。籬菊也貪彭澤酒，海棠終污馬嵬塵。古來知己林和靖，別作孤山一樣春。

世府賜新荔枝

門山歲歲獻時新，飛舸凌波不動塵。露顆摘來方盛夏，風花開處正芳春。濃含異味真堪貢，遠帶餘香足可珍。金殿翠盤方進罷，分嘗何幸到愚臣。

對月和卞長史韻

滄溟東望色浮金，轉上寒空秋已深。我欲登樓乘逸興，誰能對影有新吟。懸知此夕三更月，曾照前人萬古心。喚醒謫仙波底醉，一壺芳酒與同斟。

奉教和秋日四題

秋意

黃昏簾幕雨纖纖，一段淒涼到枕邊。冉冉光陰留不住，悽悽情思苦難傳。潘安有興因他遣，宋玉多愁爲此牽。爭似無心隨化盡，數杯閑臥釣魚船。

秋信

寒來消息是誰傳，金井梧桐一葉先。殘暑已消團扇底，新涼纔到短檠前。問詳多在蛩聲裏，寄遠常從雁影邊。流浪浮生都不覺，知機林外有鳴蟬。

秋色

嵐光淡淡復濃濃，多在園林夕照中。綠減一川烟際草，紅添千樹水邊楓。落霞孤鶩吟難盡，折葦殘荷畫不工。只有謫仙情思苦，灞陵傷別意無窮。

秋聲

客窗攲枕夢難成，風入空簷爽籟生。穿過竹間金奏響，飄來松頂翠濤驚。一聲長笛吹霜急，萬户清砧擣月明。不識砌蛩緣底事，向人也作不平鳴。

陳如心家飲罷言懷

飲罷高齋借榻眠，臥聽更漏意蕭然。空牀夢斷雨方急，短燭吟殘花倒懸。舊館偶來還是客，明公相見即如仙。奔騰老驥渾無力，擬向亨途借一鞭。

驢死口號簡孫知縣

　　每向家山馳醉歸，長鳴曾入浣花溪。尋詩不畏途衝雪，沽酒那憂路有泥。貧裏市來渾似馬，客中亡去棄如雞。吳山不是多賢舊，便欲徒歸塵土迷。

七 律

聞呼鷹

九月清霜殺草萊，誰人出獵傍山隈。一聲高向林邊起，大翮翻從雲外來。祇爲戀恩飛不去，豈因求食喚將回。當年亦有荆州牧，曾築秋風百尺臺。

和成紀善許州懷古

漢季英雄總不如，開屯遷許造邦初。水生江口愁難渡，火烈磯頭怨未除。月照禪臺文甓斷，風穿獻廟玉牀虛。寒烟衰草繁昌道，欲讀殘碑幾字餘。

三省軒

一片靈臺玉琢成，時時點檢要惺惺。通開舊壁方窺月，澄净污池始見星。幾樹好梅連屋白，滿庭芳草入簾青。功夫到此規模大，不爲區區老一經。

送成紀善省親關中

端門賜告得馳歸，雪霽沙堤净不泥。寒度雁聲天遠近，早行林影月高低。河源出塞金繩直，嶽色連雲翠蓋齊。戲綵高堂稱壽畢，歸期先報鄭門西。

和王道録韵其人嘗住茅山

兩首新詩墨色濃，飄然逸氣有仙風。藜牀清夢飛爲蝶，竹杖通靈化作龍。商皓芝田雲更白，葛公丹井水猶紅。他年句曲尋真去，會向松邊問小童。

句曲仙山紫翠濃，茅君出入跨天風。高林賣杏曾教虎，大鼎燒丹乞與龍。瑶草種成連澗碧，蟠桃看得滿林紅。何時來問長生訣，還入群羊覓牧童。

雪禁體

彤雲垂地四茫茫，微霰初零集下堂。重壓竹梢還欲折，密封梅蕊不能香。氣淩杯酒渾無力，凍澀琴弦已不張。擬學歐公吟白戰，挑燈癡坐惱詩腸。

再用前韵

北風吹雪正微茫，無間茅茨與畫堂。留得映書遍瑩潔，掃來煮茗更清香。凍堅玉漏應難滴，力勁雕弓不易張。只有灞橋驢背客，敲詩搜遍九回腸。

和黄體方伴讀雪中即事

凜凜陰風捲暮霞，朝看庭樹總開花。漁舟一葉迷烟渚，獵騎千群踏晚沙。淡抹墻腰疑月色，旋添池面結冰華。乾坤萬象俱清絕，何問陶家與党家。

奉教和懷友詩韵

南望停雲思有餘，兩經霜葉落庭除。故人一去長懸榻，驛使重來不寄書。終日倚欄吟《伐木》，何時對酒賦《嘉魚》。轉頭又近重陽節，孰與登高共把茰。

和韵送陸員外

邂近梁園始識君，喜瞻眉宇勝空聞。胸中泉石元無價，筆底珠璣迥不群。一曲離歌迷汴水，滿襟歸興隔江雲。何時共貰金陵酒，對景新題興更分。

扈從鄭門迎駕

萬里西來渡跋提，賢王親迓築沙堤。曇花水冷蒼龍蟄，貝葉芸香白馬嘶。郁郁彩雲高捧日，紛紛花雨净無泥。歸依大覺資王化，更演洪恩及庶黎。

和劉菊莊先生韵

中條西畔築高亭，夜讀林皋燈散星。雨足小園催種藥，雪埋孤硯爲窮經。疏梅得月連窗白，芳草和烟滿徑青。擬和小山招隱句，他時把酒與君聽。

家近王官舊有亭，十年爲客鬢星星。心同陶令惟疏酒，宗繼文中不續經。俗子每看雙眼白，故人相對一燈青。挂冠欲買扁舟去，説與沙鷗亦不聽。

和黄伴讀雪意

彤雲水墨寫難工，四野蒼茫一望中。三麥正欣霑臘雪，千林先與戰東風。昏昏淡月驚枝鵲，漠漠飛沙失塞鴻。乘興有時佳客過，莫教相對酒樽空。

謝士烈送柴

三年爲客住梁園，兩眼昏眵雪滿顛。詩好每教高士許，家貧多得故人憐。驅寒但恨樽無酒，借暖今欣竈有烟。慚愧題書問餘用，欲求蒭豆苦無錢。

和體方立春日暄晴

春透簾櫳已解寒，春盤相送擬追歡。輕冰向暖難成凍，殘雪經銷不作團。階下草芽方展綠，枝頭梅子已生酸。袁安今有伸眉意，莫作冬前故態看。

送陳參政任滿赴京

佳政曾聞擬峴山，名邦佐治笑談間。官銜舊侍金鑾殿，人物今聯玉筍班。汴水放船冰已泮，隋堤送別柳初攀。百寮祖帳東門盛，冠蓋朝天望早還。

春　雪

一冬天氣喜温温，留作春寒故惱人。密灑紙窗疑是雨，旋鋪芳徑不生塵。舞同柳絮能爭巧，飛入梅花竟亂真。賦罷兔園看霽景，梁臺草色一番新。

題王審理山居幽趣圖

買得青山似畫屏，石田茅屋稱幽情。曉分竹色連窗碧，夜送泉聲到枕清。松下濕衣聞露滴，溪邊倚杖看雲生。他年報答君恩重，歸去重尋鷗鷺盟。

春雨亭

儀封教官亭子好，春雨題名意更深。雲起遠山凝望眼，雨鳴孤枕又驚心。紛紛草木生還足，忽忽光陰老易侵。不爲東皋農事喜，一犁端直萬黃金。

送通許張知縣考滿

繁臺草綠水流澌，正是郎官考績期。昔向斗牛占劍氣，今騎齋馬勸農時。雨餘梁苑花如錦，風暖隋堤柳拂絲。比到神京春正好，蓬萊宮殿碧參差。

題臨清書臺圖

小溪春漲没沙汀，竹樹連雲廡草亭。輕染麥光臨碧落，細研鵝綠寫《黃庭》。芸香散帙秋薰蠹，松火明窗夜讀經。好似瑤山西崦下，諸峰相對玉爲屏。

送河南王府判考績

三年佐治住東周，又及南轅報政秋。千里暮雲迷汴水，一簾疏雨別嵩丘。鳳臺曉上留新句，虎監春行訪舊遊。料得歸期在初夏，杖藜携酒待仙舟。

奉教咏白象

馴象安南産雪毛，浮洋北貢壓神鰲。行襄御輦隨仙仗，入衛皇宮聽舜《韶》。皓彩想從銀渚浴，穹形端似玉山高。適來王會圖中見，勢比驪虞意更豪。

送黃先生裳歸嵩縣

終軍懷抱賈生才，深閉衡門久不開。鶚薦兩從天外下，鹿車今許隴頭回。陸渾山好明如畫，伊水波澄綠似苔。西望白雲親舍近，滿襟歸興不須哀。

別汴城諸友

三載王門老曳裾，文章鄙俚世情疏。病多傍肆常求藥，視短停燈久廢書。報主壯心空磊落，向人別意謾躊躇。他年相憶知何處，淚洒黃河遡汴渠。

思親處爲孟叙倉代作張氏

夷山孝子思親處，正是江南親望時。碧岫萬重連海徼，白雲千里落天涯。慈闈久別寧無夢？客舍紓情只有詩。遠道絶音心更苦，年來觸目總成悲。

承顏堂爲瞿述作

孝子愉親供色養，承顏新寫墨浮光。座間共喜雙椿壽，庭下重瞻五桂芳。綵服舞嬉春正好，《白華》樂頌日偏長。武林千載清槐路，會見賢孫構肯堂。

簡臨潁大尹馬文隆

三載王門老教官，授經日日近金鑾。麝飄金墨詩情好，蟻泛宮壺酒興寬。老去每生鄉土念，歸來端爲故人歡。何時策杖瑤峰下，閑共雲山賦考槃。

南行留別

五月南行道路長，黃埃滿面汗流漿。入淮四望山如米，過潁三程水似湯。老去不堪鞍馬倦，客行端爲簡書忙。回頭却憶金門樂，白紵烏紗坐晚凉。

甘泉亭爲徐儀賓作

開國名臣忠孝家，靈泉涌出漱雲牙。香浮翠甃清涵玉，冷浸銀牀碧露沙。恩重王庭分德澤，祥開戚里永年華。自今百世同霑溉，福慶源源豈有涯！

龍江送別圖

雲霽天街生晚寒，賢王鶴駕從千官。珠璣爭璨文章麗，花萼相輝兄弟歡。玉勒馬回風日好，錦帆船放水雲寬。化成一代天倫厚，傳共周詩永不刊。

望雲思親圖

白雲天際閑舒卷，却似搖搖行子心。雲氣有時還變滅，子心無日不登臨。高林度過含疏雨，遠岫飛回落晚陰。不羨梁公爲令子，但存忠孝古猶今。

送夏典儀丁艱回金陵

梁園歲晚仍奔赴，清血霑襟誦《蓼莪》。鄉訃數行心已折，家庭千里夢先過。冶亭山暝蒼烟合，采石江空落木多。此去蒙恩借才俊，促歸南陌待鳴珂。

雪夜聯詩圖徐旭、楊景華、黃體方

三子清標骨已仙，要將大雅繼唐賢。詩吟柳絮春風外，人在梅花夜月邊。光奪蘭膏微有暈，氣凌茶竈濕無烟。想應一榻團欒處，絕勝山陰訪戴船。

送孫克讓赴京

梁王臺下分携處，匹馬行吟日暮時。囊橐半藏青李帖，簡編重補《白華》詩。金壺賜酒浮香蟻，彩筆生花點玉螭。想到京華未殘臘，好音莫遣寄來遲。

静熙軒爲伯振教授賦

逸客林居更闢軒，開軒時復看雲眠。偶來碧澗携明月，閑弄枯桐作響泉。松火夜窗搖絳影，木香晨榻散青烟。客來相對無塵抱，共説《南華》第二篇。

陵陽春曉圖爲審理賦

陵陽山下林亭好，更有高人爲卜鄰。幾個修篁鳴翠雨，一溪流水隔紅塵。靈龍過澗能迎客，幽鳥到窗如喚人。一住梁園驚歲月，春來頓覺夢歸頻。

赴任廉州教授別臨潁教諭張朝宗司訓丁宗岱

別館傷心雙淚連，畏途南去幾扶顛。杳如萍水家何在，縱有鱗鴻信不傳。七十歸來如隔世，八千行到已經年。城南記取分襟處，他日相逢是偶然。

南行赴合浦別臨潁知縣朱士容

南來六月別京畿，邑宰賢明更可依。仕路白頭如我少，世途青眼似公稀。蠻江波浪何時到，嶺海風烟甚日歸。來歲中秋明月底，與誰把酒共清暉？時中秋前一日作。

送故人韓士林北上

少年鞍馬事弓刀，關塞風塵變二毛。午夜謾彈豪士鋏，一寒誰借故人袍。新豐遣興惟沽酒，澤畔行吟秖命騷。此去周南莫留滯，金臺重築待英髦。

舟中望廬山

宮亭風靜鏡光平，回望匡廬翠靄凝。寶劍插天青玉立，香爐照日紫烟升。侵雲鳥道還通谷，隔水僧房秖見燈。擬向中峰看瀑布，生憎高岫白雲興。

登吳城山望湖亭

遷客登臨暫艤船，吳山絕頂出風烟。豫章南去帆衝雨，彭蠡西來浪接天。高士置芻思孺子，華亭留句憶坡仙。當時石砮今何在，空向神祠一惘然。

贈陳仲寬劉嘉善二賢者

藉甚才名英妙年，江湖何幸得同船。清時未許公藏器，晚歲翻令我着鞭。人物一雙真白璧，文章百選中青錢。他時邂逅逢知己，一薦雲衢上九天。

送監税李公考績

幾年携杖看山心，回首離情滿素襟。畫鷁衝開江水綠，玄猿啼斷越山深。長干沽酒臨風酌，采石題詩對月吟。復職歸來春欲半，梅關花盡已成陰。

欝林州道中

一生夢不到廉州，七十方知事遠遊。山接蒼梧從北去，水通合浦向南流。鬼門關外人行少，在北流縣南。海角亭邊客過愁。只有鷓鴣似鄉舊，數聲叫斷瘴雲秋。北方飛鳥，雖雁不過嶺南，惟鷓鴣至焉。

題郝陵川瓊花賦後

后土祠前春未歸，揚州城下塞鴻稀。仙人種玉雲迷洞，使客揮毫露濕衣。共道肝腸如鐵石，誰知咳唾有珠璣。茂陵屬國詩雖好，空向羊群看雪飛。

七 律

憶平陸舊遊

金鷄山頂鄧家園，乘興來遊坐水邊。柿葉染霜圍錦帳，菊花承露散金錢。溪頭怪石如人立，洞口蒼苔待我眠。何日再同三二友，一壺濁酒送殘年。

懷東城舊遊

水邊臺榭竹間亭，日日幽閑共客尋。妙曲唱闌歡再和，芳樽引滿却重斟。箏彈夜月金鶯語，笛弄春風綵鳳吟。往事已同風雨去，衰殘無復有初心。

雙 鶴

愛爾仙姿久出胎，如何困滯在塵埃。他山松頂足明月，何處水邊無綠苔。引頸有時思遠漢，戀恩終日立空街。自今便好仙山去，莫爲群鷄生怒猜。

讀歐文

先生筆底有風雷，訓練强兵自握機。埋獄龍泉須斂鍔，蘊山荆璞不藏輝。經丘覓壑滁山樂，問舍求田潁水歸。《本論》實宗《原道》說，眉山何事不傳衣？

借木綿衫

木綿如雪勝香羅，一借斯文不再過。近照翠衾知恰好，更加烏帶問如何。浣餘但覺薰香減，書罷常愁醉墨多。友義自今誠可重，同袍詩句正堪哦。

晉陽寒食

并州三月逢寒食，旅況蕭條百感中。草吐嫩芽猶滯雪，柳含輕絮未隨風。高原拜掃家家哭，小院鞦韆處處同。猶記去年張谷里，落紅撲馬畫橋東。

韓教授取抄詩稿以是答之

白髮刁騷六十翁，一生何事坐詩窮。雕天運海非爲貴，流水行雲始見工。市玉不容夸腐鼠，探珠直欲犯驪龍。當年束稿牛腰大，今日樽前一笑空。

大雪偶成

北風吹雪散瓊英，疑是雲孫巧剪成。平地鋪來偏潔白，漫天飛處總輕明。銀河傾瀉呈祥瑞，玉燭調合兆太平。來歲改元新治化，萬邦無事樂春耕。

鬭雞亭二首

一丘獨立勢崔嵬，形迹還疑是古臺。龍井效靈霑縣邑，神祠肖像擬公臺。谷雲度水風牽過，野霧理山雨洗開。如此風光良不惡，思鄉何用賦歸哉。

亭上題詩記我來，我來望眼與君開。荒陂斷壘依林麓，曠野孤村入草萊。勝概已爲先輩賞，登臨常使後人哀。行藏有命非吾必，何問雲臺與釣臺。

送孫太雅赴京

《蓼莪》誦罷淚沾巾，吉服初成值早春。昔入枌榆曾宰社，適來芹泮久爲賓。雪消江上風濤壯，雨過淮西草樹新。此去青雲高躍足，佇看鵬鶚離風塵。

秋　懷

秋窗昨夜秋風起，百感心成一寸灰。千里雁來書未至，五更蟲語夢初回。地連洛汭浮雲斷，山接滎陽夕照開。何日黃河航一葦，中條山頂望青臺。

鬭雞亭秋望

扶筇獨上鬭雞亭，俯瞰平郊望眼明。路入洧川寒曉斷，山連新鄭暮雲橫。烟生茅屋人家少，風起沙崗雁陣驚。況是老年多抱疾，豈堪登眺重傷情。

梅花次韵

秖疑姑射是花神，素影橫窗月寫真。斜出短籬猶皓鶴，獨居空谷似佳人。風前落去多沾石，水畔開時不染塵。總把百篇珠玉盛，端能換得十分春。

德星圖

昔人亭子有遺堆，日日登臨車馬來。二老高風留故事，諸郎雅望盡奇材。衣冠會集星辰動，賓主相逢懷抱開。千古清芬人共仰，何須聯步到公台。

再　咏

昔人久已爲塵土，猶記儀形入畫圖。共挽小車兄弟樂，笑揮談柄主賓娛。禮行樽俎賢人聚，光動雲霄太史書。誰寫富春嚴處士，滿江明月釣臺孤。

送陳司訓回京

幾年蹤迹困名場，一第栖遲又可傷。旅眼慣看秦樹碧，征衣尚染洛塵黄。燕城北望雲山斷，京國南歸道路長。我欲留君同是客，驪駒初唱勸離觴。

望雲軒爲白先生賦

大行高岫晚崔嵬，千里平郊霽景開。每爲望雲生遠思，那堪愛日起深哀。老親徒倚腸應斷，遊子登臨首重回。歲久慈幃疏定省，小軒終日獨徘徊。

簡臨潁令馬文隆

三年我作鄢陵客，半載爾爲臨潁官。歲月無情空冉冉，風塵不定浩漫漫。愁來白髮三千丈，醉倚畫樓十二闌。老去功名已無意，任抛青鏡不須看。

中秋和趙孟弘二首

廣寒深處有仙家，跨出秋空白玉蟆。顥氣挾寒成露顆，輕風拂曙結霜華。冰盤出海無纖翳，寶鑑當空絕點瑕。擬向清虛瞻兔魄，不堪老眼欲生花。

銀漢昭回勢欲流，瑶臺露下冷光浮。輕風捲雨作佳夕，皓彩射空生素秋。老子據牀多逸興，孀娥依桂不生愁。此宵常被陰霾誤，來歲高堂得賞不？

雲林書舍爲黄金華題

山中四序多佳趣，况住白雲緑樹間。繞舍流泉聲瀌瀌，隔簾幽鳥語關關。晴窗閣筆抄書罷，春沼留香洗硯殘。羡子妙年方膴仕，豈容歸隱佩秋蘭。

壽王教諭

楊柳初青鶯語嬌，祝君五福若春濤。亭前衆子皆蘭玉，席下諸生列俊髦。九萬鵬程天地闊，八千椿算海山高。花開滿眼春無際，盡放詩豪與酒豪。

過趙州石橋和杜緱山韵

隔斷紅塵竟不飛，客行石磴不粘泥。高連曉岸堆晴雪，斜跨青波卧彩霓。山勢遠連滄海闊，地維平見太行低。故園回首幾千里，悵望碧山山更西。

過涉縣

兩岸青山幾萬里，中間一水走如龍。數家市肆無居貨，百户廂民盡務農。兵燹罕經祠廟古，蝗灾不值歲時豐。前朝令尹多佳政，道側蒼碑記范公。

自涉至黎城山行即事

涉城城下渡衡漳，一道青林百里長。雲表連峰馳健馬，途中亂石卧群羊。溪頭雨過莓苔滑，谷口風來藥草香。鞍馬倦人聊少憩，山蟬無數噪斜陽。

過李靖祠

神頭嶺下衛公祠，樓觀穹窿覆古碑。堪笑韓彭真豎子，指揮褒鄂似嬰兒。金戈鐵馬興王日，羽扇綸巾滅寇時。戰策本期經國用，初心不與亂臣知。

王寨遇雨

西風吹雨晚瀟瀟，山館無人夜寂寥。病後豈堪鞍馬倦，老來偏怯路岐遥。孤燈耿耿夢初斷，雙棹悠悠魂欲消。自是奇窮多坎壈，非干王事獨賢勞。

過東吳嶺

東峰西峰相對起，南人北人來經過。潭光清心漾天影，松聲聒耳鳴雲和。馬蹄淩兢陟石磴，猿臂聯引垂巖阿。舉頭西望見姑射，烟林遠繞青嵯峨。

和丁志善韻 余去年平陸將入京，志善寄詩作別，余用韻寄志善云

君到吳山我夏城，山齋寂寞硯生冰。每逢夜雨成新恨，佇望停雲寄遠情。去館舊書今暫束，閑門無客晝長扃。年來病廢知何用，擬結江湖鷗鷺盟。

過眉山二蘇先生墓 葬處亦謂之峨眉山，在汝州郟縣

玉堂得意少知幾，嶺海歸來兩鬢絲。此處青山好埋骨，何年赤壁重銜悲。應知雙冢秋風日，正是連牀夜雨時。千古英靈猶不死，燭天文焰照峨眉。

洪武戊寅予去官平陸有律詩二章曾録示宋廣文至洪武辛巳告放歸田里復賡前韵二首仍簡宋廣文

一別吳山又四年，客途流落幾扶顛。諸生專業無多子，同宦居官有幾員？感舊聽殘秋夜雨，思鄉吟斷夕陽天。有時一付掀髯笑，得失原來是偶然。

三年奔走聽朝雞，誰料歸來覓舊題。塵暗粉垣詩尚在，雨生苔蘚徑都迷。天涯遠見孤帆小，地底平鋪萬瓦低。何幸再同三二友，一樽聊爲浣愁棲。

紅　葉

秋來萬木着新黄，只有楓林醉曉霜。炬火乘風焚赤壁，錦帆迎日下維揚。亂飄村島迷樵徑，遠泛宮溝出苑墻。最愛家園近重九，數枝籬外伴秋香。

中秋感舊

老到形骸病日侵，追思往事倍傷心。故人別我如雲散，濁酒同誰對月斟。佳節每從愁裏過，舊遊多向夢中尋。當年半醉題詩處，猶在瑶臺第一岑。

過周尚謙故居

十年行役事多艱，一宦纏通兩鬢斑。白社盡容陶令醉，長沙不放賈生還。草深藥徑經年塞，柳映柴門盡日關。未遇遺孤閑話舊，不堪相對淚潺湲。

久雨述懷

秋來連日雨淥淥，入夜閑愁苦不禁。冉冉綠苔沿砌長，瀟瀟黃葉擁門深。匡時疏拙無奇策，憂國衰殘負此心。長夜不眠空倚枕，挑燈時復一長吟。

題都門送別

鶚章一薦入青雲，送別都門酒半樽。江口山晴橫紫翠，石頭樹暝欲黃昏。郎官本應星辰貴，民物均霑雨露恩。佇看功庸書上考，綸音重下紫薇宸。

九日登瑤臺山

幾年蹤迹謾栖遲，今日登臨逸興飛。綠酒喜隨藜杖到，白頭須插菊花歸。蒼山日暮林烟合，潦水霜清雁影稀。願祝加餐強健在，年來此會莫相違。

清明有感

春水初生芹吐芽，柳綿飛雪滿澄沙。竹雞亂語桑蹊暗，野雉低飛麥隴斜。風散紙錢人上冢，雨昏喬木客還家。太平有象真堪詠，一幅青帘傍杏花。

清明登瑤臺

百丈仙臺與客遊，和風吹面正輕柔。誰家修竹偏臨水，何處垂楊不映樓。緩步偶逢佳處歇，放懷莫厭醉時謳。君看巫谷橋中水，斷送年光日夜流。

簡茅津渡梁巡檢二首

遊宦天涯二十年，歸來雙鬢已皤然。逢人寫帖常求采，送客裁詩不當錢。畫虎不成慚我拙，登龍有幸喜君賢。金龜不惜知音費，也向長安學醉眠。

曾向吳山訓子衿，豈期貧病苦相侵。一身卒歲無衣褐，十口逢灾罄橐金。載酒久無來問字，絕弦今已少知音。賢侯與我雖非舊，傾蓋相知意更深。

講堂雨中看新竹

瀟瀟疏雨落庭除，數尺新篁解籜餘。粉節乍開蛇蛻滑，翠翎初長鳳毛疏。不貪異味供佳客，須待長竿釣巨魚。若保歲寒心不改，閑齋長伴子猷居。

千葉石榴花

牡丹開罷到群芳，一種仙葩更異常。雨浥繁英雞幘碎，風梳密葉翠翎長。舞裙偏愛分腥血，笑靨應知姑射香。庭院開時多愛惜，莫教秋信到銀牀。

送外孫蘇敬 時爲大同府學生

流落風塵會合難，相逢老淚濕征衫。兵餘親舊憑誰問，道遠音書久不緘。函內儀容須默記，墓頭斷碣欲重劖。他年榜首青雲客，擬向南宮問阿咸。

送胡叔雅從軍

中條山下分携處，躍馬南行道路長。插月雕弓秋有力，倚風

寶劍夜生光。《龍韜》策略前賢敵，麟閣功名後代揚。奏凱歸來
當賜節，忠肝義膽永難忘。

初冬述懷

帶起儒冠五十年，誤身方覺爲儒冠。家貧那得連朝醉，歲歉
難逢一日歡。藜杖縛牀宜足矮，木綿裁被稱身寬。功名百念如灰
冷，只有詩狂不可鐫。

予去歲九日與史文英張仲禮會飲瑶臺山皆有
詩題於觀壁予末句曰但願加餐强健在來年
此會莫相違今年在平陸追和其韵以寄云

秋來爲客獨依依，厭見天邊朔雁飛。在路既歌王式去，荒村
偏喜杜陵歸。別來詩酒歡應少，老去親朋見亦稀。九日瑶臺有前
約，也應相憶怨相違。

和馮大尹九日見寄二首

昔住吳山歲月深，歸來聊復別儒林。喜逢佳節陪高宴，未向
明時嘆陸沉。官俸請教供色養，芳樽沽得稱閑吟。太平無事雙親
健，爲表當年忠孝心。

青山緑樹擁殘陽，携客登高過野堂。千里歸心勞望眼，九秋
吟興惱詩腸。鷗眠曲水荷應盡，蝶遶疏籬菊正芳。歲月無情彈指
過，不堪衰鬢又添霜。

和徐知縣重興學校

開基聖主振宏綱，繼統皇王正典常。萬道紅光增日彩，千行
彩篆粲龍章。史官秉筆書鴻業，髦士橫經集鱣堂。深感熙朝遵祖

訓，復令吾道藹輝光。

戊寅大赦

雜遝歡聲遍九垓，金雞銜赦下天街。鼎湖已墮乘雲去，寶座初登禁綱開。萬姓共朝龍虎地，五雲常繞鳳凰臺。小臣何幸霑恩澤，作頌應慚是菲才。

和合浦庚司訓讀書韵

道統相傳只一心，聖心日月本來明。舞儀靈鳳簫韶奏，告錫玄圭水土平。禮樂夔龍千古盛，勛庸周召萬人英。自從尼父刪修後，不識河汾續得成？

七　律

中秋小酌録呈諸賢友二首

浮雲四斂見朦朧，蟾泣秋霄海霧空。萬里素虹生碧落，九天丹桂墮金風。玉光浮動舞衣上，銀漢橫斜醉眼中。入手酒杯須強飲，不知來歲與誰同。

待月空庭得月遲，月臨山頂發清輝。初離滄海寒光濕，纔轉瑤臺列宿稀。清助婆娑看處興，影隨零亂舞時衣。相逢盡是他鄉客，休唱驚烏遠樹飛。

送曹李二秀才南上

鶚章一薦入青雲，耻作求田問舍人。銅雀賦成還可貴，錦囊詩在未爲貧。幸逢聖治隆千古，不信儒冠誤一身。二子才奇真倚玉，來年占斷杏園春。

吊劉敬可

平生時與道相違，一宦纔通兩鬢絲。身後尚存鸚鵡賦，生前空嘆鵾鴒詩。蒼天有意應難測，黃壤無情更可悲。江上梅花謾開徹，一壺村酒與誰携。

環翠軒

茲軒新創古城隈，地僻幽尋客到稀。風引浮嵐來几席，鳥拖空翠入檐扉。長楊拔地青千尺，疊嶂當軒玉四圍。單父政平民訟息，時來徙倚弄金徽。

九日登瑤臺和李儼夫韵

九日携朋上峻臺，擬將笑口酒邊開。天長落日搖林麓，野曠孤烟起草萊。身世飄零容易老，江山如此不常來。今朝幸忝龍山會，醉卧黃花繡作堆。

再題玩梅軒

含章殿下春歸去，聊挽東風入硯池。對影莫辭金谷酒，披香空費錦囊詩。不妨月底成三友，何必江南寄一枝。絕勝孤山山下客，空林風雪撲頭時。

雨中望條山

樹色昏昏慘不開，静林何處是樓臺。巒光隔户乍無有，雲影過簾常往來。虞坂泥深愁困驥，傅巖碑濕自生苔。翠屏何日重相對，欲倩南風掃宿霾。

鹽池曉望

涿鹿城頭曙色分，素池如練迥無塵。翠屏倒浸山光静，銀漢平鋪月色新。五月南風凝雪旬，四時飛鳥避雲津。想應須待調羹手，擬共江梅入八珍。

虞城送別

寒雲漠漠樹蒼蒼，瘦馬頻驅古坂長。版籍初歸周德化，山川終屬晉封疆。地連虢國風烟合，路入閑田草木荒。送客重嗟興廢事，清笳吹恨滿離腸。

王官谷

西風策馬問王官，松徑縈紆上百盤。泉響夜譚穿石竇，峰高天柱矗雲端。一鳴共許才華舊，三詔方知節操寒。花落鳥啼人不見，休休亭上倚欄干。

秦樓夕照此下二首分題送閻知縣作

檐前歸鳥去紛紛，十二欄干帶夕曛。風揚繡旌紅窈窕，光流綺席碧氤氳。珠簾捲雨擡秋水，玉笛吟霜遏綵雲。君到神京多壯觀，建章鵁鶄隱祥氛。

瑤臺夜月

月滿珠宮露滿階，鞭鸞羽客上瑤臺。香浮明水仙壇静，雲散秋空桂殿開。靈鶴有聲通碧嶂，蟠桃留影印蒼苔。想君他日蓬萊上，應對清輝寄遠懷。

題蘇莊洞神觀樓

萬疊青山百尺樓，倚欄空翠潑雙眸。波澄碧簟鋪沙際，霜重紅綃剪樹頭。玉洞月明丹火冷，寶壇風細劍光流。平生作客多秋興，便擬登臨賦遠遊。

楊村至張郭店道中

牛羊相喚下高原，雞犬柴桑半掩門。野水滿陂搖渌静，疏鐘一扣破黄昏。離鴻的的沉沙磧，瘦馬時時銜草根。景物令人自悽切，不須爲客亦消魂。

望中條山懷道卿王先生

雨洗烟嵐千萬岑，卜居真得古人心。用司空圖事。黄金揮盡詩書富，白髮從生道義深。出處須因時顯晦，聲名不逐世浮沉。幾時聽雨蓬窗底，樽酒論文細細斟。

過陽城祠

荆棘叢深隱壞垣，半庭殘甓草芊芊。餘生本擬成孤憤，直諫雖伸已五年。嶺徼風烟驚鵩鳥，條山花木怨啼鵑。當初只合終佳遁，謾費昌黎論一篇。

重遊柏塔寺有感

曾伴衰翁宿上房，海榴樹下掛詩囊。白雲隔洞迷雞犬，翠竹摧梢失鳳凰。人呼山爲鳳凰頭。靈籟聲回驚殿鐸，雨花香散滿禪床。遠公化去誰同話，月落空庭塔影長。

瑶臺頂已下八首送趙原仁赴京

十二仙鬟接紫青，玉田日暖曉烟輕。風回鶴駕鸞聲遠，月濕鯨波兔影清。古殿秋陰雷雨黑，蒼崖返照瀑泉明。恨無畫手王摩詰，寫作新圖送客行。

秦　樓

瀟瀟棟宇自明昌，城郭人民半杳茫。簾捲太行秋氣壯，窗搖汾水素波光。目窮白鳥天邊樹，詩落青山雲外莊。於此登臨送君去，闌干留我倚斜陽。

涑　水

一派靈源滾滾來，風搖錦浪岸花開。橋分野色行人去，雨没沙痕釣客回。秋净霜澄明似練，春深烟染碧如苔。羨君自有朝宗志，莫怪磯頭鷗鷺猜。

碧流橋

山下寒泉勝醴甘，板橋倒影静波涵。闌干春曉看魚樂，蹤迹霜晨見客貪。洗耳欣聞清漱玉，染衣偏愛翠揉藍。勸君莫愴河梁別，擬泛星槎到斗南。

巫咸谷橋

陵谷誰知幾變遷，市橋猶號古商賢。紅塵閑看送車馬，綠水静聞流管弦。萬古山川能尚質，一時花柳自争妍。王家平乂君當勉，莫作臨岐一愴然。

司馬斷碑

事業堂堂三代前，可憐碑石幾多傳。眉山手墨已無半，哲廟宸書僅得全。荒冢雨餘生直棘，杏園春晚少啼鵑。江南君到逢司馬，爲問渠孫若個賢？

巫咸谷

深谷逶迤策馬過，松門行盡入烟蘿。鳳聲出樹大音作，鳥迹留沙古篆多。草樹昔年霑帝澤，泉流今日是恩波。知君要上經綸策，未許烟霞理釣蓑。

禹　城

空城隱隱枕鳴條，大禹卑宫萬國朝。九數契中非出洛，八年在外獨乘橇。雨收殘壘苔痕綠，燒過高臺草色焦。君去明州經會稽，神祠走奠莫辭遥。

柏塔寺<small>已下十首送趙原仁歸浙東</small>

巖隈寺古極幽尋，石徑人稀苔蘚深。寶鐸有聲生晚籟，柏林無雨結秋陰。山猿抱子眠青竹，野鹿生麑下碧岑。君正妙年方樹立，未甘習静便投簪。

正心堂

昔人經制有規箴，名扁公堂作正心。方寸不欹天地位，氣機才動鬼神臨。無私自覺琴書樂，有止何勞簿領尋。分手屬君崇此志，他年階下有棠陰。

巫咸頂

孤峰削出冠群山，古洞陰風振畫欄。翠竹尚敲環佩冷，白雲猶點鬢毛斑。兩朝勛耀壁經在，千古斜陽草樹閑。於此送君還有擬，商家相業尚能攀。

孤石嶺

鳥道縈紆入太虛，雲根百丈峙山隅。錦苔春滑揩機後，玉骨秋寒塞海餘。蒼怪合教狂米拜，秀靈端似美人居。南歸送過石城下，好倩西風雁寄書。

楊公祠

中條山下古祠荒，祠下疏槐葉半黃。五載醉鄉心兀兀，一封諫疏語琅琅。朝廷獨立寸心赤，嶺徼思歸兩鬢霜。此去却當書上考，五雲飛出紫泥香。

玉　溪

樹陰回合四圍山，一道飛泉轉玉環。嫩竹掃花風外亞，新苔封字雨中斑。韋編三絕誰能贊，麟筆千年獨可攀。更羨君才長史學，會看執政紀朝班。

中條山

首尾相蟠千里來，中分關陝勢崔嵬。鑿開地脉黃流出，劈破雲根翠壁開。古雪埋峰明劍戟，蒼烟鎖樹失樓臺。金陵自古多佳麗，詩到鍾山不易裁。

李綽堰

長堤西去勢蜿蜒，經理相傳大定賢。秋蚓行泥身碻碻，蒼龍照水影翩翩。綠楊三月飛春雪，碧草千年起暮烟。君到汴河南去路，擬將詩句咏當年。

原上寺

高原古刹四無鄰，水石清幽洗毒塵。林下誦經翻貝葉，籬邊掃雪折霜筠。風回峻嶺猿聲響，雨過沿溪虎迹新。護國招提有真印，參禪應現宰官身。

譙樓秋望

樓下九衢千丈塵，樓頭爽氣豁煩襟。秋高姑射林烟薄，霜落長汾雁影沉。萬物生成君相力，二儀清静聖賢心。掀髯大笑無人識，徙倚闌干獨自吟。

讀馮瀛王長樂叙

五朝榮寵正堪羞，忍更爲文耀士流？節義却交王婦立，安危徒羨聶生憂。兔園文鄙誰堪讀，鄉國臺高謾久留。閉口安身竊師保，不知誰起告嘉猷。

送丁大尹之稷山

百里歌謠化已深，改轅何以慰民心。情高未減《藍田記》，道重宜橫單父琴。姑射月高秋寂寂，素汾霜落晚沉沉。福星今夜西南望，一片閑雲思不任。

宿介休

吟斷西風首重搔，一肩行李不勝勞。雲移天影霽光淡，雨洗山容秋氣高。末路艱危心易感，少年凌轢意偏豪。月明孤館不成夢，起坐挑燈讀楚騷。

上張思廣助教

歲月多因酒破除，自慚彈鋏爲歌魚。萬夫膽氣雙蓬鬢，四海聲名一草廬。霍岳雨晴神惠溥，堯祠風暖聖心虛。年來頓有江湖夢，且莫頻修光範書。

題李延齡罔極堂詩卷

萬里燕城烽火飛，天涯親骨未曾歸。白雲遮眼荒山遠，春雨驚心宿草稀。風急廣庭無靜木，月寒總帳有明衣。吾親亦被兵塵隔，安得相逢淚不揮。

題高以正正心齋詩卷

鏡裏靈臺本湛然，不知何處得雲烟。河源既濁流難潔，竿表先傾影亦偏。若向靜時無隔蔽，不容動處指媸妍。羨君有志窺賢聖，霽月光風共此天。

送李可宗歸汴

中原烽火二十年，避地今成雪滿顛。無奈憶鄉愁似海，不禁哭子淚如泉。入門惆悵看松菊，隔水依稀認墓田。此夜中條山館裏，歸心應不負啼鵑。

偶書二首

大笑高吟泄不平，區區寵辱若爲驚。舌顛極快深藏劍，意緒難防類守城。五反自當懲小忿，三休足可了余生。篷窗終日忘形坐，一席從教野老爭。

庸庸轣綫愧才疏，多口曾招禍有餘。去就已如巢幕燕，功名渾類上竿魚。昨非今是無多遠，覆雨翻雲一任渠。萬事從今都撥置，荷鉏歸去理殘書。

喜雨二首

六合塵埃眼孔黄，百年愁思鬢毛蒼。輕雷欲送千山雨，灝氣先供一枕涼。須覺風光成樂土，忽疑身世上羲皇。須臾雲破遙山出，的的林稍挂夕陽。

鳴鳩拖雨過中條，清意令人酒半消。香靄畫簾凝不動，烟沉綠樹聚還飄。大田多稼望中變，八月滄江枕上潮。耕鑿雖勤皆帝力，昇平今見到漁樵。

送陳主簿歸四明

獵獵南風暫艤舟，一杯聊爲浣離愁。洛陽醉裏花經眼，隋岸行時柳拂頭。一卷《離騷》吟澤國，半肩襏襫舞滄州。幾時結屋鄮山下，釣月畊雲共白鷗。

送楊秉文赴京

中條山下柳絲飛，送客花村問酒旗。風遞晴嵐沉極浦，雨添新水漲前溪。問程見説孤烟外，散飲那逢落照時。渭北江東更愁絕，暮雲春樹總相思。

和陳克齋清明登瑶臺有感

曾將簿領上仙臺，今日清明偶獨來。接步翠藤搖露下，題名青壁拂雲開。自收柏子歸香鼎，旋拾松花入酒醅。如此山川良不惡，無端鄉思更難裁。

物外仙山十二臺，松間騎馬記曾來。思鄉懷古腸堪斷，感物傷時眼倦開。窈窕一聲青玉案，葡萄千斛紫霞醅。無邊花柳皆愁思，何事東君費剪裁。

露洗空山白玉臺，當年金母御風來。澗邊瑤草香難歇，洞裏碧桃花自開。雨後苔痕侵舊字，座間山影蘸新醅。去家遊子愁千種，白紵輕衫誰與裁？

和悼亡二首

夢覺西窗淚暗流，不堪春盡獨登樓。蛛絲度過縈羅幌，燕子飛來上玉鈎。心事不隨蕉葉展，淚痕更比燭花稠。從今不傍闌干角，曾倚瓊肩對月謳。

九泉玉骨已埋冰，哭盡東風竟失聲。萬古香魂心不死，一春嬌眼淚難晴。珠沉滄海終無夢，劍合延津自有情。幾欲寫真何處擬，梨花和月上銀屏。

孤山道中二首

一徑通村入翠微，巖花清曉正霏霏。崖鴉失侶頻相喚，野雉將雛近不飛。晨汲轆轤鳴北室，夜眠襏襫掛柴扉。月高犬吠空林靜，多是山人采藥歸。

四望田疇如掌平，孤峰拔起近蒼冥。半山傑閣依空住，一炷清香下界馨。石洞往看龍氣黑，雲龕夜見佛燈青。悔來不着登山屐，自掃天花禮上層。

福善寺宣和畫壁

宣和崇畫古來稀，名筆誰知向此揮。貝葉寫成清梵語，空花飛滿古天衣。咒師持鉢降龍下，禪子談經跨虎歸。他日重來持粉墨，近窗臨榻得依稀。

福善寺開元石幢

孤山山下開元寺，石刻觚棱尚宛然。琬琰字形存晋法，依稀文律記唐賢。樹經劫火枝全死，塔裂驚霆瓦半懸。階下村翁還好事，摩挲爲問幾何年。

班管清響異常予甚愛之昨失於道以其相從
最久爲吾樂多矣不能忘情作詩紀之

秀出千林特異材，失來一月不登臺。揚州祠下催瓊蕊，赤壁磯頭送酒杯。對月幾傷閑袖手，臨風可忍謾支頤？繁弦急管徒塵耳，臥聽空山萬竅哀。

喜雨和朱宣韵

時逼新秋旱愈加，穰穰無復滿田車。雲頭迸電金繩出，雨脚垂天玉柱斜。蝸上空墙留篆字，蚓穿平地破苔花。使君亭上詩成後，爲播芳名及遠邇。

先約九日共城中諸賢友登瑶臺至日風雨大作
予處荒村無菊酒自娛閉門兀坐終日晚命童
兒取筆書近體詩明日寄與約者

物外仙臺許共遊，幅巾藜杖映清秋。黃華空嘆歲年暮，白髮不禁風雨愁。有帖催租敗詩興，無錢對酒恐囊羞。明年再會俱強健，一躍凌雲到上頭。

中秋對月望瑶臺感舊兼簡城中諸朋友二首

碧落無雲河漢流，野亭孤坐思悠悠。廣寒殿啓銀蟾躍，古桂香飄玉斧收。詩客久回千里駕，仙臺高接五城樓。遥知樽酒陪清賞，簫罷臨風恣唱酬。

孤負中秋又一年，草窗閑坐不成眠。莫辭醁酒十分滿，能對清輝幾度圓？三匝短歌悲晚景，一聲長笛破秋烟。人生憂樂無窮達，莫把清狂説玉川。

送解克銘周仲玉吴所宗赴京

萬疊青山萬疊愁，茅津飲餞暫維舟。避名不必言雞鳳，混迹何妨唤馬牛。雨霽烟嵐分島嶼，水生鳬雁下汀洲。殊鄉風物須珍重，堂上慈親已白頭。

苦雨用洪武韵成

白日韜光不肯晴，擁衾熟睡失昏明。雲來窗户蛟龍入，水積堂階蛙蚓行。欲買扁舟繫籬落，只愁平地化滄溟。誰言煉石神功大，不與秋旻補漏傾。

解氏從子繼嗣詩卷

百派泉分共此源，一支纔絶痛終天。楷模少似盧家正，風義多稱鄧氏賢。識字更過阿買俊，能詩未及仲容年。芝蘭玉樹階庭物，詎肯低眉愧謝玄？

寄李延齡

回首匆匆歲又殘，新裁詩句問平安。竹窗夜讀薰爐暖，芸閣冬眠布被寒。客久莫辭杯潋灩，官貧休厭菜闌干。馮君若問予生意，贏得豐年菽水歡。

七　律

平陸縣丞何德舉吾文字友也官滿報政京師近書來升嵩縣知縣余作近體詩答之

塵慮今朝一笑開，嵩陽賢令寄書來。但驚風雨生華翰，頓覺陽春被草萊。携酒入雲尋好石，談詩和月坐蒼苔。如今情致都無此，欲報瓊瑤愧不才。

言懷柬解州典教黎先生

袖拂烟霞卧石磯，平田漠漠樹依依。碧天雲静鶴心遠，白露江寒雁影稀。微命未霑生不偶，老懷雖壯事多違。中條盡有誅茅處，一任王孫歸不歸。

虞城懷古

虞阪山深樹石蒼，偶來吊古獨彷徨。草生夜雨閑田綠，蓬斷秋風假道荒。霸業千年慚詭譎，忠臣一諫繫存亡。行人莫向空城宿，拍枕河聲東去長。

燈夕在平陸感舊三首

曾向斜街寄醉眠，燕城回首幾經年。風柔廣陌燈初掛，雲散仙臺月正懸。吟筆欲揮詩唾玉，舞裙才動步生蓮。而今寂寞揚雄宅，獨對長檠雪滿氈。

海子橋頭踏月明，金魚館裏聽簫聲。九重燈火連三夜，萬井笙歌徹五更。綺陌人歸珠翠落，綵雲仙下佩環輕。轉頭已作昇平夢，誰信桑田碧海生。

佳節相逢處處同，老來無復舊情悰。山城歲歉燈還惡，官舍愁深酒不釀。末路行藏詩句裏，故鄉風物夢魂中。夜深孤坐無人語，閑撥爐灰到暮鐘。

遊西城馮叟花園二首

小圃尋幽攬轡過，地偏花木得春多。燕回芳草輕輕舞，鶯入垂楊緩緩歌。蒼蔔引條舒翠幄，牡丹開萼捲香羅。浮生好向花前醉，歲月無情奈老何。

張谷東頭訪隱君，柳花吹雪白紛紛。藥苗經雨和烟種，泉脉穿雲帶月分。僧謁晨齋燒玉筍，客來晚飯煮香芹。清歡未盡催歸去，啼鳥一聲春日曛。

喜雨再用前韵似丁大尹

龍公傾雨洒愆陽，挽落銀河萬丈長。華委亂紅霑曉砌，苔生新綠遍陰墻。烟空洲渚蒹葭静，水滿陂田穤稏香。賴有琴堂賢守令，聊將詩句寫荒凉。

觀舞天魔

憶昔開元天上樂，遺音傳向世間來。鵾弦夜撥風生殿，羯鼓春敲花滿臺。荔子漿寒醒未解，海棠日暖夢初回。誰知百戰功成後，一曲《霓裳》種禍胎。

九日無菊

常年九日爭攀菊，今歲秋香似要催。詩客每憐佳節近，花神還待蚤霜開。江頭子美空搖櫓，籬下淵明懶舉杯。蕭索故園惟落木，紛紛蜂蝶謾飛來。

洪武甲子中秋夜祀風雷山川前此積雨是夜晴霽喜而賦詩以誌云

連日霪霖此夜乾，滿天星月照虛壇。靈風微動飄鐘磬，清露斜飛濕佩冠。祈報有常群物阜，幽明無間寸心丹。山林野客知何幸，亦入鸞行列後班。

宮之奇廟

空山遺廟遠難尋，斜入荒林一徑陰。碧瓦落風蒼鼠走，畫梁窺月訓狐吟。顛輈兵入亡脣齒，函谷臣歸去腹心。若此貪昏何可諫，知機難似五羊深。

古嶮冢 在平陸西山堡下

西山堡下埋殤處，魂魄啾啾哭可憐。月黑平郊冤燐走，雨昏深草鬼狐眠。荒墳久掩衣冠化，枯骨猶傷箭簇穿。安得銷兵長不用，直令黔首盡天年。

平陸城樓晚望

連日南風掃宿霾，高樓獨上遣羈懷。山圍晉國千峰合，河壯秦關萬里來。雁帶斷雲歸極浦，鴉鳴殘日下高厓。茅津澗口人爭渡，一片輕帆向晚開。

病中遣懷柬王居賢監稅

客中伏枕值清和，强起推窗看雨過。萬片晴雲歸太華，千巖流水灌長河。菜挑翠縷初登俎，杏綴黃金重壓柯。爲問維揚老詩伯，杖藜携酒樂如何？

再用夏日即事韻答丁志善

端坐槐陰日欲斜，晝長多睡更思茶。山頭雨過堆青翠，天際風輕散暮霞。割盡黃雲人刈麥，削開蒼玉客分瓜。賡酬共擬陶情思，誰得佳章筆有華。

雪夜遣懷二首

雪後山房寒意饒，臥聞風怒響林梢。烏啼壞堞悲無食，鶴立高松喜有巢。濁酒沽來聊慰藉，拙詩吟罷更推敲。剡溪有興誰堪訪，閑探梅華過遠郊。

山寒挾雪晚稜稜，半樹梅華瘦不勝。幾縷茶烟晨竈暖，一爐松火夜窗明。年光冉冉壯心盡，世事紛紛客夢驚。擬買綠蓑歸去好，五湖烟水一魚罾。

歸 興

何不歸來老尚饕，孰令奔走混兒曹。價兼始識吳鈎利，和寡方知郢曲高。往事無成空墮甑，世情多險每藏刀。故山舊隱林泉右，莫作栖鳥傍月號。

竹林寺金舌和尚道場

來訪山中古道場，憩眠聊借贊公房。三生定水龍花供，一味枯禪柏子香。風逗竹聲晴作雨，山含灝氣晚生凉。高僧茶罷跏趺坐，愧我栖遲兩鬢霜。

題周尚謙金陵送別卷 _{尚謙奔母憂}

白下相逢醉玉缸，豈期凶問促歸裝。雨昏江浦暮帆杳，雲接淮山春樹長。忍看哀音藏篋笥，難忘慈綫在衣裳。到家正是薰風候，應對萱華淚萬行。

讀元人詩選選中虞詩居多

適來文物百餘年，總萃才華共一編。瀚海風高鯤獨運，朝陽日暖鳳孤騫。九州寶鼎千鈞重，一串驪珠百顆圓。珍重囊箱莫遺放，他年須待注家傳。內多虞伯生作，故以鯤鳳及之。

雪　興

空中萬鶴舞翩翩，林下幽人喜欲顚。香炧半消琴罷操，燭華未剪句成聯。興隨藜杖孤山下，夢遠扁舟剡水邊。更擬江皐新卜築，短蓑披玉釣寒烟。

送江源南還

源從予受業，年十三，從父前縣丞江以德仕往柳州，竟歿於任。源收其骨，艱難來歸，今還葬於江西廣信府。

萬里從遊竟獨歸，不堪淚盡瘴江湄。宗原去世英靈活，惠叔收親骨相奇。丹荔黃蕉蠻客祭，素車白旐楚人悲。祇今南去誰相慰，欲作哀吟恐不支。

送洪洞劉允中入關

自携書劍入西州，到處登臨數日留。青蓋遠分關樹曉，碧峰高聳岳連秋。柏梁臺下尋詩去，皇子陂前載酒遊。回首西風動鄉念，壯懷應不賦《登樓》。

和鄧舍韵二首

從來瑾玉不藏瑕，芹泮叨餐幾歲華。佳句已承來甲第，好書還擬與東家。素絲種種渾如雪，銀海昏昏眩有花。百事無成空潦倒，蓬門載酒敢停車？

皎如白璧瑩無瑕，肝肺峥嶸吐皓華。新政喜聞廉叔度，義風夙效魯朱家。揮毫早已吟風葉，聽履應須掃落花。自愧清貧無一物，近來詩稿欲盈車。

折股後呈諸友人

憂患因身苦不知，折來未是學良醫。垂堂自忽千金戒，大廈元非一木支。鑿齒自甘纔半足，曾參深爲不全悲。訪君莫怪來常晚，跫軌從今不可追。

金陵送別圖

幾年與子賦同袍，白下分携首重搔。行李挈來金薤重，離筵飲處玉瓶高。風飄鳧雁晴還遠，浪挾魚龍晚更豪。會向萍鄉問嘉政，相思莫遣夢勞勞。

與鄒知縣相公

九重屬意爲民深，守令清衡豈易任。賓客屯雲希解帶，簿書流水静彈琴。徵求殊欠催科計，考績方知撫字心。會待治成三載後，滿城花柳藹春陰。

上軍官

上將臨戎擁碧油，營屯萬竈駐貔貅。身輕百戰勇無敵，威重三邊功最優。刁斗月明嚴警夜，兜鍪霜冷正防秋。歸來擬挂封侯印，圖畫凌烟閣上頭。

簡孫縣丞

一見冰銜識至公，好輪贊佐著民庸。千家開户夜無盜，匹馬行田秋有農。詩句偶成閑寫竹，簿書纔簡便哦松。他年胄史書良吏，擬上嘉名繼召龔。

與張文秀教諭

廣文標致不可及，皎皎渾如出水蓮。才器直爲金馬客，文章真是玉堂仙。年年士子登甲第，日日衣冠蕭講筵。官俸雖清能愛客，客來未便坐無氊。

白　燕

王謝堂前寄此生，邇年毛骨變輕明。烏衣道遠歸來老，紅綫樓高飛出驚。華月照梁空有影，柳風吹雪只聞聲。誰家寶匣新開處，應對青鸞恨不勝。

黑蝴蝶

一自南華夢裏驚，守玄心悟更通靈。鐵絲細剪雙眉曲，墨紙新裁兩翅輕。燕子簾前渾髣髴，梨花枝上最分明。天然不用施朱粉，容易滕王爲寫生。

紅梨花

西郭墻頭帶雨枝，春風特與換芳姿。香同白雪鶯難認，影落紅雲蝶欲癡。醺醁醺酣春未醒，胭脂勻淺曉偏宜。世間縱有徐熙筆，畫出奇葩更可疑。

白桃花

武陵仙子厭紅裳，欲與梨花鬥靚芳。崔護再來難映面，劉郎歸去不成妝。青條辨李無繁蕊，縹蒂疑梅欠異香。陌上看時偏被惱，難吟難認更難忘。

葡萄酒

揉碎含霜黑水晶，春波灩灩暖霞生。甘漿細挹紅泉溜，淺沫輕浮絳雪明。金剪玉鉤新製法，紫駝銀甕舊豪名。客愁萬斛可消遣，一斗涼州換未平。

言懷簡丁志善三首

揮涕臨岐作別難，豈期今日偶生還。早知刺舌懲多口，何事低眉致厚顏。詩寄碧雲生晚戍，書來黃葉滿秋山。一杯濁酒清燈夜，猶恐相逢是夢間。

白首如新固不虛，操戈機變更愁余。早年定約成婚嫁，歲晚相期共卜居。本爲叔牙知管仲，豈期張耳害陳餘。自今取友須加慎，至聖猶言失宰予。

百年能得幾回過，耳熱寧辭頓蹋歌。淥酒暫烘顴頰赤，玄霜難染鬢毛皤。閑中倒指同年少，老限驚心去日多。千里不辭雞黍約，好將《伐木》苦吟哦。

再遊竹林寺

碑石千年記李唐，高僧神異更張皇。山間木潤龍騰氣，林際燈明佛放光。金舌有人傳正印，石頭無客問空王。我來暫借禪牀坐，閑漱清泉净水香。

上劉道益知縣

半世儒冠不負予，清時甘分作樵漁。買牛已賣腰間劍，換米從招架上書。美政共推賢守令，僑居渾勝舊鄉閭。相從六七青衿子，時咏春風學舞雩。

簡暢真空上人

萬頃澄波片月沉，觀時似有却難尋。菩提作樹元非相，玉鏡生塵豈是心。三世願香飄静界，諸天法雨洒檀林。何時盡棄人間事，爲問無生對碧岑。

侯村寺遣懷二首

徑寸明珠忍暗投，浮雲富貴不須求。東山有識方高枕，渭水無心下直鈎。隨柳偶從前浦去，看花閑到上方遊。何時婚嫁塵緣畢，爛醉秋風上釣舟。

我爲勞形損性靈，時來野寺伴山僧。拂開素壁留新句，剔落蒼苔讀舊銘。花雨遠從天外至，磬聲多向月中聽。幽窗一夜渾無寐，洗盡塵根兩耳清。

遊静林寺

尋幽偶到南山寺，絶境人間那得雙。貝葉繙經神鹿聽，曇華貯水毒龍降。法雷振座響磬鐸，靈風入殿搖幡幢。題詩每向上方宿，雪峰倒影沉西窗。

得南信四首

死別吞聲事已難，何如生別徹心酸。青絲尚繫殘箴綫，絳縷猶存舊帶鞶。瘴海不收泉下骨，荒山誰葬木皮棺。只緣老病身猶在，哭得無聲淚始乾。

聞道烏蒙萬里州，天南地北兩悠悠。飢來口喫誰家飯，死去屍填何處溝。衣弊不堪逢歲暮，囊空兼恐值年憂。白頭未白餘多少，消得秋風一夜愁。

傳來消息未全真，生死應知子母分。蚤解胡笳悲蔡琰，不嫌荆布嫁陳雲。長號夜雨垂青血，薄祭秋風亂白紛。南望雲南在何處，雁行凄斷不堪聞。

負汝逃生出四圍，飢寒奔走入山隈。父從舊友干衣去，母向鄰家借米回。早是幼時長處困，誰知嫁後又逢灾。佳人命薄誠如此，毀璧長歌心更哀。

謁三皇廟

混沌鑿來天地分，蚩蚩鹿豕尚同群。龜圖已闡先天畫，鳥迹初呈上古文。肇創禮儀猶罔象，未開風氣自氤氳。誰還太古熙熙俗，卉服窪樽讀典墳。

春日郊行

林外鳩鳴客夢殘，起來隨意岸青綸。春深池面生新水，晚霽雲頭露遠山。野寺穠花飛蛺蝶，高岑喬木囀綿蠻。杖挑二百青錢在，擬買村醪一醉還。

侯村夏日即事

睡足西窗日尚留，起來推枕强梳頭。一川麥浪荒村遠，滿院松陰野寺幽。徒見衣冠驚俗輩，空教文字邁時流。朱門欲謁誰青眼，擬向溪邊買釣舟。

傅巖曉霽

雲過西山宿雨收，霏霏空翠潑雙眸。清流抱澗鳴沙磧，白鷺依林下蓼洲。野廟丹青從古寫，空山版築至今留。年年民庶思霖雨，猶向高巖祠下求。

茅津晚渡

峽束春濤萬丈深，喚船人立石巖陰。棹聲欸乃連山應，旗影悠揚隔水深。宿雨乍收山積翠，夕陽倒射浪浮金。南來北去人空老，浩浩東流無古今。

金雞曉月

一山雄峙太陽津，絕頂翹翹迴出群。碧樹九秋含月色，黃流千古抱雲根。雨平故壘金函出，水打荒墳石椁傾。幸際太平無警急，高原時見老農耕。

吳廟秋風

句吳樹業向荊南，至德曾聞固讓三。永立武王元有道，受封虞仲更何慚。碑殘野火文全滅，樹響山風戰欲酣。禽鳥亦知亡國恨，向人啼斷入烟嵐。

閑田春色

斂袵重尋瓜瓞詩，二君被化聖明時。人心似日雲烟蔽，聖德如天草木知。風暖平原花發早，雨昏高樹鳥歸遲。如今猶有風流在，阡陌縱橫不忍犁。

沙間桃林

十里芳桃蒸晚霞，一川紅雨點溪沙。莎汀浪暖漁舟出，茅屋風輕酒斾斜。陌上筜弦多醉客，林間雞犬有仙家。此中疑是秦人種，策杖尋源逐落花。

虞城暮雨

凍雨森森萬竹齊，獨驅羸馬蹋青泥。顛軨潤險垣墉護，畢軫城荒蔓草迷。井伯不忠宜作虜，百奚先去更知機。徘徊欲問郇門處，滿目西風禾黍低。

條山積雪

三日高眠閉小齋，西山一望失樓臺。傍巖松竹璚林列，當户峰巒畫帳開。青斾曉誇新酒出，玉蓑寒駕小舟來。披衣閑拓巖窗看，原上鳴弓獵騎排。

箕山落照

行盡箕山第幾重，亂峰高下夕陽紅。泥塗軒冕夔龍上，土木形骸鹿豕中。洗耳溪頭餘晚瀨，棄瓢巖畔有寒松。自從避讓歸何處，一入霞烟更不逢。

底柱鳴瀾

一柱亭亭似削成，峽深雲冷古苔青。洄波浮沫雙輪轉，巨浪漂山萬皷鳴。鬼鑿尚留神禹迹，龍圖高拱帝虞靈。如今聖代當呈瑞，直待何年始見清？

謝李榮惠棗實

君園紫玉三百斛，分散貧家勝赤珠。晨食甘香宜豆粥，晚炊柔脆雜雕胡。作糕尤可供兒索，和藥須知益老痡。准擬買田酬夙願，耕餘親手種千珠。

食苜蓿

東皋雨過土膏潤，采擷登厨露未晞。生處碧條儕莧蘁，糝時白粲浮珠璣。闌干敢效詩人諷，顧頷多慚戰馬肥。還勝紅藍遍中國，冶容爭不濟年饑。

中留道中

秋風爛漫熟禾黍，夾路垂垂棗盡紅。長鐮在腰來婦女，小籃負背走兒童。野菊開花清露濕，樓桑墜葉白烟籠。夕陽山下少人去，杖藜隨意數飛鴻。

寄董仲倫四首

天地清空一點塵，此身聚散夢難真。閉門咸谷花爭發，策杖王官草自春。榮辱盡抛身世了，行藏都入笑談新。堂堂正道行將去，更莫回頭別問津。

不見能詩董召南，夢中時復接清譚。韜潛每愛龜藏六，貪得常嗔狙怒三。臨晉河深魴鯉出，首陽山近蕨薇甘。高堂戲綵娛親暇，萬卷圖書燈一龕。

同學連牀聽雨眠，此情回首幾經年。愁心多碎蟲聲裏，歸夢常懸雁影邊。兒女漸多生計薄，文章雖拙道根全。興來抱膝吟《梁甫》，僵臥西窗日滿川。

自信肝腸是鐵石，愁來寸寸即成灰。西飛白日誰能繫，東注黃河可得回？造物戲人真窟壘，才名忌我太崔嵬。林泉處處埋名了，野鳥巖花勸一杯。

雪巢爲張子玄道士賦

團團茅蓋一巢輕，雪滿千山虛白生。象外乾坤還太古，望中樓觀盡通明。雲藏宿鶴渾無迹，水落長松暗有聲。人在空寒最高處，羽衣瑤佩不勝清。

和靳天章彭城懷古

戲馬臺前擁旆旌，三齊纔破到彭城。項王帳底猶虞舞，漢祖軍中盡楚聲。百二山河功自棄，八千子弟勢都傾。月明閑却烏江渡，長使英雄恨不平。

《梁園寓稿》序〔一〕

昔嘗見夏臺王先生《弊帚集》，継又見其《梁園寓稿》及《山林樵唱》，謂其問學該博，文章典雅，律詩清新，爲一時文人之雄也。後余行部平陽，至夏，乃詳先生之歷履。先生以天挺之才，衰元之季，弗屑苟禄，隱居中條山，講學稽德，若將終身。幸遇我高皇帝，龍飛章俊，始出就仕，爲周藩相。王素驕貴，且有異志。先生數正諫，弗納。度不可爲，即佯狂斷指，潔去。及王事敗，凡王屬皆就理，先生竟無所坐。用大臣薦，徵爲翰林編修，復黜爲廣東廣州教授。值夷獠作亂，將臣失守，城陷，先生抗節弗屈，死之。先生忠義明智如此，詞華乃其餘事耳，夫子所謂“有德有言”者也。《弊帚集》板行已久，兹夏尹高君天錫將以《梁園寓稿》刻諸梓，先生曾孫継善嘗從余遊，來丐於言爲序，余恐夫見其書者徒以先生爲文人而已，故取先生出處死生之大者著之。

正德丁丑季冬閏月吉日，賜進士出身、浙江按察司僉事苑洛子韓邦奇序

《梁園寓稿》叙〔二〕

初讀此稿，知王翰林長於詩，継而得吾友苑洛子叙，乃知王翰林節行過人遠甚，惜遭逢不偶爾。語曰：“謂誰無言，言患無

倫；謂誰無行，行患無節。言行偉麗，間有湮没。”由是言之，
兼之者鮮也。而王翰林俱有傳焉，則天下後世皆知夏臺有王翰林
矣。若當時區區紛華安在耶？嗚呼！可以觀矣。

　　正德戊寅冬九川吕經書

校勘記

　　〔一〕此篇序引自正德本。

　　〔二〕此篇叙引自正德本。

涂水先生集

〔明〕寇天叙 撰

張 燕 點校

點校説明

寇天叙（1480—1533），字子惇，號涂水，明山西榆次人。由鄉舉入太學，嘗聞父疾，馳六晝夜抵家，父疾亦瘳，是故以孝聞於鄉里。登正德三年（1508）進士，除南京大理評事，進寺副，累遷應天府丞。嘉靖初，以功遷刑部右侍郎，改兵部右侍郎。嘉靖十二年（1533）十一月二十六日卒，年五十四。有《涂水集》。（事迹見《明史》卷二百三本傳）

寇天叙的父親寇恭，雖未居官，却致力於維護鄉里封建秩序，是一位儒教倫理型的嚴父（"性嚴毅"），天叙侍奉父親也是一副傳統倫理範式下畢恭畢敬的孝子形象，在他爲官仕宦的生涯之中，曾經長期奉養父親在任。相較之下，天叙在幼年經歷過喪母之痛，曾經有寄養外祖家的經歷，特別是母舅趙良輔對他的慈愛，令他終身感念，本書中《義官趙公墓碣》對此有頗爲動情的叙述。應該説，這兩位至親對他的人格成長有最爲直接的影響。

從其平生經歷來看，天叙一生性格耿直，敢於擔當。特別是任職於應天（今南京）府丞期間，尤顯其性。時武宗南巡，駐蹕南京，江彬等恃寵爲虐，天叙力與抗爭，民得不困。當時明武宗從官衛士多達十餘萬人，日費金萬計，經常侵擾當地百姓，近幸求索倍之，地方官吏多不敢言。時任南京府尹的齊宗道因此憂懼而卒，足見地方官處境困頓之極。而寇天叙攝府尹事（臨時代理），據史載：（寇）日青衣皂帽坐堂上。江彬使者至，好語之曰："民窮、官帑乏，無可結歡，丞專待譴耳。"彬使累至皆然，彬亦止。他權幸有求，則曰："俟若奏，即予。"對付那些搶劫民間財物的兵勇，天叙與兵部尚書喬宇選拳勇者，與搏戲，禁軍卒受傷，慚且畏，不敢橫。其隨事禁制多類此。武宗駕駐九月，南京不大困者，（寇）天叙與（喬）宇力也。嘉靖三年，以右僉都御史巡撫宣府，未行，改鄖陽。甫二月，又改甘肅。回賊犯山丹，督將士擒其長托克托穆爾，西域貢獅子、犀牛、西狗，天叙請却之，不聽。進右副都御史，巡撫陝西。寇入固原，擊敗之，斬首百餘。又討平大盜王居等。晚年，寇天叙又任職陝西，多次平暴除惡，維護一方平安。累賜銀幣。織造太監至，有司議奏罷之。天叙曰：“甫至，遽請罷，即不罷，焰且益張。”會歲侵，乃請蠲租税，發粟振饑民。因言織造非儉歲所宜設，帝立召還。也看出寇天叙處理事務的智慧和能力。最後，他死在兵部右侍郎任上。死後，家中貧困到“喪事不具”，足見寇天叙是明代一位典型的廉吏。

本書目前只見到北京圖書館藏明嘉靖寇陽刻藍印六卷本，無他本可校，又序言中所説“其諸奏疏已刻雪川者不在斯集”者，今未見。書末附《四庫全書總目·塗水集八卷》提要。

陳元珂在叙中稱寇天叙：“近世以辭章爲文者，非不粲然而縟麗、淵然而典雅也，求其明體適用如先生者，鮮矣。”即以爲其文章明於體裁、適於實用，這個評價是比較準確的。至於趙祖鵬叙中所謂“所爲文亦天真流動，成一家言”，則偏就其修養人格言，雖亦微中，然所言殆非其全體也。總之，寇天叙的文章特點是“明體適用”，詞采則非所擅長，故《四庫總目》稱“郭璽序亦稱其平，曰‘未嘗肆志於文章’云”。但就其内容而言，則史學價值或有可覩，如卷二《上荆山總制論吐魯番事宜書》，於明政府對待吐魯番事宜，當有補於正史。其餘贈序、行狀、墓志一類文字，涉及明代多人，對於明代歷史之認識，或有“糾繆繩違”之用，只要把《明史·楊守隨傳》與本書《資政大夫工部

尚書掌大理寺事致仕文湖楊公行狀》對比一下，就明白了，此不
贅述。總體來看，《涂水集》的文獻價值較大，而文獻的價值永
遠大於閱讀某文獻者所見之價值。且今之所謂"寶玉"者，異
世或竟爲"糞土"；此之所謂"確然"者，彼正以爲"謬誤"。
恰如莊子所云，此亦一是非，彼亦一是非，孰能折之哉！無論與
作者同時，抑或後世讀者如何評價，而文獻自若也。文獻是永恒
的獨立存在，其價值處於永恒的被開掘之中。

《四庫總目》所言有三個問題值得注意：第一，對寇天叙的
文章評價比較公允。第二，所言"郭璽序"，今已不見。第三，
《總目》又言"是集凡詩文三卷、巡撫陝西時奏疏五卷"，與今
所見六卷本迥異。如此，加上所謂"其諸奏疏已刻雪川者"，寇
天叙的集子共有三種版本，可惜目前除這個六卷本以外，其餘兩
種都不可見。

此次整理，因無他本可校，只能做一點理校的工作，如疑原
書有誤刻處，在校勘記中提出疑似，以供讀者參閱。因原書刻本
較劣，辨識存在相當難度，有很多地方漫漶不清，則以"□"
代替。因并無別本可以參校，爲免繁瑣，凡無法辨認者皆不出校
勘記。如偶然可以字形或文意判斷者，則出校勘記指出"疑似爲
某字"，以供讀者參考。底本原文有墨丁處，則以"■"標識。

除整理録入底本全文外，本次點校另收録三項相關文獻，分
別爲：《四庫全書總目·塗水集提要》、《明史》卷二百三《寇天
叙傳》、《山西通志》卷一百七《寇天叙傳》，可供讀者參閱。

《涂水先生文集》叙

閩人陳元珂撰

行成章之謂文。以辭章爲文者，末也。是故修乎其，曰身而措諸事，秩然而有倫；居乎其官而舉其職，釐然而當理者，皆文之實也。昔孔子謂孔文子，曰"敏而好學，不耻下問，是以謂之文也"。謂公叔文子，曰公叔文子之臣大夫僎，與文子同升諸公，是"可以爲文矣"。夫好學下問，薦賢而升諸公，修身舉職之一事耳，孔子猶稱之曰"文"，況於立德樹勳如涂水先生者哉？

先生姓寇氏，字子惇，世家山西之榆次。昔薛文清公倡道河汾，先生時相先後而心企往之，遂與和順王公雲鳳講於其學，已乃會諸儒於京師，互相追琢，金玉其相，彬彬乎成章矣。既而登進士，爲廷尉評守四明丞，應天治平皆課天下最，遂秉節鉞，鎮鄖陽，撫甘肅、關陝，旋陟本兵，位少司馬。宏猷茂績，旂常彝鼎，不可勝記。所謂措諸事，秩然而有倫；舉其官，釐然而當理者，先生其人歟？近世以辭章爲文者，非不粲然而縟麗，淵然而典雅也。求其明體適用如先生者，鮮矣。

先生家學淵源，名德接武，冢器監司公秉經緯之略，爲東諸侯師，方大用於世。博搜先生遺文，得若干首，彙成五卷，又附録一卷，共爲六卷。將鋟諸梓，命珂序之。竊惟先生之志，不欲以空言自見；先生之文，不假於辭章以傳。然而執圭璧者，睇蒲穀以怡玩；陟靈境者，拾瑶草以爲榮。遺鱗委羽，是固睹麟鳳者之所珍也。然則覽茲集者，寧不可以觀先生之深矣乎！

趙祖鵬序〔一〕

右《涂水先生文集》五卷，五言詩十三首，七言歌詩六十二首，序七首，書二首，事略一首，行狀一首，墓表二首，墓碣一首，墓誌銘三首，祭文二十首。附録一卷，涂水先生傳一首，涂水先生墓誌銘一首。先生之學主於躬行，雅不欲以文藝名，每有所作，不加點藻。今得於先生冢器監司公所搜輯者僅若此，其諸奏疏已刻雪川者，不在斯集。

自昔薛文清公倡道河汾，先生與虎谷王公雲鳳並宗其學，比遊京師，相與夙夜切劘，實惟溪田馬公伯循、涇野呂公仲木、後渠崔公子鍾、林廬馬公敬臣、安陽張公仲脩、三原秦公世觀，其人皆一時名德，故先生所就，識精以明，氣完而果，道方以實，所爲文亦天真流動，成一家言。其孝友忠誠，公善澤物，溢於筆墨蹊徑者藹如也。張中丞曰：“先生大不遺細，遠不遺近。”周侍御曰：“厚彝倫，盡物理。先生其人歟？”溪田公曰：“先生如金玉然，久琢無疵，百鍊彌純。”涇野公曰：“行己省身，與神明通。其惟先生與？其惟先生也。”覽斯集者，其亦以諸賢之言求之。

嘉靖壬子四月初吉後學東陽趙祖鵬識

校勘記

〔一〕此序本在原書目録之後，故起首言“右”云云，今據點校體例，置於此，標題爲點校者所加。

五言詩一十三首

陪諸同僚雲谷寺燕集

野寺隔人境，穿林石徑斜。偶陪群俊燕，因扣寶公霞。山笋
僧頻出，園扉卉始華。相逢且□〔一〕飲，世事有堪嗟。

對　雨

蕭蕭竟日雨，獨坐空齋時。悠然故園思，遠與孤雲馳。菽水
椿萱闊，俸錢妻子糜。乏才供職事，深愧負心期。

送同年周以發謫官睢州貳守

典雅如君幾，新詩更有名。謗從何處起，官向汴中行。得失
原無繫，忠誠又自明。忝從年愛末，相送以微情。

送同年况廷光謫官廣德判官

祖席對江關，離情復暮山。興來還起舞，杯到且開顏。謫喜
猶畿輔，官便是投閑。聖朝多雨露，指日賈生還。

送李亞卿先生二郎西還

拜省趨江表，辭歸向隴西。學承三傳秘，名許二方齊。樹隱
孤帆遠，情連碧草萋。會知鴻漸日，桃李滿芳蹊。

華侍御乃堂輓詩

陶孟去云遠，芳聲誰繼之？持門真士女，教子類嚴師。榮命喜方渥，重泉奈有期。欲知身後事，臺省有佳兒。

送詹大宣侍御乃尊

老無城市迹，念子至留都。到處詩成帙，出門車掛壺。鯉庭趨正邇，耆社約方迁。我亦違親久，臨歧心似荼。

題況公四一居士卷

江右有高人，恬不染塵事。庭松間梅竹，自號四一士。豈乏用時策，獨炳幾先智。古稱肥遁者，況公無乃是。杖屨莫吾從，令人起長思。

送史老先生南遊還鄉

青瑣隔賢郎，因勤千里航。山□〔二〕橫地起，水色接天長。烟雨樓臺濕，笋魚匕箸香。□〔三〕南風物麗，覽盡却還鄉。

送同寅王子鋒升惠州太守

刺史明時重，遐邦屈近臣。便家因省母，按部幸親民。祖別京江曉，客程嶺表春。仁看傳善政，遠慰舊同寅。

爲常州府學教授題喬年具慶册

詩禮傳家舊，衣冠世業寬。百年偕白髮，奕世總儒官。文教湘江遠，坤儀越女看。瑤池開宴日，何處降青鸞。

送楊上舍歸省兼呈乃祖

卒業滯南雍，思歸屬歲冬。江紅楓葉落，風定雁聲雕。已慰倚門望，仍懷匣劍鋒。尊公如問及，花滿舊花封。

題熊尚弼乃兄行墅

爲學不求仕，讀書不注書。庭多君子竹，門擁故人車。有弟西臺妙，多男千里駒。鄉邦推世德，慶澤故應儲。

七言歌詩六十二首

五　歌

工部在蜀有《七歌》，文山在元有《六歌》，皆以不遂父母妻子之樂，而發之聲歌耳。余以少年離父母兄弟，索居京師，情思無聊，因亦效其體，作《五歌》詞。知道者見之，當憫其情之切，不必咎夫詞之鄙也。

有父有父遺晋陽，年過知命發已蒼。馮唐不遇志未彰，獨守桑榆課兒郎。有子射利遊帝鄉，菽水無將空悵望。嗚呼一歌兮歌未央，白雲千里淚徬徨。

有母有母恩孔將，撫遺不減閔母良。朔風吹雨白雪揚，臨行密縫綫在裳。有子不養遊遠方，日暮空懸倚門望。嗚呼二歌兮歌始長，林鳥啞啞悲我腸。

有叔有叔邦之衡，德業位望四海鳴。豈期笑裏悲潛生，泰山頽矣梁木傾。孤兒寡婦疾甇甇，千里時時舉在情。嗚呼三歌兮歌孔縈，悲風爲我起八紘。

有弟有弟兩三人，東西抛撇過一春。井陘山峻滹沱深，相思不見苦無垠。安得騎鶴駕秋旻，忽然會聚孺且親。嗚呼四歌兮悲以辛，棠棣翯翯傷我神。

有客有客居帝鄉，思歸無計意欲狂。椿萱棠棣各異疆，獨抱妻子處遠方。南樓日暮雁歸忙，唉乃一聲空斷腸。嗚呼五歌兮歌不揚，雲天之色寒蒼蒼。

寄慰老親三首

奄忽已成前歲別，商量又是一番春。玉河柳拂千枝翠，上苑花開百種新。有我空生如許大，無才未識若何人。相逢但道西歸客，頓首叮嚀慰老親。

頓首叮嚀慰老親，兒歸端在月終旬。年成饑饉撑扶過，家事紛更次第勻。□[四]裏古人曾遍歷，從來天運有環循。萬惟珍重金軀健，有子無錢未謂貧。

有子無錢未謂貧，叮嚀千里慰雙親。不才鄉薦叨名在，四弟人驚下筆新。勤儉理家天秩善，溫和遇物十兒醇。開顏更有一孫立，骨格清奇皎玉銀。

聞叔弟天與并兒陽同膺鄉薦

捷報傳來自故鄉，客懷真作喜如狂。詩書有托心□□[五]，叔侄□[六]名事更香。陰騭敢忘先世德，義方尤重北堂光。從今門戶□□[七]柱，薄劣須教早退藏。

送藍玉夫道長二首

論交曾憶念年前，□上□逢豸服鮮[八]。話到忘形常竟日，吟餘得意忽□□[九]。通家骨肉真誰是，宦海萍踪豈浪傳。爲問尊翁東海上，著書今有幾多船。

繡斧遙從天上來，馬前□令轟如雷。□□連浹承高論，磊落他年識俊才。彩鳳祥□人快睹，隴雲秦樹思難裁。緘書寄謝黃門客，瞻望空令首重回。

送邃庵楊老先生奉詔入閣二首

聖懷思治急求賢，特詔遙宣大老還。其道溫公重入相，豈教李牧暫離邊。久知妙手能醫國，會見用心可格天。珍重鸞車須早發，仕林翹首望□□。

中外勛名五十年，歲功已見一回全。□□慣落胡兒膽，桃李曾收海內賢。垂老再逢龍虎會，白頭重秉燮調權。也知黎庶思安石，萬仞崗頭好著鞭。

聞從弟天與連捷

連宵佳兆夢來頻，捷報遙傳恐未真。豈有文章能出□，須知造化偶私人。瓊林宴插宮花醉，金榜名題御墨新。萬里青霄初發軔，莫將溫飽負青春。

題姜總戎乃翁寧夏死節卷

將軍當日抗賊時，倉卒能將□義持。一死敢言山岳重，孤忠直結聖明知。逆徒旋滅無噍類，世□應敦再□□。直北關河遺憤在，照人青史□名垂。

聞報轉官陝西巡撫

邸報遙傳又轉官，自慚□薄未□安。君恩謾說三更使，臣力曾無一寸殫。孱質郎看多疾疢，親年況是近蹣跚。一封准擬回天聽，且放山林賦考槃。

新　春

風光又是早春天，華髮催人欲上巔。二十餘年空竊祿，五千里外謾籌邊。書生不願封侯事，將士如聞解胄眠。豈有虛名勞簡注，又移節鉞鎮秦川。

馬溪田由考功正郎擢南通政便道過家路出陝省滿
期一會竟以他故迂路而去用是悵然作詩寄之

等閑一別十年餘，遠道無因數寄書。往日形容俱向老，當年舊約竟何如。故交落落成凋謝，歲月匆匆漸減除。無限欲論心事在，幾時携酒過匡廬。

和總制晉溪王公登北城樓韵

醉倚高樓四望空，山河百二本關中。秦川渭水周遭在，漢殿唐陵遠近通。報國無能慚素食，采風有疏達宸聰。未須把酒重惆悵，泰運方亨道正隆。

和總制晉溪王公華岳祠樓餞別荊山王公還朝

華岳祠樓對華山，登臨真可豁塵顏。一時高會元師保，四鎮戎機總大艱。開府試看新號令，還朝仍領舊官班。慚予不及追陪末，休戚三秦頗亦關。

訪溪田馬先生嵯峨精舍

傍柳尋溪問故人，臥龍勝地絕纖[一〇]塵。講經堂迥延英士，望道臺高見遠津。檻外嵯峨渾是主，門前桃李自餘春。相違謾邐十年事，多少幽懷欲盡陳。

己丑九月十七日奉命致祭華山偶成一律

華岳巍巍奠此方，千年祀典載旂常。聖皇宵旰憂災切，敕使馳驅將事忙。樂奏簫韶來鳳鳥，禮成靈物靄祥光。山靈自昔昭神應，來歲豐成定可望。

嘉靖己丑十月五日予承乏巡撫陝西奉命致祭西鎮吳山祠下口占一律以紀其事

山勢西來此最雄，芙蓉宛在碧空中。□瞻華岳參差起，俯瞰河流迤邐東。俎豆千年□□祀，威靈闔省庇神功。撫臣將事無餘祝，惟願時和與歲豐。

嘉靖八年十月因奉命祭吳山迴路經鄠縣謁橫渠先生祠感而有作

西風黃葉一林深，敗壁荒祠噪野禽。像設依然皋比日，歲時仍切土人心。井田不復空寥落，遺訓無妨自古今。下馬瓣香瞻拜罷，鄠山應似泰山岑。

挽華通府乃尊

高風曾悉數年前，未遂登堂意獨懸。耆德舊為鄉里重，好方多與世人傳。兒官美宦行齎贈，地近茅山或作仙。慚我通家空有誼，生芻遠寄淚如泉。

被謗呈銀臺聞先生

當年失脚下漁磯，惹得而今有是非。誰信曾參原不殺，從知馬援亦招譏。圖書旋積還堪閱，松菊雖荒尚可依。歸去從頭修舊業，免教晚節此心違。

送咸陽谷司訓升任迴陝

早年聲價重三秦，振鐸東來且十春。造士已看收偉績，遷御猶喜是斯文。世人莫謂儒官冷，天下無如師道尊。多病不能無祖餞，聊因□□贈膚言。

送少宗伯吳老先生

地分清切早馳名，祭酒旂常□兩京。周制六曹官特重，虞廷三禮職偏清。□言已□群情望，簡授曾勞聖主評。舊日白樓今在否，重□□〔一〕扁揭高甍。

呈總制晉溪王老先生

把酒登高氣自雄，欲將長劍倚崆峒。朔方仁見群胡遁，西域曾教貢路通。烟火微茫萬井見，風雲繚繞四山空。乘閑偶得陪樽俎，逸興還生歌管中。

送大司徒蔣老先生歸田

少壯功名到白顛，乞歸贏得寵恩偏。官躋八座還誰貴，壽過七旬豈亦仙。相業讓教賢弟做，書香留與衆郎傳。閑中好結香山會，君賜都將樂晚年。

送熊侍御還朝

昔年同醉上林花，江山相逢各鬢華。霜簡威嚴貞百度，新詩體製集諸家。經過不厭城南北，登覽偏多景麗佳。聖主虛懷如有待，東南凋敝已無加。

送李亞卿二郎西還

千里趨庭拜省餘，還家腹滿五車書。行看二宋名同顯，始信一經教可須。晚到碧江楓正落，春經白帝柳初舒。慚予無幸識荊晚，悵別無任執子袪。

文侍御乃翁壽詩

春花臉照髮皤皤，行懿鄉閭總未過。焚券每輕千斛負，代親寧斬一身多。義方教子能冠豸，善廕諸孫盡綺羅。聞被恩榮歸下里，會知相對笑顏瑳。

輓侯良弼乃翁

平生高致迴鄉閭，況我通家辱素知。歸去甫濃陶令樂，仙遊誰道哲人萎。書香剩有二雛繼，囊蓄慚無擔石餘。他日到家訪踪迹，斜陽楓樹色萋萋。

別金可卿侯良弼

十年風雨憶聯窗，暌隔誰看萬里長。萍梗有情驚暫合，路岐無奈謾相忙。清樽莫惜今宵聚，劇論猶能往日狂。明發與君分袂後，可憐回首是他鄉。

輓李司廳

宦路逢君恨已遲，英魂違衆復何之。坦夷氣度今堪想，清苦風情後莫希。旅襯[一二]迢迢巫峽遠，蕙帷寂寂屨裳遺。書香剩有雙雛在，已見青雲聯翩飛。

送楚人虞生歸省兼應鄉舉

才華氣度逼人清，宦路嗟予晚識荆。孤劍兩年淹客邸，片帆今日覲親庭。已知積學曾三到，試聽驚人此一鳴。珍重寄聲秋八月，楚雲橫樹正深情。

爲周侍御乃堂受封作

多難當年失所天，眼中血淚尚涓涓。持門萬種愁心破，教子多方與地遷。刻鵠浪言徒類鶩，爲山今見已成巔。封章命服恩光重，白髮高堂福壽全。

哭亡女

平地誰堪此禍來，惱人心緒實難裁。因思解語情增劇，忽念嬌容内轉哀。最痛有生三歲歿，可憐遺骨異鄉埋。不知有命并醫誤？空使于今到處猜。

送王侍御陝右清戎便道歸省

夢裏家山十載思，青驄取道定何時。親庭喜展晨昏禮，王事無勞夙夜私。白髮沾恩仍豸服，華堂開宴比瑤池。此行莫作等閑看，忠孝於君兩得之。

題同年周汝和侍御乃翁宜齋册

抱朴深藏守故園，高風迥與利名懸。居身盡道管寧潔，表俗爭如王烈賢。陰騭自天原不爽，栽培於我故須偏。虵封有命來天上，子貴身榮樂事全。

題同年楊景瑞侍御伯仲榮恩册

名家遠出自潮陽，宅裏栽槐幾□〔一三〕黄。地絡定連山海秀，星分應占壁奎芒。雁鴻並□〔一四〕雲霄上，棠棣雙生雨露傍。門第東南知獨盛，佳□□□謝王方。

輓同年廖邦重乃翁

百年磊落見豪英，一夢誰知此是醒。易簀已知爲正斃，蓋棺方覺事俱輕。鳳毛已作明時瑞，鶯誥還期下里榮。借問哲人今寂寞，湖南山水亦愁生。

題潘希古内兄作述堂

舍傍作室當書樓，面山臨水境自幽。經度每思先世德，奐輪深爲後人謀。三槐未擬窺王氏，萬軸應當比鄴侯。珍重賢家諸子弟，好將勤苦紹箕裘。

輓吕太史乃岳李典籍先生并寄吕太史二首

一官涼薄未容言，忍復相看作旅魂。後事那無僮可托，歸程幸有例堪援。訃聞故里悲孤子，柩入秦關慘斷猿。我忝東床知與厚，幾回揮涕洒泉門。

得來病症便堪疑，伏枕綿延兩月時。問疾我曾無暇日，迎醫

馬亦未停馳。人終不起應歸命，禍出無門可訴誰。寄與高陵賢太
史，幸看棺斂可如儀。

壽本寺胡老先生乃堂六十八

家法淵源出士林，母儀應自擅徽音。子賢會是成來遠，福厚
須知積處深。花甲再逢周復始，綵衣承舞紫兼金。更看蘭桂盈階
秀，餘慶綿綿肇自今。

送胡老先生榮遷大理少卿北行

幾年南國頌持平，九棘須才向帝京。江柳折餘傷別浦，仙舟
望處訝登瀛。菲才何用勞推薦，冤獄多端待更生。陛見天王如有
問，東南財力已無贏。

和傅原質春遊紀興韻

佳晨正值試春衣，柳市南行鳥亂啼。風景悅心聊騁望，鶯花
觸目謾成題。笙歌滿地山光媚，樓閣凌空鶴翼低。林外暮鐘催短
晷，幾迴縈曳緩歸蹄。

落花飛絮污人衣，布谷黃鸝拂樹啼。載酒春山尋樂地，逢僧
野寺識標題。晴烟藹藹迷村遠，落日亭亭向客低。賞罷不堪旋軫
處，更多芳草藉歸蹄。

輓泉田傅先生原質乃尊

昨夜湖南殞少微，岳陽高士忽仙飛。注書宅在空文藻，垂釣
臺荒没石磯。鄉里共嗟無故老，士林相吊失依歸。不堪計報賢郎
日，乞養徒勞願竟違。

賀封君定川張老先生榮壽

逸翁何意亦官星，封誥煌煌下帝廷。寵遇況當初度日，佳期正值古稀齡。衣冠不礙垂綸手，鼎釜方酬教子經。不是天公緣底厚，定應積德有餘馨。

題畫二首

彭澤懇辭五斗粟，濁醪對菊日逍遙。先生亦是夷齊隱，豈但區區恥折腰。

十月梅花開正多，蹇驢風雪野橋過。亦知金紫趨朝貴，奈此眼前清興何。

重九後徐民嘉以詩見招和韵回答

一年一度重陽節，能得幾迴叙此杯。今日與君須盡醉，白衣送酒莫遲來。

題同寅李德厚椿萱齊茂圖

何人烟紙寫繁枝，淡掃濃施有妙思。勁直穠華雖爾分，昂藏窈窕亦相宜。壽姿應與柏松並，佳氣兼沾雨露濡。不獨雙英超衆品，繞階蘭桂更芳菲。

送王都憲轉北

中外翱翔四十年，避時聊爾樂林泉。義旃建處功誠偉，恩詔頒餘名更賢。南北官同欣近日，激揚政異會通天。明良千載難爲□，珍重勛□〔一五〕青史傳。

聞　雁

啞啞始從何處起，悠悠□向江南□。□天延佇殷勤問，曾寄平安兩字迴？

題藺交寺

幾簇人家住半山，門前流水自潺湲。老僧記得前朝事，爲説相如葬此間。

將送穆伯潛中止

浮雲開霽日方昭，共看天書下九霄。賈傅他年曾補外，劉郎今日再還朝。山長水遠思魚鳥，鳳^{〔一六〕}肅秋高快鶚雕。珍重玉堂清暇地，四方翹首望唐堯。

爲人題椿萱齊茂册

栽培莫謾道無私，積德從來有燕貽。五福推先惟耄耋，幾人偕老更輕肥。賢郎到日蟠桃熟，王母來時青鳥知。白髮優游桑梓上，坐看田海自推移。

送陳都憲歸田

科甲才華三十年，歷揚中外更誰先。都臺二品官應足，風節六旬老尚堅。勇退素懷疏廣志，資生況有蘇卿田。完名自古稱高致，不是區區辟穀仙。

校勘記

〔一〕□，底本漫漶，疑爲"盡"字。

〔二〕□，底本漫漶，疑爲"光"字。

〔三〕□，底本漫漶，據文意當爲"江"字。

〔四〕□，底本漫漶，疑爲"這"字。

〔五〕□□，底本漫漶，據文意似爲"意足"二字。

〔六〕□，底本漫漶，據文意似爲"聯"字。

〔七〕□□，底本漫漶不清，據文意疑似爲"賴撑"。

〔八〕此句有兩字漫漶，依稀似爲"塞上相逢豸服鮮"。按《元史·輿服志》："御史二，冠獬豸服，青綬。"

〔九〕□□，底本漫漶，據文意與韵脚，似當爲"盈箋"二字。

〔一〇〕底本此處旁有小字作"微"。

〔一一〕□□，底本漫漶，據文意疑爲"顔華"二字。

〔一二〕"襯"字，應爲"櫬"字之誤。

〔一三〕□，底本漫漶，疑爲"緑"字。

〔一四〕□，底本漫漶，疑爲"遊"字。

〔一五〕□，底本漫漶，據文意似爲"庸"字。

〔一六〕"鳳"字，據文意疑爲"風"字之誤。

序七首

送湖南徐士亨注選榮超序

湖南徐生士亨，積學勵行之士也。連不得志於有司，以貢來遊南雍。其鄉大夫大理王公叙之，延而館之宦邸，俾二子執弟子之禮焉。士亨訓□[一]有方，啓發有道。于是南都諸大夫之寓於御賜廊下者聞之，皆遣子從之遊，積有幾十幾人，予亦有弟天與、子陽與其列。士亨益設科條，階級有等，課程有限。初不假乎朴[二]責，而諸生各矗矗以進，不少休懈，皆日異而月不同矣。夫凡啓蒙之道甚難，嚴則苦而不入，寬則放而廢弛。求其不寬不嚴，而能使人自進進不已者，未易得也。士亨之爲教若寬，而能使人樂于向學也，則有至嚴而不能者，士亨必有妙道於其間矣。予嘗聞近時王虎谷先生有曰：“聚徒講學，不患規矩之不立，惟患□□[三]不足以悦其心。”士亨殆可謂能以義理悦人之心者矣。使士亨得一邑一郡而理之，必能寬猛相濟而著安養之績；使得爲諫官立於廟堂之上，必能納約自牖而收感格之功。惜乎士亨之未遇也。雖然，士亨之學已成，士亨之時未至耳。桃李及春花，松柏待寒翠，秋江芙蓉必不向東風發也。安有學如士亨而不獲大用者哉？亦寬毅以待之焉而已矣。士亨注選將歸，諸生皆戀戀不能舍。予亦得士亨有功于小弟及子也，故爲文以贈之。

送湖南虞生歸省序

正德七年壬申，湖南虞生自黄來訪其師汪柱史于南都，因留滯南都。諸大夫之與汪柱史遊者，咸獲識虞生，于是各遣子若弟，執弟子之禮于虞生焉。虞生甚嚴毅，教諸弟子不少假借，諸弟子各知敬憚不□^[四]也。次年，虞生以就省試而歸，歸而不得第，命也。甲戌，南都諸大夫思虞生之善教也，各走書幣，復迎致虞生於南都。虞生于是益設科條，開館于御賜廊之客邸。若侍御王公、詹公、胡公、潘公、主政某公、廷評王公及僕之子皆與焉。視前日之教而益特^[五]嚴，諸弟子之來從學者日益衆。教逾年，諸弟子之學頗知向方，且進退周旋、應對語默之際，雍雍肅肅，初不出於規矩之外。視□^[六]人之爲啓蒙師者，大不類也。己亥秋，虞生以去□^[七]遠，辭諸生而歸，諸生固留不能得。于是諸大夫之與虞生交者，惜其去，爲之繪《金陵勝覽圖》，且各爲詩以送之，而屬予序諸端。予惟天地間無往非道，無往非學，彼以靜坐求者失之空，以博洽求者失之泛，皆非也。心有動靜，學無動靜，學有動靜，道無動靜。顧人之所以爲之者何如耳。程子云：「動亦定，靜亦定。斯爲善矣。」虞生自湖南而達金陵，涉長江之流，則思乾乾不息之功；睹鍾山之峙，則思特立不變之守。覽六代之丘墟，則思所以失之之由；瞻盛朝之洪規，則思所以得之之故。眺佳山則思仁，臨秀水則思知；理舟楫則思危，諳風土則知變。虞生此還，吾知所得于胸中者，必不凡也。奚必默坐以冥思哉？若乃徒有供于耳目之娛，而無得于心，豈非望于虞生者哉？是爲序。

送翰林崔南園北上序

南園公崔子鍾，中州聞人。自幼有高志，見博而行古，講宋儒程朱之學。早年取高第，爲翰林院編修官，表表不累於俗。衆所是者不□□〔八〕，衆之所非未便棄也。于時，用事者竊弄威福，士大夫被其屈辱者十有五六。公獨恥不與接，偶以公事接，又未肯少降其志，用是爲彼所銜。自前官改爲南京吏部驗封主事，由驗封擬翰林。時人視之有低昂也，或者爲公不樂。公曰：“此胡爲而不樂？苟吾求諸己者，無或愧焉，今日于吾何損？”未幾，用事者敗，公論始明。科道交章薦之，且言公〔九〕所以爲彼中傷之故，上詔復原職。或又爲公喜。公曰：“此惡足以喜？苟吾求諸己者，有可疚焉，今日于吾何益？”叙蓋聞而嘆曰：“公可謂不以得失介懷者矣，公可謂用心于内者矣。孔子謂‘鄙夫不可與事君’者，直以其有患得患失之一念。則夫得失之際，顧學者喫緊用力之地，而國家用人宜亦于此焉觀之。翰林論思之所〔一〇〕，治道根本所在，如公者豈可少哉？”公將行，遂以人之所以處公於得失之際，及公之所以自處者道之。然叙辱知于公也舊，竊又欲有言以告之，古人有一言而可以終身行之者，愚謂公此一念亦可以終身存之焉。

送同寅王子鋒知惠州序〔一一〕

正德壬申冬十月，□□惠州□守〔一二〕，吏部以南京大理左寺正王君子鋒名上，上曰：“□〔一三〕。”越數日，檄抵南都，都士大夫與子鋒遊者或曰：“此異擢也。子鋒居大理纔五載而有今擢，顧不異哉？”或又曰：“非也。子鋒登第十七年于兹矣，其同年有爲四品京堂者，有爲三品外臺者，其爲郡守者又往往是也。而子鋒始得今官，吾方以爲淹也。”子鋒爲之言曰：“謂我爲異者，吾且不復辯。其謂我爲淹者，愛我者也。然亦豈在於是？吾以爲莫患爵位之不崇，惟患事功之不立。惟智者爲能慮遠，其欲速者不智也。吾嘗觀之古人矣，固有超舉峻陟，不數歲而驟致卿相者，苟無所建明于時，使後世可稱述，直與鳥獸草木同歸于澌盡泯滅而已矣。亦有徘徊州郡，不獲顯遂者，然而德澤施於人，聲名傳于後，千萬世講之而不已，雖婦人女子皆能知其賢。夫徒知轟烈于目前，而不慮其至與鳥獸草木同腐朽，與雖屈抑于一時，而能使千萬世婦人女子皆知其賢，其得失何如也？其爲謀智與不智何如也？其所自愛之重輕何如也？吾方慮功業之不立，尚敢以淹爲哉？”予聞之曰：“夫人惟見□□□□，欲速故不能大有所成就。”子鋒前爲宜興令，不畏強禦，不□[一四]無辜。是故吏畏而民安，宜興人至今思之。繼居大理，又執法不撓，一時訟獄稱平焉，亦可謂有所建立矣。今其言方且不自滿，復孜孜以建功立業爲念，初不計宦名之遲速。執此以往，惠州之人有賴矣，子鋒之功名于惠州當益顯矣。雖然，“漁網之設，鴻則罹之”，子鋒誠能成功於惠州，方今聖明在上，拔賢進能，如恐不及，豈能使子鋒久勞于外也？由是而卿而相，又自有不期而自至者。子鋒又曰：“是州故宋儒蘇軾宦遊之地，其流風餘韵尚當有存者，仰而則之，又喜有餘師焉。”予曰：“得之矣。”子鋒行，諸同寅餞之龍江之上，各有詩而屬予爲序，姑述此意于卷首。

送同寅周君三載考績序

嘉靖改元之十月，同寅周君以治中三載職滿，將獻績天曹，諸僚友相與繪畾賦詩以贈，而屬予爲序。予惟周君稚年穎悟，人以奇童目之。年甫十三，補邑庠廩膳生。弘治辛酉，領鄉薦。明年中乙榜，授山西清源縣學教諭，端楷範，嚴條約。五年，教有成績，擢四川巴縣尹。巴號劇邑，且值盜起。君下車，首先撫恤，雖軍饋亦不以擾民。尹邑三年，治行卓異，會銓曹薦天下循良吏二十五人，□與焉。爲逆瑾阻抑，纔遷廣安知州而已。至廣安□賊益熾，賊寨去州僅百里許，君急選兵防，□□□集，闔境之人，屯繞城外。且守且築，不逾月，城矻然成。又作反間以遍賊，州賴以安。撫臣林公駐兵保巴，師缺食，以重慶糧數萬石委君，從僻港運。港水逆險甚，限一月至。君卒如約，林公深奇之。未幾，丁内艱。制滿，改裕州。裕先以城虛爲賊陷，君至，經畫市井，標立定向，驅河東諸交易悉移諸城。裕素多妓，雜處民間，君別買隙地以居之，使不溷于良，且以招商也。尤汲汲于表忠勵節之事。在裕十月，内遷今官。歲餘，以外艱去，服闋，復補前職，於是爲重臨焉。通理凡三年，清聲幹績，上下信服，蓋君自筮仕以及今日，凡五轉，所歷每值艱險，而建立彪炳若此。其清苦之操，人所不能堪者，始終如一日。議者謂雖使楊震、劉寵復出，無以過是。前後爲人所薦舉，不下數十疏。夫功貴底績，學欲成章，如君者其庶乎？視彼躋華據要，清聲惠體，從容雅適，循資歷級，以周流公卿，卒無一奇可稱者，其所自得何如哉？方今聖天子繼承大統，勵精圖治，求賢如渴，兹行也，必當膺顯拔峻擢，以益大厥施。君持此不易，他日所就，方未可量，予請拭目以俟。君前典教地，于予爲鄰封，今又辱僚采者二年有奇，敢竊自謂知君矣。故略述此以爲贈。君諱思忠，字伯言，號師中，世爲關中名族云。

送僉憲謝君之任山東序

嘉靖元年夏四月，山東按察司僉事缺員，吏部以資望推南京大理寺右寺副謝君名上。上特允之。先是，棘寺官遷職外臺者，率兩考以上。于時謝君歷俸方三年有奇，蓋異擢也。部檄且到，戒行有期，諸同鄉之宦南都者，欲爲文以贈。以予嘗辱君有同僚之雅，相知尤密，遂屬于予。予惟吾晉省科甲之盛，莫加于代州；而代州科甲之盛，莫加于謝氏。蓋君曾大父安分老人以鄉舉爲寧波府節推，大父朴齋翁以弘治庚戌進士歷任湖廣按察司僉事，尊府雁山先生以乙丑進士仕至河南道監察御史，皆爲時聞人。諸父昆弟之連接科目者，又項背相望，郁郁彬彬，盛矣哉！

君夙性□□，重以家庭之訓，年廿有一領鄉薦，正德甲戌登進士。蘊藉沉毅，老成鎮靜，清才藻思，迥出人表。居大理，廉勤恭慎。廉，故人未易干以私；勤，則事無不集；慎，則上信任之；恭，則人咸樂親焉。至於□□一以至公，而存恕于其間。用是，凡所平反，□□[一五]興情，而民無稱冤者。執此以往，無問繁簡、險易、小大，皆可迎刃而解，況歷大理而居監司，猶駕輕車以就熟路。他日茂聲績而著宦業，可不卜而待矣。予嘗觀夫天道，春夏以生長，秋冬以肅殺，四時行而後歲功成，無秋冬不足以成歲。我朝設官憲天定制，既立藩司府州縣以牧養斯民矣，又立監司以糾察之。爲藩司府州縣者，則專以長養撫恤爲主，恩常掩于義；爲監司者，則專以彈劾搏擊、詰摘搜剔爲主，義常掩于恩。苟或少事姑息，而以煦煦爲念，則長奸滋弊而民受殃，非所以盡職矣。故爲藩司府州縣者，常任恩；爲監司者，常任義，而後治道成，天之道也。雖然，又嘗觀《剥》之上九，諸陽消剥已盡，獨有上九一爻尚存，如碩大果，不食將有復生之意，以見陽無可盡之理。任監司者，固以法爲主，而使惻怛慈愛之意常寓乎其中，則庶幾乎不背天之道矣。天是義也，向嘗與君相講之有素矣。于其行，不覺復言及此，遂爲序。

送通府張君榮遷南寧貳守序

正德庚辰秋八月，同僚張君元宗以應天府通判遷廣西南寧府同知。戒行有期，諸僚友屬予爲文以送之。予因憶予昔年爲大理寺正時，已識荆於張君，且稔聞其賢。予今承乏今官，又辱爲僚采，於時適值寧藩謀逆，聖天子親統六師，駐蹕南都，百凡供億皆責應天。予與張君同心協力，奔走從事於其間者，將幾一年，而能卒濟其事以免於戾。于是知張君爲益深，於其行也，予固將張大張君之賢及與予同濟艱難之義，並夫交誼之雅，以爲贈，固不暇以不文自沮也，況重以諸君之屬哉！予惟張君以閩省名士領弘治乙卯鄉薦，累不得志於禮闈，乃于正德甲戌謁選天曹，授以前官，專理馬政。蓋今仕宦者多重內選，故人皆以君之官爲榮焉。時馬政廢弛已久，君至，銳意振舉，除奸剗蠹，數年之間，應天馬政視他府獨不累。又條陳馬政四事，切中時弊，上皆可之，遂著爲令。凡撫按別有委任，無不曲盡事理，克當委任之意。若先巡撫廣西張公，今巡撫西蜀李公，皆擊節嘉獎。三載考績，以例贈乃翁如君官，母爲宜人，妻封如其母。此又人所未易得者也。方大軍之南征也，君分董軍糧事，官軍支糧者日數萬計，君不激不隨，爲立條約，使出入有序，軍士無敢亂譁者。時少司馬東平王公實提督整理兵馬糧草，大加稱賞，移文以禮奬勞焉。蓋君處己廉而勤，遇事明而敏，事上敬而有禮，臨下嚴而有恩，故居官獲上信民而多政績。眾以君資望深重，謂將有方面之擢。及南寧報至，皆爲君不滿。雖閣老厚齋梁翁時扈駕在南，素雅知君，亦以不能薦揚君賢爲歉。君曰：“事君先事而後食，官不拘內外，亦不必崇卑，顧所以盡職何如耳。”予聞而益重君之有見也。雖然，“耕也，餒在其中矣；學也，祿在其中矣”，君固惟知盡其在己者而已矣，不遑外慕。夫以君之心行君之政，則夫崇階峻職亦不能外君而他也。況有秉鈞軸相知如厚齋者哉！因以是應諸君之屬而爲序。

書二首

上王荊山總制論土魯番事宜書

六月十一日奉教翰諭，以差通使賚鈞帖出關省諭□□。乃知老成憂國至意，非常情所能測也。先是，嘗有人建議差□□出關講和，僕恐啓釁招尤，損威納侮，有虧國體，未之敢從。今以鈞帖切責省諭，固爲得體，但不知果出執事之獨見乎？亦蹈前人之故事乎？抑亦得之他人之獻策乎？督府所行，分當速奉，但事體重大，朝廷威德所關，走濫竽守臣，偶有所聞，不敢不披瀝陳之，以備采擇。本朝處西域故事甚多，未及縷數，姑以其近者言之。

正德中，總制彭公領敕帶領兵糧，專以經略哈密爲事。亦嘗差人持鈞帖省諭□□頭目，令其勸諭速壇滿速兒將速壇拜牙郎及金印、城池歸還哈密。彭公仍進軍甘肅諸地，遙振兵威。當時所費金幣，無慮數千。後城印雖還，旋復負約，蹂躪邊郡，逾月始寧。此先事之鑒也。且彭公鈞帖詞義婉甚，又挾之以兵威，其所就僅及於是。今欲直責其罪，而復無軍聲以振其後，何其輕忽之甚邪？然此虜在我特以犬羊視之，在彼固一國之主也。況彼番國非我內地，朝廷相待亦以優□□□□□，今以奴隸相視，直呼其名而責之，不知果能厭其心否也？且省諭之意，本欲息兵，而謀出不臧，僕恐兵釁自此啓矣。又鈞帖所言兵馬芻餉，□□無不知之，萬一激中其怒，大舉犯順，將何以處之？縱使無此，或將所遣通使拘留不發，又不回報，將何以處之？已之則損威，不已則速禍，斯二者不可不深思也。今之建議者，徒以彭公故事爲言，殊不知彭公其中有委曲爾。又所賫幣帛不聞何用，萬一通使愚昧，誤致酋首之前，豈不遺彼之笑乎？差遣使人，遠通異國，亦是大事，未經奏准，又不題知，恐於事體未安，且慮他人議其後也。或以□□入寇，慮守臣不能戰却失事，故爲是以息兵端，此尤迂淺難通之見，非忠爲國家謀者。蓋四夷犯邊，亦是常事。兵家勝敗，亦無常形。且彼夷譎詐多端，恐差人一出，事端愈繁，愈難爲處。鈞帖有云："將速壇拜牙郎送還哈密，復國爲王，如其不振,聽爾選擇自立。"此於事體尤爲未順。蓋哈密是我封地,今雖爲彼占據,猶望恢復,彼亦不敢以爲己地也。若署置由之,是送棄其地矣。不知執事左右亦曾慮及此乎?彼造端者蓋欲僥倖以邀名收功,而遺患於人,或將遺患於地方也。

以愚揆度,此虜求貢,是其本心直欲我先差人以占地步耳。若少鎮静不動,彼或遣人搔擾,或差人求貢。彼來搔擾,則謹爲隄備;若來求貢,亦必勒致番文,然後議奏,庶于國體不虧,夷横可遏。蓋拒之堅,則其貢可久;許之易,則其患隨至也。至於興復哈密、安置藩籬之事,尚需熟講而後行,必欲馳檄切責,亦須調集兵馬,隨路駐札,遥振聲勢,以備他虞,斯無後患。雖然,此特策之亞耳。傳曰:"愚者暗於成務,智者見於未萌。"與其勞師費財,爲此不可必成之事,孰若分兵聚餉,以遠臨邊地,俟其隙而沮擊之,爲計之上邪?

極知言辭率直,干冒威嚴,罪狀莫逭。然不爾則事理不明,不足以破執事之惑。事在同舟,故敢極言如此。倘蒙俯納,於地方未必無益。或以爲阻撓而深罪之,庸劣之材不堪此任久矣。必將連章求去,决不敢阿從,以徼非分之功。伏惟鑒諒,無任悚息。

上喬白巖太宰書

謹啓太宰白巖喬老先生大人執事:奉違又將一歲,不值良便,不敢率爾啓瀆,徒深飲仰而已。令兄老先生之喪,亦久失吊慰,罪罪。恭惟執事以碩德宏才,老成凤望,秉銓衡,晉官保,天下士林咸舉手加額,各相慶幸,以爲司馬相公入朝,天下自此可太平也。自涖任以來,用舍黜陟,深協人望。某辱在鄉里後進,且備與選之末[一六],竊被光輝多矣。即今政令士論,咸有漸不克終之慮,皆因有激而然,消息斡旋端有望于諸老,而執事以社稷天下爲念，素負天下之重望者，尤宜加之意也。某碌碌如曩，十月初當考績北上，領教有期。仰間胡都憲老先生便，謹此代候啓居。伏惟爲社稷蒼生自重，不具。

校勘記

〔一〕□，底本漫漶，疑爲"勉"字。

〔二〕"朴"，據文意應爲"扑"字。

〔三〕□□漫漶，據下文疑爲"義理"二字。

〔四〕□，底本漫漶，疑似爲"退"字。

〔五〕"特"，疑當作"持"字。

〔六〕□，底本漫漶，據文意疑爲"他"字。

〔七〕□，底本漫漶，據文意疑爲"親"字。

〔八〕□□，底本漫漶，疑爲"輒與"二字。

〔九〕此處原書爲空白，疑爲"公"字。

〔一〇〕"所"下疑有脱誤。

〔一一〕此題字迹漫漶不清，據目録補。

〔一二〕此句空處漫漶不清，全句疑爲"廣東惠州缺守"。

〔一三〕□一般情况當爲"可"字，然此字漫漶，筆畫繁複，不知爲何字。待考。

〔一四〕□原文似"雪"字，據文意疑爲"虐"字。

〔一五〕□□，底本漫漶，疑爲"允稱"二字。

〔一六〕"未"，據文意疑有訛誤，應爲"末"字。

事略一首

先中丞毅庵府君并先母趙淑人事略

先中丞諱恭，字敬之，號毅庵，世爲太原府榆次縣在城一里人。其先有諱信者，長老相公以爲自本府徐溝縣徙來居之，遂爲榆次人焉。信以上譜牒不存，莫可考。信生高祖彦清，清生曾祖琰，琰生祖玘，皆隱德弗耀。祖初以先叔貴贈文林郎、大理寺左評事。又因不肖官加贈通議大夫、都察院右副都御史。配祖妣張氏封太孺人，加贈淑人，實生先君暨先叔寺副君儉、季叔讓。

先君生而穎敏，有志操，幼知向學。先祖通議府君欲以儒顯門閭，年十二，遂令補邑庠弟子員，後與先叔寺副君同鳴於時。時督學會稽胡公、金陵沈公、丹陽少師楊公，每歲試必迭居貢選，且亟稱諸人曰“大宋不在小宋之下”，又曰“難爲兄難爲弟”云。故當時三晉之士無遠近大小，皆知榆次有“三寇”焉。先叔領鄉薦，登弘治丙辰進士，歷官大理寺□□□□□卒。先君數奇，累試輒不第。弘治□□以貢入太學，又試，乃又不得第。正德辛未，□授真定府定州判官。在定甫三載，偶不適意，則浩然致其事而歸焉。甲戌，以不肖考績封文林郎、南京大理寺左評事。嘉靖壬午，今上上兩宮徽號，推恩，再封中憲大夫、應天府府丞。戊子，大禮告成，覃恩，封通議大夫、都察院右副都御史，於是先後蓋三受封焉。時先君壽登八帙，適不肖迎養在陝，服豸腰金，童顏皓髮，矍鑠强步，士林咸以爲榮。陝省自藩王而下以及縉紳大夫士各爲詩文相賀。是年冬偶病秘結，飲藥而愈，于是遂動歸思。己丑春，召舍弟天衢奉先君歸焉。不肖累吿終養，因洮岷有警，不敢言私，擬賊平後決意東歸，遂荏苒至庚寅二月，巡邊至固原，得報轉官，且得代。是月二十日自固原東行，中途得家人書，報先君病矣。于是兼程前進，念六日，冒雨夜至陝省，三月初三日即離陝省。初七日，至蒲州，聞訃，先君已于二月念七日卒于正寢。嗚呼痛哉！不肖羈于微名，不早決歸養，通天之罪，無所云贖。幸而轉官，又幸早得代，即就道急吿過家，一見吾親，面承永訣。詎意相距僅十日，而竟不獲所願，天乎胡爲靳此，而使吾抱終天之恨乎！嗚呼痛哉！

先君軀幹玉立，眉目秀朗，精神爽動，天性孝友，剛直忠厚。事先祖及先祖妣，曲致孝養。先祖早世，垂老之年，猶時復見之夢寐，每夢見必涕泣而寤，其篤于孝思如此。待先叔寺副君及季叔，恩義周洽，二叔皆早世，撫諸遺孤，無異不肖輩，男爲擇婚而娶之，女爲擇婿而嫁之。察今戶部郎中叔弟天與，性資穎異，令不肖提携，四方尋師而教之，卒能成立。居官清慎，視民煦煦，惟恐有傷，猶加意於刑獄。每云："古人嘗謂斷者不可復續，死者不可復生。此而不慎，必有後殃。"歸官囊橐蕭然，怡如也。定州之人至今思之。

居鄉處己接物，一以至誠。至于好善嫉惡，則不少假借。見里中有奸邪者，如不欲面。奸邪者亦每避先君，不敢見也。及有孝弟者，雖少且賤，待之必加禮。聞天下賢人君子，則羨慕之不置，且令不肖輩效法焉。然又能包涵人過，鄰人有偷刈登禾者，家人執之欲赴官，先君止之曰："此人素不爲盜，偶誤耳。第釋之。"且戒勿以語人，其人感之終身。性尤儉素整絜，衣履至敝不少漬，不敝亦不易。致政後，約里中耆德十數人，每月朔望一會，稍放呂氏鄉約，以勸誘鄉人爲善，至今鄉人效而成風焉。

少所讀書，至老猶能背誦，雖通卷不脱不誤一字。尋繹義理，則以了會大義爲主，不爲牽合附會。間出獨見，蓋有先儒所未發者。尤熟于諸史，古今成敗得失治亂臧否，言之如指諸掌。爲文達意而止，不尚浮詞。詩亦雅淡有味，多不存稿。邑中後學因先君性嚴毅，相與稱之曰"毅庵先生"云。教不肖輩極嚴，故不肖輩或耕或讀，皆粗能成業者，有所自也。不肖從仕浙東、江右、關中，皆嘗迎養宦邸，每以"勿因朝廷之遠而有負，勿以小民之愚而或欺"爲戒。不肖每聞之則疏然警懼。病中聞不肖轉官，思欲一見有所諭，而竟不可得。嗚呼，不知吾父所欲諭者何哉？雖不肖意料想像，稍得其一二，又未審果得吾父之意否也。嗚呼痛哉！

屬纊之日，家事無巨細大小，皆備言之，且戒勿作佛事，勿尚繁華，喪葬一體文公家禮。言畢，從容整暇而逝。訃聞，朝廷命有司治葬事，遣官諭祭，晋藩及在廷諸公、鎮巡藩臬諸公、海内交遊大夫士，皆不遠數千里而來致奠，且慰焉。

初配前母李氏、聞氏皆早世，繼配母趙氏累贈淑人，生不肖五歲，亦早世。母之懿行，不肖時幼無所知。母之兄姊及諸伯叔母間爲道母之狀，云吾母真静柔懿，言不出中饋，笑未嘗見齒，事姑張淑人，甚得其歡心，處妯娌終身無間言。先君性嚴難事，每曲意將承，未嘗少拂。凡先君所欲爲不敢後也，所欲與不敢留也。不肖在襁褓，行必徐徐不趣，惟恐或驚也。嗚呼！吾母愛子如此，豈意其不見子之成也，又豈意其有子不逮養也。雖累膺褒封，身後虛名，竟何益哉！再配繼母吳氏，比德吾母，實撫不肖以有成也，亦累封淑人。

生不肖輩凡四男，長子即不肖，娶郝氏，累封淑人，蘇州府同知珮孫女。次天秩，娶趙氏；次天衢，娶任氏，俱七品散官。次天瑞，正德己卯鄉薦，娶孫氏，永寧知縣瑶女。女二，長適本邑生員王仲寅。次適太原國子生王朝起。孫男子八，長陽，己丑科進士，任直隸廣平知縣，初娶王氏，左僉都御史和順雲鳳女，再娶王氏、趙氏。次陞，聘郭氏；次隅，聘郭氏，皆習舉子業。次陵、隆、隥、防。次陜，以廕補國子生。孫女子八，長適國子生郭堯臣，次適郭□進，次適張義，次適聶丙，俱本邑士人。次許聘太谷縣監生白九彰子如琭。次許聘太谷縣■■。次許聘本邑郭□□。曾孫男一。

先君生于正統十四年八月初二日，卒於嘉靖九年二月二十七日，享年八十二歲。將以嘉靖十年辛卯十月二十二日，葬於城西祖塋之次。先母生于天順二年六月■日，卒於成化二十年七月十七日，得年纔二十八歲。權厝淺土，亦將以前月日遷，而與先君合葬焉。

嗚呼！先君抱才蓄德，未獲大顯于時。雖累膺封錫，猶爲未遂其志也。其平生事行，不肖深慮久而或堙，無以彰前訓後。顧先君嘗獲交於執事，知先君者莫如執事，且非執事言亦不足以取信于後，故謹摭其文略如此。令舍姪□□□匍匐門下，求執事一言銘諸墓隧。倘蒙不拒，則先君死且瞑目，而不肖輩不孝之罪，亦可少逭其一二矣。伏惟執事量之。

行狀一首

資政大夫工部尚書掌大理寺事致仕文湖楊公行狀

公諱守隨，字惟貞，號貞庵，又號文湖，姓楊氏，爲浙東鄞之望族。其先相傳自華陰伯起之後，屢遷來居之。曾祖諱浩卿，隱德不仕。曾祖妣陸氏。祖諱九疇，鄉稱宿學，尊稱之曰“棲芝先生”，亦不仕；以從弟守阯貴，贈南京吏部右侍郎。祖妣朱氏，贈淑人。父諱自愈，號見素，以公貴，封江西道監察御史，贈南京大理寺卿。妣張氏，封孺人，贈淑人。

公生十歲，樓芝先生授以四書、史略諸書，則能通大義。十五，從伯兄文懿公受《易》。天順壬午，選充府學弟子員。成化己酉，舉鄉試。丙戌，登進士第。丁亥，授江西道監察御史。公爲御史，自處甚嚴。時郡寮有爲權貴人相邀者，公猶不往。後權貴人犯法，衆避不敢鞫，公按問如律。己丑，奉命巡理漕道。時莊陽水涸，公令諸閘時其啓閉，於是漕運大通。有近宦縱其家奴兜攬運糧，通奈驛遞者，公悉以法繩之，於是河路蕭清。辛卯，陝西失機，時鎮守太監秦剛、都御史王銳俱被逮，總兵官房能獨夤緣托疾回京，公上疏以爲法度貴乎畫一，刑賞不宜異同，請併論以法。四月，公奉敕查盤大同錢糧。公素精數學，至則執簿書推算，毫髮必盡，官吏有望風解印去者，亦有繫頸就獄者，人皆服公之精明焉。是年以册立東宮恩得賜紵絲金豸衣一襲。十二月，以考績例敕封見素公如公官，妣爲孺人。壬辰，公上正風俗、修城垣，養黎庶等九事，多見采納。癸巳，真人張元吉爲人命事謫戍，托以修養乞恩，允之。公率衆力言不可，時論偉之。公見天下諸司文卷不明，請每三年差官一次照刷，至今爲例。甲午，巡按江西，公隨宜沿革，發奸摘伏如神，贓官污吏，一時黜革殆盡，人皆稱快。是年，公臨鄉試，初試院席舍皆以竹席爲之，公令易以板，經久而省費，又能查革奸弊，是科得人爲盛。行縣，有婦告其夫被某歐死，檢驗無傷，其婦以夫生時不跛，今足骨長短粗細不倫，被人易屍爲辭。獄久不決，公曰：“此必生時足痛或癰疾所致也。”詢之父老，果以癰對，誣者自服。公所推事明斷如此。

八月，聞父喪，歸家守制。戊戌四月，起復，改福建道監察御史。乙亥，公按治江西。時奸吏孜省以贓坐罪充軍，逃至京，以邪術得幸，授太常寺丞。公劾其以贓得罪，不宜典郊廟百神之祀。後改爲上林監正。錦衣衛都指揮牛循事多不法，公糾問充軍。都御史襄敏王公越，薦公練達事體，堪以大受。吏部擬公南京大理少卿，再擬寺丞，皆不偶，由孜省也。有疏時政五事。庚子，升應天府丞，聞母喪，南還守制。癸卯，起復，仍授前職。己巳，留都外羅城壞，舊例，工部與應天、寧國等府分修，後應天獨當其任。公曰："徭役不均，民病日滋。"乃按諸司職掌呈撫按，分任其事。内府松枝國子監膳夫鄉試供給筵宴諸費，俱奏行各府均派。先是，南京科道併各部屬於例得之外，又至府索取隸役，月收工價。公奏禁止。丁未，公朝覲如京。時孜省以禮部侍郎掌通政使司，得密察百官，遂以夙怨中傷公。忽傳旨調公外任，授南寧知府。弘治改元，戊申二月，升應天府尹。蓋因孜省被誅故也。二年己酉，復奉旨降一級，調外任，授廣西布政司參政。先是，公承户部奏，委查勘南京守備太監陳祖生開種湖田事，公執法不徇。後差太監何穆核勘，乃反坐公。甲寅，升廣西按察使。八年乙卯，擢南京都察院右僉都御史，提督巡江兼管操江，條奏修戰艦等五事。九年丙辰十月，擢南京大理寺卿，參□[一]詳明，一時訟獄稱平焉。十二年庚寅，改大理寺卿，充經筵官。讞獄詳明，部院推服。十四年辛酉，因審録事，上命中官賜羊酒。十五年壬戌，禋祀禮成，賜大紅織金五綵孔雀參紵絲衣一襲，充廷試讀卷官，頒寶鈔二千緡，賜宴文華殿。十六年癸亥，東宮畜髮，賜大紅羅一表裏，黑緑雲紵絲一表裏，白金一鎰。十七年甲子，以七十引年，温旨慰留。是年疏刑名十事，遂爲定例。十八年乙丑，充廷試讀卷官，頒寶鈔二千緡，賜宴文華殿。時上欽恤刑獄，其年凡三宣公至便殿，語刑獄事。公每就事論列，上無不欣納焉。

　　五月，武皇帝嗣登寶位，白金一定[二]。十二年，九載考績，升工部尚書，仍掌大理寺事。公抗疏懇辭，不允。時河南道御史石□等奏保公左都御史，以掌風紀。正德改元，丙寅，大祀禮成，賜大紅織金雲鶴紵絲衣一襲。二月，賜元金一定，大紅青綠紵絲四表裏，寶鈔五千緡。武宗初御經筵，頒侍官恩也。躬耕籍田，賜大紅羅衣一襲。進資善大夫，上命中官李榮審録罪囚。時近侍張瑜及太醫院官四員俱以誤用御藥繫獄，李承内意謂可矜疑。公泣曰："先帝梓宫在殯，臣子憂憤方殷，君父之事，誤與故同。例以《春秋》許止之律，豈宜輕貸？"李亦默然泣下，衆畏服。事完，上復有羊酒寶鈔之賜。而内侍實銜之。初，中官李興督造孝宗陵寢，收柴銀，盜伐長陵松木，事下三法司。興素恃寵，援新寧伯譚佑、侍郎李璲同罪。公叱之曰："柴銀是汝侵欺，陵木是汝盜伐。佑、璲二人止是不行救正，失于奏舉耳，惡得比而同之？"興語塞，遂按其辟，衆感[三]快之。而内宦益怨矣。八月，賜大紅織金雲鶴紗一襲，大婚禮成也。時逆瑾輩恣權，號爲"八黨虎"，科道官率以言得罪。公協贊司徒韓公文、都御史張公穀華，會府部百僚抗疏，扣闕請誅。瑾輩迎上泣訴，事竟不諧，遂于是歲除夕，司禮監傳旨，公及韓、張諸公皆致仕。二年丁卯正朔，公以致仕趨謝，越二日陛辭，皆不容面見。舊例，凡大臣休致，必面覲辭謝，賜宴而退。家給禄米人夫，一切俱斬[四]。公之退朝也，興隸皆畏瑾禍四逸，公徒步長安街，有吏胥數人肩輿□[五]公歸第。明日遂行，次于張家灣，瑾潛差軍校隨之，欲中以奇禍。公僦車就道，一不煩官，竟免於害。

　　三年戊辰，公自致仕回，即杜門不出，而瑾怨尤未解，乃又致舊事行浙江巡按御史提問，罰米一千石贖罪，宣府上納。四年己巳，公以前罰不敷，鬻産稱貸，令男茂顯運納，而是子竟以憂悸卒。禍逮群從，無或脫者。公伯弟故冢宰碧川翁，亦職爲卿

亞，今大方伯惟公暨兄子故司寇志仁皆由大參擬升方伯，而得罷
歸之旨，故按察使志道亦以遷職索謝憂殂于途。後瑾敗，碧川復
原職，罷歸者皆起用焉。五年庚午，公家居，望誣日懃，而瑾怨
猶未已也，復摘他事傳罰米二百石，追奪出身以來賜給誥敕。公
再鬻居宅，及脫簪珥以償，家奴有登啼號援者，而公方傷時憂
國，論事感激動人，宴如也。九月，逆瑾伏誅，科道交章奏舉公
名望素著，才識俱優，守正秉直，非阿諛奔競者比；司馬劉公大
夏、司徒韓公文，冢宰林公瀚等俱堪起用，奉旨復原職致仕。自
是兩京科道累薦公可起用，皆不報，以瑾黨未盡也。十月，奉詔
給還前奪誥敕。十二年丁丑，頒賜誥敕，進公階資善大夫，贈陳
氏夫人，董氏孺人，恕子[六]都事，考績貤恩也。十四年己卯六
月二十五日申時，公疾，終于正寢。

易簀時，天叙偕僚友問疾，公怡然坐起，猶爲禮容，然已不
能言矣。叙輩出，公顧其子顯、允曰：“吾位列六卿，壽逾八袠，
櫟梠平生，今得斃於正矣。第以受國厚恩，無補萬一，此没世之
恨也。敬戒後宜世圖報稱。”問以家事，則搖首不言。湏臾，有
風自牖如霧，公即端坐瞑目而逝。資秉穎異誠愨[七]，少得棲芝
先生家學及師友於鏡川先生，故所學者正。讀書立官即有志勛
業，雖累遭顛躓而志不少鉥，故其所建立，光明俊偉，與兵部尚
書劉東山、户部尚書韓貫道並稱于時焉。

公初家貧，及領鄉薦，便欲就教職，不果。舉進士爲御史，
則迎養見素公，憚遠不就，則分俸以養。宅憂之日，哀毀成疾。
友事伯兄甚至，兄子孤幼，皆撫之如己子，嘗爲嫁娶捐俸資，置
産給之。平居衣不綺羅，食不兼味，歷官十餘年，泊如也。諸所
上章疏多不存稿，曰：“嫌于衒名也。”居嘗所著作亦散逸不可
稽，今僅存詩稿若干卷。解組之後，葛布野衣，徜祥山水間。嘗
與鄉之耆英六七人結爲社會，以詩酒自娛。謹家教以訓宗戚，敦

行義以表鄉間。每春秋鄉飲，有司必禮公正位大賓。司府有過訪者，則告以民間利弊，一不及于私也。卒之日，縉紳大夫士擁泣庭下，合境文〔八〕老聲踵相計焉。以公國老，家居而歿，有司以訃聞于上，行將有祭葬及謚。

配陳氏，名家女，有女德，封孺人，累贈夫人。繼娶董氏，贈孺人。子七人，長少五，早夭，陳出。次茂勤，亦夭。次茂恕，廕授中軍都督府都事。次茂莊，生有異質；次茂懼，俱府學廩膳生，亦早夭。次茂顯，醫學正科；次茂允，府學廩膳生，繼公家聲者此也，皆董出。女二，茂蕙，陳出，適國子生鄭烈。茂菉，字屠僎，側室夏氏出。孫男七，美觀、美復、美順、美某、美某、美坤，俱幼。孫女三，美某、美某、美某。

公生于宣德乙卯，卒于正德己卯，享年八十有五。叙于正德庚午承乏寧波，時公猶無恙，每就訪政務，必盡言無隱，所益良多，而公亦不鄙外〔九〕，久而益親。且歿，屬其子茂允，以狀屬叙。叙齠年已知寧波楊氏宦業之盛，及仕，適公以直見□，聲稱赫赫，始稍稍知公之概而未悉也。今知公爲□□〔一〇〕偉人矣。故不量謹按公之年譜而爲之狀，公之□□□□而不敢略者，以俟秉筆士采擇焉。

校勘記

〔一〕□，底本漫漶，疑似“政”字或“議”字。

〔二〕本句句首疑脱“賜”字。

〔三〕“感”，疑似“咸”字之誤。

〔四〕此句句首疑脱一“今”字。

〔五〕□漶漫，據文意疑似“擁”字。

〔六〕下文曰“次茂恕，廕授中軍都督府都事”，“恕子”應作“子恕”。

〔七〕此句句首疑脱一“公”字。

〔八〕“文”，疑似“父”字之誤。

〔九〕此句疑有脱誤。

〔一〇〕□□原書漫漶，疑似“千古”二字。

墓表二首

寰西處士焦公墓表

寰西處士焦公暨其配王孺人卒，既葬，其慶貳府二守昇走使持銀臺鄭君狀來，徵予書諸墓上之石。余時亦居先中丞之喪，以未親文墨辭。逾年，襄事，昇復申前請曰：“先君待此以瞑目，願終惠之。”余因思昔承乏陝西巡撫時，曾知昇之治行，謂必有所自，及觀鄭君所爲狀，則其事多可書者，乃作而嘆曰：“是其墓可無所表耶？”故不能以不文辭。

按狀，公諱全，字大用，寰西，其別號也。世傳周封神農之後於焦，遂以爲氏。五代祖仲成自蔚州徙居馬邑之吕家莊，遂爲馬邑人。仲成生興，興生閭德，避元至正之亂，復徙本邑樓煩村。入我朝，永樂初年，始編籍豐樂里。閭德生鼎，爲本邑陰陽訓術。鼎生斌，配張氏，實生公。幼岐嶷好學，十九史、農圃醫卜諸書罔不通其大義。母早歿，事繼母陳，曲致孝養。陳性嚴難事，卒感而慈。父宦閩中，留公居守墳墓。值歲大侵，公發所藏粟，賑諸鄉人之貧者，全活甚衆。又輸粟於官，以賑一邑之貧者。有司上其事，朝廷授以冠帶榮身焉。父没於宦，公扶柩歸，襄事。凡喪祭，一遵禮制。撫教四弟，各底成立。季弟溫選充襄垣王府儀賓，值家中替，不克婚，公易所居廬舍成之。于是，寰朔之間鄉士大夫皆多公焉。公平生無秕行，溫溫恭慎，不苟言笑，人有過未嘗面斥，恒婉曲曉諭，因而改行者甚多。又尚義，好施予，或有負所貸則焚其券。夫公學足潤身，義能濟衆，孝以事親，友以撫弟，終其身，足不履公門。君子曰：“若焦公者可謂一鄉之善士也已。”昇方將考績，請封于公，而公不待，惜哉！雖然，昇以名進士用於時，聲稱藉藉。他日所就，方興未艾，榮名顯號，褒公於後者，豈可涯涘哉！

公配王氏，慈惠柔嘉，内助良多，與公同年生，後公十八日卒。于法亦當附書。生子七，長曰旻，巡檢，娶楊氏。次曰昱，監生，娶李氏。曰昱〔一〕，娶周氏。曰昂，典膳，娶韓氏。曰昇，即貳守，登某科進士，娶某氏。曰勗，娶□〔二〕氏。曰□〔三〕，尚幼。女二，長適楊某，次適周某。孫男十有一，耕讀相半。孫女十有五。曾孫男六，曾孫女三，俱幼。

公生于景泰癸酉正月十六日，卒於某年三月十九日，享年七十九歲。王孺人生于某年月日，卒于某年月日，享年與公同。某年月日與公合葬于樓煩村之西原，禮也。書以詔其後裔，使知焦氏之興有所本云。

贈文林郎湖廣道監察御史周君墓表

贈君周公暨其配太孺人劉氏相繼卒於正寢，其子監察御史鈇偕兄鋭持進士孟生所爲狀謁予，書其墓上之石。余時亦居先中丞之喪，哀慟不能親文墨。既襄事，鈇復持所自述遺事來申前請曰：“礱石已具，先人俟此以瞑目，願終惠之。”予與贈君同邑人，嘗稔聞其賢，矧於鈇又有年家之雅，安得以不文辭。

按狀，君諱文德，字濟武，以鈇貴，贈文林郎、湖廣道監察御史。其先陽曲人，元末遠祖景賢遷榆次張慶里居焉。高祖益，以子貴，贈太僕寺丞。曾祖霖、祖志信、父瓏，俱隱德弗耀，然世濟淳篤，氣脈悠長。母任氏，柔惠慈懿，實生君及弟某。早失所怙，事母及祖母許，曲致孝養。許老寢疾，特依君室曰：“吾六子十八孫，咸孝，然未有如文德者，吾故依若終，以彰其賢耳。"弟亦早世，遺姪胤幼，撫之猶子，爲之植産置室，俾抵成立。正德間，鄉人舉呂氏鄉約，推君爲正，每朔望期集，告諭諄切，大都以善事父母爲孝，早輸國稅爲忠，務本力穡爲勤，不作非爲爲慎。鄉人薰其德而善良甚多，或有不率，則慚見君，君愈善導之，且曰："慚則知悔，悔則善心生矣。吾何靳一言而不使人爲善耶？"嘉靖戊子，族人有誣人以殊死者，君急往代辨之，子弟弗可，君曰："死，極刑也。脱此獄果成，寧不重傷吾先世之遺德！"乃竟詣秦參政，力辨之。其拯人之厄類如此。人有負所貸，察其果貧，則併其券與之。里中讀書好禮者，愛敬之惟恐後。族姪謙幼穎敏，令御史攜之京師教之，且曰："自汝視之，族弟耳；自吾祖宗視之，猶夫汝也。"其厚族之仁如此。初，御史爲行人，便道歸省，每過庭，語之曰："吾願汝忠誠報國以顯吾門，吾每見人以宦肥家，汝居官雖貧，宜不涉咎。"邑令素聞君賢，請君爲鄉飲正賓，君固遜而居僎，其謙慎又如此。

嘉靖某年某月某日，以病卒于家。屬纊之夕，戒家人毋厚葬，毋作佛事。時御史在京師，方援例爲君請封，命將下而君不待，哀哉！既而贈君如子官，封劉氏爲太孺人。御史奔喪抵家，適太孺人亦病，越某月，爲嘉靖某年某月某日，亦卒。御史哀毀骨立，幾不能生。以嘉靖年月日移先母李氏柩，合葬於縣城西南新阡。君子曰："若周君可謂一鄉之善士也已。"嗚呼！君生重鄉評，後膺顯贈，而復有子文行藉藉，後必大亢厥宗，雖歿而有不歿者存焉。書之以詔周氏子孫，使知周氏之興有所自也。先配李氏生長男銳，繼配劉太孺人生御史及鎧、鍵，凡四子。女二，長適宋廷章，次適郭廷威。孫男五，孫女二，俱得附書。

墓碣一首

義官趙公墓碣

毅皇帝正德九年甲戌八月十七日，先母舅趙公以病卒。時予從宦南都，予友今户部司務金可卿爲之銘。正德丙子，予以例賫進正旦表文，道經故里，過公之墓，祭而哭焉。已，乃索其銘讀之，郁郁乎文矣。蓋可卿于公其交淺，又乏善爲之狀者，故於公之素履發而有未盡。予因憶予五歲喪母，嘗依鞠於外王母，親炙於翁，久而且密，於凡公之隱德懿行，知之爲詳。蓋公爲人仁厚願裕，沉重簡默，無所聞而自合於式，無所諫而不蹈於非，蓋有讀書爲學者所未能到者。予恐公之有美弗彰，無以爲公後人訓，因語諸表兄弟，復礱一石，以爲之碣。未幾，予得命承乏寧波知府，由知府叨轉應天府丞，匆匆簿書，凡八易寒暑，未暇脱稿。今上嗣繼大統，改元嘉靖，三年秋，予濫竽都察院僉都御史，巡撫宣府，復改提督，撫治鄖陽，便道歸省，諸表兄弟復申前請曰："礱石已具，幸終乃事，以爲先人不朽計。"予始得乘間而爲之。

公諱良輔，字大弼，世爲榆次東北鄉望族，高、曾以來皆積貲尚義，至父翁欽及母王氏，又醇懿敦大，讀書好禮，内外蕭雍，視先世益弘。以大父翁嘗輸粟賑民，授以散官。所居要店鄉，適當要衝，遠人貴客，經於其地者，無不得見。見則談論經史典故，縷縷不斷，過者皆殊禮待之，以是天下皆知此鄉有趙某者，來則必訪焉。又能交結賢士，拯貧濟急，其所親故及本邑未濟之士，賴其周恤者良多。有子二人，公其長也。席累世培植之厚，孝友之性，出自天成。事父母左右無方，惟恐有拂其意。父翁性嚴峻，公年四十，猶以"厮"呼之；公惟婉順將承。父翁歿，事母尤極誠敬，朝夕省視，調護就養之際，情文兼至，傴僂之容，莞然可掬。撫幼弟良佑，才八歲，且異母也，飲食寒暖，無時勿察。及長，爲尚寧化府正平縣君，將父志也。起第于省城，極其宏麗，又分貲之半，以瞻[四]良佑。間疾，憂容不解於面，疾愈乃已。其真切懇劇之情，有未易以言語形容者。公妹三人，先母其仲也，與季皆早逝。公每言及，輒咽嗚不已。視予甥輩，親情藹然，歲時會遇，必稱述先母之性行以喻予，予亦因而泣下。慈愛諸子，未嘗形忿戾之色，有過則微諷以見意，其諸子亦無不溫良克肖者。母歿，衰麻植杖，立於柩旁，凡三晝夜，號泣不已，亦不就卧，因此得疾，卒至不起。蓋其天性之良有如此，初不假於修爲也。廣居豐貲，視昔有加，睦親好客，輕財重義，濟人利物，亦如父翁，時亦輸粟爲義官，享年若干。

配郝氏，慈惠貞順，實能將順公志，内助居多。予嘗病世之讀書君子，每論析義理，商確古今，皆鑿鑿可聽；至於處骨肉之間，倫理之際，不失之廢禮，則失之傷恩。視公爲何如耶？古稱萬石君家不言而躬行，公殆庶幾焉。予每有感，以公之行略道於公卿間，皆曰："此一家□□[五]之□[六]也。"誠哉言乎！公四子一女，公存時已得孫男女十二人，皆見於誌。公歿，復生孫男幾人，孫女幾人，皆餘慶之及也。予不文，揄揚未詳，姑舉予之所知者，以示公之後人，使知先德之厚，各知則效，必不墜家聲。且以告世之學士大夫，使知所向往，有不在於詞章技藝之末焉。

墓誌銘三首

處士郝君配齊孺人合葬墓誌銘

嘉靖三年十一月初七日，處士郝君配齊孺人以病卒，其子從予遊者文祥持所自爲狀，偕昆弟五人，衰絰匍匐，詣予請銘。予素與處士君友善，處士君歿時，予宦遊于外，吾友侯良弼爲之銘；孺人懿行，予所稔聞；矧文祥予門下士，暨諸昆弟之請又懇懇不已，銘曷容辭。

按狀，孺人出本邑望族，父曰伯世，母曰李氏，皆繼懿真[七]固，爲鄉人所推服。故孺人生而柔惠溫淳，不喜華飾，不妄言笑，蓋其所以成之者遠也。年二旬有一，適處士君。處士君早失怙恃，惟王父母在，孺人相處士君孝養王父母極其誠敬，竟王父母終弗少替。處士君性嚴毅，孺人委曲承順，以當其心，欲有爲弗敢後，欲有與弗敢靳。處士君有過舉，輒從容諫止，雖至再三不但已。處士君嘗患心疾，孺人焚香籲天，願以身代疾，尋愈。處士君歿，縞衣素裳，思念不置，每言及，咽嗚不已。有叔姑杜氏者老寡，實依孺人，請與己居，衣服飲食皆親饋焉，卒則令諸子以禮葬之，又立其孤子文吉，令不乏祀。處士君有舅氏李善者，老獨且貧，孺人令諸子時加周恤，其敦睦親族類如此。居常訓誨諸子各務耕讀，有遊怠者必嚴飭之。其訓誨之詞有曰："成人不惰，惰人不成。"又曰："寧使人負我，無使我負人。"文祥得領鄉薦，喜曰："汝父望若固在是也，恨汝父不及見耳。"因泣下，且戒以當益謙抑。孺人性勤愛潔，至老不廢績織，衣鞋雖弊，無少漬。每戒諸婦不得效時俗婦女爲艷飾。嗚呼！姆教之廢久矣，若孺人者豈其天性之良，庶幾可以爲人内者訓云。

生五子，長文慶，娶路氏。次文安，娶魏氏。次即文祥，己卯鄉進士，娶趙氏。次文仁，邑庠生，娶王氏。次文義，娶胡氏。皆本邑名門。孫男七人、女八人，輗娶魏氏。伴鎖、又鎖、九老兒尚幼。臘女適郭鐸。二女、三女亦幼，文慶所出。魏存女許聘趙■，文安所出。三存子聘邑庠生郭宗貴女。四存子聘省祭官李建□〔八〕女。三存女許聘太谷縣監生任端子世勛，文祥所出。小復鎖、小春女皆幼，文仁所出。小胡女、二胡女亦幼，文義所出。

孺人生于天順三年七月十九日，享年六十有六歲。文慶等將以是年十二月十二日，葬於城東祖塋，與處士君合壙焉，禮也。爲之銘曰：

不培不植，不積不豐。維郝處士、齊孺人，履仁而蹈義，是宜子孫繁衍且顯譽。邑城東行一里許，松柏蔥蔥，是維處士君之幽宮，孺人永永其相從。

處士劉君墓誌銘

嘉靖二年癸未七月初五日，吾鄉隱君子劉君以病卒。予時以考績北行，便道歸省于家，其二子致中、致和持所自爲狀，衰經匐匐謁予，拜且泣曰：「先君子辱交於先生深且久，知先君子者無如先生。先君子今不幸歿，非先生銘，先君子且目不瞑已。」言泣伏地不起。予雅知劉君，致中從予遊，銘豈容辭。

按狀，君諱祐，字天錫，世爲吾榆次東流都人。其大父諱謂，業儒，欲從師友之便，因遷居于邑城咸熙坊。父諱鑑，隱德弗耀。母某氏，吾邑名家女。君生而淳朴不華，性穎敏善記，其父翁命爲邑庠生。君克自奮勵，習禮經能暗誦，不遺一字。爲文典實，不喜浮詞，不逐時好，坐是不利進取。中年病目，兼奪於家務，見二子秀發特異，遂棄其舉子業不復事，力耕爲養，且課其二子焉。致中正德庚午薦於鄉，致和亦屢有聲場屋，文思行業駁駁未已，他日所就未可涯涘。君居家勤儉，故致家頗饒裕，又懇懇焉能赴人之急。嘗有假于人，值年饑，盡棄其約不復取，且曰："人方救死不暇，我何以私負爲也？"君惠厚誠篤，與人無欺，故人樂親附焉。晚歲患脾胃疾，益好觀書史，每遇古人嘉言懿行，有可以訓後觸於心者，必謹記屋壁。及疾篤，二子泣請遺命，乃曰："我何所遺汝輩，必欲求之不已者，曷往視諸屋壁。"嗚呼！若劉君者可爲篤實君子者矣。

君生於天順己卯三月十九日，享年六十有五。生子男三，長即致中，鄉進士。次即致和，廩膳生。次致恭。女一，適某。其諸子將某年某月葬於城東祖塋，禮也。銘曰：

農厥躬，厄于逢。屯其身，享[九]于子。顯且有榮後有俟。

處士王君墓誌銘

正德庚辰夏，有國子上舍王綏者，持刺謁予於應天官舍。自言："平□[一〇]臨汾人，夙聞先生而願見焉。"予以鄉里，故揖之進，見其氣清而質秀，與之語，頗知向方，因獎飭而勉進之。一茶而退，自是嘗一再夾見，文藝之外無他言。辛巳冬，服衰經□[一一]南京戶部黃主政所爲狀，扣閣曰："綏罪惡深重，不幸先父於今年八月十四日卒於楊[一二]州之客邸，綏將以來年四月扶柩歸原籍。啓城南張儒村先妣壙而合葬焉。顧先君平生有可稱述者，願因先生圖不朽焉。"予以鄉里故，又常辱一日之雅，且狀中有可書者，故一再辭而許之。

按狀，君諱琮，字尚顯，其先故陝西醴泉人，國初有爲令於臨汾者，遂占籍臨汾。曾大父諱某，大父諱貴，父諱鏞，生三子，君其仲也。生而聰敏凝重，自幼喜讀書，頗通大義，奪於家事，不竟所志。年十四，從從父勝商于甘涼、江右、山東、遼陽、河東、宣大之間，足迹半天下。以兄璽授如皋簿，因依兄，而又商鹽於揚，于是貲日益盛。凡巡鹽御史并運司官有訪鹽竈中利病者，君言之甚悉，用是御史、運司皆青眼視君，而諸商皆尊禮視之。嘗有銀匠陳姓者數人，誘二家奴竊金以逃，後殺一奴以利其有，其一被傷，脫歸，君竟不究。居無何，事露，内一賊母憐而解釋之。又有商晁姓者，假君金若干，貧不能償，君察知其非僞也。持其券，踵門而付之，且慰之曰："錢財倘來物耳，不付若券，則汝終無心自安。"居父喪，哀毁逾禮。事從父如其父，其從父視君亦猶子也。與叔弟納級平陽衛指揮僉事，相友愛甚篤，至今同財産，庭無間言。正德中，君亦輸粟，授散官。君見綬資稟俊秀，遣使就學曰："吾宗本仕族，綬其勉勵以無墜乃祖書香。"君因居揚也，復使綬援例居南監以便省視。正德辛巳五月間，偶得劇疾，綬聞而奔歸，日夜親侍湯藥，綿延至於八月，竟不起。

君生於正統丁卯七月二十四日，距卒之日，享年七十有五。君孝友天至，恂恂無華，重然諾，寡言笑，與人不欺，尤不喜背議人長短。待臧獲亦有恩，以故人樂爲用。賑貧恤孤，出乎自然。每值佳辰令節，必召鄉里姻族及故相厚者宴飲，日洽如也。古人謂富而好禮，積而能散，君殆庶幾焉。

配崔氏先卒，繼陳氏、劉氏。子男二，長偉，冠帶知□，崔所出。次即綬。女一嬪仙，西河王府輔國將軍人[一三]，劉所出。孫男五，承恩尚陽曲王府鞏縣君，承爵、承詔、承謨、承烈皆幼。孫女四，長適同邑人牛鷥。次聘陽曲王府奉國將軍。餘幼。綬將以嘉靖十九年四月吉日扶君柩歸，啓崔氏壙而合葬焉，禮也。于是爲爲[一四]銘。銘曰：

啓于儒，業于商。厥有念子延書香，千秋萬祀有餘芳。

校勘記

〔一〕“昱”，與前文已有“昱”名同，顯有訛誤。

〔二〕□□，底本漫漶，疑爲“袁”字。

〔三〕□，或爲“晏”之漫漶，待考。

〔四〕瞻，于文意難通，顯爲“贍”字之誤。

〔五〕□□，底本漫漶，疑爲“堯舜”二字。

〔六〕□，底本漫漶，疑爲“臣”字。

〔七〕“真”，疑爲“貞”字之誤。

〔八〕□，底本漫漶，疑似“宗”或“安”字。

〔九〕“享”，據文意疑似“亨”字之誤。

〔一〇〕□漶漫，據文意疑似“陽”字。

〔一一〕□，底本漫漶，據文意疑似“賁”字。

〔一二〕“楊”，似當作“揚”。

〔一三〕“人”前疑脱“夫”字。

〔一四〕兩“爲”字，於文義重複，疑前一“爲”字似“焉”字之誤。

祭文二十首

祭■大參文

昔遊太學，擇友天下。感君氣誼，遂定交盟。匡我不逮，啓我未明。通家相與，念年於今。君先登第，歷官尹曹。椒薑之性，冰蘖[一]之操。兩典大郡，惠政覃敷。鋤强扶弱，頌聲載途。及陟監司，益嚴憲度。貪墨斂迹，赤子安堵。值時多故，觸忤權奸。逮繫詔獄，二年不還。大明麗空，公論始定。晋參藩司，素節愈峻。闢邪衛正，不避艱危。直躬違時，浩然而歸。其身雖屈，其道則光。士林所惜，志未大行。彼滔何延，此仁則折。造物忘名，美器多缺。西渠云亡，君又長逝。友朋凋落，吾道焉持。某限于職守，哭不撫屍，葬不會墓。緘辭寄奠，泣望東注。

祭秦西澗文

嘉靖六年丁亥六月丙午，遙祭于亡友西澗秦先生之靈曰：憶昔乙酉之夏，予承乏於河西。因便道而相訪，恢[二]歲月之易移。聆正論之侃侃，壯鋭志之未摧。胡暌違之未幾，忽訃音之西馳。將疑信之相半，遂稽于賻儀。兹叨冒于内轉，來君子之故鄉。謂先生其已葬，曰猶殯於中堂。顧相去于咫尺，愧束芻之未將。倚終南而北望，空涕淚之浪浪。嗟先生之直道，乃不見容于時。惜美功之未竟，豈天意之若斯。凡先生之宦歷，恩猶在于人口。尊内省之不疚，于得失乎何有？嗚呼！先生之身雖屈，先生之道則光。官亦未爲不貴，壽亦未爲不長。況有子之克肖，可不墜乎書香。先生固無所憾。予念交遊遊[三]情，自不能已於增傷。爰述蕪辭，再致薄奠。先生有知，庶其來享。

祭同年羅質甫乃翁文代命同年作

唯公奓由科目，奮身鑾閣。揮翰抽毫，日侍帝側。出守大郡，惟政有聲。急流勇退，幾炳先神。進階藩參，橫金曳紫。九老七賢，山水從事。公之三子，二以辭雄。仲當清年，已薦鹿鳴。季尤齡妙，連捷南宮。授官中舍，俄轉廷尉。英標象服，秋風玉樹。士夫如公，可謂顯榮。胡天不淑，忌完虧盈。公柩未葬，仲郎繼歿。嗚呼昊天，孰堪此厄。某等官于南都，仰高企德。況于令季，同年之末。合奠告誠，庶幾公格。

祭馬伯循乃尊雲巖公文

故雲巖馬先生之靈曰[四]：天叙自早歲聞令郎伯循之名，慕之如景星鳳凰而不可即也。弘治壬戌，始獲會於太學。一見傾蓋，於是相與朝夕講論者凡三年。遠自羲皇以及盛代，精自性命以及六藝，大自參贊以及食息作止，靡所不至。其間發前人所未發，究近儒所未到者甚多。天叙之滯塞得以開而導之者，固不少也。又其爲人，溫然若可狎而近也，栗然卒不可得而犯也。始處之，落落若難合；久與之居，駸駸然自不能舍而去也。天叙始異其閭巷白屋，何以突有此人也？因與居久，盡得先生之高行懿德，因曰："有大中公，然後有二程；有韋齋公，然後有晦公。伯循之有今日，其淵源固先生庭訓有素也。"然則天叙之受益於伯循者，豈非先生之惠之也耶？聞訃不□□仰謹具□□托伯循易隻雞尊酒，敬貤于先生。

祭嬸文

嗚呼！吾先叔自弱冠抱奇志，辛苦力學，思欲立功名，顯祖宗以重聲於後。乃十數年始領鄉薦，又十年始得登第。且學問專精，德器深厚，人咸以公輔期之，然而官止於郎署，年不逾知命，又二息方在襁褓而卒，位不滿德，壽不勝仁，功不副志，其可傷悼，已不容言。幸而有嬸在，莊靜有女德，六姻稱之無異詞。猶望其撫教二孤以成立，近得家書云：“去年十一月初三日卒。”哀訃一聞，痛何可言！夫嬸年六十有一，未爲衰老，二孤尚未婚娶，宿志未畢。今若此，天道之福善相吉果如是耶？嬸已膺錫命，簪服燁然。叙今幸得内補例一考，亦得受封於親，先母已逝，而父及繼母俱在堂，嘗謂得恩典及親，使吾母服命服，以與嬸聯美，往來於親戚間，亦足爲門閭光耀，鄉里欣羨。不意嬸又不待。天之不樂成□□□□此哉！嗚呼！嬸之遺恨，想在二孤，然有叙父子在，雖不敢擬敦義如昔人鄧伯道、曾義姑者，亦自許能扶持使不至零墜。嬸如有知，當瞑目也。叙爲薄宦所□，斂不獲臨棺，葬不獲臨墓，罪不待言。今謹□□緘辭，敢告于嬸，嬸其有靈鑒之哉！

加贈先恭人焚黄告文

某年月日，男天叙□用牲醴庶羞，敢昭告于亡母贈孺人、今加贈恭人趙氏之墓曰：男庇遺教，叨兹禄職。宦遊他方，久□祭掃。兹一考滿，便道過家。適值恩誥，再加贈衔。謹用謄録，焚于墓次。嗚呼！義方慈訓，實切蓼莪之想；龍章鳳誥，徒深風木之悲。靈爽有知，庶歆此祭。

毅庵府君祭祖妣文

天叙宦遊于外八年有奇，缺于展視，兹因考滿，便道過家，謹具牲醴果品，敬將祭掃之儀。適遇恩誥，加贈孫妻趙氏爲恭人，焚黃壠次。因併告知其諸先祖族祖、堂兄大哥、嫂白氏、堂兄二哥、嫂宋氏、諸侄、諸孫共附享焉。嗚呼！悵儀容之莫睹，感時歲以增悲。尚冀爽靈，同垂鑒石。

祭妹文

凡我同胞，四兄二妹。兄皆苟完，妹各早逝。妹行最少，渾家所憐。母愛尤鍾，慟何以堪。妹之在室，未越中閫。柔惠貞閑，六親所式。謂當福壽，宜爾室家。況擇所歸，三晋之良。胡天不愁，壽止念餘。芳蘭早瘁，尤物恒稀。嗚呼！修短有數，不限臧否。幸遺二孤，後事可委。大甥王□，氣欲食牛。小甥二歌，墊如王[五]壺。天道物理，互爲循環。既奪于身，必振于男。妹之亡時，兄羈宦邸。聞訃逾時，西望飲涕。兹因考績，病滯于家。特令陽侄，祭于墓傍。深愧不躬，瞻戀彷徨。嗚呼！墓木已拱，墓草已宿。兄之多愆，妹靈庶即。

祭舅翁文

惟公出自宦門，根基深厚。英資秀發，淳性天就。家裕而約，身貴能敬。循循儒雅，與物無競。人孰無孝，公孝以色；人孰無弟，公弟以誠。居家馭物，渾然天真。如玉在璞，如金在鎔。化盜以禮，如王彦方。平心率物，如陳太丘。包荒容衆，如妻師德。可謂吾一鄉君子之人，長者之風。年登古稀，有子有孫。生順死安，善始善終。天叙情托骨肉，義兼師資。死不撫棺，葬不執紼。公實德我，我實負公。兹當考績，便道桑梓。聊具菲儀，祭于墓次。公甥我室，再封恭人。陽兒已娶，□姬已笄。尚有少子，方在抱提。公如有靈，庶幾鑒茲。

祭南京國子監典籍李先生文

先生乃仲木之舅，仲木于先生爲甥。我獲交於仲木，因受知於先生。我居此二紀，方先生之南來時，親問於左右，覺鄙去而茅開。我官卑而祿薄，先生家事頗殷，有無間以相資，且義重而情深。去歲考績北上，曾旋軫兮未幾。方顒望其喬遷，夫何一病而不起！厥初心因作痢，痢復轉而爲瘧。庸醫投以下劑，使病體焉日惡。一僕愚而罔知，徒倉黃而計窮。我匍匐以救之，竟徒勞而無功。嗚呼！人孰不死，先生在客。死孰無親，先生獨無可托。凡棺斂大事，仗一二之素知。雖粗略以畢事，豈能一一以如儀。嗚呼哀哉！旅櫬迢迢，關河千里。地慘天昏，此恨曷已。嗚呼哀哉！叙也陳此薄奠，侑以蕪詞。先生有靈，庶其在茲。

祭大參崔老先生文

嗚呼！先生早登甲第，爲名郎署，爲賢刺史。甫參藩司，急流勇退。不竟所蘊，以遺厥子。惟冢器銳，益振家聲。賢資天啓，迥拔流輩。□傅[六]賜第，翰苑馳英。其人如玉，其氣如虹。司成南都，士依如雲。志偶不遂，皓然振衣。不類如余，早忝交遊。如蓬附麻，如木就矩。□□[七]□深，□□[八]亦□。通家骨肉，二十年餘。邇年以來，宦轍迷隔。聞訃已久，吊慰兩缺。□□之誼，我罪何言。茲□良便，聊具菲□，緘以蕪詞。靈前一酹，東望涕泗。靈如有知，鑒我區區。

祭張仲修文

昔遊太學，擇交天下。氣誼相許，僅吾七人。七人之中，子

最穎拔。逸才天縱，長江大河。懿德夙成，精金美玉。乙丑登
第，授官理刑。讞獄明允，民訟以平。擢居御史，風采凜然。敢
言直諫，不避權奸。出按兩淮，山岳振動。貪墨之徒，聞風潛
遁。直道不容，左遷州倅。公論隨明，復起憲貳。分巡漢南，吏
畏民懷。公望方屬，一疾不回。旅襯[九]東歸，母老子單。客邸
相遇，慟何可言。孰謂仁壽，子仁而夭。誰謂修吉，子修而凶。
茫茫天道，不可理窮。交遊之情，幾三十年。追念今昔，莫起
黃泉。

祭襄惠王公文

天之生才，固自不侲。於惟先生，弱齡則異。聰慧早發，人
擬奇童。連得科甲，俱列上第。始官郎署，聲聞躍然。繼領外
藩，公輔之器。漕運之政，風清弊絕。入佐天官，值時之厄。左
遷南都，復陟戶付。賑恤南畿，歡聲載路。逆瑾覆敗，召入戶
曹。旋掌司徒，邦計是賴。遷大司馬，惟時多艱。武皇帝出遊，
周旋其間。內撫外鎮，中外晏然。狄公在唐，于公已已。方之於
公，公也則似。直道忤時，功大則忘。今上繼統，讒言肆橫。謫
戍邊方，公論沸騰。惟皇感悟，召總三邊。撫柔西夷，外控絕
虜。皇曰賢哉，入掌銓曹。倚毗方切，公乃仙遊。朝失老成，士
失蓍龜。惟天實然，將咎之誰。贈官賜謚，廕子祿孫。賜葬賜
祭，生哀死榮。天叙鄉邦晚進，兼在葭莩。昔撫關中，與公同
事。仰公之德，服公之才，匪敢諛佞。

祭任先生文三首

嗟世降而時移兮，慨古道之不復。夫子生而哲靈兮，乃超悟
而迥識。衆紛拏于利欲兮，獨潛心於道理。雖謗毀之交集兮，益
堅執而不撓。卒積□而養充[一○]兮，實深造而自得。

余博觀乎天下，曷有庶幾乎夫子。衆紛紛其顯融，偶〔一一〕過塞而未獲。志雖小試于府貳，曾何展乎驥足。及功美之所就，芳聲至今猶馥。慮直道難容，乃勇退於急流。娛心神於載籍，樂日用於園丘。雖疏食而水飲，豈外慕而他求。視汩汩於利欲，實千仞之翔鳳。

於維先生，夙抱奇志，抗俗自樹。學惟爲己，辭取達意。知圓行方，內充外裕。正而不固，直而不□。大行不加，窮居不損。於惟先生，儒者之學，君子之心。仕有惠政，隱潛龍德。開我蒙泉，如射知的。哲人之萎〔一二〕，士乏儀刑。血食于社，允協輿情。先生之歿，我宦南京。不哭不葬，內實屏營。兹祭告文，矢心以貞。

祭長妹文

吁嗟阿妹，而遂已耶！世之冥頑弗靈，繁嗣而壽考者比皆是，胡爲如妹面〔一三〕反夭耶？□〔一四〕婉貞淑，柔惠順從。在室而大小憐愛，于歸而一家咸宜。女德如妹，世亦罕有。我嘗謂必當悠久，成人家業，昌人後嗣。初不意其遽至此耶？豈天道之無知，將使聰慧者不壽，而蠢惡者永長耶？抑人各有命，物各有數，天亦莫如之何耶？壽夭常理，使得一嗣，以不斷身後香火，亦可少慰；胡爲身且死，而竟不遺一息耶？吁嗟阿妹，此慟曷已耶！妹在生時，最爲父母鍾愛。妹死其何以爲父母老年之情耶？妹死之日，父母與兄俱遊宦於外，使妹垂絶之際，舉目無親，不識妹於此時又何以爲情耶？所遺弱女字曰兒，今已四歲，能言能行。或者彼蒼有意，既靳于身，以是延我妹之一脉耶？上有父母，下有諸兄，其諸撫養兒者，妹毋遺慮，妹其瞑目於九泉耶！兄以公便過家，敬陳兹奠，告以情文。妹死且四歲矣，兄今始得哭妹之墓，誠所謂生難死別者耶！夕陽慘慘，宿草萋萋。撫景觸懷，此恨當何如耶！嗚呼哀哉！

祭嫿文

嗚呼阿嫿！自出[一五]宦門，夙閑姆教。笄歸我叔，克盡婦道。姑悅工容，妯娌咸宜。仁慈逮下，曾無詈答。中年不幸，痛失所天。矢心靡它，人無閒言。咬薺茹菜，艱苦備嘗。蓬首垢面，自稱未亡。撫育兩孤，有家有室。貞烈之操，匪席匪石。胡天不憗，莫假之年。六帙有奇，一病不痊。有節未表，有德弗褒。侄輩之罪，又焉所逃。我羈於官，不能匍匐。一聞訃音，哀痛何極！緘辭寄奠，用申遠忱。嫿其有知，庶幾來歆。

祭岳丈文

嗚呼岳翁！純厚之德，士大夫所未如。動合道禮，讀書者所遠讓。其性得于天成，意亦庭訓之有素也。似寬而不可犯，似柔而確然有執。無貴無賤，無大無小，無遠無近，無親無疏，察其德，聞其風者，皆知愛敬之，稱之者，無異詞也。誣□不較，深肖乎劉寬。不發盜惡，酷類乎陳寔。事兄如父，報怨以德，誠古之仁人長者，而今鮮其儔也。某以不類，忝有半子義，其所以鎮浮消鄙，敦益於我者多矣，且能賑我于未遇。叙今入仕已十餘年矣，曾無涓滴之報也。豈意其遂已耶！叙病不獲侍湯藥，葬不獲執引紼。有負於公者不淺矣，罪何可言哉！痛何極哉！茲謹緘辭寄奠於墓所，翁其有知，其鑒我微誠哉！

祭王虎谷先生文

嗚呼先生，而遂已耶！天之生才，以爲民也。予於先生，則不能無惑焉。先生雖嘗爲郎署、爲州守、爲督學憲臣、爲監司使、爲國子祭酒、爲中丞，其所施設，皆本諸躬行心得之餘。視今之隨世以就功名者，不可同日而語也。假使大行其道，畢所志焉，則夫功業所就，雖古之伊、傅、周、召不多讓也。夫何壽限于五十，官止於中丞，豈天未欲平治天下耶？聞令嗣之道已求誌於内翰吕仲木以銘于墓，亦可謂善承其志也。其諸表傳則晋溪王先生、白巖喬先生許爲之。王、喬二先生者，皆先生之同志也，先生亦可以不朽矣。先生著述滿家，叙辱在姻親之後，當裒集以傳，庶亦可以淑諸後也。聞訃以來，阻隔南北，缺於吊祭，徒深慟悼而已。兹謹具薄奠，令舍弟祭於先生之墓。先生鑒氣味之同，其享我微忱哉！

祈雨文

惟爾有神，暨予有官，皆有責於兹土。凡地方之利病，生民之休戚，事體相關。今歲四月以來，雨澤鮮少，交於五月，炎酷尤甚。田皆龜拆，秧未插蒔，秋成何望？官民上下，惶惶憂懼，莫知攸措。軍荒之餘，孰能堪此？豈予小子，政事乖謬，上干天和，以致如斯？然予一人有罪，予身自當之。無以予一人之故，遺患於小民也。惟神血食於斯，安能恝然？且新天子法令嚴明，赫然可畏，己嘗沐浴齋戒，率僚屬請矣。雖見微雨，未足成功。兹再備牲酒庶饈，積誠懇禱，尚冀軫念地方，告于風雲雷雨之神與境内祀典諸神，早降靈雨，豫斯沾足，以惠斯民。非惟少迄予一二有司之罪，而神之常祀可以不廢，尚其鑒之。

校勘記

〔一〕"蕈"字，通作"蕓"，疑誤。

〔二〕"恢"字，於文意難通，疑本"慽慽"，出自《詩經》，本作"厭厭"，明人妄改經文，或作"懕懕"，又用簡體字作"恢"，而刻工又誤刻作"恢"，遂致魯魚亥豕，謬謬相續。

〔三〕“遊遊”二字，據文意疑衍一“遊”字。

〔四〕此句前疑有脱文。

〔五〕“王”，疑似爲“玉”字之誤。

〔六〕“□傳”二字，原書漶漫，據文意疑似“臚傳”。

〔七〕□□，底本漫漶，疑爲“相契”二字。

〔八〕□□，底本漫漶，疑爲“相許”二字。

〔九〕“襯”，顯爲“櫬”字之誤。

〔一〇〕“充”，據文意疑與“尤”字以形似致誤。

〔一一〕“儒”，據文意疑爲“獨”字之誤。

〔一二〕“萎”，疑當作“萎”。

〔一三〕“面”，據文意疑似爲“而”字之誤。

〔一四〕□，據文意應爲“婉”字之誤。

〔一五〕“自出”二字，據文意疑爲“出自”之誤。

附録二首

少司馬涂水先生傳

蘭溪唐龍虞佐　撰

先生山西榆次人，姓寇氏，名天叙，字子惇，別號涂水生。有至性，藐而孩即不喜嬉戲。五歲時，母趙淑人病久，髮弗櫛，家人欲剪之，先生泣曰："是不可毁傷。"及卒，哀毁如成人禮。十二，旁通舉子業。稍長，弗屑事佔畢矣，名燁燁動三晋。弘治辛酉，舉于鄉。卒業太學，尚友天下士，而與馬溪田伯循、吕涇野仲木、崔後渠子鍾，切劘聖賢之學，而以躬行力踐爲本，詞章非所先也。

正德戊辰，登進士第，尋授南大理評事。每録囚，務矜恤，讞疑理枉，多所平反。有勢豪撲殺人，出家人代伏其辜，先生評之曰："天道神明獨誰欺？"乃駁奏，竟抵其人之罪。不畏强禦，尤侃侃然，留都人人知有寇評事。會兩京曹官得舉科道，趨者恐後。先生曰："官求職盡，何必科道耶？"獨不赴。揚清茹苦，布袍羸馬，宴如也。既考績，部院皆著■考。丙子，升寧波知府。府巨室能訛是非，成敗人。先生曰："吾惟知爲國惜民，爲民惜財已矣。是非在人，成敗在天，則何能知？"徭役稅糧，宿弊所叢，首務釐革之，利罔不用興。强每肉弱，乃抑其强，而弱是植。慈溪馮氏兄弟共噬人，號"二虎"，悉以法繫之。丁丑，百穀不粒，糧額如故，民患之，乃白于部使者，米得折銀，省而易輸，皆欣欣稱便。且禁過公役人，無落鄉勾稽，以重民之擾，事惟謹期會而已。由是，"擒二虎，民安堵"與"挽回萬家春，無吏橫索錢"諸歌謠，颯颯而興。俗囂於訟，每一投牒輒盈庭，先生聽斷無宿案，而日以簡焉。有董孝子祠祔以女人像，非禮也，而亟踣之。祀先師，教演大成樂，庶幾洋洋之音，是又教民以禮樂也。尤專意學校，每進諸生，訓以德義器識之大者，而論文務崇理致。士經品題者多取科第，顒顒嚮風。己卯，升應天府丞。民惘惘然如嬰兒離慈母，相率抱先生靴而留之。先生謝其情而辭以非古禮。至於今，依懷不忘。四明縉紳士數本郡廉太守，每先屈指先生與楊公最。

迨至應天，會府尹缺，即攝府事。時寧庶人反，武宗御六飛討賊。庚辰春，駐蹕留□，□[一]嬖恬寵，提督江彬尤鷗張，所過率以重賄道於禍。守臣亦諷先生賂之，先生曰："是實不能。與其行賄敗節，寧得禍，何傷？"彬洶洶，每務持違之屬，有不可行之事，指示利害，與之抗論，多所中止。中官勾妓婦善音者數百人，拘之別室，以備供應。饑餓疾病，纍纍迫於死，言於彬而釋之。嘗以事觸彬□[二]，彬令人偵先生，訖無短可持，偵者乃勸先生往謝彬，竟不謝。而彬亦不能有所加也。其他權嬖所需求，率難饜焉，直沮之曰："俟面奏，與即與爾。"皆莫能誰何。駕北旋，諸守臣送之維揚即得回，獨先生迤邐于淮安，正以不行賄爾。是時，江南諸郡皆緣迎駕厚斂於民而乾沒其間。駕駐留都凡九月，費且不貲，一一出先生所經畫，而民不知亦不病也。壬午，皇上登極紀元，先生應詔，查舉內府神帛堂、十庫及花園、進鮮諸冗費，謹敷奏之，百餘年之弊一旦而革。甲申，歲告饑，民人相食，先生多方賑恤，鄉落散米粟，城中□[三]粥以餔之。尋復大疫，乃施醫藥，周視閭閻，或勸止之，先生曰："我爲百姓，癘豈干邪？"治應天四年餘，百姓恃爲命，士大夫有蓍龜焉。

是年，升左僉都御史，巡撫宣府，會有警急，難以至，乃改撫治鄖陽，未幾，又改甘肅。蓋匈奴右臂之地，非先生巡撫不可耳。節鉞甫臨，回騎犯山丹，指揮將士遏其鋒，斬酋首脱脱木兒及部落三十六級，威名遂震。甘肅荒徼，諸司往往眇之，凌蕩法守，先生切憂焉，乃訓人以廉德，樹"素絲"之風而先之。太監總兵官役軍薙草輸之官，屬所給值則勻奪而有之。先生榜令軍交草於官，官交值於軍，毋旁落他人之手。屯糧額外有科水流田，巧勒地頭錢，無名甚矣，並嚴其禁。又每團軍士，較其伎勇，懸銀，約而令射之。諸所俘獲，賞必及其功。買功賣功，悉論罪。殞於鋒鏑者，尤加之意。什伍之衆桓桓有鬥志。先是，回夷土魯番侵軼酒泉郡，廷議閉關絶貢且二年餘。彼夷投譯文求和，辭涉悖嫚。先生議曰："彼夷勢必求通於我，而我無終絶之理。能絶其貢路矣，將亦絶其入寇之路乎？而或不能也。但彼夷桀驁，不大挫衂之，則朝和夕叛，無益焉耳。是宜聚糧犒師以張我撻伐之威，以堅彼夷悔禍之志。夫然後議和，則操縱在我，不在彼，庶可恃以無虞。"又總制軍門欲遣使□□詰責彼夷，送出哈密王，如其人不振，聽爾選擇本類一人，主理國事。先生執不可，以爲："祖宗間關立哈密，而欲世世守之。雖被彼夷占據，終我地也，若廢置由之，則地彼之有矣，豈《春秋》正侵疆之意乎？況倉卒遣使而爲彼羈留，如國體何？"乃逸"聽爾選擇立王"數語，直付貢回夷，使執之去，此皆長久之計也。彼夷別種貢獅子、牛、狗，許其入，先生特詔請却還之。又請御經筵，親辟士，講求治道，其忠至矣。又以嚴清解、謹備禦、廣屯種、添京運、處物料、添火器、分部官七事，乃備邊要務，皆請行之，疆場日□焉。丁亥，升右副都御史，巡撫陝西。夫關中兵荒頻殷，民艱孔棘，先生專務安静養民，輕徭薄賦，節縮費用，以紓其力。吏習日恌，申飭官箴以警之，而貪僚暴吏必斥弗貸。且訓

練軍士，作其敵愾之氣。虜騎侵固原，鼓而擊之，斬首一百有
奇。捷聞，璽書褒異，升俸一級，兼有文綺白金之賚。戊子春，
會織造太監至，行部之臣議奏罷之，先生曰："意則美矣，但初
到遽奏，恐即不罷，將益張其焰爾。事各有機，姑待之可也。"
是歲，大侵，先生陳乞廣蠲糧額，大發帑銀，兼支引鹽，皆得
請，喜曰："吾民生矣。"乃夙夜皇皇，周咨長慮，講求善法，
手提其綱，簡庶僚而分任之，凡所以祗承德意而康濟斯民者，誠
□□力焉。是故民雖嗷嗷，而卒之溝中無瘠，道上無殣，其先生
之功與？至是，乃疏織造太監，非荒年所宜□，非饑民所能供，
果報罷矣。先生精於慮事，類如此。

　　庚寅，升刑部侍郎，遭外艱而歸。大臣臺諫，各騰章薦先生
可大任。癸巳，服闋，改兵部侍郎，天下想聞風采。奄以疾在
告，雲中變作，力疾上疏，極言叛軍稔惡怙終，宜彰天討，及陳
分別善惡與懸賞格諸方略。雖病中而憂時之心常不忘邪？已而疾
殆，竟卒，享年五十有四而已。

　　且先生尤惇厚彝倫，軌於行誼。事父毅庵公與繼母吳淑人，
惟孝惟敬，而有深愛焉。在太學時，卒聞毅庵公有疾，裹糧而
馳，歷六晝夜，跋涉千餘里而抵家，躬視湯藥，疾遂瘳。自是無
違左右，迎養於四明，於留都，於關中，憚甘肅險遠，乃分俸以
養。痛趙淑人早卒，每言輒嗚咽，忌日痛苦如初喪。友愛諸弟，
日怡怡如，至有過必責，責必俟其改。季弟天瑞與叔之遺孤天
與，皆聰明，携之宦所，提耳而誨之。天瑞列鄉薦，天與□□，
舉進士，歷知二劇郡。剛發邁往，不詭於時，惜忌者沉其職爾。
子陽，訓以《詩》、《書》，閑以禮義，每令茹蔬服澣，砥礪士
行。方冠，舉進士，清節遠猷，聞望蔚起。先生雖廉不苟取，儉
不濫費，而祀先養親，乃從其至。宗人姻黨諸所助婚賻喪與周貧
乏，亦惟厚焉爾。雖不泛交於人，凡其交者，達不□[四]，窮不

捐，生死不貳，憂喜共之，殆古道之交也。中丞張南川謂先生“寬而不縱，嚴而不迫，大不遺細，遠不遺近”。御史周鈍軒謂先生“忠信純篤而厚於彝倫，剛正明敏而盡乎物理”。溪田列卿謂先生“如金玉然，久琢無疵，百鍊彌純”。涇野宗伯謂先生“行己省身，與神明通”。夫四公皆名德君子，真知先生哉！

　　論曰：昔賢云儒者體用之學，是故或體空疏，或窒於用，皆非儒也。夫自薛文清公倡道河汾，先生與和順王公雲鳳並宗其學，而先生立德樹勳，如金如玉，愈鍊而愈剛，愈磨而愈瑩。又如太山喬嶽，不見其運動之形而出雲宣澤，油如沛如。其儒之碩乎！然壽考弗躋，而嗇厥所施，君子以爲憾焉。

明兵部右侍郎涂水先生寇公墓誌銘

高陵呂柟仲木　撰

　　公諱天叙，字子惇，姓寇氏，別號涂水，以其邑榆次之南有涂水云。公年二十二，中弘治辛酉鄉試，與予同試禮部，不第，卒業太學。乃會三原秦世觀、馬伯循、安陽張仲修、崔子鍾、林慮馬敬臣，同窗學四年。遂同予舉正德戊辰進士，筮仕南京大理寺評事。即清介自持，不濫交遊。政少暇，閑户誦律讀書，布袍蔬食，猶如書生時。歲將改，猶衣常服，同僚王崇陽疇曰：“新歲亦可更新衣。”公應曰：“無。”乃買一紵服遺公，公亦服之，後償其價。其讞獄平明，絶無私枉，若當強禦，威富必訐。少可矜疑，即與平反。有一巨姓犯法，不出官，以家人代罪，公駁之曰：“某人在而稱逃，非欺人即欺天。”刑部奏請緝事衙門捕獲，竟抵罪。上下稱其才節。及進左寺副，敦履如前。考績之年，所審過輕重囚犯五千四百七十一起，萬有八千二百五十一名，罔不克允。故一時本寺及部院考署超邁等夷，至形薦剡，名聞天下。本寺考云：“持身克謹，審獄尤明。”都察院考云：“涵養深，自得清修之譽；天分高，宜馳淑問之聲。”吏部考云：“志屬廉隅，而守彌恪；事循矩度，而才自彰。"司寇胡公瓚薦云："端方之行，久重於士林；諳練之才，深達乎事體。"輿論皆以胡爲人知〔五〕。

丙子，升寧波知府，壹以愛民節財爲正。其均徭清稅，剔冗除害，鋤強杜謁，興利彰善，咸殫心力。嘗書"青天白日，高山大川，愛民如子，處事如家"四語於座右。丁丑，歲侵，乃請於巡按，秋糧得折價，民有"挽回烏府萬家春"之謠。慈溪有馮貳虎者，武斷鄉曲。公置之於法，合邑安堵，形諸歌誦。尤加意學校，以體認實踐爲教，取人必先器識，於是四明之士多崇尚理學。嘗與鄉試，外簾三試卷皆屬公總閱。有知縣某者持一卷請覽，公曰："此不宜取。"知縣固請，則固止之。開榜後拆所請卷，乃其所私者。時同事者曰："公神目也。"每遇旱乾，齋心虔禱，罔不響應，上下歡欣，寧波之民愛戴真如父母。一時言官疊稱，薦書齊口褒嘉。宋御史曰："政尚寬平，事多練達。待人正而久著端方之□，持己廉而益深涵養之功。"成御史曰："養深純而行不失己，才明敏而政能體時。"解御史曰："養深而氣稟脫乎習俗，德重而惠□□於□□。"□御史曰："德器醇正，操修雅重於官評；政澤恢弘，施爲允稱乎民牧。"在郡三載，政績卓異，治行課天下第一。己卯秋，超升應天府丞，老稚攀號，跪請留鞗，公固遜拒。沿河兩岸，挽舟不能行。薦紳大夫歌咏其事，謂此郡自張廣漢後惟公一人而已。

比至應天，寧濠倡亂，武廟親征。過止南京，俱債叢挫〔六〕。府尹胡公感勞成疾，獨公應答。時內外權幸無慮數百，公處之有方，莫敢肆侮。且於妄求冗費，多所停裁，未嘗科取上江縣民。如假先宴之金花以克後宴之用，亦其一事也。初，上未至，權幸先選女樂千百，拘置一所，以候幸。未及三日，死者十數，餘多菜色憔悴，公言於權幸曰："如此輩以候駕，恐反取罪耳。"權幸懼，問計，則曰："吾當記名於簿，召彼親識或食店酒肆領養，用則取諸簿耳。"於是一日之間活人千餘。庚辰正月，上親觀迎春，公治具於郊外，俯伏廊下，嬖幸疾公倨傲，讒劾遲慢，或曰：
"此人勁直不可動。"始免。姜彬[七]之寵，獨冠一時，群賀生辰，
率行四拜。獨長揖[八]，彬甚銜之。日偵公私，久無所得，偵者
竊曰："提督將不利於公，可一往謝。"公正色曰："死生有命，
豈人所爲？命若得禍，謝豈能免？"後彬謂人曰："寇公真君子
也。"於是他嬖倖亦皆因此斂迹。若有需索，公必曰："吾當見
上親奏。"遂止，其多所停裁者，皆此故也。捷奏，獲賞銀牌綵
幣。駕回，撫按謀欲重遺諸幸，公終不從。雖獨送至淮安，然亦
不能有加也。中外皆服公之才操。大軍既去，壹意民事，興學均
賦，休息地方。

比壬午，今上改元嘉靖，公應詔查舉七事，內關神帛堂匠、
十庫花園、進鮮船隻等項冗役冗費，百年積蠹，一旦裁劃，上下
稱快。甲申，歲大饑，人相食，公竭力賑濟，設粥以食流民。尋
瘟疫又作，給藥以救，皆公日親巡視，或繼以夜。有言疫氣盛行
以沮公者，率皆不聽，竟亦無恙。又嘗奏拆兑運糧以蘇民困事，
皆獲允行。是年夏，以迎聖母效勞，有白金紵絲表裏之錫。公在
應天三載，初值車駕駐臨，九月後值荒歉二年，公周旋致身，不
避其難。士林倚重，百姓依歸。南都根本之地，賴公爲一大保
障。初，公至應天，適當癸未考察京職，有言官嘗爲公屬吏懷怨
者，劾公因緣鄉里驟升京堂。部院題覆謂公久敦士行，素重官
評，公亦累疏求退，上特慰留。及應天政成，撫按交章論薦至再
三，人望益歸。王御史□□公曰："涵養素深，操持益謹。正大光明之氣，□□
不能□；□□□□之才，繁難皆有處。"胡御史□、沈御史灼、蕭御史鳴鳳及巡撫李
公克嗣，皆有薦。□大司馬陶公亦嘗薦公曰："南都別後，人無貴賤，皆稱□想慕感
德□□□□如是。"

嘉靖三年冬，升都察院右僉都御史，巡撫宣府。朝廷尋以鄖
陽事重，改公提督撫治鄖陽。任方兩月，又以甘肅西接回夷，北

鄰胡虜，南邇土番，介處其中，孤懸萬里之外。近且士卒叛逆，人心未定，事勢危急，非有經濟才者，不可委托，乃又改公巡撫甘肅。公至月餘，回賊三百寇犯山丹，公調度擒斬酋首脫脫木兒及餘黨三十六級，回賊退服，不敢復肆。乃遂作士氣，時簡練，禁侵削，杜私役，實月糧，廣儲蓄，均水利，興屯田，撫屬番。比及數月，人心感悅，咸有鬥志。肅州有造匿名帖謀作亂者，乃奸人。每當徵收屯糧時，輒造此言，以乞緩征。公乃會總兵親詣肅州，下令：“有能告捕者賞百金。”數日，有告者，捕得一道士及數軍生，按實置罪，即如約給賞告者。因詢屯政之故，除額外之科。如流水經田，則輪地頭錢之類。衆心大悅，竟無他變。先年，土魯番大掠甘肅，廟議閉關絕貢，至是數遞番文，求和通貢，語猶悖慢。公上議：“宜出師示威，可保無事。”議曰：“回夷於我有必通之勢，我於回夷無終絕之理。若此虜求通不得，必至侵擾，我不大集兵糧，使其來則挫衄，彼不肯輸誠，邊方無可寧之日矣。”時總制王公欲遣鈞帖，切其王速檀滿速兒，公又議：“自我太宗設立哈密，爲土魯番侵奪，先後經略大臣止爲此尺寸之地。今雖爲彼占據，其名猶爲我地。若鈞帖云‘即將速檀拜牙送還哈密爲王，如本人不振，聽爾選擇本類有力量一人主理國事’，此虜自專廢置，是棄其地矣。不可行。”因上陳七事，皆獲俞允。一嚴清解，以實軍伍。二清備禦，以固邊疆。三廣耕種，以實邊儲。四添京運，以養遊兵。五處料物，以實軍器。六添火器，以壯軍威。七置部官，以督軍儲。其言皆邊方切務。西域有貢獅子、犀牛、西狗者，前巡撫陳公及禮部該科請却，不聽。公奏言：“皇上即位來，不好珍禽奇獸，近曾却御馬監虎豹之采，以爲無益。今復用此，豈陛下有見于虎豹而不見于獅子牛狗邪？伏望却還，以潛消遠夷窺伺希恩之意。”尤顧[九]日御經筵，親賢士云。

公在甘肅二年，華夷帖服，邊人惟恐公去。巡按胡君體乾疏請宜進秩以酬經略之勞，久任以慰邊人之望。丙戌，進右副都御史，巡撫陝西。内撫捌府，外餉三邊。兵荒相仍，時事甚難，公靜以養民，義以訓兵，嚴以馭吏，明以祛奸。圖大體，急先務，以慰關輔之望。丁亥，北虜寇固原，公調度截殺，斬首百有九顆，蓋前此所無之功也。皇上賜敕奖屬，賞大紅紵絲、織金紵絲三表裏，白金三十兩，升俸一級。戊子，歲大饑，公疏請盡蠲租税，大發銀鹽以行賑，忠誠懇切，上爲之感動，敕下如議。公晝夜區畫，選委賢能，守巡踪〔一〇〕理周悉，關中之民賴以全活。故雖遭大凶，地方無虞，其詳見《賑濟事宜録》。織造太監至陝，供億甚繁，則因歲歉奏請停止，上命取回，人心大悦，謂公有回天之力。初，織造至，巡按張君珩謀于公曰：“關中疲弊，豈復堪此，盍會本言之？”公曰：“彼初至，遽言，恐上不足以回天聽，下無益於事。不若遲至秋冬，極言旱災，請賑濟。上必惻然而後畢此，庶事可成。”至是，果然，張深服其善處。

　　庚寅，陞〔一一〕刑部右侍郎。未任，丁毅庵先生憂。服闋，大臣科道屢薦之。癸巳八月，起改兵部右侍郎。朝野屬望，乃九月下旬遂感痰疾，然猶在部理事。十月初，大同軍叛，力疾上疏，言滅賊之策，且求休退。上不允去，而下其議于有司。大略言大同叛卒往年賊殺撫臣，今又戕害主將，稔惡怙終，若不加誅，奚彰國法。但倡亂者有數，餘皆脅從。朝廷不忍玉石俱焚，已給黄榜曉諭。傳聞逆軍不容張掛，合無將黄榜事理刊印小帖，不計數目，射入城内，使善惡自異，互相擒斬，賊勢自孤。時有言官繫獄問死刑者，一大臣欲具疏以救，謀于公。公曰：“祇成君之名耳，不能救彼也。”其人問故，答曰：“須同諸法司請于當路者，使恩出于上，則可。”從之，言官果得緩誅。是月望日，上賜鮮藕于其第。十一月二十六日，終于宦邸之正寝。距生成化甲子年，五十有四歲，位未竟其所學。嗚呼痛哉！

　　病中縉紳訪候無虚日。公遇人輒論國家大事及爲學之要，亹亹忘倦，不知其病也。其未竟之志可知矣。訃聞，上傷悼，賜諭祭，敕有司營葬事。諸公卿、臺諫、部曹暨鄉黨、知舊爲文誅之者百餘篇，其頌純德盛業無異辭，則公豈非一代之正人鼎臣哉！

初，公生而岐嶷英敏。五歲，母趙淑人歿，公即號哭擗踴如成人。常依鞠于外祖趙翁，每撫其首曰：「此子方面口大，動止不凡，他日必昌寇門。」年十二，從邑人任同知受舉子業。十五，補邑庠生。弘治丁巳，隨其叔父大理裕庵公于京師，遊中丞姚東泉之門。布袍短褐，往來徒步，東泉甚重其器識不凡。及同諸君講學京邸，公篤信踐履，勇于寡過，同儕推遜。一日，聞毅公先生病嗽，急即暮裝晨歸，千餘里六日夜抵家。侍湯藥，不解帶者四十餘日。毅庵先生見公至，喜，疾漸愈。鄉人稱其孝感。後公在寧波、南畿、關中皆迎養。事吳淑人極其誠敬。痛趙淑人早逝，言及必流涕。處諸弟恩義備至。雖從弟天與幼孤，携教宦所。至發解山西登進士，今爲東昌知府。其交友終始無間，病疾患難，盡心相恤。鄉里無大小，皆有恩禮。則公著于政績者，豈偶然哉？

公上世本徐溝縣人，國初有諱信者徙籍榆次。信生文長，文長生彥清，皆隱德弗耀。彥清生琰，琰剛毅重厚，積仁行義，寔昌世業。琰生玘，馴雅純篤，以次子儉貴，贈大理寺左評事。以公貴，贈都察院右副都御史。配張氏，封太孺人，贈太淑人，寔生毅庵先生諱恭及裕庵者也。先生以太學生仕判定州，明敏正直，忠信不詭，定人至今頌之。以公貴，封如其官。配即趙淑人，寔生公。繼配即吳淑人，生天秩、天衢，俱七品散官。天瑞，舉人。然則公之所淵源者遐哉茂乎！公配郝氏，相敬如賓友，累封淑人，蘇州府同知珌之孫。子男二，長陽，己丑進士，禮部主客司主事，學行克思肖公。娶王氏，贈孺人，都御史和順王虎谷之女。予嘗擬之程張朱蔡爲姻者也。繼娶王氏，憲副陽曲王公槐之孫女。再繼趙氏，封孺人，義官趙晏之女。次陟，廕補國子生，聘太僕卿太原侯公論之女。女一，適邑人國子生郭堯

臣。孫女一。陽卜明年嘉靖十四年正月二十四日，葬公于城西祖
塋之次。今年春，予以公務取道榆次以哭公，詢其後事，陽言臨
終棺斂之需，多假于人，俸入僅置田數區，雖居第仍舊敝陋未葺
理。乃延予食于天秩之屋，天秩屋反優公數等。予謂陽曰："此
汝父所以超邁常流者也。汝繼其志，增光多矣。"陽扙淚不能已，
予與天秩皆哭。陽遂以銘請，予頷之。今東昌又以前太常卿翰林
院學士堂邑穆公伯潛狀來，予每覽輒泣。數日而後能汝第其事以
誌之，銘曰：

嗚呼！自斯學之不明也，過之者，鶩爲高論而行未方；不及
之者，溺于流俗而見未弘。士習日敝，民生寢荒。惟公同諸君子
之遊也，蓋久于此乎怏怏也。是以處能崇其所志，仕能行其所
藏。惟道義之是履，雖禍福之弗怦。刑則稱淑問，典郡則著循
良。凡京兆巡撫之所至，輒鴻巧偉績之攸成，實俊造之楷範，廊
廟之棟梁也。乃今已矣，士林失望。將歸宅歺，何勝悽愴！爰銘
貞石，河山並長。

嘉靖十三年歲次甲午冬十二月，賜進士及第南京太常寺少卿
前翰林院修撰經筵講官兼修國史友人高陵呂柟撰

附：四庫全書總目《塗水集》提要

《塗水集》八卷　　浙江朱彝尊家曝書亭藏本

　　明寇天叙撰。天叙，字子惇，榆次人，正德戊辰進士，官至兵部侍郎。事迹具《明史》本傳。是集凡詩文三卷、巡撫陝西時奏疏五卷。天叙爲應天府丞時，值武宗南征宸濠，力抗權倖，以風節著。後巡撫甘肅，又屢以戰功顯。詞采則非所擅長，故郭璽序亦稱其平，曰"未嘗肆志於文章"云。

《明史》卷二百三《寇天叙傳》

　　寇天叙，字子惇，榆次人。由鄉舉入太學，與崔銑、吕柟善。登正德三年進士，除南京大理評事，進寺副，累遷應天府丞。

　　武宗駐南京，從官衛士十餘萬，日費金萬計，近幸求索倍之。尹齊宗道憂懼卒，天叙攝其事，日青衣皂帽坐堂上。江彬使者至，好語之曰："民窮，官帑乏，無可結歡，丞專待譴耳。"彬使累至皆然，彬亦止。他權幸有求，則曰："俟若奏即予。"禁軍攫民物，天叙與兵部尚書喬宇選拳勇者與搏戲。禁軍卒受傷，慚且畏，不敢橫。其隨事禁制多類此。駕駐九月，南京不大困者，天叙與宇力也。

　　嘉靖三年，以右僉都御史巡撫宣府，未行，改鄖陽。甫二月，又改甘肅。回賊犯山丹，督將士禽其長脱脱木兒。西域貢獅子、犀牛、西狗，天叙請却之，不聽。進右副都御史，巡撫陝西。寇入固原，擊敗之，斬首百餘，又討平大盜王居等，累賜銀幣。織造太監至，有司議奏罷之。天叙曰：“甫至遽請罷，即不罷，焰且益張。”會歲侵，乃請蠲租稅，發粟振饑民，因言織造非儉歲所宜設，帝立召還。歷兵部右侍郎，卒。家貧，喪事不具。天叙在太學時，嘗聞父疾，馳六晝夜抵家，父疾亦瘳。

《山西通志》卷一百七《寇天叙傳》

寇天叙，字子惇，榆次人。由弘治辛酉鄉舉入太學，與崔銑、呂柟善。登正德三年進士。除南京大理評事，進寺副，累遷應天府丞。

武宗駐南京，從官衛士十餘萬，近倖多求索。尹齊宗道憂卒，天叙攝尹事，日青衣皂帽坐堂上。江彬使至，好語之曰：“民窮，官帑乏，無可結歡，丞專待譴耳。”彬使累至皆然，彬亦止。他權倖有求，則曰：“俟面奏即予。”中官拘妓女數百，多餓死，以天叙言得釋。禁軍擾民物，天叙募人與搏，而兵部尚書喬宇選拳勇者與搏戲。禁軍傷，慚且畏，不敢橫。駕駐九月，南京不大困者，天叙與宇力也。

嘉靖三年，以右僉都御史巡撫甘肅。回賊犯山丹，擒其長托克托穆爾。西域貢獅子、犀牛、西狗，請却之，不聽。進右副都御史，巡撫陝西。寇入固原，擊敗之，斬首百餘，又討平大盜王居等，累賜銀幣。歷兵部侍郎，卒。

校勘記

〔一〕□□，原書漫漶，據文意與下文“駐留都”語，前一個字疑似“都”字。又據下文“權嬖”一詞，則後一個字當爲“權”字。

〔二〕□，原書漫漶不清，據文意當爲“怒”字。

〔三〕□，原書漫漶不清，疑似“煮”字。

〔四〕□，疑當作“昵”。

〔五〕“人知”，蓋爲“知人”之乙。

〔六〕“挫”，據文意，疑似爲“脞”字之誤。

〔七〕姜彬，即明武宗幸臣江彬。此處作“姜”字，按諸史傳，通作“江”字。

〔八〕此句前疑脱主語“公”字。

〔九〕“顧”，於文意不順，疑當爲“願”字。

〔一〇〕“踪”，疑當作“綜”。

〔一一〕“陞”，於文意不通，當爲“陛”字之誤。

山海漫談

〔明〕任　環　撰

李　蹊　點校

點校説明

《山海漫談》五卷（其中附録二卷），明任環著。任環（1519–1558）字應乾，號復庵，山西長治人。嘉靖甲辰進士，歷官知廣平、沙河、滑縣，遷蘇州同知。以禦倭功，擢按察司僉事，整飭蘇、松二府兵備道、山東右參政，事迹詳《明史》本傳。

任環因抗倭功績存于史册，不以文章名世，但是《山海漫談》却頗得好評。如《四庫》館臣對其文章評價道："古文皆嶄嶄有筆力，且高簡有法度。其中如《蘇門雙節記》、《重修白雲茅屋記》、《重修文廟祭器記》、《啓明山先生書》，雖不免參雜俗格。至於送蕭西泉、朱蒲西二序，德風亭、滑縣行館二記，與王南崖、答王東台二書，皆絶非明人文集以時文爲古文者，雖置之作者間可也。詩如'槎泛星河秋作客，劍横滄海夜談兵'之類，亦間有可觀。"文章而外，《山海漫談》文章中所透露出的任環其人氣節，更爲世人稱道。如王南崖要爲任環立碑，歌頌他在沙河的善政，他即去信表示拒絶。

《山海漫談》的最早版本，據載爲吴中刻本，已經失傳。今天我們能見到的最早版本，是乾隆庚氏本。根據任環七世孫跋文記載："我祖我父以尋求之力……得十一于千百，於是編次考訂，分爲三卷，仍其名爲《山海漫談》。"再據康熙郤世爵序文，六世孫"校其文詞，編爲成書，并及先輩諸名公大人所記平倭事迹"。通過這些記載可以推知，到任環六、七世孫時，對任環著作進行了搜集整理，得爲三卷，同時"并及先輩諸名公大人所記平倭事迹"，應就是二卷附録。其六、七世孫無力付梓，後來通過郭嗣蛟，將該本轉給庾璠、庾璵兄弟，二人集資付梓（七世孫跋），此即爲乾隆庾氏五卷本。乾隆庾氏本（簡稱乾隆本）是目前已知存世最早的版本。乾隆本而後，留存於世的版本還有四庫本、道光申氏本（簡稱道光本）、民國十二年長治公款局刻本和民國二十一年柳詒徵影印本。

　　本次點校，以乾隆本爲底本，以道光本爲校本。

《山海漫談》原序

竊思人之所以成乎人者，全其性焉耳矣。人之所以全其性者，德焉、才焉耳矣。曷爲德？家爲孝子，國爲忠臣，德之大也。曷爲才？文足經邦，武堪戡亂，才之宏也。如是者，蓋鮮其人。三晋襟山帶河，而上黨尤居大行巔，天地鍾靈，山川毓秀，代多偉人。而前明之蔚起者，尤推應乾任先生爲最。先生盛德性成，宏才天授，爲諸生時輒以“虧行營私”爲戒，“先憂後樂”爲心。及登進士，令廣平，調沙河，補滑縣，在在皆有仁政。如省厨饌、罷征求、釋冤獄、毀淫祠，其顯著也。以卓異補蘇郡同知。適倭賊寇我中華，一時幾莫與争鋒者。當道素知先生材略過人，特薦委以討賊之任。先生躬環甲胄，跋履山川，前後經一百十戰，斬首五萬餘級。每戰必先驅，備歷險阻，而成承平大業。迄今讀其《軍中戒子之書》云“臣死忠，子死孝，妻死節”之語，真古今之烈丈夫。讀其《陳情疏》云“臣母名爲生臣而實與無臣等，臣有一官之祿而不獲享其養，臣有一命之榮而不獲受其封。當其疾也，旁無侍樂[一]之人；比其卒也，歛假他婦之手。病躬委榻，形影自憐；孤柩在堂，誰其奠哭”之語，真一字一淚，雖上古之孝子，何以加焉？及獲以制歸，盡哀盡禮，廬墓守制，未起復而卒。如是而真可謂忠臣，真可謂孝子，真可謂文足經邦，武堰[二]戡亂者也，真可謂克全其性，克成其人者也。至館人之搏賊而代死，義媪之投井而不失身，則皆沐浴於先生之德化者久，故各持奮不顧身之節，而爲殺身成仁之事，亮節高風，俱可廉頑而起懦矣。閲先生詩詞遺稿，雖屬多能餘事，然其風韵擊玉敲金，真與李杜争先，要皆從至性流出，迥異於風雲月露之章，則尤歷代詞章之學所不可及者也。先生之公子公孫公族，科甲聯翩，意先生之靈猶有陰扶而默相者乎？

六世孫庠生世變，字理臣，特爲校其文詩，編爲成書，並及先輩諸名公大人所紀《平倭事迹》，入鄉賢文，蘇撫章奏，諭祭宸翰。畀先生文章德業，永垂不朽，誠可謂順孫賢孫也乎！念我先尚書以嘉靖己未進士，總督川陝，邊功特著，昭於史册；先生以嘉靖甲辰進士，豐功偉烈，載於竹簡：後先輝映。我兄弟賴先澤承一脉書香，得於載籍中聞聖賢大義，亦滋幸矣；而一籌莫展，能無對前賢而色愧云。

時康熙辛丑小春，後學生郜世爵沐手撰

校勘記

〔一〕"樂"，據文意當作"藥"。

〔二〕"堰"，據文意當作"堪"。

《山海漫談》原叙

君子之言尚其有物，修辭之道務在立誠。昔魯穆叔以立言與立德、立功爲三不朽，豈徒恃有魁奇拔出之材，其文能馳騁上下，遂足以傳世而行遠與？夫惟蘊道義於神明，而英華皆積厚所流；抒經綸於雷雨，而厥躬無不逮之恥。是其言也，即其德也、其功也，初不必求工於言，而言無不工。雖在人往風微之後，撫遺編而洛誦，猶睪然想見其爲人，如任公應乾《山海漫談》是已。公少負異才，早歲即成進士，三宰百里，笠檄所至，並著循聲，後同知蘇州府事。公之政迹亦在蘇爲最著。前此莅廣平、沙河、清豐時，清風惠政，固皆卓然可紀，然猶良有司奉職之常。迨丞蘇時，倭寇方張，大爲吳害，近蘇各郡邑騷擾不寧。會撫按以事屬公，公膽氣絶人，直任不辭，有種學績文之士所望之而咋舌者。公亦猶是書生也，乃奇正因心，恩威並用，竟使妖氛靖息，海宇乂安，功存社稷，德被生民，何其偉歟！本傳言之備矣。

昔淮右殘孽未平，柳公綽將二州之牧以壯士氣，斬所乘馬以祭踶死之士，與公之平倭事正相同。昌黎之稱公綽也，謂"由其天資忠孝，鬱於中而大作於外，動皆中於機會，以取勝於當世，而爲戎臣師"，以後方前，誰謂古今人不相及耶？公之不朽，固不必以立言見。且言而目以"漫談"，又似不經意而爲之者。然而言在即公在，味公之言，凡生平之抱負、臨事之猷爲，皆歷碌然存也。當秀才時，題齋壁曰："營私者無上，虧行者無親。"又曰："充海闊天高之量，養先憂後樂之心。"忠臣之所以事君，孝子之所以事親，體段已具。及讀是集所載敵王所愾，慷慨有大夫獨賢之風。將母懷歸，委折備《小雅》"來諗"之意。誠子數語，式穀是諗。與人諸書，忠告必盡。他如碑銘序記，以及登高寄興、覽物抒懷諸吟咏，體無定製，各自爲篇，亦罔非"夙夜匪懈"、"明發有懷"之忱，自然流露而貫注，以視夫草木榮華之飄風、鳥獸好音之過耳，徒以文辭爲工者，相懸爲甚遠矣。其爲不朽盛業，可以傳世而行遠也，諒哉！

余移宰長治之明年，督學蔣時庵先生校士潞郡，雅欲以先民鼓勵後進，謂公學有本源，堪爲師法。不數日而郭子扶南携公是書來謁，且述其同學庚君謀付開雕。庚君方延扶南於家塾爲子弟師，又能留意同鄉先輩而有是舉也，其亦有志於立言者乎？桑梓恭敬之誼，高山景行之思，皆於是乎在，余故樂爲序之如此云。

乾隆歲次丁丑陽月上澣，賜進士出身知長治縣事芝城周銘詒書

叙

　　前明僉憲復庵任公諱環，故長治人也。以名進士三宰劇邑，轉蘇州郡丞，以平倭功擢授僉憲，已讀禮北歸，卒以勞瘁過甚，不獲長年以殁，至今郡邑祀之，邦人懷之，猶嘖嘖於人口云。予以甲戌之歲司鐸郡庠，每值春秋常祀，例應分祀公祠。慕公之為人，釋菜之下，未嘗不慨然懷之。於時勷其事者，則公之裔孫元皓諸子也。既竣事，詢其家世以及公之遺製，元皓愀然進曰："先僉憲功名在史策，節義在人心，獨其遺製有所謂《山海漫談》者，久藏於家，力薄不能付剞劂。茲同邑光魯庾君將謀捐貲授梓，願先生不吝一言以弁其首。"

　　予取其書，循誦再四，竊嘆公質性之嚴、學術之正，與夫功名節義之所以盛者，舉驗諸此，是烏可以無傳哉？何則？當有明嘉靖之季，倭夷內犯，蔓延沿海諸郡，一時當事諸公莫不狼顧脅息，望風而靡。而蘇郡殷富甲於天下，賊之垂涎久矣，一旦蓄銳而來，其鋒豈易當哉？公以文吏提弱卒數百，身經百戰，幾危者數矣，卒能摧破強敵，保全境土。使當時微公者，東南之民不其危歟？今觀其陳情之表、與子之書，以及海上諸咏，其纏綿懇摯之意，光明磊落之風，炯炯溢於紙上。使非忠孝節烈之性秉之生初，致命遂志之義講之有素，而當悾偬戎馬之間，舍詩書而事甲胄，鋒鏑交於原野，生死決於斯須，亦烏能脫然於胸，了然於口，若此之明且確哉！故其義聲所感，僕夫喪其元而不悔，義媼隕其身而不顧，彼其素所蓄積，豈待嘗試於臨時而始知哉？故能著績當時，垂名後世，茲豈非性情之著、學問之效，而功名節義之所以盛者，舉驗諸此歟？今元皓諸子彬彬雅飭，不失堂搆之遺，而光魯庚君又能表章先達，不自吝其校勘，是皆可嘉也。予故樂得序而傳之矣。

賜進士出身、潞安府學教授新田後學祁宗孟謹叙

序

　　宇宙有兩大，山爲之峙而海爲之雄。聖人之道，如山如海者也。賢人之學，學山學海者也。學乎聖，未必即聖。而苟學焉而有得於心，則其窮也可以淑身，其達也可以壽世，其發之爲言也必關乎名教，而不同於風雲月露之詞。是義也，吾於任先生之文集得之。先生諱環，字應乾，吾晉上黨人也。所著文集分編若干卷，由明迄今，存者十之三，亡者十之七。光魯庚君愛其文而不忍使之逸也，爰付諸剞劂氏用垂不朽，甚盛舉也。

　　或道其事於余，余曰："集何名?"曰："《山海漫談》。""於義乎何取?"曰："先生世居匡義，筮仕姑蘇，所過名山巨川，偶有所得，輒筆之於書，因以名集焉。其意非以言文也，猶夫口號焉耳。"余應之曰："子之說是也，而未可以盡先生也。昔子輿氏有曰：'孔子登東山而小魯，登泰山而小天下。'又云：'觀於海者難爲水。''山海'之名，蓋取登山觀海之義也。'漫談'云者，其意曰聖人之道，談何容易? 雖未能至，余心竊嚮往之，詎敢徒托空言耶? 先生之名是編也，意者或在於斯乎? 無已，請即先生之文而一一徵之。先生伏處草莽時，敦節義，尚廉隅，嘗題其壁曰：'充海闊天高之量，養先憂後樂之心。'此是何等氣概耶! 隱居求志，先生早已自負矣。及其佐平江也，倭寇猖獗，民命草菅，先生親冒矢石，掃除妖氛，以全數十萬生靈。觀其'臣死忠，妻死節，子死孝'之言，孔之成仁，孟之取義，豈異人任耶? 且夫人見之大者，目中定無細事；而圖之遠者，胸中決無小計。《謝恩》、《陳情》，先生忠孝之懷固昭然若揭也。至《咏冠》也便念修齊，《謝藥》也遂學洗心，《掃室》而廑廓清天下之思，《説石》而矢膏澤蒼生之志，么麽小題，悉關大義。夫豈藻績之士所能頡頏哉？因其文以思其人，即謂先生自道其學之所得而與聖爲徒焉可也。”

余忝鐸長庠學之署，違先生祠僅數十武，朝夕過從，所以深仰止而切溯洄者匪一日已。今因其集之雕成而不敢以無文辭也，故樂而序之，一則爲先生原其本，一則使後人知所向。

乾隆丁丑，垣曲後學張嶽拱謹題

叙

　　千古之忠臣孝子，往往傳其行而不盡傳其文者，非無文也，行既足以植綱常、衛名教，自不必以文顯也。狄梁公狀元及第，韓魏公進士高魁，二公之文豈真讓燕、許而下曾、王哉？乃梁公特著反周之節，魏公祇高定策之勳，而二公著作反不列於曾、王、燕、許之間者，豈不以二公之精忠大烈自堪與日月爭光，而不屑與列宿較明耶？先儒云："士先器識而後文藝。"又云："忠孝壓文章。"此之謂與？雖然，忠臣孝子之行原不必以文顯，而忠臣孝子之文亦適與其行副也。當時之柱史特標其經天緯地之略，而後世之文人未嘗不珍其片玉碎金之遺也。

　　上黨任公諱環，字應乾，號復庵。器量超卓，性情豪爽。爲諸生時，大書齋壁曰："營私者無上，虧行者無親。"又曰："充海闊天高之量，養先憂後樂之心。"其素志固如斯已。及弱冠，舉進士，三令都下，提判蘇州，其德政循良，固不勝述，而武功戡亂，擬更無倫。當倭寇燹掠之時，出鎮者束手誦經，司牧者抱頭竄鼠，而公以三十年所學之事出而運二百載不用之兵，身經百戰，計保兆民。迨海浪初平，而堂萱已老，遂使萬死不顧一生之人，抱一死不可復生之痛，哀傷過性，康壯無年。嗟乎！莅政則膏苗春雨，臨戎則拂草秋霜；爲臣則長城萬里，爲子則血淚三年。其事之所以報君親，而心之所以共憂樂者，適如其題壁之初志。以此列千古之忠臣孝子，其行豈有愧焉？

　　若夫《山海漫談》一編，特公之緒餘耳。及觀其《陳情》一表、《寄子》數言暨送友、呈臺諸什，正覺血性淋漓，謨猷深遠，又無非臣子之格言、治平之宏略也。是知公之文，即以言其所行；而公之行，實能顧其所言。

余生也晚，不獲執鞭以相從，而三復其文，正不啻目睹其行云。讀是集者，當慨然想忠臣孝子之狀而無徒作"漫談"觀也。

傅原張永慶序於上黨官舍

讀任公本傳　　張永慶

依然上黨一書生，恁作東南半壁城？氣撼風雲三尺劍，力回滄海滿胸兵。鵝頭鼓震山川怒，箕尾星歸日月明。漫道此公延壽促，丹青千古繪忠貞。

叙

　　我潞自任尚志父子盡節死義外，鮮有以武功著者。厥後幾二百年，而復庵任公出焉。公與尚志未知同宗否。好讀書，善屬文，以名進士起家，釋褐爲令，歷三邑，皆畿輔近地，所在尸而祝之。別駕蘇州，倭寇爲變，公以白面書生，手提三尺劍，往來海上，出没於驚波駭浪中，與狡狂變詐、奇形異種之徒相攻殺，瀕於死者數四，卒能殲渠魁，滅小醜，海波頓息，二十餘城保有寧宇，三吴士夫皆秉筆頌其功德。嗟乎！河之北，江之南，誰不知有公者？而何以文爲也？然而公正有不容已者。昔諸葛武侯不以文章著聞，而《出師》二表爲後漢所未曾有。胡澹庵不屑屑於行墨，至《上高宗封事》則南宋以來第一作。蓋語本至性，則驚風雨、泣鬼神，所固然也。公之《寄子書》、《陳情疏》何多讓焉？吾聞君子之愛人也，嘗及於其屋之烏，而况於公之文乎？公有《山海漫談》藏於家，未能刻。予友光魯庚子付之梓，命余爲序。序將竟，忽大風怒發，窗户皆驚，屋瓦紛紛墮[一]地，樹枝盤紐欲折，起視山川皆無色，仿佛見公提劍走馬，殺賊海上時也，神色不寧者久之。

　　乾隆二十一年，壺邑後學牛俊題於清越山房

校勘記

　　〔一〕"墮"，道光本作"墜"。

叙

　　吾郡前賢，科甲固多，名宦若復庵任老先生，則真能不負所學者矣。忠義節烈，載在史册；事功實錄，炳若日星。區區文藝之末，先生視之，直若浮雲，故韞匵而藏，不以問世也。嗚乎！文藝亦難概論。稽自漢唐以來，名公鉅卿著書立説，各自名爲專家，非不燦然美觀。及究其生平之經綸事業，行之不副乎文者，亦未嘗無之。雖擅雕龍繡虎之技，視同糟粕，奚足爲世重？且所重乎文者，必有卓然不磨之理與浩然長伸之氣先爲根柢。以之維世道而正人心，則理爲真理；以之塞天地而配道義，則氣爲正氣。然後發之爲文，則文爲至文。此即無事功可建，猶足楷模藝林。況先生之經綸事業照耀寰區，誰不知有先生者，竟杳然無文集流傳，亦憾事也。吾友焕若庚公搜羅古籍，偶得先生所遺抄本，名曰《山海漫談》，雖稱名取義自鳴謙冲，而其中感慨淋漓，皆隱然見忠義節烈之概。率性而行，竪意如邱山永峙；任天以動，抒詞若滄海揚波。以浩然之氣，發卓然之理。文與行相爲表裏，所謂有猷有爲有守者，其在是歟？因慨然曰：先生文集無徵，誠爲憾事。幸目睹先生之文，仍使之韞匵而藏，不能鐫諸梨棗，是又憾中之憾也。遂商諸先生賢後昆，不較工本，力赴之梓，在先生固不以文重，焕若是舉亦不獨重先生之文也。俾覽是集者，穆然想見先生之爲人，作其忠義之氣，鼓其節烈之懷，續著一時，範垂後世，此焕若之志也夫！

　　歲次丁丑，黄鐘上浣之吉，雄峰氏趙肱書

叙

　　《山海漫談》，明復庵任先生之遺集也，藏其家者久矣。吾友光魯庾公慨然壽之棗梨，愛而傳其文乎，囑爲之序。余曰：任先生之文，其行爲之，亦其學爲之也。夫先生之桑梓則山陬也，其宦迹之最著則海澨也。人生閱歷，出處兩途盡之，歷紀其臣子家國之酬酢，薈萃成集，而以“山海”名，其即不忘夫君親而惟自矢以忠孝耶？其藝文載諸邑乘、照耀青簡者，軍中戒子之書，陳情終制之表，論者謂武侯之肝膽、令伯之懷思不是過焉，而吾則謂其全集俱可以一書一表蔽之。誌、序、疏、揭、文、説、詩、詞諸體具備，而發乎情，止乎義禮。凡有關於名教、綱常、職分、事業之所宜有弗言，言則原本於正大，與日月爭光，與霜雪爭嚴，令聞焉沁入心脾，閲之竪起脊骨。蓋言者心之聲，先生祇此忠孝之心，則莫非忠孝之聲欬而吐茹也，《漫談》云乎哉？文章之士，自秦漢以迄元明，未易更僕數，雖其提鉛挈槧，自成一家言，而或駘蕩神怪，滉漾艱深，駁雜偏畸，膚采雕琢，晦庵嘗謂“不可以爲訓”者，醇儒莊士或羞稱之。假使是集而烈於閩洛之席，安在不許其遠接龜馬、近勒鼎彝？文以明道，得窺於聖賢之體用者微乎！故曰非其德行不及此，亦非其學問不及此也。夫學者讀書懷古，於忠臣孝子、義士仁人之著作，雖簡斷編殘，撫其一二語，猶足感發至性，粹然高望而遠志，况其連篇累牘，得觀全豹者哉？先生之置身泰華如山，然學山亦可以至山也；砥柱中流如海，然學海亦可以至海也。誠使集義養氣，立體致用，則家國出處之間，毅然以豪傑自命而不落凡庸，將九原有知，先生當亦快聞風繼起者之尚有人也。而美者真傳矣，而愛而傳其文者之屬望，抑亦慰矣。

　乾隆歲次丁丑，嘉平上浣之吉，同邑後學鄧玉廛授書撰

叙

　　竊以懸兩曜於穹窿，天心自朗；駕六鰲於渤澥，坤軸常寧。世有賢良，所期攘外以安內；人惟忠孝，庶幾報國以顯親。豈其錯節盤根，而礌硎際之喬松更勁；要必昂霄聳壑，則洪流中之砥柱尤雄。豐功已勒在鼎鐘，妙緒當貞於金石。

　　緬惟復庵先生，靈鍾行岫，秀起漳干。澄澈其心，濯取天河之水；芬芳乃性，熏拈月殿之花。少年藝圃縱橫，囊錐穎露；壯歲文場卓举，榜蕊香分。墨綬縮來，甘雨繞百花孤竹；緋魚綴去，惠風揚萬笏七星。曾聞蕙圃有麟遊，更喜花村無犬吠。詎伊小醜，擾我平民。蚍蠍蜂營，猖獗以肆其毒；楓天棗地，獰猿〔一〕莫挫其鋒。彼方逐浪以鯨吞，群乃抱頭而鼠竄。幸先生鼓當先之奮勇，屢斬寇奴；惟朝廷下不次之優崇，聯升兵憲。劍光射日，方瞻浪靜而風平；萱影乘雲，豈意梁摧而棟折？望慈烏而飲泣，制猶未盡夫三年；嗟鵬鳥之來棲，魂且旋驚乎一夢。丹心耿耿，血化萇弘；墨迹淋淋，恨深裴度。在昔留題壁數語，要成武緯文經；至今讀平倭一書，何愧先憂後樂！氣慨則冬嚴松柏，心蒼乃秋水芙蓉。行居文字之先，大丈夫何須言顯；語出性天之表，真名士別具心裁。但有簡在箱，已久同於漢倬；而無人付梓，不幾至於塵埋？光魯庚君，黨天宿學。素著賢賢之雅，近懷善善之誠。搜羅得《山海漫談》，壽諸梨棗；表揚借燕許大筆，綴以琳琅。使數十年之血性天真，躍然紙上；爲千百載之高曾矩矱，燁矣寰中。僕何人斯，敢向騷壇而置喙？爲其賢也，聊將鼠穎以揚芬云爾。

　　歲在疆圉赤奮若，同邑後學芝田廉可旌

校勘記

〔一〕"獍"，道光本做"獐"。

叙

　　曩余在柏村時，每過復庵任先生之故壠，見松楸鬱鬱，挺立干霄，覺二百年來猶凜凜有生氣。繼訪其遺集，因獲睹先生之《山海漫談》，莊誦之餘，流連不忍釋手，然終以不得壽諸梨棗爲恨。適余友光魯庚公慨然梓之，且屬余爲之序，余因撫是編而反復尋繹焉，益覺神采煥發，熊熊然有一段精光浮出紙上。蓋先生之詩文，悉本諸至性至情，而又有清思健筆以闡發之。故一延賓啓也，曰：“入則孝，出則弟，豈曰文詞？誦其詩，讀其書，將求實用。”一讀讚也，曰：“達之思兼，窮亦歸潔。”一“滌硯”一“酌酒”也，曰：“蛟龍吞作雨，玄澤滿天香”、“把此太平春，願分天盡頭”。一“謝藥”一“咏劍”也，曰：“年來也備些兒藥，暗室時時學洗心”“萬人學敵渾閑事，只有心兵克退難”。則先生之志與學從可驗矣。至于“大家成就一個是”，曾見《軍中寄子》之書，哀切欲終三年喪，又見灑淚《陳情》之表。先生之文又卓卓乎與日月爭光、山河並壽矣，豈世之刻畫風雲月露者所可同日語哉？嗟乎！芳徽不朽，瘦官之偉績載自青編；祠宇常新，參政之恩波流于吳郡。獨是書遥遥焉，自明以迄于今，其間兵火變遷，幾至湮没，而庚公能作此義氣，以昭示于將來，其亦有功也夫！

　　乾隆歲次丁丑嘉平月，同邑後學邵建謨諧弼謹撰

叙

　　余郡任復庵先生，以倭功編入《明史》，其文約而該。外惟《平倭紀事》一録附於《山海漫談》中者，叙載甚悉，而此集惜未傳。適有先生後昆以抄本見遺，余按而讀之，文不一體，其見於詩歌、雜記，與夫碑銘、呈臺諸作，大抵皆至性所發抒。一切風雲月露之狀，毫不以濡其筆端，而事之詳委亦於《平倭紀事》得曉徹無遺。因慨然曰："如先生者，可謂不負所學矣。"士君子當平居坐誦時，談及忠孝輒義形於色，謂它日筮仕後，苟利社稷，則死生以之。及一旦臨小利害，僅如毛髮比，而中情委頓，反避之以圖徼倖者，皆是也。聞先生之風，得毋少愧耶？

　　先生賦姿英敏，襟期遠大。方束髮受書之時，即以"虧體營私"爲戒，以"先憂後樂"自許。蓋舉將來之所以事君親、恢功業者，其規模已具於此。後以壯歲成進士，歷任宰職，沙河諸縣，併誌甘棠，然猶不過一循良吏耳。惟至倭寇猖獗，犯我東南，江蘇一帶遂遭荼毒。先生以文臣奉命督剿，提疲乏之兵，禦强悍之敵，獨能奮不顧身，内運奇謀，外竭死力，大小百餘戰，俘斬無數，雖屢瀕於危而志不少挫，論者比之巡、遠而經略過之。噫，斯亦奇矣！至於按劍當門，延入流離，數萬之生靈賴以全活，而奸宄混迹者立就擒梟，其胆識之過人，不尤卓哉！良以其功，則名臣之功；其心，實純臣之心。方先生之孤懸海上也，内外隔絶，室家疑危，而《寄子》一書，慷慨從容，蓋是非之見明，則死生之際決。迄今讀"死忠死孝"之語，其題壁之初懷昭然如揭。此豈空談節義，見而不爲者所能仿佛也？幸而天恤其衷，既亂寢消，其或有不濟焉者，千載此書，千載此心也，謂可以成敗論也哉！然而陳情有疏，究不能如令伯之得終頤養，抑又何也！嗟乎！忠成孝與？孝成忠與？徒以王事孔艱，每懷靡及，風木之感，我獨何存？致令不死於忠之餘生，終死於親之死後。是又有古人獨賢之風，而志之尤可悲者矣。

客歲冬，與光魯庚君夜話其事，併出《山海漫談》之抄本。夫《山海漫談》者，復庵先生所手著，即《平倭紀事》附於其中者也。庚君雅號多聞，每以表揚絕業爲己任，且於先生尤切溯洄之思，於是慮此集之將湮，無以傳不朽而昭無窮也，遂出己貲而付之梓。是爲序。

乾隆歲在丁丑，桂月之下浣，同邑後學扶南氏郭嗣蛟書

刻《山海漫談》原序

　　幼閱郡志，讀復庵任公《寄子書》，激昂慷慨，不覺髮衝乎冠。至《陳情疏》，則纏綿淒惻，又不禁淚浹於頰也。予於是深慕公之爲人而并愛其文詞，但寥寥三數篇，特吉光片羽耳，未得睹其全豹。及觀《藝文》目録，有所謂《山海漫談》者，公之全集也，不勝大喜。訪之不能得，時時往來於懷，蓋三十年於兹矣。客歲夏，與孝廉扶南郭子談及此，閱數月，持一編示予曰："此《山海漫談》也，及今不刻，恐致散軼，願吾子圖之。"予曰："唯唯。"讀至竟，大約與《寄子書》、《陳情疏》相爲表裏，因掩卷嘆曰："公蓋篤於忠孝者也，公蓋以孝作忠而以忠全孝者也。"始以顯親揚名之志，爲循良盡職之臣，繼以平定溟海之功，邀恩封幽冥之典，其於忠孝大節，亦可謂無憾矣。今閱其集，鞠躬盡瘁，猶愧不可以爲臣；負罪引咎，深慚不可以爲子。而稱其忠孝者，則嘖嘖如出一口也，其所以致此者何也？非以其文，以其行也。行傳故其文傳，文傳則公之行傳於當時者，且將傳於後世矣。誰謂是編也而可弗寶諸？謹次其先後而付諸梓，但遞相傳寫，不無訛謬，予心知其失而不能改，不得不以夏五郭公存之，以俟高明云。

　　時乾隆二十二年，歲次丁丑正月中浣之吉，後學庾璠書於樂天園之塵遠堂

山海漫談卷一

送蕭西泉之令榮河序

西泉子陟尹榮河，將之任，揖余而問政焉。余惟天下之生困憊極矣，而晋爲甚。其地狹，其民窘，其賦厚而庸繁，其饑饉洊臻。比醜虜殛犯，其究也逃逋相望，閭閻爲墟。其老弱疲癃，存十一於千百，則又皆愁嘆悲號於荒村廢屋之間，面其色可蹙額，聆其音可涕而泣也。西泉令於兹，感於兹，將必有大戚於其中者矣，其忍不爲之所乎？

夫朝廷張官置吏而慎守令，謂其於民有父母之責者也。守令有父母之責，則郡邑之民皆其子也。今夫人之於子，疾痛疴癢，靡弗相關，至於百姓則漠然而不之顧，又其甚則或有不可談者，是何愛民不若愛子，謀國不若謀身哉？有達於此者，可以言政矣。西泉少以孝謹聞於鄉，尉滑之四年，視馹有成績。與之語，訥訥若不出諸口，考其政，暗然不事表暴，而蔚有口碑在滑也。夫求忠臣於孝子之門，吾知其不負吾君矣。焉有功加於禽獸，而恩不及於百姓者乎？以佐滑者而令之榮，恢恢乎其有餘地矣。是役也，蘇晋鄙之民而康之，使逋者來，愁者歌，上有賴而下有庇，將不在兹乎？異日紀循良，報天子，登崇階，樹偉業，必吾西泉子也。

吾於西泉有同官之雅，重其行，且幸吾晋之得人也，因其請而樂告之如此云。

送朱蒲西之平遥三尹序

滑臺朱蒲西拜平遥簿，若有慮心，請余而求釋焉。余曰："慮者何也？"蒲西曰："吾聞兹邑地瘠而近邊，民悍而喜訟，且簿小而事煩，督之者衆，而動若有礙也。”余曰：“君知慮哉，遙民之惠也！然余請破君之慮，慮君之不慮可乎？今夫朝廷懸爵祿以馭天下之士，不欲其綏民而理國耶？然民之於官，國之於家，分異心同、勢殊機一爾。聞君事母孝，撫弟見成立，於前業有光，其所以教家者，彰彰爾矣。推其心而達於政，其於平遙裕如也。奚其慮？故地不慮瘠而政慮不腴，邊不慮近而備慮不素，民不慮悍而使慮不禮[一]，訟不慮健而聽慮不公，簿不慮卑而職慮不盡，事不慮煩而處慮不要，督不慮衆而感慮不誠也。君之事上也其以孝基之，使下也而以慈廣之，身其地而察其心，其處[二]國事真若家事焉，則上將愛君如子，而下亦戴君如父母矣。君之慮寧不及此哉？抑又見今之拜官者，於名邦則澤難施而人望之也重，於下邑則恩易及而人責之也輕。平遙之政，有饑渴之望，無覬覦之虞者也。存此心而不失，蒲西自此升矣，將爲君喜，而反以爲慮耶？”蒲西灑然爲間曰：“得之矣。”遂書以爲贈。

蘇門雙節序

常節婦者，蘇願庵之遺室；李節婦者，蘇介庵之遺室也。兩庵悉予之亡友，而介庵者又予兒之婦翁也。兩庵俱業舉子，有聲於庠，嘗以秋戰之北，苦讀一室，而介庵又杜門不出以自勵焉。嘉靖甲辰，伯仲相繼而卒，時二節之年俱在三十下，各欲以身殉其夫。解者曰：“爾自靖則得矣，然虛舅姑之養者不孝，棄人之孤者不慈，不孝不慈，何以見死者？”二節翻然曰：“是誠在我。”而以孝謹事其姑，而以義方畜其子，而以丹心苦節慰其亡人於冥冥之中而不少懈。蓋十餘年來如聯珠合璧，寶櫝深藏；如老竹蒼松，孤崖並秀。常之子近游庠，李之子亦復森然頭角矣。觀風者廉其風而重之，扁其門曰“雙節”。斯固來稱情之譽，高不朽之事者也。

　　嗚呼，天之造物也，淵乎其深哉！始吾兩友之亡也，孰不曰有志者不必成也，而且尤天道之無知也。自今觀之，屈其身也信其婦也，嗇其壽也昌其子也，奪之彼也償之此也。天於有志之士，何嘗不厚也？然猶未也，機聲斷而真儒出，荻管畫而相才見，熊膽含而家聲振。彼二三節婦固所以成君子之光，而三氏之子又能世其母德之盛者也。

　　斯舉也，吾爲二節重，而且不能不厚望於二節之子云。

重修德風亭記

　　德風亭創自唐時李別駕，屹立於上黨署後之崇臺，蓋巍然西晋之大觀也。嗣唐以來，代有興作，而本朝則自弘治〔三〕間知州馬公而後無聞焉，亭之敝也久矣。嘉靖丁未夏，右川孫公來守是郡，再期而政化大行，上下信悅。乃於暇日起此亭之敝而新之，且廣其臺而固以磚。於亭之東西兩隅復搆二亭焉，左曰“我閱”，右曰“大觀”，左則公之自命，而右則侍御漳野李先生之命也。工始於己酉七月，訖於八月，鏹不告費，民不知勞，動惟厥，時事成而不迫。君子謂斯亭之役也有禮哉！而或有問於予者曰：“興廢，政乎？”予曰：“然。”“將觀游乎？”予曰：“否。”蓋君子必先見天下之隱而後有先天下之憂，必先大天下之心而後足善天下之政。是故登斯亭也，俯覽旁燭，若盡寰宇，則凡蔀屋窮愁，閭閻竊嘆，一民一物之不獲其所者，入乎目，交乎耳，感乎其中，將必有大戚於其心者矣，故曰見其隱也，先之而有憂焉。由是而蒞“德風”則思善其感，坐“我閱”則思廣其量，對“大觀”則思普其照。其轉愁嘆爲謳歌，而使民物各得其所者，殆非偶然也，故曰大其心也，而政斯善焉。是茲亭之立，固勤民淑政之資耳，豈曰“觀遊”云乎哉？雖然，公亦惟有是心耳，蓋有是心則有是亭，心因亭見，初不因亭而後有。是故不必居高臨下而民隱自恤也，不必菀"德風"而鼓舞自神也，不必坐"我闥"而八荒自圖，不必對"大觀"而天下自照也。然而必爲之亭者，公豈爲後之來者設歟？公以爲來者之心不相繼，風斯靳矣，將使其顧亭之名而思義焉，則庶幾上黨之民可庇永休耳。於戲！公之所以風潞者，其深遠乎哉！

異日公秉洪鈞，風天下，垂青史，而風後世，又不過自其所以風潞者推而廣之耳，予更秉筆以俟之。迺若公歷履之詳，諸政之善，則有潞之口碑在，及諸公之記已核乎其實矣，予又何敢喋喋耶？時維二府北山李公、西瀾張公，通府北泉陳公、西圍楊公，推府許南牛公，皆贊公之風而同庇吾潞者也，義得並書以爲繼公之後者告云。

百户孫氏先塋記

是爲焦家莊之原，百户孫公之墓也。其左右塋所列者，則公之子韜、禮及孫英、雄、勇也。公諱隆，其先揚之泰州人，父旺從太祖北討有功，授揚州衛指揮，降陝西狄道千户所千户，改山西潞州衛左所百户，卜屯於直隸肥之倉坊堡焉。

公少負奇氣，驍勇不群，及代父職，有萬里擊攘之志。正統間從征，卒於陣上，恤之，詔封昭信校尉。韜代，卒，其子剛幼，禮，實公之次子而代之，及長而還職焉。剛生吉，吉代而生通，於公爲大宗。而所謂英、雄、勇者，則禮之三子也。英生諒、洪、海、聚、寶，雄生堂、鐸、景、鉞，勇生淵、慶、鸞、果、鳳，嗣是而下，如碑陰所紀者，蓋振振然皆禮之後，而於公爲別系也。由勇而上葬於此者，其冢六，以從祖也；自剛而下卜於屯者，其塋三，以就桑梓。且兹兆頗隘，殆有所不受也。堂之子針念此遠於井里，而恐其湮於榛莽也，嘗以記命其遺孤庠生登。登早卒，其弟庠生雲，於予爲戚友，乃成父兄之志而問記焉。

予惟古道日遠，反本風微，世有委墳墓於人西階之下而不恤者。君之父子宅心如此，可謂加人一等矣。抑予於是而得數善焉，是故以從討者觀其忠，以死陣者觀其勇，以代襲者觀其義，以還職者觀其信，以無忘其先者觀其仁，以善繼父兄之美者觀其孝，且弟諸善畢集而子姓之盛不與焉，則孫氏之門其所以致此者，固自有道矣。竊願爾來者深鑒前休，光於爾祖，使邱壟與太行爭高，此則立記者之深意也。反是而自毀孝思，殞厥令譽，俾爾墳墓間有慚色，豈我之所敢聞？

滑縣行館記

滑去府二百里許，縣官以公至者多假宿琳梵，有時盡爲先客主，往往停驂康衢，問儗民舍，至則吏人雜處，上下無章，余深病之。嘉靖辛亥夏，白太守張公，易元城隙地建屋一區，爲行館焉。南面城，東西臨道，北爲生員李杲氏。作堂，作吏室，作皁房，作庖丁所。既竣，而來居若赴家然，上下裕如也。或謂余曰：“子客耳，而奚慮之深？”余固以爲來者慮而奚必於余哉？獨念吾儕號爲禄食，而尚或艱於所往，則下乎此者可知矣。是故君子之爲政，居則令其有家，行則令其有旅，匹夫俱獲，斯已矣。僕病未能也，因漫書於此，與後之君子共勗云。

重修白雲茅屋記

雲屋在滑臺之南堤，祭酒宋先生所居之別墅也。先生之歷履行業，具在史册，屋久成墟，不可復識。正統間，司土者禱雨於此，有徵，因爲龍祠，今亦傾圮，惟斷碑存焉。嘉靖庚戌夏，仁和張公來守魏郡，重道憂民，爲畿輔先。時先生之後有以興復雲屋請於公，適環來令滑，公謂環曰：“興廢，令之事耳，且先儒之迹與建祠者之意均不可廢也。子盍圖之？”環受命，乃鳩工聚材，卜日而並營焉。方畝中分，周垣以繚。西建雲屋，東作龍祠。外各爲門，中各爲堂四楹，左右有軒，各如其堂之數。扁其祠仍舊，軒曰“思霈”，曰“作霖”。雲屋之扁曰“文恪草堂”，軒曰“卧雲”，曰“棲霞”。始於是年九月己酉，越三月告成。暇日與客登是祠，仰臨丹霄，俯瞰碧潭，翛翛乎有凌雲駕空、騰百川而潤九野之意。及登草堂，覺地迥天高，風清月白，先輩典型，儼或如見，則又有懷古私淑、滌蕩塵襟而適獲我心者焉。嗚呼！士君子之於世，出處何常，惟義之歸。是故其息也不可無所養，而其出也不可無所爲。斯二者皆取諸衷，不假諸外，然亦必有感而後動，如此祠此堂是也。後之登臨此地者，其無忘所以大行自淑之心哉！又告於宋氏子孫之業儒者曰：“爾其克念祖德，紹於前休，由憂違之操而思龍德之庥，俾進爲名臣，退爲善儒，是不負今日之意，而此地爲不朽矣。苟徒視爲觀美，而有司者又因爲宴會之止，則斯役也悖道爾，殃民爾。豈獨虚太守公之盛心，而秉筆者甚不樂聞有此也。”

師莊鎮重修義勇武安王祠記

王之忠義在當時，威靈垂後世，而其祠宇遍天下，所謂不戒以孚，因義而起者也。

師莊之祠，吾不詳其始。其在至正重修者，則殿四楹，東西小廊各三楹，門如其殿之楹。嘉靖甲辰，鎮人郭大儒建危樓三楹於其東，擇僧紹雲，捐地二畝，給而守之。戊申之秋，祠遭回禄，大儒曰：“是不在我？”乃協李龍倡居民輩出所有而重修焉。殿視其舊而增宏，門視其舊而增高，西樓視其東而增楹，像貌有嚴，丹青焕發，神足依凭，輿衆可仰。工始於乙卯二月，訖於戊午三月。或有問於予曰："祠灾，數乎？"曰："然。""神不在兹乎？"曰："否。樓東危木，盛斯火矣，建西金以制之，今而後其免夫。翼拱於中，惟其永圖耳。不盡其人而窺神者，否也。抑王心事如日懸天，其視老瞞，不啻腐鼠，故能參天地，震華夷，歷終古而不朽。事王者敬王之貌，而不心其心，則吾未見其有能享者矣。"

大儒之子庠生克道問記於予，蓋不没其親之善，而凛乎有畏於王之心，故爲是説以記之。

重修文廟祭器記

上黨孔廟祭有器也，創自國初，而大備於馬侯州守之日，歲久殘缺，主者多因仍之。

嘉靖丁巳，唐山祝公來刺我邦，治民事神，純尚孔氏。謁廟之始，大懼器物放失，曰："是非所以報本始、尊吾道也。"維時乃新之，陳其帷幄以崇嚴也，修其簋篚以盡悫也，備其百物以致享也。戊午仲春上丁禋祀，忠信而行，要之以禮。君子曰："觀於大夫，而致治之道裕如也。"夫禮有情焉，有文焉。備物享者其文明，忠信行者其情深。情深而文明，德博而化光矣。推之天下，其如視諸掌乎？而何有於吾黨？二三子其尚由公制器之意，以達公不言而化之心，藏器於身，待時而動，如公之所以教吾黨者教天下，得矣。

公諱天保，號鳳石，起家丁未進士，美政不可殫述，兹特其一云。

止碑書與沙博王南崖

前日以建碑之説相告，環力止之，而先生未及深信。朔日謁廟，見其所謂碑者已橫於地矣，睨而視之，心大不快。夫唐虞以上無碑，三代有銘戒，要皆自警之詞耳。惟秦漢以後之世，率建碑以頌功德，然尚核其實，當其名，皆卓然有可紀述，而不徒加灾於石也。何近世以來殊異往昔？輸錢構屋，動輒鐫銘豐石，文詞過爲稱美，其功何功？其德何德？且後世功德之盛，又何多於三代以前之世也耶？即今之所謂建碑者，非以明倫一堂之修，名宦、鄉賢二祠之立乎？然堂之修，樊振增之；二祠之立，申從仁、王天經創之。彼固沙河之民治沙河之事耳，於環何有哉！非其有而有之，是謂貪人之功爲己私矣。不意有司貪心之不止，而顧及於小民之功也，是亦不可以已乎？或曰："君大夫舉事則必書，子亦從政之列也，以碑紀事，安足辭？"環竊以爲不然。夫舉事必書，謂不分其舉動之美惡，而悉書之，以示勸懲，以昭來世也。今環竊祿於沙逾年矣，豈無可舉之過乎？是故衝瘠流移之民，而環不能招撫之，碑可書也而不書；長途迎送之苦，而環不能調停之，碑可書也而不書；禮教未興，風俗薄惡，刁詞橫起，賊盜時出，而環不能化導而清理之，碑可書也而不書。夫略其所可書者而不書，則警戒之道衰；而無可書者反書之，則張侈之心盛。是此碑之立，未必不爲平生之累也。況使後之繼至者，必將指環之名而議之曰："某也碌碌若此，而碑記之，則凡可以如環者，皆可以得民之頌矣。"而遂阻其向上之心。則此碑之立，不獨累予，而且靳後，是可以爲訓乎？誠使諸生登此堂而知明其倫，進鄉賢而知仰其德，吏茲土者入名宦而知儆其官，則碑雖不立，固非缺典；其或反是，則堂祠之立，亦文具之虛耳。吾如碑何哉？況擅立之禁，國有明條，而過情之譽，士所深恥。惟照諒而中止之，則環方寸之中，當爲先生刻感德之碑也。如何，如何？

答張壚山書

年來奔走黃塵，守溟海，日惟猿猱對疊，魚鱉是見。想君子顔色，邈焉神馳，欲把手談心，以道睽違之苦，直是無由。惟於北來縉紳口中，聞盛美日益新，又諸臺騰牘，數鴻猷，揄偉績，必以兄爲稱首，則又未嘗不躍然喜、杳然慰也。夫勛業基之心術，名位定於人品，幹濟質之才華。以兄古道純心，高才厚養，即近如取彼渠凶，類之拾芥，所以當大投艱，聲色不動者，氣量固已見於此矣。異日銘鼎鐘，垂竹帛，以鳴國家之盛而流千載之光者，兄也。滑之治行云乎？弟不佞，不能蚤見預待，而使東南震動，邊境且有大憂。時九死一生，自分骸骨無可收者，况有他望？賴諸大夫士實惟我皇之威，刊夷首，復宇疆，雖沿海近爲底清，而獸蹄鳥迹所以傷中華之太和者居多，罪恐無門，恩叨出格，覽報，伸舌縮項，愧汗浸淫下矣。夫薄功而厚享，力小而任重，肝腦萬夫而華腴一己，是敗之府而厲之階也。所關雖微，或者弟知免乎哉！夫受德而不報，非忠也；臨難而自諉，無勇也。安危利灾，知進而不知退者，弟之所不敢出也。時事稍寧，即當索我於紫團之巔，漳水之滸，不然，蹈東海，葬枯魚，以答君父之恩耳。此身之外何有哉！曩在邑時，秕政種種，今思以易之，其道末由，因思〔四〕一時之快意可略也，而後世是非之公可畏也。惟君子秉春秋之筆，直書其惡，不以故人私宥之，使來者得有所考且有所懲，則國家幸甚。時在上海，得兄書，與貴鄉及諸同事者覽觀之，弟自幸爲大朋之錫，而上令感不遺之情，諸同事者又皆恨識荆之難也。使旋，謹此奉謝，兼伸下悃，北眺雲林，情何能極？伏望加飱，以慰群情，萬萬。

答王東臺書

閩晋人豪山斗，天下伯仲，如公又名邦之所山斗者。環嘗讀其文，慕其人，以爲生幸同時，無由促地，近於滁水。何意登龍，傾蓋談心，沉酣至教，感慰無量。來安道中，更辱手書，獎借過周，誘引備至。公之於人，交道之不污，相愛之以德，真當於古人中求之，環何幸而獲此於左右也？夫環，未死人也，忍情抔土，絕裾高堂，多病殘軀，有息槁木，真泚顔汗背、浸淫四下於長者之前矣。顧金革之命，義不敢辭；犬馬之愚，分宜自盡。然而時事之難，則又不敢不預言者。夫東南之患，何異七年之病哉？夫去七年之病，則非三年之攝[五]不可也。今之命醫者曰："速已之，速已之！"醫取必於歲月之遠，而無旦夕之效，則曰："是庸醫也。"怒而逐之，致使盧、扁在旁，莫敢伸手。强而促之，烏附一湯，主者洞下。吁！亦危矣。彼盧、扁者，豈不知緩治之爲功，烏附之速害？顧勢有所迫，法有所不得施，利害交於前，是非眩於中，求免之心勝，則體病之念荒矣。今之虛江，今之所謂名醫也，其察識之精，運用之妙，緩急標本之宜，調理攻治之當，皆自得於方書之外，而取試於屢服之驗者也。惟盡其所長，不促而眩之，使醫適於藥，藥適於病焉耳。虛江之醫，環知之，環輒逢人而道之，亦如虛江之所以重於公者而重虛江，但未知用醫者肯能不促而眩之否。環亦受成於人者也。以環與虛江事相類，故在乎我者吾盡之，其不在我與不在虛江者，有命存焉。或曰："用藥之道，醫治三，己治七。元氣不培，而責效於金石草木之微，此得之，彼失之，暫瘳之，必復之，吾未見其爲完人也。"環嘗以爲名言，不識公以爲何如？率爾談醫，不覺瑣瑣，惟公進而教之，且不以語諸人，幸甚。

啓明山老先生書

環猥以謭陋，叨辱恩知，拔泥塵之中，置雲霄之上。雖曰乾坤大造，本出無心，然而桃李枯株，頓回春色。鄰封竊尹，幸睹龍光；沙邑看符，迭承心誨。感恩何既，謝德無由。方圖日侍乎門墻，詎意變生於旦夕。椿庭萎而憂訃東來，遊子悲而匍匐西返。未緣辭候，兼闊省裁。芹曝空懸，信愚童之寡昧；鳥魚任適，覺天海之優容。日者閨餘，春初北上，伏逢途次，兼領教言，佩服何止於書紳，忻躍頓忘其爲客。匆匆告別，忽忽逾時，南望雲林，不盡瞻仰。恭惟我明翁尊師台下，學負天人，道存經濟，帝心簡在，朝野聲流，蓋將大授以調元，故先歷試其勤隱。師台日近，相業行占。慨元氣之難扶，定煩國手；惟老醫之用藥，應借參苓。如環菲材，願充下劑。起凋殘於一二，敢負兼收？倘積貯於箱囊，終存本性。維兹風便，肅此問安，如縷下懷，率爾未盡。伏惟台鑒，少宥疏狂，更乞珍調，永申天眷。環無任仰祝之至。

延沈西賓書

蓋聞學必有師，養正亨童蒙之吉；易子而教，責善全天性之恩。不有開先，何以覺後？敬惟秋元沈大人門下，家傳心易，道足師資。邇嘗小試昆山，預卜大魁天下。行中求我，惟德有鄰。鄙本疏慵，素寡義方之訓；兒俱長大，又皆朽木之材。敢屈高軒，敬延西館。鼓春風而振桃李，妝點門墻；沛時雨而育菁莪，成就德器。入則孝，出則弟，豈曰文詞？誦其《詩》，讀其《書》，將求實用。謹占十二之吉，奉枉文旌；外陳不腆之儀，先代修脯。百惟惠肯，無任慰詹。

軍中寄子書

我兒千言萬語，只要我回衙，何風雲氣少，兒女情多耶？倭賊肆行，毒害百姓，不得安寧。我領兵在外，不能誅討，嚙氈裹革，此其時也。幸而無事，與爾相安於太平，做個好人。一有意外之變，則臣死忠，妻死節，子死孝，大家成就一個"是"而已。

校勘記

〔一〕“禮”，道光本做“體”。

〔二〕“處”，道光本做“慮”。

〔三〕“弘治”，底本作“宏治”，四庫本作“弘治”，是爲避諱，後有相同情况徑改，不再出校。

〔四〕道光本無“思”字。

〔五〕“攝”，四庫本作“艾”。文有“三年之艾”之語，意較長。

山海漫談卷二

呈諸臺揭

即今浦東之寇，尚有三千，焚舟結巢，勢蓋必死，此當慎重圖之，而不可易易視之者也。今東[一]之患，本自可虞，而來歲之防，尤宜深慮。調來客卒，僅足五千，而弱脆不堪又居少[二]半。審形量力，審彼知己，所謂戰不足，守有餘者也。督之過浦，則主反爲賓，屯之重地，則以静制動，得失較然不待明者。爲今之計，宜於華亭、上海、嘉定等處，各屯一枝，休養訓練，使虎豹之勢隱然在山。仍選地方輕兵及山東箭手，零擊刁剿，多方誘撓，迭出更番，使彼不得安息。賊計窮困，必將四散突衝，然後乘機督發客兵擊之。不出則守之，但令内地無虞，不妨遲以時日。此則寓戰於守，致人而不致於人，萬全之道也。若狃於近利，急於成功，率方至之兵，攻必死之寇，犯深入之戒，寡持重之謀，萬一疏虞，則來年之事去矣。夫川兵之後，猶有湖兵，湖兵之後，更將何繼？此本道之所以日夜憂惕而一息不能自安者也。夫東南之患，何異七年[三]？歲月培調，則以爲遠，一旦强醫，求逞於烏附、巴遂之劑，則主者洞下矣。是可不寒心也哉？伏乞毅然主張，乘機後動，使醫適於藥，藥適於病，遲速緩急，各得其宜，攻治調扶，不至牽制，去東南之積滯，復天下之太和，則國家幸甚，生民幸甚。師出在邇，兵行尚謀，言出血誠，不敢隱諱，請乞鈞照。

再呈諸臺揭

竊惟遭蹶者得便，經過者長識。本道庸愚，不能力主永、保二司之兵，使之決不過浦，致有元日之失；青村之事，又出意料之所不到，至今痛悔無及。即日諸寇縱橫，千百群出，捉來奸細往往稱言過浦。兩軍四散之後，内無足恃之兵，守恐疏虞，況可輕進？調來箭手千名，雖稱雄壯，然長技止於一射，而地利況且未知。此與山東士卒其名不同，而其分數大略相等。東兵以三千之眾而不能剿賊於未熾之前，邊兵以一千之寡而欲制賊於既猖之後，此其不格不待明者。況此軍原係防秋之兵，而宗禮又係北來之將，必須萬全以歸，始於國威無損。若復輕挑速戾，故踵前愆，目下何以紓憂？他日何以對上？爲今之計，宜以此兵仍屯浦西，以固内勢；樊參將及各同知之兵分布浦内，以防渡越；海防道之兵併婁參將之兵，及熊同知所督之兵相機發至浦東，俱於賊巢之北周浦等處屯札，按伏刁剿；把總陳習、王應麟之兵仍各屯該所，每日出兵，一體設伏，遇有新賊，會同各枝先行追擊，使賊不得合勢。若舊賊流動，或往西南，則併力尾擊，或侵犯渡浦，則樊參將、各同知之兵力行堵截，宗佐擊之兵隨向遏剿。仍行上海、嘉定、太倉、常熟各該掌印官，督率新招主兵，振揚聲威，以示有備。如此則以逸待勞，賊不敗則走矣。不得於此則得於浙，不得於旱則得於水。外此而欲輕試人命，以圖難成之功，復蹈危機，又取日後之悔，非本道之所敢再言也。伏乞鈞照。

三呈諸臺揭

　　近聞江北之寇將出長江，松江之寇將出乍浦，此蓋聞大兵將至，各思逃遁以求生者也。夫倭奴之技，長於陸戰；我兵之策，得於水攻。此固部院之所洞察，而亦用兵者之所竊窺者也。爲今之計，合無行令俞總兵即將各總兵船量留防守各口外，其餘福沙蒼船分爲二綜，一綜本官親自督至金山乍浦一帶，一綜委官督至崇明沙後一帶，各按伏深洋，不露形迹。請乞大兵先於常州、江陰之間大張聲威，作爲驅擣之勢，則江賊必開，而兵船之在崇明者或可收捷矣。南賊聞風，必將併去。如尚遲留，仍請大兵由吳江、嘉興照前聲勢，則南賊不知爲計，而收全功者，必乍浦之兵船也。夫用旱兵之聲威，則敵不知其所守；運水兵之長技，則敵不知其所攻。此謂致人而不致於人之道也。芻蕘鄙見，率爾冒陳，緣係軍情，合行具禀，伏乞鈞裁。

謝恩表

奏：爲恭謝天恩事。奉兵部札付，爲捷音事，該本部題前事，奉聖旨："任環麼一子，與做原籍衛所副千户，隨軍殺賊。"欽此。欽遵，臣望闕叩頭謝恩外。伏以天威遠震，海洋收廓清之功；聖德宏敷，草芥衍流裔之慶。恩同大造，報乏涓涘；寵遇明時，感淪肌骨。恭惟皇上文武聖神，剛健中正，圍八荒於度內，天地生成；示九伐於寰中，風霆號令。蠢兹倭醜，敢犯東南，仰仗神謨，旬日底定。太倉海口，方成斬級之助；嘉定江東，復奏生擒之績。烟消宿瘴，凱聽旋歌。事豈人爲，勝由廟算。如臣犬馬下質，衰經殘軀，逐隊隨行，慚無掃蕩之略；因人成事，方深鰥曠之虞。敢謂寵榮，被沾草木，矧諸臣爵賞，止及其身；而臣沐天恩，乃延於世。再傳殊錫，腐儒叨汗馬之助；千户封侯，稚子冒干城之寄。此誠清廟之特典，而書生之奇遇也。臣聞命自天，措躬無地，捫心有愧，揣分奚堪？但門庭之患未除，尚塵宵旰；而臣子之心方瘁，敢曠恩私？臣當益勵初心，勉圖後效。晨昏教乳稚之子，共竭葵誠；金革銜鳥鳥之私，誓清海甸。伏願皇圖嶽鞏，聖壽天齊。舞干羽於兩階，咸寧萬國；申丈人以三錫，永奠群黎。臣無任感激歡忭屏營悚息之至。爲此具本，專差舍人聞詩齋捧稱謝。謹具奏聞。

陳情疏

奏：爲仰仗天威，倭寇退息，懇乞天恩，容令終制，以全子道，以圖補報事：臣因生母趙氏在家病故，臣聞喪，連夜回籍外。續奉總督軍務、南京兵部右侍郎兼都察院右僉都御史楊信牌，開稱留臣奪情，奉此遵依。竊臣一介草茅，蒙恩作養，叨中科甲，待罪蘇松。頃因倭夷犯順，作擾東南，當事諸臣檄臣驅剿。臣自受檄以來，夙夜兢惕，深以不獲討賊，貽君父南顧之憂爲懼。節[四]幸出師微有斬獲，是皆仰賴天威顯靈、廟算宏深之所致也。犬馬微臣，慚無寸效，蒙荷聖恩優錄，特轉今官。臣感激自天，圖報無地，雖盡此生，何能仰酬高厚萬一？顧臣不幸，陟聞臣母之喪，今奉前因，切思當事不避臣之義也，金革無變臣之分也。因時之難，而他托以自諉，臣之所不敢也。顧臣犬馬之愚，衷曲之苦，而不敢不哀鳴於君父之前者，臣請冒昧言之：臣父先臣任翶娶臣嫡母張氏，中年無子，晚得臣母趙氏，又止生臣一人。臣任沙河時，臣父在家病故，臣不及見臣父之終，至今痛恨。猶幸以爲臣之二母在堂，得以慈侍。及任蘇州時，臣母俱以老病侵尋，不獲迎養，屢得家書，臣生母病勢日甚一日。彼時即欲陳情求歸，緣因寇勢方張，不敢奏請，忍心飲痛，遂至今日。及思臣母號爲生臣，而寔與無臣等。故臣有一官之祿，而不獲享其養；臣有一命之榮，而不獲受其封。當其疾也，旁無侍藥之人；比其卒也，斂假他婦之手。病軀委榻，形影自憐；孤柩在堂，誰其奠哭？每一思之，情如剜割，即使臣終三年之喪，猶抱終天之恨，而又忍情自留，則臣無母之人，其何敢立於聖明之世耶？況臣嫡母在堂，今年八十有八，夙病纏綿，危於朝露，聞臣遠出，灑淚牽衣，不忍釋臣之手。夫臣之此身，趙生之，張容之，臣之不孝，已誤於趙矣，而又安忍復蹈故轍於張哉？況今東南寇勢亦略少緩，當事諸臣又皆悉心幹濟。臣之本家，上無伯叔，下鮮兄弟，存者賴以生養，死者賴以歸土，是臣之此身在外不足以爲有無，而臣之二母必得臣而後可以有濟也。恭惟皇上道高元〔五〕極，孝廣因心，凡在臣工，皆得遂其烏鳥之私，而安爲子之分。如臣犬馬之愚，衷曲之苦號訴無門，而不敢不鳴於君父之前者。仰賴我皇上高天厚地之恩，有以矜臣之愚，憫臣之苦耳。乞敕該部再行查訪，如果臣言不謬，將臣放回原籍，俾臣終制，則臣舉家幸甚，臣愚幸甚！臣之感恩圖報，又豈此生之所能盡哉？臣冒瀆天威，無任恐懼待罪之至。

四川道監察御史漳野李公墓表

嘉靖乙卯冬，友人李子易持趙安節所撰《漳野李公録》，泣而謂環曰：“此先大夫之實録也。龍岡先生既銘壙中矣，而未有表諸墓者，是不在子耶？”嗚呼！公之德望在天下，聲稱在朝廷，而流風遺韵在後學，必有能書之者，不斐之詞，何足爲公重？獨念鄙生也晚，質且暗弱，承先君命，時及公之門墙，受公之益宏矣。嗟惟哲人既遠，欲往無從，誦法昭來，後死者事耳，是誠在我。

謹按：公諱新芳，字元德，別號漳野，世爲潞人。曾祖璉，祖格，舉高年耆德。父清倉副使，贈文林郎，保定府推官。母王氏，贈孺人。繼楊氏，封太孺人。弘治庚戌七月二十有八日，王感異兆而生公。性警悟，母嘗口授《孝經》，輒成誦。七歲能文，不道凡近語。辛酉，母卒，適父客外，哀毀骨立，斂葬獨能如禮，里閈奇之。少長，以誠意慎獨爲學，偶志未愜，幾於毀生。父驚惻，委曲成其志。其自勵有云：“事在分中皆可做，理根心上不難明。”又曰：“身心不可告天地，面目如何對聖賢？”蓋以聖賢爲必可學，而宇宙内事皆其事也。丁卯，游郡庠，文章行誼卓冠一時。初名翰，督學公重之，爲更今諱焉。丙子，以書魁晉省，監試諸公咸以得真才爲慶。自是從游者翕然，公皆隨材鑄就，其所獎拔多見成立。登癸未進士，衡文者悚然起敬曰："此道德功業之器也。"授淮安府推官，秉公杜托，鋤强伸枉，撫按委督鹽課，懋績聞於上，優錫禮幣。丙戌，父卒於官舍，悲號扶柩，獨脱吕梁之險，居喪盡禮，哀如一日。戊子，服闋，補保定府推官，視淮政益著，當路交薦之。友人劉子宸以春試至保定，感疾不起，公出俸爲斂具，仍相其柩而歸。子以中聘其女，人以爲難。庚寅，考最，升户部主事，欽依監德州糧運，悉解羨餘。尚書梁公賢之曰："真廉丈夫也。"癸巳，改四川道監察御史，正色立朝，風裁凝重，危言勁節，邈焉寡儔。都御史王公稱爲真御史，侍郎湛公稱爲理學名臣。或以我明汲黯及敬軒之後一人者許之，人皆以爲然。按真定，發奸摘奸，振揚風紀，尤深恤民隱，力挽士習，勸戒有詞，見者化悦。歷廣平，閱城，忽炮震發，公驚墮，幾至不免，乃究縣令。而知府李騰霄者力爲之解。公疑其有他，遂至奏聞。當路有擠公者，獨將公擊獄。年餘放歸，後奉詔致仕。

公貞白性成，高介寡與，雖權貴不敢干以私。所至寮寀，外示敬服而内實忌之，甚遭沮抑，公亦不以爲意也。歸田杜門，構太虛亭，體驗身心，靜觀造物。所學一以孔子爲師，次惟尊信顔、孟。於先儒傳注，不苟從違。其所自得《知幾圖》、《權義》，皆確然至當，足俟千古，觀者洒然如大夢之得醒也。其論世務人品，如燭照數計。詩文雄渾，率關世教。至於神奇變化，有前人所不能到者。賦性剛明，御内有禮，閨庭肅如也。與人交，雅尚道誼，談論移日，略無怠容，望者意消，不覺自失。其自奉甚約，而祭享曲盡誠孝。庚子，楊母卒，斂葬哀毀如所生。眷族無告者，量周之，購田祖壠之側以祔葬。族人泰順尹伯考無嗣，命以幾承祭，仍周其所遺。其造詣淵深，動履卓越，類如此。其詳見《實録》，而其散見則愚所謂必有能書之者，茲特其概云。

卒於嘉靖庚戌十一月有四日，享年六十有一。配孫氏，慈睦靜淑，克慎閫儀，封孺人。子男三：長惟中，先卒。次以中，即子易，郡學生，娶劉氏，繼牛氏。次以幾，郡學生。二子學識行業，皆足以繼公之後者。孫男二人，大儒、鴻儒。孫女四。俱以中出。

所遺有《周易大義》、《神易斷意》、《語類》、《好學》、《一元四説》、《知幾》、《慎獨四訓》、《太虛甲子經》，文集若干，蓋皆有道之言，足傳無疑者。以卒之明年辛亥十二月七日，葬秋谷山之原，爲公自卜之兆。嗚呼！公之生也有自來，其出也有所爲，真豪傑之士、聖賢之徒也。究其施章章如是，當非其會耳。三代而降，儒者之道明於下，鄒魯邈矣，濂閩諸賢，悉皆屈於時，而其道至今不廢，蓋可恃而傳者，固在此不在彼也。孫松山之稱公，有云：“剛毅似伊川，而所造尤圓妙；理學並文清，而超悟獨鶩越後世。”讀公之書，考公之行者，當必以斯言爲不誣。

沙河祭名宦文

維神宦不同時，道乃相似。政恤凋衝，心勞撫字。父母當年，師表後世。惟茲仲春秋[六]，式陳明祀。尚饗！

沙河祭鄉賢文

維神昭道樹勛，修身範俗。曠世同心，殊途致一。邦家之光，來學之式。惟茲仲春秋，祀崇明德。尚饗！

祭趙耆老文

維公沙陽耆舊，太古純良。含章遁世，德厚流光。秀孕北川，維公之子。奮迹雲程，題名柱史。蘭出交芬，義方之指。抑聞北閭，殘夫化德。有司之庭，無公之迹。僉曰仁人，其道乃直。我來問俗，登公之堂。公已抱疾，而徒徬徨。自信勿藥，詎知淪亡。嗚呼悲哉！德星殞天，哲人萎地。世道之衰，邦家之厲。風木號鳴，令人發涕。惟兹良辰，聊陳薄祭。公如有知，翻然來至。尚饗！

祭李子秀乃伯文

乾坤逸氣，江湖偉人。聞達不求於世，溪雲乃賁其身。親壠若龐公之遺善，垂綸等志和之元真。篤生良胤，維國之珍。或聲流太學，而頓起山林之志；或賓作王家，而早聯玉牒之姻。蘭芳馥馥，麟趾振振。蓋慶餘而知善之積，後昌而見公之仁。嗟惟我公，正宜食子之報，福祉無垠，胡云順寂，而方逾乎七旬？嗚呼，傷哉！華胥之遊弗返，倚槐之夢堪嗔。雲掩太行兮天慘淡，日落漳川兮水潾洵。山峙川流兮空萬古，穹蒼杳杳兮將誰詢？臨風致奠兮，不勝其悲悼。公如有知兮，洋洋其聽陳。

告天妃文

神人相依，夷夏有坊。海洋群醜，流毒此邦。萬井烟消，神虛血食。堂堂者華，獸蹄鳥迹。守令之耻，江河之羞。已仗神威，驅之下流。執其渠魁，黨與未散。草不剪根，猶恐延蔓。謹占兹吉，率我貔貅。順流東渡，取彼猱猴。仰祈神慈，大賜靈貺。假以西颷，藉之穩蕩。凡我士卒，忠勇向前。一鼓焚巢，以待凱旋。倘懷二心，臨陣縮忧。明受人非，幽甘神殛。謹告。

祭徐珮文

嗚呼珮也！生也食予，死也捍予。奇懷義抱，而孰能如桓桓者夫？食焉避難，視爾之歸，顏有餘汗。英魂已矣，正氣不磨。當爲厲鬼，殺此群倭。曠野悲風，胥江落日。老淚如泉，匪私爾泣。哀哉惜哉，惟爾之饗！

祭毛通府文

嗚呼！惟天難知，士有不死。嗟惟先生，不幸罹此。雄才偉器，僅書於鄉。政績炳烺，十載猶郎。一階晋轉，而遽淪亡。此皆感應之不齊，而天道之反常者也。世漓道微，匪趨斯競。範我馳驅，動必以正。而有遐思，後承餘慶。可化者先生之形，而不朽者先生之行也。嗚呼！太虛造物，其竟何如？修短以寸，畢歸於初。生理苟促，而羨年餘？然則先生之所得者不已多歟？尚饗！

祭唐尹文

人孰無生，所貴自樹。人孰無死，所貴不愧。嗟嗟榮邑，孤懸海心。巧者避之，侯來鳴琴。甫及下車，民歌召父。植我柔良，鋤彼悍武。荒城久圮，鼎築而新。方圖西徙，以安東人。蠢茲倭夷，突然蜂起。結黨連艅，直犯疆鄙。慷慨激烈，爲士先倡。屢有斬俘，而氣方張。此豈非自樹卓然而於生有光者耶？旅無同心，寡逢强敵。城竇城虧，賊緣以入。侯忠侯勇，挺刃而呼。狂奴鋒鏑，乃及頭顱。隱痛扶傷，招民死守。蟻聚烏合，見敵則走。萎焉棄道，可殺者身。浩然正氣，足成者仁。彼罔而生，不獸則鬼。與侯相較，何啻千里。此豈非雖死不亡而自反無愧者耶？國典有常，崇褒廩子。原爾之心，豈願有此？烟氛近掃，妖壘已空。三軍之力，厲鬼之功。元酒半觴，生芻一束。臨風洒奠，爲世道哭。尚饗！

代厚庵宗室祭繼母文

嗚呼，痛哉！烷何不幸，而罹如此之顛也？憶昔七齡，烷母舍烷而不旋也。一妹呱呱，自謂弱息之難延也。幸母氏之聖善劬勞，鞠養我以聊全也。今又舍我而歸，我心其如煎也。復遺女弟三，寒其誰憐也？仰籲悲號，植之其惟天也。陳詞薦酒，將以表微虔也。靈不少留，泣血其如漣也。

岩岩石説

滑臺學宫之後有奇石焉，惟巧天出，人力不至。掌教程近齋樂而玩之，命以令名。迺作亭於南，與二三子遊息其間。相對終日，若有隱而不發者。嗚呼！近齋豈好奇歟？將玩物歟？抑詩人耽咏，假此而供興歟？或生長吳越，飽飫名山，北來無此景象，蕭索落寞。雖得卷塊，即相冥契，若居空谷者聞人足音而喜歟？亦物各有遭，待識者而後顯，與君偶相得歟？噫！非然也。蓋自士以言，興實由文，喪漓而不返，久也弊矣。近齋思以易之，又懼以言而教也，故取諸石以垂訓，姑使其由象而得意焉耳。《易》以艮爲石，石者實也。近齋以爲有其實者不患乎無文，二三子亦惟實之務而已。是故石之敦，敦可以觀仁；石之定，定可以見性。崔而峨，維德不磨；峭而直，維道壁立。峙此而上可以柱朝堂，安此而下可以鎮薄俗。由此而興雲作雨，膏澤可慰乎蒼生；以此而砥中流，又將障狂瀾，回驚濤，震撼撞激，不倚而不折也。大哉！石之時義，其輝光之吉乎？旨哉！無言之教，其後學之思乎？又曰：“石之所以可法者，以德不以形。”二三子苟徒視其奇奇怪怪者，而爲剜削雕刻之文；視其險阻峻絶者，而爲艱深詭異之行。辭大圭之譽，來摧車之評。則又貽石之羞，而司教者之心愈戚矣。有應聲者，從而歌《南山》之詩曰：“維石岩岩，民具爾瞻。"願師尹有以倡之。余謂斯言真砭石也，因勒於珉以自厲，且告近齋云。

校勘記

〔一〕"東"，四庫本作"冬"，結合上下文文意，當以"冬"爲是。

〔二〕"少"，四庫本作"其"。

〔三〕道光本作"何異七年之病"。

〔四〕"節"，四庫本作"猶"。

〔五〕"元"，四庫本作"玄"。

〔六〕"春秋"二字，原文雙行並列，下同。

五言律

衛津別意送蕭西泉

衛水秋空霽，仙郎別棹移。懸知西土慰，應動滑臺思。仗劍寧辭酒，臨岐且賦詩。晉雲猶未遠，傾耳聽鳴絲。

別栗健齋二首

的發當何日，孤蹤寄遠城。念歸良獨苦，聞別不勝情。野渡留江艇，風烟款客程。知君懷繾綣，須我一杯傾。

客晤何曾久，他鄉却忍離？君能開好抱，我亦不相思。隴樹雲千里，江門酒半卮。山川從此隔，魚雁莫教遲。

哭歸孝子嘉定生員名守正

迎盜思安母，狼心未轉移。黃塵猶乞免，白刃已甘隨。飲恨應憐父，傳家豈待兒？何當梟賊首，爲爾復讎私。

道中即事

杯酒酌江天，風晴日可憐。危橋平地出，孤塔半空懸。石缺烟雲補，村虛草樹連。誰家蘆蕩裏，撐出小漁船。

上嘉定城隍有序

大兵之後，加以亢陽，民不聊生甚矣。環入邑，即禱神前，累日不應，豈誠之未至耶？將風雨之權，各有所司，雖神亦不得而專耶？或環之罪過深重，爲天所厭，雖神力爲之解而不獲所請耶？然環之罪，自當罪環，而固不當以之累民也。神之於此，俱有民社之責，今坐視其灾，而不爲之救，其與環之蠹政殃民者等耳。曾謂聰明正直如神，而顧肯如是哉？鄙誠見乎小詞，願以轉聞天聽，早垂甘澤，以起彫殘。若環之罪過，自甘萬譴，神其聽之。

夷虜長驅後，何當旱魃連。火雲空片片，雲澤竟玄玄。却負蒼生望，還聞〔一〕大有年。也知誠未至，神不爲予憐。

庭穴蟻何處，長空燕不來。正須潮濕礎，又見月盈臺。汗背翻成雨，勞心已作灰。何當瞻拜際，一洒潤蒼苔。

西雲不作雨，東起亦成空。水落三江外，民憂四野中。天心真默默，神聽却聰聰。願以狂生齒，將來換歲豐。

戾政干陰譴，招灾自有因。要知狂子罪，不在細民身。神奉天誅賞，靈來雨海濱。但令彫瘵起，還作十分春。

金山九日

佳節逢重九，孤蹤寄海涯。自憐猶墨綬，多病已黃花。欲問南來雁，那堪此際笳。夜深眠不得，移枕聽慈鴉。

七言律

賀李八泉同年拜南臺侍御

花封尚憶甘棠客，繡斧終持鐵面郎。塵净紫衢驄振野，聲流金闕鳳鳴陽。赤心片片酬天子，公議明明列諫章。寄語狐狸深莫避，埋輪原爲去豺狼。

代人勉諸生二首用宋莘夫韵

學業難成貴强之，機非由我更由誰？但將百倍功能到，縱是中材氣也移。黄卷高談仁傑案，青燈深墨范生帷。丈夫努力須年少，老大徒悲較已遲。

讀書須讀没書書，活水源頭趣有餘。莫向口頭求强記，要於心上得安居。養成良賈深藏器，便是清朝大載車。體用一原吾道在，聖賢名教豈傳虚？

徐山人

青囊未識已驚回，翻憶當年事可哀。藏玉有城依祖去，尋龍無處覓君來。離宫寸地培餘廕，坎首分金空木杯。但願清風寒徹底，不妨身卧首陽臺。

題人扇景

不向江頭作濟船，却來山下卧雲烟。柳陰礙日吟風細，草色侵階帶露妍。豈是偷閒消白晝，秖因回首識青天。年來塵夢多驚險，休怪先生抱石眠。

觀　河

昔年聞說黃河險，此日孤蓬冒險來。地涌狂瀾風雨驟，天驅驚浪虎龍催。源開星宿當何處，水到滄溟定不回。日暮潮生迷彩鷁，安流時仗濟川材。

道　中

策馬山頭幾逐馳，放船江上轉危疑。長途險作三千里，一日愁生十二時。佩劍漫隨淮浦月，望雲空憶草堂厄。年來歸興濃於酒，況復秋風動所思。

別史鶴峰

冰壺秋水絕無疵，傾蓋論心兩不疑。海國雲深春送酒，江天月白夜談詩。轉官見說還台省，別客那堪此日時。公到廟堂應問及，東南時事莫深詞。

海上停舟風雨連朝有作

怪雨驚風冥不休，潮來汐至總深愁。糊塗日月歸樽酒，潦倒行藏付短舟。大造幾時分霽色，浮生何處覓安流。乘槎泛葉者誰子？任爾飄然物外遊。

寄南岑

晋水吳山路渺漫，幾於清夜夢相看。天邊落雁千金重，先有書，故云。海上驅兵六月難。高會久虛王子席，浮名何用大夫官。斗南日日頻回首，目斷秋空意未闌。

海上夜征次解都閫

雨餘伏枕聽潮聲，不寢因憐月色清。槎泛星河秋作客，劍橫滄海夜談兵。初陳雲鳥三軍陣，已奠江山萬里城。夷窟分明消虎豹，東南依舊見承平。

寄張鑪山

旅邸相逢惜別筵，江南江北杳經年。琴張流水黄池月，劍掛秋風白馬天。君有奇才消異變，我無長策净氛烟。塵愁離恨知多少，獨立荒臺正惘然。

九　日

九日有臺登不得，一官於我竟何爲？病憐黄菊人千里，愁對西風酒半厄。潮退小橋分亂水，霜嚴寒鳥擇深枝。悠悠世路空南北，兀兀江頭且賦詩。

和張石川野航之作

蘆花汀畔獨移船，一曲滄浪興杳然。已付世情流水外，遂令心事老江邊。魚吹細浪侵書帙，燕落香泥綴酒筵。便與先生甘訂約，乘槎直欲訪青天。

大柳道中

大江東去日西流，匹馬衝寒役役遊。千里山川原夢幻，百年身世自萍浮。萱堂月冷霜華滿，滄海塵埋蜃氣游。運甓有心烏怨在，朔風回首倍離憂。

代人賀門生進學

喜爾遊庠爲爾憂，幾番憑日費心籌。三軍重敵看[二]孤劍，萬里驚濤藉短舟。戰罷太平方是福，渡時安穩未爲休。泮池一竅通蟾窟，折桂還須到上頭。

絶　句

和仇雄川幽居十咏

掃室
風塵遍海涯，一室焉能掃？帚柄願持來，廓清天下好。

焚香
地僻青山擁，人閑白晝長。草堂無個事，終日辦心香。

讀史
淳風悲日短，天意竟何如？怕到澆漓處，令人長嘆吁。

滌硯
蕩漾前溪水，萍開自不妨。蛟龍吞作雨，玄澤滿天香。

觀畫
霜綃纔半幅，描寫盡中華。城郭山林裏，窮愁未有涯。

鼓琴

瑶琴空石几，腸斷未成聲。聽待他年鼓，薰風指下清。

移榻

松濤度晚風，泉竇流閑月。移榻對天光，不知清興發。

養花

種筠酬彩鳳，栽樹養甘棠。更欲葵心吐，山居鎮日忙。

酌酒

嚴冬風力重，寒谷鳥聲幽。把此太和春，願分天盡頭。

烹茗

掃雪撼庭梅，烹茶折檻竹。清生腋底風，香潤林間屋。

冠

昨見爾蓬頭，飛飛亂於草。網網一束來，今日方看好。

字

淑德歸清議，華稱亦大箴。願言思義處，深顧命名心。

挽黃節婦

清血流天地，花軀老甲兵。野塘巖下士，乃夫也。一日遂知名。

冠

今古大經敦首禮，聖賢名教責成人。修齊自是男兒事，頭上休空負此巾。

謝董千兵面藥

顏面增光感德深，從今塵垢不相尋。年來也備些兒藥，暗室時時學洗心。

壽人七十

紅塵飛不到心頭，七十年來真自由。醉數又來花甲子，蟠桃三熟是春秋。

劍

霜刃稜稜星斗寒，玉樓生粟幾回看。萬人學敵渾間〔三〕事，只有心兵克退難。

夜訪鄭顛仙

仙子雲巢駕碧臺，市城深隱即蓬萊。元〔四〕關不惜山人扣，夜半應驚鶴夢回。

海上漫成二首

蓬影翻風弄酒杯，浪花飛雪點書臺。一聲鼓角魚龍動，天黨山人駕海來。

枕上時聞風雨聲，蓬飛天際一毫輕。不知聲在孤懸裏，却爲旁舟作險驚。

示爾孝等二首

昔年走馬燕山道，今日驅兵滄海涯。三尺龍泉書萬卷，丈夫何處不爲家？

放船中道轉狂風，雪浪排山一點蓬。燕寢先生明旦死，驚危不在海濤中。

兒輩莫愁，人生自有定數，惡滋味嘗些，也有受用，苦海中未必不是極樂國也。

讀書孝親，無貽父母之憂，便是常常聚首矣，豈必一堂哉？呵呵。

送人還鄉

海上扁舟一葉輕，春來送客不勝情。到家阿母應相問，只道江南已太平。

志　感

遙憶當年痴小時，纔離跬步即相思。而今落魄滄江外，回首憐兒更是誰？

西山道中

馬蹄踏破白雲鄉，回首關山頓轉傷。勞我浮生長是客，迷津羞問釣魚郎。

壁　鷹

海上何年搏猛氣，人間不解有雄禽。短墻却礙冲霄翮，萬里空餘搏兔心。

古　風

書程近齋軸送蕭侯之榮河尹

　　程君手持送行軸，中有題詩畫半幅。問之乃云贈蕭侯，勸我一言相頌祝。君家詩畫品絶工，安能爲蛇復添足？中世士夫不好古，動輒相先饋金玉。廣文先生獨雅致，開卷風烟生滿目。缺巖高樹隱孤城，流水荒村見茅屋。中間遐想菜色多，静聽如聞有野哭。蕭侯尉滑知民艱，榮民更比滑窮獨。此去應調玉律吹，轉見陽春發寒谷。

拾　椹

　　春行孝，孝何如？柔桑滿道結子殊。黑者奉母赤自食，狂賊見之心惻惻。蹄牛斗酒何足言，要知誠意能感激。嗚乎孝哉兮令人悔，親在遠遊拾青紫。拾來不及泉下人，青紫何爲淚如雨？

扇　枕

　　夏行孝，孝難比，黄香時尚爲童子。酷暑庭幃親汗流，一扇中揮一片秋。而翁有子鼾睡穩，扶持清夢日高頭。嗚乎孝哉兮恨何説，多病萱堂時執熱。青蓋翻然吳楚遊，猶向虛亭乞冰齧。

懷　橘

　　秋行孝，孝堪賞，陸卿心在親身上。洞庭佳實落塵埃，主人相顧真異哉！卿家誠孝自感動，香生滿袖親顔開。嗚呼孝哉兮痛罔極，江南風味羅前席。嘗新不及到親旁，却與妻孥相對食！

泣竹

冬行孝，孝尤異，長哭一聲動天地。須臾玉笋生滿林，歸來作羹慰親心。沉疴脱體灑然愈，芳聲千載重南金。嗚呼孝哉兮我知愧，親卧高堂思遠味。如何不將寸草心，却持老竹班班淚。

乙卯之秋，奔母喪也，悲化者之已往，恨孝養之無及。追思古人，各舉一事，略加數語以自恫焉。其所謂四節者，亦偶然耳，又拾椹之事，或當春夏之交，此固不必深論也。嗚呼！數子高風，邈焉難及。事親者其尚及時，自盡其心，無蹈予之覆轍哉！

代人賀栗裕泉秋薦

八月既盡九月始，拱聽秋雷方側耳。天涯忽報捷音回，廣寒高步獨吾子。初聞大喜復大驚，上黨名流多俊英。鹿鳴與宴常三五，稀奇却爲鄉邦撫。文章豈不動朱衣，消息盈虛各有時。交輝聯璧看來歲，磨刮工夫肯忘之？始爲驚兮終復喜，屈伸相感本常理。屈伸相感自諸君，天獨伸君意有主。所以登雲獨，使照閭閻多廢屋；所以折桂獨，寒香欲遍人間馥。明春更占鰲頭獨，經濟謨猷添袞服。願爾立朝同，丹衷對主獨；分官爲政同，真心爲民獨。宦海波濤中，砥柱巍然獨。急流順意中，纜住扁舟獨。始終獨立眾人中，不負當年學慎獨。我本諛陋才，不識周孔陸。所懷一得見，獨爲知己祝。文詞惜未工，意亦良已篤。

讚

漁樵耕讀四首

明月扁舟，蘆花淺水。魚無深愁，漫興而已。

雲山砍破，挑此一肩。留彼新松，以待參天。

一犁春雨，萬頃秋風。擊壤而歌，伊誰之功？

刺股懸梁，囊螢映雪。達之思兼，窮亦歸潔。

詞

代人壽岳翁八十冠帶有引

　　骨本仙裁，誕惟岳降。壟雲耕斷，早年寄心事於邱園；溪水釣開，壯志傲烟霞於湖海。半塵不染，一葛無求。松石醉眠，竹枕悟醒浮世夢；山泉渴飲，桃花尋入洞天春。不爭若老子之居周，大觀法莊生之處世。生涯風月，鷗友忘機；活計《詩》《書》，麟兒育種。識高養盛，身屈道光。蓋惟靜極有常，是以仁人多福。維茲初度，已臻尚父之期；況沐殊恩，出自清朝之典。榮添海屋，喜溢桃花。桂子蘭孫，舞蹈階前尋至樂；青衫鶴髮，綺羅筵上飫天真。蓋誠福壽之兩全，而卜算之未可量者也。某恩沾半子，望乏乘龍。愧無雲石之聲，難賡鶴曲；敬效函關之獻，聊侑霞觴。詞曰：

堂開烟外，綠野輕寒退。清晝永，祥雲靄。春風蕩簫鼓，淑氣邀蓬海。更有那，青禽黃鶴憐相對。　北闕恩頒賚，白首青袍帶。屈指處，誰能再？俊聲歸大老，眉壽齊華泰。準備着，安車穩上磻溪載。右調《千秋歲》

代謝二尹賀張立庵受獎_{有引}

鳧飛天黨，方看經濟之才；豸識人龍，已見旌揚之典。山川動色，僚庶增光。恭惟台侯三秦間氣，一代偉儒。學叩唐虞之心，天人抱負；道傳關陝之脉，山斗文章。奪魁走馬於雍西，香分月窟；射策看花於冀北，春占皇洲。帶回金闕之恩光，布作山城之和氣。丹心懸白日，普照無私；冰節凜秋霜，半塵不染。鶴閒清晝，一簾草色弄庭前；琴鼓薰風，三月春光回谷口。諒龔黃之盛美，難專於前；信伊傅之奇勳，託基於此。惟其下安上信，是以實大聲宏。名動烏台，褒移霜檄。原君子之立政，本出無心；惟大人之觀風，事如有待。行看累薦，牛刀難屈於花封；佇見喬遷，豸斧終持於清代。某等叨隨文從，竊沐恩私。慶盛典之躬逢，聊裁頌曲；念攀留之難久，不盡思歌。詞曰：

關西人傑。有對日丹心，凌霜老節。鵬起秋風，龍騰春浪，早歲聲華奇絕。多少蒼生命脉，些子王章機訣。全仗賴，有腳陽春，無情冷鐵。　堪悅，真個是，民困方蘇，百里弦歌徹。子厚情思，九齡風致，才望齊賢並列。休羨名高豸府，更看聲流龍闕。有時節，鳳詔飛來，岩廊調燮。右調《喜遷鶯〔五〕》

代人賀周指揮稱號晉野有引

天黨奇才，藩邦名佐。金章紫綬，早年承雨露之恩；鐵戟銅符，壯志負干城之望。博通諸史，嫻習《六韜》。胸中有數萬甲兵，武能弭亂；麾下看三千禮樂，文足經邦。內外藉以無虞，王朝因而大治。春閒虎帳，棋聲壺韵散餘清；風靜龍旌，擊玉敲金還自得。一時賢士，樂與交遊；三晉鄉評，翕然歸重。稱其德則不忍及其名，敬其人此所以加其號。命之"晉野"，允合輿情；播之聲華，將求定行。蓋瞻太行則欲高其忠，望漳水則欲下其澤。稽唐虞之故址，景仰方深；睹千里之長封，屏藩在念。以至西北强侮聞之，可以知外方[六]；閭閻窮愁見之，因以豫內備。凡此皆命名者之微意，而先生之所當深思者也。某等久辱深知，曷勝感仰。躬逢盛舉，聊奏聲歌。詞曰：

雪花飛入朱簾裏，錦堂一派笙歌委。瑞氣滿高筵，濃香送酒船。

"晉野"誰程號，聲華從此茂。顧名思義時，東君知未知？

右調《菩薩蠻[七]》

代諸生賀程近齋受獎有引

鴻儒振鐸，喚醒千古之蒙；豕野傳經，綿衍吾道之緒。聲流畿輔，價重蘇湖。旌嘉交動乎霜台，光彩倍增於芹泮。揚由實感，道與時行。恭惟台侯，名震越流，家傳伊派。十年螢雪，養成間出之才；萬里風雲，未會平生之志。成均卒業，豈曰深酬；獻序分官，竟云小試。蓋上天有意於斯人，故東郡能來乎君子。春風滿座，門墻桃李屬吹噓；時雨一天，洙泗魚龍從變化。詩追元白，文近歐蘇。畫品精工，書神古拙。原君子之盛致，不在多能；而大人之旁通，尤勤小物。淤沱議水，去思與遺愛俱深；河朔校書，佳績共芳聲日起。邇承繡斧，兼下旌書。公本無心，事應以類。山川動而草木生輝，文教崇而薦紳有氣。誰云世態偏寒鄭老之氈，畢竟人心尚仰韓公之斗。某等宫墻外望，成章殊愧於斐然；典禮躬逢，作頌遽忘其率爾？聊成俚鄙，用代弦歌。詞曰：

秋月冰壺，纖埃俱絶，真個是風流人傑。看他八斗深藏，三江倒洩，論聲華，日星昭列。秉鐸東州，遠紹尼山命脉，有多少游楊立雪。眼見得鳳口銜書，蒲輪動轍，要先生，那時正説。右調《鳳凰閣》

代謝二尹送張立庵入覲

花封出宰，九重恩澤入人深；金闕朝天，三載勛猷稱治最。廟堂增重，黎庶交歡。恭惟台侯，秀孕秦川，粹鍾華嶽。經窮墳典，唐虞廷上得心傳；學有本源，關陝門中分正派。文藏八斗，氣吞五湖。步萬里之雲程，早扶鵬翮；破千層之桃浪，連奮龍頭。蓋將大授以留中，故先小試而補外。琴張百里，弦歌聆天黨之音；錦製一方，桃李動春風之色。魚懸白日，鶴舞蒼苔。心事凜於冰霜，政聲得之謳頌。剪除豺虎，小人大畏而改行；扶植芝蘭，君子得恃以無恐。謡張君之爲政，樂不可支；恨廉範之下車，來其何暮？上嘉下樂，實大聲宏。品題久重於台章，名姓應留之御屏。時維三載，九重當入覲之期；節届初陽，雙烏正北飛之際。閶闔大開乎宫殿，衣冠深拜乎冕旒。龍虎相從，地天交泰。想清夜之前席，應問蒼生；諒曲江之陳謨，定開金鑒。某等叨陪仙仗，猥辱恩知。壯此行之應寄，調元曷勝忭慰；念吾儕之難留，久庇殊切懷思。聊唱驪歌，以侑祖爵。詞曰[八]：

山亭折柳携君手，離思濃如酒。二天人遠，霜寒雪凍，誰能禁否？

琴鶴蕭然，囊無餘物，奏草懷中有。此行看取，霖雨蒼生，功名白首。<small>右調《賀聖朝》</small>

吴　淞

翻來覆去，淋漓秋雨何時住。江上兵船，破浪衝鋒已半年。祲氛未掃，多愁不覺容顏老。仗劍西風，慷慨悲歌樽酒中。<small>右調《減字木蘭花》</small>

道　中

孤雲野水，一聲長笛蘆花裏。明月江天，搔首西風懶待眠。萍蹤何處，片蓬飛下滄浪去。子夜吳歌，萬里征夫奈若何！<small>右調《減字木蘭花》</small>

別浦楊子

黃葉翻，紅葉翻，行人歸旆出陽關，天高烟水寒。別君難，見君難，從今留得夢中歡，相逢知幾年。<small>右調《長相思》</small>

校勘記

〔一〕“聞”，四庫本作“期”。

〔二〕“看”，道光本作“著”。

〔三〕“間”字，疑爲“閒”字。

〔四〕“元”，“玄”字避諱而改。

〔五〕“子厚情思”至詞尾部分乾隆本缺，據道光本補。

〔六〕“方”，四庫本作“防”。

〔七〕乾隆本此文缺頁，據道光本補。

〔八〕此段引文乾隆本無，據四庫本補。

山海漫談卷四

附

諭祭文

賜原任蘇松兵備、山東布政司右參政、加贈光禄寺卿任環曰：爾職掌兵司，適逢倭變，領衆破敵，保民奠境。建祠加贈，式表忠勞。時維仲春秋[一]，特修常祀。尚饗。

傳 郡志

任環，字應乾，長治人。幼警悟不凡，爲學先行，誼重名節。爲諸生時，大書壁曰："營私者無上，虧行者無親。"又曰："充海闊天高之量，養先憂後樂之心。必如是，始可以言士。"弱冠成進士，任直隸廣平縣知縣，調沙河，補清豐。首省厨饌，罷征求，以次釋冤獄，毀淫祠，凡所興革，必視民所便。民皆爲立生祠，樹德政碑。以卓異徵，拘藩親例，補南直蘇州府同知。適倭寇燹掠海上，無能禦者，當道屬公，毅然自任。乃練所統民兵與力戰，而躬介胄，策馬以先之。與兵同飲食，同露宿野草中，所得俸及上官之牢醴悉分兵衆。由是兵感奮，合爲一體，敗賊於上海之八團營。既而守太倉，方病疽，報賊至，即裹瘡出海。怒濤如山，慣海舟師亦怖，公手劍揮兵，大敗賊，斬俘百餘。又敗之陰沙，敗之保山，敗之南沙。賊望見公旗幟，輒遁去。捷聞，擢蘇松兵憲。賊圍蘇州，民争走入城保聚，門鑰不得入，男女相[二]抱泣，聲震原野。公命啓門納之，有奸細混入，斬以殉。所全活凡數十萬人。越歲，賊大至，復大敗之，斬首六百級，晉憲副，廕一子爲千戶。丁生母憂，請歸制，詞甚酸切。詔以大義，責不得歸，而破格封其生母，以慰其心。寇平，始乞終制。晉參政，未起復而卒，壽僅四十。贈光祿卿，復加贈巡撫，賜祭葬，仍立祠蘇州郡，祀三忠祠，有司春秋致祭。清介忠烈，獨步一時。其長才大略，惜未竟其用也。子爾節，廕千戶，官至守備。孫可淳，任千戶。姪宏業，舉人，官至知縣；宏烈，舉人，官至府同知。

《明史》本傳

任環字應乾，長治人，嘉靖二十三年進士。歷知廣平、沙河、滑縣，並有能名。遷蘇州同知。倭患起，長吏不嫻兵革，環性慷慨，獨以身任之。三十一年閏三月，禦賊寶山洋，小校張治戰死，環奮前搏賊，相持數日，賊遁去。尋犯太倉，環馳赴之，嘗遇賊，短兵接身，被三創，幾殆。宰夫捍環出，死之，賊亦引去。已而復至，裹瘡出海擊之，怒濤作，操舟者失色。環意氣彌厲，竟敗賊，俘斬百餘。復連戰陰沙、寶山、南沙，皆捷。擢按察僉事，整飭蘇松二府兵備。倭剽掠厭悉歸，惟南沙三百人舟壞不能去。環與總兵官湯克寬列兵守之。數月，賊大至，與舊倭合掠華亭、上海，環等被劾得宥。逾年，賊犯蘇州，城閉，鄉民繞城號，環盡納之，全活數萬計。副將解明道揮退賊，論前後功，進環右參政。賊掠常熟，還[三]率知縣王鈇破其巢，焚舟二十七。未幾，賊掠陸涇壩，都督周于德敗績。環偕總兵官俞大猷擊敗之，焚舟三十餘。賊犯吳江，環、大猷擊敗之鶯脰湖，賊奔嘉興。頃之，三板沙賊奪明舟出海，環、大猷襲敗之馬迹山，其別部屯嘉定者，火蓺之，盡死。論功，廕一子副千戶。母憂，奪哀。賊屯新場，環與都司李經等率永順、保靖兵攻之，中伏，保靖士舍彭翅等皆死，環停俸戴罪。賊平，乞終制，許之。逾二年，卒，年四十。給事中徐師曾頌其功，詔贈光禄卿，再廕一子副千户。建祠蘇州，春秋致祭。

環在行間，與士卒同寢食，所得賜予悉分給之。軍事急，終夜露宿，或數日絕餐，嘗書姓名於肢體曰：“戰死，分也，先人遺體，他日或收葬。”將士皆感激，故所向有功。

明故整飭蘇松兵備山東布政使司右參政兼按察司副使贈光禄寺卿復庵任公墓誌銘   徐階

嘉靖癸丑，倭夷寇東南。于是時，天下承平久，吏與民不知有兵革，賊至，輒奔以潰。復庵任公同知蘇州，獨訓練所統民兵與力戰，而躬介胄策馬以先之，自書其姓名于腹背手足曰：“死戰，吾責也。雖然，先人之遺體不可棄也，兹用以識，庶得收葬焉。”聞者咸感泣。公又與其兵同寢食，或連日夜粒米不入口，或露宿草莽，植立泥淖中，未嘗稍自異。所得俸直及諸上官之牢醴，悉分與其兵。由是兵亦日奮，敗賊於上海之八團。方戰時，寇拔劍擊公，賴庖人徐佩身蔽公以免，公猶被三創。既而守太倉，以積勞，疽發于背。公子爾孝，請公還郡就醫，公叱曰：“吾誓不與賊俱生。幸吾疾愈而賊滅，當與若共太平之福，否則，有臣死忠，妻死節，子死孝而已。歸以是語爾母，吾不能與婦子對泣幃榻間，泯泯以没也。”會報賊至，公遂裹瘡出海擊之。怒濤如山，南人習舟者皆震眩失色，公意氣彌厲，手劍麾舟師[四]搗之，賊大敗，俘斬百餘。未幾，又敗之陰沙，敗之保山，敗之南沙，賊望公旌旆輒遁去。捷聞，擢山東按察司僉事，整飭蘇松兵備。甲寅，賊犯蘇，民爭走入城聚保，而門鑰不得入，民相抱號哭，聲震原野。公泣曰：“城池、百姓重等耳，奈何棄之？”亟命啓門，使人謂其守曰：“賊入者，某請任其責。”凡活數十万人。明日，賊至，以計敗之葑門。乙卯，賊復大至，公復大敗之，斬首六百餘級。詔進公副使，賜白金、文綺，廕一子爲潞州衛左所副千户，世襲。丁母趙夫人憂，部使者及諸士民連疏乞起公。詔責公大義，而特贈公母爲孺人以慰公，公不得已受命。明年，倭寇平，疏乞終制，詔報可，仍升山東布政司參政以旌其功。又明年，丁嫡母張夫人憂。海内士大夫方望公服闋，出爲國家排大難，立大功，而公以前勞，戊午七月初三日疾作，遽卒，享年僅四十。於是士大夫又莫不悲公用之未竟與朝廷之失士，而蘇松之士民則相與爲祠祀公。給事中蘇人徐師曾請於上，贈公光禄寺卿，然其父老猶相與言曰"未足盡報公"云。

公諱環，字應乾，復庵其號，世爲潞安人。曾祖增，祖仕能。父翱，以公貴，贈文林郎、滑縣知縣。公生正德己卯二月十八日，幼警悟不凡。年二十三，舉山西庚子鄉試。甲辰，登進士。知廣平，以才優調沙河。丁父憂，改滑縣。沙河當南北之衝，疲於役甚，公首爲省廚傳，罷誅求，以次釋冤獄，毀淫祠。凡所興革，必視民所便，沙民大悦。及治滑如治沙，語具二邑《生祠記》及《德政之碑》。辛亥，徵至京師，公之妹有與宗室婚者，故以例佐蘇州。配李氏，先是，公以其母壓於嫡，不敢爲妻請封。公歿，爾孝以請，始特封孺人。子男二，長爾忠，瀋德平王儀賓，先卒。爾孝，郡庠生。嫡孫男一，可淳。

公爲學，先行誼，尚名檢。始爲諸生時，大書壁間曰："營私者無上，虧行者無親。"又曰："充海闊天高之量，養先憂後樂之心。必如是，始可以言士。"故其歷官清貞介特，迥然異於時流，而忠義之績，在蘇松者尤著。爾孝等卜以庚申四月二十日葬公柏堆之原，予松人也，遂以督學江陵曹君狀爲銘，其詞曰：

世每患多故而乏材，幸有之矣，乃復中道而摧，嗚呼，人邪天邪！且奈何哉！銘于幽墟，豈獨以識吾之哀！

敕建録功祠碑　　　王穀祥

皇上臨御以來，中國奠安，四夷賓服，河清海晏，豫大豐亨，蓋千載一時已。恬熙既久，釁孽潛萌。蠢爾倭奴，東南島夷也。始因剽掠弄兵海壖，繼緣奸氓深入吳越，遂肆猖獗，爲患頻年。于時東南征鎮之臣，宣皇靈，遵廟算，興師動衆，漸次埽平。凡文武吏士奏功書績者，升賞有差，竭忠死事者，贈恤加等，德意甚渥也。

嘉靖三十八年冬十一月，吏科給事中徐師曾奏言："故蘇松兵備參政任環，先任蘇州府同知，適當倭變，即事戎行，自是歷任今官，皆兵防是寄。尋以母憂去職，旋即起復從事，首尾五載，勤勞四任，艱難百戰，斬獲數千，保境安民，厥功最著。朝廷論功行賞，廕一子爲副千户。乞歸終制，奄忽〔五〕云亡。維是褒忠報功，國有常典；贈官祠祀，上有殊恩。祭法曰以勞定國，曰能捍大患，曰以死勤事，斯三者，環實兼之。先朝若尚書夏原吉、侍郎周忱，治水定賦，有功於吳，邇年若參政錢泮，禦寇死難，均蒙贈祀。環功齊力倍而恤命未沾于身後，何以表忠魂而慰人心也？謹昧死以請。"上可其奏，贈環光禄寺卿，令蘇州府建祠，祀以春秋。賜額曰"録功"，撰文諭祭，所〔六〕以彰往勵來者至矣。時維提督軍務兼巡撫應天等府、都察院右副都御史翁公大立蕭將詔旨、欽布德意，蘇州府知府王侯道行祇奉移文、承事唯謹。乃卜地城隍廟西，鳩工選材，擇日經始，明年夏四月落成，表曰"敕建録功祠"。門廊堂室，宏麗顯嚴；黝堊丹青，藻飾輝焕。肖以塑像，題以木主，對越如在，報祀有虔。又繪任公事迹及忠義貞烈死事之人于兩廡，而祠之制大備。先是，蘇之士民感公德而戴其功者，萬人一心，既立生祠而尸祝之，至是聖錫恩典，賁于没世，人心大慰，而聖澤孔昭，猗與休哉！王侯謂公之勛勞，非勒諸豐碑不足以示久遠，乃屬穀祥。不佞於公事狀目擊而心存者有日，謹拜手書之曰：

任公名環，字應乾，號復庵，潞之長治人。舉嘉靖甲辰進士，知滑縣，有治聲，召入備臺諫，以藩戚例貳守于蘇。歲癸丑，倭寇由越入吳，首犯太倉，攻劫焚殺，勢張甚。屬久安備弛，屯衛將士望風奔北，而民且不習金革。督撫檄公禦焉，公募民爲兵，拊循教練，與同甘苦，用以擊賊，必身先之。或一日數十戰，或連月不解甲。若黃浦，若華橋，若寶山，若大洋，若太倉，若陰沙，若白沙，若南沙，若福山，若前馬，若盛墩，諸大捷皆深搗賊壘，遠涉鯨波，矢心捐軀，鼓舞士氣，往往以少擊衆，殲渠獲醜。雖戎師星列，客兵雲屯，然捷書亟至者，必任兵[七]也。

甲寅夏，寇突抵蘇城，毀室廬，掠貲貨，殺人盈野，極其慘毒，公引兵禦之。乙卯四月，再抵城下，烟燄蔽天，伏屍載道。方賊東在婁門，民爭西趨閶門以入，相蹂躪死闉闍者幾三百人，積骸如邱。上官大恐，後至者閉門拒卻。公提兵來援，傳令開胥門以納。有司以奸黠乘間爲慮，公厲色曰：“失事之罪，吾自當之，不爾及也。”乃命婦女先入，立道右，男子後入，由道左，各携其妻帑以去，計全二萬餘人，無一顚踣者。民大感悅，保禦增固，賊畏公而退。六月，復集大衆，三道並進，至維亭，距蘇城三十里所。公以所集諸路兵次于婁之陸涇壩，分陣以待：處兵于田，沙兵于水，邳兵、苗兵各于要害，而鈎刀手者最號勇銳，陣[八]于正路。賊厚陣來衝，莫能動，退而悔曰：“正路必勁兵，田中旗幟皆疑兵也。明日，其趨田中乎？”公諜知之，夜半蓐食，密令鈎刀手易田中兵，而旗幟不易。詰旦，賊前鋒百人與路兵接，少合即趨田中。鈎刀手佯卻，開壁誘之入，盡殲之。復整列以待。諸賊掩至，公又密令沙兵飛棹出賊後，呼曰：“賊已敗，我民脅從者，其釋刃自明！"賊氣遽奪。會天雨，公麾兵急進，有梟賊三百餘，倮體舞刀而前，鈎刀者與合，又盡殲之。而沙兵亦就水中斬首百餘級，餘衆悉潰。雨甚，不能窮追，乃班師入城。男女老稚焚香以迎師者塞路，咸崩角稽首，讙呼動地，謂自罹倭寇以來，官兵之捷未有神速如公者也。自是寇不敢窺蘇，民不復畏寇，而將士感發，戰守知方，竟[九]成埽盪之功者，皆公倡之也。

公善射，發必命中，朧貌修軀，昂藏如鶴。寇稔識而畏之，每望見公曰"瘦官至矣"，輒引去。善撫士卒，視之如傷。戰罷，必單騎爲殿，涉津梁，一卒未渡，終不先行。或兵未傳餐，則己爲却食。恩誠固結，士樂效死。嘗夜行，葦莽伏起矢發，前兵既遠，庖丁徐佩以身翼蔽，公免而佩死。公斂埋之，爲文哭奠。其得士心如此。嘗被矢創，疽發于肩，裹疽督戰，不知其病。所御衣服，盡書姓名，示必死以備收瘞。投文祭海，刲生倭以享，嚼其肉而唉之。其奮不顧身，肝膽激烈如此。

初，公在太倉，其子方就傅馳書，請歸觐。公還書諭之曰："人臣事君，有捐軀報國，無臨事避難。即不幸有變故，當臣死忠，妻死節，子死孝，成就一個'是'而已。"斯言也，公之心事與日月爭光，與霜雪爭嚴。豈尋常隨世就功名者可同日道耶！噫嘻，公文武忠孝、仁勇節義人也。稽古若唐張中丞之守睢陽，城墮身殞，敗於無救，而江淮之不失，國勢得以再張，寔[一〇]賴于是舉。公之鞠躬盡瘁，死而後已，其歿與中丞殊。乃若陸涇之捷，寔蘇松所以全、南畿獲繕守，與扼睢陽者異事而同功也。公雖干戈搶攘，而吟咏不廢，磨盾飛檄，橫槊賦詩，又足以追配《登城》《碼矗》等作。真所謂命世豪傑，千載比肩，匡時大略，今古一揆者矣。聖天子寵褒之厚，内外諸臣表列之勤，宜其英風正氣，永昭于無窮也。銘曰：

翼翼新宮，吳城之中。綽楔有屹，輪奐斯雄。誰其尸之？參政任公。正笏端冕，廟貌禺禺。天子有命，宸章昭布。晉秩三品，封傳千戶。追祿元功，賞延後祚。饗以春秋，弗忘霜露。公昔佐吳，豈弟流聞？時維泮渙，寇亂紛紜。乃執干戈，拯其溺焚。忠貫日月，義感風雲。匹馬臨陣，扁舟駕海。陸擊水攻，觸寒忍餒。艱危百戰，驅馳數載。手截鮫鱷，寘之葅醢。公之烈氣，徇國亡身。公之慈念，愛士仁民。一言開城，活二萬人。一心滅賊，憤激三軍。天畀智勇，才兼文武。大捷十二，奠安吳土。英詞壯志，超今邁古。周則方叔，漢維召父。公既憂歸，茹毒履辛。奪情而來，瘠我形神。墨衰金革，卒遘凶屯。死忠圖國，實唐之巡。吳民戴公，家有私祀。朝野僉議，非國之制。乃乞天恩，乃錫諭祭。新宮翼翼，薦其常事。吳民思公，肅拜儀型。雲車風馬，如睹威靈。威靈遐震，如雷如霆。折衝萬里，截海來庭。公之有祀，維忠之大。國之祀公，維時之賴。峴山片石，民思未艾。我銘新宮，永示無外。

蕩平倭寇序　　皇甫冲

夫天下變生於倉卒，亂起於須臾。制變定亂之君子，非有忠貞之節，義禮之勇，機權之智，鮮克能濟。吳浙東邊於海，日本諸倭賓貢所途，有無貿遷，巨猾乾沒以徼，一旦而亡命於刑徒、科謫於鹽策者，咸往歸之。沿習之久，漳鄞之間，日多故矣。有司不能治，嘗設巡臺，以兵鎮肅之，晏安，無何廢罷。

旋及壬子之春，台寧肇亂，不即剪薙，釀以張大。今年秋，寇渠飭勵徒黨，挾以倭奴，狃於黃巖之勝，蔑視我蘇松，乘風漂泊，直犯太倉。火其郛，殘之，破新城，入上海，圍嘉定，不克，大蹂皋落，襲金山而穴於四團。久安之世，兵火勃興，我民不戒，死者萬計，村社爲墟。撫臣、按臣擇將於守臣林公，舉郡丞任公焉。三公曰："俞！僉謀咸協。"乃專檄授之。時寇兵甚勁，諸路之師雲集，而無横草之功，人咸爲公危之。公不避其難，慷慨受命，馬首遂東。乃以書戒其子曰："吾仗國威靈，行當殄寇。事有不然，臣死忠，子死孝，妻死節，盡斯可矣，毋吾憂也。"率師三百，直趨太倉。公以民不知兵，士非素撫，率之以誠，結之以恩，激之以義，作之以勇，教之以挑搏擊刺之法、偏伍距覆之方。人人感奮，不日而練。飢渴與俱，勞佚與并。至於四團，引兵嘗之，公恐失士而先登，士懼失公而争進。斬首數級，爲拒而還。寇踵而追之，矢麗公衣，刃及馬尾，義士遮公挺鬥而死。公氣愈厲，手射二酋，奪其屍而歸。設襚具木，身臨哭之。此士之所以奮義以捐生，懷恩而忘死者也。明日再戰，公曰："吾知其所爲矣。"易兵而進，遂走之，追之金山，解其圍。敗於合墩，破於竹寨，俘於新場，戰於黄浦，公爲覆以待之。寇至，遇覆乃奔，蹂於碧華橋，溺死者無算。公亦墮焉，踴躍而登，衣血淋漓，猶鼓兵乘之。於是倭寇相戒："毋犯任公。"望旌旄而倒戈，聞唾欬而迴橈矣。軍於吴淞江上，寇猶獷狡，聯三舶而進。見公壘，驚曰"此任公兵也"，不戰而走。公追之陰沙，焚其二舶，獲其一寇。失舟行淖，是以大敗。我師箕張翼舒，夾川陸而驅之，海若效靈，飛廉奉順，助我火攻，斷其歸路。時公病疽，裹瘡而進，熸焉於是。矢無虚發，戈不空揮。殘寇無歸，再至再殪。師徒奮怒，擒其酋，刳其肌而哺之。後有寇者，芟夷之餘，不復能孽，徒授首耳。雖未解甲，而師動凱歌之歡，民復有生之樂，全賦郡於方中，揚天聲於徼外，公之功大矣偉矣。然公之所以成其功者，《戒子》之書，忠貞之節也。不避於難，義禮之勇也。訓戰之略，機權之智也。節以立志，勇以行之，智以成之，雖定天下、安社稷可也。蓋公小試於兹乎？海道既清，三城咸奠。公師將班，蘇之人士扶老携幼，篚玄黄，榼食漿，思往迎之，歡忻鼓舞，不戒而孚。夫論功考德，維帝念之。爰錫五等，維民報之。厥祀百世，於公何忝哉！冲等既不及陳圖借箸爲公贊畫，又不能荷戈負弩從公周旋，得安迹於毫管之間，遊心於編集之內，食公之賜侈矣。乃相率而謀曰：“述豐功，著不世，紀成事，昭無窮，冲等之執事也。廢而不舉，惡用其爲士耶？”於是效吉甫作詩之旨，竊班生銘石之私，聊叙蕉談，用伸快睹云爾。

任公平倭紀事　周八龍

復庵任公名環，字應乾，山西長治人也。以嘉靖二十三年進士，又九年，爲蘇郡丞。倜儻弘諒，廉武仁恕。其蒞事，皆以衷誠篤之，不以市名，人謂煦煦專爲惠，公蓋任心而行。

明年壬子閏三月，始以倭警聞。時承平久，兵猝起，遠近震駭。公率衆禦之寶山洋，衛尉張治以甲士五十前鋒殺賊，一人或橫刺之墮，衆潰走，公叱止之不得，曰：“士未訓，固不可責以死。”明日又出，獨前搏賊，賊愕不敢動。相守數日，賊潛遁去，追之不及。四月，又犯太倉，蔡中丞亟奔命，然士望風走，乃入城守。適有飛語，蔡遂如蘇，檄公討之，付兵三百，皆新募。公屬以必死，無旋踵，不入與家人訣，爲書付之而行。親介胄臨陣，士以公激之，無敢不從。特賊鋒銳甚，勢不敵，屢戰嘗縮；然賊亦憚，不敢肆。公躡之，隨所向設拒，敝衣芒履，與士雜行濡雨，際昏黑無休，舍依草間，嚙糒飲水，同勞苦，且喻勉以古義烈事，故士遂歸心，與公死生之矣。賊潛出没，公夜追之，出其前後。宰夫徐佩欲免公，嘗衣公衣，介馬而馳，故賊不知所取。公嘗墮溝中，賊過之不知，匿至明，士始迹得。又遇賊，矢連集，士以死捍，公亦被傷。士畏之趨濱水，梁已撤，隔丈餘，超而過。追急，佩留禦之，死焉，乃免。公已求得其元，爲流涕，親酹之。屬公疾，猶强力起巡壘，衆憐公壯氣，或上其狀，使者檄公歸郡。七月，賊蕭顯等陷上海，自吳淞出洋中，戈舡要之，不得前，以五百人據南沙，又檄公率解明道兵往擊。適新寇至，衆盛，相與守之。至十二月，命將湯克寬來討。湯雖世將，驕敵，士僑寓又不相中，驅之入賊伏中而敗，失亡千人。公恨湯不足與計，獨率所領堅壁，斷其歸道。至除夕，公謁賀歸，賊乃俟間突圍逸。明年癸丑五日，薄嘉定城下，值浙使者命裨將盧鐣赴援，公亦以前功遷秩，領憲監四郡兵事，與鐣夾攻，以舉燧爲約。賊出掠歸，四面進，士殊死縱火，大殪之，賊奔。慮士以貲戀，不盡力，舉焚其重。追至青村，賊入保壘，計可必取。會大雨，又得豕突去上海，攻圍急，公以輕從三百及僧八十人迹之，擊敗於五里橋習家墳。又會鐣襲其大巢，破之。別屯他所者，公皆分遣掩之，而身與董公邦政及克寬會華亭設覆，敗賊城下，賊乃遁之浙。已而賊遍內地，公跳馳至常熟，設櫓械備其衝，潛出兵禦却之。又以兵援昆山，而身間行抵太倉，則毛家、葛隆諸屯賊皆會集，傅於城三面，治攻具，有必剪屠意。除道覘望，群醜坐甲，斷遏聲援，以百夫鬥焉，衝梯隧道，肉薄而登。公率死士飛刃研之，連發鏦，碎其首，矢石交下，相殺傷甚衆。又縋兵下突而前。賊氣奪，委棄塗地走，始謂我易與，城可旦夕拔，至是，始畏恐不敢緣我堞。六月，賊三支自柘林分道逼郡城。時青兵連戰，頗斬獲。既梁鳳以真儀兵覆没，長兵利鏃皆爲賊得，藉以攻我，督將萬表又遇之，敗失狼藉，勢遂大張。民逃避無所，號呼震野，焚掠慘不可勝[一一]。門不敢啓，擁塞蹂踐，乘埠者望之而嘆，攀緣上者又縋絶而墮。公適還自真儀，曰：“奈何坐視之？縱有覘諜，我在何患？”身自坐辟門，令男女以列進，且察之。賊聞竊入，即縛訊，駭以爲神。累日所活，蓋數萬人。復以解明道兵出，疾力戰，賊退入太湖。吳江兵用舴艋邀之，乃棄所獲餌我，因得逸出平望去。公又以功進秩參藩，復視事。甲寅正月，陷崇德，復由平望入。公以沙上兵列沮洳，欲截之不克，會吳江守已固，遂去。四月，柏林賊復犯縣境，按使者周公如斗移檄公，合幕府調集彭氏苗夷及守林公懋舉督俞大猷等諸軍，夾擊之盛墩，斬三千級。又合丞熊公桴等擊之泖湖，斬七十三級。賊始大挫。五月，又一支突至郡，分爲二，一從陸抄掠，一入太湖。公追之急，賊漫入川瀆，恣其忿。然爲我所扼，不得逞，由常熟去。在柏林者復來陸涇，幕府又移公合諸帥搗之，戰始交，獲其舟三。明日，賊復揚幡直上，公以夷兵麾之壩上，自辰至申，賊披靡，斬首八百，幾殲焉。六月，餘賊二千又自昆山至郡城下，公以解明道兵與戰，敗之。又有至平望者，公急往，據盛墩乘之，浙兵亦至，賊遂絕迹去。而公以奉諱，亟徒跣歸，居喪摧毀過甚，又以前奮不顧身，蒙犯矢刃，傷痕遍體，疾大作，亡何卒。

郡人聞而巷哭，私相與俎豆之甚衆。使者乃上其狀，得請爲祠郡內，額以“褒忠”，歲時祀，守親莅。夫以公聲烈，即質之典制，勞定國、死勤事、悍災禦患，皆兼有之矣。嘗聞公居家孝友，發自天性。遇家人極義恩，姻戚黨族，無不敦恤。至行乎備，即自喪其親而毀，迄不自全，以不逮養爲戚，則其誠仁可知。一旦起儒生，當事變，惟忠國衛民，安全之圖，盡節官守，此豈有意富貴，舍不貲之重，竊冀非望耶？誠激以大義，屬死綏之，志雖得全，亦非始所料。將帥之臣，平居自詭立功名，及與公同赴敵，皆失措，色死灰矣。公勇氣方倍，從容麾之，則豈常情所能矯厲哉？若城下之役，開門延敵，則城社與百萬衆繫之，公決策納外入者，膽智絕人遠矣。余時親見，傷殘者惴慄不安，公出，涕相接，親爲裹創。士卒最下者，皆與通飲食。古稱不乘騎、不張蓋、投醪、分少絕甘、士不就頓不先休，公特不足言也。其功在國社，名在簡竹，恩在東南諸郡邑，而蘇尤被公澤深。余於公之禦寇始卒又親所睹記，并得之所傳聞亦甚核，閲二十餘年，爲萬曆甲戌蠟，直載之書，不以文。

重刻蘇松兵憲復庵任公《平倭録》序　　　翁憲祥

當世廟癸丑甲寅間，島夷闌入中國，東南數省被禍幾遍，而我蘇松尤烈。潞安復庵任公，先以吳郡丞視師海上，累戰克捷。當事才公，晋公山東僉憲，飭兵蘇松。已又起公憂中，奪情視事。先後馘斬倭奴以千計，擒獲、溺死無算。寇平，擢公山東參政，以旌乃勤，仍許終制，廕一子爲副千户。居無何，公竟以病殁于家，年僅四十耳，傷哉！

余生也晚，常聞之故老曰：“我虞中倭時，縣大夫東陽王公力戰不克，死焉。適邑城未完，虜且進薄城下，一時黄埃蔽天，哭聲動地，百萬生靈，危如累卵矣。公提一旅，晝夜兼行，期翦此而後朝食。賊素憚公威，撤圍遁去。人謂‘王公死禦賊，任公生滅賊’，虞之危而復全，秋毫皆兩公賜也。”余謚知其概，恨不得當公之世，一睹公之忠勇以爲快。今承乏省垣，獲交于侍御吉公，即公鄉人也，爲余道公生平及行間事更詳，因出公《平倭録》，曰：“此公身後紀戰伐之績者也。”又示余《山海漫談》，曰：“此公從兵戈搶攘之暇，横槊而賦者也。”惜刻久漫漶不可讀，余重公有大功于吾鄉，想慕公之爲人，因請于吉公，重壽之梓。

夫自古之克立戰功者多矣，然或提素練之師，或假專閫之寄，或起家韜鈐，夙閑軍旅，有是數者，其成功猶且難之。我國家承平久，夷猝起，兵不習戰。公先爲郡丞，後爲憲使，皆受成于督撫，一切便宜不無中制，而公又書生也，安所取方略而預計之？然公間關行伍，轉戰累百，卒殲大寇，告成功者，則公一腔忠義所鼓而奮也。聞公每出師，必周身識記，自分必死，其瀕于危者數矣。一日微行偵賊，伏發幾殆，賴一家丁翼之以免。又竄身亂尸中，三日夜而始無恙。身先士卒，與同甘苦，甚至裹創負痏以戰。公之夫人若子在官舍，每數月不一內顧。嗚呼！此豈尋常疆場之士，僥倖以成功者哉？蓋公慷慨激烈，忘身殉國，庶幾張睢陽、岳武穆，而全城、全身似為過之。故嘗評公之功，其保有蘇松，則功在一方；其控扼東南咽喉，使賊不得渡江淮而北，則功在天下；其袵席百萬生靈，迄今黃童白叟猶能頌公不衰，則功在萬世。惜公不享年，使國家不得竟公之用，而一時廟議酬公，所以世食其報者猶為未盡，且易名之典亦尚闕如，則何以為世勸也？公于忠孝文武，兼有其全。讀公終制一疏，字字欲泣。所製詩文若干首，雖公緒餘，然古稱三不朽大業，未可偏廢，何可使公風雅遂湮沒無傳也？余故并刻之，他日勒名旂常，垂勳竹帛，自有國史之載筆在。余不佞，何能重公，聊以志吾尸祝之私云爾。

重刻蘇松兵憲復庵任公《平倭錄》後序　　吉人

自古文章士，寸楮片麻，取而華國，然鮮能障尺刃、畢折衝之用。間有襲六加七，通于短長縱橫家，而抗浪恣睢、不閑矩矱者又多焉。明興，以文章崛起，更離二次而上之，獨王伯安一人。其後數十年，有吾邑復庵任公者。公起制科，初試滑令，一切治辦；再試蘇郡丞，愈益發抒。當是時，寇嘯于島內，吳會之墟者千里，蘇之羽檄旁午矣。公日夜繕城郭，清戎伍，修戰艦。及賊乘汛而至，闤闠之北門不啓。公曰：「閉門予賊，門矣。」按劍立，門開，入數萬衆。又屢計破之，俘斬無算，賊以次授首，蓋環海而築京觀也。天子極為嘉賚，晉秩錫廕。尋以母訃歸，無何亦捐館舍。公之自蘇歸也，垂橐無長物。廬居三年，哀毁骨立。于城東誅茅而舍，貧甚，每客至，或不能兼籩。至泚筆而爲詩若文，則規歐矩蘇，春容乎言之。時或感激悲壯，則哀湘吊賈，雲停而石裂。迄今讀其《乞終喪》一疏，雖密之哀劉，凄清之響，無以逾焉。公坂，而子若孫及歲時以一盂澆墓也，不具粥也，廉可知矣。往予鐫公傳、錄詩文于笥而侍先君子，先君子曰：“若欲知復庵先生乎？先生生而癯秀鬐眉，望之若雲鶴然，性純孝，善屬文也。”予一念時時向往公，及晤諫議翁公，言公在蘇事，先君子之言大券，益夢寐仰止之。夫公，書生耳，十萬峨岢之褊，浴鐵之騎，霆摧電掣于交戟之中，而能以尺一如意揮而靡之，百步不留，堅何異也。飛捷明光，上下色動，謂自島夷蹂躪以來，盡東南之幕，十九無鳥，始快意于公之一勝。孰謂文士無用於天下哉？而又歙其躍馬而奮千夫者，溺其情于咏歌；棄其久餒而優倅者，厲其操于冰蘗。文武爲憲，羔羊自凛，所稱三不朽，公殆庶幾矣！王元美謂，楊雄矻矻著書不聞道，李廣七十戰不獲侯，乃王伯安一晤師世，一勝開封，盛德大業，世無兩焉。以今觀之，公其在伯安廉廉之間乎？翁公與予言，每以公不及易名爲缺，共圖梓公《平倭錄》暨《山海漫談》于燕邸，翁公序之首簡，予不佞因書末端如此。噫！公得翁，公名益著。予何能重公，但爲公鄉人，先哲在望，竊自附于高山之仰云。

《平倭錄》序　　睢陽朱希周

　　皇明有天下，九夷八蠻罔不臣服。日本爲倭夷之國，自洪武以來，朝貢不絕。其地四面際海，距閩浙甚邇，國人嘗潛通閩浙爲市。頃因巡撫憲臣防禦過嚴，有至者輒殺之，由是遂相率入寇。以嘉靖癸丑之春，由海道直抵太倉，遂艤舟登岸，肆行劫掠，焚燒民居，殺人盈野，水浮陸走，出没靡常，蔓延蘇松諸郡，而生民之塗炭極矣。上黨任公，時爲蘇郡二守，上官委之征討，乃泛海出師，不遑寢食，與士卒同甘苦，親操矢石以勵衆，力戰於上海之八團里。其廝役一人以身蔽公，遂殲於賊手。公復率衆追之，賊乃遁去。既而公入守太倉，以積勞，疽發於背，值他寇接踵而至，復裹瘡出海追之。其地曰陰沙、曰寶山、曰南沙，四旬之間，三戰皆捷，斬獲甚衆。朝廷嘉其功，於是累擢參政，而以兵備爲任。自兹以後，迄於乙卯之夏，戰伐愈多，而功日益盛矣。他日秉史筆者，當大書屢書，歷叙其績，今不能悉載也。夫有文事者，必有武備。公文臣也，然雖古之名將，何以加此？可謂文武之全才矣！昔公之病疽也，人皆危之，而公不自恤。其子力請歸治，乃命以大義而峻拒之，蓋惟以報國救民爲心，而置此生於度外，豈以疾病爲慮哉？夫海戰之險，非行伍所能列也，非營壘所能施也，而公則隨機應變，料敵設奇，百戰百勝，迄無敗衂，非才智之大過人者，其孰能之？昔漢武帝欲以孫吳兵法教霍去病，去病對曰：“顧方略何如耳，不至學古兵法。”而岳武穆亦云：“陣而後戰，兵法之常，運用之妙，存乎一心。”公蓋有合於此矣。當時，或添設將帥，或借兵他省，皆逡巡畏縮，未嘗發一矢以犯賊鋒。而公自爲郡佐時，即以一身獨任其責，何其忠且勇哉！公在海上，雖當戎務鞅掌之際，而吟咏不廢，其忠勇之氣皆於詩發之，誠所謂“詩言志”者，然亦可見其才思之有餘矣。郡庠生陳君恕爲公館賓，目擊公之忠勤而喜其功之成也，爲求諸縉紳所作古文歌詩，以揄揚其盛，於是編輯成帙，而屬予爲之序云。

復蘇屬鄉宦揭　　周啓元

　　欽差總理糧儲、提督軍務兼巡撫應天等府地方、都察院右僉都御史周啓元，爲勘亂功高，醻勛賞薄，懇乞特賜，題請改廕賜謚，以光前烈，以勸後忠事，據蘇州府合屬在籍鄉宦，南京兵部尚書王在晋，南京工部尚書張輔之，禮部侍郎周道登，南京太常寺卿申周懋，太僕寺卿吳默，原任巡撫、右僉都御史趙士諤，大理寺少卿毛堪，原任太僕寺少卿徐元正，太僕寺少卿歸子顧，原任左春坊左諭德顧天峻，右春坊右中允錢謙益，光禄寺少卿呂純如，翰林院修撰文震孟、編修陳仁錫、檢討姚希孟，光禄寺寺丞須之彦，翰林院庶吉士顧錫疇，原任吏科給事中侯震暘，原任御史凌漢翀，吏部員外郎周順昌，兵部員外郎金士衡，主事李繼貞，原任兵部主事周光祖，刑部郎中王良臣，原任工部郎中沈正宗、陸化熙，工部主事胡汝淳，南京禮部主事申紹芳，大理寺評事王廷泰，按察使葛錫蕃，參政陸問禮、沈珣、黄元勒，原任參政劉錫玄，副使錢時俊、王遇賓、趙士許，原任副使熊秉鑑，原任參議吳安國，僉事王志堅，原任知府陳國華、郭忠寧、徐道登、張魯唯，原任知州程玉潤，行取知縣陸康稷，知縣顧其國等揭帖前事，内開，伏睹前任蘇松兵備參政任環，以甲科爲海防郡丞，既以戰功遷兵備憲職。時值倭寇蠢動，江南震驚，以二百年恬嬉無備之兵，當數萬衆狡詐亡命之虜，一時文武類皆對視而愕眙，七郡氓黎惟有相抱而痛哭。而本官獨勵有死無生之氣，運轉弱爲强之謀，出奇無窮，每戰必克。陸戰則蘇州有維亭一捷、陸涇壩一捷，常熟有三丈浦一捷、福山一捷，昆山、太倉各有城下一捷，吳江有平望一捷、盛墩一捷。追至嘉興，有石門一捷，嘉定有寶山一捷，松江有黄浦一捷、八團一捷、泖湖一捷、青村一捷、習家墳一捷；水戰則有陰沙一捷、南沙一捷、前馬一捷、大洋一捷。凡大小一百十戰，斬級五萬餘顆，保障二十餘城，全活無算民命。而本官亦屢瀕危殆，數被瘡痍，衣甲悉遍書名，誓裹尸於原隰；厨役甘爲代死，幾殞頂于疆場，甚者中流矢而成疽，不難裹瘡奮擊；染血骸而誆賊，旋復踵寇長驅。兒女牽衣而不留，舉家赴井而若棄，唯有死忠死節孝之語，絕無保軀保妻子之心。至於軍旅戒嚴，則墨縗以從王事；寇難底定，始跣絰而執親喪。此又參酌於經權之間，曲全於君親之際，質寸心而無愧，亘千古而作儀者也。

　　然而年不配德，賞不酬功，積勞成傷，積傷成殀。恩廕止於路衛千戶，賜官止於光祿寺卿，清白徒傳，子孫窮困。原夫任公舍爵策勳之會，正值嚴趙秉鈞持節之年，彼方賄賂盈門，此則囊裝如洗，所以豐功久閟，微賚僅沾。竊聞以勞定國謂之功，以死勤事謂之節，有一於此，皆不可忘。故凡嘉靖禦倭死事之臣，多蒙世廟高官厚爵之錫，如浙江總督胡宗憲，定計殲夷，常熟鄉宦錢泮、知縣王鈇殞身殉國，皆世襲錦衣千百戶。今以功不遜於宗憲，以死不殊于錢、王，兼有諸人之長，而不同諸人之賞，尺籍止懸於外衛，列名不繫於金吾，此三吳縉紳，合郡耆老所爲扼腕而共籲、泣血而代陳者也。若夫定諡一節，尤爲有國典彝，今當聖明御極之初，悉舉累朝未沛之澤，鴻名遍錫，潛德咸光，惟我任公，獨爲遺漏。竊思本官，天賦則才德兩備，學力則文武兼資，蒞官則威惠並行，用兵則奇正迭出，誠非常之偉績、不世之異人。至於操比懸魚，謙同大樹，治行高等而甘沉下位，威名遠暢而故減首功，則又超軼塵寰，追踪往哲。今闔棺之評久定，而太常之議未聞，非但國典之尚虧，實亦天地之有憾。況卿大夫多壘貽羞之日，正明天子祔髀思將之時。雖人在異朝，猶思市其駿骨；矧功施當代，何忍没其鴻勛。晋等耳習遺聞，幸桑梓之無恙；心惟往迹，感棠廕之尚新。是用合喙共鳴，仰祈特疏聞奏，使負薪得廁於緹帥，列祖獲被於尊名。豈直黃童白叟之歌呼，幽情允愜於億衆；而忠臣義士之激勸，國運亦永扶於萬年矣。等因，到職。

　　該職會同巡按直隸監察御史潘士良，看得前任蘇松兵備參政、贈光祿寺卿任環，忠貞間氣，文武全才，當恬熙備弛之時，

罹島夷匪茹之禍，封豕長蛇突蹂躪於內地，見兔顧犬咸愴惶而失
籌。本官以忠義激發將士，以要領誓殉封疆。秣馬屬兵，運謀畫
於城守；摧鋒陷陣，勞血汗於行間。水陸一百十戰，保援二十餘
城，功得五萬餘級，身實萬死一生。精血盡力，瘡痍遍體，東南
之半壁已賴撐持，而矢石之餘生竟遭摧折。後哲初無援繫，不能
表闡勛庸；歸裝惟有圖書，何以獻納權貴？致世廕外衛，止於千
夫長；贈官內秩，止於光祿卿。德賞不醻，輿情未愜。今三吳父
老，思其轟轟功烈，勛誠同於再造，宜錫帶礪之盟；弔其寂寂忠
魂，睹廟貌而生哀，切紀旌常之典。似此一臣者，論功誠與襄愍
較高，而論節則與王鐵爭烈。況乎此時犬戎未靖，所在風鶴皆
驚。市駿骨之收，以鼓豪傑；定蓋棺之論，以明激勸。典不虛
行，義實有取。而薦紳合口之求易名請改廕，非獨爲桑梓衡功德
之安，實爲國家明忠義之旌也。伏乞敕下各該部覆議施行，庶叙
功於既往，以作忠於將來，所裨聖治非渺小矣。爲此除具題外，
理合具揭。須至揭帖者。天啓二年。

紀館人　　王世貞

余守比部時，見南來人道任兵憲環館人事，奇之。兵憲始丞
吳時也，倭暴至，臺檄丞以鄉兵五百禦之。兵故市人子，倉卒應
募，不習戰，遇輒鳥散走。而丞方獨身從親信抵射賊，賊中勇敢
者奮持大刀，逾溝來擊丞。館人挾抱丞上馬，丞上馬則賊已刃尾
之。館人乃直前手搏賊，連中數槍，手不舍，竟死，丞以間得逸
去。余聞而悲其事，問館人姓名，不得，以爲恨。嗚呼！士平居
誦說詩書，信眉目、掀鼻、昂頰、鼓掌，稱仗節者何限？一旦事
起，而抱首鼠竄相接也。恩至，則許人以死，過則背之。非其初
許謬也，亦死生之際深矣。夫館人，鄙人耳，豈有師友講議之
素，其死亦豈遂以是爲名哉？倉卒顛沛之際，達其一念所不容已

者而已。夫達其所不容已，而其究乃竟有所濟，則豈爲徒死哉？《亘史》曰：館人爲其主死耳，不得列之國殤，故標曰忠義。非是例也，則進而烈之矣。野史氏曰：自盤古以來，其人與骨皆朽耳，惟死於忠孝者不腐也。乃人則謝曰：我賤士，縱死於忠孝，不傳也。及得志，富且貴，其死生之際，慷慨者卒無幾，殊不知馮道輩今安在哉？余讀《亘史》，見徐佩以庖丁賤廝殺身成仁，至今名公巨筆，永傳不朽。余固爲徐佩幸，然而激勵人心，不吝金玉，弇州諸君子其宅心孔厚哉！

紀義媼郡志

義媼者，任中丞僕婦也。中丞統兵未回，倭乘間急攻城，內人約投井死。媼請先，體肥塞井口，不能上下。中丞至，圍解，問內人，俱圍井泣矣。因啓甃出媼，內人得全。其天假媼塞井，以全忠臣之眷屬耶？

先祖紀略

先祖光禄公，名氏履歷，傳誌可攷。但其中有缺而不載，與載而不詳者，恐其久而泯没也，謹述之以昭於後。

公父翱，鄉飲耆賓，贈沙河縣知縣，四十七歲生公。八歲知讀書，游郡庠，以天下爲己任。舉嘉靖庚子鄉試，登甲辰進士。初任廣平，調繁沙河，丁父憂，補滑縣。所在有惠政，皆立祠祀之。

行取到部，以藩親例，授蘇州府同知。癸丑，倭夷內犯，始自杭、嘉，蔓及華、上，遂入新城。時升平久，民不習兵，突遭蹂躪，號痛無措。當道以討賊委公，公偵得寇穴所在，奮勇往剿，擒獲數賊，背中一矢。自是練養士卒，作其忠義，謀定而後戰，與士卒同甘苦，士皆感激用命。力戰於上海之八團里，擒獲無算。賊思報復，益肆猖獗。郭外居民欲入城保聚，時門扃不得入，悲號之聲震天地。公急令啓門，太守難之，公曰："脫有不虞，環翠家任其責。"乃以次收入，有細人混其中，公立梟首城頭，賊聞膽裂。仍將少壯男子願從隊伍者編之隊伍，命女人粗健者僞作男子立睥睨間，携弓矢爲城守計。分兵五路並進，復擇面目類己者四人，各領兵伏於四面。公獨伏要害處，乃命游兵接戰，佯敗誘之。伏兵聞號，四面雲合，大奏奇捷，凱歌而還。曾獲生倭，而啖其肉，即將倭奴所掠之物盡用以給軍士，毫不入私槖。由是軍心益感，四方勇士輕千里而至者萬餘，兵威益振，遂升太倉州兵備僉事。

巡歷昆山，突與賊遇，所從無多人，皆驚散。公解衣裸體，以血塗身，匿路旁積屍內，賊過，始脫。時疽發於肩，淳父請還郡調治，公以書峻拒之。疾少愈，於陰沙界上暗埋地炮，連亘十餘里。賊入，殘傷者萬餘。屢戰屢勝，器械衣糧悉取爲我兵用。當道保薦，升山東布政司右參政兼兵備副使，仍鎮蘇松。

海上之戰，或舉火焚舟，或種神鎗於水面，或伏勁弩於岸旁。賊不敢交鋒，潛趨太倉，爲肆毒家人計。淳父作書洮州守，覓能幹卒告公。公答之曰："我兒千言萬語，絮絮叨叨，只是教我回衙。數百萬生靈危在旦夕，豈暇顧兒女輩耶？自古只有個臣死忠，妻死節，子死孝。大家咬定牙關，成就一個'是'而已。就以此對爾母，不必多慮。"得書，恐遭賊手，遂謀投井。有老高婆者欲先之，婆體肥，井口狹，控塞其中，不能上下。合家圍井泣，公從蘇州還，始免。

公之還也，賊四面圍繞，聲聞隔絕。公取楊柳枝繫牛馬之尾，以火炮逐之，復以精兵伏賊所必由之路。賊見塵霧障天，勢漸近，又見衝陣之兵，益惶懼，計無所出，遂從兩路逃去。值伏兵起，斬獲千有餘級。復統大兵追之於南涯。倭經屢創，一無所利，遠遁深藏，不敢復爲中國害矣。

公以積勞，箭眼瘡痕，膿血時迸，憂制回籍，未半載而遂卒。前後約有百十餘戰，保薦共有五十餘疏。奉敕於蘇松建祠，贈光禄寺卿，世廕子本衛所副千户。督學曹公入本府鄉賢，督學王公入本縣鄉賢，巡撫萬公旌之曰"忠惠"，工部主事張公旌之曰"忠愛孝廉"。所著有《山海漫談》、《永感録》行於世。

孫可淳薰沐謹述

校勘記

〔一〕"春秋"二字，在底本中雙行并列。

〔二〕道光本無"相"字。

〔三〕"還"，疑當作"環"。

〔四〕道光本無"師"字。

〔五〕"忽"，道光本作"乎"。

〔六〕道光本無"所"字。

〔七〕"兵"，道光本作"公"。

〔八〕"陣"，道光本作"鎮"。

〔九〕道光本無"竟"字。

〔一〇〕"寔"，道光本作"是"。

〔一一〕"勝"字後疑有脱字。

山海漫談卷五

海上紀事十四首之五首　　　歸有光

海上腥膻不可聞，東郊殺氣日氤氳。使君自有金湯固，忍使吾民餌賊軍。

文武衣冠盛府中，輕身殺賊有任公。誰人不是黄金注，獨控青騾滬瀆東。

任公血戰一生餘，蓮碧花橋村塢虛。義士劉平能代死，吳門今不數專諸。

上海倉皇便棄軍，白龍魚服走紛紛。昆山城上爭相問，舉首呈身稱使君。

海島蠻夷亦愛琛，使君何苦遁逃深。逢倭自有全身策，消得牀頭一萬金。

頌任公四首　　　歸有光

黄梅風雨自年年，今日沙頭浪拍天。最是使君多大略，笑看東海欲投鞭。

小醜猖狂捍禦勞，跳梁時復似猿猱。賀蘭擁衆尤堪恨，李廣無軍也自逃。

落日孤城戰尚賒，遙瞻楚幕有棲鴉。將軍真肯分甘苦，士卒何人敢戀家？

輕裝白袷日提兵，萬死寧能顧一生。童子皆知任別駕，巋然海上作金城。

題周冕贈任別駕卷　　　歸有光

成山斜轉黑洋通，南北神京一望中。天錫任侯爲保障，長城隱隱接遼東。

江南列郡盡乘城，藏穴何人肯出兵。惟有使君躬擐甲，劉家
港口看潮生。

東倉白晝靜城闉，烟火連天豺虎嗔。忽駕迴潮趨海道，傳呼
盡避瘦官人。

血戰鯨波日奏膚，東南處處望來蘇。畫工不解憂勤意，却作
南溟全勝圖。

海夷八首之一 　　王穉登

任公瘦骨氣蕭蕭，亂後琱弓却在腰。銅柱未曾標馬援，玉門
早已入班超。孤身去國心應折，群盜經時氣轉驕。聞道墨縗重奉
詔，佩刀騎馬答清朝。

任公祠 　　王穉登

蕭蕭遺像鎖荒祠，尚憶孤身百戰時。諸葛事繁那得久，留侯
貌弱至今疑。絳帷香氣衣冠暗，石棟斜陽薜荔垂。曾是當年騎馬
地，烟中往往見旌旗。

挽任公四首 　　程應登

晉公初就第，令伯暫陳情。苦孝天憐節，孤忠帝識名。方將
撐大厦，遽爾覆長城。重爲蒼生哭，非同《薤露》聲。

九重方付托，一旦入幽冥。報國心猶赤，誅倭血尚腥。劍鋩
摧落日，旌影掩空庭。寂寞終軍後，誰人更請纓？

日慘行山野，風昏潞子城。賢人今已喪，造物竟何情。不負
生前志，應留死後榮。東吳百萬户，處處獻粢盛。

憶昔鹿鳴前，今來二十年。飛騰君已遂，淹滯我依然。浮世悲流水，交情隔夜泉。祇應魂夢裏，與子共周旋。

任公平倭詩　　　朱希周

海外有倭夷，道路通閩浙。茫茫大海中，橫行孰可遏？逾浙乃入吳，登陸恣劫奪。太倉居海濱，寇至值倉猝。千家一炬焚，數里人烟絶。殺人如草菅，滿路皆蹀血。桓桓復庵公，銳氣何激切。冒險涉鯨波，奮勇施戰伐。所志在救民，抱病不自恤。勤勞忘寢興，甘苦同士卒。六鈞自親操，一矢無虛發。師徒皆踊躍，所向必摧折。自春還及秋，相持已數月。水陸無定居，攻守不暫歇。三戰遂收功，群盜悉殄滅。藁街合懸首，京觀可埋骨。跳魚莫避筌，狡兔難藏穴。城池賴保全，黎庶幸存活。妖氛盡掃除，滄海爲清澈。行看捷奏聞，寵命下丹闕。矧公善政多，更僕難具述。漢史書循良，先後同一轍。武事復兼全，何人更可埒？炳炳竹帛垂，千載昭盛烈。

任公海上之捷　　　長洲文徵明

夷虜東來偶震驚，使君仁武自長城。魚遊鼎釜終成困，禽在原田利有征。展驥方兹羨龐統，禦戎今始識真卿。璽書新秉東南節，坐見波平海晏清。

任公平倭　　　荆川唐順之

黿兹本小醜，突然障東沙。江左久承平，風烟頗堪嗟。一發竟連年，長驅若無遮。戎吏多旁觀，泄泄歲月賒。惟我復庵公，挺然不顧家。履立矢石前，揚鞭策渥洼。所向皆成功，克敵無堅瑕。賊畏如范韓，海外稱任爺。出師嘗露宿，月夜聞羌笳。嘉績布朝寧，璽書賜安車。試看大捷音，彤庭頒白麻。持節過毗陵，共嘗陽羨茶。

前題　　　四明聞淵

風走舳艫行海空，東征誓奏凱旋功。轅人倚劍天日黑，沙磧提兵星火紅。帆拂扶桑夷國恐，威存天險將才雄。鐵衣爲濕當時露，萬古軍中謠范公。

前題　　　長洲王穀祥

古今儒將幾人稱，公寔胸中有甲兵。耻見潢池肆猖獗，親浮溟海戮鯢鯨。公屢泛海，犯風濤，身先士卒，竟致克捷。致身不以家爲念，公在師中，家問適至，公報書但以殄寇安民、忠孝節義爲言，更不及家事。食肉寧容賊共生。俘獲倭寇，公割其肉，孰而啖之。文武全材更忠義，好從青史表勛名。

與任公　　　銅梁張佳胤

京落幾交游，懷君獨倚樓。閶門千里月，吳苑百花洲。碣石談天夜，燕關擊劍秋。世情雙眼過，心事大江流。宦久貧依舊，時危志未酬。"四愁"應有賦，南北正悠悠。

又一律　　　張佳胤

初逢共醉長安市，正是當年得目君。萬里關山深夜夢，三吳消息隔江聞。心期愁對天邊月，戰伐威驅海上雲。匣劍有靈時自動，故教開府著奇勛。

舟阻武林聞任二府海上殺賊
有感　　　太倉梁辰魚

夜中恒起舞，士稚在軍門。投筆頷如燕，彎弓臂似猿。千村幾家在，百戰一身存。將士銜恩重，厨人已喪元。

歌　　陽湖王庭

堯舜治唐虞，有苗殊不恭。周宣赫中興，淮夷猶未從。蠻夷禀性何頑獷，由來王化難陶鎔。我皇御極三十有二載，德隆往古恩如海。蠢彼東南夷，乃在大海群島中。豺聲裸體本獸類，殺人剽食，往來閃忽蹤難窮。復有海濱草竊儔，展轉附和互相求。南風呼號海濤涌，虜人肺胃皆戈矛。百千嘯聚人叵測，蠻金作刃如銀色。執帆[一]奄忽至吳東，嗟赤子兮横遭值。北極遥遥那即聞，承平子弟莫能軍。當是時，使不得我任公爲之抗禦兮，其孰能横障江南數千里，操長矢而射却乎妖氛？任公原是非常者，胸中韜略殊不寡。少年獻策占魏科，才大翻爲郡司馬。因將補天手，還肆排戎力。我聞貞臣不擇官，今見我公真竭職。公敦古義人所難，軍士未食公不餐。私家戒絶平安字，一身不計亡與殘。諸軍感激咸效死，公先陷陣人爭搏。人爭搏，勇士怒。矢刃左右落，公顔無震怖。虜頭墜地虜船燔，虜財賜士公弗顧。軍士歡聲沸若雷，槊頭高戴虜頭回。我公在軍屢有作，肝膽慷慨清音哀。今兹豈無凱旋製高唱，解使鯨鯢永匿，海波常息，壯士無不心顔開。彭公蔡公諒公深，孫公一見成斷金。三公委任何專至，林公作守尤知音。公之精誠人莫比，何況會合皆君子。同心體國兩無猜，成此大功真有以。圖公迹，作公吟。一幅生綃施彩繪，十行疏墨正蕭森。我公雄烈衆所戴，盧君高義更能欽。殷勤索此意不淺，公其毋掛堂之陰。請公試掛堂南面，觀者詎不怵心駴目，且咏且忱，慌惚如身臨。雖知不足爲公重，亦是吳民一片心。公年正壯德方邁，麒麟鐘鼎誰能禁？鄙人久與雲林伍，感公重靖江南土。自謝才無吉甫能，援筆深慚誦召虎。即今北邊猶備虜，萬乘憂勞吏旁午。知公不久踐台衡，佐帝垂裳舞干羽。

平倭頌有序　　　長洲陸師道

嘉靖癸丑，倭夷挾我叛賈亂民，入寇海疆，始自杭、嘉，蔓及華、上，遂入新城，狼噬豨突，莫可禁制。蓋國家自宣德以來，舶夷虔貢，海防久弛，民不見烽燧者百三十年矣。至是倉卒遇兵，率皆顛踣伏死，無敢抵抗，賊勢遂張。於時蘇郡同知長治任公督賊曹，聞報，即簡徒具餱，兼程趨之。身帥勇壯，晝夜接戰。手矢殪其酋，轉逐出境。追至上海之周市，且鬥且前，賊扼不得進者八日，上海之民由是得空縣徙室去。既而賊別黨犯太倉、窺嘉定，沿海鎮戍驚報旁午。公乃還趨昆山，直出喬子，控其喉咽，以爲州之聲援。時疽發公肩，公之子請公暫回調息。公還書諭以忠孝，誓必滅賊。舟師既集，賊且逸去。公邀之大洋，颶風簸蕩，白濤如山，南人之習水者登舟無不嘔吐失措，而公意氣愈厲，腰鞬手劍，誓而麾之，士皆感奮用命，栧舞檣飛，四集寇舟。賊氣奪窮蹙，授首俘斬百數，水死者無算。巡撫既上戎捷，即薦公可太倉兵備。詔從其請，擢山東按察僉事。

於是蘇之士民聞命鼓舞，慶公之有功於民而得顯擢，又幸公之即擢此士以終惠吾民而不去也。相率作爲歌詩、圖之繪畫，以道盛美，而國子生長洲毛錫疇徵言師道。竊惟戎兵之事，聖人之所慎，故學者鮮習焉。公以進士起家，行陳什伍非素所講，而號令進退能得士之死力，有元戎宿將之所難者，此[二]豈徒以威禁束縛致哉？聞公之出也，露次蓐食，與士卒同途，或不能具漿飲，即會衆出乾飯搏食之，掬水而飲，未嘗少自異。危橋仄徑，士不盡渡勿渡；風雨泥淖，士不盡休勿休。其還次太倉也，賊適焚郊，公以疲卒孤軍，逼賊營下，又無壁壘，夜四望烟焰接野。都御史令駐軍於外，獨召公入。公卒不肯，願與此軍偕存亡。嗟乎！此其以忠誠感士也，豈直投醪巡寒以空言相激諭而已哉！故以不素練之卒禦百戰方張之寇，而能克敵執俘者，良有以也。抑公嘗視郡篆矣，旬月之間，民以太和。又嘗攝昆山事矣，去之數月而兵起，守陴者日夜謳思，願得任公而爲之死，則公之所以得民者，又有出於均勞共食之外，而非元戎宿將之所能爲者矣。

夫察獄以情，非以治兵也，而曹劌以之請戰；然則茲役也，獨不可以觀公之政耶？是宜頌。頌曰：

明有方夏，萬國咸庭。蠢爾島夷，負固東溟。治以不治，有備弗征。忽茲跳梁，挾奸搆逆。比頑煽凶，間我偃革。侵于海疆，肆厥毒螫。烈烈任公，佐郡典武。豈曰小醜，而敢余侮。有赫斯怒，爰肅戎伍。星駕飆馳，徂旅是過。矢搜萑蒲，載截載蹢。匪練伊教，士氣何勃。其勃伊何，曰從任公。簞醪篚飧，公與士同。入殿出先，百不有躬。公忠如日，士感而起。公慈如父，士忘其死。風之鼓之，人百其怒。彼獝孔狂，或逐而信。以灌以薰，于莽于榛。犄則角之，載會其奔。海洋滔滔，武夫額額。高檣酋矛，霆擊雨集。蠢茲狄夷，畢獻其馘。夷既殲矣，舟亦燼矣。鯨鯢既陳，海波恬矣。笳鼓逶迤，凱云旋矣。民拜馬首，荷公之生。憲府奏績，交薦公勣。有擢自天，按節來蘇。公于東人，厥有大造。惟帝念功，建庶尹表。惠此海邦，我懷我保。古亦有訓，仁者必勇。公則果毅，仁固義鞏。心在政先，信而後動。公政在民，春陽煦之。公仁在師，時雨膏之。公終惠我，顯命溥之。昔斾東征，海若效靈。今節來下，天吳向化。式歌且舞，民有父母。敢揚頌聲，滄海永清。

校勘記

〔一〕“執帆”，道光本作“揚帆”。

〔二〕道光本無“此”字。

《山海漫談》跋

予嘗數過吳門，客有問及光禄任公者，予曰：“公之殁垂三百年矣。拊循之惠在畿輔，戡亂之功在三吳，予粗知其概，而不能道其詳。君以此下問，則當日水陸攻戰之地、經略運籌之方，必有得於父老之所傳述者，盍爲我言之？”客備言海上殺賊事，指天畫地，齒頰津津，仿佛柳敬亭説寧南侯故事，令人目不得瞬。予識之，歸而語吾兄，兄曰：“公之勛業吾知之，偶未與汝言耳。公之著述吾慕之，吾無從睹之，至今以爲恨事。”客歲夏，獲《山海漫談》，乃任氏家藏鈔本，兄以刊布，商諸予，予任其繕寫校讐焉。刻既成，兄謂予曰：“公文士，三令畿輔，爲龔、黄、卓、魯，固其所優。至佐姑蘇，而截蛟斬犀非其所習，乃能廓清塵氛，整理山河，智深勇沉如宿將之所爲，是何故而能然歟？”予曰：“廉明仁恕，爲治之本也；神明變化，戡亂之用也。公體用兼優，隨其常變緩急，舉而措之，非有異術也。”兄復謂予曰：“昔韓、范之征元昊也，深謀秘計，不遺餘力，卒未嘗親干戈、冒矢石，以爭雄於一戰。公以孱弱書生，瘦骨稜稜，親與犬羊相搏，脱有不虞，則大江以南悉爲俘馘，喪身辱國，所關匪細，公何慮之不審也？”予曰：“公與韓、范未可一例論也。韓、范西征，傾國之師皆在麾下，梟帥健將，如雲如雨，但當以秘謀致勝，無煩披堅執鋭爲也。公率烏合之衆敵猖獗之虜，不身先士卒，作其忠勇之氣，一當交鋒則鳥獸散矣，賊決不可得而滅爾。時士卒用命，一以當十者，皆公之親戰激之也。雖韓、范復生，亦有不得不出於此者，公敢以保身爲重耶？”兄廳然[一]笑曰：“得之矣。予既弁於首，汝當跋諸後。”遂次其語于簡末，望知公者進教之，幸甚。

　　乾隆丁丑蒲月既望，後學庾璵敬跋

校勘記

　〔一〕"廳然"，疑當作"听然"。